Springer-Lehrbuch

Weitere Bände in dieser Reihe
http://www.springer.com/series/1183

Reiner Clement • Dirk Schreiber

Internet-Ökonomie

Grundlagen und Fallbeispiele der vernetzten Wirtschaft

Zweite, vollständig überarbeitete und erweiterte Auflage

Springer Gabler

Prof. Dr. Reiner Clement
Fachbereich Wirtschaftswissenschaften
Hochschule Bonn-Rhein-Sieg
Sankt Augustin
Deutschland

Prof. Dr. Dirk Schreiber
Fachbereich Wirtschaftswissenschaften
Hochschule Bonn-Rhein-Sieg
Sankt Augustin
Deutschland

ISSN 0937-7433
ISBN 978-3-642-36718-2
ISBN 978-3-642-36719-9 (eBook)
DOI 10.1007/978-3-642-36719-9

Die Deutsche Nationalbibliothek verzeichnet diese Publikation in der Deutschen Nationalbibliografie; detaillierte bibliografische Daten sind im Internet über http://dnb.d-nb.de abrufbar.

Springer Gabler

Gedruckt auf säurefreiem und chlorfrei gebleichtem Papier

Springer Gabler ist eine Marke von Springer DE.
Springer DE ist Teil der Fachverlagsgruppe Springer Science+Business Media
www.springer-gabler.de

Vorwort

Innovative Informations- und Kommunikationstechniken bzw. -technologien (IuK), das Internet und der Mobilfunk sind inzwischen fester und unverrückbarer Bestandteil unseres Alltags. Der noch vor Jahrzehnten beschriebene Strukturwandel zur Wissensgesellschaft ist Wirklichkeit. Wissen ist der einzige Produktionsfaktor, der sich durch Gebrauch vermehrt. Das Web 2.0 macht vielfältige neue Formen der Interaktion zwischen Unternehmen und Kunden sowie der Nutzer untereinander möglich. Zur Umschreibung dieser Entwicklung verwenden wir den Begriff **Internet-Ökonomie**.

Der Aufbau der zweiten Auflage wurde grundlegend geändert und soll den systematischen Zugang zu den Inhalten schaffen. Die Module fügen sich gut in die Struktur eines Semesters ein. Rund **300 Abbildungen** und **65 Tabellen** erleichtern das Verständnis. Die Module bauen aufeinander auf und sind durch einen Lernpfad miteinander verknüpft. Sie haben durchgehend den gleichen Aufbau:

- Inhalt und Schlüsselbegriffe,
- Grundlagen,
- Fallbeispiele und Anwendungen,
- Literatur,
- Übungen sowie Lernkontrolle mit Lösungshinweisen im Web.

Die Grundlagen vermitteln die wesentlichen Theoriebausteine und eignen sich vor allem für das **Bachelor-Studium**. Fallbeispiele und Anwendungen dienen der Erläuterung der Inhalte. Sie können insbesondere im **Master-Studium** zur Vertiefung eingesetzt werden. Übungsaufgaben sollen zur eigenständigen Auseinandersetzung mit dem Stoff anregen. Lösungshinweise zu den Übungsaufgaben erleichtern die Lernkontrolle. Sie werden als Zusatzmaterial im Web zur Verfügung gestellt.

Zielgruppe des Buches sind **Dozenten** und **Studierende** vor allem der Wirtschaftswissenschaften und der Wirtschaftsinformatik. Auch **Praktiker**, die sich für die vielfältigen Ausprägungen der Internet-Ökonomie interessieren, sowie letztendlich alle Nutzer des Internets sind gerne angesprochen.

Wie immer sind nicht nur die Autoren an der Fertigstellung eines Buches beteiligt. Für konstruktive Kritik und Anregungen aus der Praxis möchten wir unserem geschätzten Freund und Kollegen, *Prof. Dr. Andreas Gadatsch*, herzlich danken. Für das Überlassen von zahlreichen Übungsaufgaben mit konkretem Anwendungsbezug danken wir *Herrn Prof. Dr. Bernd Skiera*, Universität Frankfurt am Main. Unser Dank gilt den *Studierenden*, die über Semester hinweg wertvolle Informationen, Anregungen und Hinweise zu den Inhalten gegeben haben. Unserer wissenschaftlichen Hilfskraft *Frau B.Sc. Christina Pakusch* danken wir für die Suche nach Fehlern, die Autoren erfahrungsgemäß nicht mehr sehen. Herrn *Michael Bursik* als verantwortlichem Lektor des Verlages danken wir für die unkomplizierte und sachkundige Zusammenarbeit.

Danken wollen wir natürlich auch unseren Frauen *Birgit* und *Kirsten*, die über Monate hinweg unsere deutlich geringere Beteiligung an Freizeitaktivitäten akzeptiert haben. Wir hoffen, dass möglichst viele Leser dazu beitragen, Konzeption und Inhalt dieses Buches weiterzuentwickeln. Anmerkungen können direkt per E-Mail an uns gerichtet werden:

E-Mail: reiner.clement@h-brs.de
E-Mail: dirk.schreiber@h-brs.de

Bonn, im März 2013

Reiner Clement
Dirk Schreiber

Inhaltsverzeichnis

Abbildungsverzeichnis

Tabellenverzeichnis

Teil I
Prinzipien der Internet-Ökonomie

I. Prinzipien der Internet-Ökonomie

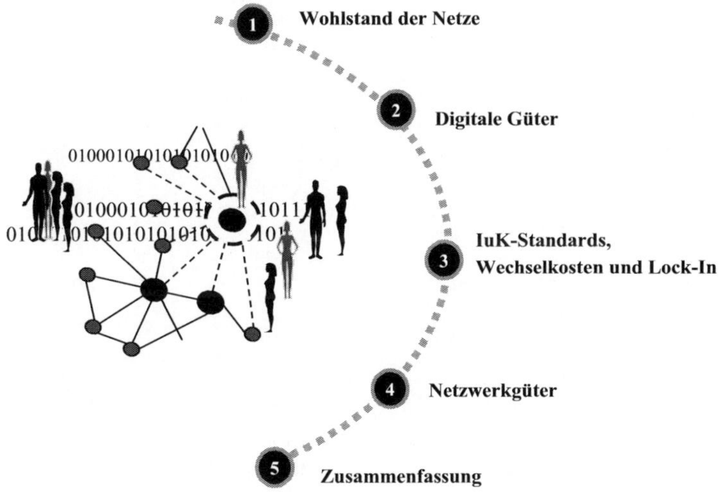

Wohlstand der Netze

1

1.1 Inhalt und Schlüsselbegriffe

Inhalt

Das Internet verändert in vielfacher Weise die ökonomischen Grundformen der Leistungserstellung in einer Volkswirtschaft (Abb. 1.1). Dazu zählt das Verkaufen, das Tauschen, die soziale Interaktion mit anderen Nutzern sowie verschiedene Formen des Teilens und der Kooperation. In Anlehnung an das Buch vom „Wohlstand der Nationen", das 1776 den Beginn der klassischen Nationalökonomie bildet, soll nun vom „Wohlstand der Netze" gesprochen werden. Das Internet ist von seiner Entstehung her betrachtet auf die offene und kostenlose Bereitstellung von Informationen ausgelegt. In radikaler Auffassung lässt sich das Internet aus ökonomischer Sicht daher als eine Art FreeConomics denken, in der Güter weitgehend kostenlos bereitgestellt und durch andere Erlösformen finanziert werden. Dieser Art von Ökonomie sind jedoch Grenzen gesetzt. Das spezifische Problem des Internets ist aus ökonomischer Sicht auf das Auftreten von Überlasten bzw. Kapazitätsengpässe zurückzuführen, da das Netz als gemeinsame Ressource für sehr viele unterschiedliche Dienste genutzt wird. Mögliche Lösungen und Regulierungsansätze müssen nicht nur die ökonomische Dimension berücksichtigen (z. B. Preise, Priorisierung des Datentransfers, Netzmanagement), sondern sie müssen auch den gesellschaftlichen Wert des Internets für Innovation und Partizipation im Auge behalten. Insgesamt ist der ökonomische und gesellschaftliche Wert des Internets nur näherungsweise zu bestimmen. Mögliche Indikatoren sind die Ausgaben für Online-Nutzung und IuK-Infrastrukturen, die Effizienzgewinne durch intelligente Netze, die Folgekosten und die Zahlungsbereitschaft bei Ausfall des Internets sowie die vielfältigen Vorteile, die aus der Vernetzung des beruflichen und alltäglichen Lebens bestehen. Der Wohlstand der Netze ist unumkehrbar und wird die ökonomischen und gesellschaftlichen Strukturen nachhaltig verändern.

R. Clement, D. Schreiber, *Internet-Ökonomie*, Springer-Lehrbuch,
DOI 10.1007/978-3-642-36719-9_1, © Springer-Verlag Berlin Heidelberg 2013

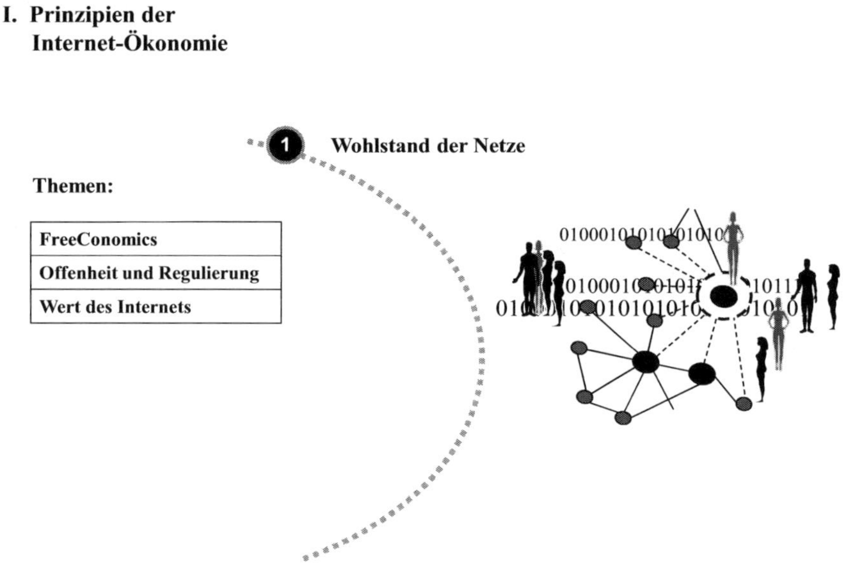

Abb. 1.1 Ausgangsfragen der Internet-Ökonomie

Schlüsselbegriffe

Internet-Ökonomie; FreeConomics; Offenheit und Regulierung des Internets; Wert des Internets.

1.2 Grundlagen

1.2.1 Aufbau des Buches und didaktisches Konzept

Das Internet ist einer der wichtigsten, wenn nicht gar der wichtigste Eckpfeiler unserer Wirtschaft und Gesellschaft geworden. Inzwischen haben sich dadurch viele ökonomische Rahmenbedingungen grundsätzlich geändert. Damit sind für die beteiligten Akteure sowohl neue Chancen als auch neue Risiken entstanden. Zur Systematisierung dieser Veränderungen, Chancen und Risiken werden drei übergreifende Teile gebildet, die sich in zwölf Module bzw. Fachkapitel einteilen. Hinzu kommen drei Zusammenfassungen. Diese Struktur fügt sich gut in die Dauer eines Semesters einschließlich Vor- und Nachbereitung ein (Abb. 1.2):

- **Teil I:** Prinzipien der Internet-Ökonomie (Kap. 1–4): Elektronische Märkte, Plattformen und Netzwerke sind durch längerfristig wirkende Prinzipien gekennzeichnet, die sich zum Teil deutlich von den Spielregeln auf realen Märkten unterscheiden. Dazu zäh-

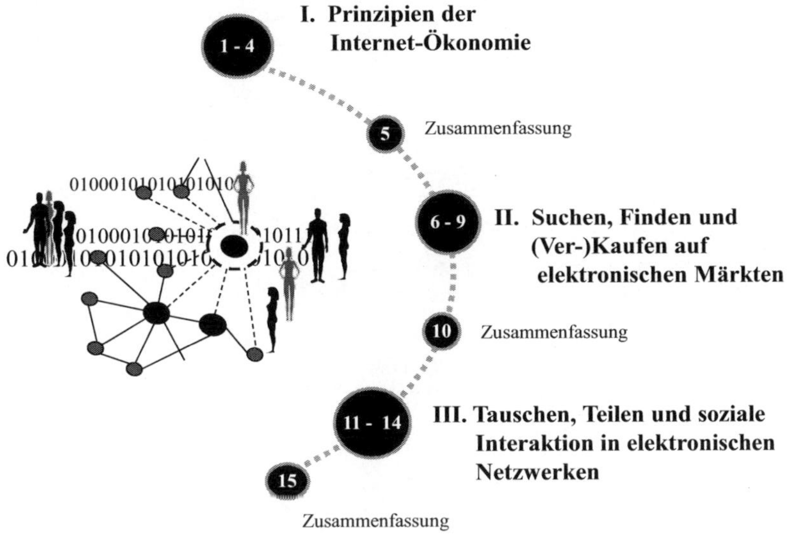

Abb. 1.2 Aufbau des Buches

len die Folgen der Digitalisierung von Gütern, die Auswirkungen von IuK-Standards auf den Wechsel von Systemen und die Bindung von Nutzern an diese Systeme sowie die Existenz von Netzeffekten.

- **Teil II:** Suchen, Finden und (Ver-)Kaufen auf elektronischen Märkten (Kap. 6–9): Die Merkmale, Ausprägungen und die Funktionsweise von elektronischen Märkten ist inzwischen ein relativ gut erforschtes Themengebiet.
- **Teil III:** Tauschen, Teilen und soziale Interaktion in elektronischen Netzwerken (Kap. 11–14): In diesem Teil wollen wir darstellen, wie das Internet Spielräume für Formen der Koordinierung ökonomischer Aktivitäten auch über Märkte hinaus eröffnet. Beispielhaft sei auf elektronische Auktionen, den Austausch von Informationen in sozialen Netzwerken oder Formen der gemeinsamen Wissensproduktion verwiesen.

Teil I Prinzipien der Internet-Ökonomie

2 Digitale Güter Das Internet konkretisiert sich in elektronischen Märkten, elektronischen Plattformen und elektronischen Netzen. Kennzeichnend ist vor allem der nahezu kostenlose und zeitnahe Austausch von Informationen, an dem bereits gegenwärtig rund 2,5–3 Mrd. Menschen teilnehmen.

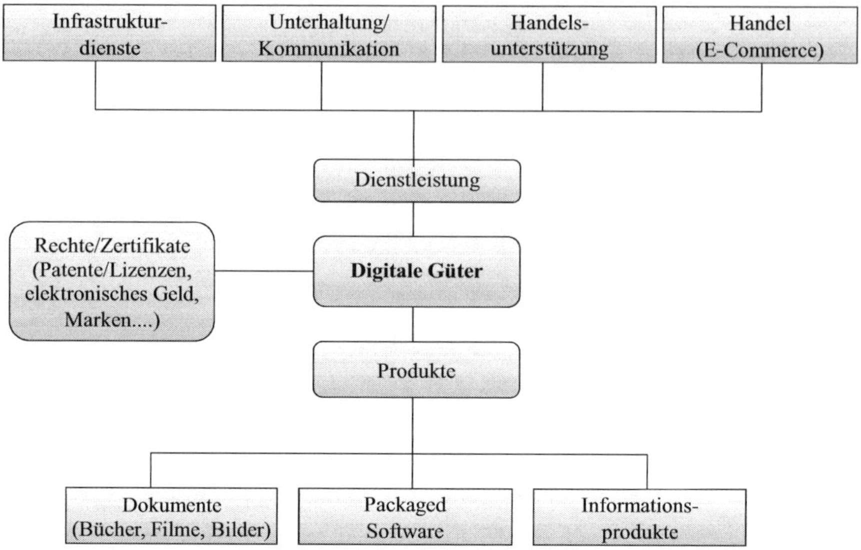

Abb. 1.3 Taxonomie digitaler Güter

Aus ökonomischer Sicht handelt es sich bei den ausgetauschten Informationen um digitale Güter bzw. Informationsgüter, die in immaterieller Form vorliegen. Auch Sie nutzen wahrscheinlich solche Güter, z. B.:

- Suchmaschinen,
- Online-Nachrichtenportale oder -magazine,
- Newsletter oder Werbung per E-Mail,
- Online-Reservierungen,
- Kauf digitaler Tickets,
- Online-Banking,
- Steuererklärungen per Internet.

Digitale Güter umfassen Produkte (z. B. Software), Dienstleistungen (z. B. Infrastrukturdienste) sowie Rechte und Zertifikate (z. B. Patente, Lizenzen). Sie sind immaterielle Mittel zur Bedürfnisbefriedigung, die sich in Form von Binärdaten durch Informationssysteme entwickeln, vertreiben oder anwenden lassen (Abb. 1.3).

3 IuK-Standards, Wechselkosten und Lock-In Der Austausch von digitalen Gütern und Informationsgütern basiert auf Netzwerken. Aus technologischer Sicht müssen Netzwerke vor allem Kompatibilität herstellen. Dazu sind Standards unverzichtbar. Zu diskutieren ist, wie sich Standards bilden, welche Standards sich durchsetzen und mit welchen Kosten der Wechsel zwischen konkurrierenden Technologien und Standards für Nutzer überhaupt möglich ist.

4 Netzwerkgüter Viele Waren und Dienstleistungen im Internet basieren auf der Interaktion mit anderen Anwendern desselben oder eines kompatiblen Gutes. Der Wert von Netzwerkgütern hängt also davon ab, wie weit sie bei anderen Anwendern verbreitet sind und von ihnen angenommen werden. Je mehr Teilnehmer sich auf einem Marktplatz wie z. B. eBay treffen, umso höher ist für den einzelnen Teilnehmer die Wahrscheinlichkeit, einen passenden Anbieter oder Nachfrager zu finden. Aus ökonomischer Sicht entstehen zweiseitige Märkte, auf denen die Abstimmung zwischen Anbieter und Nachfrager durch Intermediäre erfolgt.

Teil II Suchen, Finden und (Ver-)Kaufen auf elektronischen Märkten

In der klassischen Ökonomie ist der Markt der zentrale Bezugspunkt. Auch im Zeitalter des Internets hat sich an der grundsätzlichen Auffassung über den abstrakten Charakter des Marktes wenig geändert. Der Markt ist „nur" virtuell und wird elektronisch vermittelt. Wenn Sie z. B. bei Amazon elektronisch Bücher oder andere Güter bestellen bleibt der Vorgang unverändert. Die Koordination erfolgt über wettbewerbliche Preise und das Eigentum wechselt den Besitzer.

Form	Koordination	Bezugsgruppe	Eigentum
Verkauf/Kauf	Angebot und Nachfrage durch Preise	Konkurrierend, Wettbewerb	Privat

Wir werden uns in diesem Teil mit folgenden Themen beschäftigen:

- **Kap. 6:** Beschreibung elektronischer Märkte.
- **Kap. 7:** Beurteilungskriterien elektronischer Märkte.
- **Kap. 8:** Leistungsfähigkeit elektronischer Märkte.
- **Kap. 9:** Geschäftsmodelle und Rentabilität elektronischer Märkte.

Dabei bedienen wir uns grundlegender ökonomischer Theorieansätze und betriebswirtschaftlicher Kennziffern.

Teil III Tauschen, Teilen und soziale Interaktion in elektronischen Netzwerken

Die Ökonomie findet im Internet auch jenseits des Marktes statt. Es gibt alternative Formen und Koordinationsmechanismen, mit denen Bedürfnisse befriedigt und knappe Ressourcen zugeteilt werden können. Beispielhaft sei zunächst auf elektronische Auktionen und Konzepte der Ressourcenteilung verwiesen (Kap. 11).

Form	Koordination	Bezugsgruppe	Eigentum
Tausch	Angebot und Nachfrage durch Preise oder gegen andere Werte	Konkurrierend, zum Teil auch solidarisch	Privat

(Soziale) Netzwerke als übergeordnete IuK-Struktur begünstigen innovative Formen des Teilens und der Kooperation von Akteuren. Die Interaktion in sozialen Netzwerken und über Social Media-Technologien ist dabei stark vom Verhalten anderer Nutzer geprägt (Kap. 12).

Form	Koordination	Bezugsgruppe	Eigentum
Interaktion	Freiwillig; mangels Alternativen auch erzwungen; (freiwillige) Vereinbarungen	Konkurrierend; Gremien; solidarisch (Verhalten anderer Nutzer)	Privat; bei Standards auch öffentliche Güter

Elektronische Netzwerke begünstigen nicht nur den Austausch von Gütern, sondern auch darüber hinausgehende Formen der Zusammenarbeit:

- Der Austausch von Lösungsbeiträgen zu Aufgaben- oder Problemstellungen z. B. zwischen Unternehmen, Kunden und Zulieferern (Kap. 13).
- Die unentgeltliche Entwicklung und der Austausch von Wissen z. B. auf Plattformen wie Wikipedia (Kap. 14).

Form	Koordination	Bezugsgruppe	Eigentum
Teilen/ Kooperation	(Freiwillige) Vereinbarungen in Netzwerken	Gleichberechtigt, teilweise auf Personenkreise beschränkt	Gemeinsam, Verfügungsrechte teilweise an Gruppe gebunden
	Freiwillige Vereinbarungen, teilweise organisiert; teilweise „Schwarmintelligenz“	Gleichberechtigt, teilweise sehr großer Teilnehmerkreis	Nicht klar definiert (Wissensallmende)

Didaktisches Konzept Das Buch orientiert sich an einem Konzept, das für das Fach New Economy entwickelt worden ist (vgl. Internetökonomie). Ziel ist die inhaltliche und konzeptionelle Erarbeitung von Lernmodulen (Abb. 1.4). In einem virtuellen Labor (d. h. am „Rechner“) können vor allem die Fallbeispiele des Buches selbständig oder in Kleingruppen bearbeitet werden. Das Gelernte wird auf konkrete Anwendungsfelder übertragen. Im Lernmodul enthaltene theoretische Annahmen werden hinterfragt und

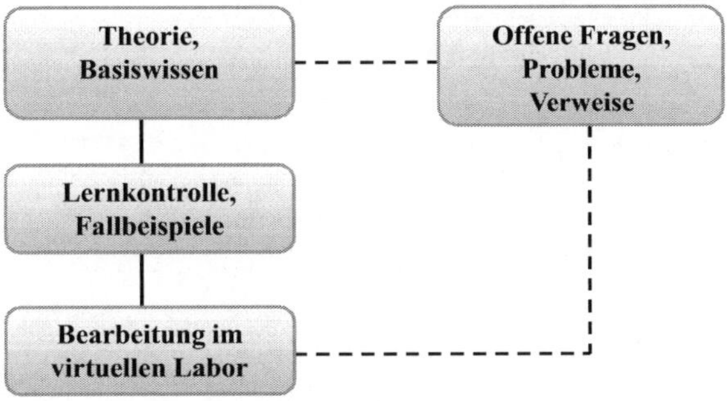

Abb. 1.4 Didaktisches Konzept

auf Praxistauglichkeit geprüft. Die gewählten Beispiele haben exemplarischen Charakter. Sie sollten im jeweiligen Anwendungskontext mit empirischen Beobachtungen bzw. Erhebungen verknüpft werden.

Die Module bzw. Fachkapitel bauen aufeinander auf und sind durch einen Lernpfad miteinander verknüpft. Sie haben durchgehend den gleichen Aufbau:

- Inhalt und Schlüsselbegriffe,
- Grundlagen,
- Fallbeispiele und Anwendungen,
- Literatur,
- Übungen und Lernkontrolle mit Lösungshinweisen im Web.

Die Fallstudien verfolgen folgende Ziele:

1. Das Erlernen von theoretischen Konzepten an konkreten Beispielen lebendig gestalten,
2. dem Leser die Relevanz von theoretischen Ansätzen verdeutlichen und
3. die anwendungsorientierte Ausbildung unterstützen.

Die Grundlagen vermitteln die wesentlichen Theoriebausteine und eignen sich vor allem für das **Bachelor-Studium**. Fallbeispiele und Anwendungen dienen der Erläuterung der Inhalte. Sie können insbesondere im **Master-Studium** zur Vertiefung eingesetzt werden. Übungsaufgaben sollen zur eigenständigen Auseinandersetzung mit dem Stoff anregen. Lösungshinweise zu den Übungsaufgaben erleichtern die Lernkontrolle. Sie werden als Zusatzmaterial im Web zur Verfügung gestellt.

1.2.2 Internet-Ökonomie

Die Autoren, die sich mit „der“ Internet-Ökonomie beschäftigen, beschreiben häufig die gleichen Zusammenhänge. Allerdings grenzen sie die Gegenstände, auf die sie sich beziehen, unterschiedlich ab. Arthur spricht von „knowledge-based industries“ (1996), Kelly

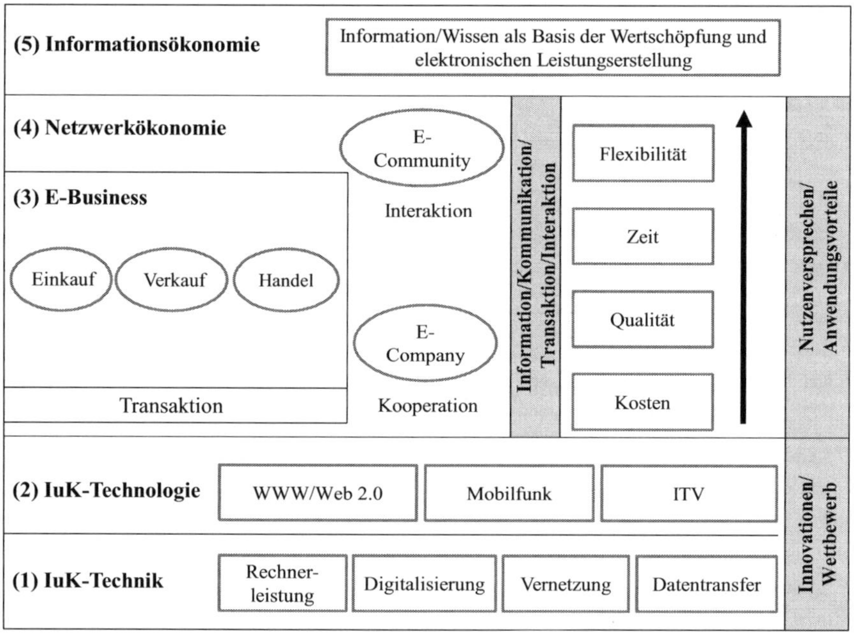

Abb. 1.5 Schalenmodell der Internet-Ökonomie

(1998) von der „Network Economy", Shapiro und Varian (1999) von „Information goods", Zerdick et al. (2001) von „Medien- und Kommunikations-Sektoren" und Kollmann (2007) von der „Net Economy". Zur Systematisierung dieser Konzepte kann ein Schalenmodell dienen, das unser Verständnis der Internet-Ökonomie präzisiert (Abb. 1.5; vgl. Kollmann 2006, S. 5).

(1) IuK-Technik Seit Beginn der 1990er Jahre haben Informations- und Kommunikationstechniken (IuK; englisch ICT) einen tiefgreifenden Wandel in Wirtschaft und Gesellschaft ausgelöst, der als 5. Kondratieff-Zyklus bezeichnet wird (vgl. Tapscott 1996). Treiber sind die steigenden Rechnerleistungen, die drastisch zunehmende Verfügbarkeit von Bandbreiten, die Miniaturisierung, die Digitalisierung und die Vernetzung der Computersysteme in Form des globalen Internets. In diesem Zusammenhang werden „Gesetzmäßigkeiten" erwähnt, die diesen technikgetriebenen Wandel beschreiben (Abb. 1.6; vgl. Weiber 2002):

- Moores Gesetz führt aus, dass sich die Speicherkapazität von Microchips bei sinkenden Preisen etwa alle 18 Monate verdoppelt (vgl. Moore 1965):
  $L(t) = L(0) \cdot 2^{t/18}$, mit
  L(t) = Leistung zum Zeitpunkt t,
  L(0) = Leistung zum Zeitpunkt 0,
  t = Zeit t in Monaten.

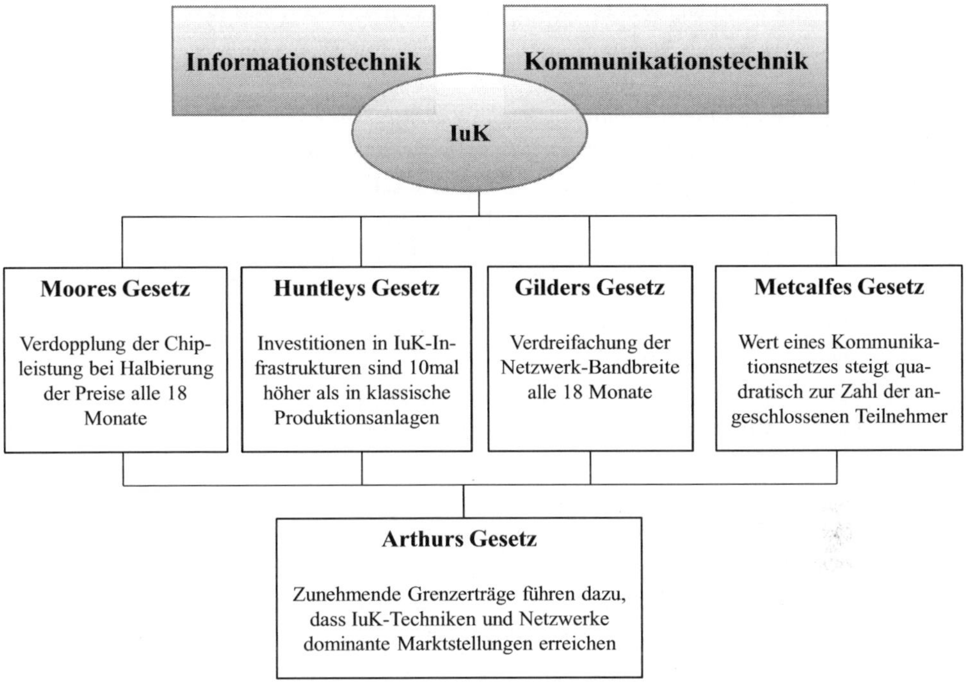

Abb. 1.6 Technische „Gesetzmäßigkeiten" der Internet-Ökonomie. (Vgl. Weiber 2002, S. 275)

Im Jahr 3 können wir also mit dem 4-fachen ($2^{36/18}$)und im Jahr 6 bereits mit dem 16-fachen der Zahl von Transistoren auf einem Mikrochip rechnen ($2^{72/18}$). Die Bedeutung dieser Entwicklung können Sie anhand von Kennziffern wie Rechengeschwindigkeit und Speicherkapazität Ihres PCs, den Applikationen Ihres Smartphones oder der Anzahl an Pixeln in Ihrer Digitalkamera selbst beurteilen.

- Gilders Gesetz kommt zu dem Ergebnis, dass sich die Bandbreite von Netzwerken alle 18 Monate verdreifacht. Dies bedeutet, dass sich die Möglichkeiten zur Kommunikation schneller verbessern als die Rechenleistung steigt.
- Huntleys Gesetz besagt, dass die Investitionen in IuK-Infrastrukturen durch hohe Fixkosten geprägt sind. Der Quotient aus Investitions- und Erlöswert kann daher bei diesen Infrastrukturen bei 3 liegen, während er bei industriellen Anlagen häufig 1/3 beträgt. Daraus entsteht die Faustregel, dass Investitionen in IuK-Infrastrukturen rund das Zehnfache wie bei klassischen Produktionsanlagen ausmachen (vgl. Chapuis 1978, S. 41).
- Metcalfes Gesetz ist eine Faustregel bezogen auf die Vernetzungseffekte von Kommunikationstechnologien. Danach wächst der Wert (V) eines Kommunikationssystems mit dem Quadrat der Anzahl der Teilnehmer (N), also: $V = N^2$. Je mehr Akteure einem Netzwerk angehören, desto größer wird nach Erreichen einer kritischen Masse die Anziehungskraft auch für andere Teilnehmer.

Diese technischen Entwicklungen begünstigen nach Arthur das Entstehen von zunehmenden Grenzerträgen (Arthurs Gesetz; vgl. Arthur 1996). Folgen sind dominante Marktstellungen von IuK-Techniken sowie darauf basierender Netzwerke. Eine Technik, die zunächst einen kleinen Vorsprung gegenüber konkurrierenden Techniken hat, kann diesen weiter ausbauen. Es kommt zu sich selbstverstärkenden Prozessen und positiven Rückkopplungen. Welche Entwicklung sich durchsetzt, ist nicht von vornherein planbar. Technische sowie damit verbundene ökonomische Prozesse sind pfadabhängig. Erst wenn sich eine gewisse Eigendynamik durchgesetzt hat, werden diese Prozesse prognostizierbar. Wettbewerbspolitisch ist diese Eigendynamik nicht unproblematisch, da sie zur Herausbildung von natürlichen Monopolen führen kann.

(2) IuK-Technologien Die TIME-Sektoren (**T**elekommunikation, **I**nformationstechnik, **M**edien, **E**lektronik) prägen die ökonomischen Strukturen vieler Volkswirtschaften. Verantwortlich sind die Nutzung innovativer IuK-Technologien wie das Web, der Mobilfunk und ansatzweise auch das interaktive Fernsehen (ITV). Technologie meint hier die Basistechnologie (z. B. UMTS) und die damit verbundenen Leistungsformen (z. B. mobile Dienstleistungen).

Medienkonvergenz bedeutet, dass technische Infrastrukturkomponenten bei Kommunikationsvorgängen austauschbar werden und ineinander übergehen. Diese Austauschbarkeit der Medien bewirkt auch eine Konvergenz von Inhalten (z. B. Nachrichten in Zeitungen und Online-Zeitungen sowie kostenpflichtig eingebundene Inhalte auf Webseiten). Zuvor getrennte Wertschöpfungsketten verschmelzen und bilden einen multimedialen Sektor (Abb. 1.7):

- Inhalte: z. B. Webseiten, Datenbanken, Berichte, Artikel, Filme, Spiele.
- Packaging: Aufbereitung und Zusammenstellung der Inhalte durch Informationsdienste, Verlage, Sender, Online-Service-Provider, Internet-Portale.
- Übertragung: Internet, Telefon-, Kabel-, Satelliten-, terrestrische Netze.
- Navigation: Hard- und Softwarekomponenten, die die Orientierung und Steuerung auf der physischen Infrastruktur ermöglichen (z. B. Browser, intelligente Netze).
- Mehrwertdienste: z. B. Abrechnung, Installation, Schulung.
- Endgeräte: z. B. PCs, Multimedia-Fernseher, Mobiltelefone.

Bahnbrechend ist die Entwicklung des WorldWideWeb (WWW). Das Web entstand 1989 als Projekt am CERN (Conseil Européen pour la Recherche Nucléaire) bei Genf (Schweiz), an dem Tim Berners-Lee ein Hypertext-System aufbaute. Das ursprüngliche Ziel war es, Forschungsergebnisse auf einfache Art und Weise mit Kollegen auszutauschen. Eine Methode dafür war das Verflechten von wissenschaftlichen Artikeln – also das Erstellen eines Webs:

> The WorldWideWeb (W3) is a wide-area hypermedia information retrieval initiative aiming to give universal access to a large universe of documents. (Bernes-Lee 1992)

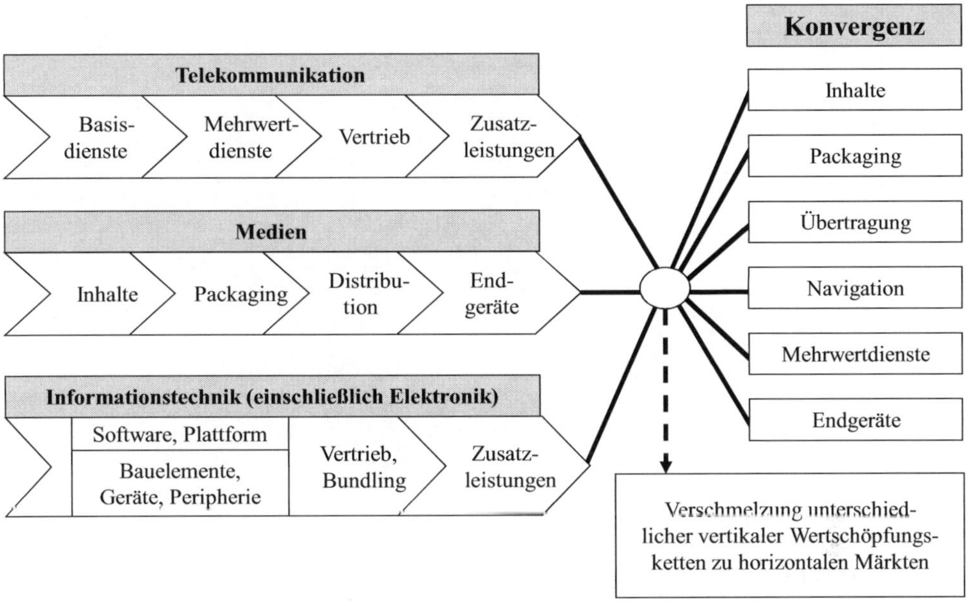

Abb. 1.7 Konvergenz von Branchen in der Internet-Ökonomie. (Vgl. Zerdick et al. 2001, S. 172)

Seit etwa 2005 wird mit dem Begriff Web 2.0 die veränderte Struktur des Internets betont. Das Web 2.0 meint weniger spezifische Technologien, sondern bezieht sich primär auf eine andere Nutzung und Wahrnehmung des Internets (Abb. 1.8). Benutzer erstellen und bearbeiten Inhalte quantitativ und qualitativ weitgehend selbst. Inhalte werden nicht mehr nur zentralisiert von großen Medienunternehmen verfasst und über das Internet verbreitet, sondern auch von einer Vielzahl von Individuen, die sich mit Hilfe sozialer Software untereinander vernetzen. Beispiele sind Wikis, Blogs, Foto- und Videoportale (z. B. Flickr, YouTube) und soziale Netzwerke (z. B. Facebook, XING).

Wenn den Ausprägungen des Web 2.0 das Konzept des semantischen Webs hinzugefügt wird, ist in Anlehnung an Markoff das Web 3.0 angesprochen. Bisher kann das WWW Daten vernetzen, nicht aber Informationen auf der Ebene ihrer Bedeutung miteinander verknüpfen.

Dieser Sachverhalt erschwert die maschinelle Verarbeitung der Inhalte, die mit Blick auf die rasant zunehmende Informationsmenge erforderlich ist. Das semantische Web zielt darauf ab, die Daten zu strukturieren und in einer Form aufzubereiten, die ihrer inhaltlichen Bedeutung gerecht wird. Bei einer Urlaubsreise würden z. B. Wetterdaten und Staumeldungen in Bezug zu Informationen über mögliche Haltestellen und bekannte Vorlieben der Reisenden gesetzt. Publikationen über Arzneimittel würden z. B. hinsichtlich der Nebenwirkungen oder gleichzeitiger Symptome ausgewertet. Im semantischen Web kann damit aus der nahezu unüberschaubaren Zahl von Informationen Wissen hergeleitet und generiert werden (vgl. Antoniou und van Harmelen 2008).

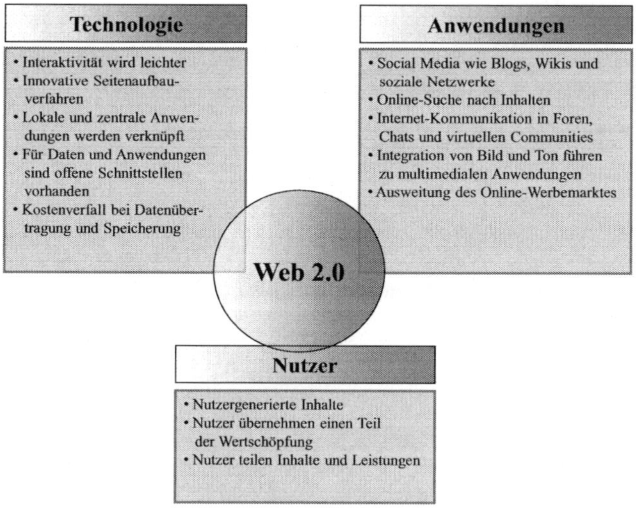

Abb. 1.8 Web 2.0

(3) und (4) E-Business und Netzwerkökonomie Die IuK-Techniken und IuK-Technologien führen zu verschiedenen Anwendungen und Nutzungsformen, die nicht überschneidungsfrei sind:

a) Der elektronische Einkauf ermöglicht die Beschaffung von Produkten und Dienstleistungen durch Unternehmen über digitale Netzwerke.
b) Der elektronische Verkauf zielt auf die Integration von innovativen IuK-Technologien in die strategische und operative Gestaltung des Absatzbereichs.
c) Elektronische Märkte ermöglichen den elektronischen Handel mit Produkten und Dienstleistungen über digitale Netzwerke.
d) Eine E-Community ermöglicht den elektronischen Kontakt zwischen Personen bzw. Institutionen über digitale Netzwerke.
e) Eine E-Company beschreibt die elektronische Kooperation innerhalb und zwischen Unternehmen über digitale Netzwerke.

Die Bündelung diese Anwendungen und Nutzungsformen erfolgt bei den Ziffern (a) – (c) teilweise durch den Begriff des E-Business. Hier stehen ökonomische Transaktionen im Mittelpunkt. Sofern die Gemeinsamkeit der digitalen Netzwerke bei allen fünf Anwendungen und Nutzungsformen betont wird, lässt sich von einer digitalen Netzwerkökonomie sprechen.

Im Web verschwimmen die Grenzen zwischen Anbieter und Nachfrager (Abb. 1.9). So werden z. B. digitale Inhalte nicht mehr nur zentral erstellt und verbreitet, sondern Nutzer vernetzen sich, liefern und bewerten Informationen. Es entstehen soziale Netzwerke, deren Aktivitäten einen Mehrwert für den Einzelnen und die Gruppe bieten. Die IuK-Technologien verändern damit die herkömmliche Rollenverteilung und die Interak-

Typus	Arbeitsleistung	Verwertungsmodus	Beispiele
Self Service/ Selbstbedienung	Konsumenten übernehmen selbst Leistungen	Rationalisierung durch Externalisierung von Funktionen (Kostensenkung)	E-Commerce, E-Government, Mass Customisation
Konsumenten-basierte Märkte	Konsumenten schaffen eigene Märkte	Direkte Erlöse (Provisionen), indirekte Erlöse (Werbung)	Auktionen, Social Media
Austausch in Webformen	Konsumenten kommunizieren über Güternutzung	Abschöpfung und Distribution von Marktinformationen, Kundenbindung, Imagebildung	Webforen, Virales Marketing
Konsumenten-basierte Wertschöpfung	Konsumenten liefern freiwillig (und z.T. kostenlos) Inputs	Produktion von Mehrwert durch Mobilisierung von Konsumenten	Innovationsplattformen, Trendanalysen, Crowdsourcing

Abb. 1.9 Auswirkungen von IuK-Technologien auf die Wertschöpfung

tionsmuster zwischen Produzenten und Konsumenten zum Teil deutlich. Der Begriff des Social Commerce beschreibt eine Form des Handels, bei der Kunden aktiv beteiligt sind und bei der persönliche Beziehungen sowie die Kommunikation der Kunden untereinander mit Hilfe von Social Media im Vordergrund stehen. Dadurch ergeben sich neue Anwendungsfelder:

- Kunden sind zentral am Design, Verkauf oder Marketing (z. B. in Form von Kaufempfehlungen) von Produkten und Leistungen beteiligt.
- Kunden bewerten Händler, Produkte und Leistungen auf Portalen, um Kaufentscheidungen zu unterstützen.
- Kunden können selbst gestaltete Produkte und Leistungen über private Webseiten vertreiben. Funktionen wie z. B. Lagerhaltung, Produktion, Versand und Zahlungsabwicklung lassen sich hingegen auf spezialisierte Anbieter auslagern.

Auch durch Tauschbörsen, Auktionsplattformen und andere Handelsmodelle, verschiebt sich die Rolle des Verbrauchers vom reinen Konsumenten hin zum aktiven Verkäufer bzw. zum Prosumer.

(5) Informations- und Wissensökonomie Das informationsbasierte Wissen hat sich zu einem eigenständigen Produktionsfaktor entwickelt (Abb. 1.10). Es liegt in digitaler Form vor und lässt sich über Netzwerke losgelöst von Raum und Zeit in einem globalen Kontext austauschen. Ein Beispiel soll den Unterschied von Daten, Wissen und Information verdeutlichen:

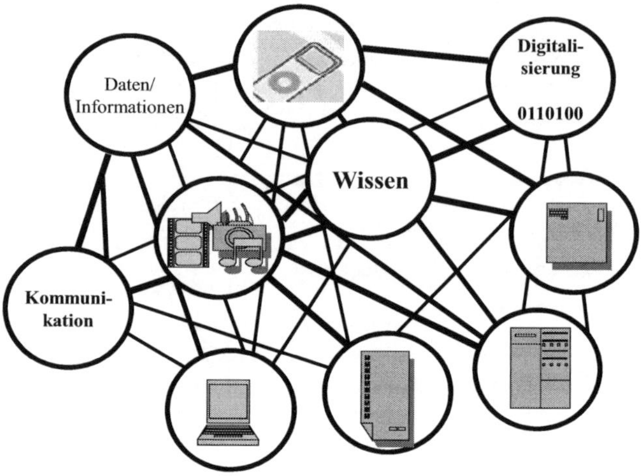

Abb. 1.10 Produktionsfaktor Wissen

- Daten sind die Grundbausteine und stellen die symbolische Repräsentation von Sachverhalten dar. Sie bestehen aus einer nahezu unbegrenzten Menge z. B. verfügbarer Fakten und Statistiken, sie sind aber weitgehend unstrukturiert und kontextunabhängig. So haben z. B. die Zeichen 3, 5 und K für einen Betrachter wenig Sinn. Die Zahl „35" und das Wort „Kurs" sind dagegen Daten, die einer bestimmten Syntax entsprechen.
- Wird diesen Daten eine Bedeutung gegeben, handelt es sich um eine Information. Beispielsweise „Der Kurs der Aktie beträgt heute 35 €".
- Wird diese Information mit der Kenntnis um die Funktionsweise von Aktienmärkten sowie mit der Möglichkeit der Entscheidung zum Kauf bzw. Verkauf der Aktie von einer Person verarbeitet, so liegt Wissen vor. Führt dieses Wissen zu einer Aktion (z. B. Kauf der Aktie), handelt es sich um relevantes Wissen.

Eine Besonderheit des Produktionsfaktors Wissen liegt darin, dass sich immaterielles Wissen im Gegensatz zu anderen Produktionsfaktoren durch zunehmenden Gebrauch nicht abnutzt. Wissen wird zur strategischen Ressource in der Erstellung von Produkten und Dienstleistungen. Das Wissen ist vernetzt, dezentral und häufig interdisziplinär. Wissen wird zum veräußerbaren Gut (vgl. van Dülmen und Rauschenbach 2004). Dabei kommt den Nutzern eine zunehmend wichtige Rolle zu. Ein großer Teil der Innovationen wird nicht von den Herstellern geschaffen, sondern durch Beteiligung der Nutzer initiiert (vgl. Howaldt et al. 2008). Begriffe und Konzepte wie z. B. Open Innovation (vgl. Chesbrough 2003) oder interaktive Wertschöpfung (vgl. Reichwald und Piller 2006) sind Ausdruck dieser Form der Leistungserstellung.

Wir wollen die zuvor genannten Ausprägungen mit dem Begriff der Internet-Ökonomie zusammenfassen. Der Begriff ist wie folgt definiert:

(1) Der Anwendungsbereich von IuK-Techniken und -Technologien,
(2) die über elektronische Märkte, Plattformen und Netzwerke,
(3) der Abwicklung von Informations-, Kommunikations- und Transaktionsprozessen dienen, um
(4) durch Grundformen der ökonomischen Leistungserstellung,
(5) elektronische Wertschöpfung zu generieren.

1.3 Fallbeispiele und Anwendungen

1.3.1 FreeConomics – Eine radikale Beschreibung der Internet-Ökonomie

Das WWW ist konzipiert als Ort des freien Austausches von Informationen. Mit der Kommerzialisierung des Internets wurde daher rasch deutlich, dass der elektronische Handel gegenüber der realen Welt nur erfolgreich sein kann, wenn er Angebote auf die Bedürfnisse der Nutzer zuschneidet. Beispielsweise lässt sich eBay den Tausch von überwiegenden Sammlerstücken bezahlen oder will Amazon über Produktempfehlungen zusätzliche Verkaufserlöse erzielen.

Der Grundgedanke besteht aus Sicht der Nutzer darin, dass im Internet wesentlich günstigere Angebote von Produkten zu finden sind als auf den realen Verkaufsmärkten. Die Ökonomie hat sich damit dem Bedürfnis nach umfassenden Informationen über Produkte angepasst. Als besonders radikale Beschreibung von ökonomischen Veränderungen, die durch das Internet hervorgerufen werden, gilt das Buch von Chris Anderson „Free – The future of a radical price" (2009).

Suche nach Informationen Versetzen wir uns zunächst in eine Welt ohne Internet. Sie werden sicher bestätigen, dass Konsumenten ein rationales Verhalten im ökonomischen Sinn nicht leicht gemacht wird. Wenn Sie sich z. B. ein neues Notebook zulegen wollen und verschiedene Kaufhäuser aufsuchen, werden Sie feststellen, dass

- ein und dasselbe Notebook bei unterschiedlichen Händlern zu unterschiedlichen Preisen im Angebot verfügbar ist,
- sich Preisdifferenzen zwischen Notebooks beobachten lassen, die technisch qualitativ gleichwertig sind.

Eine Grundannahme der traditionellen mikroökonomischen Preistheorie ist, dass ein rational handelnder Konsument seine Kaufentscheidung auf der Basis vollkommener

Information trifft. Das bedeutet, dass jeder Konsument sein individuelles Nutzenmaximum realisiert. In der Realität wird der Konsument jedoch mit einer so großen Zahl von Anbietern, Produkten und Produktvarianten konfrontiert, dass es ihm unmöglich ist, vollkommene Markttransparenz zu erlangen. Will er seinen Informationsstand über das vorliegende Marktangebot verbessern, muss er sich daher auf die Suche nach diesen relevanten Informationen machen. Die Suchtheorie beschäftigt sich u. a. mit der Bestimmung des optimalen Umfangs der Informationssuche. Diese Suche kann sich z. B. auf Qualitäten und auf Preise bei bekannter oder unbekannter Verteilung beziehen. Alternativ dazu lassen sich Suchverfahren danach einteilen, ob der Suchumfang

1. bereits im Voraus feststeht (z. B. Anzahl der Geschäfte, die aufgesucht werden; Zeit des Suchvorgangs),
2. erst während des Suchprozesses festgelegt wird (sequentielles Verfahren, bei dem so lange gesucht wird, bis ein kritischer Preis oder Reservationspreis erreicht wird).

Suchkosten sind die direkten oder indirekten Belastungen eines Konsumenten, die mit Prozess der Informationsgewinnung verbunden sind. Dazu zählen z. B. die Anfahrt zu den Geschäften, in welchen sich der Konsument informiert, die aufgewendete Zeit oder der Kauf von Informationsmaterial.

In einer Welt ohne Internet können Sie z. B. ein Suchverfahren mit festem Suchumfang wählen (vgl. Stigler 1961). In diesem Fall würden Sie im Voraus bestimmen, wie viele Preisinformationen Sie einholen wollen. Die Preise sind dabei als Erwartungswerte aus einer Stichprobe zu interpretieren. Die Preise auf den Märkten können sich ändern und es liegen keine Erfahrungswerte darüber vor, welcher Händler Ihnen welches Notebook zu welchem Zeitpunkt anbietet. Nachdem Sie den Preis erfahren haben, können Sie von diesem Anbieter kaufen, einen weiteren Anbieter aufsuchen oder von einem Anbieter kaufen, den Sie schon vorher aufgesucht haben. Die Suchkosten pro Suchvorgang (Grenzsuchkosten) werden in Modellen häufig als konstant angenommen, da die Hauptkosten der Suche in der dabei verbrauchten Zeit bestehen. Wenn die Zeit für einen Suchschritt z. B. zehn Minuten beträgt und der Kunde eine mit der Suche verbrachte Stunde mit 60 € bewertet, dann entstehen Suchkosten pro Suchschritt in Höhe von 10 €.

In der Regel werden Personen mit höherem Einkommen den Wert ihrer Zeit höher einschätzen als Personen mit niedrigem Einkommen (vgl. Stigler 1961, S. 216). Daraus folgt, dass Suchkosten variieren können (Abb. 1.11). Modelle zeigen, dass die Grenzersparnisse (Reduzierungen des niedrigsten vorliegenden Angebotspreises) mit zunehmender Suche sinken (vgl. Stigler 1961, S. 215). Unter diesen Annahmen ergibt sich, dass der Grenzertrag der Suche, der sich aus der Differenz zwischen der Grenzersparnis und den Grenzsuchkosten ergibt, mit zunehmendem Suchumfang sinkt und ab einem bestimmten Punkt sogar negativ wird. Der optimale Suchumfang ist gegeben, wenn sich Grenzsuchkosten und Grenzersparnisse der Suche entsprechen. Diese Überlegung lässt sich wie folgt erweitern:

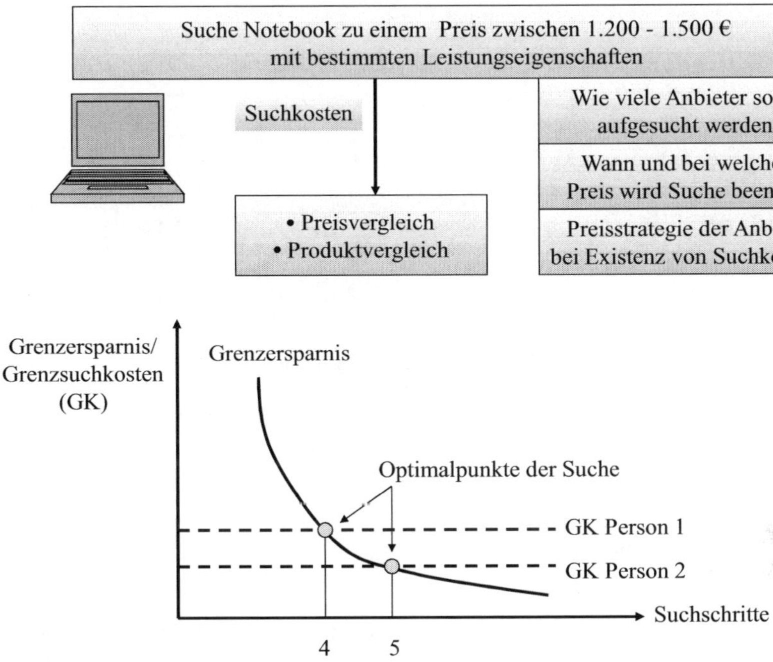

Abb. 1.11 Fragestellungen der Suchkostentheorie

- Niedrigere Grenzsuchkosten erhöhen den Suchumfang, während höhere Grenzsuchkosten den Suchumfang senken.
- Ein höheres Einkaufsvolumen kann den Umfang der Suchaktivitäten steigern, wenn z. B. eine Verdoppelung der eingekauften Menge auch zu einer Verdoppelung der Grenzersparnis führen würde.
- Bei einer höheren Preisstreuung wird das Einsparpotential höher. Es lohnt sich daher eher, länger zu suchen.
- Je geringer die Suchaktivitäten der Nachfrager sind, desto höhere Preise lassen sich durch die Anbieter durchsetzen.

Diese Ergebnisse sind verschiedenen Einwänden ausgesetzt. Wir haben unterstellt, dass der Ertrag der einzelnen Suchschritte stetig abnimmt. Allerdings ist es möglich, dass ein Konsument bereits bei der ersten Suche auf den günstigsten Preis trifft. Auch wird implizit unterstellt, dass ein Käufer stets auf vorherige, günstigere Angebote zurückgreifen kann. Dies ist nicht immer sichergestellt, z. B. beim Kauf gebrauchter Güter. Einwände dieser Art führen zur Entwicklung sequentieller Suchstrategien. Sie basieren auf der Grundregel, dass das gesuchte Gut dann zu kaufen ist, wenn der Angebotspreis höchstens einem vorher festgelegten Reservationspreis entspricht (vgl. Bakos 1997). Dieser könnte sich

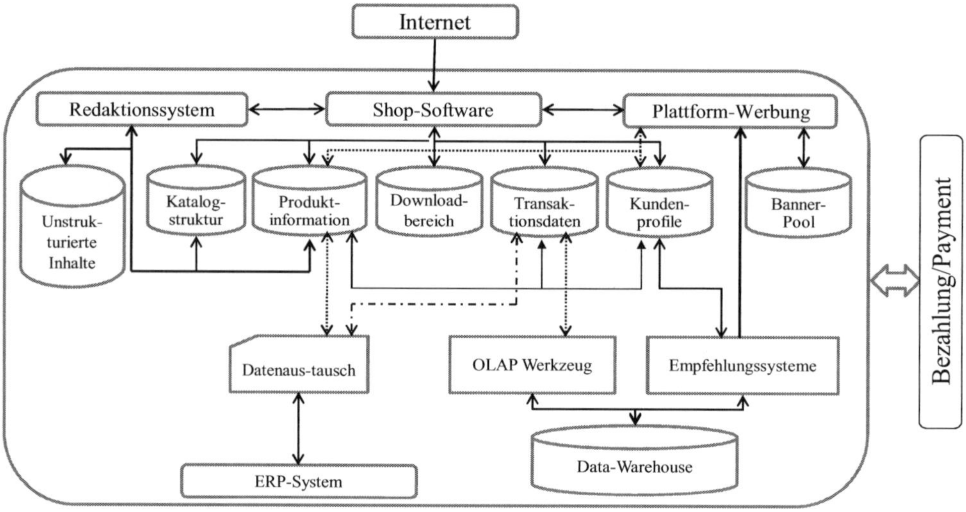

ERP = Enterprise-Resource-Planning
OLAP = Online Analytical Processing

Abb. 1.12 IuK-Architektur am Beispiel eines Online-Shops. (In Anlehnung an Merz 2002, S. 409)

u. a. aufgrund von Werbung oder durch das Studium von Informationsmaterial bilden. Bei diesem Preis wird die Suche abgebrochen und das Gut gekauft.

Diese Ausführungen mögen genügen, um den Grundvorgang der Preissuche in einer Welt ohne Internet zu beschreiben. Auf tendenziell unvollkommenen Märkten verläuft die Informationsversorgung durch Preise keineswegs so vollständig, wie Annahmen traditioneller ökonomischer Gleichgewichtsmodelle nahe legen (vgl. Reichmann 2007, S. 17 f.). So führt z. B. die Annahme des freien Marktzutritts von Anbietern zu einem größeren Wettbewerb und zu sinkenden Preisen. Allerdings steigen die Suchkosten der Konsumenten. Insgesamt hängen die Marktergebnisse von der Anzahl der Anbieter, von der Höhe der Suchkosten, den Suchstrategien sowie der Verbreitungsgeschwindigkeit von Preisinformationen ab. Die Vorteilhaftigkeit von elektronischen Märkten deutet sich damit an, da sie zu einer Reduzierung der Informationskosten und zur simultanen Suche einladen.

Suchkosten und Internet Das Internet verändert die Suche nach Preis- und Produktinformationen ganz erheblich. Faktoren der Sichtbarkeit und Entfernung von Angeboten spielen keine Rolle, d. h. jeder Anbieter ist gleich „nah" am Nachfrager. Statt reale Kaufhäuser zu betreten, können Sie nun von zu Hause aus verschiedene Online-Shops besuchen (Abb. 1.12). Sie können zu jeder Tageszeit einkaufen und sehen eine große Zahl von Produkten, aus denen sie wählen können. Dies ist bequem und spart Zeit. Sie können zudem auf Anbieter und (Nischen-)Produkte aufmerksam werden, die sie in der realen Welt nicht in einen Preisvergleich einbezogen hätten. Für die Kaufentscheidung relevante Informationen sind schnell gesucht und gefunden, so dass die These konstanter Suchkosten im Internet zu relativieren ist. Teilweise können Sie sich direkt an einen Hersteller wenden und sich über das Produkt informieren. Vielleicht können Sie das Produkt auch direkt dort bestellen, so dass der Online-Handel überflüssig wird. Die Vernetzung des Internets bietet Ihnen zudem die Möglichkeit, sich mit anderen Konsumenten über Produkterfahrungen auszutauschen. Auf Webseiten und Portalen können Sie Tests, Empfehlungen und Bewertungen zum gewünschten Produkt lesen. Der Online-Kauf verspricht also mit Blick auf das Suchen und Finden von Angeboten viele Vorteile. Schätzungen gehen davon aus, dass bis zum Jahr 2020 in Deutschland rund 20–25 % des Einzelhandelsumsatzes Online abgewickelt werden.

Zur Angebotsrecherche im Internet muss von Kunden eine immer größere Informationsflut analysiert werden. Nachfrager stoßen angesichts dieser Datenmenge rasch an ihre kognitiven Grenzen und können so nur selten sämtliche Informationen erfassen. Das Internet ist ein Suchraum mit einer unübersehbaren Fülle an Daten und Informationen. Struktur des Suchraums sind IP-Adressen der Informationsanbieter, die nicht oder nur beschränkt Rückschlüsse auf die angebotenen Inhalte haben. Das Informationsangebot ist daher weitestgehend unstrukturiert:

> Im Gegensatz zu einer klassischen Bibliothek lässt sich der Suchraum nicht entlang einer thematischen Gliederung schrittweise eingrenzen, sondern es sind alle Informationsangebote sequentiell zu prüfen. Die Wahrscheinlichkeit, in einem Suchschritt eine relevante Information zu finden, ist entsprechend gering. (Peters 2010, S. 88)

Erforderlich sind Suchprozesse, die das Informationsangebot des Internets effizient verarbeiten und nutzbar machen (Abb. 1.13). Gestaltungsparameter sind die Suchkosten und die Suchgeschwindigkeit. Darauf aufbauend lassen sich u. a. folgende Gestaltungskonzepte anwenden:

- Automatisierung des Suchprozesses durch Delegation an ein Computerprogramm. Mit der Automatisierung können sowohl die Suchkosten gesenkt als auch die Suchgeschwindigkeit erhöht werden. Mit der Automatisierung gehen jedoch in der Regel Qualitätseinbußen einher, da die Bewertung von Informationen nur unvollständig formalisierbar ist.
- Wiederverwendung von Suchergebnissen durch Speicherung. Bei einer ähnlichen Suchanfrage kann auf das gespeicherte Ergebnis zurückgegriffen werden. Mit einer erfolgreichen Wiederverwendung lassen sich sowohl die Suchkosten reduzieren als auch die Suchgeschwindigkeit erhöhen.
- Zerlegung der Suche in Teilprozesse mit höherem Wiederverwendungsgrad.

Suchdienste im Internet begünstigen die simultane Suche und die Suchintensität (vgl. Hinz und Eckert 2010). Während bei der sequentiellen Suche ein Anbieter nach dem anderen aufgesucht wird, erhält der Akteur bei der simultanen Suche z. B. mit Hilfe eines Shopbots, d. h. einem internetgestützten Preisvergleichsdienst, alle relevanten Ergebnisse. Die

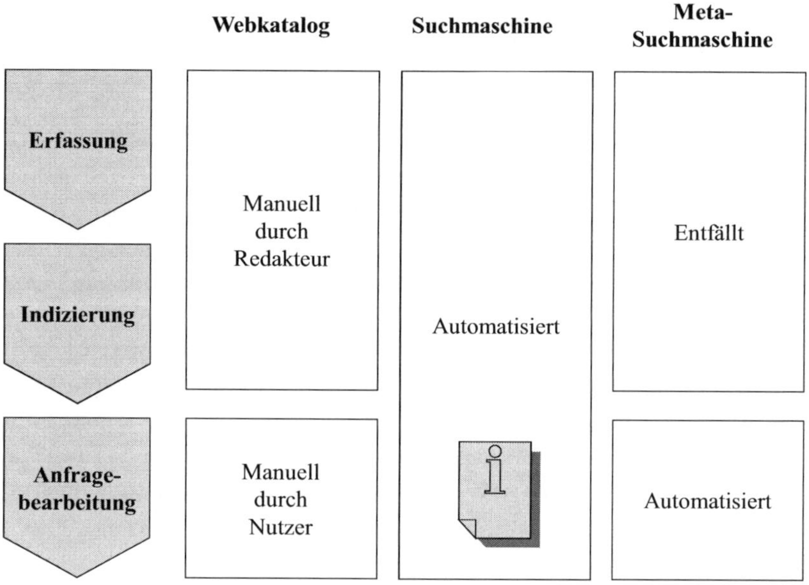

Abb. 1.13 Typologie von Suchdiensten im Internet. (Vgl. Peters 2010, S. 90)

simultane Suche ist der sequentiellen Suche dann überlegen, wenn die Suchkosten sich deutlich unterscheiden. Dazu benötigen Nachfrager in der Regel auch im Internet Intermediäre, die ihnen das Auffinden günstiger Angebote ermöglichen. Diese Informationsintermediäre, auch Infomediäre genannt, haben sich auf das Suchen und Filtern von Angeboten sowie das Zusammenführen von Anbietern und Nachfragern spezialisiert. Ziel ist die Reduktion der Komplexität durch Filterung von Informationen. Nachfrager werden damit in der Anbahnungs- und Selektionsphase einer Kaufhandlung unterstützt.

FreeConomics Suchmaschinen nähren also die Hoffnung, dass auf elektronischen Märkten günstige Angebote gefunden werden können. Anderson hat diesen Gedanken in seinem Buch weiterentwickelt und den Begriff FreeConomics eingeführt. „Free" bedeutet dabei allerdings nicht zwingend „ohne Gegenleistung". Auch Sie werden vielleicht kostenlose Angebote von Unternehmen, nicht-kommerziellen Einrichtungen und von anderen Nutzern in Anspruch nehmen (Tab. 1.1).

Allerdings basiert diese kostenlose Abgabe von Gütern im Netz auf einer Art Reziprozität. Die Gegenleistung besteht in Gütern, die im Internet strategisch wertvoll sind. Dazu zählen z. B. die Aufmerksamkeit, die rasche Verbreitung von Gütern oder die Gewinnung von Ansehen (Abb. 1.14):

- Unternehmen: In einer Gesellschaft, die der Informationsüberflutung ausgesetzt ist, haben Unternehmen oft keine Möglichkeit, z. B. mit ihrer Webseite analog zu einer Werbesendung Aufmerksamkeit zu erreichen. Ein grundlegendes Problem von

Tab. 1.1 Kostenlose Angebote auf elektronischen Märkten

Kostenlose Angebote von	Beispiele
Unternehmen	Preisvergleiche, Suchmaschinen, Routenplaner, Aktienkurse, Portale, Textverarbeitung, Browser, Kommunikation, Software
	Zusammenfassungen und Auszüge von Romanen, Sachbüchern, Reports, Umfragen
Nicht-kommerziellen Einrichtungen	Wissenschaftliche Artikel, Open Source Software
Anderen Nutzern	Nachrichten
	Unterhaltung, Kommunikation Einträge in Blogs, Chats
	Kommunikation
	Wissenschaftliche Artikel, Open Source Software

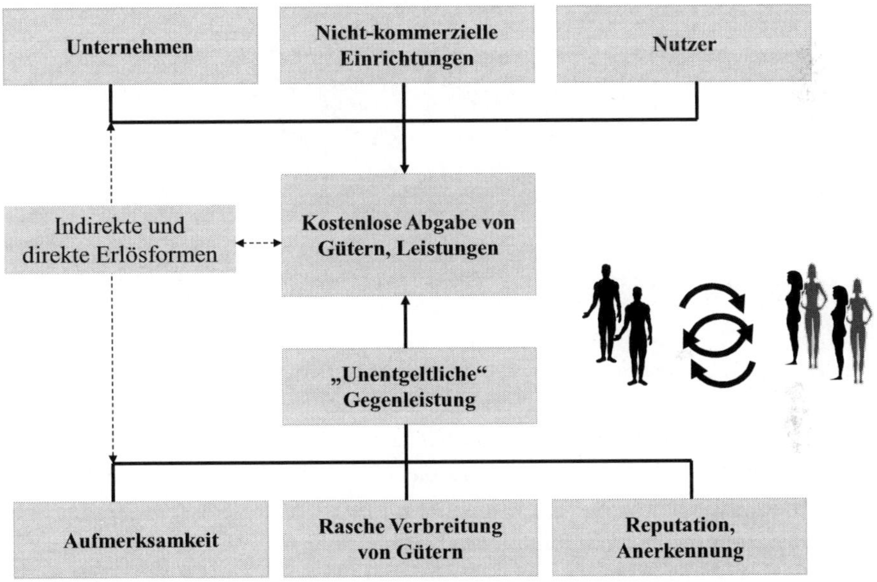

Abb. 1.14 Kostenlose Abgabe von Gütern in der Internet-Ökonomie

Inhalten ist die mangelnde Zahlungsbereitschaft der Nutzer. Sie können vergleichbare Inhalte auf anderen Seiten oft kostenlos bekommen. Unternehmen versuchen dann, die Aufmerksamkeit über die kostenlose Abgabe von Gütern zu gewinnen. Hier ist der Begriff der Aufmerksamkeitsökonomie entstanden (vgl. Franck 1998).

- Nicht-kommerzielle Einrichtungen: Fast jedes digitale Gut benutzt und benötigt Netzwerkeffekte zu seiner Verbreitung. Die Verbreitung und Nutzung steigert in der Regel den Wert eines Gutes für die Nutzer. Gleichzeitig steigert die kostenlose Verbreitung

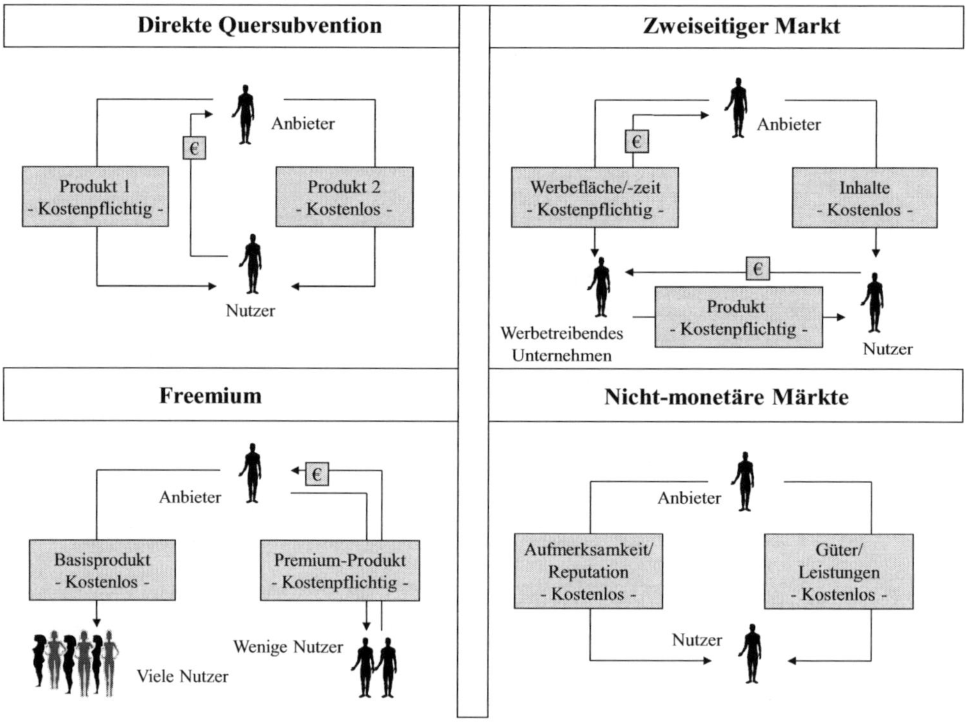

Abb. 1.15 Ausprägungen von Geschäftsmodellen der FreeConomics

von Gütern die Aufmerksamkeit, die den Verfassern von wissenschaftlichen Artikeln oder Nachrichten zukommt.

- Nutzer: Bei der Verfassung von wissenschaftlichen Artikeln oder bei Einträgen in Blogs bleibt in der Regel der Name des Verfassers erhalten. Die kostenlose Abgabe oder Mitarbeit an Projekten wie Wikipedia oder der Erstellung von Open Source Software kann daher zum Aufbau von Reputation beitragen.

Nach Auffassung von Anderson werden sich zukünftig vor allem Modelle herausbilden, die aus einer hybriden Struktur von kostenlosen und kostenpflichtigen Angeboten bestehen (Anderson 2009). Anderson beschreibt dazu im Wesentlichen vier zum Teil schon bewährte Methoden, wie in Zukunft auf Umwegen durch Quersubventionierung Erlöse erwirtschaftet werden können (Abb. 1.15):

1. Direkte Quersubvention: Ein Gut wird kostenlos bereitgestellt, für andere Güter oder Leistungen muss bezahlt werden.
2. Werbefinanziert: Eine Dritte Partei subventioniert die kostenlos abgegebenen Güter. In diesem Fall liegen zweiseitige Märkte vor.

3. Freemium: Einige wenige Nutzer (häufig 2–5 %) subventionieren durch den kostenpflichtigen Erwerb einer höherwertigen Premiumversion die kostenlose Bereitstellung einer Basisversion für viele Nutzer (Quersubventionierung).
4. Geschenk: Güter werden kostenlos für andere Formen der Entlohnung (z. B. Reputation, Anerkennung) weggegeben. Es entstehen nicht-monetäre Märkte. Kosten werden z. B. durch freiwillige Spenden gedeckt.

Anderson hat für Unternehmen, die sich der Potentiale kostenloser Angebote im Internet bedienen wollen, einige Grundregeln aufgestellt (vgl. Anderson 2009, S. 241 ff.):

- Digitale Inhalte werden früher oder später kostenlos angeboten. Die Verbreitung kostenloser Angebote lässt sich nicht verhindern. Dies gilt vor allem dann, wenn die (Grenz-)Kosten eines Angebots gegen Null streben.
- Es ist möglich, mit kostenlosen Angeboten Gewinn zu machen. Das Anbieten kostenloser Leistungen kann einen Markt neu definieren.
- Kostenlose Produkte machen andere Produkte, die nicht kostenlos angeboten werden, wertvoller. Kostenlose Angebote sind vor allem dort sinnvoll, wo die Ressourcen nicht knapp, sondern unbeschränkt verfügbar sind.
- Früher oder später werden kostenpflichtige Angebote mit kostenlosen Wettbewerbern in Konkurrenz treten müssen.

Die Perspektive einer FreeConomics ist nicht unumstritten (vgl. z. B. Weiss 2008; Patrick 2008; Riedel 2012; Abb. 1.16). Folgende Einwände lassen sich formulieren:

- Werbevolumen: Im Internet gibt es aufgrund der technologischen Möglichkeiten eine Reihe neuartiger Werbeformen, die bis hin zur personalisierten Werbung reichen. Nicht alle Werbeformen stoßen aber immer auf breite Akzeptanz der Nutzer. Zudem gibt es „natürliche" Restriktionen von werbefinanzierten Geschäftsmodellen, die aus den begrenzten finanziellen Mitteln der werbetreibenden Unternehmen resultieren. In der Regel ist die Werbung nur in der Lage, die kostenlosen Angebote weniger und großer Anbieter quer zu subventionieren.
- Wettbewerbsvorteil: Wenn mehrere oder viele Anbieter ihre Güter kostenlos abgeben, bedeutet dies keinen nachhaltigen Wettbewerbsvorteil. Die Vorteile, die sich für den einzelnen Akteur eigentlich ergeben müssten, werden dann auf viele Akteure verteilt und können sich gegenseitig aufheben. Aus Sicht der Spieltheorie entsteht ein Nullsummenspiel oder sogar ein Negativsummenspiel. Ein Markt, auf dem alle Produkte kostenlos erhältlich sind, lässt die Kunden zudem glauben, sie hätten ein Recht auf Gratisangebote. Dieser Entwicklung kann für ganze Branchen zur Herausforderung werden. So verlieren z. B. die Zeitungen massiv an Abonnementen, weil aktuelle Nachrichten jederzeit kostenlos im Netz erhältlich sind. Ein negativer Effekt von kostenlosen Produkten kann in der fehlenden Verbindlichkeit liegen. Menschen tendieren häufig dazu, kostenfreien Angeboten weniger Beachtung zu schenken. Zu klären bleibt aus

Abb. 1.16 Finanzierungsprobleme des FreeConomics-Modells

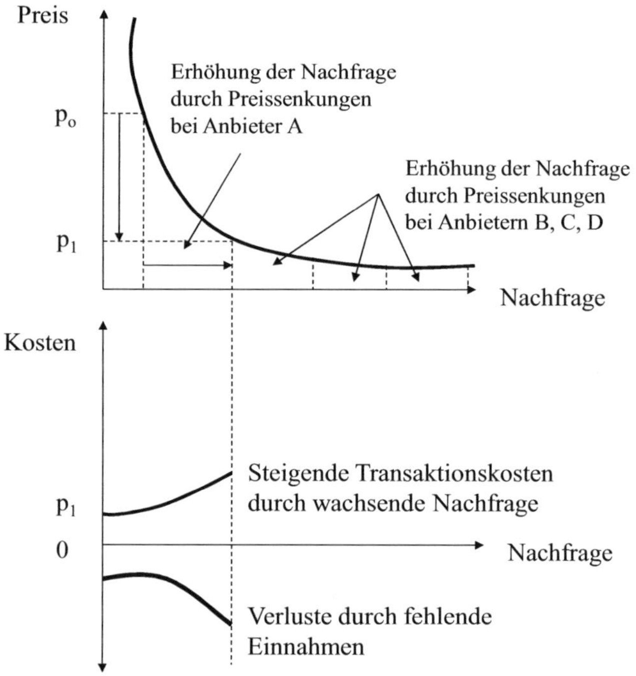

ökonomischer Sicht also, ob die kostenlos abgegebenen Güter substituierbar sind oder einen Mehrwert versprechen.

- Kosten: Zwar müssen aufgrund der besonderen Kostenstruktur digitaler Güter, deren Grenzkosten nahe Null liegen, nicht zwangsläufig mit jedem neuen Nutzer negative Deckungsbeiträge entstehen. Jedoch ist ein nachhaltiges Wachstum ohne Einnahmen dauerhaft nicht möglich. Die Generierung einer höheren Nutzerzahl, die durch kostenlose Angebote erreicht werden soll, führt in der Regel zu höheren Kosten. Es gibt also Zweifel, ob das traditionelle Wirtschaftskonzept, bei dem sich Kosten und Gewinn im Preis eines Gutes spiegeln, tatsächlich vor dem Ende steht. Auch Unternehmen der Internet-Welt können dauerhaft keinen Verlust erwirtschaften.

Studien weisen zwar darauf hin, dass die Zahlungsbereitschaft für digitale Inhalte immer noch eher gering ausgeprägt ist (vgl. Augner 2010). Dennoch gibt es Potentiale zur Durchsetzung von Bezahlangeboten, die als Paid Content bezeichnet werden:

- Bezahlangebote funktionieren vor allem dann, wenn der Anbieter von Inhalten eine hohe Reputation besitzt, die für Qualität steht, oder einen Zusatznutzen bietet (z. B. Individualisierung von Inhalten). Vor allem mobile Endgeräte ermöglichen die innovative und interaktive Aufbereitung von Inhalten (z. B. in Form von Apps).

- Netzeffekte (direkt, indirekt), positive externe Effekte
- Geringe Grenzkosten zusätzlicher Netzanschlüsse
- Ausschluss möglich (technisch, Zugangs- und Nutzungsgebühren)
- Überfüllung, Rivalität der Nutzung, negative externe Effekte nicht ausgeschlossen

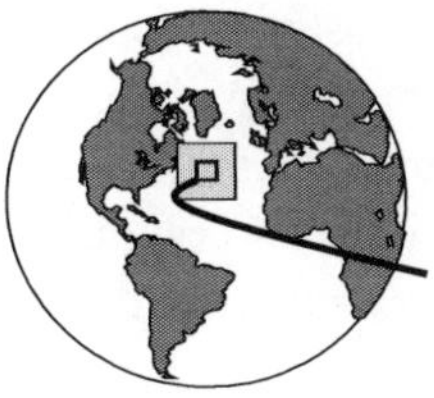

Abb. 1.17 Ökonomische Merkmale des Internets

- Auch für exklusive oder auf Zielgruppen zugeschnittene Informationen, unverwechselbare Inhalte oder Fachinformationen besteht eine Zahlungsbereitschaft. Inhalte, die an anderer Stelle kostenlos zu erhalten sind, werden sicher kaum bezahlt werden. Bezahlinhalte müssen also deutlich besser sein als die kostenlosen Angebote. In diesem Fall wollen Nutzer aber häufig keine Werbung z. B. auf der kostenpflichtigen Webseite sehen.
- Sind Nutzer bereits Abonnenten z. B. einer Zeitung oder zahlen Sie für Radio- oder TV-Nutzung, so ist die Zahlungsbereitschaft für ergänzende Online-Services eher gering. Interesse besteht aber relativ häufig an einem kombinierten Abonnement z. B. einer gedruckten Zeitung und einer Zeitungs-App. Auch wünschen sich Nutzer, dass der Kauf einzelner Ausgaben oder sogar Artikel möglich ist.
- Die höchste Zahlungsbereitschaft haben Online-Nutzer für Produkte und Leistungen, die auch offline Geld kosten (z. B. Kino, Musik, Spiele und Videos).

1.3.2 Offenheit und Regulierung des Internets

Das Internet ist als offenes Kommunikationssystem zwischen dezentralen Netzwerken ausgestaltet. Das Netz ist prinzipiell für alle potentiellen Nutzer zugänglich und hat weist keinen klar abgegrenzten Teilnehmerkreis. Ein offenes Kommunikationsnetzwerk wie das Internet bzw. die damit verbundenen Dienste weisen aus ökonomischer Sicht folgende Merkmale auf (vgl. Steinrücken 1999; Abb. 1.17):

- Das Internet ist ein internationaler Verbund zwischen verschiedenen Teilnetzen. Der individuelle Nutzen, den der einzelne Teilnehmer erzielen kann, entsteht neben der Informationsübertragung innerhalb des Teilnetzes aus dem Anschluss an das Gesamtnetz und der Nutzung der über diesen Verbund angebotenen Dienste. Es liegen direkte positive Netzeffekte oder positive externe Effekte vor. Mit jedem zusätzlichen an das Netz angeschlossenen Rechner entstehen für alle bereits angeschlossenen Teilnehmer Vorteile dadurch, dass zusätzliche Wege der Datenübertragung entstehen. Hinzu kommen indirekte positive Netzeffekte, da mit steigender Nutzerzahl auch die Zahl der angebotenen komplementären Systemkomponenten zunimmt. Es gibt zudem sehr geringe

Grenzkosten für zusätzliche Netzanschlüsse. Beim Vorliegen von positiven Netzexternalitäten kann der individuelle Nutzen, einem Netz bzw. Dienst beizutreten, hinter dem gesamtwirtschaftlichen Nutzen zurückbleiben. Es kommt zum Problem der kritischen Masse, der z. B. eine ökonomische Subventionierung sinnvoll machen kann, um das Netz aufzubauen. Im Fall des Internets haben viele Faktoren (z. B. Verwendung offener Protokolle, Unabhängigkeit von Hardware, kostengünstiger Zugang) von Anfang an die Basis für ein dynamisches Wachstum geschaffen. Staatliche Eingriffe zur Entwicklung des Internets und zur Stimulierung der damit verbundenen positiven externen Effekte waren also nicht notwendig.

- Kommunikationsnetze wie das Internet haben Merkmale von privaten und öffentlichen Gütern. Im Fall des Internets ist eine gleichzeitige Nutzung durch sehr viele Menschen möglich, die über eine entsprechende technische Ausrüstung verfügen. Es besteht eine Nicht-Rivalität in der Nutzung. Die technischen Eigenschaften von Kommunikationsnetzwerken erlauben die Erhebung von Anschluss- oder Nutzungsgebühren, die häufig in Flatrates bestehen.
  Damit ist ein Ausschluss von Nutzern möglich. Bei der Überschreitung einer bestimmten Nutzerzahl können zumindest theoretisch negative Externalitäten in Form der Überfüllung auftreten, die dann eine Rivalität der Nutzung signalisieren. In diesem Fall wäre das Internet ein Klubgut, wenn nicht zahlungswillige Personen von einer Nutzung ausgeschlossen werden können. Ist kein Ausschluss möglich oder erwünscht und besteht aber eine Rivalität in der Nutzung, ist das Internet ein Allmendegut.

Wir wollen nachfolgend der Frage nachgehen, ob es Gründe für eine Regulierung des Internets gibt.

(1) Ökonomische Dimension Das Internet macht eine Übertragung verschiedener Dienste über eine universelle Infrastruktur möglich (vgl. Kruse 2011). Zum Transport werden die Daten der heterogenen Dienste in kleine und nach außen homogene Pakete zerteilt, die einzeln an Empfänger versandt werden. Da keine dienstespezifischen IuK-Infrastrukturen aufgebaut werden müssen, lassen sich Kostenersparnisse und Effizienzgewinne durch das Internet realisieren. Diese Struktur führt zu Problemen, wenn es zu einer Überlast kommen sollte. Eine Überlast liegt vor, wenn die Menge der an einem Router ankommenden Datenpakete höher ist als dessen Kapazität. Ursächlich sind entweder eine nachfrageinduzierte Überlast durch hohe Nutzeraktivitäten oder eine angebotsinduzierte Überlast, wenn z. B. Übertragswege ausfallen, zerstört werden oder nur in zu geringem Ausmaß zur Verfügung stehen. Die Folgen sind für die einzelnen Dienste in der Regel unterschiedlich. Bei qualitätssensitiven Diensten (z. B. Anwendungen im Finanzbereich, Abwicklung von Geschäftsprozessen, Voice-over-IP) sind die Minderungen der Dienstequalität häufig direkt spürbar. Bei nicht-qualitätssensitiven Diensten (z. B. Aufruf von Webseiten, Versand von E-Mails) sind die Folgen für Konsumenten hingegen häufig kaum spürbar. Der Wert für den störungsfreien Versand von Datenpaketen lässt sich an der Zahlungsbereitschaft der

Nutzer messen. Sie sollte für qualitätssensitive Dienste höher sein als für geringerwertige Dienste.

Grundsätzlich besteht der Eindruck, dass Leitungskapazitäten für das Internet kein beschränkender Faktor sind. Studien weisen aber darauf hin, dass es aufgrund der immens steigenden Nutzung z. B. von Videos, sozialen Netzwerken oder Filesharing-Tauschbörsen zu Dichteffekten im Internet kommen kann, wenn nicht in zusätzliche Verbindungen investiert wird (vgl. Kruse 2008). Gleichzeitig sind die Preise für Internetzugänge deutlich rückläufig. Das Internet kann dann z. B. hinsichtlich der Nutzung der knappen Ressource Bandbreite die Eigenschaften eines Allmendegutes aufweisen. Es besteht dann Rivalität bezüglich der schnellen Übertragung von Datenpaketen, aber kein vollständiger Ausschluss von der Übertragung. In diesem Fall ergeben sich die für Allmendegüter typischen Allokationsprobleme.

Durch den unregulierten Zugang zur Ressource Übertragungskapazität werden z. B. traditionelle elastische Anwendungen wie die E-Mail verlangsamt und der Einsatz neue zeitkritischer Anwendungen (wie z. B. digitales Fernsehen) teilweise verhindert. Vor diesem Hintergrund wird über eine Abkehr vom Prinzip der Gleichbehandlung von Datenpaketen im Internet nachgedacht, das als Netzneutralität bekannt ist. Häufig ist damit gemeint, dass alle Dienste und Netze gleich behandelt werden. Dies führt zu einer Nicht-Diskriminierung, allerdings auch zu Ineffizienzen, da die Folgen einer Überlast zwischen verschiedenen Diensten differieren. Eine andere Interpretation stellt darauf ab, dass die Datenpakete gleich behandelt werden, für die der gleiche Transportpreis gezahlt wird. Im ökonomischen Sinn ist diese Auffassung mit keiner Nicht-Diskriminierung verbunden und auch effizient (vgl. Kruse 2011).

Jenseits der Kapazitätsgrenzen des Internets kann es zu einer partiellen Rivalität zwischen den Diensten kommen. Hier bleibt zu berücksichtigen, dass ein Großteil der Netzbelastung aus Datenpaketen wie Musik und Videos resultiert, die von Nutzern in der Regel über Flatrates abgerechnet werden. Aus ökonomischer Sicht sind diese Flatrates durch Grenzkosten von Null gekennzeichnet. Die Nutzer greifen damit auf die gleichen Ressourcen (Allmende) zu wie die höherwertigen und qualitätssensitiven Dienste. Im Extrem kommt es zu Verdrängungseffekten von höherwertigen Diensten durch geringerwertige Dienste, die in der Ökonomie als Crowding-Out bekannt sind (vgl. Kruse 2009). Dieser Fall tritt auf, wenn eine strikte Netzneutralität vorliegt, die den ökonomischen Wert des staufreien Transports nicht berücksichtigt. Zur Lösung dieses Problems stehen verschiedene Wege offen (Abb. 1.18).

a) Volumenbasierte Tarife Flatrates sind aus ökonomischer Sicht effizient, wenn die Kosten der Netznutzung immer Null betragen. Dies ist bei Verkehrslasten unterhalb der Kapazitätsgrenzen der Fall. Bei Überlast sind Flatrates hingegen nicht effizient. Die Nutzer haben keinen Anreiz, die volkswirtschaftlichen Folgen ihres Datenkonsums zu berücksichtigen. Es kommt zu negativen externen Effekten. Die Grenzkosten entsprechen den Staufolgen der nicht transportierten Datenpakete. Sie sind dann hoch, wenn sich die Qualität der Dienste verschlechtert oder höherwertige Dienste verdrängt werden. Auf den ersten

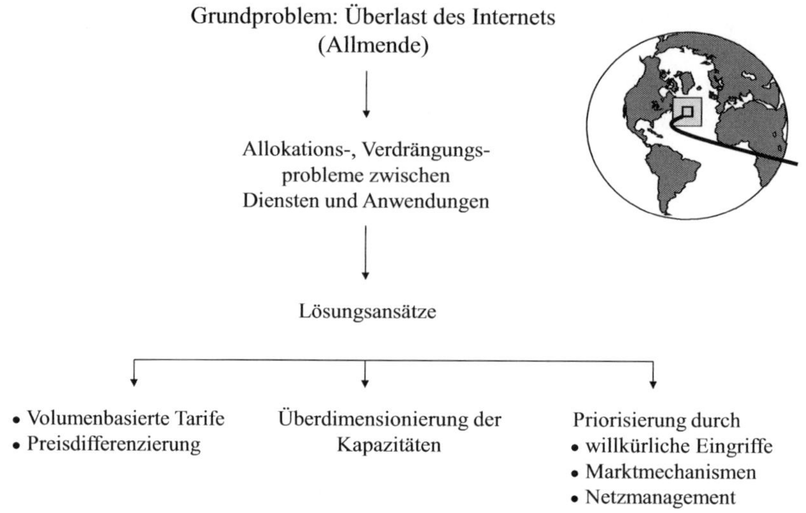

Abb. 1.18 Allokations- und Verdrängungsprobleme des Internets aus ökonomischer Sicht

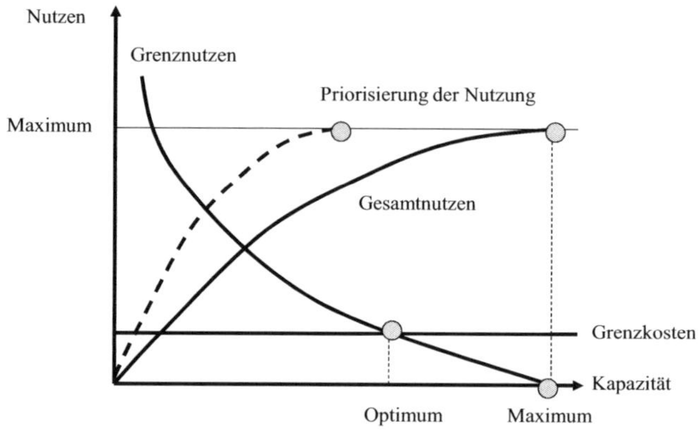

Abb. 1.19 Internetznutzung und Internetkapazität aus ökonomischer Sicht. (Vgl. Kruse 2011, S. 6)

Blick wären volumenbasierte Tarife in der Lage, dieses Kapazitätsproblem zu lösen. Allerdings müsste das Datenaufkommen exakt prognostizierbar sein und sich in Form darauf aufbauender differenzierter Preise niederschlagen. Diese Voraussetzung ist nicht gegeben (vgl. Kruse 2011).

b) Überdimensionierte Kapazität Da die Überlast das Kernproblem des Internets bildet, könnte eine überdimensionierte Kapazität das Problem lösen. In diesem Fall könnten alle Datenpakete sofort transportiert werden. Aus ökonomischer Sicht ist diese Lösung aber nicht effizient (vgl. Kruse 2011; Abb. 1.19):

- Der Totalnutzen erreicht sein Maximum wenn die Kapazität so groß ist, dass alle Nachfragespitzen staufrei bewältigt werden können. Die Grenznutzenfunktion ist positiv und fallend bis zum Maximum. Danach wird der Grenznutzen negativ.
- Höhere Kapazitäten führen zu steigenden Kosten. Die Grenzkosten lassen sich durch einen linearen Verlauf darstellen.
- Der Schnittpunkt von Grenznutzen und Grenzkosten bestimmt das Optimum. Bis zu diesem Punkt sind die Kosten einer weiteren Kapazitätseinheit geringer als der volkswirtschaftliche Nutzen.

Da die Kosten einer Kapazitätserhöhung durchgehend positiv sind, ist die volkswirtschaftliche optimale Kapazität geringer als die maximale Kapazität. Dies bedeutet, dass in Spitzenzeiten weiterhin Überlastprobleme auftreten können. Die Annahme, dass es also niemals zu Engpässen kommen kann, ist also nicht relevant. Es muss eine Vorsorge getroffen werden, dass bei einer Überlast die verbliebenen Kapazitäten möglichst effizient genutzt werden, d. h. eine Priorisierung erfolgt (Kruse 2010).

c) Priorisierung Eine Priorisierung lässt sich abgesehen von willkürlichen Eingriffen durch Marktmechanismen und das Netzmanagement vornehmen:

- Marktliche Priorisierung: Gemeint ist eine Preissetzung für das Recht, im Fall von Stauproblemen vorrangig bedient zu werden. In diesem Fall wird der gleiche Internetnutzen zunächst mit geringeren Kapazitäten erreicht. Vor allem Anbieter höherwertiger und qualitätssensitiver Dienste werden in der Regel eine höhere Zahlungsbereitschaft aufweisen. In diesem Fall könnte die verschiedene Bepreisung unterschiedlicher Dienste zur Lösung von Überlastproblemen beitragen. Eine Preisdifferenzierung setzt allerdings Marktmacht voraus. Diese kann dann wohlfahrtssteigernd wirken, wenn dadurch Knappheiten (Stauprobleme) besser berücksichtigt und auch unterschiedlich zahlungswillige Kunden bedient werden. Durch höhere Erlöse können die Investitionsanreize in die Infrastruktur gestärkt werden. Der Ausbau der Infrastrukturen kann dann wiederum allen Nutzern zugute kommen.
- Netzmanagement: In diesem Fall muss der Netzbetreiber Prioritäten festsetzen, nach welchen Kriterien die Stauprobleme zu beseitigen sind.
  Allerdings könnten Netzbetreiber ihre Marktstellung für das Angebot eigener Dienste nutzen und z. B. frei verfügbare Dienste wie Skype hinsichtlich der Übertragungsqualität bei einer hohen Netzauslastung diskriminieren. Anwendungen wie z. B. das Filesharing könnten gedrosselt oder ganz unterbunden werden. Moderne Netzwerktechnologien ermöglichen es zudem, in Datenpakete in Echtzeit hineinzuschauen und bestimmte Inhalte zu bremsen oder gar zu blockieren (Deep Packet Inspection, DPI). Auf dieser Basis sind eine qualitative oder quantitative Vorzugsbehandlung bei der Datenübertragung, eine Behinderung Dritter bzw. eine Filterung oder gar eine Blockierung nicht erwünschter Datenpakete durchsetzbar. Die Netzbetreiber können damit dann die Neutralität des Internets einschränken. Das Wettbewerbsrecht und die Regulierung haben dafür Sorge zu tragen, dass keine marktbeherrschenden Stellungen von Unternehmen entstehen.

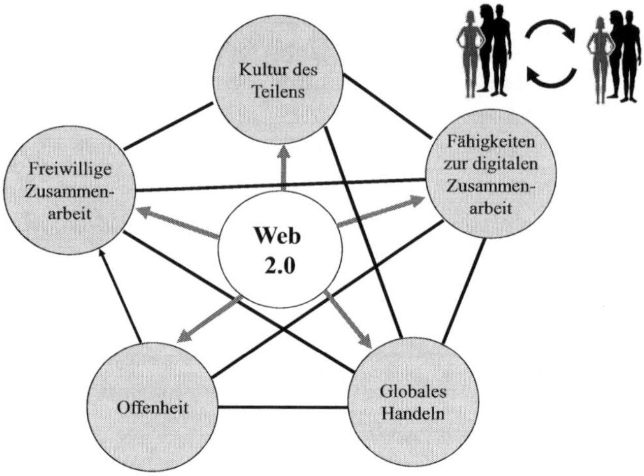

Abb. 1.20 Ausprägungen der Zusammenarbeit im Web 2.0

(2) Gesellschaftliche Dimension In den letzten Jahren hat sich ein internationaler Markt für Internet-Dienste entwickelt, die von wenigen Unternehmen geprägt werden. Häufig ist in Anlehnung an einen Film von den „Fab Four" die Rede (Google, Facebook, Amazon, Apple). Da es sich beim Internet um ein offenes Kommunikationssystem mit globaler Verbreitung handelt, können jedoch prinzipiell alle Wirtschaftssubjekte, die einen Zugang zum Netzwerk haben, als Anbieter oder Nachfrager auf diesem internationalen Markt auftreten. Aus diesem Sachverhalt entstehen viele Vorteile. Beispielsweise ermöglicht das Internet als nahezu globale Infrastruktur neue Formen der gemeinsamen Produktion von Gütern und des Teilens von Wissen (Abb. 1.20).

Beispielhaft sei auf folgende Konzepte verwiesen:

- Das Konzept des Crowdsourcing meint die Übertragung von Tätigkeiten auf Dritte im Internet. Freiwillige Mitarbeiter schaffen arbeitsteilig Inhalte, lösen Teilaufgaben oder sind an gemeinsamen Forschungs- und Entwicklungsprojekten beteiligt (vgl. Howe 2009; Surowiecki 2004).
- Die Konzepte der Social Production (vgl. Benkler 2006) und des Groundswell (vgl. Li und Bernhoff 2008) stellen vor allem auf die sozialen Technologien des Web 2.0 ab. Als Groundswell bezeichnen Li/Bernoff den sozialen Trend, bei dem Menschen weltweit soziale Technologien nutzen, um Informationen, Hilfen und Tipps austauschen.
- Das Konzept Wikinomics bezieht sich primär auf den Bereich der Wirtschaft und beschreibt Formen der Zusammenarbeit durch Wikis (vgl. Tapscott und Williams 2008). Wikis sind eine Software, die es den Nutzern ermöglicht, eine Website nicht nur anzuschauen, sondern zu verändern.

Im Internet gibt es Gemeingüter, die nicht nur gemeinsam entwickelt und produziert werden, sondern die auch allen gehören sollen (Abb. 1.21). Vielfach ist von Wissensallmenden

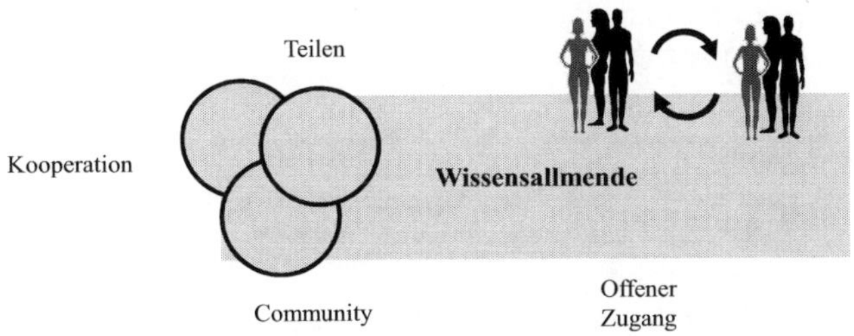

Abb. 1.21 Offener Charakter des Internets

die Rede (vgl. http://www.wissensallmende.de/). Die Wissensallmende bildet den Bezug für Konzepte der freien Software bzw. Open Source Software sowie des Open-Content. Ideenwirtschaft und die Marktökonomie koppeln sich ab. Mit seiner Veröffentlichung wird z. B. das in digitalen Inhalten enthaltene Wissen zum Gemeingut. Es kann frei nachvollzogen, überprüft und weiterentwickelt werden. Beispiel für eine derartige Entwicklung ist die digitale Enzyklopädie Wikipedia. Wie dargestellt entsteht im Fall von Allmendegütern das Problem der Übernutzung. Vor diesem Hintergrund ist der Begriff der Wissensallmende eigentlich nicht korrekt, weil Wissen bei freiem Zugang ein öffentliches Gut darstellt, d. h. keine Rivalität in der Nutzung vorliegt. Würden Nutzer hingegen vom Konsum des Gutes Wissen ausgeschlossen und wird Wissen zu einem Klubgut, kann die produktive Weiterentwicklung von Wissen sogar verhindert werden. Im Gegensatz zu anderen Produktionsfaktoren vermehrt sich Wissen durch Teilung. Es ist daher nach Auffassung von Autoren sinnvoll, einen freien Zugang zu Wissen zu gewährleisten.

Aus ökonomischer Sicht stellt sich die Frage, ob die Rahmenbedingungen so gesetzt sind, dass Güter und Leistungen im Internet effizient zugeteilt werden. Hier spielen verschiedene Gesichtspunkte eine Rolle (Abb. 1.22):

a) Sicherheit der Netznutzung: Hier geht es primär um die sichere Kommunikation in offenen Netzwerken, die sich in Verfügbarkeit, Integrität, Verbindlichkeit und Vertraulichkeit der kommunizierten Inhalte niederschlägt.
b) Verwendung von Nutzerdaten: In der Regel besteht eine asymmetrische Informationsverteilung zwischen den Marktseiten: In diesem Zusammenhang ist z. B. die Frage von Bedeutung, ob und inwieweit Nutzer Kenntnis von der Verwendung der Daten erhalten, die u. a. zur Bildung von Nutzerprofilen erhoben werden.
c) Zulässigkeit der Inhalte: Das Internet ermöglicht die Übertragung und den Zugang zu Inhalten, die in den meisten Fällen durch nationales Recht verboten sind (z. B. jugendgefährdende Inhalte). Zu klären ist, wie diese Bereitstellung und Nutzung von illegalen und unerwünschten Informationen zu verhindern ist (u. a. Selbstverpflichtung oder Haftung von Inhalte-Anbietern, Vorgabe von Mindeststandards durch staatliche Kontrollinstitutionen).
d) Das Internet eröffnet neue Möglichkeiten, den Zugang zu Wissensgütern zu lösen und stellt damit das herrschende Paradigma geistiger Eigentumsrechte in Frage (vgl. Hofmann 2006). Einigkeit besteht darin, dass z. B. eine angemessene Vergütung von

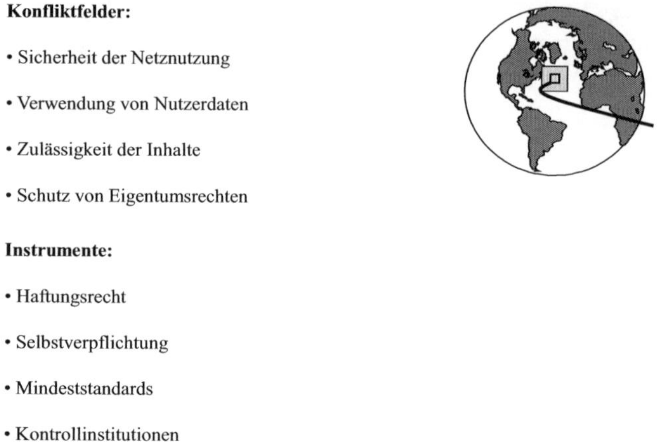

Abb. 1.22 Konfliktfelder der Internet-Nutzung

Kulturschaffenden (z. B. Autoren und Musikern), Kulturverwertern (z. B. Musiklabels) und auch Presseverlagen mit internetkompatiblen Zugangs- und Urheberrechten vereinbar gemacht werden soll. Wie diese Vereinbarkeit realisiert werden könnte, ist jedoch umstritten (vgl. Dobusch und Quack 2011). Dazu zwei Beispiele:

- Ein neu gestaltetes Leistungsschutzrecht in Deutschland soll die Nutzung von Presseartikeln durch Suchmaschinen wie z. B. Google sowie durch Angebote, die Online-Artikel bündeln und aufbereitet darstellen, regulieren. Beteiligungsmodelle sollen die Vergütung klären, wenn Suchmaschinen oder Online-Angebote die Inhalte der Verlage ausführlicher darstellen als in Form eines knappen Links.
- Im internationalen Kontext findet sich das Konzept zur Umsetzung des Anti-Counterfeiting Trade Agreements (ACTA), das häufig als Anti-Produktpiraterie-Handelsabkommen bezeichnet wird. Ziel ist die Verabschiedung von internationalen Standards, die Produktpiraterie eingrenzen und Urheberrechtsverletzungen bestrafen.

Insgesamt gibt es ökonomische und gesellschaftspolitische Gründe, die für eine staatliche Regulierung von Anwendungen des Internets sprechen. Ein Blick auf die technischen Eigenschaften des Internets zeigt jedoch, dass z. B. Instrumente wie das Haftungsrecht oder Mindeststandards nur auf Basis internationaler Vereinbarungen möglich sind. Da solche Lösungen zumindest gegenwärtig eher nicht in Sicht sind, lassen sich Ineffizienzen auf der Anwendungsebene des Internets durch staatliche Aktivitäten allein nicht beseitigen. Auch bleibt bei allen Ansätzen der Regulierung des Internets die Art und Weise der Nutzung des Mediums zu berücksichtigen.

Menschen nutzen das Internet auch, um sich aus möglichst unabhängigen und unterschiedlichen Quellen zu informieren oder um ihre Meinung zu Themen zu äußern, sei es über eigene Webseiten, in Blogs, durch das Kommentieren von Online-Artikeln oder durch die Teilnahme an Diskussionsforen. Vor diesem Hintergrund kann eine

Bevorzugung oder Benachteiligung bestimmter Inhalte oder Absender durch Netzbetreiber oder Regulierer auch unmittelbare Auswirkungen auf die Informationsfreiheit oder die freie Meinungsäußerung der übrigen Netznutzer haben. Das Konzept der Netzneutralität kann auf diese Weise dem Erhalt der Meinungsfreiheit und der Meinungsvielfalt dienen. Das Ringen um die Netzneutralität hat damit längst die technische Dimension verlassen und stellt u. a. die Fragen nach der partizipatorischen Struktur und der Innovationskraft des Internets, die maßgeblich auf der Vielfalt der Inhalte zurückzuführen ist (vgl. Jochner und Schächner 2012).

> Das Internet ist kein kranker Patient. Es braucht keine starke Arznei. Um es gesund zu erhalten, braucht es Wachsamkeit und sanfte Medizin des Gesetzgebers viel mehr als eine Operation am offenen Herzen durch einschneidende regulatorische Eingriffe. Auch hier verhält es sich wie in der Medizin: Die Dosis macht das Gift. (Martini 2011, S. 60)

1.3.3 Wert des Internets

Der Wohlstand der Nationen (engl. Titel: An Inquiry into the Nature and Causes of the Wealth of Nations) ist das am 9. März 1776 erschienene Hauptwerk des schottischen Ökonomen Adam Smith. Es bildet den Ausgangspunkt der klassischen Nationalökonomie. Rund 250 Jahre später wollen wir in Anlehnung an dieses Werk vom „Wohlstand der Netze" sprechen, der im Kern auf das Internet zurückzuführen ist.

Ökonomen sind es bei der Betrachtung des Wohlstands gewohnt Nutzen, Werte und Preise von Gütern zu beziffern. Diese Aufgabe ist keineswegs einfach, wie das klassisches Wertparadoxon (Wasser-Diamanten-Paradoxon) verdeutlicht. So hat das zum Überleben äußerst wertvolle Wasser in der Regel einen geringen Preis, während Diamanten mit einem vergleichsweise geringen Nutzen für das Überleben einen hohen Preis haben. Aus ökonomischer Sicht lässt sich dieses Paradoxon aufhellen, wenn zwischen Tausch- und Gebrauchswert getrennt wird. Der Gebrauchswert von Wasser ist hoch und jener von Diamanten gering. Beim Tauschwert verhält es sich hingegen umgekehrt. Diamanten sind eher selten und haben dann einen hohen Preis.

Wie ist nun der Nutzen, Wert und Preis des Internets zu beurteilen? Zur Beantwortung dieser Frage lassen sich mehrere Perspektiven einnehmen. Die nachfolgenden Kategorien sind nicht überschneidungsfrei, sie zeigen aber gut die Bedeutung auf, die das Internet und die damit verbundenen IuK-Technologien gegenwärtig und zukünftig haben (Abb. 1.23):

1. Ausgaben: Hier wird gefragt, wie groß der Anteil der Internetwirtschaft am Bruttoinlandsprodukt (BIP) ist. Dieser Ansatz misst die Ausgaben für Endprodukte und Dienstleistungen, die online gekauft werden, Kosten der laufenden Online-Nutzung sowie Investitionen und Ausgaben des öffentlichen Sektors (vgl. BMWi 2012). Im Jahr 2016 wird die Internetwirtschaft in Deutschland nach Prognosen einen Anteil von 4 % am BIP haben (vgl. BCG 2012). In anderen Ländern liegt dieser Anteil sogar bei rund 10 % (z. B. USA, Großbritannien). Diese Berechnungsmethode erfasst allerdings nur

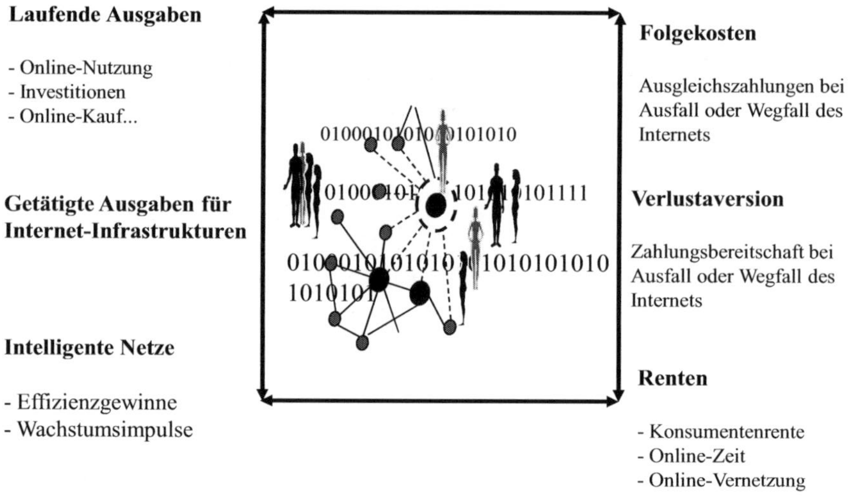

Abb. 1.23 Kriterien zur Beurteilung des Wohlstands der Netze

Stromgrößen, die jährlich anfallen. Bestandsgrößen, die z. B. bereits getätigte Ausgaben für vorhandene Internet-Infrastrukturen umfassen, bleiben außen vor und können ergänzt werden.

2. Intelligente Netze: Der Ausbau intelligenter Netze (Go Smart) basiert auf den vorhandenen Internet-Infrastrukturen (z. B. Breitbandnetze) und entwickelt diese weiter, indem bereichsübergreifende und bereichsspezifische Anwendungen in den Feldern Energie, Verkehr, Gesundheit, Bildung und Verwaltung möglich werden. Der Gesamtnutzen intelligenter Netze umfasst die drei Dimensionen Effizienzgewinne (z. B. durch Einsparungen), zusätzliche Wachstumsimpulse und Auswirkungen auf die Lebensqualität. Es wird davon ausgegangen, dass sich die Diffusion von intelligenten Netzen in verschiedenen Phasen vollzieht, die sich wie andere netzbasierte Innovationen als S-Kurve abbilden. Wenn alle Diffusionsphasen durchlaufen sind, d. h. nach derzeitigem Stand im Jahr 2022, lassen sich Effekte von rund 56 Mrd. € pro Jahr erzielen. Im Zeitraum von 2012–2022 bauen sich die gesamtwirtschaftlichen Effekte entsprechend der Diffusionskurve sukzessive auf und erreichen einen kumulierten Gesamtwert von rund 336 Mrd. € (vgl. Bitkom und Fraunhofer-ISI 2012).
3. Verlustaversion: Deutsche zahlen nach einer Studie insgesamt etwa 5,5 Mrd. € dafür, dass sie das Internet nutzen können. Sollte das WWW abgeschaltet werden, wären die Nutzer in Deutschland bereit, mehr als fünf Mal so viel zu zahlen, um dies zu verhindern. Aus Sicht der Opportunitätskosten ist das Internet den deutschen Nutzern damit 30,8 Mrd. € wert (vgl. BMWi 2012). Einen Verlust des Internets würden deutsche Internetnutzer nur dann akzeptieren, wenn sie eine einmalige Kompensationszahlung von mindestens 1.200 € erhalten. Nutzer, die das Internet sehr intensiv nutzen, würden eine Kompensationsleistung entweder überhaupt nicht akzeptieren oder geben sogar

mehrere tausend Euro an. Mehr als die Hälfte der Verbraucher wären nach einer Umfrage eher bereit, auf Kaffee oder Schokolade als auf ihren Internetanschluss zu verzichten (vgl. BCG 2012).

4. Folgekosten: Studien zeigen, dass in „entwickelten" Volkswirtschaften rund 50–60 % der gesamtwirtschaftlichen Wirtschaftsleistung auf Transaktionskosten entfallen. Diese umfassen z. B. interne Arbeitsanweisungen, Verhandlungen zwischen Unternehmen und Lieferanten, Marktforschung, Management, Planung oder Kontrolle. Jeder zweite Euro ist damit ganz wesentlich auf Informations- und Kommunikationstätigkeiten zurückzuführen, die ohne die Basistechnologien der IuK und das Internet nicht mehr darstellbar sind. Sie eröffnen neue Möglichkeiten für die Organisation und Steuerung der Arbeitsteilung zwischen und innerhalb von Unternehmen (vgl. Picot et al. 2003, S. 28 f.). Neuere Studien weisen darauf hin, dass in Deutschland inzwischen das Geschäftsmodell jedes zweiten Unternehmens ohne Internet und damit verbundene IuK-Technologien nicht mehr zu realisieren ist (vgl. IW und Bitkom 2011). In einigen Branchen (z. B. Medienbranche) ist sogar nahezu jedes Unternehmen vom Internet abhängig. Das Internet ist damit nicht nur zu einem wichtigen Wirtschaftsfaktor, sondern zu einer unverzichtbaren wirtschaftlichen Ressource geworden. Ähnlich wie bei Konsumenten lässt sich der Wert des Internets über Zahlungsbereitschaften oder Kompensationszahlungen ermitteln, die bei einem Abschalten für Unternehmen anfallen würden. Sofern Geschäftsmodelle gar nicht mehr realisiert werden können, müssten auch die volkswirtschaftlichen Kosten der Insolvenz mitberücksichtigt werden (z. B. Verlust an Arbeitsplätzen, Steuerzahlungen für den Staat). Auch für viele staatliche Dienstleistungen ist davon auszugehen, dass sie ohne Internet und damit verbundene IuK-Technologien nicht mehr in der gewünschten Qualität und Quantität erbracht werden können. Auch diese Folgekosten bleiben zu berücksichtigen.

5. Renten: Nicht alle Effekte des Internets schlagen sich in den gewohnten Statistiken nieder (vgl. Handelsblatt 2011). Wir wollen diese Effekte unter dem Begriff „Rente" subsumieren. Gemeinsam ist diesen Effekten, dass damit verbundene Vorteile ohne direkte Gegenleistung bezogen werden:
   a) Konsumentenrente: In Statistiken gehen nur die Güter ein, die Preise haben. Viele Güter im Internet sind aber aus Sicht des Nutzers „gratis", auch wenn ihre Herstellung Kosten verursacht und z. B. durch Werbung finanziert wird (z. B. Nutzung von Suchmaschinen, Videoportalen, sozialen Netzwerken). Dieser Nutzen lässt die Konsumentenrente steigen. Der Begriff bezeichnet die Differenz zwischen dem Preis, den Konsumenten tatsächlich bezahlen und der Summe, die sie dafür maximal zu zahlen bereit wären. Wenn Anbieter z. B. von Online-Diensten gar keinen Preis verlangen, wird die Konsumentenrente entsprechend groß ausfallen. Eine Erhöhung der Konsumentenrente lässt sich auch durch eine höhere Produktvielfalt und im Vergleich zum stationären Handel geringere Preise ableiten (vgl. das Beispiel Online-Buchhandel in Brynjolfsson et al. 2003). Das kostenlose Angebot von Gütern bzw. die geringeren Preise für Endprodukte reduzieren demgegenüber die klassische Berechnung des BIP, die allein auf Marktpreisen basiert.

b) Zeit: Nicht berücksichtigt wird die Zeit, die Nutzer freiwillig online verbringen. Aus ökonomischer Sicht lässt sich berechnen, was Nutzer hätten verdienen können, wenn sie stattdessen einer bezahlten Tätigkeit nachgegangen wären. Diese Summe drückt dann aus, welchen Wert Online-Zeit für die Nutzer hat, die freiwillig auf Einkommen verzichten. Allerdings kann diese Online-Zeit auch während der Arbeitszeit verbracht werden.
c) Vernetzung: Digitalisierung und Vernetzung prägen bereits jetzt viele Lebensbereiche. In Deutschland sind Nutzer vor allem im Bereich der Familie und der Freunde vernetzt (vgl. Telekom 2009). Für die überwiegende Mehrzahl der Nutzer sind Anwendungen wie E-Mail oder das Teilen von Nachrichten und Fotos in sozialen Netzwerken unverzichtbar bzw. zumindest von sehr hoher Bedeutung, um mit Freunden und Familie Kontakt zu halten. Auch aus der Freizeitgestaltung ist die Vernetzung nicht mehr wegzudenken (z. B. Musik über das Internet zu hören, Zugriff auf Videos, Spiele auf mobilen Endgeräten). Das vernetzte Lernen durch digitale Medien und der mobile Zugriff auf Online-Wissenssammlungen werden an Bedeutung gewinnen. Insgesamt zeigt sich in der Studie, dass ein vernetzter Lebensstil für viele Menschen den Alltag erleichtert, einen besseren Informationsaustausch mit sich bringt, und es einfacher macht, private und berufliche Kontakte zu pflegen (vgl. Telekom 2009). Auch in diesem Kontext lassen sich Zahlungsbereitschaften für den Fall ermitteln, in dem das Internet und damit verbundene Dienste nicht mehr zur Verfügung stehen.

Der eigentliche Wert des Internets für den Wohlstand einer Ökonomie oder Gesellschaft lässt sich mit solchen Betrachtungen nur näherungsweise und nur in ganzheitlicher Betrachtung beziffern. Auch müssen selbstverständlich mögliche Nachteile dieser Entwicklung bei einer Analyse berücksichtigt werden:

> Das Internet kann heute schon als die am schnellsten verbreitete und rezipierte Kulturtechnik in der Geschichte der Menschheit verstanden werden. Es ist eine ergänzende Kulturtechnik, die auf den anderen Kulturtechniken aufbaut und auch wieder auf sie zurückführt. Die Vorteile des Mediums sind schnell beschrieben. Sie machen sich fest an Begriffen wie Aktualität, Geschwindigkeit, Nähe, Digitalisierung. Aber auch die Nachteile sind schnell benannt: unübersichtlich, unkontrollierbar, fälschungsunsicher, unüberschaubar, urheberrechtsverletzend. Das eine zu nutzen und das andere zu bedenken gehört zur künftig weiter auszubildenden Kompetenz im Umgang mit dieser Kulturtechnik. (http://www.amertin.de/aufsatz/2001/kulturtechnik.htm)

Das Internet ist mehr als ein ökonomisches Experimentierfeld. Es ist ein kultureller Umbruch, der mit jenem des Buchdrucks vergleichbar ist. Diese Entwicklung hat weit reichende Konsequenzen auch für ökonomische Modelle. Die wirtschaftswissenschaftlichen Modelle gehen überwiegend nicht davon aus, dass es ohne Preissignale und ohne einen finanziellen Anreiz zur Produktion kommt. Die Realität der Internet-Ökonomie zeigt jedoch, dass viele digitale Güter auch kostenlos getauscht oder verschenkt werden, Ressourcen in digitalen Netzwerken gemeinsam bewirtschaftet werden, kollektives Lernen stattfindet und tausende Menschen oft ohne Entgelt im Netz freiwillig zusammenkommen, um ihre Wertschöpfung zu teilen. Der Wohlstand der Netze ist unumkehrbar und wird auch die ökonomische Welt nachhaltig verändern.

1.4 Übungen und Lernkontrolle

▶ Bearbeitungshinweise finden Sie im Web

1. Technische „Gesetze" des Internets:
   Erläutern Sie die Inhalte folgender „Gesetze", die die technische Basis des Internets bilden: Moore, Gilder, Huntley, Metcalfe.
2. Internet-Nutzung:
   a) Beschreiben Sie die Charakteristika der Internet-Nutzung im Rahmen der nachfolgenden Tabelle und geben Sie Anwendungsbeispiele:

Dimension der Nutzung	Charakteristika	Anwendungen (Beispiele)
Informationsmedium		
Kommunikations- und Interaktionsmedium		
Gemeinschaftsmedium		
Transaktionsmedium		

   b) Was verstehen Sie unter dem Begriff Internet-Ökonomie?
3. Leistungserstellung im Internet:
   a) Auf welchen verschiedenen Formen basiert die Leistungserstellung in der Internet-Ökonomie?
   b) Wie werden die einzelnen Formen der Leistungserstellung koordiniert?
4. Anwendungsfelder:
   a) Erläutern Sie stichwortartig folgende Anwendungen von IuK-Technologien: Elektronischer Einkauf, elektronischer Verkauf, elektronische Märkte, E-Community, E-Company.
   b) Was verstehen Sie unter Social Commerce? Geben Sie Beispiele für Anwendungsfelder.
5. Web 2.0:
   a) Das Web 2.0 hat zu einer veränderten Nutzung des Internets beigetragen. Worauf könnte dieser Sachverhalt zurückzuführen sein?
   b) Erläutern Sie mögliche Risiken, die aus Web 2.0 Anwendungen resultieren können.
   c) Was verstehen Sie unter dem Begriff Web 3.0?

6. Suchen im Internet:
   a) Wie verändert das Internet das Suchen von Gütern?
   b) Welche Gestaltungskonzepte lassen sich bezogen auf Suchprozesse im Internet formulieren?
7. FreeConomics:
   a) Geben Sie Beispiele für die kostenlose Abgabe von Gütern im Internet?
   b) Erfolgt diese kostenlose Abgabe wirklich ohne Gegenleistung?
   c) Welche Ausprägungen der FreeConomics unterscheidet Anderson?
   d) Wo sehen Sie Grenzen in der Anwendung von FreeConomics-Ansätzen?
8. Ökonomische Einordnung des Internets:
   a) Beschreiben Sie das Internet mit Hilfe ökonomischer Kriterien.
   b) Erläutern Sie, ob und inwieweit das Internet aus ökonomischer Sicht als Allmendegut zu betrachten ist. Welcher Zusammenhang besteht in diesem Kontext zum Begriff der Netzneutralität?
   c) Wie lassen sich Stauprobleme im Internet aus ökonomischer Sicht beseitigen? Welche Probleme treten bei den einzelnen Lösungsansätzen auf?
9. Gesellschaftliche Einordnung des Internets:
   a) Welche Konfliktfelder sehen Sie aus gesellschaftlicher Sicht bei der Regulierung des Internets?
   b) Welchen Zusammenhang sehen Sie zwischen der Netzneutralität und Meinungsvielfalt im Internet?
10. Wert des Internets:
   a) Wie lässt sich der Wert des Internets für eine Ökonomie ermitteln?
   b) Wie beurteilen Sie die Aussagefähigkeit solcher Ansätze?

Literatur

Anderson C (2009) Free: The future of a radical price. Hyperion Books, New York

Antoniou G, van Harmelen F (2008) A semantic web primer, 2. Aufl. The MIT Press, Cambridge

Arthur WB (1996) Increasing returns and the new world of business. Harvard Bus Rev 4:100–109

Augner R (2010) Paid Content– Die Zahlungsbereitschaft für Informationen im Internet. http://www.4managers.de/uploads/media/Regina_Augner_-_Paid_Content_2010.pdf. Zugegriffen: 8. Okt. 2012

Bakos JY (1997) Reducing buyer search costs: implications for electronic marketplaces. Manage Sci 43(12):1676–1692. http://people.stern.nyu.edu/bakos/emkts.pdf. Zugegriffen: 25. Sept. 2012

BCG, Boston Consulting Group (2012) The $ 4.2 Trillion opportunity: the internet economy in the G-20. http://www.bcg.de/documents/file100573.pdf. Zugegriffen: 30. Okt. 2012

Benkler Y (2006) The wealth of networks: how social production transforms markets and freedom. New Haven. http://www.benkler.org/Benkler_Wealth_Of_Networks.pdf. Zugegriffen: 12. Nov. 2012

Berners-Lee T (1992) http://www.w3.org/History/19921103-hypertext/hypertext/WWW/TheProject.html. Zugegriffen: 8. Dez. 2012

Bieberbach F, Hermann M (1999) Die Substitution von Dienstleistungen durch Informationsprodukte auf elektronischen Märkten. In: Scheer A, Nüttgens M (Hrsg) Electronic business engineering. Physica, Heidelberg, S 67–82

Bitkom, Bundesverband Informationswirtschaft, Telekommunikation und neue Medien/Fraunhofer-ISI, Fraunhofer-Institut für System- und Innovationsforschung (2012) Gesamtwirtschaftliche Potenziale intelligenter Netze in Deutschland. Berlin

BMWi, Bundesministerium für Wirtschaft und Technologie (2012) Monitoring-Report Digitale Wirtschaft 2012. MehrWert für Deutschland, Berlin

Brynjolfsson E, Hu Y, Smith MD (2003) Consumer surplus in the digital economy: estimating the value of increased product variety at online booksellers. MIT, Cambridge. http://ebusiness.mit.edu/erik/ConsumerSurplus.pdf. Zugegriffen: 18. Dez. 2012

Chapuis RJ (1978) Technology and structures – man and machine. Telecommun Policy 2:39–48

Chesbrough HW (2003) Open innovation. The new imperative for creating and profiting from technology. Harvard Business School Press, Boston

Dobusch L, Quack S (2011) Auf dem Weg zu einer Wissensallmende? Aus Politik und Zeitgeschichte, 28–30. http://www.bpb.de/publikationen/LN2XAA,0,Auf_dem_Weg_zu_einer_Wissensallmende.html. Zugegriffen: 10. Jan. 2013

Falk T (2007) Elektronische Dienstleistungsqualität: Konzeption, Messung und Identifikation asymmetrischer Effekte auf die Kundenzufriedenheit. Deutscher Universitäts-Verlag, Wiesbaden

Franck G (1998) Ökonomie der Aufmerksamkeit. Ein Entwurf. Hanser, München

Gilder G (2000) Telecoms. How infinite bandwith will revolutionize our world? The Free Press, New York

Handelsblatt (2011) Der wahre Wert des Internets. http://www.handelsblatt.com/politik/oekonomie/nachrichten/wohlstand-der-wahre-wert-des-internets/4270704.html. Zugegriffen: 20. Feb. 2013

Hinz O, Eckert J (2010) Der Einfluss von Such- und Empfehlungssystemen auf den Absatz im Electronic Commerce. Wirtschaftsinformatik 52(2):65–77

Hofmann J (Hrsg) (2006) Wissen und Eigentum. Geschichte, Recht und Ökonomie stoffloser Güter. Bonn. http://www.bpb.de/files/MJPQ2J.pdf. Zugegriffen: 14. Nov. 2012

Howaldt J, Kopp R, Schwarz M (2008) Innovationen (forschend) gestalten – Zur neuen Rolle der Sozialwissenschaften. WSI-Mitteilungen (2):1–8

Howe J (2009) Crowdsourcing. Why the power of the crowd is driving the future of business. Three Rivers Press, New York

Internetökonomie, http://www.internetoekonomie.org/projektbeschreibung.php?HP=1. Zugegriffen: 18. Dez. 2012

IW, Institut der deutschen Wirtschaft, Bitkom, Bundesverband Informationswirtschaft, Telekommunikation und neue Medien (2011): Wirtschaft digitalisiert. Wie viel Internet steckt in den Geschäftsmodellen deutscher Unternehmen? http://www.iwconsult.de/imperia/md/images/iwconsult/pdf/download/studien/wirtschaft_digitalisiert_bm2d_1.1.pdf. Zugegriffen: 14. Feb. 2013

Jochner T, Schächner K (2012) Netzneutralität, Universität Salzburg. http://de.slideshare.net/Rambozo/netzneutralitt-8144662. Zugegriffen: 25. Jan. 2013

Kelly K (1998) New rules for the new economy: 10 ways the network economy is changing everything. Fourth Estate, New York

Kollmann T (2006) E-Entrepreneurship: Grundlagen der Unternehmensgründung in der Net Economy, 3. Aufl. Gabler, Wiesbaden

Kollmann T (2007) E-Business. Grundlagen elektronischer Geschäftsprozesse in der Net Economy, 2. Aufl. Gabler, Wiesbaden

Kruse J (2008) Internet-Überlast, Netzneutralität und Service-Qualität. Wirtschaftsdienst (3):188–194

Kruse J (2009) Crowding-Out bei Überlast im Internet. In: Kruse J, Dewenter R (Hrsg) Wettbewerbsprobleme im Internet. Nomos, Baden-Baden, S 117–140

Kruse J (2010) Priority and internet quality. In: Falch M, Markendahl J (Hrsg) Promoting new telecom infrastructures. Markets, policies and pricing. Edward Elgar, Cheltenham, S 160–174

Kruse J (2011) Ökonomische Grundlagen des Wettbewerbs im Internet. Düsseldorfer Institut für Wettbewerbsökonomie, Nr 14, Juli. http://www.dice.hhu.de/fileadmin/redaktion/Fakultaeten/Wirtschaftswissenschaftliche_Fakultaet/DICE/Ordnungspolitische_Perspektiven/014_OP_Kruse. Zugegriffen: 18. Jan. 2013

Kuhndt M (2012) http://www.faz.net/aktuell/wirtschaft/online-verleihplattformen-teilen-fuer-fortgeschrittene-11583144.html. Zugegriffen: 10. July 2012

Li C, Bernhoff J (2008) Groundswell: winning in a world transformed by social technologies. Harvard Business School, Boston

Martini M (2011) Wie viel Gleichheit braucht das Internet? – Netzneutralität zwischen kommunikativer Chancengleichheit und Infrastruktureffizienz. Deutsche Hochschule für Verwaltungswissenschaften, Speyer. http://www.dhv-speyer.de/PUBL/Vortraege/Heft96.pdf. Zugegriffen: 20. Nov. 2013

Merz M (2002) Electronic Commerce: Marktmodelle, Anwendungen und Technologien, 2. Aufl. dpunkt, Heidelberg

Moore GE (1965) Cramming more components onto integrated circuits. Electronics 38(8):114–117

Müller R (2011) Online-Lehrbuch. http://www.dadalos.org/. Zugegriffen: 13. Jan. 2013

Patrick A (2008) The limits to freeconomics. http://de.slideshare.net/Broadsight/broadsight-o-reilly-expo-presentation?type=powerpoint. Zugegriffen: 9. Dez. 2012

Peters R (2010) Internet-Ökonomie. Springer, Berlin

Picot A, Reichwald R, Wigand RT (2009) Die grenzenlose Unternehmung. Information, Organisation und Management, 5. Aufl. Gabler, Wiesbaden

Reichmann T (2007) Vertrauensbildende Maßnahmen in Grid-Ökonomien, Bayreuther Arbeitspapiere zur Wirtschaftsinformatik, Nr 22

Reichwald R, Piller FT (2006) Interaktive Wertschöpfung – Open Innovation, Individualisierung und neue Formen der Arbeitsteilung. Gabler, Wiesbaden

Riedel A (2012) Free (Chris Anderson). In: Michelis D, Schildhauser T (Hrsg) Social Media Handbuch. Theorien, Methoden, Modelle und Praxis, 2. Aufl. Nomos, Baden-Baden, S 219–234

Shapiro C, Varian HR (1999) Information rules: a strategic guide to the network economy. Harvard Business School Press, Boston

Stigler GJ (1961) The economics of information. J Political Econ 69(3):213–225

Steinrücken T (1999) Wirtschaftspolitik für offene Kommunikationssysteme – Eine ökonomische Analyse am Beispiel des Internet. Technische Universität Ilmenau, Nr. 16

Surowiecki J (2004) The wisdom of crowds: why the many are smarter than the few and how collective wisdom shapes business, economies, societies and nations. Anchor Books, New York

Tapscott D (1996) Die digitale Revolution. Gabler, Wiesbaden

Tapscott D, Williams A (2008) Wikinomics. How mass collaboration changes everything. Atlantic Books, London

Telekom (2009) Digitales Leben. http://www.studie-life.de/wp-content/uploads/2011/11/studie-LIFE_digitales-leben.pdf. Zugegriffen: 20. Feb. 2013

van Dülmen R, Rauschenbach S (Hrsg) (2004) Macht des Wissens. Die Entstehung der modernen Wissensgesellschaft. Böhlau, Köln

Weiber R (2002) Die empirischen Gesetze der Netzwerkökonomie: Auswirkungen von IT-Innovationen auf den ökonomischen Handlungsrahmen. Unternehmung 56(5):269–294

Weiss M (2008) Über die Grenzen von Freeconomics. http://netzwertig.com/2008/10/23/web-20-expo-ueber-die-grenzen-von-freeconomics/. Zugegriffen: 18. Feb. 2013

Zerdick A u. a. (2001) Die Internet Ökonomie – Strategien für die digitale Wirtschaft. European Communication Council Report, 3. Aufl. Springer, Berlin

Digitale Güter

2

2.1 Inhalt und Schlüsselbegriffe

Inhalt

Digitale Güter sind immaterielle Mittel zur Bedürfnisbefriedigung, die aus Binärdaten bestehen und sich mit Hilfe von Informationssystemen entwickeln, vertreiben oder anwenden lassen. Ein Informationsgut ist ein digitales Gut, das an ein Trägermedium gebunden ist und aus einer inhaltlich definierten Menge an Daten besteht, die von Wirtschaftssubjekten als nützlich vermutet wird. Digitale Güter und Informationsgüter unterliegen aufgrund ihrer Eigenschaften im Vergleich zu materiellen Gütern deutlich anderen Bedingungen in der Produktion und im Vertrieb (Abb. 2.1). Die schnellste Verbreitung kann ein Gut im Internet dadurch erreichen, dass es der Anbieter kostenlos abgibt. Diese Strategie des Verschenkens von Gütern im Internet wird als Follow the Free Pricing bezeichnet. Die kostenlose Abgabe von Gütern zielt nicht nur auf den Aufbau von kritischer Masse und Kundenbindung, sondern auch auf die Erzielung von Aufmerksamkeit (z. B. kostenlose Abgabe von neuer Musik oder Auszügen aus Büchern). Hintergrund ist die zunehmende Reizüberflutung und die Informationsvielfalt auf elektronischen Märkten. Aufmerksamkeit ist die Fähigkeit, einigen Informationen vor anderen den Vorzug in der Verarbeitung zu geben. In der Medienwelt des Web 2.0 liefern soziale Netzwerke und Plattformen selbst Inhalte, stellen sie dem Mediensektor zur Verfügung und werden von diesem wiederum selektiert. Die Kommunikationsformen im Internet werden dadurch reichhaltiger. Die veränderten Kommunikationsformen und die einfachen Möglichkeiten der Reproduktion digitaler Güter erfordern von den Unternehmen geeignete Preisstrategien, wenn hinreichende Erlöse erzielt werden sollen. Dazu zählen z. B. die Erzeugung von Netzwerk- und

R. Clement, D. Schreiber, *Internet-Ökonomie*, Springer-Lehrbuch,
DOI 10.1007/978-3-642-36719-9_2, © Springer-Verlag Berlin Heidelberg 2013

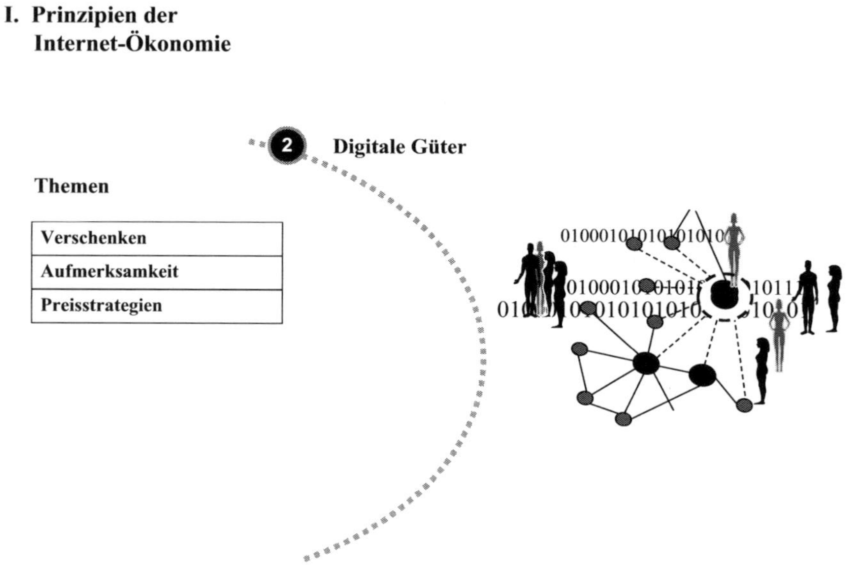

Abb. 2.1 Strategien im Umgang mit digitalen Gütern

Lock-In Effekten, die Preisdifferenzierung und Produktbündelung oder optimierte Abrechnungsverfahren.

Schlüsselbegriffe

Digitale Güter; Skaleneffekte; Informationsgüter; Zweiseitige Märkte; Follow the Free Pricing; Media-Richness-Theorie; Daten- und Informationsflut; Aufmerksamkeitsökonomie; Netz- und Lock-In Effekte; Preisdifferenzierung; Versioning; Windowing; Produktbündelung; Abrechnungstarife.

2.2 Grundlagen

2.2.1 Eigenschaften digitaler Güter

Digitale Güter sind immaterielle Mittel zur Bedürfnisbefriedigung, die aus Binärdaten bestehen und sich mit Hilfe von Informationssystemen entwickeln, vertreiben oder anwenden lassen (Abb. 2.2). Digitale Güter sind:

- Digitalisierbare Produkte, z. B. Nachrichten, Zeitschriften, Bücher, Software, Computerspiele, Musik, Videos, Online-Beratungen, E-Learning-Angebote.

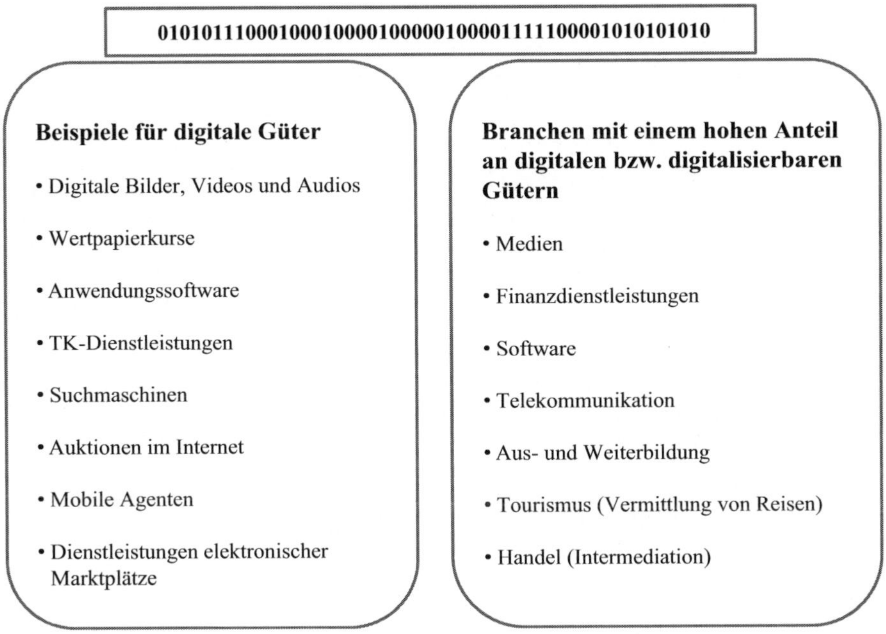

Abb. 2.2 Beispiele für digitale Güter

- Digitale Duplikate physischer Produkte, z. B. Bankschecks, Konzertkarten und Fotos.
- Digitale Dienstleistungen, z. B. Kommunikations-, Informationsdienst- und Vermittlungsleistungen oder digitale Fernsehprogramme.

Digitalisierungsgrade Nahezu jede Branche hat einen Anteil an digitalen bzw. digitalisierbaren Gütern. Es handelt sich also keineswegs um eine ökonomische Randerscheinung, sondern auch in quantitativer Hinsicht um eine bedeutende Größe. In diesem Zusammenhang ist es sinnvoll, einzelne Digitalisierungsgrade zu unterscheiden. Güter, die vollständig digital angeboten werden, die also weder einen traditionellen Dienstleistungsanteil noch einen physischen Anteil beinhalten, werden als vollständig digitale Güter bezeichnet (Abb. 2.3). Semi-digitale, semi-physische und physische Güter gehören zur Gruppe der nicht-digitalen Güter. Im Gegensatz zu dieser Gruppe können nur digitale Güter vollständig über das Internet oder andere Datennetze angeboten und genutzt werden. Semi-digitale Güter enthalten einen physischen Anteil. Beispiel sind persönliche Beratungen und Schulungen, die eine Anwesenheit des Nutzers erfordern. Semi-physische Güter sind physische Güter (z. B. Bücher), die über das Internet gehandelt werden. Eine vollständige Transaktion von semi-physischen und physischen Gütern über Datennetze ist ausgeschlossen. Physische Güter haben keinen Anteil an digitalen Beschreibungen oder Attributen des Leistungsbündels. Klassische Lizenzsoftware, die sich auf einer CD-ROM befindet, wäre demnach ein semi-digitales Produkt. Netzbasierte Software lässt sich als reines digitales Gut klassifizieren.

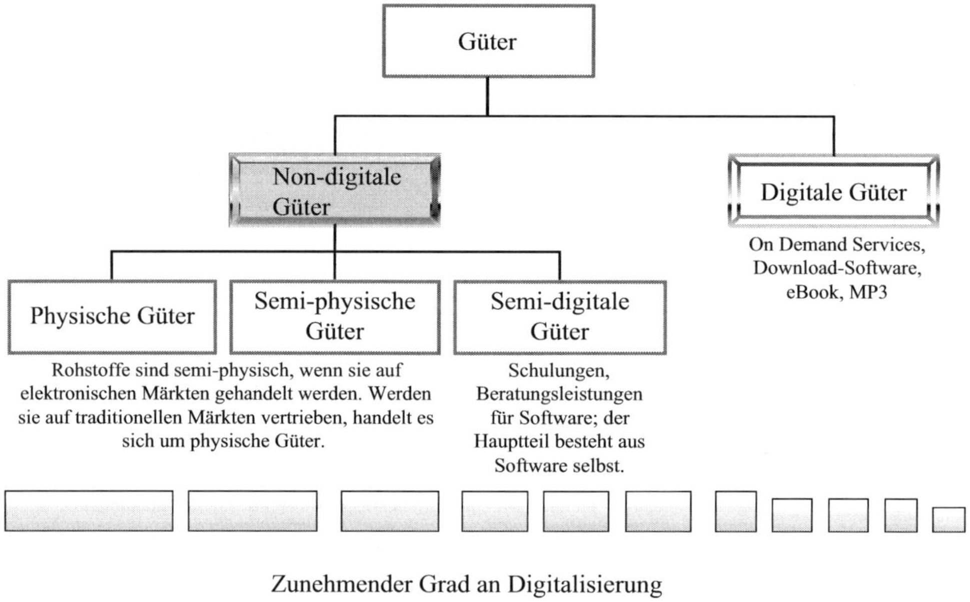

Abb. 2.3 Digitalisierungsgrade von Gütern. (Vgl. Illik 1999, S. 16)

Wenn die Leistungen nach dem Grad ihrer Materialität geordnet werden, lassen sich verschiedene Ausprägungen der digitalen Wertschöpfung unterscheiden (Abb. 2.4; vgl. Scheer und Loos 2002). Diese Einteilung zeigt, dass sich in nahezu allen Branchen Potentiale zur Digitalisierung von Leistungen bzw. Leistungsbündeln finden lassen.

Rein digitale Güter Im Mittelpunkt der nachfolgenden Ausführungen stehen vor allem rein digitale Güter, d. h. Güter die sich elektronisch produzieren und über das Internet oder andere Netze vertreiben lassen (Abb. 2.5). Sie haben das Potential, Wertschöpfungsstrukturen und ganze Branchen zu verändern. Betrachten wir als Beispiel die Encyclopedia Britannica (EB). In den Jahren 1768–1771 brachten drei schottische Drucker eine Sammlung „compendium of answers written by amateurs" – heute würden wir sagen Frequently Asked Questions – heraus, die sich in den folgenden zwei Jahrhunderten zu einer der international umfassendsten Enzyklopädien entwickelte. Stetig aktualisiert und erweitert wuchs die Enzyklopädie in 15. Auflagen von ursprünglich drei auf dreißig Bände an.

Anfang der 90er Jahre kehrte sich der Erfolg in das Gegenteil um. Innerhalb nur weniger Jahre waren die Verkäufe der EB und gedruckter Lexika um über 80 % gesunken. Ursächlich war, dass Microsoft ein drittklassiges Lexikon aufkaufte, urheberrechtlich nicht geschützte Bilder und Tonaufnahmen hinzufügte und auf einer CD-ROM zu rund 60 US-$ verkaufte. Die Fixkosten des Produkts „Encarta" sind unbekannt, jedoch lagen die Grenzkosten nur bei ca. 1,50 US-$ pro CD-ROM. Zunächst sahen die Hersteller von EB darin keine Gefahr. Gegen die mehr als 40 Mio. Einträge der weltbesten Enzyklopädie war die Encarta mit 7 Mio. Einträgen – bei minderer Qualität – keine ernstzunehmende Konkurrenz. Abgesehen davon war die EB einfach zu groß, um auf eine CD-ROM zu passen. Aber der Effekt war

Leistungs-eigenschaft	Art der Leistung	Ausprägung	Beispiel	Eignung für digitale Wertschöpfung
Materiell	Physische Leistung	Physische Produkte	Automobil	Ausprägung 1 und 2
		Physische Dienstleistungen	Transport	
Immateriell	Digitale Leistung	Digitalisierbare Produkte	Software	Ausprägung 1,2,3 und 4
		Digitalisierbare Dienstleistungen	Beratung	
		Informations-dienstleistungen	Kommunikation	
		Finanztransaktionen	Elektronischer Zahlungsverkehr	

Ausprägung 1: Informationen der physischen Wertschöpfungskette werden in einem Informationssystem aufbereitet und zur Verfügung gestellt.

Ausprägung 2: Einzelne physische Wertschöpfungsprozesse werden durch digitalisierte Wertschöpfungsprozesse ersetzt bzw. unterstützt.

Ausprägung 3: Im Rahmen der digitalen Wertschöpfung werden zusätzliche Mehrwerte generiert.

Ausprägung 4: Im Rahmen der digitalen Wertschöpfung entstehen neuartige Leistungen bzw. Leistungsbündel.

Abb. 2.4 Einteilung der Leistungen nach ihrer Materialität

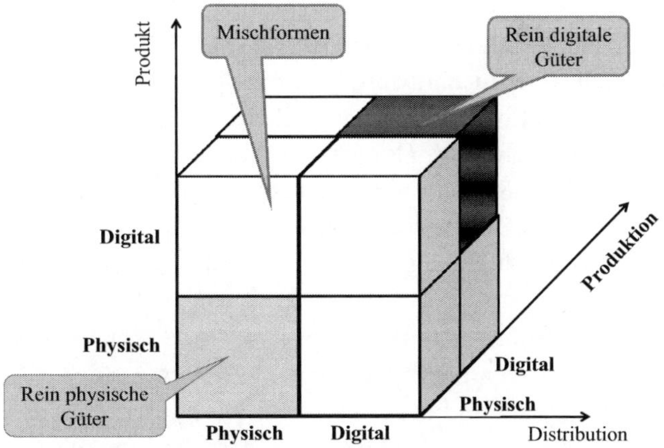

Abb. 2.5 Dimensionen digitaler Güter. (In Anlehnung an Choi et al. 1997, S. 18)

stark. Monat für Monat begannen die EB-Verkäufe zu sinken. Nicht zuletzt auch deshalb, weil Encarta nicht nur verkauft, sondern neuen Geräten kostenlos mitgegeben wurde.

Digitale Güter unterliegen im Vergleich zu materiellen Gütern deutlich anderen Bedingungen in der Produktion und in der Distribution (Abb. 2.6).

Materielle Güter	Digitale Güter (Informationen)
Hohe Vervielfältigungskosten	Niedrige Vervielfältigungskosten
Wertverlust durch Gebrauch	Wertgewinn durch Gebrauch
Individueller Besitz	Vielfacher Besitz (möglich)
Wertverlust durch Teilung	Wertgewinn durch Teilung
Identifikations- und Schutzmöglichkeiten	Probleme des Datenschutzes und der Datensicherheit
Schwierige Verbreitung (Logistik)	Einfache Verbreitung
Preis/Wert leicht identifizierbar	Preis/Wert nur subjektiv bestimmbar
Kosten leicht identifizierbar	Kosten nur schwer identifizierbar
Preisbildungsmechanismus bekannt	Preisbildungsmechanismus weitgehend unbekannt
Bestandsbewertung möglich	Bestandsbewertung problematisch
Wirtschaftswissenschaftliche Theorien und Modelle verfügbar	Theorie- und Modelldefizit

Abb. 2.6 Eigenschaften materieller und digitaler Güter. (Vgl. Krcmar 2010, S. 18; Pietsch et al. 1998, S. 23)

Wahrnehmung Die physischen Eigenschaften von Gütern werden über die fünf Sinne – Sehen, Hören, Riechen, Schmecken und Tasten – wahrgenommen und bewertet. Beim Kauf digitaler Güter können nur zwei dieser fünf Sinne (Sehen, Hören) genutzt werden. Die fehlenden Möglichkeiten der Wahrnehmung müssen durch andere Faktoren ersetzt werden.

Reproduzierbarkeit Da digitale Güter aus Bits und Bytes bestehen, lassen sie sich leicht reproduzieren. Charakteristisch für digitale Güter ist, dass sie sich verdoppeln – nicht vermindern – wenn sie weitergegeben werden. Nutzer haben die Möglichkeit, die Güter mit geringem Aufwand zu kopieren und durch den Vertrieb dieser Kopien Erlöse zu erzielen. Den rechtmäßigen Produzenten fällt es in der Regel schwer, die unbefugte Weitergabe der Güter an andere Personen oder Institutionen zu unterbinden. Die Digitalität erschwert also die Durchsetzung der Rechte, welche die Produzenten an den Gütern haben.

Veränderbarkeit Digitale Güter lassen sich leichter verändern als physische Güter. Produzenten haben damit die Möglichkeit, mit geringem Aufwand verschiedene Varianten digitaler Güter bis hin zur Personalisierung zu entwickeln und anzubieten.

Gleichzeitig besteht die Gefahr, dass die Integrität, d. h. die Vollständigkeit und Unverfälschtheit der Güter, während der Produktion oder während des Vertriebsprozesses verletzt wird. Beispiel für unbeabsichtigte Veränderungen sind Softwarefehler, welche während des Entwicklungsprozesses entstehen. Beispiel für böswillige Veränderungen

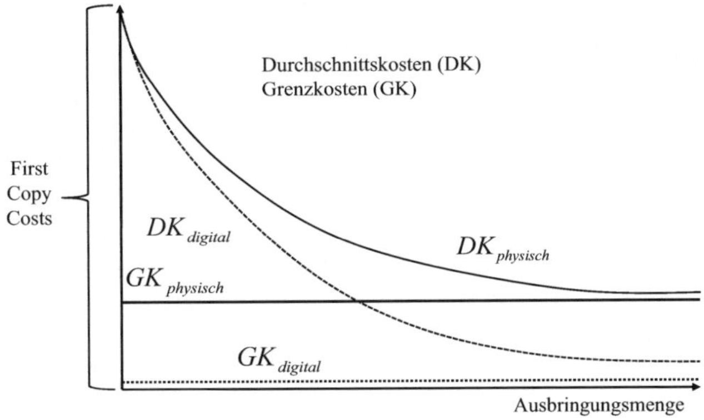

Abb. 2.7 Kostenstruktur bei der Produktion digitaler Güter

digitaler Güter sind Software-Anomalien, wie Computer-Viren oder Computer-Würmer, welche die Integrität von Softwareprodukten gefährden.

Systemwettbewerb Digitale Güter können nicht ohne weitere Hilfsmittel produziert und vertrieben werden. Für die Entwicklung sind Informationssysteme notwendig. Der Vertrieb erfordert außerdem oft netzbasierte Medien, wie z. B. das Internet oder Mobilfunknetze. Zudem können viele digitale Güter nur dann angewendet werden, wenn verschiedene komplementäre Güter verfügbar sind. Beispielsweise stiftet ein Betriebssystem einem Anwender keinen Nutzen, wenn er nicht mindestens über kompatible Hardware und Anwendungssoftware verfügt. Digitale Güter sind also häufig eingebettet in ein Bündel von komplementären und untereinander kompatiblen Gütern, welche in einem Verwendungszusammenhang stehen und von Kunden bei der Kaufentscheidung gemeinsam berücksichtigt werden. Damit solche Systeme eingesetzt werden können, ist es notwendig, ihre Elemente aufeinander abzustimmen.

Kostenstruktur Die fixen Kosten der Entwicklung digitaler Güter sind im Vergleich zu den variablen Kosten (z. B. für Reproduktion und Vertrieb) hoch. Im Spezialfall vollständig digitaler Güter tendieren die variablen Kosten gegen Null. Erweisen sich die hohen Investitionen in Forschung und Entwicklung als erfolglos und sind sie nicht mehr in alternativen Verwendungen einsetzbar, liegen sunk costs (versunkene Kosten) vor. Dem Ertragsgesetz folgend wird für Sachgüter üblicherweise ein U-förmiger Grenzkostenverlauf angenommen, d. h. die Kosten für eine zusätzlich produzierte Einheit sinken zunächst, sie steigen jedoch ab einer bestimmten Ausbringungsmenge wieder an. Auch die Durchschnittskosten verlaufen U-förmig und schneiden die Grenzkosten in ihrem Minimum. Hier liegt die optimale Ausbringungsmenge, deren Überschreitung mit wieder steigenden Grenzkosten verbunden ist. Im Gegensatz dazu gibt es bei der Produktion von digitalen Gütern keine limitierenden Faktoren.

Für die erste Kopie fällt ein einmaliger Aufwand an Fixkosten (First Copy Costs) an, der in der digitalen Produktion gut skalierbar ist. Die Grenzkosten der digitalen Reproduktion und Verbreitung sind sehr gering und idealerweise Null (Abb. 2.7).

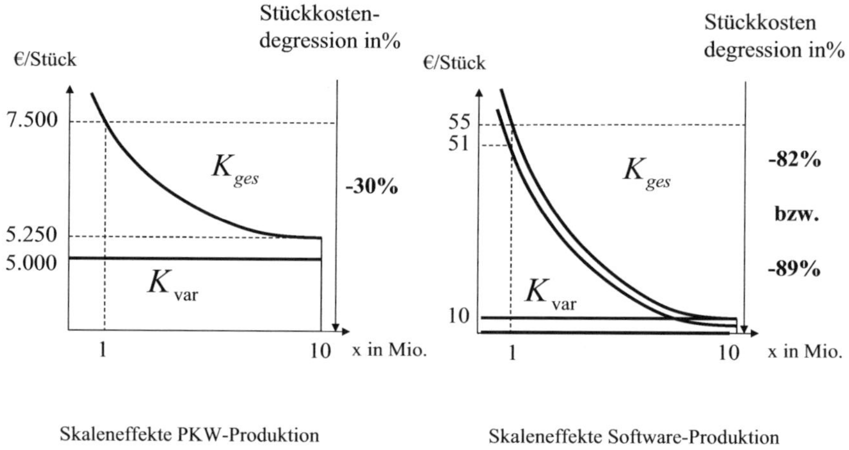

Abb. 2.8 Stückkostendegressionen bei (nicht-)digitalen Gütern

Je höher die Fixkosten im Verhältnis zu den variablen Kosten sind, desto stärker sinken die Stückkosten bei steigender Absatzmenge. Betrachten wir dazu folgendes Beispiel:

	FK (Mio. €)	VK (€)	K/X bei 1 Mio. Einheiten (€)	K/X bei 10 Mio. Einheiten (€)	Degression von K/X in %
Auto	2.500	5.000	7.500	5.250	30
Software auf CD	50	5	55	10	82
Software via Internet	50	0,50	50,50	5,5	89

FK Fixkosten, *VK* Variable Kosten, *K/X* Stückkosten

Auf einzelwirtschaftlicher Ebene führt der Größeneffekt zu einer Stückkostendegression (Skaleneffekten), und zwar umso mehr, je geringer die variablen Kosten sind (Abb. 2.8).

Das extreme Verhältnis von fixen zu variablen Kosten trifft neben komplexen Softwareprodukten auch z. B. auf Telekommunikationsdienstleistungen oder Spielfilme zu. Allerdings gibt es digitale Güter, für welche die beschriebenen Annahmen nicht gelten. Das sind solche Güter, deren Entwicklung, Produktion oder Absatz einen hohen Anteil traditioneller Dienstleistungen umfasst oder die nicht in hohen Stückzahlen abgesetzt werden können (z. B. Individualsoftware).

Preisgestaltung Im Fall digitaler Güter wird die Anwendung von bekannten ökonomischen Regeln und herkömmlichen Strategien der Preisbildung erschwert. Die Strategie einer kostenbasierten Preisgestaltung würde bei Anwendung auf digitale Informationen und Inhalte zu einem weitgehend kostenlosen Angebot führen, da sowohl die variablen als auch

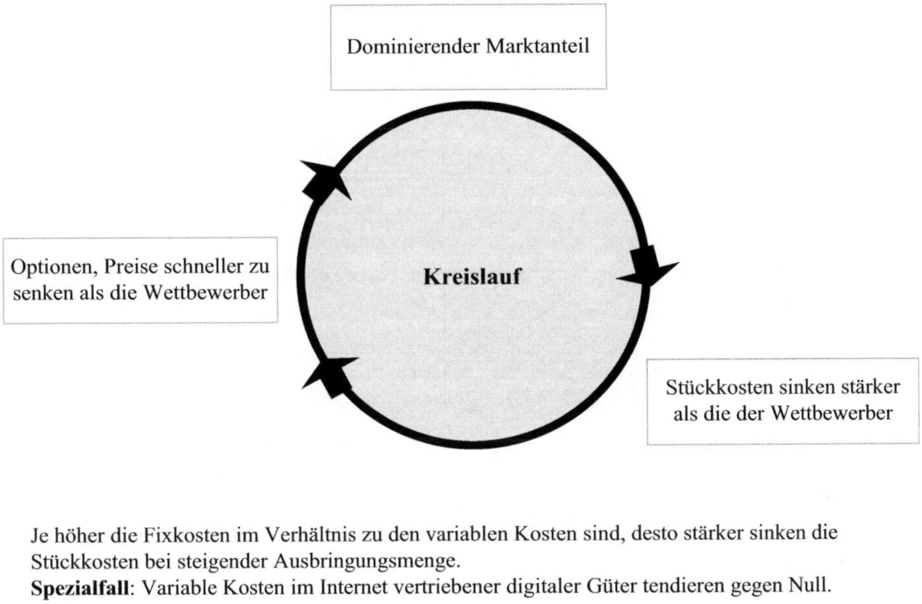

Abb. 2.9 Kreislauf positiver Feedback-Effekte

die Grenzkosten minimal sind oder sogar bei Null liegen. Auch eine wettbewerbsorientierte Preisgestaltung erweist sich als riskant, da diese zu einem Preiskampf hin zu Grenzkosten der digitalen Güter führen kann. Sowohl eine kostenbasierte als auch eine am Wettbewerb orientierte Preisgestaltung erlaubt es also nicht, die hohen Fixkosten digitaler Güter zu decken. Umgekehrt eröffnen die ökonomischen Eigenschaften digitaler Güter jedoch auch neue Formen der Preisgestaltung und Erlösgenerierung.

Positive Feedback-Effekte Die beschriebene Kostenstruktur hat für den Wettbewerb auf Märkten mit vollständig digitalen Gütern Konsequenzen. Die Stückkosten eines Anbieters, der einen dominierenden Marktanteil erreicht hat, sinken bei steigenden Absatzzahlen schneller als die Stückkosten der Wettbewerber. Diese Entwicklung eröffnet dem dominierenden Anbieter im Vergleich zu den Wettbewerbern die Möglichkeit, entweder höhere Gewinne zu realisieren oder seine Absatzpreise schneller zu senken. Wählt er die Option der Preissenkung, so wird sich sein Marktanteil bei sonst gleichen Bedingungen noch stärker erhöhen. Dies führt dazu, dass die Stückkosten weiter sinken. In der Ökonomie werden diese Zusammenhänge als positive Feedback-Effekte (increasing returns) bezeichnet (Abb. 2.9). Das Verhältnis von fixen zu variablen Kosten kann dann dazu führen, dass ein dominierender Anbieter noch stärker wird, und dass unterlegene Wettbewerber weiter Marktanteile verlieren.

Informationsgüter	
Dienstleistungen	**Produkte**
Internet Services	Presseartikel
Video	Marktinformation
Konferenzen	Wissenschaftliche Artikel
Auktionen	Finanzinformation
Online-Brokerage	Geologische Daten
Software	Musik
	Video
	Online-Games
	Bücher
	Sportnachrichten

Informationsgüter weisen einen dualen Charakter auf, denn sie sind immer eine Kombination aus Inhalt und Trägermedium.

Abb. 2.10 Informationsgüter

2.2.2 Informationsgüter und digitale Inhalte

Zum Teil erfolgt in der Literatur eine Gleichsetzung von digitalen Gütern und Informationsgütern, wenn diese digital aufbereitet werden (vgl. Varian 2004, S. 48 ff.). Dies wären z. B. Fußballergebnisse, Bücher, Datenbanken, Filme, Musik, Aktienkurse und Webseiten. Dieser Vorgehensweise wollen wir folgen. Auch wollen wir aus Vereinfachungsgründen Informationsdienstleistungen und -produkte weitgehend als identisch ansehen (Abb. 2.10; vgl. Linde 2009). Ein Dienstleistungsanteil liegt immer dann vor, wenn ein externer Faktor (z. B. der Kunde) an der Erstellung eines Informationsprodukts mitwirkt.

Informationen, Daten, Wissen Informationen sind gegenüber Daten und Wissen abzugrenzen (Abb. 2.11; vgl. Krcmar 2010, S. 15):

- Daten bestehen aus Zeichen, die nach bestimmten Regeln (Syntax) zusammengesetzt sind.
- Informationen sind Daten, die mit Bedeutungsinhalt (Semantik) umgearbeitet sind.
- Wissen entsteht durch Vernetzung von Informationen zur Erkenntnisgewinnung.

Streng genommen können Individuen keine Informationen kaufen, sondern nur Daten, die dann durch deren Verarbeitung erst zu Informationen und im Weiteren auch zu Wissen werden können. Ein Informationsgut lässt sich nun präziser formulieren:

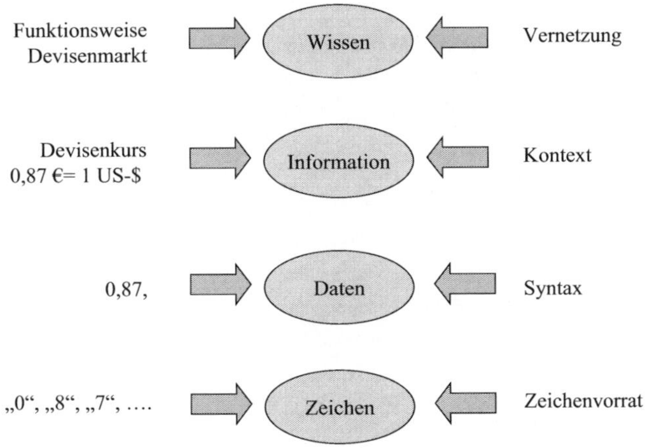

Abb. 2.11 Daten, Informationen und Wissen. (Vgl. Krcmar 2010, S. 15; Rehäuser und Krcmar 1996, S. 6)

> Ein Informationsgut ist eine inhaltlich definierbare Menge an Daten, die von Wirtschaftssubjekten als nützlich vermutet wird. (Linde 2005, S. 9).

Der Begriff Nützlichkeit ist von besonderer Bedeutung. Der Empfänger muss kognitiv zur Umwandlung der Daten in Informationen in der Lage sein und muss die Informationen darüber hinaus als wertvoll erachten. Daten, die niemand verarbeiten kann, weil er sie z. B. nicht versteht, sind nicht nützlich. Wenn er zudem feststellt, dass er ähnliche Daten aus anderen Quellen erhalten hat, sind sie auch nicht wertvoll. Es ist daher keineswegs selbstverständlich, dass Angebot und Nachfrage von Informationsgütern tatsächlich zusammenkommen und funktionsfähige Informationsmärkte entstehen. Auch aus Sicht des Anbieters ist die Unterscheidung von Daten, Informationen und Wissen wichtig. Ein Anbieter hat ein vitales Interesse, dass der Empfänger zur Verarbeitung der gelieferten Daten in der Lage ist und aus den Informationen auch tatsächlich einen Nutzen ziehen kann. Werden unverständliche Daten geliefert oder stellt sich ihre Qualität als schlecht heraus, werden Folgegeschäfte unwahrscheinlich.

Information und Trägermedium Das Angebot, d. h. die Speicherung und Verbreitung von Informationsgütern erfolgt über Datenträger (z. B. CD-ROM, DVD, zentrale Server, Bücher, Zeitschriften). Datenträger sind Kopien eines Informationsgutes, die den vollständigen Inhalt des Gutes in kodierter und dekodierbarer Form enthalten. Dasselbe Gut lässt sich, wenn auch mit unterschiedlichem Aufwand und zu verschiedenen Kosten, in beliebig großer Zahl vervielfältigen. Die Nutzung eines Informationsgutes erfolgt durch Dekodierung einer Kopie durch den Nutzer selbst (z. B. Lesen einer E-Mail) oder durch die Teilnahme an der Dekodierung einer nicht in seinem Besitz befindlichen Kopie durch einen Dritten (z. B. Videoabend im Freundeskreis).

Informationsgüter weisen einen dualen Charakter auf, denn sie sind immer eine Kombination aus Inhalt (z. B. Fußballergebnis) und Trägermedium. Sie werden dann als Artikel in einer Zeitschrift, als Beitrag im Radio oder in einer Sportsendung im Fernsehen

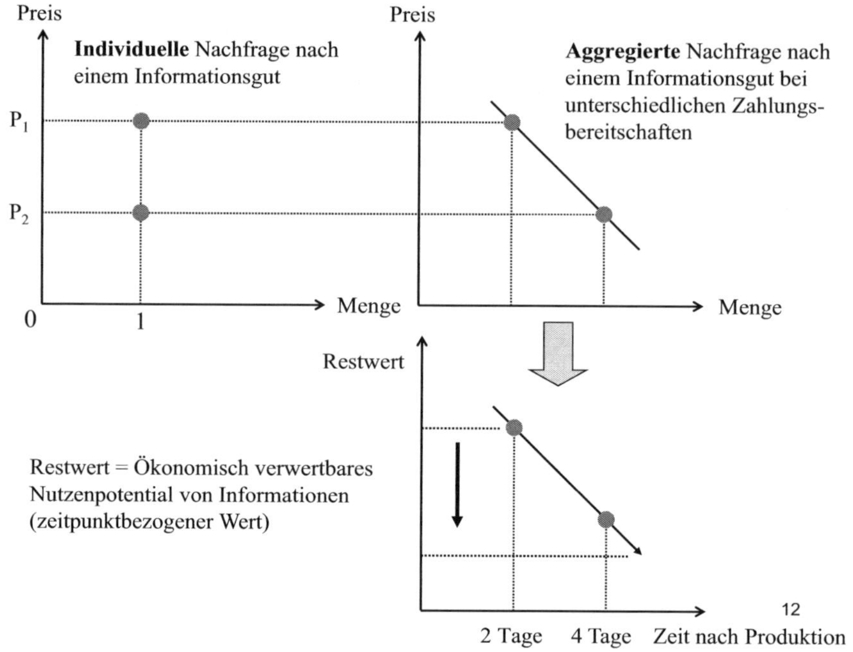

Abb. 2.12 Nachfrage nach Informationsgütern. (In Anlehnung an Linde 2005, S. 70 ff.)

angeboten. Durch die Digitalisierung lassen sich Inhalt und Medium leicht voneinander trennen. Inhalte können so ohne großen Aufwand auch mehrfach in verschiedenen Medien angeboten werden. Elektronische Informationsgüter bedürfen neben dem Trägermedium immer auch noch eines Endgeräts (z. B. DVD-Spieler, MP3-Player), das die Ausgabe ermöglicht. Dadurch entstehen Netzwerkeffekte.

Nachfrage und Zahlungsbereitschaft Informationsgüter (z. B. ein digitales Musikstück oder ein Softwareprogramm) werden in der Regel mit der Mengeneinheit Eins nachgefragt, da die Nachfrage einer weiteren Mengeneinheit keinen Nutzenzuwachs mit sich bringt. Es ergibt sich damit nicht die aus der Ökonomie bekannte Nachfragekurve, sondern es kommt zu einer Punktnachfrage. Für ein Informationsgut besteht für ein Individuum immer nur eine diskrete, auf eine Mengeneinheit beschränkte Nachfrage mit einer bestimmten Zahlungsbereitschaft (Abb. 2.12). Unterscheidet sich die Zahlungsbereitschaft bei den Nachfragern, ergibt sich hingegen der bekannte fallende Verlauf der Nachfragefunktion. Die Anzahl der Nachfrager ist hier identisch mit der Häufigkeit des abgesetzten Informationsgutes.

Die Ermittlung der Zahlungsbereitschaft und Preisfindung für Informationsgüter ist im Gegensatz zu traditionellen Gütern schwieriger. Informationsgüter sind teilweise Erlebnisgüter. Damit ein potentieller Konsument feststellen kann, welchen Inhalt ein

Informationsgut hat, und ob es den eigenen Erwartungen und Bedürfnissen entspricht, muss er es zunächst konsumieren (Informationsparadoxon).

Die Beurteilung ist also erst nach dem Konsum möglich (Erfahrungsgutcharakter). Dieser Sachverhalt erschwert die Ermittlung von Zahlungsbereitschaften der Konsumenten. Mögliche Lösungen sind Previews von Teilen des Gutes, Besprechungen und Kritiken durch Experten oder Vertrauen in die Reputation des Produzenten. Viele Informationen sind zudem durch eine hohe Entwertungsgeschwindigkeit gekennzeichnet. Die Lagerfähigkeit von Informationsprodukten ist weniger eine technologische, sondern eine ökonomische Fragestellung (wer benötigt z. B. noch Aktienkurse der vergangenen Tage?). Auch in diesem Fall wird die Preisfindung erschwert (vgl. Schumann und Hess 2002).

Eigentumsrechte Viele Informationsgüter haben Eigenschaften wie öffentliche Güter. Durch die geringen Reproduktionskosten besteht bei der Nutzung von Informationsgütern in der Regel keine Rivalität. So wird durch das digitale Abspielen einer DVD der Film darauf nicht abgenutzt und steht somit anderen Personen weiter zur Verfügung. Die Ausschließbarkeit ist von den rechtlichen Rahmenbedingungen und deren Überwachung abhängig. Ohne rechtlichen Eigentumsschutz (z. B. Urheberrechte) könnte jeder, der technisch in der Lage ist, eine Kopie des Informationsguts herstellen und diese weitergeben. Damit ist keine Ausschließbarkeit möglich. Das Eigentum an einem Informationsgut verbleibt beim ursprünglichen Eigentümer oder Schöpfer, der beim Verkauf bestimmte Nutzungs- oder Verwertungsrechte gewährt. Dieser Aspekt ist bei der Weitergabe bzw. Nutzung von Informationsgütern wichtig und spielt vor allem bei der Betrachtung von Raubkopien eine Rolle. Oft bestehen daher legale und illegale Märkte nebeneinander (z. B. für digitale Musik oder Software).

Kuppelprodukte und zweiseitige Märkte Digitale Informationsgüter sind Kuppelprodukte, wenn einzelne Güter zu einem Güterbündel zusammengefügt werden. So sind Medien, die sich aus Werbung finanzieren, Kuppelprodukte aus einem redaktionellen und einem Werbeteil. Erst die Kopplung eines Medieninhalts und eines materiellen Trägers macht aus Medien ein marktfähiges Gut. Viele digitale Medienprodukte werden auf zweiseitigen Märkten gehandelt, die ein Dreiecksmodell von zum Teil kostenlosen und kostenpflichtigen Leistungen und Gegenleistungen bilden (Abb. 2.13). Auf dem Rezipientenmarkt werden Informations-, Kultur- und Unterhaltungsprodukte angeboten. Auf dem Werbemarkt konkurrieren Angebote der werbetreibenden Unternehmen darum, Zugang zu Zielgruppen zu erhalten.

Dieses Modell hat für Medienanbieter mehrere Vorteile:

- Die Produktionsfaktoren werden auf zwei Märkten eingesetzt, wodurch Kosten gesenkt werden.
- Es entstehen Verbundvorteile im Vertrieb, da der publizistische Teil und die Werbung in einem Vertriebskanal zum Rezipienten übermittelt werden können.
- Es besteht die Möglichkeit zur Erschließung mehrerer Finanzquellen (Werbeeinnahmen und Produktverkauf).

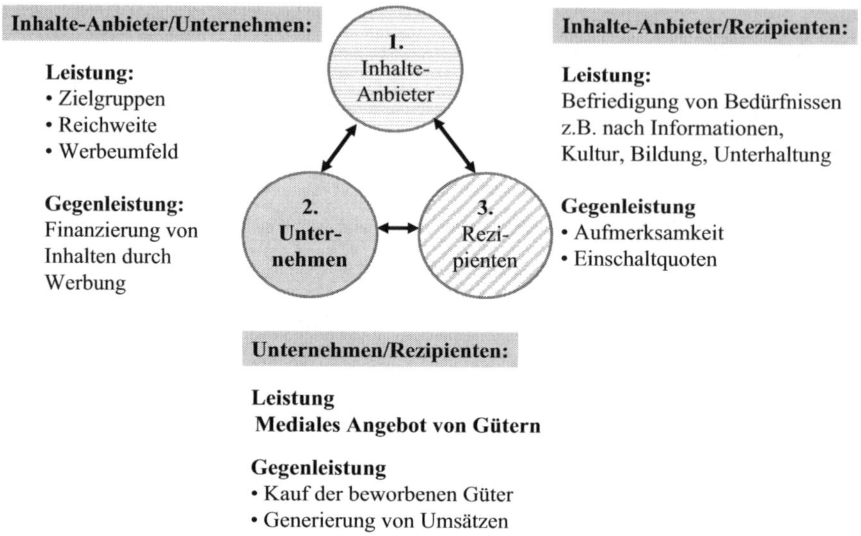

Abb. 2.13 Zweiseitige Märkte für Informationsgüter

Mögliche Zielkonflikte können entstehen, wenn ökonomische und publizistische Interessen aufeinander treffen. Zudem besteht gleichzeitig Wettbewerb um die Aufmerksamkeit des Publikums und die begrenzten Mittel der Werbewirtschaft.

2.3 Fallbeispiele und Anwendungen

2.3.1 Güter verschenken

Bei digitalen Gütern (z. B. Software, CD-ROM) liegen die Kosten der Produktion fast ausschließlich in der Erstellung des Originals. Wir befinden uns auf Märkten mit Grenzkosten und variablen Kosten nahe Null sowie deutlich sinkenden Durchschnittskosten. Die Fixkosten der Herstellung (z. B. Forschung und Entwicklung) sind als First Copy Costs hingegen relativ hoch. Aus dieser Fixkostendominanz und den erheblichen Anfangsinvestitionen für die Erzeugung der ersten Kopie ergibt sich zunächst eine im Vergleich zu traditionellen Märkten längere Zeitspanne bis zum Erreichen der Gewinnschwelle. Aufgrund der ausgeprägten Skaleneffekte steigt der Ertrag danach aber überproportional an, was durch auftretende Netzeffekte noch verstärkt wird. Für Güter, die solchen „Gesetzmäßigkeiten" unterliegen, ist es folglich notwendig, die Verbreitung so schnell wie möglich voranzutreiben. Dies kann z. B. durch eine Strategie des viralen Marketings erreicht werden, die eine Niedrigpreisstrategie oder gar das Verschenken der Güter umfasst. Dagegen wird die notwendige Größe zur Realisierung substantieller Skaleneffekte durch Hochpreisstrategien eher selten oder gar nicht erreicht.

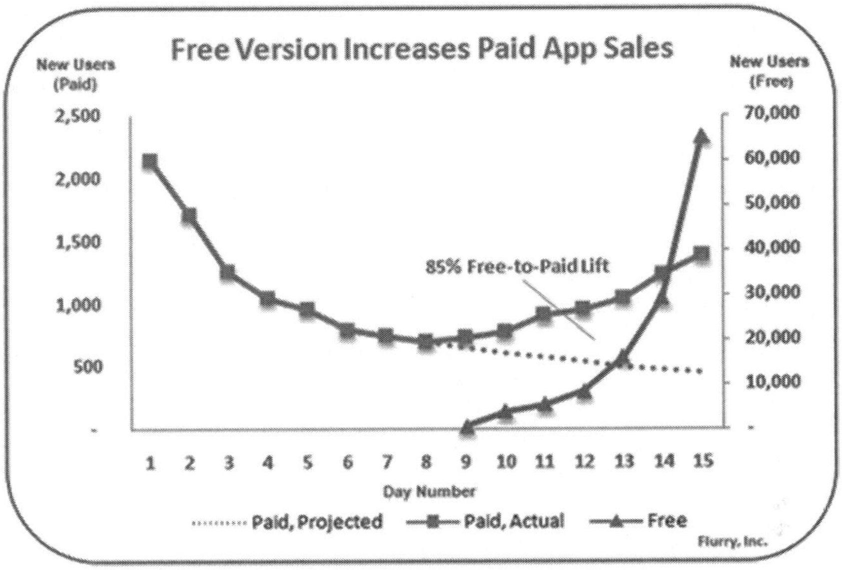

Abb. 2.14 Beispiel für ein Freemium-Modell. (Vgl. Perez 2009)

Follow the Free – Kostenlose Abgabe von Gütern Die schnellste Verbreitung kann ein Gut dadurch erreichen, dass es der Anbieter kostenlos abgibt. Diese Strategie des Verschenkens von Gütern im Internet wird als Follow the Free Pricing bezeichnet und ist Teil der FreeConomics (Anderson 2008).

Die kostenlose Abgabe eines Gutes hat einen Grund, der sich mit „minds share leads to market share" umschreiben lässt. Ziel ist die schnelle Marktpenetration, um über zusätzliche Attraktivität und positive Feedback-Effekte eine weitere Marktdurchdringung herbeizuführen.

Betrachten wir als Beispiel eine Studie zu iPhone-Applikationen (vgl. Weiss 2009). Hier lässt sich erkennen, dass mit kostenlosen Angeboten neue Märkte erschlossen und in der Folge höhere Umsätze erzielt werden können (Abb. 2.14). In dem Moment, in dem der Anbieter eine kostenlose Version der Applikation anbietet, steigen die Verkaufszahlen für die kostenpflichtige Applikation. Hier handelt es sich somit um eine Spielart des Freemium-Modells. Nutzern, denen die kostenlose Applikation nicht ausreicht, können auf die kostenpflichtigen Premium-Version wechseln. Das Gesamtangebot verbreitet sich und wird durch die kostenlose Version bekannt. Die tatsächlichen Verläufe und der (gestrichelte) prognostizierte Verlauf bei Nichteinführen einer kostenlosen Applikation zeigen, wie eine kostenlose Komponente das Geschäftsmodell unterstützen kann.

Das Prinzip, durch kostenlose Abgabe von Gütern neue Märkte zu schaffen, ist keineswegs neu. Von der Kaffeefahrt über die Suchterzeugung durch verschenkte Einstiegsdrogen bis zum vermeintlich kostenlosen Handy ist diese Form der Marktbearbeitung bekannt. Die Grundidee beruht entweder auf einer Gewöhnung, der Weckung von Präferenzen oder

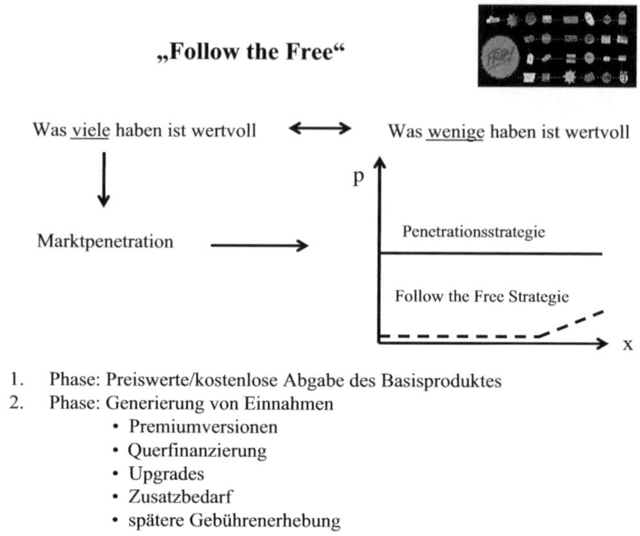

Abb. 2.15 Follow the Free Strategie

auf der Komplementarität von Produkten. Wer Öllampen verschenkt, schafft Nachfrage nach Öl.

Die kostenlose Abgabe von Gütern im Internet ist eine modifizierte Anwendung dieser Marketingstrategie. Follow the Free stellt eine Extremform der Penetrationsstrategie dar, die insbesondere aufgrund der marginalen variablen Kosten auch bei der Erstellung und dem Vertrieb von Informationsgütern möglich ist (Abb. 2.15). Im ersten Schritt werden durch die kostenlose Abgabe z. B. eines Software-Produkts und dadurch entstehende Netzeffekte rasch eine wachsende Kundenbasis aufgebaut und ein Kundenbindungseffekt (Lock-In Effekt) erzielt. Im zweiten Schritt sollen durch den Verkauf von Komplementärleistungen, von leistungsfähigeren Versionen oder Premium-Versionen Erlöse erzielt werden. Bei vielen kostenlos abgegebenen Informationsgütern erfolgt die Finanzierung nicht nur über höherwertige Premium-Angebote, sondern auch durch Werbe- und Spendenfinanzierung.

Einige prominente Beispiele, z. B. der kostenlosen Abgabe von Softwareprogrammen oder von Browsern, scheinen den Erfolg des Follow the Free zu bestätigen. Allerdings müssen einige Voraussetzungen vorliegen, damit die Nullpreisstrategie zum Erfolg führen kann. Dazu zählen:

- Positive Skaleneffekte (Netzeffekte).
- Niedrige variable Kosten der Reproduktion und Distribution.
- Charakter eines Erfahrungsgutes, das mit zunehmender Anwendung durch Kunden an Wert zunimmt.
- Ausreichende finanzielle Ressourcen, um anfängliche Verluste zu kompensieren.

Generell ist die Vorgehensweise Follow the Free aufgrund des anfänglichen Verzichts auf Gewinne mit einem betriebswirtschaftlichen Risiko verbunden:

1. Wenn alle oder viele Unternehmen kostenlose Anwendungen ermöglichen, dann verschwindet der Wettbewerbsvorteil für ein Unternehmen. Die Anwender wechseln den Anbieter, wenn ein bislang angebotenes „Geschenk" teurer wird.
2. Problematisch ist die Strategie des Follow the Free dann, wenn sie eine Free Lunch Mentalität bei den Kunden schafft, die entgeltpflichtige Angebote im Internet weitgehend ablehnen. So zeigen Studien zum Verhalten von Internet-Nutzern, dass viele kaum bereit sind, kostenpflichtige Informationsangebote zu akzeptieren, da ihrer Meinung nach in ausreichendem Maße kostenfreie Alternativen zur Verfügung stehen. Diese Haltung erschwert die Durchsetzung von Preisen für Komplementärleistungen und neue Versionen von ursprünglich kostenlos abgegebenen Gütern. Sie steht damit ebenfalls der Realisierbarkeit einer klassischen Niedrigpreisstrategie entgegen, die sich als Alternative zum Follow the Free Pricing anbietet. Dies erklärt z. B. die Schwierigkeiten zur Implementierung von Angeboten im Segment sehr geringer Preise (micropayment): „*The huge psychological gap between almost zero and zero is why micropayments failed. It's why Google doesn't show up on your credit card. It's why modern Web companies don't charge their users anything*" (Anderson 2008, S. 140).

Die kostenlose Abgabe von Gütern zielt nicht nur auf den Aufbau von kritischer Masse und Kundenbindung, sondern auch auf die Erzielung von Aufmerksamkeit (z. B. kostenlose Abgabe von neuer Musik oder Auszügen aus Büchern). Hintergrund ist die zunehmende Reizüberflutung und der Information Overload auf elektronischen Märkten.

2.3.2 Ökonomie der Aufmerksamkeit

Mit der zunehmenden Verbreitung von IuK-Technologien sind Informationen immer leichter und überwiegend auch kostenlos verfügbar. Der tagtägliche multimediale Schwall an Werbung, Nachrichten und Unterhaltung ist darauf ausgerichtet, unsere Aufmerksamkeit zu gewinnen. Für die mediale Durchdringung braucht es jedoch nicht nur Technologien, sondern auch Institutionen, die die Verteilung der Informationen übernehmen. Presse, Rundfunk, werbetreibende Industrie und Medienunternehmen schaffen eine mediale Öffentlichkeit und sind dringend auf Aufmerksamkeit des Publikums angewiesen.

Mit der medialen Durchdringung der Privat- und Berufssphäre durch das Internet hat die Beschränktheit der menschlichen Informationsverarbeitungsfähigkeit eine neue Dimension erhalten (Multer 2007). Der Begriff des Information Overload beschreibt diese Entwicklung und bezeichnet ein doppeltes Selektionsproblem (Abb. 2.16):

- Durch die rapide fallenden Kosten für die Speicherung von Daten, die Erhöhung von Übertragungsraten und die steigende Zahl von Endgeräten und Online-Anschlüssen ist

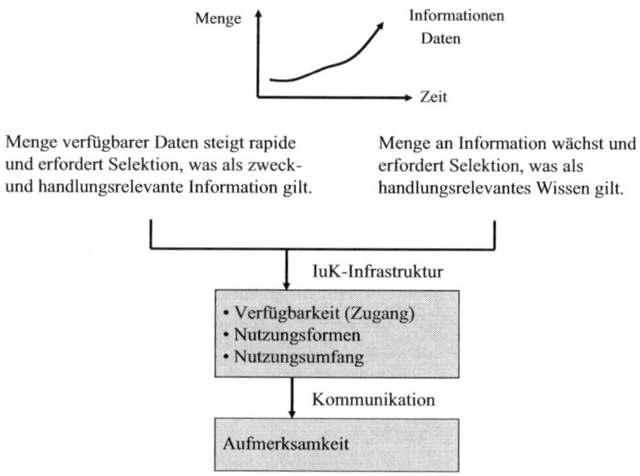

Abb. 2.16 Daten- und Informationsflut

es technisch kein Problem, gespeicherte Daten zugänglich zu machen. Überlegen Sie, wie viele digitale Daten (z. B. Texte, Fotos, Filme) Sie auf ihren Datenträgern gespeichert haben. Die Menge verfügbarer Daten erschwert jedoch die Frage, welche Daten davon überhaupt handlungs- und zweckrelevant sind, d. h. als Information gelten. Für eine Person besteht die Schwierigkeit darin, dass sie häufig erst nach einer Prüfung eines Datenangebots (z. B. auf einer Webseite) beurteilen kann, ob dieses Angebot handlungsrelevant ist und welchen Informationswert es hat.

- Menschen sind zunehmend gezwungen, Informationen zu selektieren und andere wegzulassen. Aufmerksamkeit wird zur knappen Ressource und damit zu einem ökonomischen Gut. Die Erzeugung und Erhaltung von Aufmerksamkeit auf elektronischen Märkten ist abhängig von der Verfügbarkeit (Zugang), den Nutzungsformen und dem Nutzungsumfang der IuK-Infrastrukturen (Hardware und Software).

Media-Richness und Kommunikationsformen Auf elektronischen Märkten spielt neben dem Zugang und der Verbindung vor allem die Frage der Eignung bestimmter Medien und Kommunikationskanäle für einzelne Kommunikationsaufgaben eine zentrale Rolle. Die Media-Richness Theorie unterscheidet zwischen „armen" und „reichen" Kommunikationsformen (Abb. 2.17). Technische und nicht-technische Kommunikationsformen haben unterschiedliche Kapazitäten zur authentischen Übertragung analoger und digitaler Informationen. Die Face-to-Face-Kommunikation in der persönlichen Begegnung ist eine „reiche" Kommunikationsform. Sie bietet eine Vielzahl paralleler Kanäle (u. a. Sprache, Tonfall, Gestik, Mimik), ermöglicht unmittelbares Feedback und erlaubt die Vermittlung und unmittelbare Wahrnehmung persönlicher Stimmungslagen und Emotionen. Der Austausch von Dokumenten z. B. mit Hilfe eines Faxgerätes ist eine „arme" Form. Die Kommunikation ist dann nicht effektiv, wenn sie durch den Einsatz „reicher" Medien unnötig verkompliziert wird (Overcomplication). Anstatt nach Fakten zu suchen, werden die Teilnehmer durch den Reichtum des Mediums abgelenkt und es wird künstlich

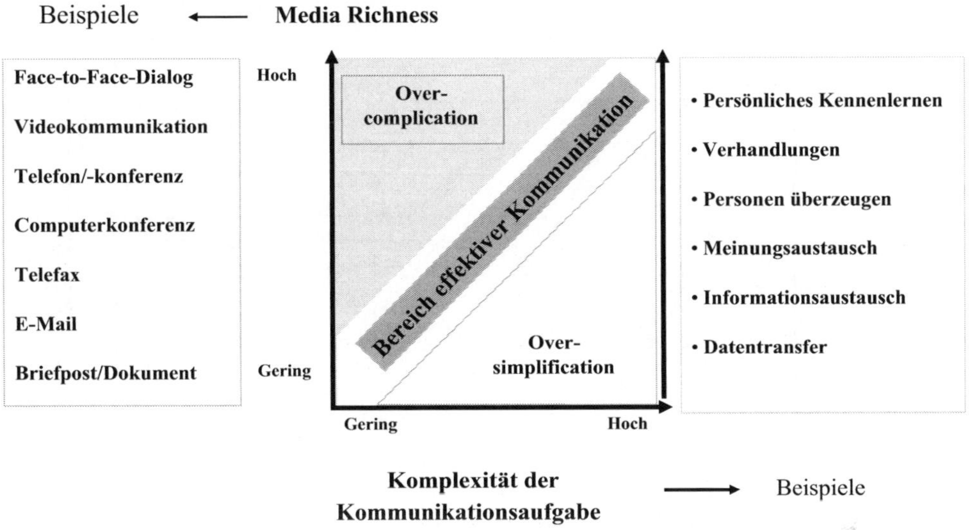

Abb. 2.17 Media-Richness

Mehrdeutigkeit erzeugt (vgl. Rice 1992). Die Effektivität einer Kommunikation wird auch dann geringer ausfallen, wenn durch Anwendung „armer" Medien eine unangemessene Vereinfachung (Oversimplification) vorgenommen wird. Ein gewähltes Medium eignet sich z. B. nur für die Informationssuche, obwohl ein gemeinsames Verständnis der Kommunikationspartner gefragt wird. „Reiche" Medien sind jedoch nicht automatisch überlegen und „arme" Medien nicht per se unterlegen. Der Bereich der effektiven Kommunikation liegt gerade zwischen unnötiger Komplizierung und unangemessener Vereinfachung.

Welches Medium passt, hängt von der Komplexität der Aufgabe ab, die zu erledigen ist:

- Die Kommunikation über „reiche" Medien ist umso effektiver, je komplexer die Aufgabe ist.
- Die Kommunikation über „arme" Medien ist umso effektiver, je strukturierter eine Aufgabe ist.

Dem Internet insgesamt lässt sich keine eindeutige Media-Richness zuordnen, da es „die" Internet-Technologie nicht gibt. Es kommt auf die spezifische Anwendung an. Internet und multimediale Kommunikation ermöglichen jedoch teilweise die Auflösung des Widerspruchs (Trade-off) zwischen der Reichweite und der Reichhaltigkeit eines Mediums.

Während Reichhaltigkeit, wie oben beschrieben, Interaktivität und Individualität umfasst, beschreibt Reichweite die Anzahl von Personen, die sich mit einem Medium erreichen lassen bzw. die an einer Information teilhaben können. Beide Aspekte sind für die Erzie-

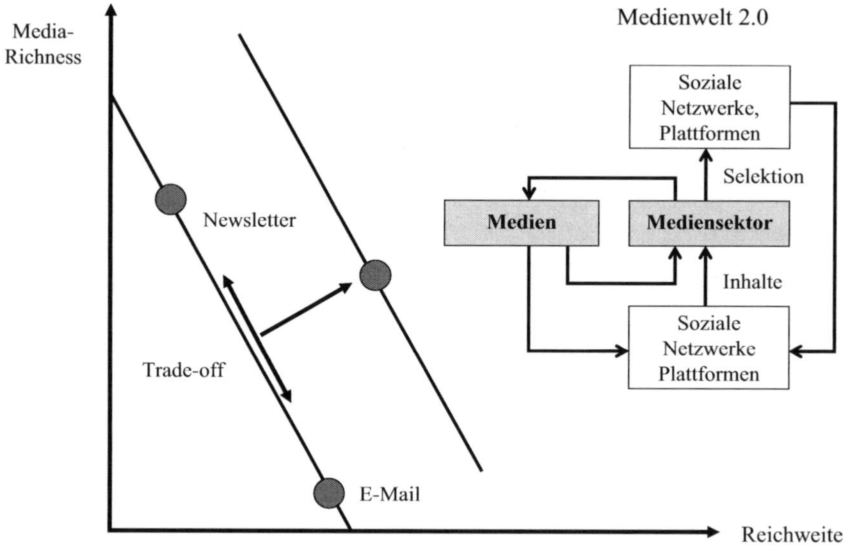

Abb. 2.18 Media-Richness und Reichweite auf elektronischen Märkten

lung medialer Aufmerksamkeit von hoher Bedeutung. Mit Hilfe z. B. des Fernsehens war es technisch nicht möglich, gleichzeitig beliebig viele Menschen mit beliebig reichhaltiger Information zu versorgen. Mit dem Internet und vor allem mit der Medienwelt im Web 2.0 verändern sich die Möglichkeiten deutlich (Abb. 2.18). Soziale Netzwerke und Plattformen liefern selbst Inhalte, stellen sie dem Mediensektor zur Verfügung und werden von diesem wiederum selektiert.

Die Media-Richness ist bei Medien des Web 2.0 wie Blogs, Foren oder Wikis durch Kriterien wie Echtzeit-Kommunikation, leichte Auffindbarkeit der Information, Einfachheit der Verbreitungsmöglichkeiten sowie die Aggregation großer Datenmengen gestiegen. Deutlich erweitert hat sich vor allem die Möglichkeit zur Einbeziehung von Nutzern. Social-Software Anwendungen ermöglichen den Nutzern, sich zu treffen, Kontakte zu knüpfen, zusammenzuarbeiten und Communities aufzubauen. Dabei treten die Nutzer als Autoren auf, indem sie publizieren und kommentieren (z. B. in Blogs) sowie editieren (z. B. in Wikis). Die erstellten Informationen können von einem breiten Kreis eingesehen werden. Die Zugänglichkeit und Auffindbarkeit der Informationen wird größtenteils von den Nutzern der Medien selbst organisiert.

Studien zeigen, dass vor allem die stark zunehmende Verbreitung von Bewegtbildern im Internet die Strukturen der Kommunikation verändert. Getrieben wird diese Entwicklung von dem Bedürfnis nach höherer Media-Richness. Ermöglicht wird sie durch den technologischen Fortschritt bei den Endgeräten, der Software, den Komprimierungsmöglichkeiten und Plattformen wie z. B. YouTube und MyVideo.

Die Bereitschaft und Fähigkeit breiter Bevölkerungsteile, selbst Videos zu produzieren und somit selbst multimedial zu kommunizieren, ist gestiegen. Auch hier gilt jedoch, dass die Wahl des richtigen Mediums von der Situation und der zu lösenden Aufgabe abhängt. Medien mit hoher Reichhaltigkeit sind auch im Internet nicht per se besser als Medien mit geringer Reichhaltigkeit. Bei einfach strukturierten Aufgaben kann die Wahl „reicher" Medien künstlich Mehrdeutigkeit erzeugen und die Mediennutzer ablenken. Hingegen können komplexe, mehrdeutige Aufgaben mit „armen" Medien nicht gelöst werden, da sie die Situation übermäßig vereinfachen.

Ökonomie der Aufmerksamkeit Kauf- und Konsumprozesse sind ohne Aufmerksamkeit der Käufer nicht möglich. Goldhaber fasst den Gedanken einer Aufmerksamkeitsökonomie in dem Satz zusammen *„Attention Shoppers! – The currency of the New Economy won't be money, but attention"* (Goldhaber 1997).

Dieser Sachverhalt lässt sich gut am Beispiel der Werbung darstellen. Das traditionelle „Marktgesetz", dass das Angebot und die Nachfrage den Preis bestimmen, gilt bezogen auf Werbung im Internet nur bedingt, da viele Nachfrager nichts mehr bezahlen wollen. Viele Internetnutzer akzeptieren (noch) nicht, dass z. B. Medienunternehmen für ihre Online-Inhalte Geld verlangen, da sie als Gegenleistung bereits Aufmerksamkeit erhalten. In diesem Fall verbleibt häufig nur noch der Weg der Werbefinanzierung, wie er vor allem auf zweiseitigen Märkten beschritten wird. Die Mehrzahl der traditionellen Werbemodelle basiert auf einer Situation, in der Werbeplatz und nicht Aufmerksamkeit knapp ist. Die Erreichbarkeit von Konsumenten in einer bestimmten Region soll z. B. durch Werbeschaltungen in Zeitungen, Radios oder TV erreicht werden. Die Ausrichtung auf bestimmte Zielgruppen wird häufig vergessen und ist solange finanzierbar, wie die Streuverluste der Massenwerbung günstiger sind als andere Arten der Kommunikation. In der digitalen Welt ist der Werbeplatz hingegen fast unbegrenzt.

Als Faustregel für die Gestaltung von Werbespots oder auch Druckanzeigen gilt die AIDA-Regel. Beschrieben wird damit der Prozess Attention (Aufmerksamkeit), Interest (Interesse), Desire (Wunsch) und Action (Kaufabsicht). Diese Vorstellung gilt auf elektronischen Plattformen eher in verschärfter Form, da Kunden ohne hohe Transaktionskosten das Angebot von Konkurrenten begutachten können. Der Prozess hat folgenden Ablauf (Abb. 2.19):

- Nutzer auf die Webpräsenz aufmerksam machen (Attention/Awareness),
- Besucher zu einem Angebot führen (Interest),
- Wünsche des Nutzers wecken (Desire),
- Nutzer unmittelbar oder später zu einer Aktion bringen (Action).

Wichtig ist es, die richtige Zielgruppe im richtigen Moment zu erreichen. Dazu bietet das Internet gute Möglichkeiten, die bis hin zur Personalisierung reichen.

Suchmaschinenwerbung Die Suchmaschinenwerbung gilt als lukrative Form von Online-Werbung, weil zielgenau eine spezifische Form von Aufmerksamkeit in konkrete Käufe umgewandelt werden kann. Als äußerst erfolgreiches Beispiel gilt das Unternehmen Google. Hier stehen vor allem drei Elemente im Vordergrund (Abb. 2.20):

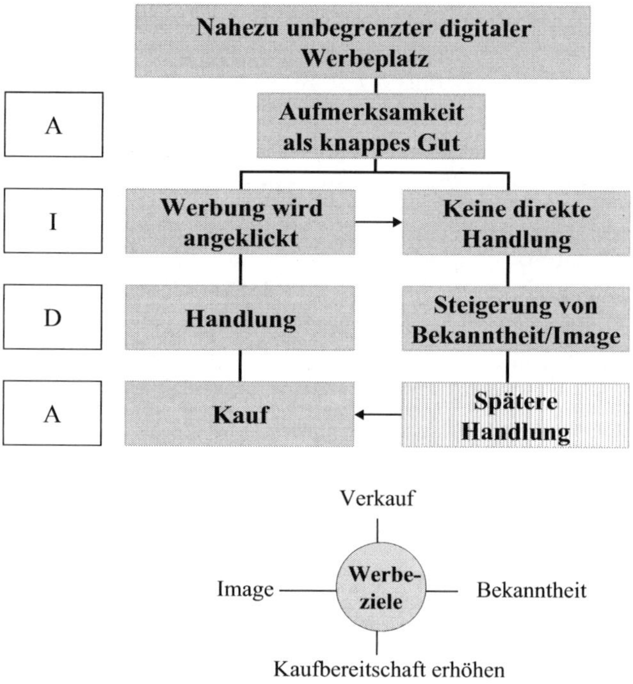

Abb. 2.19 Werbung als Ausprägung der Aufmerksamkeitsökonomie

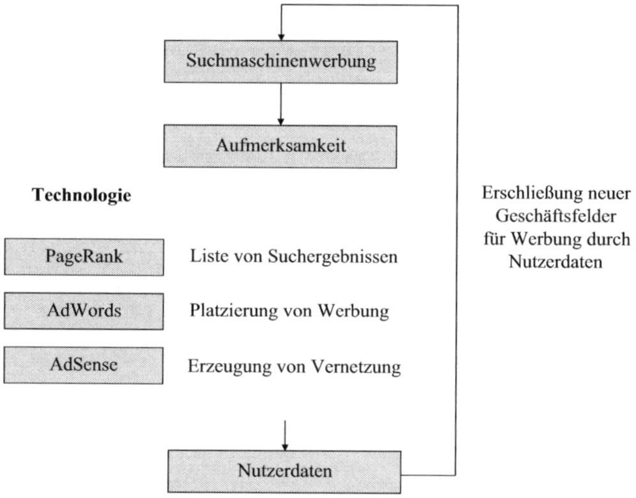

Abb. 2.20 Suchmaschinenwerbung und Aufmerksamkeit

1. PageRank-Algorithmus: Der Suchalgorithmus soll einen zufällig durch das Web surfenden Nutzer nachbilden. Das Verfahren bewertet und gewichtet dazu die Menge verlinkter Dokumente im Web. Je mehr Links auf eine Webseite verweisen, desto höher ist das Gewicht dieser Seite. Die Links werden entsprechend ihres Gewichts sortiert und bei einer Suchabfrage in eine Reihenfolge gebracht. Links zu wichtigeren

Seiten werden in der Ergebnisliste vorne angezeigt. Im Kern bildet der Suchalgorithmus von Google damit Zitationsindizes nach, wie sie aus wissenschaftlichen Publikationen bekannt sind.

2. AdWords: Dies sind Wörter oder Wortgruppen, die sich auf das Unternehmensangebot beziehen. Da solche Wörter bzw. Wortgruppen beschränkt sind und nicht alle den gleichen Wert besitzen, erfolgt die Preisbildung durch eine Auktion. In der Regel legt ein Unternehmen ein Monatsbudget fest und bietet einen Maximalpreis für eine Anzeige. Es wird dann nicht für die Werbeeinblendung bezahlt, sondern nur dann, wenn Nutzer auch tatsächlich auf die Anzeige klicken (Cost-per-Click). Ziel ist es, die Werbung innerhalb der inhaltlichen Zusammenhänge der Suchergebnisse zu platzieren. Die Anzeigen sind von der Ergebnisliste getrennt und sind entsprechend gekennzeichnet. Je mehr der Inserent zu zahlen bereit ist, desto weiter oben ist seine Anzeige auf der Seite positioniert. Das Produkt aus Gebot und Klickrate (in Prozent) bestimmt den Rang. Ein Beispiel (vgl. Invanov und Mertgen 2003/2004). Bieter A bietet 15 Cent und erreicht mit seiner Anzeige eine Klickrate von 2,4 %. Seine Anzeige bekommt folgenden Wert:

$$\text{Preis}\ (€) \cdot \text{Klickrate}\ (\%) = \text{Rang} \tag{2.1}$$

$$0{,}15 \cdot 2{,}4 = 0{,}36 \tag{2.2}$$

Bieter B bietet 25 Cent, hat aber nur eine Klickrate von 1,0 %. Er erhält damit:

$$0{,}25 \cdot 1{,}0 = 0{,}25 \tag{2.3}$$

Bieter A ist mit seiner Anzeige also oberhalb von Bieter B platziert, da er einen besseren Rang hat. Der endgültige Preis orientiert sich allerdings an den Geboten der Mitbewerber zur jeweiligen Position. Auch dazu ein Beispiel. Es soll ein Rang von 0,4 erreicht werden, um die vordere Position einzunehmen. Das Gebot eines Bieters liegt bei 1 €, seine Klickrate bei 0,5 %. Damit liegt der Bieter bereits über dem Wert von 0,4:

$$1 \cdot 0{,}5 = 0{,}5 \tag{2.4}$$

Es reicht bereits ein Gebot von 0,8 €, um den erforderlichen Wert zu erreichen:

$$0{,}8 \cdot 0{,}5 = 0{,}4 \tag{2.5}$$

Das System enthält damit einen Anreiz, die Werbung bezüglich des Inhalts und den zugehörigen Suchbegriffen möglichst präzise und sachbezogen auszugestalten. Die höhere Relevanz zahlt sich also für ein Unternehmen konkret aus. Ein Balken (Interest) gibt zudem Auskunft über die Beliebtheit der Anzeige. Ein bereitgestelltes Tool erlaubt statistische Auswertungen über die Resonanz der Besucher.

Neue Anzeigen werden zunächst in Rotation geschaltet um eine Klickrate zu ermitteln. Sinkt die Klickrate unter einen Schwellenwert von z. B. 0,5 %, wird die Anzeige zurückgezogen. Die Inserenten werden damit angehalten, sich um zutreffende Suchbegriffe und Anzeigentexte zu kümmern. Die Vorteile dieser kontextbezogenen Werbung sind offensichtlich:

- Der Besucher einer Webseite wird nur mit der Werbung konfrontiert, die Bezug zu seinen Interessen hat.
- Die Streuung von Werbung sowie die damit verbundenen Kosten für den Anbieter werden minimiert.

Auf diese Weise wird die kostenlose Suche durch Werbung mit kommerziellen Aspekten verknüpft.

3. AdSense: Werbetreibende können neben dem Platzieren von Anzeigen auf der Google-Homepage auch Werbung auf weiter entfernten Webseiten schalten. AdSense ist damit die Ausweitung von AdWords. Jeder Homepage-Besitzer kann weltweit diesem Werbenetzwerk beitreten. Ziel ist es, Netzwerkeffekte zu nutzen.

Kritiker meinen dass die vermeintlich kostenlose Nutzung von freien Angeboten teuer bezahlt wird – „Gratis gegen Nutzerdaten". Alle Daten, die z. B. im Kontext von Suchanfragen anfallen, werden teils personalisiert oder teils anonymisiert gesammelt und analysiert. Mit Hilfe dieser „Datenökonomie" lassen sich neue Geschäftsfelder erschließen, auf denen vor allem Werbung zielgerichtet blühen und gedeihen kann. Dadurch werden allerdings nicht nur neue Geschäftsmodelle möglich, sondern auch Branchen wie die Medienindustrie oder die Verlagswelt vor neue Herausforderungen gestellt (vgl. Kaumanns und Siegenheim 2007).

2.3.3 Preisstrategien für digitale Güter

Vielleicht nutzen Sie auch die kostenlosen Angebote, die tagtäglich von Anbietern digitaler Güter im Internet platziert werden. Kostenlose Download-Programme von Browsern und Software, kostenlose Online-Zeitschriften und Inhalte erwecken den Anschein einer Schenkökonomie. Digitale Produkte und Dienstleistungen sind zwar nicht kostenlos herstellbar, aber ihre Grenzkosten sind so tief, dass es Möglichkeiten gibt, um sie gratis anzubieten oder sie „strategisch zu verschenken". Weil die Grenzkosten im Netz so niedrig sind, ist es möglich, dass wenige zahlende Benutzer eine große Anzahl Gratis-Nutzer quersubventionieren. Inzwischen ist eine Vielzahl von Geschäftsmodellen entstanden, die den Inhalt der FreeConomics mit hybriden Geschäftsmodellen füllen (vgl. Anderson 2009):

- Es gibt klassische Werbemodelle, wo Werbekunden für die Aufmerksamkeit von Konsumenten bezahlen, die sich Inhalte ansehen wollen. Ergebnis sind zweiseitige Märkte.
- Bei Freemium-Modellen wird eine Basisdienstleistung gratis angeboten und für Zusatzdienstleistungen muss bezahlt werden. So gibt es Musiker, die ihre Alben verschenken und dafür mit Konzerten mehr verdienen. Es gibt Software, die kostenlos ist, für deren Support aber zu zahlen ist.

Abb. 2.21 Eigenschaften digitaler Güter und Inhalte

Digitaler Güte und Inhalte

- Hohe Erstellungskosten (Fixkosten) und geringe Vervielfältigungskosten (variable Kosten, Grenzkosten)
- Existenz von Netzeffekten
- Erfahrungseigenschaften
- Nahezu kostenfrei zu reproduzieren
- Zu geringen Kosten in verschiedene Varianten zu verändern

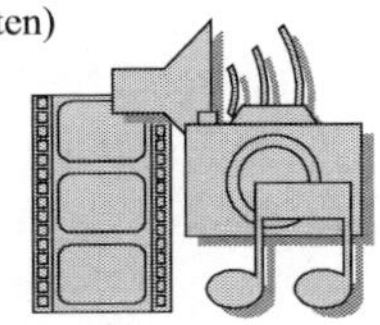

Unternehmen stehen bei der Preisbildung digitaler Güter vor mehreren Problemen. Kostenplus-Strategien, bei denen die Preise anhand der variablen Kosten festgelegt werden, sind bei digitalen Gütern nicht sinnvoll. Es würden sich oft Nullpreise ergeben und die Fixkosten können nicht gedeckt werden. Auch Preisstrategien, die sich am Wettbewerb orientieren, sind bei digitalen Gütern nicht immer sinnvoll. Wenn die Angebote denen der Konkurrenten ähneln, kann der Kunde sie leicht vergleichen. Die Folge sind Preiskämpfe wie etwa beim Vertrieb schneller Internetzugänge.

Ein weiteres Problem der Preisbildung für digitale Güter (z. B. Musik, Texte, Software) resultiert daraus, dass die kostenlosen und auch teilweise illegalen Angebote digitaler Güter bei der Kalkulation berücksichtigt werden müssen. Digitale Informationen und Inhalte verfügen zudem über spezielle ökonomische Eigenschaften, die ihre Wertermittlung erschweren (Abb. 2.21). Oft werden diese Eigenschaften nur unzureichend berücksichtigt, so dass falsche Angebots-, Abrechnungs- und Preisstrategien gewählt werden (vgl. Stahl 2006).

- Digitale Informationen und Inhalte weisen hohe Erstellungskosten (Fixkosten) und sehr geringe Vervielfältigungskosten (variable Kosten, Grenzkosten) auf. Ist die erste Kopie eines Filmes oder einer Software erstellt, sind insbesondere bei einem digitalen Vertrieb des Produktes die Vervielfältigungskosten nahe Null, da ein zusätzlicher Download zu keinen Reproduktionskosten oder qualitativen Einbußen führt.
- Jeder zusätzliche Nutzer eines Netzwerkgutes erhöht den Wert des Netzwerkes für andere Nutzer. Beispiele sind Komprimierungsformate für digitale Musik oder Software zur Erstellung von Texten und Bildern. Netzeffekte begünstigen die Bildung strategischer Allianzen und die Durchsetzung von Standards.
- Erfahrungseigenschaften digitaler Güter führen dazu, dass zum Kaufzeitpunkt eine asymmetrische Informationsverteilung zwischen Anbieter und Nachfrager über die Qualität besteht. Vor der Kaufentscheidung ist es für Konsumenten jedoch zwingend notwendig die Qualität des Gutes zu kennen, um die eigene Kauf- und Zahlungsbereitschaft zu ermitteln.
- Digitale Informationen und Inhalte sind zu geringen Kosten veränderbar. Diese Transmutabilität ermöglicht und erfordert unterschiedliche Ansätze der Produkt-

differenzierung und Produktindividualisierung. Um die hohen Fixkosten digitaler Informationen und Inhalte zu decken, ist es oft notwendig und sinnvoll, gleichzeitig mehrere Produktvarianten in unterschiedlich preissensitiven Kundensegmenten anzubieten.

Die Wahl der geeigneten Preisstrategie wird von diesen Eigenschaften bestimmt (in Anlehnung an Stahl und Heinemann 2006):

- Preisstrategie (1): Netzwerk- und Lock-In Effekte erzeugen.
- Preisstrategie (2): Zu unterschiedlichen Preisen anbieten.
- Preisstrategie (3): Qualitative Differenzierung nutzen.
- Preisstrategie (4): Quantitative Differenzierung und Produktbündelung anwenden.
- Preisstrategie (5): Abrechnung optimieren.

Preisstrategie (1): Netzwerk- und Lock-In Effekte erzeugen Unternehmen bieten im Internet Informationen z. B. rund um Geldanlage, Aktienempfehlungen oder Branchenanalysen zu einmaligen Kennenlernpreisen an. Bei wiederholtem Abruf kennen die Konsumenten bereits die Qualität des Gutes und sind gegebenenfalls eher bereit, einen höheren Preis zu bezahlen. Im Extremfall kann das Gut zunächst kostenlos angeboten werden (Follow the Free).

Konsumenten können durch Lernkosten an IuK-Systeme gebunden werden. Dadurch entstehen Lock-In Effekte. Beispiel ist das kostenlose Musikverwaltungsprogramm iTunes von Apple. Viele Kunden lernen, wie iTunes funktioniert, schätzen die Bedienung und nutzen das Programm für ihre Musiksammlungen. Sie scheuen dann den Wechsel zu einem anderen Anbieter.

Preisstrategie (2): Zu unterschiedlichen Preisen anbieten Eine Preisdifferenzierung liegt vor, wenn ein Unternehmen für gleiche oder gleichartige Güter unterschiedliche Preise verlangt, die sich nicht oder nicht gänzlich durch Kostenunterschiede begründen lassen (Abb. 2.22). Die Strategie der Preisdifferenzierung setzt voraus, dass die direkte Preiselastizität der Nachfrage für Käufergruppen unterschiedlich ist. Die Differenzierung muss zudem so erfolgen, dass sie für die Kunden nachvollziehbar ist, um Unzufriedenheit zu vermeiden.

Ziel ist die Bildung von Teilmärkten mit spezifischem Nachfrageverhalten, die Reduktion der Transparenz auf Märkten mit hoher Standardisierung sowie die bessere Auslastung freier Kapazitäten. Da auf die unterschiedlichen Preisvorstellungen der Kunden eingegangen wird, kann ein möglichst großer Teil der Nachfrage abgeschöpft werden. In der Praxis geschieht eine Annäherung an den individuellen Nutzen durch die Einteilung der Kunden in Gruppen mit einer vergleichbaren Preisempfindlichkeit. Die Möglichkeit der Gewinnsteigerung ist dabei umso größer, je mehr Kundengruppen voneinander abgrenzbar sind (vgl. Skiera und Spann 2002). Je nach Beschaffenheit des Marktes kann der Anbieter

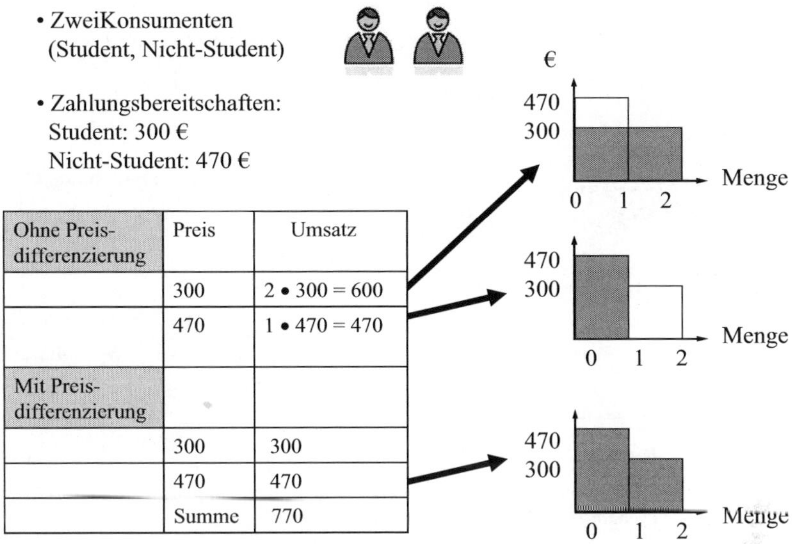

Abb. 2.22 Beispiel zur Preisdifferenzierung

unterschiedliche Strategien der Preisdifferenzierung wählen. Sie lassen sich in die Preisdifferenzierung ersten, zweiten und dritten Grades einteilen.

Preisdifferenzierung ersten Grades Eine Preisdifferenzierung ersten Grades wird auch als perfekte Preisdifferenzierung bezeichnet. Sie liegt vor, wenn es dem Anbieter gelingt, von jedem Kunden den Reservationspreis zu erhalten. Als Reservationspreis wird die maximale Zahlungsbereitschaft verstanden, also der Preis, den ein Konsument für den Erwerb eines Gutes höchstens zahlen würde. Beispiel ist die im 18. Jahrhundert gängige Praxis der Landärzte, die Höhe des Honorars nach Zahlungsfähigkeit ihrer Patienten zu richten. Beispiele auf elektronischen Märkten sind Auktionen und Preisverhandlungen. Die Strategie lässt sich nur unter bestimmten Voraussetzungen umsetzen:

- Die individuelle Zahlungsbereitschaft der Kunden muss bekannt sein.
- Es sind individuelle Preise durchsetzbar.
- Der Weiterverkauf der Güter (Arbitrage) kann wirksam unterbunden werden.

Preisdifferenzierung zweiten Grades Im Fall der Preisdifferenzierung zweiten Grades liegt eine Selbstselektion durch die Kunden vor. Die Annahme der Kenntnis der individuellen Zahlungsbereitschaft wird aufgegeben, so dass der Anbieter nicht zwischen einzelnen Kunden oder Kundengruppen hinsichtlich ihrer Präferenzen unterscheiden kann. Dennoch ist der Anbieter mit Hilfe der Preis-, Mengen- und/oder Produktgestaltung in der Lage, die Zahlungsbereitschaft der Konsumenten festzustellen und auszureizen, weil sie durch ihre Wahl eigene Präferenzen offenbaren.

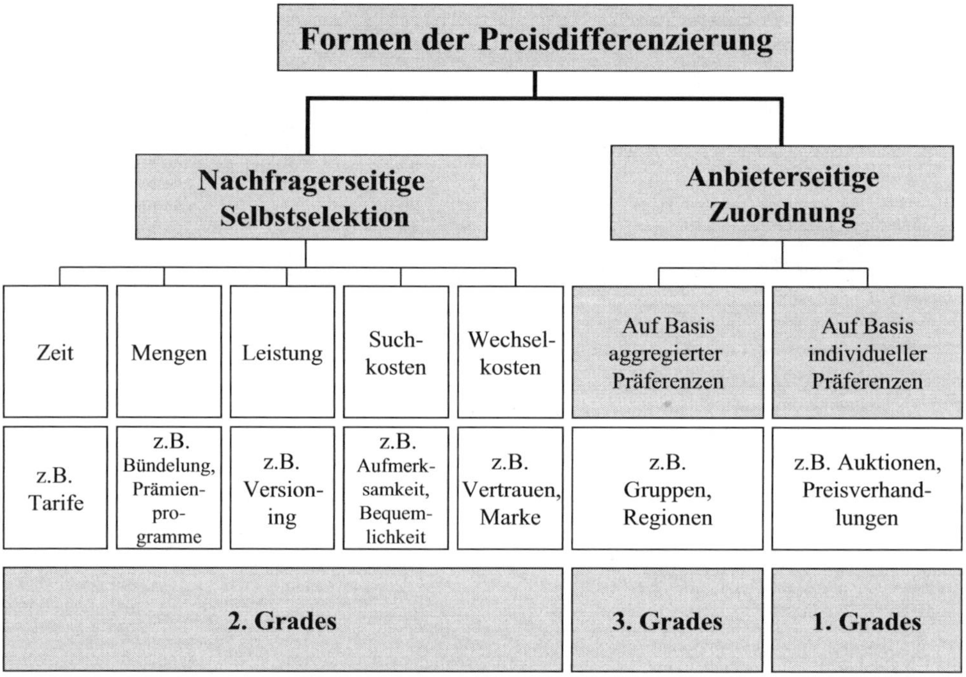

Abb. 2.23 Preisdifferenzierung auf elektronischen Märkten

Im Rahmen dieser Strategie stehen dem Anbieter mehrere Optionen zur Verfügung:

- Quantitative Preisdifferenzierung durch Kopplung des Preises an die abgesetzte Menge, um z. B. Großabnehmer zu identifizieren.
- Qualitative Preisdifferenzierung mit dem Ziel, qualitätssensitive Konsumenten herauszufiltern.
- Zeitliche Preisdifferenzierung, um z. B. die hohe Zahlungsbereitschaft von frühen Käufern auszunutzen.

Preisdifferenzierung dritten Grades Die Preisdifferenzierung dritten Grades beschreibt eine anbieterseitige Segmentierung der Konsumenten in Gruppen mit unterschiedlichen Zahlungsbereitschaften. Denkbar ist z. B. die Einteilung in soziale Gruppen, die auf ein unterschiedliches Einkommen schließen lassen (z. B. Studierende, Berufstätige, Rentner). Möglich ist auch eine räumliche Preisdifferenzierung.

Empirische Relevanz Auf elektronischen Märkten lassen sich vor allem Auktionen und Preisverhandlungen der Preisdifferenzierung ersten Grades zuordnen. Räumliche und gruppenspezifische Einteilungen sind als Preisdifferenzierung dritten Grades im Internet hingegen schwieriger durchzuführen. Insgesamt dominiert auf elektronischen Märkten die Preisdifferenzierung zweiten Grades (Abb. 2.23).

Im Rahmen einer Selbstselektion entscheidet der Konsument selbst, welches Angebot er zu welchem Preis akzeptiert. Auch folgende Formen der Preisbildung zählen zur Preisdifferenzierung zweiten Grades:

a) Flatrates bzw. Pauschaltarife Sie basieren auf einer Mischkalkulation. Kunden, die das Angebot wenig nutzen, leisten einen Beitrag zur Finanzierung von Vielnutzern. Diese Tarife rechnen sich eher für große Anbieter mit hohen Kundenzahlen als für kleinere Anbieter, bei denen schon eine geringe Zahl von Vielnutzern die Kalkulation kippen lassen kann. Für Kunden bedeutet eine Flatrate vor allem Planungssicherheit durch kalkulierbare monatliche Kosten. Die Anbieter von Flatrate-Tarifen profitieren von einer höheren Kundenzufriedenheit und einer vereinfachten Abrechnung. Außerdem haben sie die Möglichkeit, zusätzliche Zielgruppen zu erschließen und damit mehr Umsätze zu generieren. Häufig stimmt die Einschätzung von Kunden über ihr eigenes Nutzungsverhalten jedoch nicht mit der Realität überein. In diesem Fall wird eine Flatrate mit kalkulierbarem Festpreis gewählt, obwohl die monatlichen Kosten höher liegen als es bei der Wahl des günstigsten nutzungsabhängigen Tarifes der Fall wäre. Dieses als Flatrate-Bias bezeichnete Phänomen ist aus mehreren Untersuchungen zum Tarifwahlverhalten bekannt.

b) Yield-Management bzw. Ertragsmanagement Dieses Konzept zur nachfrageorientierten Angebotssteuerung kommt z. B. bei Fluggesellschaften, Hotels, Autovermietungen oder Kinos oder Reedereien zur Anwendung (vgl. Wendt 1998). Die Anwendungsfelder des Yield-Managements sind dadurch gekennzeichnet, dass die Menge des in einem Zeitraum verfügbaren Angebots nach oben limitiert ist und nur zu hohen Kosten ausgeweitet werden kann. Sind Produktionsprozesse durch hohe Kosten der Kapazitätsbereitstellung gekennzeichnet, sind die variablen Grenzkosten einer zusätzlichen Leistungseinheit innerhalb der gegebenen Kapazitäten gering. Entsprechend ergeben sich hohe Deckungsbeiträge. Die Eigenschaften der Nicht-Lagerbarkeit, der zeitlich variierenden Nachfrage und der Differenzierbarkeit von Eigenschaften sind auch für viele Informationsgüter zutreffend (z. B. Nachrichten, Börsenkurse). Insofern ist das Konzept des Yield-Managements auch auf digitale Güter übertragbar.

Betrachten wir als konkretes Anwendungsbeispiel keine digitalen Güter, sondern eine Fluglinie. Diese bietet für einen Flug von Köln-Bonn nach Berlin 200 Plätze in drei Kategorien an. Aus der Marktforschung sind folgende Zahlungsbereitschaften und Nachfragewünsche bekannt:

Kategorie	Reservationspreis (€)	Nachfrage
A: Standard	100	150
B: Komfort	150	75
C: Superior	200	50
Gesamt		275

Bei einem einheitlichen Preis von z. B. 150 € würde folgender Umsatz erzielt:

$$(75 + 50) \cdot 150 = 18.750\ € \tag{2.6}$$

Wie bekannt, lässt sich der Umsatz durch eine Preisstaffelung erhöhen. Ausgehend von der Zuteilung nach der höchsten Zahlungsbereitschaft ergibt sich:

$$50 \cdot 200 + 75 \cdot 150 + 75 \cdot 100 = 28.750\ € \tag{2.7}$$

Häufig kommt es zur Stornierung von Reservierungen vor dem Flug. Das Yield-Management berücksichtigt diesen Sachverhalt aufgrund von Erfahrungswerten und nimmt dabei auch zum Teil einen Überbuchungsfaktor vor. Wir erweitern unsere Betrachtung daher entsprechend wie folgt:

Kategorie	Reservationspreis (€)	Nachfrage	Buchung vor Flug	Stornierung
A: Standard	100	150	9 Wochen	2 % bis 30 Tage vor Flug
B: Komfort	150	75	4 Wochen	12 % bis 15 Tage vor Flug
C: Superior	200	50	2 Wochen	50 % bis 6 Tage vor Flug
Gesamt		275		

Bei den Segmenten C und B ergibt sich nach Berücksichtigung der Stornierungsquote ein Potential von:

$$(50 \cdot 0{,}5) + (75 \cdot 0{,}88) = 25 + 66 = 91 \text{ Plätze} \tag{2.8}$$

Zur vollen Besetzung des Flugzeugs fehlen noch 109 Plätze. Diese werden durch das Segment A aufgefüllt. Da aus diesem Segment erfahrungsgemäß 2 % der Fluggäste stornieren, müssen 111 (109: 0,98) Reservierungen angenommen werden, wenn die Kapazität des Flugzeugs ausgelastet werden soll. Demnach beträgt die gesamte Reservierungsannahme:

$$50\,(C) + 75\,(B) + 111\,(A) = 236 - (200) \text{ Plätze} \tag{2.9}$$

Es kommt zu einer Überbuchung von 36 Plätzen. Der Erlös bei einer vollen Auslastung des Flugzeugs beträgt:

$$109 \cdot 100 + 66 \cdot 150 + 25 \cdot 200 = 25.800\ € \tag{2.10}$$

Bei einer Reservierung ohne Überbuchungsfaktor werden die Stornierungen hingegen nicht berücksichtigt. Demnach würden bei 200 Plätzen folgende Reservierungen angenommen:

$$50\,(C), 75\,(B), 200 - (50 + 75) = 75\,(A) \tag{2.11}$$

Da es erfahrungsgemäß dennoch zu einer Stornierung von Reservierungen kommt, bleiben rund 35 Plätze unbesetzt:

$$(50 \cdot 0{,}5) + (75 \cdot 0{,}88) + (75 \cdot 0{,}98) = 163{,}5 \tag{2.12}$$

Der daraus resultierende Erlös beträgt:

$$(50 \cdot 0{,}5) \cdot 200) + (75 \cdot 0{,}88) \cdot 150) + (75 \cdot 0{,}98) \cdot (100) = 22.250\ € \tag{2.13}$$

Das Yield-Management führt daher bei Berücksichtigung von Erfahrungs- und Prognosewerten zu einer Erhöhung der Erlöse (vgl. Klein und Steinhardt 2008). In diesem Kontext sind Computerreservierungssysteme unverzichtbar. Sie ermöglichen es, z. B. rasch Tarifveränderungen vorzunehmen, neue Tarifarten einzuführen oder Vertriebsstrukturen unmittelbar mit neuen Angeboten zu versorgen.

Preisstrategie (3): Qualitative Differenzierung nutzen Die Strategie der qualitativen Differenzierung findet sich vor allem bei digitalen Mediengütern. Aus ökonomischer Sicht sind vor allem zwei Merkmale für die Mehrfachverwertung relevant:

- Die Nicht-Rivalität im Konsum bedeutet, dass ein spezifischer Medieninhalt durch mehrere Individuen gleichzeitig oder nacheinander genutzt werden kann, ohne dass diese sich in ihrem Konsum gegenseitig beeinträchtigen.
- Die Herstellung der Mediengüter ist häufig durch hohe First Copy Costs gekennzeichnet. Während die fixen Kosten unabhängig von der Anzahl der Verwertungen entstehen, fallen die Durchschnittskosten mit steigender Anzahl der Verwertungen, weil sich der fixe Kostenblock auf immer mehr Produkteinheiten verteilt.

a) Windowing: Das Konzept ist vor allem aus der Filmindustrie bekannt und bezeichnet eine Form der Mehrfachverwertung über Trägermedien bzw. Verwertungsfenster (Abb. 2.24). Ziel ist die Abschöpfung der zeitlich unterschiedlich ausgeprägten Zahlungsbereitschaft. Der Einsatz dieser Strategie ist im Fernsehbereich zwar eher ungewöhnlich, da das Fernsehen am Ende der Verwertungskette steht. Dennoch greifen Senderfamilien ansatzweise auf Windowing zurück. Diese Entwicklung steht in Zusammenhang mit der Differenzierung des Fernsehens in Pay-TV, Pay per View-TV, Free-TV und den Zweitverwertungssendern, wodurch neue Möglichkeiten für Windowing von Unterhaltungsformaten entstehen.

b) Versioning: Das Konzept bezeichnet die Produkt- bzw. Preisdifferenzierung für digitale Informationsprodukte (vgl. Spann und Mang 2007). Grundgedanke ist es, Versionen zu gestalten, aus der sich der Konsument selbst das Gut mit dem für ihn höchsten Nutzen auswählt. Beispiele für Ansätze zum Versioning sind die Dimensionen Zeit, Qualität und Quantität eines Gutes (Tab. 2.1).

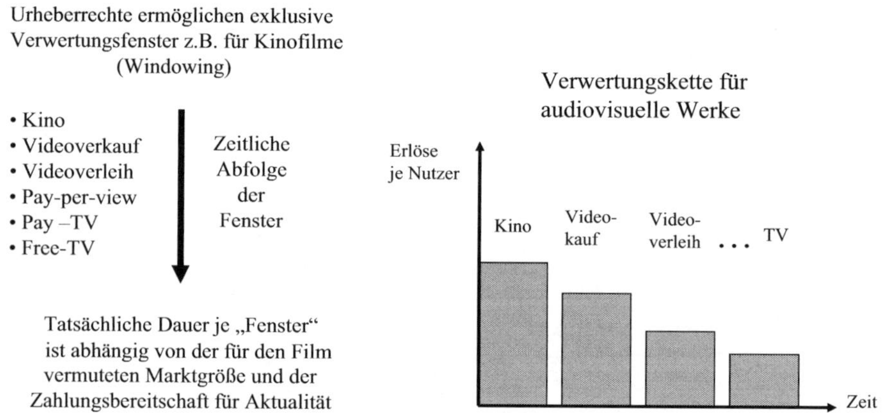

Abb. 2.24 Windowing für audiovisuelle Produkte

Tab. 2.1 Merkmale des Versioning

Dimension	Merkmal	Ausprägungen
Zeit	Aktualität	Verzögerter, sofortiger Zugriff
	Dauer der Verfügbarkeit	Kurz, langfristig
Qualität	Präsentationsform	Durchschnittliches, anspruchsvolles Layout
	Lesbarkeit	Geringe, hohe Auflösung
Quantität	Leistungsumfang	Minimal-, Maximalausstattung
	Publikationsumfang	Begrenzt, regional; unbegrenzt, überregional

Aus ökonomischer Sicht stellt sich die Frage, wie diese Mehrfachverwertung ausgestaltet sein muss, um die gesamte Zahlungsbereitschaft der Konsumenten abzuschöpfen und den maximalen Umsatz erzielen zu können. Betrachten wir als Beispiel eine Online-Zeitschrift, die zwei Marktsegmente (Privatkunden, Unternehmen) identifiziert hat. Die Zeitschrift enthält verschiedene Komponenten (Politik, Wirtschaft, DAX-Werte und Nebenwerte) mit jeweils unterschiedlichen Zahlungsbereitschaften (Abb. 2.25; in Anlehnung an Will 2011).

Sofern Kundeninformationen erhoben und berücksichtigt werden, ist eine Preisdifferenzierung ersten und dritten Grades möglich. Ansonsten überwiegt die Preisdifferenzierung zweiten Grades. Vereinfacht unterstellen wir, dass die Marktsegmente gleich groß sind. Im Fall eines Einheitspreises ergeben sich folgende Erlöse:

- Preis = 400. Der Erlös beträgt $2 \cdot 400$ € = 800 €.
- Preis = 750. Der Erlös beträgt $1 \cdot 750$ € = 750 €.

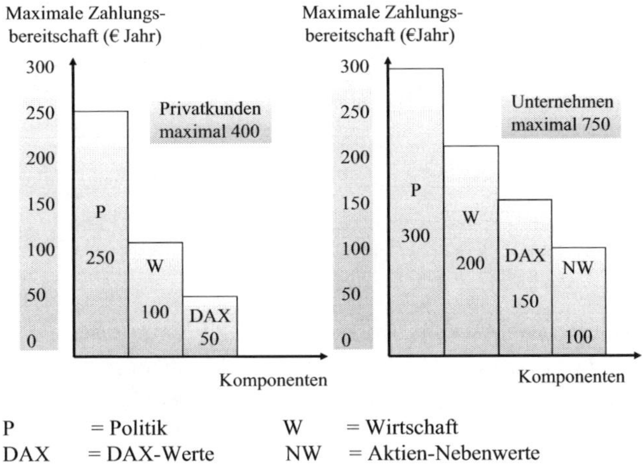

Abb. 2.25 Versioning

Im Fall der gruppenbezogenen Preisbildung betragen die Erlöse insgesamt 1.150 € (400 + 750 €). Durch das Versioning lassen sich z. B. folgende Erlöse erzielen:

a. Privatkundenversion (Politik, Wirtschaft, DAX) zu einem Preis von 400 € und einer Unternehmensversion (alle Teile) zu einem Preis von 750 €. Wenn beide Segmente die Privatkundenversion zu 400 € kaufen, beträgt der Erlös 800 €.
b. Die Online-Zeitung wird wie in a) angeboten, jedoch wird der Preis für Unternehmen auf 500 € gesenkt. Jedes Segment kauft das darauf zugeschnittene Produkt. Der Erlös beträgt 900 € (400 + 500 €).
c. Die Privatkundenversion wird reduziert auf die Teile Politik und Wirtschaft. Der Preis beträgt 350 €. Der Preis für die Unternehmensversion mit allen Teilen wird bei 600 € festgelegt. Der Erlös liegt in diesem Fall bei 950 € (350 + 600 €).

Ist der Markt klar in Segmente eingeteilt, kann es zu einer Erlössteigerung kommen. Kaufen Personen oder Gruppen, die zuvor die teurere Variante gewählt haben, hingegen nun die preiswertere Version, kann es zur Kannibalisierung kommen. Analysen zeigen, dass Unternehmen vor allem dann erfolgreich sind, wenn sie mehr als zwei und weniger als sieben Versionen eines digitalen Gutes anbieten. Sinnvoll ist es, den Preis für einzelne Versionen linear, Qualität und Umfang jedoch überproportional zunehmen zu lassen.

Im Fall des klassischen Versionings lässt sich das Original durch Weglassen, Erweitern und Verändern von digitalen Inhalten und Elementen in verschiedene Versionen leicht differenzieren. Dieser Sachverhalt liegt z. B. vor, wenn Ausschnitte und Zusammenfassungen digital vorliegender Sendungen online abgerufen oder Teile der Sendungen wiederholt und/oder in anderen Medien thematisiert werden. Auch das Angebot von erweiterten und/oder ungeschnittenen Versionen auf dem DVD-Markt, im Internet oder dem TV kann als Beispiel betrachtet werden. Die qualitative Differenzierung führt jedoch nur dann zu einer Steigerung der Nachfrage, wenn Eigenschaften berücksichtigt werden, die für den

Tab. 2.2 Cross-mediales Versioning

Technisches Format	Verändert	Zusätzliche Verwertung (z. B. in anderen Sendern, auf DVD)	Andere Verwertung (z. B. Klingeltöne, Bücher zur Sendung)
	Identisch	Erstverwertung (Originalsendung)	Zweitverwertung (z. B. Musikstücke auf CD)
		Identisch	Verändert
		Wahrnehmung	

Kunden wichtig sind und sich voneinander unterscheiden lassen. Dies ist z. B. im Fall von MP3-Dateien die Qualität der Musikkomprimierung. Sie wirkt sich direkt auf den Hörgenuss aus. Anbieter digitaler Musikportale können diese wertbildende Eigenschaft zur Gestaltung von Versionen nutzen und z. B. das gleiche Lied mit unterschiedlicher Komprimierung der MP3-Datei zu unterschiedlichen Preisen anbieten. Können die Kunden die Unterschiede zwischen den Eigenschaften nicht ohne weiteres erkennen, besteht die Gefahr, dass sie z. B. Premium-Versionen nicht als solche wahrnehmen.

Ein erweiterter Versioning-Begriff beinhaltet die cross-mediale Verwertung von Ideen und Inhalten (Tab. 2.2). Beispiel für dieses breite Versioning bei Unterhaltungsformaten ist die Produktfamilie „Deutschland sucht den Superstar“ (Samstagabendshow auf RTL, Sendefenster auf VOX und Viva, Bücher, CD, DVD und verschiedene Merchandisingprodukte). Medienunternehmen, die eine hohe Eigenproduktionsleistung aufweisen oder über einen bekannten Markennamen verfügen, können für die Nutzung von Inhalten und/oder Marke zudem Lizenzen vergeben. Durch Lizenzierung und Lizenzgebühren können dann die First Copy Costs der Eigenproduktion mitfinanziert werden. Das Versioning von Ideen und Inhalten bei Unterhaltungsformaten kann dann mit einem Versioning von Rechten bei der Lizenzvergabe einhergehen.

Preisstrategie (4): Quantitative Differenzierung und Produktbündelung anwenden
Bundling ist eine spezielle Ausprägung der Preisdifferenzierung, bei der mehrere Teilleistungen zu einem Bündel bzw. Paket zusammengefasst und zu einem Gesamtpreis angeboten werden (vgl. Püttmann 2011, Abb. 2.26):

- Im Fall der additiven Preisbündelung entspricht der Gesamtpreis des Bündels der Summe der Einzelpreise.
- Die weniger geläufige Form der superadditiven Preisbündelung besagt, dass der Gesamtpreis oberhalb der Summe der Einzelpreise liegt.
- Im Fall der subadditiven Preisbündelung liegt der Gesamtpreis unterhalb der Summe der Einzelpreise.

Bezüglich des Integrationsgrades der zusammengefassten Güter bzw. Leistungen lässt sich differenzieren nach zeitlichen Kriterien (Folgegeschäfte), sachlichen Kriterien (komplementäre Teilleistungen), Cross Bundling (Bündelung von Produkten und Leistungen

Abb. 2.26 Beispiel zur Produktbündelung

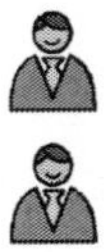

	Produkt X	Produkt Y
Zahlungsbereitschaft A	120	100
Zahlungsbereitschaft B	100	120

Preise		Kauf durch A		Kauf durch B		Umsatz
X	Y	X	Y	X	Y	
120	120	120	-	-	120	240
100	100	100	100	100	100	400
220		220		220		440

Bündelpreis

unterschiedlicher Anbieter) und Systemangeboten innerhalb proprietärer Produktsysteme. Im Kontext der Produktbündelung sind folgende Ansätze zu unterscheiden:

- Der Verkauf nur einzelner Güter, der als Entbündelung bezeichnet wird.
- Die reine Bündelung, die dem ausschließlichen Verkauf der Güter im Bündel entspricht.
- Die gemischte Bündelung, die den Verkauf der Güter im Bündel und den einzelnen Verkauf umfasst.

Auch auf elektronischen Märkten sind die Formen des Bundling weit verbreitet. Vor allem die geringen variablen Kosten digitaler Güter begünstigen das Bundling. Dies ist z. B. der Fall bei einer Zusammenstellung von Liedern verschiedener Künstler zu einer digitalen Kompilation. Sie führt, so die Annahme, zu einer steigenden Nachfrage, da der unterschiedliche Musikgeschmack der Konsumenten durch die Bündelung verschiedener Lieder ausgeglichen wird. Die Konsumenten nehmen in Kauf, Lieder zu erwerben, für die sie bei einem Einzelvertrieb nur eine sehr geringe Zahlungsbereitschaft hätten. Das Bundling verfolgt mehrere Ziele:

- Das zielgerichtete Abschöpfen unterschiedlicher Preisbereitschaften soll Cross-Selling Potentiale nutzen und die Umsätze bzw. Gewinne steigern.
- Der Anbieter kann sich durch Bündelung der Vergleichbarkeit von Preisen entziehen und im Wettbewerb Markteintrittsbarrieren schaffen. Für Konsumenten ist nicht unmittelbar ersichtlich, wie viel sie im Vergleich zu anderen Gruppen für die Bündel zahlen.
- Die Bündelung von Gütern reduziert Produktions- und Komplexitätskosten. Diese können in Form von Preisnachlässen an die Kunden weitergeben werden.

Abb. 2.27 Abrechnungsmodelle

Pay-per-Use =
Abrechnung nach zeitlicher Inanspruchnahme einer Leistung bzw. zeitlicher Nutzung eines Gutes

Pay-per-Unit =
Einmalige und nutzungsunabhängige Abrechnung

Subscription =
Periodische und nutzungsunabhängige Abrechnung

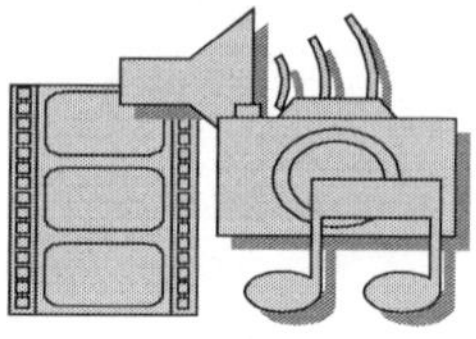

- Die Bündelung von Gütern führt aus Sicht der Kunden dazu, dass Anbieter als Problemlöser und Systemanbieter auftreten. Dies kann die Kundenbindung erhöhen und zu Lock-In Effekten führen.

Zur Produktbündelung gibt es verschiedene Optimalitätsbedingungen, die nach der Preisdifferenzierung ersten Grades abgeleitet werden:

- Die Konsumenten, deren Zahlungsbereitschaft unterhalb der variablen Kosten liegt, sollen vom Kauf ausgeschlossen werden (exclusion).
- Die Konsumenten, deren Zahlungsbereitschaft oberhalb der variablen Kosten liegt, sollen das Gut kaufen (inclusion).
- Kein Konsument soll das Gut zu einem Preis kaufen, der unterhalb seiner individuellen Zahlungsbereitschaft liegt.

Diese Bedingungen spielen bei digitalen Gütern keine bedeutende Rolle, da die Grenzkosten und variablen Kosten gering sind. Wichtig ist es jedoch, dass nicht perfekt korrelierte Nachfragepräferenzen der Konsumenten vorliegen. Konsument A, der eine hohe Zahlungsbereitschaft für Gut X besitzt, sollte im Vergleich zu Konsument B für Gut Y eine geringere Zahlungsbereitschaft aufweisen und umgekehrt.

Preisstrategie (5): Abrechnung optimieren Bei der Abrechnung von Paid Content gilt es zwischen den Alternativen Pay-per-Use, Pay-per-Unit und Subscription zu unterscheiden (Abb. 2.27):

- Pay-per-Use bezeichnet ein Modell, bei dem sich der Preis aus der Zeitlänge der Inanspruchnahme eines Gutes bemisst. Es gibt also nur einen Nutzungspreis und keinen Grundpreis (z. B. zeitlich begrenzter Zugriff auf elektronische Publikationen oder Rechner- oder Serverleistungen). Nachteil aus Anbietersicht ist, dass die Gewinne häufig niedriger sind als im Fall von Tarifmodellen, die einen Grund- und einen Nutzungspreis vorsehen (zweiteilige Tarife).

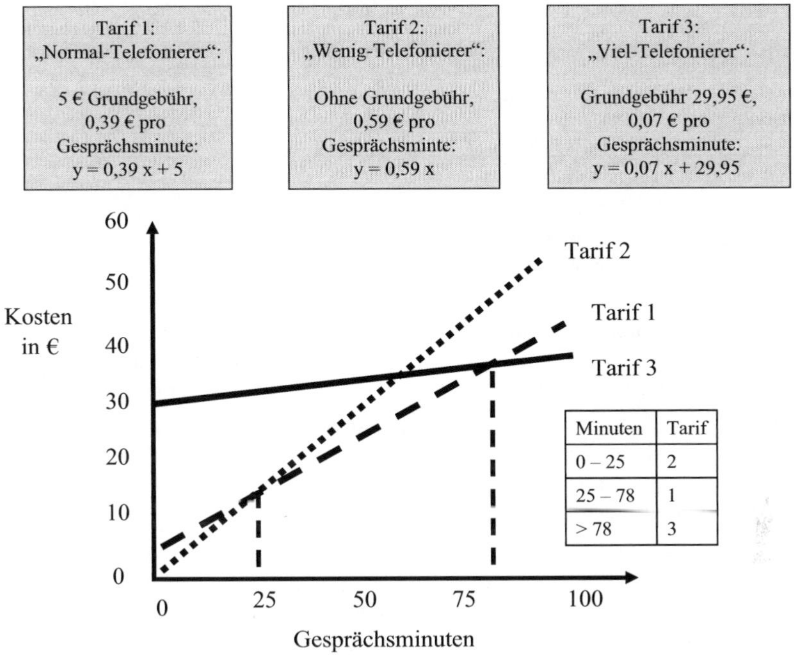

Abb. 2.28 Beispiel für Mobilfunktarife. (http://www.problemloesenlernen.de)

- Pay-per-Unit beschreibt eine einmalige und nutzungsunabhängige Form der Preisbildung. Vorteile sind die Effektivität und die geringe Komplexität. Nachteil aus Anbietersicht ist, dass die Zahlungsbereitschaften nicht ausgeschöpft werden.
- Subscription liegt vor, wenn der Preis periodisch und nutzungsunabhängig erhoben wird (z. B. Abonnement, Flatrate). Diese Modelle führen bei Anbietern und Nachfragern zur Transparenz und zur Kalkulationssicherheit. Auch hier werden aber nicht zwangsläufig die vorhandenen Zahlungsbereitschaften ausgeschöpft.

Eine weitere Möglichkeit zur Optimierung der Abrechnung ist der Einsatz von nichtlinearen Preis- und Tarifmodellen (Abb. 2.28). Beispiele sind Mengenrabatte, Blocktarife, Pauschalpreise, zweiteilige Tarife mit einer Grundgebühr und variablen Kosten oder auch dynamische Tarife, in denen der Preis von der aktuellen Nachfrage oder dem bisherigen Kaufverhalten des Kunden abhängt. Nicht-lineare Tarife sind eine Sonderform von festen und variablen Bestandteilen.

Hier wird der Preis für eine in Anspruch genommene Dienstleistung nicht proportional an die Abnahmemenge geknüpft (z. B. Gesprächsminuten), sondern über- oder unterproportional ausgestaltet. Nicht-lineare Tarife sind damit eine Sonderform der quantitativen Preisdifferenzierung. Voraussetzung nicht-linearer Tarife ist, dass der Grenznutzen einer Inanspruchnahme zusätzlicher Einheiten einer Dienstleistung positiv bleibt (Annahme der Nichtsättigung) und gleichzeitig sinkt (abnehmender Grenznutzen).

Tab. 2.3 Preisstrategien für digitale Güter (vgl. Stahl und Heinemann 2006)

Produkt	Beispiel	Wertbildende Eigenschaften	Strategie
Gebrauchsgüter	Lexika, Nachschlagewerke, wissenschaftliche Publikationen, Lernmaterialien, Reiseführer	Umfang, Detailreichtum	Qualitative Differenzierung
Verbrauchsgüter	Digitale Kommunikations-dienste, Online Gewinnspiele	Anzahl Einheiten, Nutzungsdauer	Nicht-lineare Preise/Tarife, quantitative Differenzierung, optimierte Abrechnung
Ereignisgüter	Nachrichten, Finanzinformationen, Wetterdienste	Aktualität	Abschöpfung Zahlungsbereitschaft, qualitative Differenzierung
Erlebnisgüter	Bilder, Musik, Filme	Komprimierungs-qualität	Qualitative und quantitative Differenzierung
Netzwerkgüter	Online-Auktionen, Online-Partnervermittlung, Online-Spiele	Anzahl Nutzer, Netzwerkeffekte	Erzeugung von Netzwerk- und Lock-In Effekten, Kennenlernpreise
Anwendungen	Software, Online-Banking, digitale Wertpapierhandels-systeme, Flugbuchungssysteme	Lernaufwand bei der Produktanwendung, Produkt-Wechselkosten	Erzeugung von Netzwerk- und Lock-In Effekten, Kennenlernpreise, quantitative Differenzierung

Vielfältige Preisstrategien In der digitalen Welt gibt es also verschiedene Strategien, um Nachfrage und Umsatz zu steigern sowie Kunden zu binden (Tab. 2.3). Die vorgestellten Ansätze schließen sich gegenseitig nicht aus, sondern lassen sich entsprechend dem Gut, den Bedürfnissen und dem Verhalten der Kunden kombinieren.

2.4 Übungen und Lernkontrolle

▶ Bearbeitungshinweise finden Sie im Web

1. Digitale Güter:
   a. Was sind vollständig digitale Güter, semi-digitale und semi-physische Güter?

b. Geben Sie Beispiele für digitale Gebrauchs- und Verbrauchsgüter sowie digitale Dienstleistungen. Verbrauchsgüter bedeutet die Nutzung innerhalb eines beschränkten Zeitraums, Gebrauchsgüter die Nutzung ohne zeitliche Beschränkungen. Offen und geschlossen bezieht sich auf die Zugangsberechtigung zu den digitalen Gütern.

Güterart	Netzwerk	
	Offen	Geschlossen
Digitale Verbrauchsgüter		
Digitale Gebrauchsgüter		
Digitale Dienstleistungen		

2. Zitat: „Bits kann man verkaufen und gleichzeitig behalten. Original und Kopie sind nicht voneinander zu unterscheiden. Zudem tendieren die Grenzkosten für die Produktion weiterer Kopien gegen Null. Man benötigt keine Lagerhallen. Bits haben kein Gewicht und bewegen sich mit Lichtgeschwindigkeit. Bits halten sich nicht an Grenzen, ihre Bewegungen lassen sich in einer vernetzten Wirtschaft praktisch nicht kontrollieren oder behindern. Der Marktplatz von Bits ist global." (Nicholas Negroponte). Benennen Sie am Beispiel dieses Zitats zentrale Eigenschaften von digitalen Gütern.
3. Vergleichen Sie materielle und digitale Güter unter folgenden Gesichtspunkten:

Eigenschaft	Materielles Gut	Digitales Gut
Produktionskosten		
Copyright/Identifikation		
Transport/Distribution		
Kosten/Preisfindung		
Wert nach Teilung		

4. Die Kostenstruktur digitaler Güter wird vielfach durch folgende Begriffe beschrieben. Erläutern Sie diese Begriffe am Beispiel von Software.

Begriff	Bedeutung
First Copy Costs	
Sunk costs	
Grenzkosten	

5. Gegeben ist folgende Kostensituation von Gütern: Vervollständigen Sie die Tabelle. Was lässt sich erkennen?

	FK (Mio. €)	VK (€)	K/X bei 1 Mio. Einheiten	K/X bei 10 Mio. Einheiten	Degression von K/X in %
Auto	2.500	5.000			
Software auf CD	50	5			
Software via Internet	50	0,50			

FK Fixkosten, *VK* Variable Kosten, *K/X* Stückkosten

6. Stellen Sie im Rahmen einer Abbildung den typischen Verlauf von Grenzkosten sowie Durchschnittskosten für physische und digitale Güter dar. Ist das mikroökonomische Prinzip der kurzfristigen Gewinnmaximierung auf digitale Güter anwendbar?
7. Nehmen Sie an, die Produktionskosten (First Copy Costs) eines Spielfilms liegen bei 25 Mio. €. Die Herstellungskosten einer Kopie betragen 1.250 €. Für den bundesweiten Kino-Start werden 160 Kopien gezogen. Pro Kopie wird mit 40.000 Besuchern gerechnet (in Anlehnung an Gläser, M. (2008): Medienmanagement, München, S. 160). Berechnen Sie
   - die absoluten Kosten,
   - die Stückkostendegression nach Anzahl der Kopien,
   - die Stückkostendegression nach Anzahl der Besucher.
8. Die Produktion eines Gutes verursacht Fixkosten in Höhe von 400 Geldeinheiten und konstante variable Stückkosten von 1 € (in Anlehnung an von Böventer, E./Illing, G./Koll, R. (1994): Mikroökonomie. Studien- und Arbeitsbuch, München, S. 143 f.):
   a. Ermitteln Sie die Durchschnittskosten und Gesamtkosten, wenn zwei Unternehmen je 500 Produktionseinheiten herstellen und sich damit den Gesamtoutput teilen.
   b. Wie verändern sich die Durchschnittskosten und Gesamtkosten, wenn ein Unternehmen den gesamten Markt beliefert? Wie würden Sie diese Marktform beurteilen?
9. In der Internet-Ökonomie konnte vielfach die kostenlose Abgabe von Gütern beobachtet werden (Follow the Free).
   a. Welche Ziele verfolgt diese Strategie?
   b. Wie lassen sich in diesem Fall Erlöse erzielen?
   c. Welche Probleme könnten einer solchen Realisierung im Wege stehen?
   d. Hat das Verschenken von Gütern Vor- oder Nachteile für Konsumenten? Argumentieren Sie anhand eines kostenlosen Browsers.
10. Motive zur kostenlosen Abgabe von digitalen Gütern sind häufig die schnelle Marktdurchdringung, der Aufbau von kritischer Masse und Kundenbindung. Hinzu kommt der Versuch, Aufmerksamkeit zu erhalten (z. B. kostenlose Abgabe von neuer Musik oder Auszügen aus Büchern). Vor diesem Hintergrund ist der Begriff der Aufmerksamkeitsökonomie entstanden. Michael Goldhaber fasst den Gedanken

einer Aufmerksamkeitsökonomie in dem Satz zusammen: „Attention Shoppers! – The currency of the New Economy won't be money, but attention."

a. Erläutern Sie diesen Gedanken des Autors.
b. Notiz: „Wenn Verbraucher für digitale Musik zahlen, dann können sie das doch auch für einen digitalen Zeitungsartikel." Warum ist die Bepreisung von digitalen Inhalten – z. B. von digitalen Zeitschriften – in der Aufmerksamkeitsökonomie so schwierig?
c. „In der Aufmerksamkeitsökonomie ist die Verlinkung von Inhalten von entscheidender Bedeutung." Erläutern Sie diese Aussage.

11. Preisdifferenzierung:
    a. Was verstehen Sie unter Preisdifferenzierung?
    b. Unter welchen Bedingungen ist Preisdifferenzierung möglich?
    c. Was besagt die Preisdifferenzierung ersten, zweiten und dritten Grades?
    d. Warum ist die Preisdifferenzierung gerade für digitale Güter von großer Bedeutung?
    e. Ordnen Sie den nachfolgenden Preisbildungsformen den entsprechenden Grad der Preisdifferenzierung zu:

Preisbildung	Grad der Preisdifferenzierung	Begründung
Name your own price		
Power-Shopping (Let's Buy it)		
Online-Auktion		
Hotelbuchung im Internet		

12. Die „Airlines International" bedient als einziger Carrier die Flugroute Köln/Bonn – New York. aufgrund von elektronisch angelegten Kundenprofilen sind folgende Nachfragefunktionen bekannt:
    - Geschäftsreisende: $X(G) = 260 - 0{,}4\,P(G)$
    - Touristen: $X(T) = 240 - 0{,}6\,P(T)$

    Die Fixkosten pro Flug betragen 10.000 € und die variablen Kosten pro Passagier 100 €. Sollte die Airline Preisdifferenzierung betreiben oder von ihren Passagieren einen Einheitspreis verlangen? [Hinweis: im Monopolfall gilt die Gewinnmaximierungsregel Grenzerlös = Grenzkosten].
13. Tarife: Ein Konsument hat eine Preisbereitschaft von 10 € für die ersten 10 h Zugriff auf eine Datenbank, 9 € für die nächsten 10 h Zugriff, für weitere 10 h 8 €, dann 7, 6, 5, 4, 3, 2, 1 €. Selbst im Fall eines Preises von 0 € würde er noch einmal weitere 10 h auf die Datenbank zugreifen. Dem Anbieter der Datenbank entstehen variable Kosten von 1 € für 10 h Zugriff auf die Datenbank.

a. Was ist der optimale Preis pro 10 h Zugriff, wenn der Anbieter nur den Zugriff selbst bepreisen kann (linearer Tarif)?
b. Was ist der optimale zweiteilige Tarif, wenn der Anbieter den Zugriff selbst und das Recht zum Zugriff bepreisen kann?
c. Was ist der optimale Pauschaltarif (Flatrate), wenn der Anbieter keinen „Pay-per-Use" bezogenen Tarif anbieten darf?
d. Vervollständigen Sie nachfolgende Tabelle.

Situation A:	Tarif 1: Grundgebühr 44 € Preis pro 10 h = 1 €	Tarif 2: Grundgebühr 0 € Preis pro 10 h = 6 €
Nachgefragte Stunden		
Konsumentenrente		
Ausgewählter Tarif		
Situation B:	Tarif 1: Grundgebühr 30 € Preis pro 10 h = 1 €	Tarif 2: Grundgebühr 0 € Preis pro 10 h = 6 €
Nachgefragte Stunden		
Konsumentenrente		
Ausgewählter Tarif		
Situation C:	Tarif 1: Grundgebühr 46 € Preis pro 10 h = 1 €	Tarif 2: Grundgebühr 56 € Preis pro 10 h = 0 €
Nachgefragte Stunden		
Konsumentenrente		
Ausgewählter Tarif		

(vgl. Skiera, B.: Universität Frankfurt, Übungsaufgaben zur Vorlesung E-Commerce, WS 2002/2003)

14. Flatrate:
Die Einführung einer Flatrate gilt als erfolgreiche Form der Preisbildung in der Internet-Ökonomie. Ein Konsument hat für das Surfen im Internet folgende Zahlungsbereitschaft:
- Erste 20 h (= 1.200 min): 10 Cent pro Minute.
- Zweite 20 h: 5 Cent pro Minute.
- Dritte 20 h: 3 Cent pro Minute.
- Vierte 20 h: 1 Cent pro Minute.

Wenn er ohne weitere Kosten surfen könnte, würde er noch weitere 50 h im Internet verbringen. Bei einem Internet-Service-Provider (ISP) fallen für eine Minute Surfen variable Kosten in Höhe von 1 Cent pro Minute an. Fixe Kosten werden nicht beeinflusst.

a. Wie hoch ist der gewinnmaximale Minutenpreis für den ISP, wenn er nur einen einheitlichen Preis pro Minute verlangt?

Preis pro Minute	Erlös	Kosten	Gewinn

b. Wie hoch ist die gewinnmaximale Flatrate für den ISP, wenn der Konsument bis zur Sättigungsgrenze im Netz surft?

Intervall	Zahlungsbereitschaft für Intervall	Kosten für Intervall

c. Wie hoch ist der Gewinn, wenn der ISP einen zweiteiligen Tarif anbietet? Der Tarif besteht aus einem Minutenpreis von 1 Cent/Minute und einer Grundgebühr, die so hoch ist, dass die komplette Zahlungsbereitschaft des Nutzers abgeschöpft wird. Wie hoch ist die gewinnmaximale Grundgebühr?
(vgl. Skiera, B.: Universität Frankfurt am Main: Übungsaufgaben zur Vorlesung Electronic Commerce I: Business to Consumer, WS 00/01).

15. Optionstarife:
Im Internet finden Sie häufig Optionstarife. Bei einem Internet-Access-Provider verursacht jede Minute Zugriff zum Internet variable Kosten (kv) in Höhe von 0,01 € /Minute. Dieser Provider möchte nun seine Tarifstruktur optimieren. Ein Konsument habe die folgende Funktion der Zahlungsbereitschaft ZBF(q) pro Monat in Abhängigkeit von der Menge q (Minuten pro Monat):
$ZBF(q) = 0{,}1 \cdot q - 0{,}0001 \cdot q^2 + 4$
   a. Ermitteln Sie die dazugehörige Funktion der Preisbereitschaft (Hinweis: 1. Ableitung der ZBF) und die dazugehörige Nachfragefunktion.
   b. Wie hoch ist die nutzungsunabhängige Zahlungsbereitschaft? Warum könnte Sie größer als Null sein?
   c. Wie lautet der optimale zweiteilige Tarif, der aus einem monatlichen Grundpreis und einem nutzungsabhängigen Preis besteht?
   d. Wie lautet der optimale lineare Tarif, der nur aus einem nutzungsabhängigen Preis besteht?

e. Wie sieht der optimale Pauschaltarif aus, der nur aus einem nutzungsunabhängigen Grundpreis besteht?
f. Der Anbieter entschließt sich zum Angebot einer der beiden nachfolgend aufgeführten Tarife und überlässt die Wahl dem Kunden. Welchen Tarif würde der Kunde wählen?

Tarif 1 (€)	Tarif 2 (€)
Grundgebühr: 30	Grundgebühr: 20
Preis pro Minute: 0,02	Preis pro Minute: 0,03

(vgl. Skiera, B.: Universität Frankfurt am Main, Übungsaufgaben zur Vorlesung Electronic Commerce I: Business to Consumer, WS 00/01).

16. Erläutern Sie am Beispiel eines Medienprodukts (z. B. Spielfilm) die Strategie des Windowing.
17. Versioning:
a. Ein Newsletter mit Finanzmarktinformationen wird jeden Donnerstag an besonders ungeduldige Leser versandt. Geduldige Leser erhalten den Newsletter am Samstag. Die Grenzkosten sind Null. Die Leserschaft weist bezogen auf die Aktualität folgende unterschiedliche Zahlungsbereitschaften auf:

	100 Ungeduldige Leser (€)	1.000 Geduldige Leser (€)
Donnerstag	20	6
Samstag	5	5

Erläutern Sie an diesem Beispiel den Grundgedanken des Versioning.
b. Wie verändert sich die Situation für folgenden Fall?

	1.000 Ungeduldige Leser (€)	100 Geduldige Leser (€)
Donnerstag	20	6
Samstag	5	5

(in Anlehnung an Krcmar, H. (o.J): Universität Hohenheim, Vorlesung Informationswirtschaft, Lehreinheit 5: Information und Internetökonomie, www.winfobase.de/wb_material_archiv.nsf/in-tern01/7D2F58CB231493E5C1256ACB0031D38A/$FILE/-abwl4-001-le05.pdf.

18. Erläutern Sie am Beispiel des Unterhaltungsformats „Deutschland sucht den Superstar" das cross-mediale Versioning.

19. Yield-Management:
    a. Erläutern Sie das Konzept des Yield-Managements. Sehen Sie einen inhaltlichen Zusammenhang zur Preisdifferenzierung?
    b. In welchen Branchen lässt sich das Konzept sinnvoll anwenden? Wodurch sind diese Branchen gekennzeichnet?
    c. Welche Daten hinsichtlich des Buchungsverhaltens fließen in das Yield-Management ein?
20. Marktsegmentierung:
    Sie haben auf der Tagung des Deutschen Fußballbundes erfahren, dass die Marketingrechte für die Berichterstattung über Bundesligabegegnungen in Ton und Bild ab Juli 2006 nach Ende des Spiels den Vereinen gehören. Die Manager der Vereine erwarten ein gutes Geschäft und möchten eine lange und kurze Variante als Video-Streaming anbieten. Das Streaming der langen Variante kostet den Verein 15 Cent, das Streaming der kurzen Variante 5 Cent. Nach einer Studie der Hochschule Bonn-Rhein-Sieg kann der Markt in zwei Segmente eingeteilt werden. Segment 1 umfasst 6.000 potentielle Kunden, Seg-ment 2 umfasst 13.000 potentielle Kunden. Die Segmente verfügen über folgende Preisbereitschaften:

	Lang (€)	Kurz (€)
Segment 1	1,90	1,40
Segment 2	1,10	1,00

    a. Wie sollte ein Manager die Preise für die beiden Varianten setzen, wenn er den höchstmöglichen Deckungsbeitrag erzielen will? Wie viele Einheiten beider Varianten werden verkauft?
    b. Eine weitere Untersuchung ergibt, dass die Preisbereitschaft für die Produktvariante Lang im Segment 2 durch gezielte Werbung auf der Webseite noch um 0,30 € gesteigert werden kann. Diese Werbeaktion würde den Verein einmalig 3.000 € kosten. Würden Sie dem Verein zu der Maßnahme raten? Bestimmen Sie dazu die entsprechenden Preise und den daraus resultierenden Deckungsbeitrag.
    c. Welche Empfehlung bezüglich der Preise für die Variante Lang und Kurz würden Sie vorschlagen, wenn sich aufgrund des Abstiegs in der 2. Bundesliga das Segment 2 auf 2.500 Konsumenten reduziert (alle weiteren Angaben wie zuvor). Berechnen Sie auch den daraus resultierenden Deckungsbeitrag.
    d. Ändern sich die Preise und der erzielte Deckungsbeitrag, wenn der Verein das Angebot eines Internet-Service-Providers nutzt und aufgrund einer Flatrate eine unbegrenzte Menge an Up- und Downloads durchführen kann? Variable Kosten fallen nicht an. (vgl. Skiera, B: Universität Frankfurt am Main, Vorlesung: Electronic Commerce, WS 2004/05).

21. Welche Formen der Produktbündelung lassen sich unterscheiden? Wodurch wird diese Strategie auf Internet-Märkten insbesondere im B2C-Bereich erleichtert? Wozu führt diese Strategie auf der Angebots- und Nachfrageseite?
22. Produktbündelung:
Zwei Kunden haben folgende Zahlungsbereitschaften für Hard- und Softwareprodukte:

	Hardware (€)	Software (€)	Bündel (€)
Kunde A	1.200	300	1.500
Kunde B	1.000	400	1.400

a. Bestimmen Sie die optimale Höhe der Einzelpreise und den optimalen Bündelpreis.
b. Woran liegt im Beispiel die Vorteilhaftigkeit der Bündelung begründet?

23. Bündelstrategie:
Im Rahmen der Marktforschung haben Sie für die Produkte „Zugang zum Informationsarchiv" und „Newsletterabonnement" folgende Zahlungsbereitschaften ermittelt:

Kundensegement	Zugang zum Informationsarchiv (€)	Newsletter-abonnement (€)	Gemeinsames Angebot beider Produkte (€)
A	18	3	21
B	16	10	26
C	9	17	26
D	5	18	23

Für beide Produkte entstehen annahmegemäß nur fixe Kosten.
a. Wie hoch ist der optimale Preis und der dazugehörige Gewinn für das Produkt „Zugang zum Informationsarchiv"?
b. Wie hoch ist der optimale Preis und der dazugehörige Gewinn für das Produkt „Newsletterabonnement"?
c. Wie hoch ist der optimale Preis und der dazugehörige Gewinn für das gemeinsame Produkt „Zugang zum Informationsarchiv" und „Newsletterabonnement"?
d. Die optimale gemischte Bündelung besteht aus dem Produkt „Zugang zum Informationsarchiv" für 18 €, dem Produkt „Newsletterabonnement" für 18 € und dem Bündel aus beiden Angeboten. Wie hoch ist der optimale Preis für das Bündel und wie hoch ist der aus der gemischten Bündelung resultierende Gewinn?
e. Erläutern Sie den Einfluss der Höhe der variablen Kosten auf die Vorteilhaftigkeit einer Bündelstrategie.

vgl. Skiera, B.: Universität Frankfurt am Main, Übungsaufgaben zur Vorlesung Electronic Commerce II: Business to Consumer, WS 03/04).

Literatur

Anderson C (2008) Why $00 is the future of business. Issue March, S. 140–149. http://www.wired.com/techbiz/it/magazine/16-03/ff_free?currentPage=all. Zugegriffen: 17. Nov. 2012

Andersen C (2009) Free: the future of a radical price. Hyperion, New York

Choi S, Stahl D, Whinston AB (1997) The economics of electronic commerce. Macmillan Computer Publishing, Indianapolis

Goldhaber MH (1997) Attention shoppers! The currency of the new economy won't be money but attention. In: Wired, Vol. 5, Dec, S. 182–190

Illik JA (1999) Electronic Commerce. Grundlagen und Technik für die Erschließung elektronischer Märkte. München

Invanov A, Mertgen A (2003/2004) Die Internet-Suchmaschine Google. Warum ist Google so erfolgreich? Technische und ökonomische Hintergründe bei der Entwicklung von Google. TU Berlin. http://ig.cs.tu-berlin.de/oldstatic/w2003/ir1/uebref/IvanovMertgen-Referat-G7-012004.pdf. Zugegriffen: 17. Sept. 2012

Kaumanns R, Siegenheim V (2007) Die Google-Ökonomie. Wie Google die Wirtschaft verändert. Books on Demand, Norderstedt

Klein R, Steinhardt C (2008) Revenue Management. Grundlagen und mathematische Methoden. Springer, Berlin

Krcmar H (2010) Informationsmanagement. 5. Aufl. Springer, Heidelberg

Linde F (2005) Ökonomie der Information. Universitätsverlag, Göttingen

Linde F (2009) Ökonomische Besonderheiten von Informationsgütern. In: Linde F, Keuper F, Neumann F (Hrsg) Wissens- und Informationsmanagement. Strategie – Organisation – Prozesse. Gabler, Wiesbaden, S. 291–320

Multer T (2007) Das adaptive Gehirn. Über Bewegung, Bewusstsein und Verhalten, 3. Aufl. Georg Thieme, Antwerpen

Perez S (2009) The state of the smartphone: iPhone is way, way ahead. http://readwrite.com/2009/04/20/the_state_of_the_smartphone_iphone_is_way_way_ahea. Zugegriffen: 21. Okt. 2012

Pietsch T, Martiny L, Klotz M (1998) Strategisches Informationsmanagement. Bedeutung und organisatorische Umsetzung, 3. Aufl. Erich Schmidt, Berlin

Püttmann M (2011) Produktbündelung als strategisches Instrument im Wettbewerb: Eine wissenschaftliche Analyse. VDM Verlag, Saarbrücken

Rehäuser J, Krcmar H (1996) Wissensmanagement in Unternehmen. In: Schreyögg G, Conrad P (Hrsg) Managementforschung 6: Wissensmanagement. de Gryuter, Berlin, S. 1–40

Rice RE (1992) Task analysability, use of new media, and effectiveness: a multi-site exploration of media richness. Organization Science 3(4):475–500

Scheer C, Loos P (2002) Internetbasierte Geschäftsmodelle. Neue Möglichkeiten der Wertschöpfungsorgani-sation in der Internet-Ökonomie. In: Dangelmaier W, Emmrich A, Kaschula D (Hrsg) Modelle im E-Business. ALB-HNI-Verlag, Paderborn, S. 27–38

Schumann M, Hess T (2002) Grundfragen der Medienwirtschaft, 2. Aufl. Springer, Berlin

Skiera B, Spann M (2002) Preisdifferenzierung im Internet. In: Schögel M, Tomczak T, Belz C (Hrsg) Roadmap to E-business – Wie Unternehmen das Internet erfolgreich nutzen. Thexis, St. Gallen, S. 270–284

Spann S, Mang S (2007) Versioning. In Albers S, Hermann A (Hrsg) Handbuch Produktmanagement. Strategieentwicklung – Produktplanung – Organisation – Kontrolle, 3. Aufl. Gabler, Wiesbaden, S. 681–698

Stahl F (2006) Paid content. Strategien zur Preisgestaltung beim elektronischen Handel mit digitalen Inhalten. Deutscher Universitäts-Verlag, Wiesbaden

Stahl F, Heitmann M (2006) Digitale Produkte richtig verkaufen. In: Harvard Business Manager, 8, S. 2–5

Varian H (2004) Grundzüge der Mikroökonomik, 6. Aufl. Oldenbourg, München

Weiss M (2009) Freeconomics. Märke sind keine Nullsummenspiele. http://netzwertig.com/2009/04/21/freeconomics-maerkte-sind-keine-nullsummenspiele/. Zugegriffen: 20. Jan. 2013

Wendt O (1998) Yield management: Preistheorie zur Koordination der Informationswirtschaft?, IWI, Frankfurt/Main. http://www.wiiw.de/publikationen/YieldManagementPreistheoriezu928.pdf. Zugegriffen: 18. Dez. 2012

Will A (2011) Vorlesung Medienmanagement I. Kapitel 4c; Universität Ilmenau. http://www.tu-ilmenau.de/uploads/media/MM_I_Kapitel_4c_1.pdf. Zugegriffen: 18. Aug. 2012

IuK-Standards, Wechselkosten und Lock-In 3

3.1 Inhalt und Schlüsselbegriffe

Inhalt

Die Geschichte der Standards reicht zurück bis zur industriellen Revolution. Die ökonomische Bedeutung von Standards wurde jedoch erst mit der Verbreitung von elektronischen Geräten und insbesondere von Computern evident (Abb. 3.1). Standards können sich am Markt bilden, von staatlichen Institutionen vorgegeben oder in Kommissionen gemeinsam verabredet werden. Im Fall der marktlichen Standardisierung dominieren die Unternehmen den Wettbewerb, die ihre Standards durchsetzen können und gegenüber Anwendern die kritische Masse erreichen. Diese Standards müssen nicht zwangsläufig die überlegenen Technologien hervorbringen. Das Konzept der Pfadabhängigkeit diskutiert Entwicklungen, in der sich eine eingeschlagene Entwicklung unabhängig von ihrer Qualität verfestigen kann. Am Beispiel von Formatkriegen zeigt sich, dass sich im technologischen Wettbewerb im Vergleich zu Hollywood-Filmen nicht immer das „Gute" durchsetzen muss. Bei der Durchsetzung von Technologien sind u. a. die Dimensionen der Offenheit bzw. Kontrolle sowie der Kompatibilität und Leistungsfähigkeit zu berücksichtigen. Standards und technologische Entwicklungen führen zu Lock-In Effekten und Wechselkosten. Je stärker Lock-In Effekte ausgeprägt sind und je höher Wechselkosten sind, desto geringer ist die Neigung von Kunden und Anwendern, einen Produkt- bzw. Systemwechsel vorzunehmen.

Schlüsselbegriffe

IuK-Standards; Standardisierung; Pfadabhängigkeit; Formatkriege; Standardisierungsstrategien, Lock-In Effekte; Wechselkosten.

R. Clement, D. Schreiber, *Internet-Ökonomie*, Springer-Lehrbuch,
DOI 10.1007/978-3-642-36719-9_3, © Springer-Verlag Berlin Heidelberg 2013

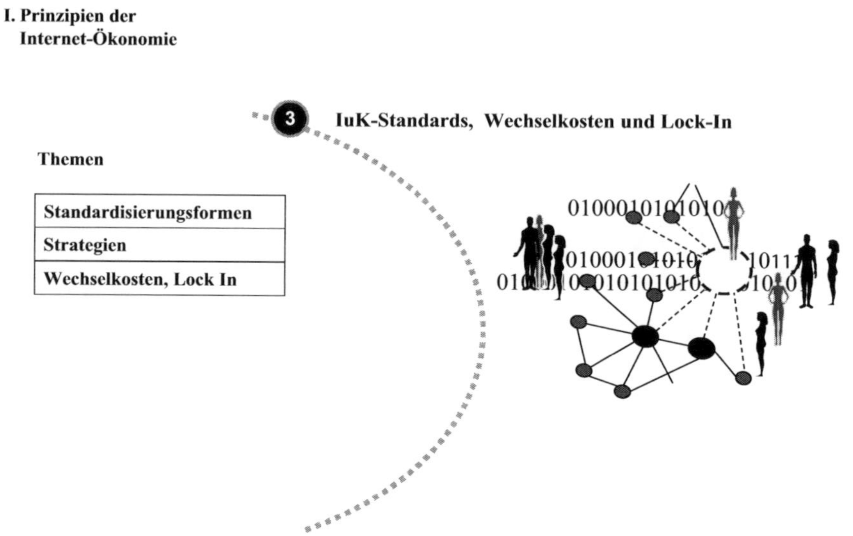

Abb. 3.1 Strategischer Umgang mit IuK-Standards

3.2 Grundlagen

3.2.1 Formen und Prozesse der Standardisierung

Standards sind Konventionen darüber, wie sich wiederholt stellende technische Probleme zu regeln sind. Sie sollen im IuK-Bereich vor allem die Kompatibilität in der Zusammenarbeit von Systemkomponenten sicherstellen. Eine Norm stellt einen speziellen Standard dar, an dessen Entwicklung besondere Anforderungen hinsichtlich Konsens und Autorisierung gestellt werden. Entwürfe von Normen werden öffentlich zur Diskussion gestellt und von einer Normungsorganisation veröffentlicht.

Eine Standardisierung kann durch staatliche Eingriffe, freiwillige Einigung oder marktliche Prozesse erfolgen (vgl. Theuvsen 2007):

- Im Fall der staatlichen Standardisierung legen öffentlichen Einrichtungen den Standard auf Basis staatlicher Autorität fest (De-jure-Standards). Ein Ihnen bekanntes Beispiel ist die Festlegung eines Rechts- oder Linksfahrgebots im Straßenverkehr.
- Die kooperative Standardisierung erfolgt freiwillig und häufig durch Standardisierungsorganisationen (z. B. ISO), Branchenverbände sowie Assoziationen, die von Unternehmen getragen werden. Sie münden in Quasi-Standards und lassen sich vielfach bei der Normensetzung im technischen Bereich beobachten (z. B. WorldWideWeb-Consortium).

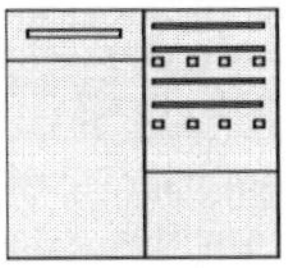

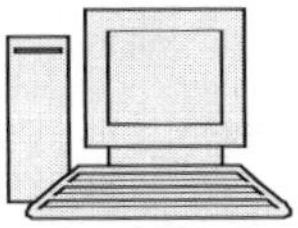

		Anreize zur Durchsetzung eines Standards	
		Gering	Hoch
Interesse an der Durchsetzung eines bestimmten Standards	Gering	(1) Öffentliches Gut: Staatliche Standardisierung	(2) Reine Koordination: Kooperative Standardisierung
	Hoch	(3) Privates Gut: Standardisierung unwahrscheinlich	(4) Konflikt: Marktliche Standardisierung

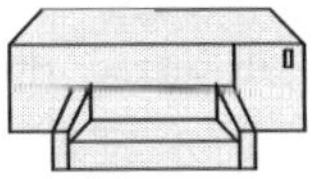

Abb. 3.2 Standardisierungsprozesse

- Die marktliche Standardisierung ist nicht-kooperativ angelegt und ist das Ergebnis wettbewerblicher Prozesse. Ergebnis sind De-facto-Standards z. B. bei Betriebssystemen für PCs. Befindet sich ein solcher Standard weitgehend unter der Kontrolle eines einzigen Unternehmens liegt ein proprietärer Standard vor.

Das Ergebnis eines Standardisierungsprozesses hängt vereinfacht betrachtet von zwei Faktoren ab. Zum einen von den Anreizen, die Entwickler, Hersteller oder auch Käufer an der Durchsetzung eines einheitlichen Standards haben. Zum anderen von der Stärke des Interesses an der Durchsetzung eines ganz bestimmten Standards (vgl. Katz und Shapiro 1985). Werden diese Faktoren kombiniert, lassen sich vier Fälle unterscheiden (Abb. 3.2; vgl. Besen und Saloner 1989).

1. Öffentliches Gut: Der individuelle Nutzen ist z. B. für Unternehmen so gering, dass kein Unternehmen die Kosten der Standardsetzung auf sich nehmen will, obwohl alle Beteiligten prinzipiell ein Interesse an der Standardisierung haben. Der Standard weist aufgrund dieser Anreizproblematik die Merkmale eines öffentlichen Gutes auf. Es wird keine private und freiwillige Standardsetzung erfolgen. In der Regel verbleibt nur die Standardisierung durch staatliche Instanzen.
2. Reine Koordination: In vielen Fällen ist den Unternehmen daran gelegen, einen Standard durchzusetzen. Zugleich liegt der Nutzen, den sie selbst aus der Standardisierung ziehen, oberhalb der Kosten, die aus der Partizipation im Standardsetzungsprozess entstehen. In diesem Fall sind kooperative Verfahren der Standardisierung zu erwarten (z. B. WorldWide Web-Consortium).

Tab. 3.1 Klassifizierung von Standards nach Eigentumsrechten und Offenheit

	Zugang beschränkt	Zugang offen
Private Eigentumsrechte	Geschlossener Unternehmensstandard (1)	Halboffener Unternehmensstandard (2)
Öffentlich (Gemeingüter)	–	Offener Standard (3)

3. Privates Gut: Es existieren zwar alternative Technologien im Markt, doch sind die Anreize, eine Technologie als Standard durchzusetzen, gering. Dies ist häufig der Fall, wenn mehrere konkurrierende Hersteller dauerhaft im Markt überleben können und jeder Hersteller seine eigene technische Lösung als Basis des eigenen Wettbewerbsvorteils sieht. Unternehmen haben dann kein Interesse an einer Vereinheitlichung und Herstellung von Kompatibilität (z. B. Hersteller von Videospielen, Spielekonsolen). Es könnte zwar durch staatliche Regulierung ein Standard vorgegeben werden. Dies ist jedoch im Rahmen einer marktwirtschaftlichen Ordnung ungewöhnlich, da damit ein bestimmter Anbieter bevorzugt würde.
4. Konflikt: Es werden konkurrierende Technologien angeboten. Eine Standardisierung erfolgt in dem Augenblick, in dem sich eine Technologie am Markt durchsetzt und zum De-facto-Standard wird (z. B. Betriebssysteme, Internet-Browser).

Eigentumsrechte und Zugang zu Standards Ein wichtiges Unterscheidungskriterium für Standards sind die Eigentumsrechte und die Zugangsmöglichkeiten (Tab. 3.1, vgl.: Nappenbach 1998).

1. Im Fall eines geschlossenen Unternehmensstandards fließen alle Einnahmen aus damit verbundenen Produkten und Leistungen dem Eigentümer zu. Diese Form entspricht einem proprietären Standard.
2. Bei einem eigentumsrechtlich geschützten Standard mit offenem Zugang ist es anderen Unternehmen erlaubt, Zubehör oder kompatible Produkte herzustellen. Sie tragen dadurch zur Verbreitung des Standards bei. Die Entscheidung, ob andere Teilnehmer dazu Lizenzgebühren entrichten müssen, liegt beim Unternehmen selbst. Diese Form lässt sich als halboffene Standardisierung bezeichnen.
3. Ein öffentlicher Standard, der frei zugänglich ist, wird offen genannt. Er ist das Ergebnis eines standardübergreifenden Wettbewerbs oder wird durch ein Gremium vorgegeben. Er unterscheidet sich vom halboffenen Standard dadurch, dass die Kontrolle nicht mehr bei einem Unternehmen allein liegt. Der Standard kann zwar von einem Unternehmen begründet worden sein, ist aber nun frei für andere Nutzer. Niemand hat jedoch die Verpflichtung, einen offenen Standard zu pflegen.

Offene und geschlossene Standards Offene und geschlossene Standards haben unterschiedliche Konsequenzen für die Marktstruktur und die Ertragsaussichten der beteiligten Akteure. Je stärker ein Unternehmen ist, desto eher kann es eine Kontrollstrategie mit

Tab. 3.2 Offener und geschlossener Standard

Offener Standard (Open Source)		Geschlossener Standard (proprietär)	
Vorteile	Nachteile	Vorteile	Nachteile
Netzeffekte führen zur schnellen Verbreitung und technischen Weiterentwicklung des Standards	Der Standard wird von allen genutzt. Unklar ist, wer ihn weiter entwickelt und darin investiert	Lock-In und Aufbau von Wechselkosten für Kunden erleichtern die alleinige Beanspruchung von Erlösen	Gefahr der Standardkriege mit dem Risiko, leer auszugehen; geringere Flexibilität gegenüber Anforderungen des Markes

Hilfe proprietärer Systeme durchsetzen. Die Stärke kann auf Marktmacht, technologischer Überlegenheit und/oder Verfügungsrechten wie Patenten basieren. Beide Strategien sind mit Vor- und Nachteilen verbunden (Tab. 3.2).

Im Fall von Standards sind die Marktgröße und die kritische Masse von Bedeutung. Betrachten wir ein Beispiel (vgl. Skiera 2001/2002). Die Unternehmensleitung erwartet im Fall des proprietären Standards ein Marktvolumen aus dem Verkauf eines Gutes von 10 Mio. € im Jahr. Das Unternehmen kann in diesem Fall den Markt voll abschöpfen und aufgrund der Exklusivrechte einen Deckungsbeitrag von 50 % erwirtschaften. Im Fall des offenen Standards ist das Marktvolumen mit 100 Mio. € deutlich höher. Der Marktanteil und der Deckungsbeitrag des Unternehmens werden jeweils bei 20 % erwartet. In diesem Fall lässt sich folgende Betrachtung anstellen:

	Geschlossen	Offen
Gesamtmarkt	10 Mio. €	100 Mio. €
Marktanteil	100%	20%
Umsatz	10 Mio. € · 100% = 10 Mio. €	100 Mio. € · 20% = 20 Mio. €
Deckungsbeitragssatz	50%	20%
Deckungsbeitrag	**10 Mio. € · 50% = 5 Mio. €**	20 Mio. € · 20% = 4 Mio. €

Sinnvoll wäre die Realisierung des geschlossenen Standards, da in diesem Fall ein Deckungsbeitrag von 5 Mio. € erzielt werden kann. Nehmen wir nun an, dass mit dem Angebot von komplementären Beratungsdienstleistungen bei beiden Standardisierungsalternativen ein zusätzliches Marktvolumen von 50 % erzielt werden kann. Die Marktanteile bleiben jeweils gleich. Die Umsätze aus den Beratungsdienstleistungen erwirtschaften einen Deckungsbeitrag von 30 %. Folgende Betrachtung lässt sich vornehmen:

	Geschlossen	Offen
Gesamtmarkt	10 Mio. €	100 Mio. €
Marktanteil	100%	20%
Umsatz	10 Mio. € · 100% = 10 Mio. €	100 Mio. € · 20% = 20 Mio. €
+ komplementäre Beratung	10 Mio. € · 50% = 5 Mio. €	20 Mio. € · 50% = 10 Mio. €
+ Deckungsbeitrag (30%)	5 Mio. € · 30% = 1,5 Mio. €	10 Mio. € · 30% = 3 Mio. €
Deckungsbeitrag, insgesamt	5 Mio. € + 1,5 Mio. € = 6,5 Mio. €	**4 Mio. € + 3 Mio. € = 7 Mio. €**

Abb. 3.3 Portfolio der Standardisierung. (Vgl. Nappenbach 1998)

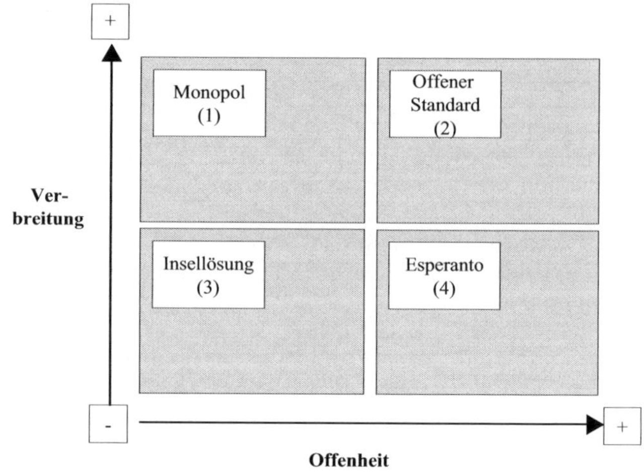

In diesem Fall wäre also ein offener Standard sinnvoll.

In Standardisierungskämpfen hat sich gezeigt, dass die Offenheit einer Technologie bei vergleichbarer technischer Leistungsfähigkeit eine größere Chance verschafft, vom Kunden akzeptiert zu werden. Studien zeigen, dass die Offenheit neben Benutzerfreundlichkeit und Zuverlässigkeit zudem ein wichtiges Entscheidungskriterium beim Kauf neuer IuK-Systeme ist. Ein Unternehmen, das bemüht ist, einen Standard zu setzen, sollte ihn also weitgehend offen auslegen. Hilfreich ist es in diesem Zusammenhang, Drittanbietern die Möglichkeit zu geben, Zusatzprodukte anzubieten und Schnittstellen zu anderen Systemen einzurichten. Ein offenes System lässt sich damit leichter durchsetzen. Es besteht aber die Gefahr, dass dem initiierenden Unternehmen nur geringe Erträge aus dem Erfolg entstehen. Mit der Offenheit steigt in der Regel auch die Wahrscheinlichkeit für Imitationen durch Mitwettbewerber. Der Wettbewerb bei offenen Standards findet daher häufig auf der Preisebene statt. Bei einem geschlossenen Standard kann der Anbieter hingegen vertikal integrieren, d. h. das System inklusive Zusatz-, Hard- und Software zu monopolähnlichen Preisen verkaufen.

Ein weithin akzeptierter öffentlicher Standard kann sich negativ auf den technischen Fortschritt auswirken. Durch die Vorgaben des Standards sind die Hersteller in den Möglichkeiten der Differenzierung eingeschränkt, da jede Innovation die Gefahr birgt, die Kompatibilität zur Standardlösung einzuschränken. Etablierte Standards locken neue Anbieter an, da relativ sichere Informationen über geforderte Mindestanforderungen an ein Produkt vorliegen. Dies führt dazu, dass sich die Anbieter auf den Wettbewerb über Merkmale wie den Preis oder das Produktdesign konzentrieren.

Standardisierungs-Portfolio und Implikationen Zur Bestimmung geeigneter Standardisierungsstrategien lassen sich beispielhaft die Dimensionen Offenheit und Verbreitung betrachten. Es entsteht ein Portfolio mit vier Quadranten (Abb. 3.3; vgl. Nappenbach 1998):

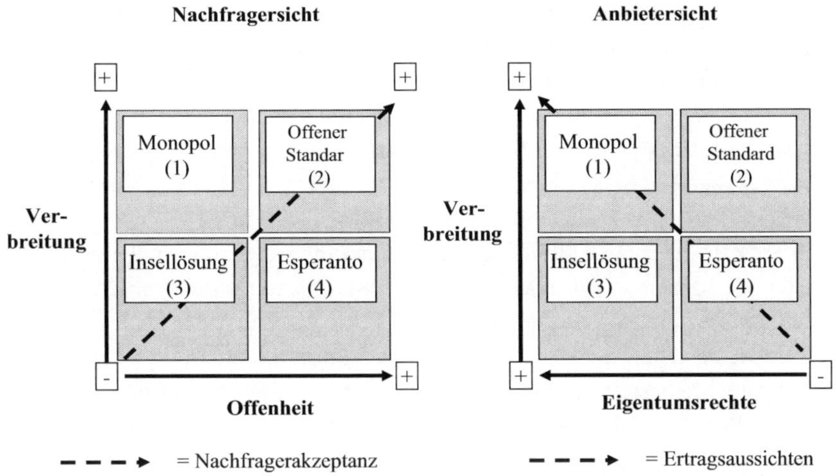

Abb. 3.4 Portfolio der Standardisierung aus Sicht von Nachfragern und Anbietern. (Vgl. Nappenbach 1998)

1. Der erste Quadrant beschreibt einen Standard, der trotz seiner geringen Offenheit weit verbreitet ist. Das Unternehmen kann eine monopolähnliche Stellung realisieren.
2. Im zweiten Quadranten befinden sich alle offenen und etablierten Standards.
3. Der dritte Quadrant umfasst Insel- oder Nischenlösungen mit geringer Offenheit, die individuell für begrenzte Marktsegmente konzipiert sind oder sich nur auf solchen durchsetzen konnten.
4. Der vierte Quadrant beschreibt einen offen angelegten Standard ähnlich der „Weltsprache" Esperanto. Diese war zwar als Standard vorgesehen, konnte sich aber nicht durchsetzen.

Die Standardisierungsalternativen sind aus Sicht von Anbietern und Nachfragern differenziert zu bewerten (Abb. 3.4):

- IuK-Standards bilden die Basis für Netzwerk-Externalitäten (vgl. Farrell und Saloner 1987). Dazu muss die Nutzerbasis die kritische Masse erreichen. Eine hohe Verbreitung ist dabei sowohl für die Nachfrager erstrebenswert, die von Netzwerkeffekten profitieren, als auch für Anbieter, die von jedem weiteren Anwender Erlöse generieren können (vgl. Besen und Farrell 1994). Ein sich selbstverstärkender Standardisierungsprozess kann dann langfristig die Bildung eines natürlichen Monopols begünstigen, bei dem die Netzgröße eines Standards die Größe des Gesamtmarktes erreicht. Eine Monopollösung hat zwar für die Anwender die positiven Auswirkungen von Netzwerkeffekten, erfüllt aber nicht den Wunsch nach Offenheit.
- Die Offenheit hingegen wird zwar aufgrund der Wahlfreiheit von Nachfragern gewünscht, kann aber für die Anbieter negative Auswirkungen auf die Ertragserwartungen haben.

- Eine Insellösung wird nur von wenigen Nachfragern akzeptiert. Dies sind entweder jene Kunden, für die eine Lösung maßgeschneidert wurde, oder im Falle einer noch jungen Technologie die Nutzer, die sich durch diese Lösung besonders angesprochen fühlen.
- Die Esperanto Lösung ist für Kunden, die besonders großen Nutzen aus der Offenheit ziehen wollen, attraktiv, ist aber für viele Anwender aufgrund der fehlenden Verbreitung nicht akzeptabel.

Insgesamt entsteht damit aus Sicht der Nachfrager eine steigende Akzeptanz vom dritten zum zweiten Quadranten (vgl. Nappenbach 1998). Aus Sicht der Anbieter ist der Erlös eine multiplikative Funktion der Verbreitung des Standards und der Eigentumsrechte. Die höchsten Erlöse bestehen demzufolge bei einem Standard, an dem das Unternehmen alle Verfügungsrechte besitzt, und der eine hohe Verbreitung erreicht hat. Dies entspricht einer Monopollösung (vgl. Katz und Shapiro 1994). Mittlere Erlöse stammen aus Monopolerträgen einer geschlossenen Nischenlösung oder aus dem hohen Marktvolumen eines offenen Standards. Der Esperanto Standard führt hingegen zu gar keinen oder nur geringen Einnahmen. Denkbar wären hier aber z. B. staatliche Subventionen zur Durchsetzung eines solchen Standards. Diese Portfolio-Darstellung der Standardisierung hat eher didaktische Zwecke. In der Praxis ist z. B. die stärkere Gewichtung der Dimension Verbreitung gegenüber der Offenheit zu diskutieren. Auch können im Rahmen dieser statischen Darstellung nicht die Auswirkungen der Standardisierung auf die Innovationshöhe berücksichtigt werden.

3.2.2 Durchsetzung von Standards

Es ist nicht sichergestellt, dass sich zwangsläufig die vermeintlich überlegenen Technologien oder Standards durchsetzen. Unterstandardisierung (excess inertia) bedeutet, dass zu wenige Standards entwickelt werden. Niemand möchte früh auf eine neue Technologie wechseln, um nicht die gegenwärtig hohen Kosten tragen zu müssen. Der Nutzen für die frühen Anwender steigt erst dann, wenn auch andere zu dieser neuen Technologie wechseln. Innovationen werden dadurch verzögert. Der Markt ist nicht in der Lage, einen Technologiewechsel aus eigener Kraft zu vollziehen, selbst wenn neuere Technologien effizienter wären. Solche Märkte neigen zu Trägheit. Bekanntestes Beispiel ist die QWERTY-Tastatur (Abb. 3.5; vgl. David 1985). 1868 ordnete der US-amerikanische Buchhalter Christopher Latham Sholes die Tasten der Schreibmaschine erstmals nicht alphabetisch an, sondern sortierte sie nach ergonomischen und mechanischen Gesichtspunkten. Die häufigsten Buchstaben E, T, O, A, N und I verteilte er möglichst gleichmäßig im Halbkreis. Die Zwischenräume füllte Sholes mit dem restlichen Alphabet auf. Dabei vermied er, häufig auftretende Zweier-Kombinationen wie HE, TH oder ND auf nahe beieinander liegende Typenhebel zu legen. Diese hätten sich beim schnellen Tippen oft verhakt und das Schreiben behindert. Es ist jedoch bekannt, dass andere Tastaturen vorteilhaftere Anordnungen haben. Das Dvorak Simplified Keyboard (DSK) oder

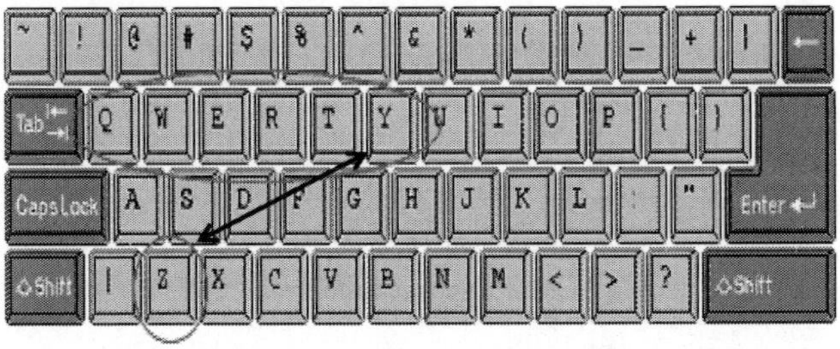

US-Layout: QWERTY
Deutsches Layout: QWERTZ

Abb. 3.5 QWERTY-Tastatur als Standard. (www.at-mix.de/querty.htm)

American Simplified Keyboard (Vereinfachte Amerikanische Tastatur), ist eine ergonomische Tastaturbelegung, die von August Dvorak in den 1930er Jahren als Alternative zur QWERTY-Belegung entwickelt wurde. Die Dvorak-Tastaturbelegung konnte sich aber nicht durchsetzen, da nur wenige Personen bereit waren umzulernen, die Industrie die QWERTY-Tastaturbelegung als Standard verwendete und Textverarbeitungslehrer nur auf der herkömmlichen Tastatur ausgebildet wurden. Als weiteres Beispiel gilt der Kamerahersteller Leica. Jahrzehnte konzentrierte sich das Unternehmen auf die analoge Fotografie und richtete die gesamten Unternehmensstrukturen darauf aus. Der Trend zur digitalen Fotografie wurde erst sehr spät erkannt.

Denkbar ist auch, dass es zu einem verfrühten Technologiewechsel kommt. Der Markt kann eine neue Technologie etablieren, obwohl der alte Standard in Hinsicht auf Effizienz beizubehalten wäre (excess momentum). Ursächlich können Strategien von Unternehmen sein, die durch niedrige Einstiegspreise rasch eine kritische Masse aufbauen und Mitläufereffekte initiieren, obwohl die Technologie noch nicht ausgereift ist.

Pfadabhängigkeit Anfang der 80er Jahre wandte sich die Wissenschaft Prozessen zu, bei denen positive Feedback-Effekte dazu führen, dass sich Entwicklungen auf eher zufällig ausgewählten Pfaden bewegen und sich Schritte in der anfangs eingeschlagenen Richtung unabhängig von ihrer Qualität verfestigen (Abb. 3.6). Für die Übertragung dieser Erkenntnisse auf institutionelle Strukturen erhielt Douglas C. North 1993 den Nobelpreis für Wirtschaftswissenschaften. Die Begründer des Konzepts der Pfadabhängigkeit, David (vgl. David 2001) und Arthur (vgl. Arthur 1994), betten ökonomische Auswahlprozesse historisch ein und stellen eine Erklärung für die Beharrungstendenzen auch suboptimaler Lösungen zur Verfügung. Auch die Technikentwicklung ist durch ihre Geschichte und durch Zufallselemente charakterisiert. Der Endzustand solcher Prozesse kann nicht vorhergesagt werden. Es muss nicht zu dem in der ökonomischen Theorie unterstellten Wettbewerb konkurrierender Alternativen kommen. So wird an einem Pfad selbst dann festgehalten, wenn sich später herausstellt, dass eine andere Alternative überlegen gewesen wäre.

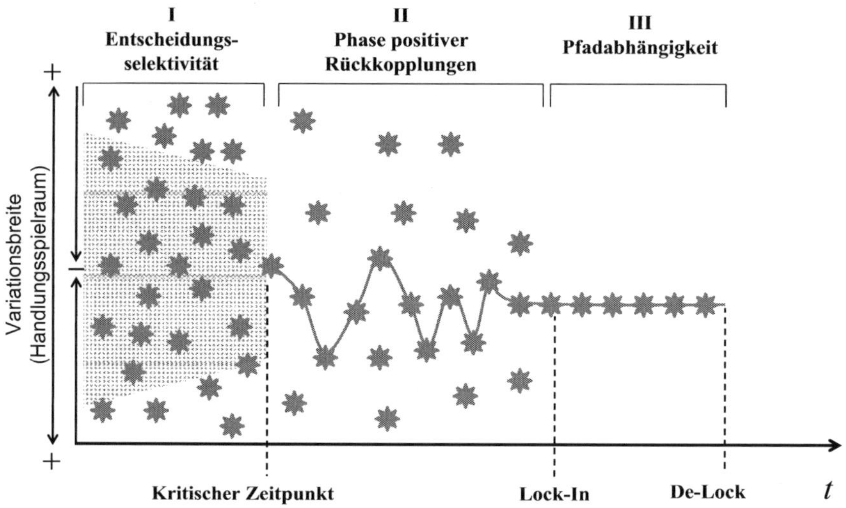

Abb. 3.6 Pfadabhängigkeit. (Vgl. Schreyögg et al. 2003, S. 286)

Da der Übergang in eine stabile Phase unabhängig von der Qualität der getroffenen Entscheidung stattfindet, sind pfadabhängige Prozesse nicht selbstkorrigierend, sondern dazu geeignet, Fehler zu verfestigen (vgl. Bach 2008). IuK-Technologien bieten aufgrund ihrer weiten Verbreitung ein interessantes Anwendungsfeld dieses theoretischen Konzeptes. Die Selbstverstärkung hat hier gleich mehrere Ursachen:

- Hohe Vorleistungen in der Entwicklung von IuK-Technologien bieten Unternehmen, die zuerst auf den Markt kommen, einen Anfangsvorteil um den Wettbewerb von Standards. Durch steigende Skalenerträge sinken die Stückkosten, was wiederum die Möglichkeit bietet, die Preise schneller zu senken als Konkurrenten dies tun können. Dies erhöht den Marktanteil.
- Ist der Nutzen eines Gutes abhängig davon, wie viele Akteure es verwenden, so liegen direkte Netzeffekte vor. Durch eine hohe Anzahl angebotener komplementärer Komponenten entstehen indirekte Netzeffekte. Dadurch steigt die Attraktivität für weitere Anbieter, was wiederum die Attraktivität für Kunden erhöht.
- Durch Anschaffung und Schulung wird ein Kunde an ein IuK-System gebunden. Lernerfahrungen der Anwender drängen dazu, die Entwicklung in der anfangs eingeschlagenen Richtung weiter zu führen. Die Wechselkosten steigen und die Bindung des Kunden an das System wird stärker. Es entsteht ein Lock-In Effekt.

Technologiewettlauf Kunden haben normalerweise gewisse Vorlieben für Güter verschiedener Anbieter. Die Marktanteile im Laufe der Zeit können zwar schwanken, doch es ist unwahrscheinlich, dass z. B. auf dem Markt für Zahnpasten oder PKWs ein Monopol entsteht. Dies ist auf elektronischen Märkten anders. Hier haben die Konsumenten nicht

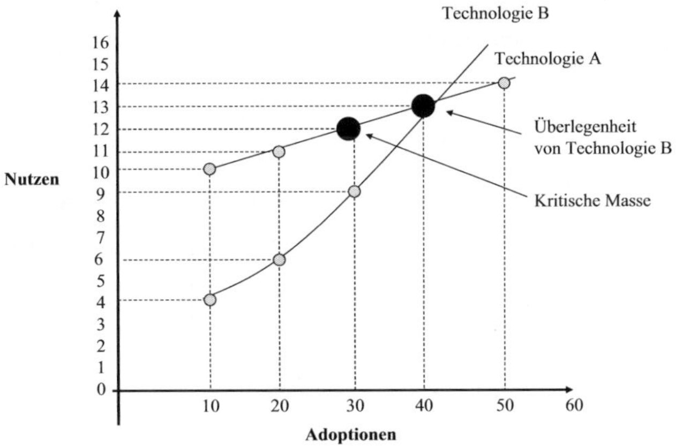

Abb. 3.7 Lock-In Effekt konkurrierender Technologien (I)

nur eine Präferenz für einen bestimmten Anbieter A, B oder C, sondern viele bevorzugen jene Produktvariante, die auch die Mehrheit wählt. Ein Grund dafür ist die Kompatibilität, die erst den Austausch von Informationen möglich macht. Arthur hat vor diesem Hintergrund ein Modell des Technologiewettlaufs konstruiert, das sich im Rahmen einer Excel-gestützten Anwendung gut nachvollziehen lässt (vgl. Rothen 2010).

Betrachten wir dazu ein Beispiel. Auf einem Markt sind zwei Technologien A und B gegeben, die bei einer bestimmten Zahl von Adoptionen einen Nutzen versprechen. In unserem Beispiel stiftet Technologie bei einer erfolgreichen Markteinführung, die bei 10 Adoptionen angenommen wird, einen höheren Nutzen als Technologie B ($10 > 4$, Abb. 3.7). Wir unterstellen, dass zum Erreichen einer kritischen Masse mindestens 30 Adoptionen notwendig sind:

Adoptionen	10	20	**30**	**40**	50
Nutzen Technologie A	10	11	**12**	**13**	14
Nutzen Technologie B	4	6	**9**	**13,5**	20,25

a. Wenn homogene Präferenzen vorliegen, d. h. keine Vorlieben für eine Technologie bestehen, entscheiden sich die Konsumenten für Technologie A. Diese Technologie wird zum Standard und der Nutzen nimmt im Beispiel je Gruppe von 10 Adoptionen um eine Einheit zu. Für die alternative Technologie B ist es nicht möglich, aus eigenen Anstrengungen heraus den Vorsprung aufzuholen, obwohl der Nutzen bei jeder Adoptergruppe um den Faktor 1,5 wächst. Damit stiftet Technologie B zwar nach 40 Adoptionen einen insgesamt höheren Nutzen als Technologie A, erreicht aber aufgrund niedrigerer Annahmezahlen nicht die kritische Masse von 30. Auch eine langfristig überlegene Technologie, die ein höheres Nutzenpotential verspricht, muss sich daher nicht durchsetzen, wenn sie zu Beginn der Markteinführung für Nutzer wenig attraktiv erscheint (vgl. Arthur 1989).

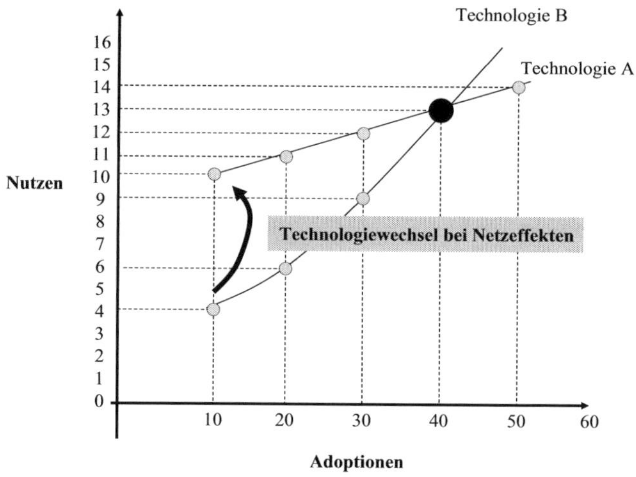

Abb. 3.8 Lock-In Effekt konkurrierender Technologien (II)

b. Diese Betrachtung lässt sich durch heterogene Präferenzen erweitern. In diesem Fall haben die Nachfrager bestimmte Vorlieben für eine Technologie. In unserem Beispiel bevorzugt Gruppe A zum Zeitpunkt der Markteinführung Technologie A, Gruppe B hingegen Technologie B. Zusätzlich entsteht neben dem Basisnutzen der Technologie ein Nutzen aus positiven Netzeffekten. Dieser ist abhängig von der Zahl der Nutzer, die sich für eine der beiden Technologien entschieden haben. Die Käufer treten nacheinander in den Markt ein, wobei das Auftreten dem Zufall überlassen ist. Angenommen sei, dass die ersten zehn Käufer aus Gruppe A stammen und sich für Technologie A entscheiden. Stammt die elfte Person aus Gruppe B, muss sie den Netzeffekt berücksichtigen, den Gruppe A durch ihre Wahl verursacht. Wir nehmen an, dass die elfte Person diesen Nutzen mit dem Faktor 0,5 gewichtet. Damit entsteht für sie ein Nutzenzuwachs aus Technologie A von:
   $0{,}5 \cdot 10\ \text{Adoptionen} = 5$
   Der Nutzen aus der eigentlich präferierten Technologie B, die bisher noch nicht adoptiert ist, beträgt hingegen nur 4. Da $5 > 4$ wird der elfte Käufer trotz Präferenz für Technologie B die bereits adoptierte Technologie A nutzen (Abb. 3.8). Auch weitere Käufer können sich ähnlich entscheiden. Es kommt zu einem Technologiewechsel und wiederum zu einem Lock-In Effekt.

Das Zahlenbeispiel hat didaktischen Charakter. Es zeigt aber auf, dass die eigentlich von Nutzern präferierte Technologie sich nicht zwangsläufig durchsetzen muss (vgl. Arthur 1989). Der Wettbewerb zwischen einer neuen und einer alten Technologie ist aber nicht nur Ergebnis von Zufälligkeiten. Katz und Shapiro haben ein Modell entwickelt, das Unternehmen die Möglichkeit eröffnet, Einfluss auf das Ergebnis eines Technologiewettlaufs zu nehmen (vgl. Katz und Shapiro 1992). Instrumente sind die Preissetzung, der Zeitpunkt des Markteintritts und die Kompatibilität bezüglich konkurrierender Technologien.

Abb. 3.9 Einflussfaktoren für Lock-In Effekte

Auch auf IuK-Märkten kann sich also sowohl die schlechtere alte gegen eine bessere neue Technologie (excess inertia) als auch die schlechtere neue gegen eine bessere alte Technologie (excess momentum) durchsetzen. Ein Technologiewettlauf garantiert also nicht zwangsläufig die Durchsetzung überlegener Alternativen, sondern ist stets auch immer von Zufälligkeiten, vom wechselseitigen Verhalten der Nutzer sowie von Unternehmensstrategien abhängig. Ab einem bestimmten Punkt kommt es zur Selbstverstärkung von Prozessen.

Auf Märkten, bei denen Kompatibilität eine wichtige Rolle spielt, führt das freie Spiel des Marktes mit großer Wahrscheinlichkeit dann dazu, dass eine Technologie die anderen über kurz oder lang vom Markt verdrängt bzw. zumindest eine dominante Marktstellung erreicht. Lock-In Effekte und die Pfadabhängigkeit von Entwicklungen lassen sich durch mehrere Faktoren erklären (Abb. 3.9):

- Learning by using: Je häufiger eine Technik genutzt wird und je weiter sie verbreitet ist, umso leistungsfähiger wird sie, weil z. B. Erfahrungen gesammelt werden, die den Wirkungsgrad erhöhen und eine Weiterentwicklung ermöglichen.
- Netzwerkexternalitäten: Je mehr Nutzer das Netzgut verwenden, desto attraktiver wird das Gut für potentielle Käufer, da eine breitere Kompatibilität gewährleistet wird und die Gefahr eines Marktaustritts sinkt.
- Größendegression: Je höher die Kapazitätsauslastung und damit die Ausbringungsmenge ist, desto stärker sinken die Stückkosten. Die hohen First Copy Costs der Netzwerkgüter werden mit steigender Absatzmenge durch immer mehr Einheiten getragen.
- Zunehmende informationelle Grenzerträge: Je besser eine Technik verstanden wird und bekannt ist, desto stärker wird sie nachgefragt, da sich z. B. auch zögerliche und risikoscheue Personen für den Kauf entscheiden.
- Wechselseitige technische Abhängigkeit: Je stärker verschiedene Techniken aufeinander bezogen sind und je weiter sie verbreitet sind, desto attraktiver wird ihre gemeinsame Nutzung.

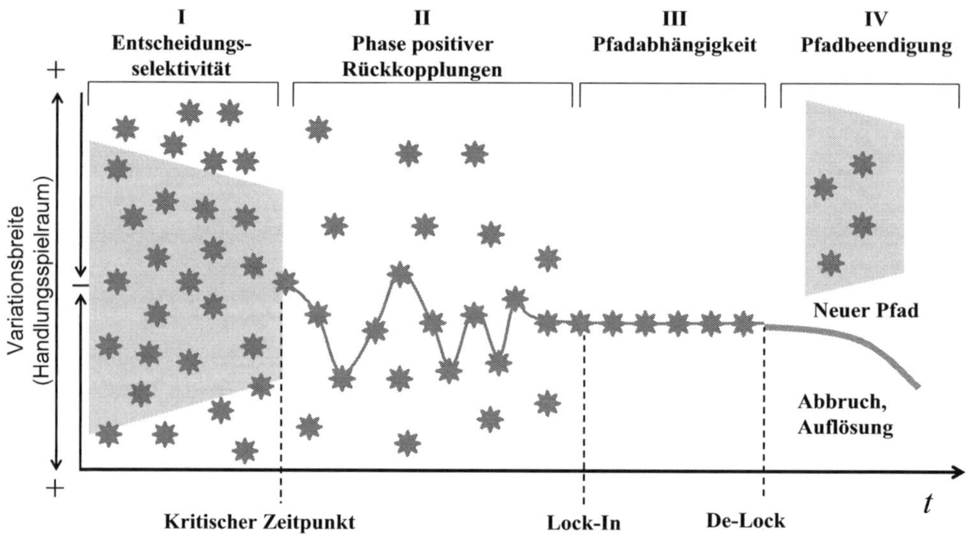

Abb. 3.10 Pfadabbruch und Pfadbeendigung

Neben der Entstehung und Fortsetzung kann es auch zur Beendigung eines Pfades kommen (Abb. 3.10). Wenn der Beendigung gezielte Handlungen zugrunde liegen, sprechen wir von Pfadabbruch.

Liegen der Beendigung eines Pfades hingegen spontane, und nicht gezielte Handlungen zugrunde, sprechen wir von Pfadauflösung (vgl. Beyer 2006, S. 9 f.). Viele, früher vermeintlich überlegene IuK-Technologien sind inzwischen überholt. Ursächlich für die Ablösung sind zum Teil technologische Weiterentwicklungen, zum Teil aber auch andere Konkurrenzsituationen.

3.3 Fallbeispiele und Anwendungen

3.3.1 Formatkriege

In Hollywoodfilmen sind wir gewohnt, dass sich am Ende immer das „Gute" durchsetzt. In der Welt der IuK-Technik sieht dies aber manchmal anders aus. Die Gründe, warum sich überlegene Güter nicht oder eben doch durchsetzen, sind unterschiedlich und überlappen sich (Abb. 3.11; vgl. Netzwelt 2008).

1. Technische Daten und Leistungsfähigkeit: Die versprochene Leistung ist vor allem im B2C-Marktsegment häufig ein entscheidendes Kaufkriterium. Wer größere und technisch eindrucksvollere Zahlen vorweisen kann, bekommt im Handel häufig den Vorzug

Abb. 3.11 Einflussfaktoren in Formatkriegen

- **Technische Daten und Leistungsfähigkeit**
- **Marktmacht**
- **Gezielte Behinderung**
- **Fehlendes Interesse der Kunden**
- **Falsche Unternehmenspolitik**
- **Image und Reputation**
- **Schlechtes Timing**

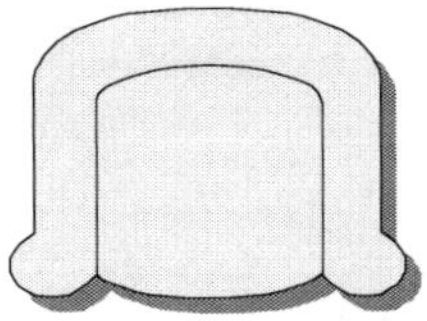

(z. B. Megapixel, Megahertz, Gigabyte). Auch wenn sich aus den Zahlen nicht immer ein realistisches Bild zeichnen lässt, greifen Anwender häufig zu den vermeintlich überlegenen Gütern.

2. Marktmacht: Neuerungen haben oft dann einen schweren Stand, wenn sich der Vorgänger gerade erst etabliert hat. Ist z. B. ein Format wie die Audio-CD oder MP3 erst einmal erfolgreich im Markt verankert, tun sich Nachfolgestandards schwer. Dies gilt selbst dann, wenn die erfolgreichen Formate nicht mehr dem technisch Machbaren entsprechen.
3. Gezielte Behinderung: Die digitale Audiokassette (DAT, Digital Audio Tape) konnte sich im Endkundenmarkt nicht durchsetzen, obwohl sie einen besseren Klang ermöglicht als die CD und verlustfreie Kopien zulässt. In diesem Fall waren es weniger die Käufer, die das Produkt nicht annahmen. Der Verband der Musikindustrie IFPI (International Federation of the Phonographic Industry) befürchtete eine Zunahme von Kopien und sprach sich dagegen aus, dass genügend neue Titel auf DAT erschienen. Auch Patentklagen sind ein Mittel, um die Konkurrenz entweder zu behindern oder an ihrem Erfolg teilzuhaben. Vor allem größere Unternehmen haben hier aufgrund ihrer finanziellen Möglichkeiten Vorteile.
4. Fehlendes Interesse der Kunden: Oft fehlt das Interesse von Kunden an technischen Innovationen. Ursächlich ist zum Teil auch, dass die Unternehmen nicht in der Lage sind, den Mehrwert von innovativen Gütern zu kommunizieren.
5. Falsche Unternehmenspolitik: Obwohl ein Unternehmen eine vermeintlich gute Position am Markt einnimmt, kann der Erfolg ausbleiben. Dies gilt z. B. dann, wenn Unternehmen die technologische Dynamik verschlafen, dem Markt hinterherhinken und aufgrund von Versäumnissen in der Entwicklung von Konkurrenten überholt werden.
6. Image und Reputation: Ein vorhandenes Image kann Entwicklungen erschweren. Wird z. B. ein Unternehmen als Hersteller von Spielecomputern beurteilt, kann es schwierig sein, bei Nutzern Reputation als Hersteller von Arbeitscomputern aufzubauen.
7. Schlechtes Timing: Für Unternehmen stellt sich die Frage, welche Timing-Strategie sie praktizieren sollen. In der einschlägigen Literatur werden dazu mit der Pionierstrategie (First-Mover), der Frühe-Folger-Strategie oder der Späte-Folger-Theorie verschiedene

Abb. 3.12 Strategisches Verhalten in Formatkriegen

- **Die richtigen Bündnispartner finden**
- **Sichere Grundlagen schaffen**
- **Überläufer identifizieren und auf seine Seite ziehen**
- **Die Machtbasis festigen**

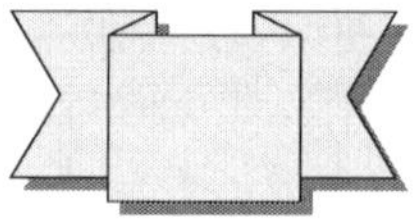

Ansätze diskutiert, die jeweils spezifische Vor- und Nachteile haben (vgl. Gerpott 2005). Manchmal sind Produkte zur falschen Zeit am Markt, so dass sie sich nicht durchsetzen können. Dies muss nicht zwangsläufig ein zu später Zeitpunkt sein, sondern hin und wieder sind Technologien ihrer Zeit auch voraus.

Es gibt also verschiedene und oft auch mehrere Gründe, warum an für sich interessante Technologien oder Konzepte nicht erfolgreich sind. Umgekehrt sind Erfolge jedoch auch in Grenzen planbar. Beispielhaft sei auf den Formatkrieg von Blu-Ray Disc und HD-DVD (High-Density Digital Versatile Disc) verwiesen (Abb. 3.12). Sony ging für viele Fachleute überraschend schnell als Sieger aus dem Formatkrieg hervor und setzte sich mit seinem Format Blu-Ray durch (vgl. Welt 2008). Die Auseinandersetzung um den Nachfolger der DVD ist ein Beispiel dafür, wie aufwendig es ist, eine neue Technologie auf dem Markt durchzusetzen. Das diesmal siegreiche Unternehmen Sony hat dies selbst leidvoll erlebt. Ende der 70er-Jahre unterlag sein Videoformat Betamax gegen das technologisch unterlegene VHS-System (Video Home System). Aus dieser Erkenntnis zog Sony offenbar seine Lehren. Bei Blu-Ray hat Sony erkannt, welche Mittel ein Unternehmen anwenden muss, um ein Format durchzusetzen (vgl. Christ und Slowak 2009).

1. Die richtigen Bündnispartner finden: Bereits am Anfang des Formatkrieges war den Parteien bewusst, dass sie ihr Produkt nur mit starken Bündnispartnern durchsetzen würden. Sony bildete bereits frühzeitig eine strategische Allianz mit führenden Elektronikherstellern.
2. Sichere Grundlagen schaffen: Sonys Spielecomputer wurden serienmäßig mit einem Blu-Ray Player ausgeliefert. Dies schafft indirekte Netzeffekte.
3. Überläufer identifizieren und auf seine Seite ziehen: Sony brachte nach und nach die meisten bedeutenden Filmstudios auf seine Seite. Filmindustrie und Hardwarehersteller sind voneinander abhängig. Die Filmindustrie benötigt große Speicher für Filme mit immer besserer Qualität. Die neuen DVDs bieten diesen Speicherplatz.
4. Die Machtbasis festigen: Dem Blu-Ray Bündnis gelang es, große Handelsketten (u. a. Wal-Mart) zu gewinnen. Damit wurden wichtige Vertriebswege gesichert.

Das Beispiel macht deutlich, dass die Durchsetzung von Standards durch vielfältige Einflussgrößen geprägt ist (Abb. 3.13). Dazu zählt die Bildung von Konsortien zwischen Herstellern und komplementären Unternehmen, die zur Bildung von Netzeffekten durch Verkaufs- und Vertriebskanäle führen, der Nachfragewunsch nach neuen Technologien

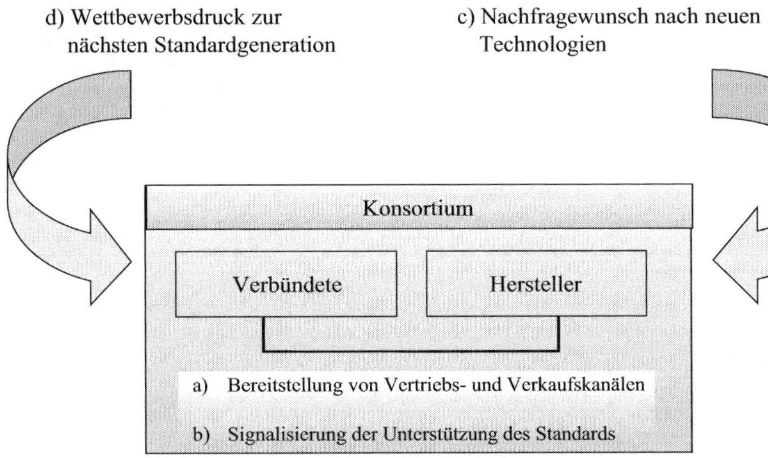

Abb. 3.13 Einflussgrößen bei der Durchsetzung von Standards

Abb. 3.14 Zielkonflikte bei der Einführung von Technologien. (Vgl. Shapiro und Varian 1999, S. 191 ff.)

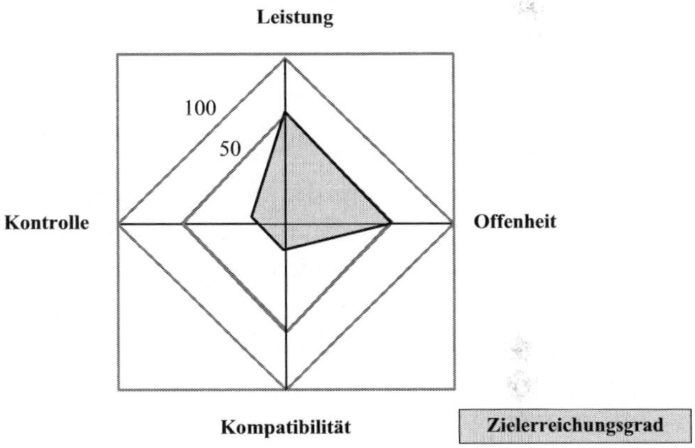

oder der Wettbewerbsdruck zur Entwicklung einer nächsten Standardgeneration (vgl. Christ und Slowak 2009, S. 23).

3.3.2 Etablierung von Standards

Bei der Etablierung von Standards sind die Begriffspaare Kompatibilität und Leistungsfähigkeit sowie Offenheit versus Kontrolle von Bedeutung (Abb. 3.14). Die Begriffe stehen in Konkurrenz zueinander bzw. weisen zumindest einen Trade-off auf.

Kompatibilität und Leistungssteigerung Bei der Einführung von Technologien sind die Ziele der Kompatibilität und Leistungssteigerung nicht immer gleichzeitig zu erreichen. Wird der Leistungssteigerung die Priorität zugewiesen, liegt eine Revolutionsstrategie vor.

	Kontrolle	Offenheit
Kompatibilität	Kontrollierter Wechsel (z.B. Windows, Intel)	Offener Wechsel (z.B. Fax, Modems, WLAN)
Leistung	Leistungsbetonung (z.B. Nintendo, Palm)	Technologiesprung (z.B. LP-CD, Video-DVD)

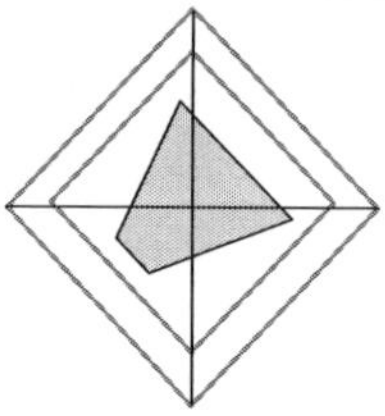

Abb. 3.15 Standardisierungsstrategien

Die Umsetzung dieser Strategie bedarf eines überzeugenden Leistungsvorsprungs. Der Nutzer ist nur dann zur Adoption bereit, wenn diese Leistungssprünge die Wechselkosten überwiegen. Im Fall der Evolutionsstrategie wird Nutzern aus Gründen der Kompatibilität ein Migrationspfad angeboten. Die Kompatibilität wird zulasten einer beschränkten Steigerung der Leistungsfähigkeit realisiert.

Offenheit versus Kontrolle Offene Systeme umfassen System- und Softwareumgebungen, die auf anbieterunabhängigen und frei erhältlichen Standards basieren. Sie entstehen, wenn kein Unternehmen mächtig genug ist, einen Technologiestandard zu diktieren oder wenn mehrere Produkte zusammenarbeiten müssen. Je stärker ein Unternehmen ist, desto eher kann es die Kontrollstrategie mit Hilfe proprietärer Systeme durchsetzen. Die Stärke kann auf Marktmacht, technologischer Überlegenheit und/oder Verfügungsrechten wie Patenten basieren.

Bei gleichzeitiger Betrachtung der Dimensionen ergeben sich vier Strategien, die zur Durchsetzung von unternehmensspezifischen Zielen eingesetzt werden können (Abb. 3.15):

- Die Strategie des kontrollierten Wechsels weist der Kompatibilität und der Kontrolle die höchste Zielpriorität zu. Die zu adoptierende Technologie hat proprietären Charakter und ist (rückwärts-)kompatibel zur installierten Technologie. Die Möglichkeiten der neuen Technologie werden aus Rücksicht auf die existierenden Mitglieder des Systems nicht voll ausgeschöpft. Die Strategie umfasst z. B. Updates und Upgrades von Software. Sie wird in der Regel von dominanten Marktführern mit einer großen installierten Basis an Nutzern verfolgt.
- Die Strategie der Leistungsbetonung (Performance Play) führt eine neue inkompatible und proprietäre Technologie ein. Beispiel ist die Strategie des Spielekonsolenherstellers Nintendo. Diese Strategie ist besonders für Newcomer geeignet, die sich nicht um eine installierte Basis von Anwendern kümmern müssen und alle Potentiale ihrer neuen und überlegenen Technologie entfalten können.

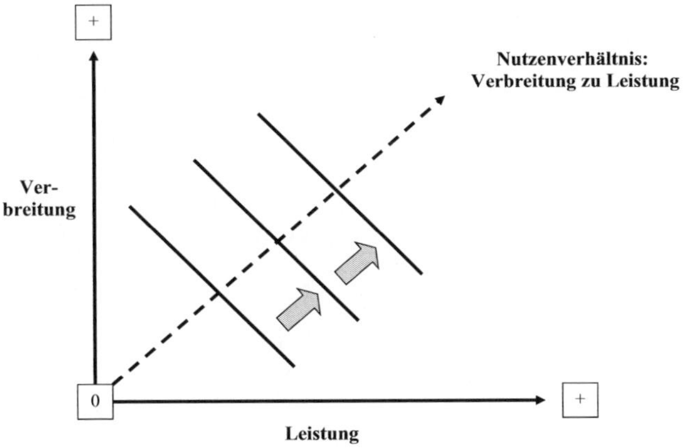

Abb. 3.16 Kundennutzen der Standardisierung. (Vgl. Nappenbach 1998)

- Die Strategie des offenen Wechsels (Open Migration) legt Wert sowohl auf Offenheit als auch auf Kompatibilität. Mit dieser Strategie sind geringere Wechselkosten für die Nutzer der neuen Technologie verbunden. Beispiele sind die Generationen von Fax, Modem oder WLAN. Die Beteiligten halten sich an einen offenen Standard und arbeiten zusammen. Diese Strategie ist für Anbieter mit dem Potential zur Nutzung von Skaleneffekten oder für Anbieter geeignet, die sich im Wettbewerb differenzieren wollen.
- Im Fall des Technologiesprungs ist die neue Technologie inkompatibel zur etablierten Technologie, sie wird aber durch die offene Struktur von mehreren Anbietern eingesetzt (z. B. LP-CD; Video-DVD). Anbieter mit Differenzierungsvorteilen sind bei dieser Strategie in einer guten Wettbewerbsposition.

Die Etablierung von Standards lässt sich durch eine Vielzahl von Faktoren beeinflussen, die sich analytisch der Nachfrage- und Angebotsseite zuordnen lassen.

Nachfrageseite Ein Anbieter von Netzwerkprodukten kann dann einen vergleichsweise großen Nutzen eines Produktes für Kunden generieren, wenn die damit verbundene Leistung gemessen an existierenden Alternativen hoch ist. Der Kundennutzen ergibt sich vereinfacht als multiplikative Funktion aus Verbreitung und Leistung des Produkts (Abb. 3.16; vgl. Nappenbach 1998).

Anwender haben in der Regel die Wahl zwischen mehreren Alternativen. Ex-ante, also vor Gebrauch, fehlen ihnen häufig für die Beurteilung der Alternativen wünschenswerte Informationen bezüglich der tatsächlichen Leistungsfähigkeit. Darüber hinaus treffen Nachfrager z. B. beim Kauf von Netzwerkprodukten eine Entscheidung von langfristiger Tragweite. Sie legen damit fest, welche kompatiblen Zusatzsysteme bzw. -produkte welcher Hersteller sie in Zukunft erwerben können.

Werden Nachfrager durch den Initialkauf in Wahlmöglichkeiten bei Folgekäufen eingeschränkt, entsteht ein Systembindungseffekt (Lock-In). Die Kaufentscheidung ist also mit einem Risiko behaftet, da sich nach dem Kauf herausstellen kann, dass eine falsche Wahl

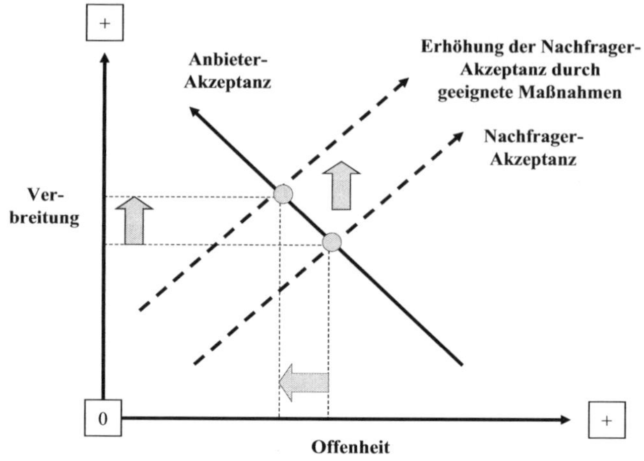

Abb. 3.17 Anbieter- und Kunden-Akzeptanz der Standardisierung. (Vgl. Nappenbach 1998)

getroffen wurde. Im Vorfeld werden deshalb so lange Informationen aufgenommen, bis die Unsicherheit auf ein individuell erträgliches Maß reduziert ist. Diese Informationen können aktiv durch Nachfrager selbst beschafft werden (Screening). Sie werden z. B. verstärkt Vergleichstests in Fachzeitschriften lesen und Erfahrungen von Anwendern vergleichbarer Systeme einholen. Für den Anbieter ergibt sich die Möglichkeit, Nachfragern Signale (z. B. Testberichte, Referenzkunden) an die Hand zu geben, die das wahrgenommene Kaufrisiko verringern sollen.

Angebotsseite Solange sich eine Technologie noch in den Kinderschuhen befindet ist es oft nicht möglich, große und nachhaltige Kompetenzvorsprünge gegenüber den Wettbewerbern zu erlangen. In der Literatur findet sich die These, dass sich die Standardisierung dann langsamer vollzieht, wenn die Technologie neuartig ist. In diesem Fall sind noch viele Informationsprobleme z. B. bezüglich der Anwendungspotentiale zu lösen. Unabhängig davon dürfte der Schlüssel zur Schaffung eines De-facto Standards in der Akzeptanz durch die Nutzer bestehen. Unternehmen zielen in diesem Fall darauf ab, bei gegebener Leistungsfähigkeit die zur Etablierung eines Standards notwendige Akzeptanz bei möglichst geringer Offenheit zu erlangen (Abb. 3.17).

Diese Strategie lässt sich durch verschiedene Instrumente unterstützen, die sich an den „klassischen 4Ps" des Marketings orientieren (Product, Price, Placement, Promotion):

a) Produktpolitik Die vermeintlich erfolgreichste Strategie ist es, zu einem gegebenen Zeitpunkt das objektiv beste Produkt bzw. die objektiv überlegene Leistung anzubieten. Sofern gegen etablierte Standards konkurriert wird, muss der Qualitätsvorsprung so groß sein, dass Wechselkosten der Nutzer ausgeglichen werden. Im Falle von mehren konkurrierenden oder aufeinander aufbauenden Technologien ist zu klären, welcher Grad an Kompatibilität erstrebenswert ist.

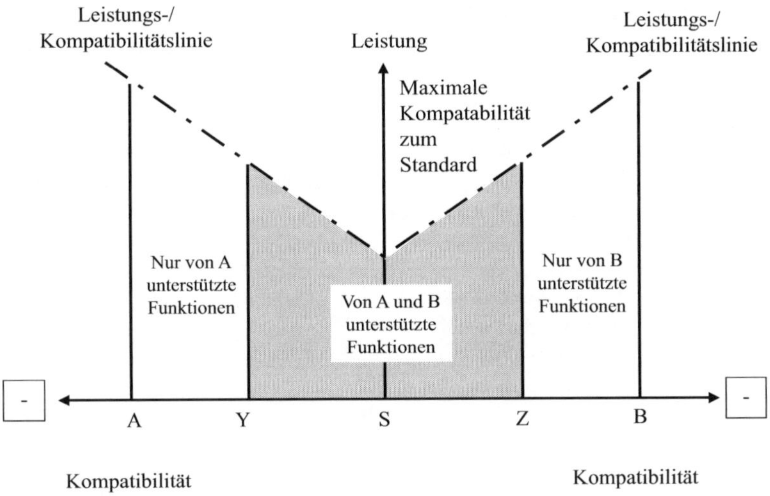

Abb. 3.18 Leistungs- und Kompatibilitäts-Trade-off der Standardisierung. (Vgl. Nappenbach 1998)

In der dynamischen IuK-Branche bedeutet Kompatibilität, dass in der Regel auch Abstriche bei der Leistung in Kauf zu nehmen sind. Inkompatibilität hingegen ist nicht im Sinne der Anwender, da kein Zugriff auf das Angebot an Ergänzungsprodukten möglich ist und eventuell getätigte Investitionen verloren sind.

Um sich aus dem Korsett eines veralteten Standards zu befreien, kann dieser um neue Funktionen ergänzt werden. Im Falle von mehreren Unternehmen, die um die Gestaltung des erweiterten Standards konkurrieren, ist es jedoch wahrscheinlich, dass die jeweils entwickelten Erweiterungen untereinander wiederum inkompatibel sind. Es bleibt der alte Standard als kleinster gemeinsamer Nenner. Betrachten wir aus Vereinfachungsgründen nur zwei Unternehmen (Abb. 3.18). Beide Unternehmen unterstützen mindestens die Funktionen des bekannten Standards (S) im Umfang der Strecke Y – Z. Je weiter entfernt ein Punkt von S liegt, desto größer ist die Abweichung vom Standard. Die Technologie des Unternehmens A deckt den Bereich A – Z ab, die des Unternehmens B den Bereich von B – Y. Die Bereiche von A – Y und von Z – B werden jeweils nur von einem der beiden Konkurrenten unterstützt. Für die Anwender ergibt sich das Dilemma, sich entweder für Kompatibilität oder für mehr Leistung zu entscheiden. Aus Sicht des Unternehmens muss hingegen dafür gesorgt werden, dass die Merkmale A – Y bzw. Z – B auch genutzt werden.

b) Preispolitik Das wichtigste Ziel eines Unternehmens im Technologiewettbewerb ist nicht das Erzielen kurzfristiger Gewinne, sondern die Erreichung der kritischen Masse für den eigenen Standard. Im Extrem können Produkte im Sinne der Strategie des Follow the Free sogar verschenkt und aus Erträgen anderer Produkte „gesponsort" werden.

c) Distributionspolitik Eine wichtige Maßnahme der Distributionspolitik stellt die Produktbündelung dar. Im Fall z. B. von Software entsteht für den Kunden der Anreiz, alle

Tab. 3.3 Vor- und Nachteile der Produktvorankündigung und schnellen Markteinführung

Vorankündigung (Vaporware)		Schnelle Markteinführung	
Vorteile	Nachteile	Vorteile	Nachteile
Möglichkeit zur Marktforschung und Ermittlung von Kunden-bedürfnissen Kunden kaufen nicht beim Wettbewerber, sondern warten ab	Kunden kaufen nicht mehr das aktuelle Eigenprodukt, sondern warten auf das neue Produkt; es entstehen Lagerbestände; die Konkurrenz erhält Informationen und kann reagieren	First-Mover Vorteil; schneller Aufbau von Netzeffekten	Produkt ist gegebenenfalls technisch noch nicht voll ausgereift; Konkurrenz kommt etwas später mit besseren Produkten auf den Markt

Programme aus einer Hand zu kaufen, auch wenn eine individuelle Zusammenstellung insgesamt mehr Leistung bieten würde. Eine andere Form der Produktbündelung ist es, kostenlos Produkte beizulegen, um deren Verbreitung durch die Attraktivität des Trägerproduktes zu erhöhen.

d) Kommunikationspolitik Ziel der Kommunikationspolitik ist es, potentielle Kunden davon zu überzeugen, zum eigenen Standard zu wechseln, auch wenn dieser noch Nachteile durch eine geringe Verbreitung oder durch wenig Offenheit mit sich bringt. Im Kern muss also die Unsicherheit der Kaufentscheidung reduziert werden. Teilweise lässt sich aber sogar das Gegenteil beobachten. Eine in Fachkreisen bekannte Methode ist es, mit verfrühten oder unrichtigen Ankündigungen von kommenden Produkten zu arbeiten. Dadurch sollen potentielle Kunden der bestehenden Technologie verunsichert und dazu veranlasst werden, mit ihrer Kaufentscheidung bis zur Verfügbarkeit des angekündigten Produktes zu warten. Dieses strategische Erwartungsmanagement ist als Vaporware (übersetzt etwa „nichts als heiße Luft" oder „viel Lärm um nichts") und FUD (Fear, Uncertainty, Doubt) bekannt (Tab. 3.3; vgl. Bayus et al. 2000). Warum sollte ein Käufer sich für das Produkt eines unbedeutenden Herstellers entscheiden, wenn der Marktprimus in Kürze ein vermeintlich besseres Gegenstück auf den Markt bringt?

Das US-Magazin Wired veröffentlicht seit 1996 jährlich die Liste der bei seinen Lesern zehn bekanntesten Vaporware-Produkte. Der Vaporware Award ist ein Negativpreis für angekündigte, aber nicht zum angegebenen Zeitpunkt fertig gestellte Hardware- oder Software-Produkte. Beispielhaft sei auf das am 10. Juni 2011 veröffentlichte Computerspiel Duke Nukem Forever (DNF) verwiesen. Mit einer Entwicklungszeit von 14 Jahren und immer wieder verschobenen Veröffentlichungsterminen war es lange eines der bekanntesten Vaporware-Produkte.

Neben den genannten Marketinginstrumenten eignen sich auch z. B. strategische Allianzen zur Etablierung eines Standards. Eine in diesem Zusammenhang häufig auf IuK-Märkten zu findende Strategie ist jene der Coopetition (vgl. Nalebuff und Branden-

Tab. 3.4 Kundengruppen und Wechselkosten

Wert eines bestehenden Kunden	Wert eines ungebunden Neukunden	Wert eines gebundenen Neukunden
+ Wert des gegenwärtigen Produktvorteils (bei Nachteil -)	+ Wert des Produktvorteils – (Eigene) Wechselkosten	+ Wert des Produktvorteils – Wechselkosten des Kunden – (Eigene) Wechselkosten
+ Wechselkosten des Kunden		
+ Wechselkosten der Konkurrenz		
also: + 100 + 180 + 70 = 350 €	also: + 100 – 70 = 30 €	also: + 100 – 180 – 70 = – 150 €

burger 2008). Gemeint ist eine Dualität von Kooperation (*Coop*eration) und Wettbewerb (Comp*etition*). So können Unternehmen z. B. gemeinsam Standards verabreden und dadurch überhaupt ein Marktwachstum ermöglichen. Anschließend können die Unternehmen auf diesen Märkten dennoch in Wettbewerb zueinander treten. Um ein Bild zu verwenden: „*Geschäft ist Zusammenarbeit, wenn es um das Backen von Kuchen geht, und Wettbewerb, wenn es an die Aufteilung des Kuchens geht*" (Nalebuff und Brandenburger 2008, S. 4).

3.3.3 Wechselkosten und Lock-In Effekte

Standards – aber nicht nur diese – führen zu Lock-In Prozessen und zu Wechselkosten. Ein Lock-In Effekt liegt auch dann vor, wenn Kunden in eine IuK-Anwendungsumgebung integriert und daran gebunden sind. Werden verbesserte Versionen von Elementen des Systems oder neue komplementäre Produkte angeboten, entscheiden sich die Kunden wahrscheinlich wieder für das etablierte und gegen konkurrierende Systeme. Das bedeutet nicht, dass die Kunden in dieser Situation gefangen wären, wie der Begriff Lock-In suggeriert. Sie können das System durchaus wechseln. Die Frage ist nur, zu welchem Preis. Je höher die Wechselkosten sind, desto geringer wird die Neigung der Kunden sein, einen System- oder Produktwechsel vorzunehmen.

Wechselkosten Die Gesamtkosten eines Wechsels setzen sich wie folgt zusammen:

Gesamtkosten = Wechselkosten des Kunden + Wechselkosten des Anbieters

Betrachten wir dazu ein Beispiel: Herr Müller ist Kunde beim Mobilfunkanbieter A. Den Produktvorteil gegenüber dem Konkurrenzanbieter B beziffert er auf 100 €. Beide Anbieter haben Wechselkosten (z. B. Einrichtungskosten) von 70 €. Die Wechselkosten von Herrn Müller betragen 180 €. Der Wert von Herrn Müller für den Anbieter A ist vom Status des Kunden abhängig (Tab. 3.4).

Bestehende Kunden haben für Unternehmen den höchsten Wert. Konkurrierende Systeme oder Produkte müssen nicht nur mindestens so preiswert sein wie jene des etablierten

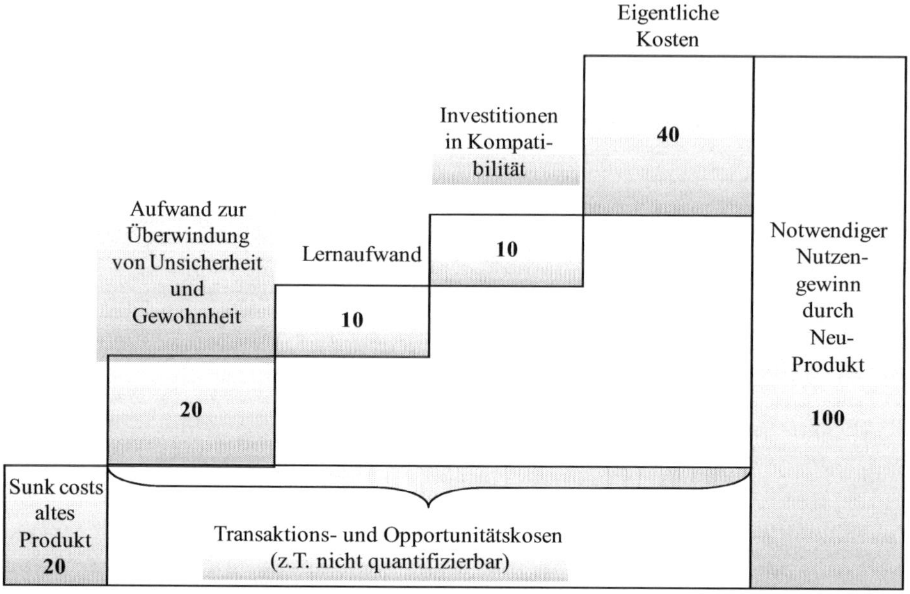

Abb. 3.19 Kategorien von Wechselkosten

Anbieters. Sie müssen zusätzlich die Wechselkosten kompensieren, bevor sich die Kunden zu einem Wechsel des Anbieters entscheiden. Ein Anbieter, dessen Kunden bei einem Wechsel des Systems oder Produkts mit hohen Wechselkosten konfrontiert sind, kann deshalb sogar ein schlechteres Preis-Leistungs-Verhältnis aufweisen als das Angebot der Wettbewerber.

Wechselkosten umfassen nicht nur monetäre Kategorien, sondern auch nicht-monetäre Größen wie den Aufwand an Zeit, der für den Aufbau bestehender bzw. neuer Geschäftsbeziehungen aufgewendet werden muss und die mit einem Wechsel des Geschäftspartners verbundenen Risiken. Generell können als Wechselkosten alle mit einem Wechsel verbundenen Nachteile angesehen werden, die bei der Aufnahme einer neuen Geschäftsbeziehung entstehen (Abb. 3.19):

- Der Wechsel eines Geschäftspartners verursacht Transaktionskosten der Etablierung der neuen Geschäftsbeziehung (z. B. Anbahnungs-, Vereinbarungs-, Abwicklungs-, Kontroll- sowie Anpassungskosten). Dazu zählen auch vertragsbedingte Kosten, die bei der Auflösung der laufenden Verträge entstehen, z. B. in Form von Vertragsstrafen oder Regressansprüchen.
- Sunk costs sind auf die spezifischen Anpassungen zurückzuführen, die beim Aufbau und der Aufrechterhaltung einer Geschäftsbeziehung entstehen. Sie können im Hinblick auf die Neugestaltung von bestimmten Arbeitsabläufen oder andere organisatorische Maßnahmen erfolgen und sich z. B. auf Abstimmung von Software und Hardware, Veränderungen bei der Lagerhaltung, im Bestellwesen oder der Buchhaltung beziehen.

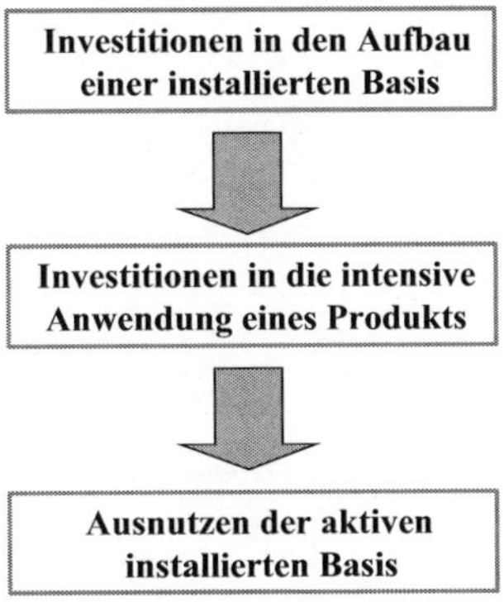

Abb. 3.20 Strategien in Märkten mit Wechselkosten. (Vgl. Shapiro und Varian 1999, S. 142 ff.)

- Die Wechselkosten enthalten auch schwer quantifizierbare Opportunitätskosten des Wechsels, d. h. den entgangenen Nutzen der bisherigen Beziehung.

Strategien auf Märkten mit Wechselkosten Auf Märkten mit Wechselkosten kommt es darauf an, zunächst in den Aufbau eines Kundenstamms zu investieren (vgl. Blut 2007). Da später Rückflüsse zu erwarten sind, können zunächst sogar Verluste in Kauf genommen werden. Anschließend können die gewonnenen Kunden gebunden und die Hebelwirkung des Kundenstamms genutzt werden (Abb. 3.20). Der Aufbau einer installierten Basis lässt sich durch verschiedene Maßnahmen beschleunigen. Dazu zählen die Senkung der Wechselkosten für Kunden anderer Anbieter (z. B. durch Subventionierung, niedrige Preise), die Sicherstellung von Schnittstellen oder die Gewinnung von Referenzkunden.

Die intensive Anwendung des Produkts lässt sich u. a. durch Hilfestellung bei der Einarbeitung in die Funktionsweise sicherstellen (z. B. Einbindung von Beratungsunternehmen bei der Implementation von Software in die Unternehmensabläufe). Auch die Einbettung zusätzlicher Funktionen in die Anwendung erleichtert die intensive Nutzung von IuK-Systemen (z. B. Integration von Empfehlungs-systemen in einen Online-Buchshop).

Lock-In Effekte Im Fall von digitalen Gütern können Lock-In Effekte dadurch entstehen, dass diese Güter in die Anwendungen der Kunden integriert werden. Der Begriff Anwendungen umfasst sowohl Geschäftsprozesse in Unternehmen als auch Konsumgewohnheiten von Personen. In diesem Fall kommt es zu einem Lock-In Zyklus (Abb. 3.21). Betrachten wir als Beispiel die Einführung einer betriebswirtschaftlichen Standardsoftware in ein Unternehmen. In diesem Fall entstehen Kosten für die Schulung der Mitarbeiter sowie für die technische und organisatorische Integration. Wird die Software eine bestimmte Zeit genutzt, haben die Systemtechniker die Software optimal auf Hardware, Netzwerke und Datenbanken abgestimmt. Die Anwender haben den Umgang mit dem System erlernt und sich an die Benutzerschnittstellen gewöhnt. Mit der Software sind viele Dateien erzeugt und für deren Verwendung eventuell Hilfsprogramme erstellt worden. Es entstehen damit Wechselkosten, die einen Lock-In Effekt erzeugen können.

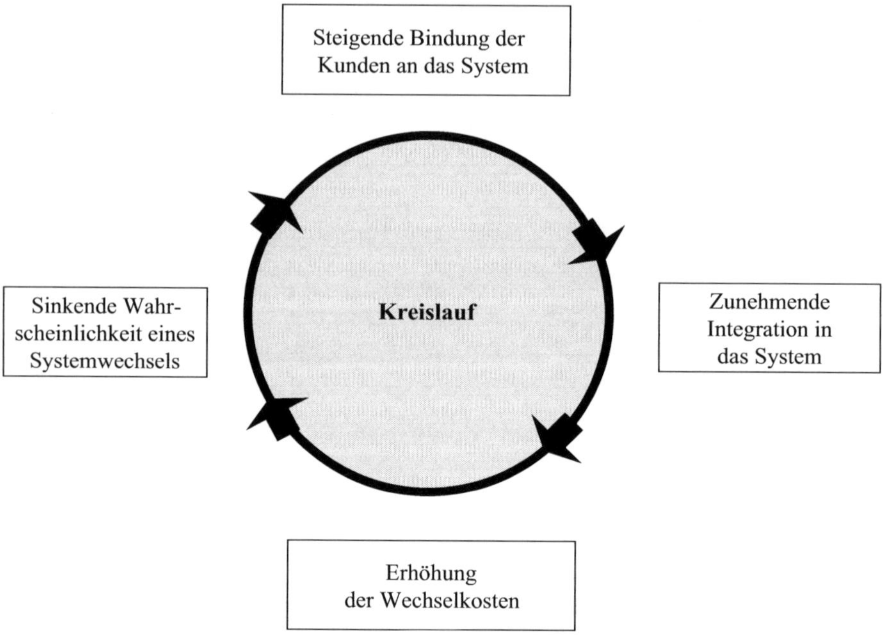

Abb. 3.21 Kreislauf von Lock-In Effekten

Arten von Wechselkosten Es gibt verschiedene Arten von Wechselkosten, die aus der Situation des Lock-Ins entstehen können (Abb. 3.22):

- Vertragsverpflichtungen: Beispiel ist ein Outsourcing-Vertrag. Der Wechsel des Anbieters bei laufendem Vertrag hat die Zahlung einer Entschädigung zur Folge, wobei die Höhe von der Vertragsgestaltung abhängt. Je kürzer der verbleibende Vertragszeitraum ist, desto stärker sinken die Wechselkosten.
- Langlebige Anschaffungen oder Systemkäufe: Sie spielen besonders im B2B- Bereich eine Rolle, z. B. beim Kauf von Software und Hardware. Der Kunde kauft nicht nur ein Gerät, sondern tätigt auch Folgegeschäfte oder nimmt Serviceleistungen in Anspruch. Diese Art des Geschäfts entspricht einem Systemkauf. Teilweise werden die Wechselkosten des Kunden zu einem neuen System durch die Anbieter dadurch reduziert, dass sie das Grundprodukt günstig anbieten und dadurch den Kunden zum Kauf ermutigen. Im Gegensatz dazu werden zusätzliche Produkte oder Dienstleistungen, die für den Betrieb des Grundgeräts regelmäßig neu erworben werden müssen, zu einem hohen Preis verkauft.
- Prozessintegration: Beispiel ist die Einführung eines E-Procurement Systems im B2B-Umfeld, durch das Mitarbeiter als Bedarfsträger ihre Bestellungen selbst aufgeben und den Wareneingang verbuchen können. Der Geschäftsdatenaustausch erfolgt z. B. nach 6 Monaten Test reibungslos und Bestellungen werden nur noch in Ausnahmefällen falsch angeliefert. Da mit der Zeit die organisatorische Verknüpfung zwischen dem elektronischen Marktplatz und seinen Kunden immer enger wird, steigen die Wechsel-

Art des Lock-In	Folgen (Beispiele)	Wechselkosten
Vertragsverpflichtungen	Entschädigungskosten/Schadensersatz bei Auflösung des Vertrages	Künstlich geschaffene Wechselkosten
Langlebige Anschaffungen, Systemkäufe	Ersatz von einzelnen Komponenten oder des gesamten Systems	Transaktionskosten
Prozessintegration	Ersatz von Systemkomponenten, Reorganisation der Geschäftsabläufe	
Datenspeicherung	Konvertierung von Daten in ein neues Format	
Spezialisierte Anbieter	Auffinden eines neuen Anbieters	
Markenspezifische Schulungen	Erlernen des neuen Systems, Summe der direkten Kosten für Schulung und der indirekten Kosten durch Verlust an Produktivität	Lernkosten

Abb. 3.22 Arten von Lock-In und Wechselkosten. (In Anlehnung an Shapiro und Varian 1999, S. 156)

kosten und somit die Abhängigkeiten aus dem Lock-In mit der Dauer der Kundenbeziehung an. Wollen Kunden die Geschäftsbeziehung mit diesem elektronischen Marktplatz lösen, müssen die aufgebauten Prozesse mit dem nächsten Marktplatz wieder neu justiert werden. Die Wechselkosten können dann je nach der Tiefe der Integration erheblich sein.

- Datenspeicherung und Personalisierung: Kundenbeziehungen hinterlassen auf elektronischen Märkten und Plattformen vielfältige digitale Spuren, die zu Kundenprofilen verdichtet werden. Durch Data-Mining und Personalisierung wird das System auf die Bedürfnisse der Kunden eingestellt. Beim Wechsel zu einem anderen System können diese Daten in der Regel nicht wieder in vollem Umfang verwendet werden, auch wenn die IT-Systeme miteinander kompatibel sind.
- Markenspezifische Schulungen: Vor allem im B2B-Umfeld enthalten elektronische Marktplätze und Beschaffungsplattformen komplexe Funktionen, die markenspezifische Schulungen erfordern. Durch die Integration des IT-Systems in das organisatorische Umfeld können hohe Wechselkosten entstehen. Diese sollten nicht mit Lernkosten verwechselt werden. Lernkosten hat ein Kunde aufzuwenden, wenn er erstmals ein Produkt kauft (z. B. PC). Wechselkosten entstehen durch die Wahl eines konkurrierenden Produkts. Dies bewirkt eine oft als Vendor-Lock-In bezeichnete Herstellerabhängigkeit.

Betrachten wir ein Beispiel, das die Bedeutung von Wechselkosten und möglichen Lock-In Effekten gut veranschaulicht (vgl. Drews 2011). Die deutschen Krankenhäuser haben den Einsatz von IuK-Technologien stark ausgeweitet. Häufig stützen sie ihre Entscheidungen auf Standardsoftware, die als Krankenhausinformationssystem einen kritischen Erfolgsfaktor für den reibungslosen Kommunikationsaustausch darstellen.

Ergebnisse von Untersuchungen zeigen, dass die Entwicklung und Einführung von IT-Innovationen durch Lock-In Effekte gehemmt werden, die mit der Nutzung großer Anwendungssysteme einhergehen. Gleichzeitig haben sowohl die Krankenhäuser als auch die IT-Hersteller Strategien entwickelt, um diese Situation aktiv zu gestalten. Exemplarisch können hier die Organisation in Anwendervereinigungen auf Krankenhausseite oder die Optimierung von Migrationsstrategien bei IT-Herstellern angeführt werden. Zusätzlich wird deutlich, dass generelle Entwicklungen wie die Entstehung von Krankenhauskonzernen, die Verfügbarkeit und Nutzung von Standards sowie die Konsolidierung im Markt der IT-Hersteller einen wesentlichen Einfluss auf die Lock-In Effekte ausüben.

Da kaum ein Krankenhaus auf den Einsatz umfangreicher Standardsoftwarepakete verzichtet und da der Lock-In Effekt wesentlicher Bestandteil der Geschäftsstrategie der IT-Hersteller ist, ist zu diskutieren, wie eine aus Sicht der Beteiligten gelungene Ausgestaltung dieser Situation gelingen kann"... Erst im Fall von Konflikten „... treten ansonsten verborgene Machtstrukturen zu Tage. Aus den betrachteten Beispielen können Empfehlungen für die Ausgestaltung des Verhältnisses zwischen Krankenhäusern und IT-Herstellern abgeleitet werden. (Drews 2011).

3.4 Übungen und Lernkontrolle

▶ Bearbeitungshinweise finden Sie im Web

1. Standardisierung:
   a. Auf welche Art und Weise können Standards durchgesetzt werden?
   b. Standards erscheinen zum Teil als private Güter, zum Teil als öffentliche Güter. Beurteilen Sie diesen Sachverhalt im Rahmen der nachfolgenden Tabelle:

		Anreize zur Durchsetzung eines Standards	
		Gering	Hoch
Interesse an der Durchsetzung eines bestimmten Standards	Gering		
	Hoch		

2. Beurteilen Sie die möglichen Vor- und Nachteile offener und geschlossener Standards im Rahmen der nachfolgenden Tabelle:

Offener Standard (Open Source)		Geschlossener Standard (proprietär)	
Vorteile	Nachteile	Vorteile	Nachteile

3. Nehmen wir an, zwei Unternehmen kämpfen mit ihren Technologien (z. B. Standards für digitales Fernsehen) um die Durchsetzung eines De-facto Standards. Beide Unternehmen haben F&E-Kosten von 1 Mrd. €. Sie können ihre darauf basierenden Fernsehgeräte zu einem Preis von 1.000 € oder 2.000 € anbieten. Bei einem Preis von 1.000 € können 2 Mio. Geräte verkauft werden. Bei einem Preis von 2.000 € reduziert sich der Absatz auf 1 Mio. Geräte. Wenn beide Unternehmen unterschiedliche Preise wählen, verkauft nur das Unternehmen mit dem geringeren Preis, wählen beide den gleichen Preis, spaltet sich der Markt in zwei gleich große Teile auf und jedes Unternehmen verkauft gleich viel. Übertragen Sie die Situation in eine Auszahlungsmatrix und beurteilen Sie die Situation.

Auszahlungsmatrix		Unternehmen B	
		1.000 €	2.000 €
Unternehmen A	1.000 €		
	2.000 €		

4. Strategische Verhaltensweisen:
   a. Welche Maßnahmen bieten sich für Unternehmen an, sich im Standardwettbewerb durchzusetzen?
   b. Beurteilen Sie die strategischen Vor- und Nachteile der Vorankündigung eines Produktstandards bzw. der schnellen Markteinführung im Rahmen der nachfolgenden Tabelle:

Vorankündigung (Vaporware)		Schnelle Markteinführung	
Vorteile	Nachteile	Vorteile	Nachteile

5. Warum kann der Standardisierungsprozess zu einem Gefangenendilemma führen? Diskutieren Sie im Rahmen folgender Matrix (4 = bestes, 1 = schlechtestes Ergebnis in Mrd. €).

Auszahlungsmatrix		Unternehmen B	
		Kooperative Standardisierung	Nicht-kooperative Standardisierung
Unternehmen A	Kooperative Standardisierung	A: 3 B: 3	A: 1 B: 4
	Nicht-kooperative Standardisierung	A: 4 B: 1	A: 2 B: 2

6. Die nachfolgende Matrix zeigt die Auszahlung in Mrd. € für zwei Unternehmen, die im Wettbewerb um den „besten" Fernseh-Standard stehen. Als Handlungsoptionen stehen die Alternativen der gemeinsamen Standardisierung sowie die wettbewerbliche Standardisierung zur Verfügung, die auf die Durchsetzung des eigenen Standards abzielt.

Auszahlungsmatrix		Deutschland (Partei B)	
		Deutsche Norm	Französische Norm
Frankreich (Partei A)	Deutsche Norm	A: 2 B: 3	A: 0 B: 0
	Französische Norm	A: 1 B: 1	A: 3 B: 2

Gibt es für die beiden Unternehmen jeweils eine dominante Strategie? Welches Ergebnis ist zu erwarten?

7. Die nachfolgende Tabelle zeigt Ihnen den Pfad von zwei neuartigen Technologien, die von Nutzern mit homogenen Präferenzen gewählt werden können. Die kritische Masse soll bei 30 Adoptionen liegen:

Adoptionen	10	20	30	40	50
Nutzen Technologie A	20	22	24	26	28
Nutzen Technologie B	8	12	18	27	40,5

a. Welche Alternative wird sich wahrscheinlich durchsetzen?
b. Erläutern Sie am Beispiel von IuK-Technologien den Begriff der Pfadabhängigkeit und nennen Sie mögliche Ursachen für diese Entwicklung.
c. Was besagen die Begriffe Pfadabbruch und Pfadauflösung?

8. Auf IuK-Märkten für Netzwerkgüter lassen sich verschiedene Strategien beobachten, die zur Durchsetzung von Standards führen sollen. Beschreiben Sie die einzelnen Strategien im Rahmen der nachfolgenden Tabelle:

	Kontrolle der Entwicklung	Offenheit der Entwicklung
Evolution der Technologie	(1)	(2)
Revolution der Technologie	(3)	(4)

9. Erläutern Sie anhand der nachfolgenden Graphik und am Beispiel von Betriebssystemen den Lock-In Zyklus.

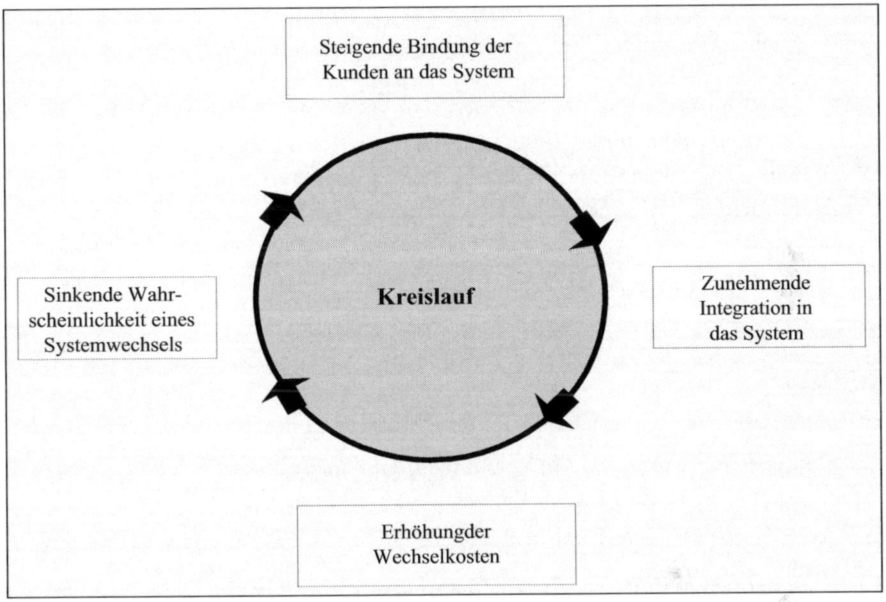

10. Erläutern Sie am Beispiel von IuK-Technologien mögliche Einflussfaktoren für Wechselentscheidungen. Berücksichtigen Sie folgenden Kostenkategorien:
    - Transaktionskosten,
    - sunk costs,
    - Opportunitätskosten.
11. Beurteilen Sie die Art der Wechselkosten bei den nachfolgenden Formen des Lock-Ins und ihre Kostenentwicklung im Zeitablauf (sinkend, steigend, gleich bleibend):

Art des Lock-In	Folgen	Kostenentwicklung im Zeitablauf
Vertragsverpflichtungen		
Langlebige Anschaffungen, Systemkäufe		
Prozessintegration		
Datenspeicherung		
Spezialisierte Anbieter		
Markenspezifische Schulungen		

12. Für zwei Mobilfunkanbieter (D1 und D2), die im Wettbewerb mit vergleichbaren Kosten operieren, liegen folgende Angaben vor:
    - Anbieter D1 hat einen subjektiv wahrgenommenen Produktvorteil von 10 Geldeinheiten (GE).
    - Wechselkosten für Kunden D1 nach D2 und umgekehrt jeweils 18 GE.
    - Wechselkosten (z. B. Einrichtungskosten) für D1 bzw. D2 jeweils 7 GE.
      a. Ermitteln Sie aus Sicht von D1
         - den Wert eines bestehenden Kunden,
         - den Wert eines ungebundenen Kunden,
         - den Wert eines bei der Konkurrenz gebundenen Kunden.
      b. Welche Tendenzaussagen lassen sich daraus ableiten? Wie lassen sich Wechselkosten für Kunden anderer Anbieter reduzieren?
13. Welche unternehmensstrategischen Empfehlungen lassen sich aus der Existenz von Lock-In Effekten und Wechselkosten ableiten?

Literatur

Arthur WB (1989) Competing technologies, increasing returns, and lock-in by historical events. Econ J 99(394):116–131 (Blackwell Publishing for the Royal Economic Society Stable. http://www.jstor.org/stable/2234208. Zugegriffen: 10. Sept. 2012)

Arthur WB (1994) Increasing returns and path dependence in the economy. University of Michigan Press, Ann Arbor

Bach T (2008) Informationsexternalitäten bei der Adoption von DSL- und Kabel-Internetzugängen. Eine informationsökonomische Perspektive der Pfadabhängigkeit auf dem deutschen Breitbandmarkt. Gabler, Wiesbaden

Bayus BL, Jain S, Rao AG (2000) Truth or consequences. An analysis of vaporware and new product announcements. http://papers.ssrn.com/sol3/papers.cfm?abstract_id=244087. Zugegriffen: 10. Aug. 2012

Besen SM, Saloner G (1989) The economics of telecommunications standards. In: Crandall RW, Flamm K (Hrsg) Changing the rules: technological change, international competition, and regulation in communications. Washington D.C., S 177–220 (Brookings Institution)

Besen SM, Farrell J (1994) Choosing how to compete: strategies and tactics in standardization. J Econ Perspect 8:117–131

Beyer J (2006) Pfadabhängigkeit. Über institutionelle Kontinuität, anfällige Stabilität und fundamentalen Wandel. Schriften aus dem Max-Planck-Institut für Gesellschaftsforschung. Nr. 56, Köln (http://www.mpifg.de/pu/mpifg_book/mpifg_bd_56.pdf. Zugegriffen: 8. Aug. 2012)

Blind K (2004) The economics of standards: theory, evidence, policy. Edward Elgar, Cheltenham

Blut M (2007) Der Einfluss von Wechselkosten auf die Kundenbindung. Deutscher Universitäts-Verlag, Wiesbaden

Christ JP, Slowak AP (2009) Why blu-ray vs. HD-DVD is not VHS vs. Betamax: the co-evolution of standard-setting consortia. Universität Hohenheim, FZID discussion papers, No. 05-2009. https://fzid.uni-hohenheim.de/fileadmin/ einrichtungen/fzid/fzid_dp_2009_05_Slowak_Christ.pdf. Zugegriffen: 10. Aug. 2012

David PA (1985) Clio and the economics of QWERTY. Amer Econ Rev 75(2):332–337

David PA (2001) Path dependence, its critics and the quest for historical economics. In: Garrouste P, Ioan-nides S (Hrsg) Evolution and path dependence in economic ideas: past and present. Edward Elgar, Cheltenham, S 15–41

Drews P (2011) Lock-In Effekte im Innovationssystem für Krankenhaus-IT: Auswirkungen und Strategien. 56. Jahrestagung der Deutschen Gesellschaft für Medizinische Informatik, Biometrie und Epidemiologie (gmds), 6. Jahrestagung der Deutschen Gesellschaft für Epidemiologie (DGEpi), Mainz, 26.-29.09.2011. Düsseldorf (http://www.egms.de/static/de/meetings/gmds2011/11gmds518.shtml. Zugegriffen: 10. Jan. 2013)

Farrell J, Saloner G (1987) Competition, compatibility and standards: the economics of horses, penguins and lemmings. In: Gabel LH (Hrsg) Product Standardization and Competitive Strategy. North Holland, Amsterdam, S 1–21

Gerpott TJ (2005) Strategisches Technologie- und Innovationsmanagement, 2. Aufl. Schäffer-Poeschel, Stuttgart

Hahn P, Fritsch L (2005) Studie zur Akzeptanzanalyse von Location-based Services. Universität Frankfurt am Main. http://publikationen.ub.uni-frankfurt.de/ frontdoor/index/index/docId/3094. Zugegriffen: 10. July 2012

Katz M, Shapiro C (1985) Network externalities, competition, and compatibility. Am Econ Rev 75(3):424–440

Katz ML, Shapiro C (1992) Product Introduction with network externalities. J Ind Econ 40:55–83

Katz M, Shapiro C (1994) Systems competition and network effects. J Econ Perspect 8:93–115

Nalebuff JB, Brandenburger AM (2008) Coopetition: kooperativ konkurrieren – Mit der Spieltheorie zum Geschäftserfolg. Rieck, Eschborn

Nappenbach F (1998) Internetstandards. Strategische Bedeutung und Durchsetzung, Diplom-Arbeit. Universität Augsburg. http://www.internetstandards.de/. Zugegriffen: 10. Jan. 2013

Netzwelt (2008) Formatkriege: Die Verlierer der Technikgeschichte. http://www.netzwelt.de/print/news/74983.pdf. Zugegriffen: 11. Feb. 2012

Rothen S (2010) Simulation von Technologiewettläufen in Excel. http://www.ecotronics.ch/excel/tech.htm. Zugegriffen: 10. Aug. 2012

Schreyögg G, Sydow J, Koch J (2003) Organisatorische Pfade. Von der Pfadabhängigkeit zur Pfadkreation? In: Schreyögg G, Sydow J, Koch J (Hrsg) Strategische Prozesse und Pfade. Wiesbaden, S 257–294

Shapiro C, Varian H (1999) Information rules: a strategic guide to the network economy. Harvard Business School Press, Boston

Skiera B (2001/2002) Universität Frankfurt am Main, Übungsaufgaben zur Vorlesung: Electronic Commerce II: Business to Business. Wintersemester

Theuvsen L (2007) Bedingungen und Wirkungen der Standardisierung von RFID-Technologien: Anmerkungen aus ökonomischer Sicht. In: Koschke R et al (Hrsg) Informatik 2007: Informatik trifft Logistik, Bd 2. Bonn, S 32–37

Welt (2008) Wie Blu-Ray den Formatkrieg gewann, 14.03.08. http://www.welt.de/ wirtschaft/webwelt/article1783205/Wie-Blu-Ray-den-Formatkrieg-gewann.html. Zugegriffen: 15. Nov. 2012

Netzwerkgüter

4

4.1 Inhalt und Schlüsselbegriffe

Inhalt

In einer Welt, die durch IuK-Netzwerke geprägt ist, kommt es aufgrund von (in-)direkten Netzeffekten dazu, dass der Wert von Netzwerkgütern mit zunehmender Verbreitung steigt (Abb. 4.1). Erwartungen der Nutzer hinsichtlich der Durchsetzung von Netzwerkgütern am Markt können zu positiven Netzwerkexternalitäten im Sinne einer sich selbst erfüllenden Prognose führen. Netzwerkgesetze beschreiben das Wachstum und die Ausbreitung von Netzen anhand von statistischen Regelmäßigkeiten. Die Analyse von Netzwerkmärkten zeigt, dass die Ausbreitung und Stabilität von Netzwerken die Überschreitung eines Tipping Points voraussetzt, der die kritische Masse an Nutzern beschreibt. Der Markterfolg von IuK-Technologien ist nicht nur vom Verkauf der Güter, sondern von ihrer Nutzerakzeptanz abhängig. Die Adoptionstheorie benennt die wichtigsten Einflussfaktoren, die über die Annahme oder Ablehnung einer Technologie entscheiden. In diesem Kontext ist die Unterscheidung von Adoptergruppen sinnvoll. Im Fokus stehen dabei vor allem die Innovatoren und frühen Übernehmer einer Technologie. Die Ausbreitung von Netzwerken lässt sich mit Ansätzen der Diffusionstheorie verknüpfen, die aufgrund von Effekten der Innovation und Imitation einer Technologie einen S-förmigen Verlauf unterstellen. Wird der Tipping Point nicht erreicht, kommt es zu technologischen Flops. Zweiseitige Märkte basieren ganz wesentlich auf indirekten Netzeffekten. Hier muss ein Intermediär (z. B. eine Auktionsplattform) zwei Marktseiten (Käufer, Verkäufer) ansprechen und zufrieden stellen, wenn sich der Markt stabil positiv entwickeln soll.

R. Clement, D. Schreiber, *Internet-Ökonomie*, Springer-Lehrbuch,
DOI 10.1007/978-3-642-36719-9_4, © Springer-Verlag Berlin Heidelberg 2013

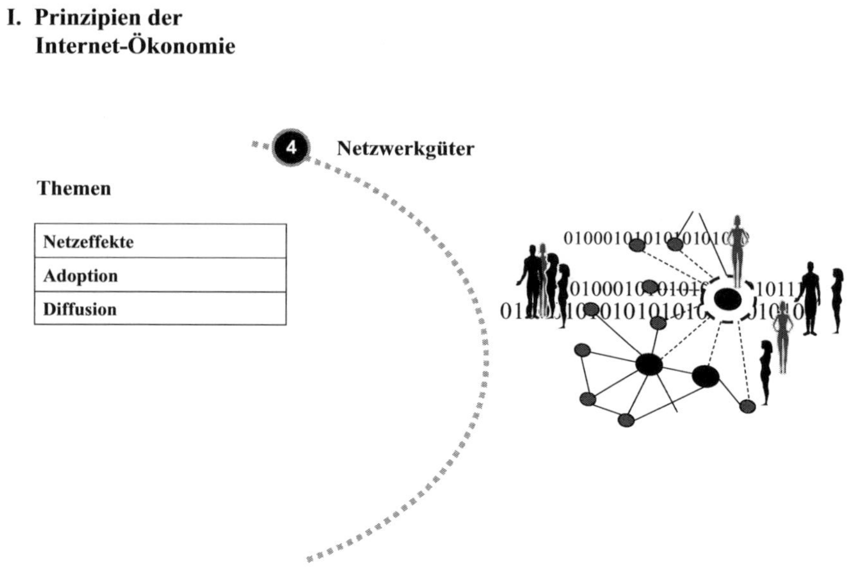

Abb. 4.1 Ökonomische Analyse von Netzwerkgütern

Schlüsselbegriffe

Nutzenkomponenten; Netzeffekte; Netzwerkexternalitäten; Netzwerkgesetze; Netzwerkmärkte; Tipping Point; Adoptionstheorie; Diffusionstheorie; Zweiseitige Märkte.

4.2 Grundlagen

4.2.1 Netzeffekte

Nahezu täglich sind wir auf Netzwerkmärkten unterwegs. Unmittelbar nach dem Aufstehen sind wir nach der Betätigung des Lichtschalters im Stromnetz. Auf dem Weg zur Arbeit oder zur Hochschule nutzen wir das Netz des öffentlichen Nahverkehrs oder das Tankstellennetz. Am Arbeitsplatz oder in der Hochschule kommunizieren wir im Telefonnetz oder im Internet. Nach Feierabend ziehen wir Geld aus dem Netz von Geldautomaten und EC-Karten. Vereinfacht gesagt ist ein Netzwerk ein System zur Erzeugung von Konsumnutzen. Grundlegend für die Analyse von Netzwerken ist die Unterscheidung zwischen direkten und indirekten Netzwerkeffekten bzw. Netzeffekten sowie von Netzwerkexternalitäten. Solche externen Effekte liegen vor, wenn sich wirtschaftliche Aktivitäten auf die Wohlfahrt unbeteiligter Dritter auswirken und niemand dafür bezahlt bzw. dafür einen Ausgleich erhält. Solche Effekte können negativ bzw. positiv sein und sowohl bei der Produktion als auch beim Konsum auftreten.

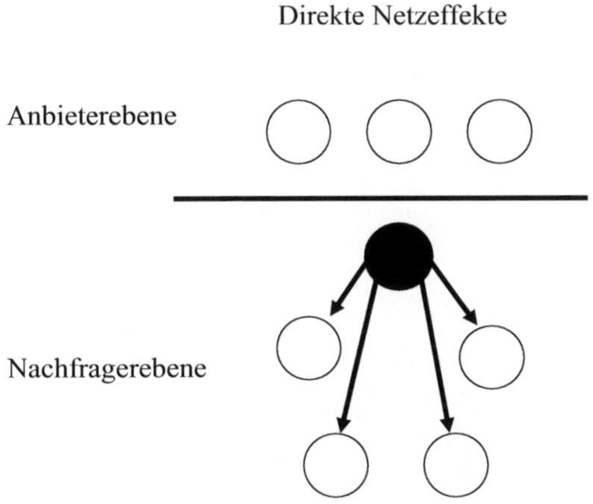

	Direkte Netzeffekte (Interaktionseffekt, immer auch Netzwerkexternalitäten)
Technologie	**Positiv**: Standards zum Datentransfer, zunehmende Zahl von Teilnehmern in Kommunikationsnetzen **Negativ**: Überfüllung
Inhalte	**Positiv:** Kommunikationsvorteile, „Mitreden können" **Negativ:** Unerwünschte Verbreitung von Informationen

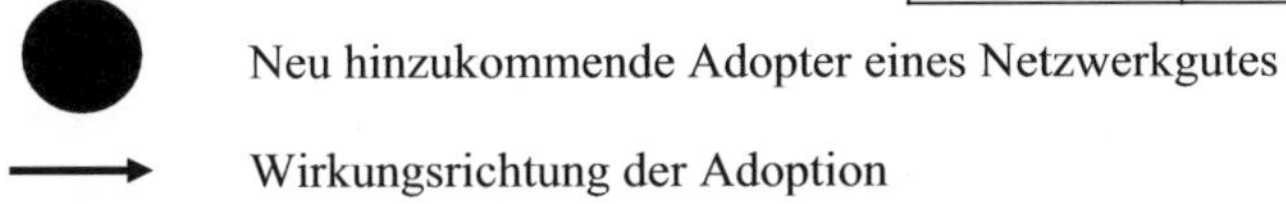

Abb. 4.2 Direkte Netzeffekte und Netzwerkexternalitäten

a) Direkte Netzeffekte Der Sachverhalt, dass Kaufentscheidungen eines Konsumenten die Entscheidungen anderer Personen beeinflussen, ist weithin bekannt. In der klassischen ökonomischen Literatur werden derartige Interdependenzen z. B. als Mitläufereffekt ausführlich diskutiert. Auch direkte Netzeffekte basieren im Kern auf diesem Prinzip, sie beruhen jedoch auf technologischen Grundlagen. Ein Netzwerk besteht aus einzelnen Netzwerkkomponenten sowie wechselseitigen Verbindungen. Im Fall direkter Netzeffekte hat eine Vergrößerung des Netzwerkes unmittelbar positive Auswirkungen für alle bisherigen Netzwerkteilnehmer (Abb. 4.2; vgl. Lehr 2011). Zumeist existiert dabei eine physische Verbindung, die etwa durch Leitungen zwischen den einzelnen Netzwerkgütern hergestellt wird. Jeder zusätzliche Nutzer innerhalb des Netzwerks erhöht die Anzahl möglicher Verbindungen und damit die Anzahl der potenziell erreichbaren anderen Nutzer. Werden diese Nutzenzuwächse nicht oder nur zum Teil ökonomisch abgegolten, liegen Netzwerkexternalitäten vor (vgl. Steyer 1997, S. 206). In der Literatur werden vorrangig positive Netzwerkexternalitäten diskutiert (vgl. Katz und Shapiro 1985). Negative Externalitäten entstehen z. B. aus der Überlastung von Netzen oder der unerwünschten Verbreitung von Informationen (vgl. Linde und Stock 2011, S. 57 ff.).

Die Nutzenerhöhung durch eine Erweiterung des Netzes wird in der Regel als identisch für alle Konsumenten angenommen. Beispiele:

- Bei der Nutzung von Software entstehen positive Netzwerkexternalitäten durch Standards, die sinkende Koordinationskosten zur Folge haben.

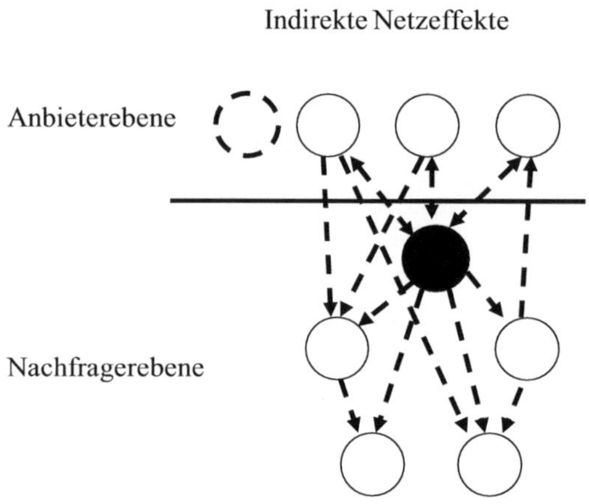

	Indirekte Netzeffekte (Komplementärangebote; z.T. Netzwerkexternalitäten)
Technologie 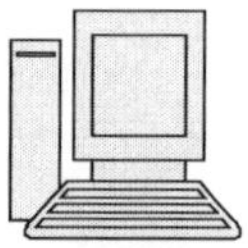	**Positiv:** Zusatzprogramme zu Hardware **Negativ:** Viren, Würmer
Inhalte 	**Positiv:** Konsumenten-Feedback, Reputation, Mund-zu-Mund-Propaganda **Negativ:** Lästige Werbung, Abzocke-Seiten

Abb. 4.3 Indirekte Netzeffekte und Netzwerkexternalitäten

- In einem Mobilfunknetz sind direkte Netzeffekte mit der Zahl zusätzlicher Mobiltelefone verbunden. Dadurch erhöht sich die Anzahl derjenigen Teilnehmer, mit denen telefoniert werden kann.
- Beim Austausch von Inhalten entstehen positive Netzwerkexternalitäten dann, wenn diese Inhalte z. B. durch den Informations- oder Unterhaltungscharakter zum Gegenstand sozialer Kommunikation werden.

Bei direkten Netzwerkeffekten steht die Produktdimension des Netzwerkbegriffs im Vordergrund. Ein Netzwerk wird folglich als Gesamtheit von kompatiblen, d. h. von miteinander interaktionsfähigen Produkten definiert (vgl. Köster 1998). Aufgrund der sich selbstverstärkenden Wirkung von Netzwerkeffekten kommt der Netzwerkgröße eine besondere Bedeutung zu, da Produkte mit größeren Netzwerken attraktiver für die Konsumenten sind und somit einen Wettbewerbsvorteil besitzen. Die Größe eines Netzwerks zu einem bestimmten Zeitpunkt wird als installierte Basis bezeichnet.

b) Indirekte Netzeffekte Indirekte Netzeffekte entstehen, wenn der Nutzen nicht direkt auf das Produkt zurückzuführen ist, sondern erst durch die Nutzung darauf basierender Anwendungen auftritt (Abb. 4.3). Indirekte Netzeffekte führen überwiegend zu positiven Netzwerkexternalitäten, da sie den Nutzen des Basisprodukts stärken (vgl. Katz und Shapiro 1994). Beispiele:

- Wenn Sie sich für den Kauf eines PCs entscheiden, ist es für Sie nicht unwichtig, wie viele andere Personen sich für den Kauf einer ähnlichen Hardware entscheiden. Die Zahl der verkauften Exemplare beeinflusst direkt die Angebotsvielfalt an komplementärer Software.
- Je mehr Filme im Blu-Ray Format angeboten werden, desto mehr Konsumenten werden sich Player zulegen, die dieses Format abspielen können. Je mehr solche Player im Markt sind, desto größer wird das Filmangebot im Blu-Ray Format sein.
- Je mehr Nutzer es für Online-Musikangebote gibt, desto mehr Anbieter finden sich, die z. B. Abspielgeräte wie MP3-Player auf den Markt bringen oder Abspielmöglichkeiten in andere Produkte integrieren (z. B. Mobiltelefone).

Indirekte Netzeffekte finden sich vor allem auch auf elektronischen Märkten und auf elektronischen Plattformen. Hier geht die Externalität nicht vom Konsum des gleichen Gutes, sondern von der Entscheidung für den gleichen Anbieter aus. Einige Beispiele (vgl. Hasfeld 2005, S. 21 ff.):

- Netzwerkeffekte durch Konsumenten-Feedback und Konsumenten-Interaktion: Unternehmen können die Erfahrungen ihrer Kunden potentiellen Neukonsumenten zur Verfügung stellen und damit die eigene Attraktivität steigern. Auch können Kunden aufgefordert werden, z. B. Produktbewertungen abzugeben und diese für jeden zugänglich zu machen, der sich für dieses Produkt interessiert. Je höher die Zahl der bisherigen Konsumenten eines elektronischen Händlers ist, desto mehr Empfehlungen sind verfügbar und ihr Wert für jeden neuen Kunden wächst.
- Reputationsnetzwerk: Aufgrund der anonymen Abwicklung von Markttransaktionen im Internet spielt Vertrauen eine besondere Rolle im elektronischen Handel. Netzeffekte aus Reputation entstehen aus dem Bemühen der Konsumenten die Unsicherheit in Kaufverhandungen dadurch abzubauen, indem sie sich am Entscheidungsverhalten früherer Konsumenten orientieren.
- Mund-zu-Mund-Netzwerk: Das Internet ermöglicht es Konsumenten, innerhalb weniger Sekunden die Webseite eines elektronischen Händlers aufzurufen und ein Produkt zu bestellen. Angesichts der Fülle an Informationen sind Konsumenten jedoch häufig überfordert. Die Mund-zu-Mund-Propaganda übernimmt vor diesem Hintergrund die Funktion eines Indikators für Qualität. Je mehr Konsumenten ein Online-Händler hat, desto größer ist die Wahrscheinlichkeit, dass Konsumenten ohne Erfahrung im elektronischen Kauf dann von Bekannten Informationen über dieses Unternehmen erhalten.

Netzeffekte und kritische Masse Bei Gütern, die vorwiegend direkte Netzeffekte aufweisen, liegen ein derivativer und damit ein abgeleiteter Produktnutzen vor. Diese Güter bilden Interaktionssysteme und werden als Systemgüter bezeichnet werden. Damit ein Nachfrager aus diesen Gütern einen Nutzen ziehen kann, muss mindestens ein weiterer Nachfrager eines gleichartigen Gutes vorhanden sein, mit dem eine Interaktionsbeziehung

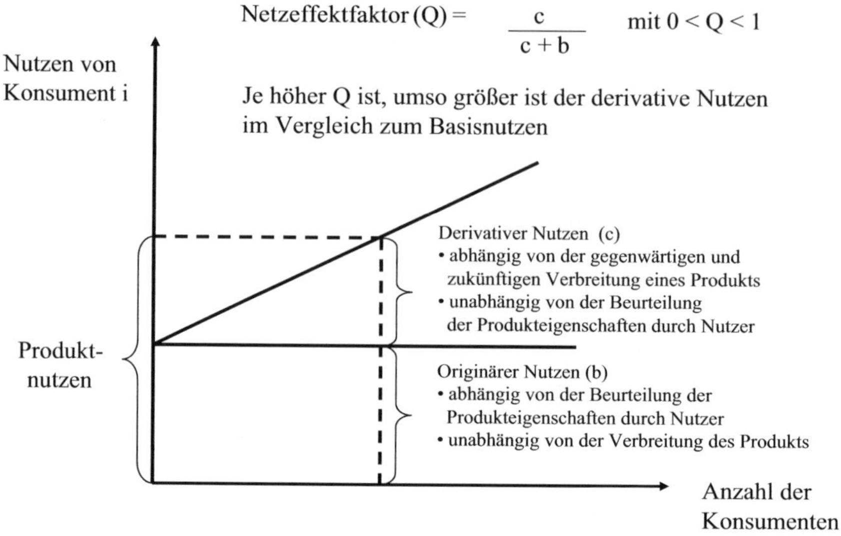

Abb. 4.4 Originärer und derivativer Nutzen. (Vgl. Buxmann et al. 2008, S. 23 f.)

eingegangen werden kann (z. B. (Mobil-)Telefone). Die Interaktionsbeziehung ist also ein zentraler nutzenstiftender Faktor für Systemgüter. Je mehr Nachfrager Systemgüter im Rahmen der gleichen Systemtechnologie nutzen, umso höher wird der derivative Nutzen, den ein einzelner Nachfrager aus einem Systemgut erzielen kann. Zur Messung des Netzeffektnutzens im Vergleich zum Basisnutzen lässt sich ein Netzeffektfaktor einführen (Abb. 4.4). Dabei bezeichnet Q den Netzeffektfaktor, c den Netzeffektnutzen und b den Basisnutzen:

$$Q = c/(c + b)$$

Damit ist Q zwischen 0 und 1 normiert. Je höher Q ist, umso größer ist der derivative Nutzen im Vergleich zum Basisnutzen.

Die Nutzerbasis bzw. installierte Basis muss eine ausreichende Größe besitzen, um Netzeffekte zu generieren, die für die Anwender einen hinreichenden Nutzen stiften. Ist der erzielbare Nutzen zu gering, wird die Nutzung des Systemguts eingestellt. Notwendig ist also eine Mindestgröße der installierten Basis, beziehungsweise eine Mindestanzahl an teilnehmenden Anwendern, ab der Systemgüter einen ausreichenden Nutzen versprechen. Diese Mindestgröße wird auch als kritische Masse bezeichnet. Masse verdrängt Knappheit als Wertquelle.

Netzeffekte führen zu nachfrageseitigen Skaleneffekten und zu so genannten positiven Feedbacks (Rückkopplungen). Dieser sich positiv verstärkende Kreislauf gilt sowohl für direkte als auch für indirekte Netzeffekte (Abb. 4.5). Er wird auch durch Erwartungen hinsichtlich der weiteren Entwicklung und des Wachstums eines Netzwerks beeinflusst. (vgl. Swann und Shurmer 1994).

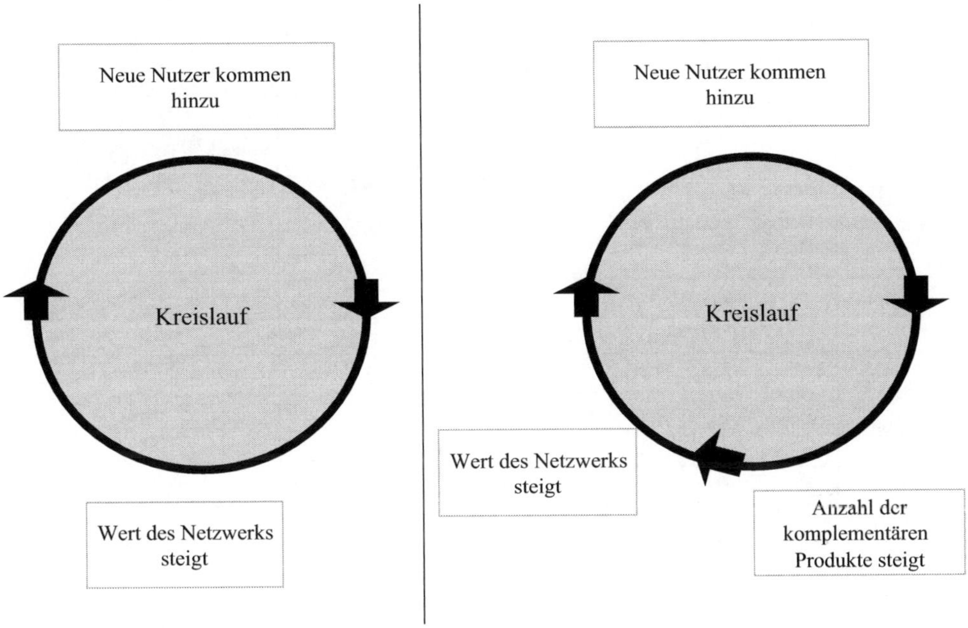

Abb. 4.5 Kreislauf von direkten und indirekten Netzeffekten. (Vgl. Bansler und Havn 2002)

Entwicklung und Wert von Netzwerken Der Wert der Nutzung eines Netzwerks hängt direkt von der Anzahl anderer Nutzer ab. Je mehr Teilnehmer hinzukommen, desto stärker ist der Netzeffekt.

1) One-to-Many Netzwerke Das Gesetz von Sarnoff ist auf das klassische Fernsehen übertragbar, dass eine 1: N – Beziehung und ein One-to-Many Netzwerk beschreibt. In diesem Fall nimmt der Wert eines Netzwerkes proportional zu der Anzahl der Nutzer zu (Abb. 4.6).

2) Many-to-Many Netzwerke Im Fall von Many-to-Many Netzwerken wird unterschieden zwischen Netzwerken, in denen jeder Teilnehmer mit jedem anderen Teilnehmer kommunizieren kann und Netzwerken, in denen jeder Nutzer mit jedem anderen Nutzer bzw. einer Anzahl anderer Nutzer gemeinsam eine Gruppe bilden kann.

a) Kommunikationsnetz Hat ein Telefonnetz nur einen Teilnehmer (N), ist es nutzlos. Bei vier Teilnehmern entspricht der Wert (V) des Netzwerks der Größe:

$$4(4-1)=12 \tag{4.1}$$

Allgemein:

$$V = N\,(N-1) = N^2 - N \text{ oder für große N näherungsweise } N^2 \tag{4.2}$$

	One-to-Many Netzwerk (Gesetz von Sarnoff)	Many-to- Many Netzwerk (Gesetz von Metcalfe)	Many-to-Many Netzwerk (Gesetz von Reed)
	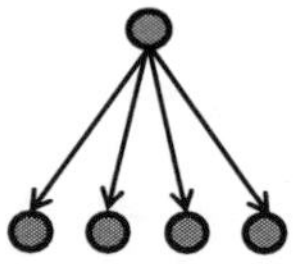	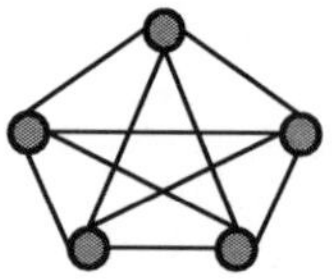	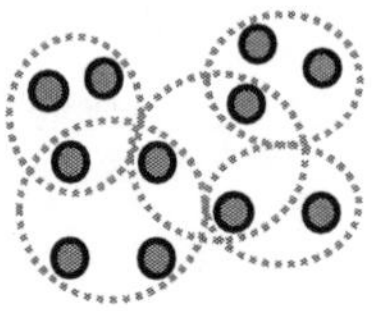
Nutzer	**Wert = N**	**Wert = N (N - 1)**	**Wert = 2^N - N - 1**
2	2	2	1
4	4	12	11
5	5	20	26
10	10	90	1.013
100	100	9.900	$1{,}2677 \cdot 10^{30}$
1.000	1.000	999.000	$1{,}072 \cdot 10^{301}$
…			
Beispiele	Radio, Fernsehen	Telefonnetz, E-Mail	Soziale Netzwerke, Chatformen

Abb. 4.6 „Gesetzmäßigkeiten" von Netzwerken

Dieser Sachverhalt ist als Metcalfes Gesetz bekannt (vgl. Metcalfe 1995). Bei einem Nutzen der Verbindung von Eins wächst der Wert eines Kommunikationssystems mit dem Quadrat der Anzahl der Teilnehmer. Bei einer geringen Teilnehmerzahl ist dieses Gesetz ungenau, jedoch wird diese Ungenauigkeit mit zunehmender Zahl an Teilnehmern immer unbedeutender. Die Möglichkeiten der Interaktion steigen, da zahlreiche neue Anlaufpunkte hinzukommen. Je mehr Teilnehmer ein System nutzen, umso mehr wächst die Vernetzung unter den Teilnehmern und umso stärker ist der Nutzen des Systems. Das Gesetz von Metcalfe unterstellt einen zunehmenden Durchschnittsnutzen eines Netzwerks bei wachsender Teilnehmerzahl (Tab. 4.1).

Im Fall eines Telefonnetzes macht es Sinn, auf Zweierverbindungen abzustellen. Bei N Teilnehmern beträgt die Zahl möglicher Zweierverbindungen $N\,(N-1)/2 = (N^2 - N)/2$. Wenn z. B. vier Personen ein Telefonnetz nutzen, gilt:

$$4(4-1)/2 \text{ oder } (16-4)/2 = 6$$

Bei acht Personen gilt bereits:

$$8(8-1)/2 \text{ oder } (64-8)/2 = 28$$

Mit zunehmender Teilnehmerzahl können wir auf Basis einer Limes-Berechnung vereinfacht von $N^2/2$ ausgehen.

Tab. 4.1 Metcalfes Gesetz

Teilnehmer (N)	Wert des Netzes $V = (N^2 - N)$	Durchschnittsnutzen $V/N = N - 1$
1	0	0
2	2	1
3	6	2
4	12	3
5	20	4
10	90	9
100	9.900	99
1.000	999.000	999

b) Gruppenbildung Reeds Gesetz beschreibt, wie viele Gruppen-Verbindungen in einem technischen oder sozialen Netzwerk wie virtuellen Gemeinschaften oder Chat-Rooms möglich sind (vgl. Reed 2006). Bezogen auf vier Teilnehmer (A, B, C, D) sind folgende Gruppen möglich:

$$A \leftrightarrow B; A \leftrightarrow C; A \leftrightarrow D; B \leftrightarrow C; B \leftrightarrow D; C \leftrightarrow D \tag{4.3}$$

$$A \leftrightarrow B \leftrightarrow C; A \leftrightarrow B \leftrightarrow D; A \leftrightarrow C \leftrightarrow D; B \leftrightarrow C \leftrightarrow D \tag{4.4}$$

$$A \leftrightarrow B \leftrightarrow C \leftrightarrow D \tag{4.5}$$

Damit gibt es insgesamt elf Möglichkeiten der Gruppen-Verbindung:

$$2^4 - 4 - 1 = 11 \tag{4.6}$$

Allgemein:

$$2^N - N - 1, \text{ oder für große N näherungsweise } 2^N \tag{4.7}$$

Messung von Netzeffekten Obwohl Netze überall sichtbar sind, ist die Messung von Netzeffekten schwierig. Objektive Eigenschaften messen die Größe der installierten Basis, Standards oder Nutzungsstatistiken. Subjektive Eigenschaften stützen sich z. B. auf Befragungen von Nutzern oder Zufriedenheitsmessungen und beziehen u. a. Wechselkosten in die Betrachtung ein. Kritiker verweisen darauf, dass es sich bei Netzwerkgesetzen nicht um direkt empirisch beobachtbare Zusammenhänge, sondern um eher theoretische Formulierungen handelt (vgl. Göldi 2007).

Netzwerkgesetze unterstellen in der Regel zunehmende Zuwächse. Die Verbreitung neuer Technologien folgt jedoch häufig eher einem S-förmigen Verlauf. In der Anfangsphase der Verbreitung ist der Zuwachs an neuen Nutzern noch gering und die Verbreitungskurve zeigt einen flachen Verlauf. Erst anschließend erfolgt ein beschleunigtes Wachstum, das dann wieder abflacht. Netzwerkgesetze sind damit nicht zu vereinbaren, denn sie implizieren, dass der Nutzenzuwachs mit der Zahl der schon vorhandenen Teilnehmer steigt. Diese Sicht ist zu hinterfragen. Kritik richtet sich vor allem gegen die Annahme, dass der Nutzen einer Netzverbindung für alle Teilnehmer gleich ist. Das muss

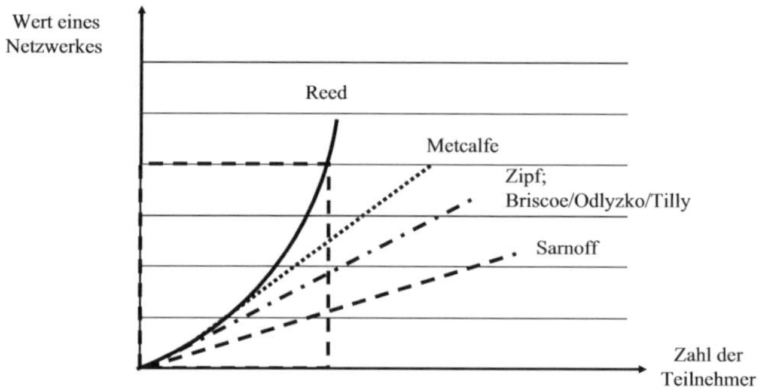

Abb. 4.7 Wachstum von Netzwerken

aber nicht der Fall sein. Theoretisch steigt zwar die Anzahl möglicher Kommunikationsverbindungen quadratisch an. In der Praxis aber kommuniziert jeder in der Regel nur mit einer kleinen Anzahl anderer Teilnehmer und besucht z. B. nur wenige Webseiten.

Vor allem wenn die Knoten gar nicht miteinander kommunizieren, überschätzen die Gesetze von Metcalfe und auch von Reed den Wert des Netzwerks. Entsprechend können die meisten theoretisch verfügbaren Kommunikationskanäle brach liegen (vgl. Hirstein 2006). So entspricht das Nutzungsverhalten der Internetnutzer häufig einer Regel, die vom Linguisten Zipf entwickelt worden ist (Zipfs Gesetz). Zipfs Gesetz könnte auch für Verbindungen in Kommunikationsnetzen gelten, wenn man sie nach der Häufigkeit ihrer Nutzung ordnet. Dies würde bedeuten, dass Nutzer von ihrem häufigsten E-Mail-Partner etwa doppelt so viele Nachrichten erhalten wie vom zweitwichtigsten und dreimal so viele wie vom drittwichtigsten Absender. Danach nimmt die Wichtigkeit bzw. der Wert von E-Mail Kontakten entlang ihrer Ordnung logarithmisch ab:

$$1 + 1/2 + 1/3 + \cdots + 1/(N - 1) \tag{4.8}$$

Sind die Nutzen von Verbindungen nicht gleich, dann werden die Verbindungen mit den höchsten Nutzen zuerst eingerichtet. Dies bedeutet, dass zwar der Gesamtnutzen des Netzwerkes bei zunehmender Zahl der Teilnehmer zunimmt, der Nutzenzuwachs jedoch mit steigender Teilnehmerzahl abnimmt. Das Wachstum des Netzwerks verlangsamt sich bevor es seine maximale Ausdehnung erreichen kann. In Anlehnung an Zipf wird der Wert eines Netzwerkes, das mit der Größe N wächst, daher häufig angegeben mit (vgl. Briscoe et al. 2006):

$$N \cdot \log(N) \tag{4.9}$$

Der Wert steigt in diesem Fall nicht proportional sondern logarithmisch zur Benutzerzahl, was ein deutlich langsameres Wachstum bedeutet (Abb. 4.7).

Ursächlich sind die beschränkte Zahl von Kommunikationspartnern und häufig brach liegende Verbindungen. Der Wert eines Netzwerkes steigt daher immer noch überproportional, jedoch nicht so schnell wie von einigen „Gesetzen" prognostiziert. So würde die Vereinigung von zwei Netzen, die je 1 Mio. € wert sind, auf Basis von Metcalfes Gesetz zu einem neuen Wert von 4 Mio. € führen $(1 + 1)^2$. Realistischer erscheint hingegen vielleicht ein Wert von 2,2 Mio. € (vgl. Hirstein 2006).

4.2.2 Netzwerkmärkte

Der Zusammenhang zwischen Preis und Absatz wird üblicherweise im Rahmen von Preis-Absatz-Funktionen dargestellt. In der traditionellen Mikroökonomie stellen diese ein Aggregat von Nachfragemengen dar, die die einzelnen Marktteilnehmer zu einem bestimmten Preis tätigen Auf Netzwerkmärkten ist diese Überlegung zu relativieren. Hier ist der Nutzen der Konsumenten abhängig

a) von dem Preis eines Gutes sowie
b) von der Größe des Netzwerkes und damit der Gesamtnachfrage selbst.

Rohlfs-Nachfragefunktion Um eine Nachfragefunktion auf Netzwerkmärkten ableiten zu können, müsste die Gesamtnachfrage Ex-ante bekannt sein. Die Rohlfs-Nachfragekurve setzt sich mit dem Problem der Nicht-Additivität von Netzwerkgütern im Rahmen eines statischen Modells auseinander (vgl. Rohlfs 1974). Das Modell betrachtet die binäre Wahlentscheidung, ein Gut bzw. eine Leistung anzunehmen oder nicht. Diese Entscheidung treffen die Konsumenten in Abhängigkeit des Preises und der erwarteten Netzwerkgröße. Wir betrachten als Beispiel 100 Unternehmen, die an einem Netz von Videokonferenzen teilnehmen können (vgl. Welzel 2011):

- Die Marktteilnehmer lassen sich nach ihrer Größe absteigend sortieren ($N = 1, 2, \ldots 100$).
- Der Wert des Netzes hängt von der Zahl der Teilnehmer ab. Größere Marktteilnehmer haben einen höheren Nutzen (Zahlungsbereitschaft, P) als kleine.
- Der Nutzen eines Marktteilnehmers bei K-Teilnehmern beträgt: $(100 - N) \cdot K$
- Wenn genau die Zahl von n-Marktteilnehmern erwartet wird, gilt: $(100 - N) \cdot N$. Daraus ergibt sich eine inverse Nachfrage von: $P(N) = 100 \cdot N - N^2$.

Die Nachfragefunktion zeigt uns, wie hoch die Zahlungsbereitschaft einer bestimmten Anzahl an Nutzern für ein Netzwerkgut ist. Betrachten wir dazu konkrete Zahlen:

Zahl der Unternehmen	$100 \cdot N - N^2$	P(N)
1	$100 \cdot 1 - 1$	99
5	$100 \cdot 5 - 25$	475
10	$100 \cdot 10 - 100$	900
20	$100 \cdot 20 - 400$	1.600
30	$100 \cdot 30 - 900$	2.100
40	$100 \cdot 40 - 1.600$	2.400
50	$100 \cdot 50 - 2.500$	2.500
60	$100 \cdot 60 - 3.600$	2.400
70	$100 \cdot 70 - 4.900$	2.100
75	$100 \cdot 75 - 5.625$	1.875
100	$100 \cdot 100 - 10.000$	0

Abb. 4.8 Nachfragefunktion auf Netzwerkmärkten

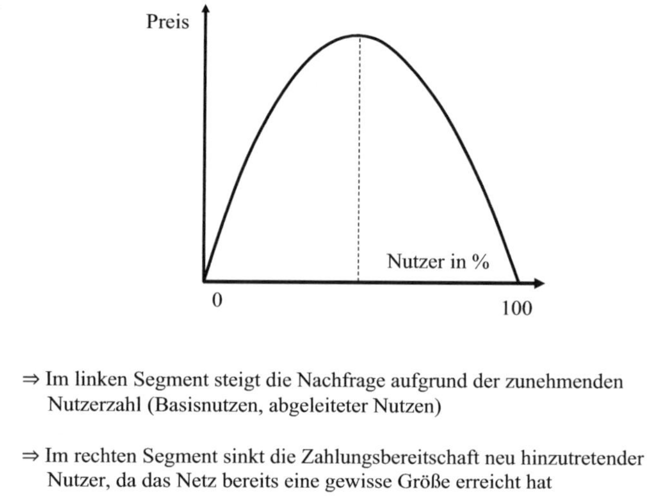

Anhand des Zahlenbeispiels können wir erkennen, dass die Preis-Absatz-Funktion einen umgekehrten U-förmigen Kurvenverlauf besitzt (Abb. 4.8):

(1) Bei einer niedrigen Zahl der Nutzer sind diejenigen mit der größten Zahlungsbereitschaft im Markt, ihre effektive Zahlungsbereitschaft wird aber durch die geringe Netzgröße reduziert.
(2) Mit zunehmender Netzgröße steigt der Wert des Netzes für die Nutzer (Netzeffekt) und damit ihre Zahlungsbereitschaft. Die Nachfragekurve weist einen steigenden Verlauf auf.
(3) Dem Netzeffekt wirkt entgegen, dass zunehmend Nutzer in den Markt kommen, deren marginale Zahlungsbereitschaft für das Netzwerkgut nicht so hoch ist. Ab einer bestimmten Zahl von Nutzern dominiert dieser Effekt den Effekt der Netzgröße und führt zu einem fallenden Verlauf der Nachfragekurve (vgl. Linde 2005, S. 111 ff.).

Dieses Modell geht also davon aus, dass Grenzen der Verbreitung von elektronischen Medien und Grenzen der Zahlungsbereitschaft existieren. Mit wachsender Erwartung der Netzwerkgröße steigt diese zwar immer noch an, jedoch mit abnehmenden Beträgen. Dieser Sachverhalt lässt sich äquivalent zum „Gesetz vom abnehmenden Grenznutzen“ (erstes Gossensches Gesetz) als abnehmende Netzeffektwirkung beschreiben. Die Marktteilnehmer reagieren bei insgesamt niedriger erwarteter Teilnehmerzahl auf eine Vergrößerung der erwarteten Teilnehmerzahl stärker, als wenn sich die erwartete Teilnehmerzahl bereits auf einem hohen Niveau befindet. In diesem Fall tritt der instrumentale Nutzen des elektronischen Mediums in den Vordergrund, weil die installierte Basis bereits ausreichend vorhanden ist. Dies gilt nicht nur für interaktive elektronische Medien, wie z. B. das Internet, sondern für viele Güter des Telekommunikationsbereichs (vgl. Einsfeld und Schneider 1996). Begründen lassen sich die Grenzen der Zahlungsbereitschaft auch mit der Existenz von lokalen Netzwerkeffekten. Hier ist die Grundgesamtheit der Kunden, die einen Netz-

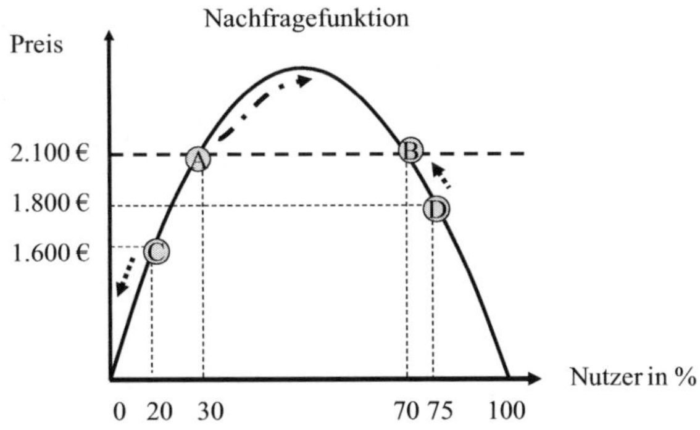

Abb. 4.9 Multiple Gleichgewichte auf Netzwerkmärkten

werkeffekt ausüben, nicht durch einen (theoretischen) Gesamtmarkt bestimmt, sondern durch die abgegrenzte soziale Umgebung des jeweiligen Individuums. Der Nutzen eines Gutes steigt also nur aufgrund der lokalen Verbreitung in der persönlichen Nachbarschaft eines Kunden (vgl. Deckert 2012, S. 27 ff). Diese Nachbarschaft ist aber begrenzt.

Multiple Gleichgewichte auf Netzwerkmärkten Wir wollen nun denkbare Markergebnisse eines solchen Modells diskutieren. Dabei gehen wir davon aus, dass die Anschlusskosten eines zusätzlichen Unternehmens an das Videokonferenznetz 2.100 € betragen. Die Anbieter solcher Netzwerkgüter arbeiten mit hohen Fixkosten und geringen variablen Kosten bzw. Grenzkosten. Dies führt dazu, dass die durchschnittlichen Fixkosten und die gesamten Durchschnittskosten über die komplette Angebotsmenge hinweg fallend verlaufen. Sie sind aufgrund des geringen Anteils an variablen Kosten nahezu deckungsgleich. Die Angebotskurve lässt sich daher als horizontal verlaufende Durchschnittskostenkurve darstellen.

Übertragen in eine Grafik wird deutlich, dass es mehrere charakteristische Punkte gibt (Abb. 4.9). Als Gleichgewichte gelten die Situationen mit 0, 30 und 70 Nutzern. Aus ökonomischer Sicht kann allerdings nur etwas verkauft werden, wenn die Preislinie die Nachfragekurve schneidet. Dies ist der Fall bei den Punkten A und B, die sich durch eine geringe und eine hohe Teilnehmerzahl auszeichnen (30 bzw. 70 Unternehmen).

Wir wollen die Punkte interpretieren:

- Punkt C: Es kommt zu einem Abwärtsdruck, wenn der Anteil der Nutzer mit einer hinreichend hohen Zahlungsbereitschaft nicht ausreicht, um das Netzwerk zu stabilisieren. Die kritische Masse (Tipping Point), die sich grafisch als Schnittpunkt von Preisgerade bzw. Durchschnittskostenkurve (2.100 €) mit der Nachfragekurve darstellt, wird nicht erreicht.
- Punkt A: Dieser Punkt ist als kritische Masse zu interpretieren. Es handelt sich gleichzeitig um einen instabilen Punkt, denn wird die kritische Masse überschritten, führt der sich selbst verstärkende Effekt der Netzwerkexternalität zu der Marktgröße in Punkt B.

Abb. 4.10 Preisstrategie auf Netzwerkmärkten

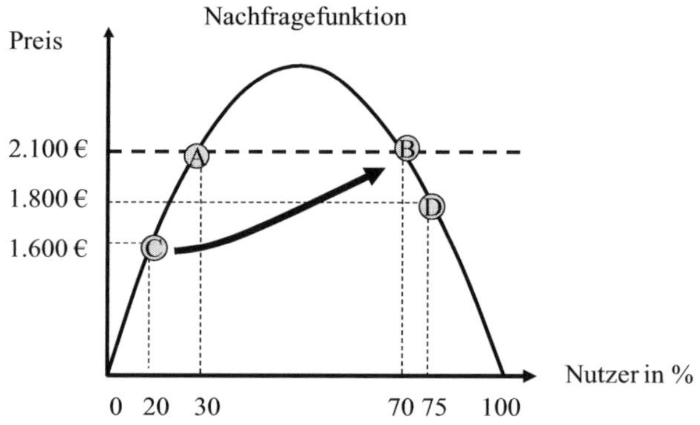

- Punkt B: Dieser Punkt gilt als ein stabiles Gleichgewicht. Es kommt ausgehend von Punkt A zu einem Aufwärtsdruck, wenn die Zahlungsbereitschaft hinreichend vieler Nutzer oberhalb der Preislinie verläuft. Es kommt zu einem Schrumpfen des Netzwerkes in Richtung von Punkt B, wenn die Zahlungsbereitschaft von Nutzern unterhalb der Preislinie anzusiedeln ist (Punkt D).

Die kritische Masse ist ein Ungleichgewichtszustand, der sich beeinflussen lässt. Studien sprechen dafür, die Penetrations-Strategie zu wählen, um das Start-up Problem der kritischen Größe zu überwinden und relativ früh ein hohes Maß an Marktdurchdringung zu erreichen. Dies können sogar Preise unterhalb der Grenzkosten sein. Sobald die Kosten bzw. Preise fallen, verschiebt sich der kritische Punkt nach links (Abb. 4.10). In den Folgeperioden ist es dann möglich, anfängliche Verluste z. B. durch Preiserhöhungen oder den Verkauf komplementärer Güter wieder auszugleichen. Dieser Zusammenhang gilt tendenziell nur bei starken Netzeffekten. Bei schwachen Netzeffekten kann hingegen eine Preispolitik ähnlich wie bei traditionellen Produkten sinnvoll sein.

The winner takes it all Auf den ersten Blick scheint die Internet-Ökonomie marktbeherrschende Stellungen von Unternehmen zu erschweren. Offene und interoperable Standards, leichtere Möglichkeiten des Preisvergleichs und reduzierte Suchkosten sind Argumente dafür. Allerdings gibt es auch die gegenteilige Sicht, die auf folgende Faktoren verweist:

- Digitale Güter haben eine spezielle Kostenstruktur. Nach der Herstellung des ersten Exemplars (z. B. eines elektronischen Buches, Softwareprogramms oder Musikstücks) konvergieren die Kosten für die Produktion jedes weiteren Gutes gegen Null. Es kommt zu steigenden Skalenerträgen auf der Angebotsseite, die sogar das Verschenken von Gütern erlauben, wenn der Markt schnell durchdrungen werden soll. Erlöse lassen sich anschließend z. B. durch Preis- und Produktdifferenzierung erzielen.
- Neben steigenden Skalenerträgen auf der Angebotsseite zeichnen sich digitalisierbare Güter häufig durch positive Netzwerkexternalitäten auf der Nachfrageseite aus. Es besteht nicht nur keine Rivalität im Konsum, sondern zusätzlich erhöht jeder zusätzliche

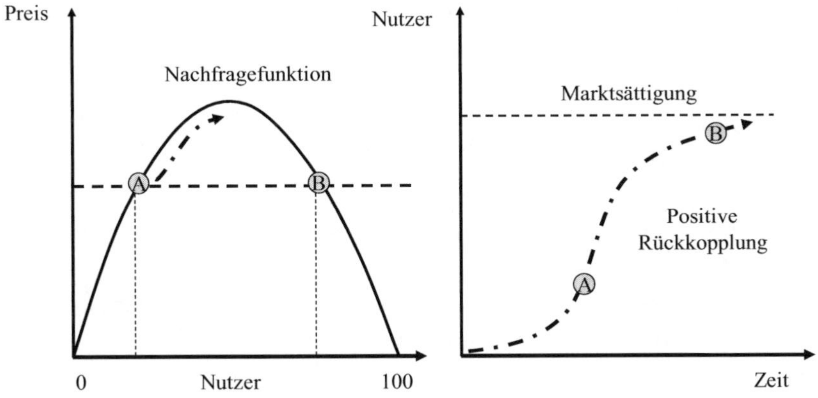

Abb. 4.11 Umkippen eines Marktes zugunsten eines Unternehmens – „The winner takes it all"

Nutzer eines Netzes den Wert des Netzes für alle anderen. Dadurch entsteht für die Unternehmen ein Anreiz, ihre Kundenbasis so schnell wie möglich auszubauen und z. B. einen Standard zu etablieren. Ein sich später herausbildender, verbesserter Standard hat es dann schwer, sich gegen das etablierte System durchzusetzen.

Netzwerkmärkte können also nach Überschreiten der kritischen Masse zugunsten eines Wettbewerbers umkippen (Abb. 4.11). Das Motto lautet „the winner takes it all". Auch für soziale Netzwerkmärkte lässt sich laut einer Studie mit dem gleichnamigen Titel inzwischen dieses Motto feststellen. Facebook, YouTube und Xing dominieren jeweils die Marktsegmente der sozialen Netzwerke, von Social Media-Plattformen oder der professionellen Netzwerke (vgl. PWC 2012).

Die Beurteilung dieser Entwicklung fällt aus Sicht der ökonomischen Theorie unterschiedlich aus:

- „The winner takes it all" Märkte sind in der digitalen Welt, die durch Netzwerkeffekte geprägt sind, zunächst nicht ungewöhnlich. Mit der Nutzerzahl steigt der Wert eines Gutes und Masse löst Knappheit als Wertquelle ab. Die Konsumenten selbst sind also beteiligt an der Entstehung solcher Märkte.
- Wenn Netzwerkeffekte dominieren entsteht ein wechselseitiger Vorteil allein aus der bloßen Größe von Plattformen. Hier ist in der Regel auch das Angebot z. B. an komplementären Leistungen für die Nutzer vielseitiger. Es kann zu Wohlfahrtsgewinnen kommen.
- „The winner takes it all" Märkte bieten für Zweite oder Dritte keine nennenswerte Entlohnung. Es kann daher zu einem Erlahmen an Dynamik kommen, wenn für durchaus innovative Unternehmen die finanziellen Spielräume fehlen („the loser is standing small"). Größe allein ist kein Garant für Innovationen.

Tab. 4.2 Einstellungs- und Verhaltensakzeptanz (vgl. Müller-Böling und Müller 1986)

		Verhaltensakzeptanz	
		Ja	Nein
Einstellungsakzeptanz	Ja	Überzeugter Nutzer	Verhinderter Nutzer
	Nein	Gezwungener Nutzer	Überzeugter Nichtnutzer

- Nicht ausgeschlossen ist, dass die dominierenden Anbieter ihre Marktstellung ausnutzen. In einem solchen Fall liegen keine bestreitbaren Märkte vor. Solche Märkte entstehen, wenn andere Anbieter aufgrund zu hoher Marktschranken selbst bei hohen erzielbaren Gewinnen nicht in den Markt eintreten können.

4.3 Fallbeispiele und Anwendungen

4.3.1 Adoption von Technologien

Der Markterfolg von Innovationen auf IuK-Märkten in den Bereichen Telekommunikation, Software, Hardware und Medien ist nicht allein vom Verkauf der entsprechenden Güter abhängig, sondern auch von ihrer tatsächlichen und intensiven Nutzung.

Nutzerakzeptanz Der Nutzung neuer Technologien vorgelagert ist jene nach ihrer Akzeptanz. Akzeptanz bedeutet etwas annehmen oder sich etwas gefallen lassen. Ein Blick in die Literatur zeigt eine Fülle von Interpretationen dieses Begriffs. In der Regel wird im Kontext von Technologien unter Akzeptanz eine positive Annahmeentscheidung durch den Nutzer verstanden. Das Gegenteil wäre die Ablehnung. Aus der Kombination von Verhaltensakzeptanz und Einstellungsakzeptanz lassen sich Mischformen ableiten (Tab. 4.2).

In der Regel dürfte sich der Begriff Akzeptanz vorrangig auf überzeugte Nutzer beziehen. Hier stimmen eine positive Einstellung und ein entsprechendes Verhalten überein. Bei den verhinderten oder gezwungenen Nutzern ist dies nicht der Fall. So kann ein Nutzer eine positive Einstellung haben, jedoch aus technischen Gegebenheiten (z. B. fehlende Hardware) eine Innovation nicht nutzen. Auch ist denkbar, dass die positive Einstellung fehlt und sich die Nutzung aus Zwängen ergibt.

Die Frage der Akzeptanz ist für innovative Technologien von grundlegender Bedeutung. So lässt z. B. die Konvergenz von TV und Internet eine Reihe von neuen Möglichkeiten erwarten. Mit Hilfe eines Rückkanals ist u. a. mehr Interaktivität durch den Zuschauer möglich. So könnte er den Fortgang einer Geschichte mitbestimmen, Zusatzinformationen erhalten oder auch Güter direkt aus einer laufenden Sendung oder einem Film bestellen. Welches Verhalten wird aber dominieren, wenn nun beide Welten miteinander verschmelzen? Hier treffen das passive zurückgelehnte Konsumieren am Fernseher (lean

Tab. 4.3 Fixe und variable Erlösquellen von Nutzungsgütern

	Fix	Variabel
Mobilfunk	Grundgebühr, Kauf des Geräts	Serviceleistungen, intensive Nutzung
E-Shop	–	Häufigkeit der Inanspruchnahme
Interaktives Fernsehen	Settop-Box	Nutzung von digitalen Serviceleistungen

Tab. 4.4 Phasen der Akzeptanzbildung

Akzeptanzebene	Zeitpunkt	Inhalt
Einstellungsakzeptanz	Vor dem Kauf/vor der Nutzung	Konkretisierung einer geplanten Nutzungsintensität (z. B. Technologie-Begeisterte, Technologie-Muffel")
Handlungsakzeptanz	Kauf/Übernahme	Umsetzung der Bereitschaft, eine Technologie/Anwendung zu nutzen
Nutzungsakzeptanz	Nach dem Kauf/bei der Nutzung	Nutzungsintensität

backword) und das aktive „Dabeisein" am Computer (lean forward) zusammen. Die Frage, welche der angebotenen interaktiven Möglichkeiten die Zuschauer im täglichen Gebrauch nutzen würden, ist Gegenstand der Akzeptanzforschung.

Bei der Vermarktung von IuK-Technologien ist der Markterfolg nicht allein vom Verkauf eines Produktes bzw. dem Anschluss von Teilnehmern an eine Plattform abhängig, sondern auch von der Art und Weise der Nutzung durch die Nachfrager (Tab. 4.3). Wir können von Nutzungsgütern sprechen. Erst die Nutzung von Anwendungen führt vielfach überhaupt erst zur Wertschöpfung. Ursächlich ist, dass die variablen Nutzungskosten bzw. -einnahmen den Großteil der Erlöse eines elektronischen Angebots bestimmen.

Nutzungsgüter sind dadurch gekennzeichnet, dass sie längerfristig zur Verfügung stehen und die Bedürfnisse der Nachfrager in mehreren Konsumakten befriedigen. Die Kaufentscheidung ist daher durch Kauf- und Nutzungsphase geprägt. Während der Kaufakt auf den Erwerb eines Gutes abstellt, wird die Nutzung durch den aufgabenbezogenen und problemorientierten Nutzungsbeitrag bestimmt. Im Fall von Systemgütern, die als Spezialfall der Nutzungsgüter anzusehen sind, muss der Nachfrager zudem noch an ein System angeschlossen sein (Anschlussakt), damit überhaupt eine Nutzung erfolgen kann. Der Markterfolg hängt also von der wiederkehrenden Entscheidung zur intensiven Nutzung einer Anwendung ab. Drei Ebenen lassen sich unterscheiden (Tab. 4.4):

- Auf der Einstellungsebene geht es um die Bildung einer Verknüpfung von Wert- und Zielvorstellungen mit einer Handlungsbereitschaft zur Kauf- und Nutzungsentscheidung.
- Auf der Handlungsebene kommt es zur aktiven Umsetzung der Bereitschaft in Form eines freiwilligen Kaufs.

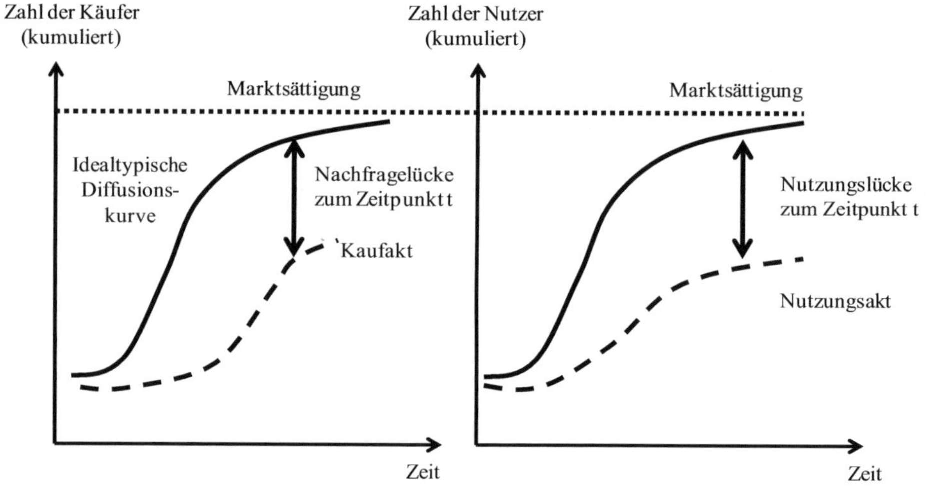

Abb. 4.12 Nachfragelücke und Nutzungslücke. (Vgl. Weiber und Pohl 1996, S. 692; Kollmann 1998, S. 15)

- Auf der Nutzungsebene wird die geplante Nutzungsintensität umgesetzt oder den realen Gegebenheiten angepasst.

Die Vermarktung von Nutzungsgütern ist häufig in eine geplante Geschäftsbeziehung im Sinne des Beziehungsmarketings eingebettet. Aufgrund dieses Sachverhalts wird der Kaufakt durch die Anbieter teilweise subventioniert. Anschließend sollen die damit verbundenen Kosten z. B. durch entsprechende Vertragsbindungen in der Nutzungsphase kompensiert werden. Nach der Kaufentscheidung kann sich der Nachfrager dann in einer Lock-In Situation befinden.

Die Nichtbeachtung der Nutzungsebene führt bei Gütern, deren Markterfolg vom Art und Ausmaß der Nutzung abhängig ist, zu erheblichen Fehleinschätzungen hinsichtlich ihrer Diffusion. Im Extremfall wäre die Mehrheit der Nachfrager z. B. an Telekommunikationssysteme oder multimediale Systeme angeschlossen, aber nur eine Minderheit dieser Teilnehmer würde diese Güter auch intensiv nutzen. Es entsteht eine Nutzungslücke (Abb. 4.12).

Adoptionsprozess Einen bekannten und international anerkannten Ansatz zur Darstellung von relevanten Einfluss-faktoren des Adoptionsverhaltens stammt von Rogers (vgl. Rogers 2003). Die Adoption ist eine individuelle Entscheidung und ist von der Diffusion abzugrenzen (Abb. 4.13).

Der Adoptionsprozess wird von zahlreichen Faktoren in Dauer und Verlauf geprägt (Abb. 4.14).

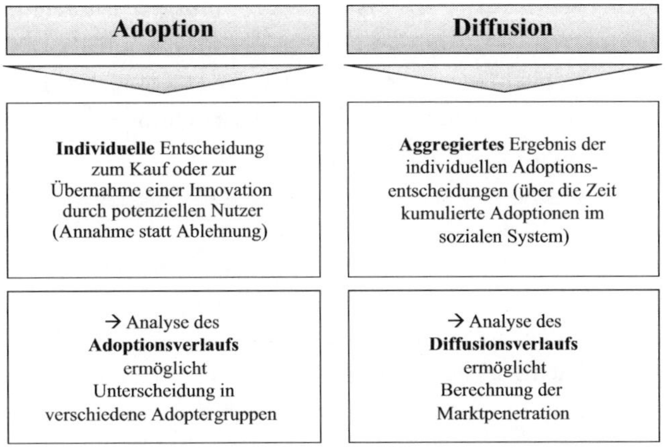

Abb. 4.13 Adoption und Diffusion

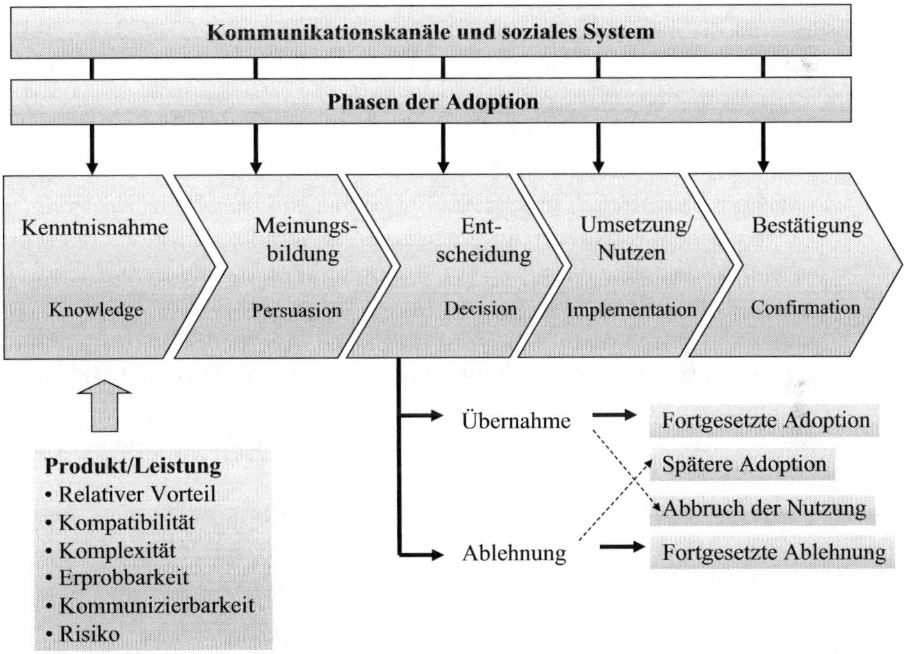

Abb. 4.14 Adoptionsprozess

Produkt-, leistungsbezogene Faktoren Die Adoption ist die Übernahme einer Innovation durch eine Person. Im Fall von Gebrauchsgütern entspricht die Adoption dem Kauf eines Produktes, im Fall von Verbrauchsgütern dem wiederholten Kauf oder bei Dienstleistungen der wiederholten Nutzung.

Folgende produkt- und leistungsbezogene Faktoren sind nach Rogers von Bedeutung:

- Relativer Vorteil: Gemessen in ökonomischen Vorteilen, Sozialprestige und Nutzen ist der relative Vorteil ein Gradmesser für die subjektive Einschätzung der Innovation.
- Verträglichkeit: Je höher der Grad der Kompatibilität einer Innovation mit dem Umfeld der Zielgruppe (z. B. Wertvorstellungen, Bedürfnisse), desto zügiger wird die Verbreitung voranschreiten.
- Komplexität: Die Adoption einfach zu verstehender und zu handhabender Innovationen ist in der Regel höher.
- Möglichkeit der Probe: Innovationen, die vor der Adoption getestet werden können, verbreiten sich schneller, da der Grad der Unsicherheit bei den Kunden sinkt (Learning by Doing).
- Beobachtbarkeit: Je leichter eine Innovation bzw. die Ergebnisse einer Innovation visuell zugänglich sind, desto höher ist die Wahrscheinlichkeit der Adoption.
- Kommunizierbarkeit ist der Grad, zu dem die Resultate einer Innovation von Anderen wahrnehmbar sind. Zum Beispiel besteht eine technologische Innovation aus einer Hardware- und einer Softwarekomponente. Die Hardwarekomponente ist in der Regel gut zu beobachten, wohingegen die Softwarekomponente schwer zu beobachten ist. Die Kommunizierbarkeit ist positiv mit der Adoptionsrate korreliert.

Mit Ausnahme der Komplexität stehen alle Eigenschaften in einer positiven Beziehung zur Adoptionsrate. Eine hohe Komplexität einer Innovation behindert ihre Übernahme.

Die von Rogers genannten Faktoren werden zum Teil durch Einflussfaktoren ergänzt, die Risiken aus Anbietersicht beschreiben (vgl. Hahn und Fritsch 2005):

- Das ökonomische Risiko beschreibt einen möglichen finanziellen Verlust auf Grund einer Fehlentscheidung. Dies kann den Verlust der Investitionssumme oder aber auch die Verfehlung eines Rentabilitätsziels bedeuten.
- Das technische Risiko besagt, dass die Innovation nicht die erwartete technische Leistung erbringt.
- Das soziale Risiko besteht darin, dass die Adoption einer Innovation nicht anerkannt wird. Auf Grund von Normen und Werten kann der soziale Status des Adopters sogar sinken. Das Risiko ist negativ mit der Adoptionsrate korreliert.

Phasen der Adoption Die Adoption einer Innovation zerfällt in Phasen, die von der ersten Wahrnehmung bis zur endgültigen Übernahme zerfallen. Bei der Wahrnehmung spielen adopterspezifische Faktoren eine Rolle. Dazu zählen z. B. Innovationsbereitschaft, Alter, Einkommen, Bildungsniveau, Intelligenz oder Risikobereitschaft. Auf dieser Basis kommt es zur Herausbildung einer grundsätzlichen positiven oder negativen Haltung. In der Implementierungsphase kommt es zur aktiven Nutzung und zur Integration der Innovation in das Anwendungsfeld. Mit dem Gebrauch einer Neuheit ist der Entscheidungsprozess oft noch nicht beendet. Auch nach der Implementierung der Innovation suchen viele Anwender noch weitere Informationen, weil sie nicht vollständig zufrieden sind bzw. ständig noch bessere Lösungen suchen. Damit ist nicht ausgeschlossen, dass der Adoptionsprozess unterbrochen bzw. die Innovation sogar abgelehnt wird, nachdem sie zuvor angenommen wurde.

Kommunikationskanäle *und soziales System* Überlagert wird der Adoptionsprozess von den Kommunikationskanälen und durch das soziale System. Wichtig für die Verbreitung einer Neuheit ist, ob die Kommunikationspartner eher homophil oder heterophil sind. Im Grunde ist es eine gute Voraussetzung für Kommunikation, wenn die Beteiligten homophil sind, d. h., wenn sie sich in bestimmten Attributen wie Bildung oder sozialer Status ähneln.

Für die Diffusion ist es hingegen von Vorteil, wenn die Beteiligten eher heterophil sind, denn sonst gibt es nur wenige Informationen, die ausgetauscht werden können. So werden zwei Menschen die sich mit Neuerungen nicht beschäftigen, wohl erst über die Massenmedien darüber erfahren. Ist aber einer der beiden Kommunikationspartner eher innovationsfreudig, so wird er seine Informationen über die Innovation auch an andere Personen weitergeben. Auch die Struktur eines sozialen Systems nimmt auf verschiedenen Wegen Einfluss auf die Adoption bzw. Diffusion von Innovationen. So sind bestehende rigide Normen innerhalb eines Sozialsystems oft ein Hinderungsgrund für die Verbreitung von Innovationen.

Adoptergruppen Rogers teilt die Adopter in Abhängigkeit vom Zeitpunkt der Übernahme von Neuerungen in Innovatoren, frühe Übernehmer, frühe und späte Mehrheit sowie Nachzügler ein. (Abb. 4.15; Tab. 4.5). Das Modell zeigt, dass sowohl diejenigen, die eine Innovation schnell übernehmen (2,5 %), als auch diejenigen, die sich Zeit lassen (16 %), die Minderheit darstellen. Die Abnehmergruppen, die eher mittlere Übernahmezeiten akzeptieren und als frühe bzw. späte Mehrheit bezeichnet werden, machen einen Anteil von 68 % aus. Die individuellen Übernahmezeiten sind annähernd normalverteilt. Die Diffusionskurve, die sich aus der Aggregation der Adoptoren ergibt, ähnelt weitgehend der Kurve eines Produktlebenszyklus. Eine typische Diffusionskurve für Netzeffektgüter (komplementäre Güter) ist hingegen durch Linksschiefheit gekennzeichnet, woraus sich ein verzögerter Verlauf in der Übernahme ergibt. Diese verzögerte Diffusion liegt im Wesentlichen darin begründet, dass die Diffusion von Netzeffektgütern vom Vorhandensein einer kritischen Masse an Nutzern abhängig ist. Solange die kritische Masse an Nutzern nicht erreicht ist, ist die Übernahme mit einem relativ hohen Grad an Unsicherheit für die potentiellen Adopter verbunden.

Die Übergänge zwischen den Adoptergruppen sind fließend, jedoch wird deutlich, dass zu Beginn des Prozesses nur wenige Personen zur Übernahme bereit sind. Wird die Anzahl der Adoptoren über die Zeit kumuliert, ergibt sich ein S-förmiger Verlauf der Diffusionskurve. Entscheidend für den Adoptionsprozess ist die Überschreitung einer kritischen Schwelle, die bei 20–25 % der potentiellen Adoptoren erreicht ist. „*The area of the diffusion curve after about 10 % adoption and up to 20 or 25 % adoption is the heart of the diffusion process. After that point, it is probably impossible to stop the further diffusion of a new idea, even if one wishes to do so*“ (Rogers 2003, S. 274).

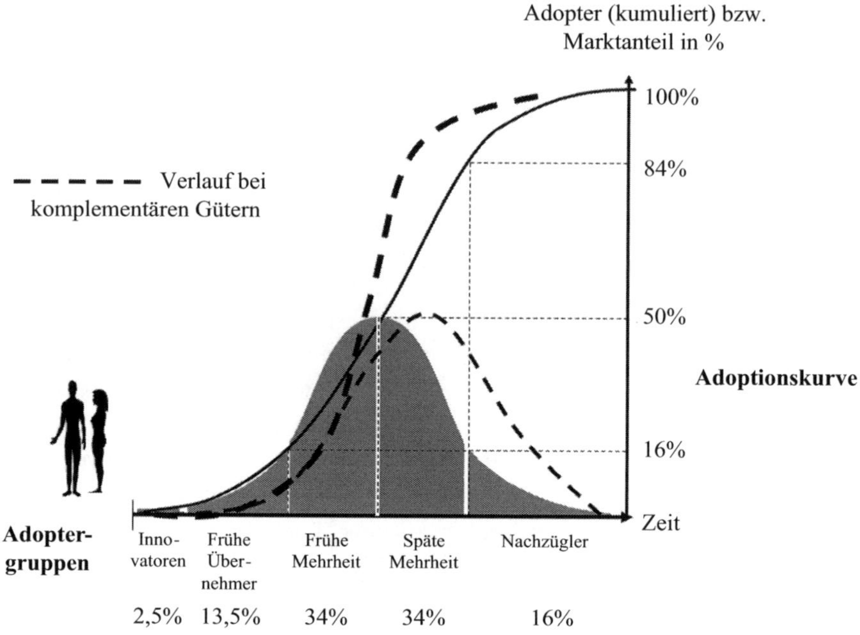

Abb. 4.15 Adoptergruppen und Diffusionskurve

Jede der Phasen des Adoptionsprozesses lässt sich durch geeignete marketingpolitische Maßnahmen unterstützen. So besteht z. B. die Möglichkeit über Meinungsführer die Phasen „Interesse, Meinungsbildung und Entscheidung" zu unterstützen. Die Meinungsführer kommunizieren anschließend mit ihren Bezugsgruppen und können im günstigsten Fall zur Übernahme der Innovation beitragen. Die Adoptionsgeschwindigkeit, so denkbare Hypothesen, steigt mit

(1) zunehmendem relativen Vorteil, zunehmendem Kompatibilitätsgrad, sinkendem Komplexitätsgrad, zunehmender Erprobbarkeit der Innovation.
(2) zunehmender Kommunizierbarkeit und abnehmendem Risiko der Innovation.
(3) abnehmendem Alter, zunehmendem Bildungsniveau, zunehmendem Einkommen und sinkender Preissensibilität der Adopter.
(4) der Tendenz zur Meinungsführerschaft, abnehmender Tendenz zur Meinungssuche und abnehmender abwartender Haltung der Adopter.

Diese Hypothesen bedürfen allerdings einer produktspezifischen und empirischen Überprüfung.

Tab. 4.5 Adoptergruppen

Gruppe	Merkmale	Größe in %	
			∑
Innovatoren	Sie sind risikobereit. Sie kennen sich untereinander und stehen im persönlichen Kontakt. Sie verfügen über hinreichende finanzielle Mittel und sind in der Lage, den Neuigkeitsgrad von Entwicklungen zu beurteilen. Rückschläge in der Nutzung innovativer Produkte oder Leistungen sind wenig problematisch.	2,5	2,5
Frühe Übernehmer	Sie sind stärker im lokalen Umfeld verankert und haben hohes Ansehen. Sie übernehmen häufig die Rolle der Meinungsführer, haben Vorbildfunktion und sind Ratgeber.	13,5	16
Frühe Mehrheit	Sie wollen weder die Ersten noch die Letzten sein. Sie suchen oft Rat bei Mitmenschen und nehmen eine Adoption erst an, nachdem sie von den Erfahrungen der Innovatoren und frühen Übernehmer gehört und diese auch abgewogen haben. Sie nehmen im sozialen System keine Führungsrolle ein.	34	50
Späte Mehrheit:	Hauptmerkmal der Individuen in dieser Kategorie ist die Skepsis. Sie nehmen eine Innovation erst an, wenn sich bereits überdurchschnittlich viele Personen dafür entschieden haben. Denn Mitglieder der späten Mehrheit haben zumeist ein geringeres Einkommen und sind weniger informiert. Oft ist es eine Art Gruppendruck, der sie zur Adoption einer Innovation verleitet.	34	84
Nachzügler	Sie sind an Traditionen und an lokalen Gruppen orientiert. Aufgrund der Homophilität ihrer Beziehungen im sozialen System übernehmen sie eine Innovation erst relativ spät. Entscheidungen basieren häufig nur auf bisherigen Erfahrungen.	16	100

4.3.2 Diffusion von Technologien und kritische Masse

Güter, die Netzeffekte aufweisen und bei denen Selbstverstärkungseffekte in Form positiver Rückkopplungen auftreten, folgen in der Diffusion häufig einem vorhersagbaren Muster. Dieses hat einen S-förmigen Verlauf. In der Einführungsphase ist ein flacher Verlauf erkennbar, anschließend verläuft die Funktion relativ steil und sie fällt wieder, wenn die Sättigungsphase erreicht ist.

$$S_t = \underbrace{p \cdot \text{Verbleibendes Potential}}_{\text{Innovationseffekt}} + \underbrace{q \cdot \text{Adopter} \cdot \frac{\text{Verbleibendes Potential}}{\text{Potential}}}_{\text{Imitationseffekt}}$$

S_t	=	Verkäufe zum Zeitpunkt t
p	=	Innovationskoeffizient
q	=	Imitationskoeffizient
Zahl der Adopter	=	$S_0 + S_1 + \ldots + S_{t-1}$
Verbleibendes Potential	=	Potential – Zahl der Adopter

Abb. 4.16 Bass-Modell

Diffusionsverlauf Wir wollen beispielhaft das Bass-Modell vorstellen, da es den S-förmigen Diffusionsverlauf klar macht (Abb. 4.16; vgl. Bass 1969).

Das Modell unterscheidet z. B. im Gegensatz zum Ansatz von Rogers nur zwei Gruppen, die als Innovatoren und Imitatoren bezeichnet werden. Der Unterschied zwischen beiden Gruppen ist die Kommunikationsform, nach denen sich die Adoption richtet und der Adoptionszeitpunkt:

- Die Innovatoren beziehen ihre Informationen über Innovationen vorrangig aus Massenmedien. Der Innovationskoeffizient (p) beschreibt eine konstante Adoptionsneigung, die unabhängig von der Anzahl jener Konsumenten ist, welche die Innovation vor dem Zeitpunkt (t) angenommen haben. Er lässt sich z. B. durch Werbung beeinflussen.
- Auch Imitatoren beziehen ihre Informationen aus den Massenmedien, jedoch werden sie stark von den Innovatoren beeinflusst. Der Imitationskoeffizient (q) repräsentiert das Ausmaß an erfolgreicher Interaktion (z. B. durch Mundpropaganda) zwischen Innovatoren und anderen Adoptern des Produktes (Imitatoren). Obwohl Bass nicht explizit Netzeffekte beschreibt, kann der Effekt personeller Einflüsse durch die Anzahl bestehender Nutzer mit dem externen Effekt bei Netzeffektgütern gleichgesetzt werden (vgl. Kölln 2011, S. 4).

Wir nehmen an, der Innovationskoeffizient beträgt 0,03 und der Imitationskoeffizient 0,38 (Tab. 4.6). Dies sind Durchschnittswerte aus empirischen Untersuchungen. In einem Beispiel ausgehend von 10 Mio. potentiellen Nutzern ergeben sich in der ersten Periode 300.000 Innovatoren. Für Periode 2 gilt:

$$\text{Innovatoren} = 0{,}03 \cdot 9.700.000 = 291.000 \tag{4.10}$$

$$\text{Imitatoren} = (0{,}38 \cdot 300.000 \cdot 9.700.000)/10.000.000 = 110.580 \tag{4.11}$$

Grafisch ergibt sich der bereits beschriebene S-förmige Verlauf der Diffusionskurve. Nach etwa 15 Perioden ist in unserem Zahlenbeispiel die Marktsättigung erreicht (Abb. 4.17).

Tab. 4.6 Zahlenbeispiel zum Bass-Modell

Periode	Innovatoren(1)	Imitatoren(2)	Adopter(1) + (2)	Adopter kumuliert	Verbleibendes Potential
0	0	0	0	0	10.000.000
1	300.000	0	300.000	300.000	9.700.000
2	291.000	110.580	401.580	701.580	9.298.420
3	278.953	247.896	526.849	1.228.429	8.771.571
4	263.147	409.460	672.607	1.901.036	8.098.964
5	242.969	585.064	828.033	2.729.068	7.270.932
...	...	...	...	...	...
10	92.250	809.188	901.439	7.826.426	2.173.574
...					
15	10.852	132.492	143.344	9.781.595	218.405

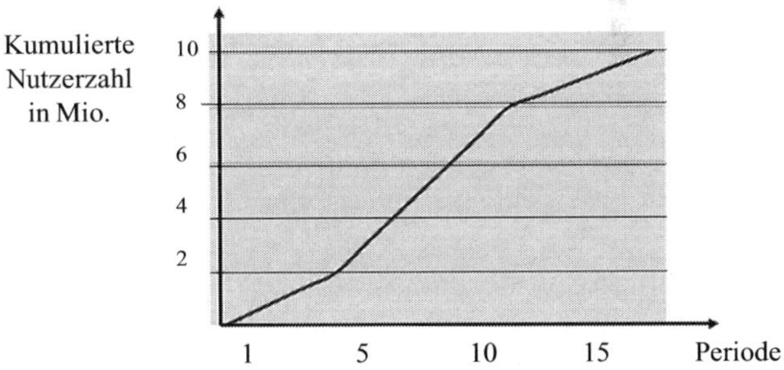

Abb. 4.17 Verlauf der Diffusionskurve

Von Bedeutung für den Verlauf der Diffusionskurve ist das Verhältnis der Parameter p und q. Folgende Fälle lassen sich unterscheiden:

(1) p und q relativ groß In diesem Fall kommt es zu einer raschen Übernahme der Innovation. Die kritische Masse wird relativ schnell erreicht. Wenn beide Koeffizienten hoch sind, kommt es zu einem nahezu explosiven Verbreitungsgrad und einem raschen Abfall der Verkaufszahlen nach Erreichung des Maximums.

Diese Entwicklung wird in der ökonomischen Literatur häufig als Mitläufer-Effekt beschrieben (Abb. 4.18). Der Effekt besagt, dass der Nutzen eines Netzwerkes ab der kritischen Masse schnell wächst und in der Folge auch die Zahl der Nutzer rasch zunimmt.

(2) p und q niedrig In diesem Fall kann sich ein Netzmarkt nicht entwickeln. Ursächlich sind z. B. Informations- und Abstimmungsprobleme zwischen Nutzern oder zwischen Anbietern. So könnte der Nutzen aller Marktteilnehmer erhöht werden, wenn diese sich für einen Übergang zu dem neuen Netzwerk oder Standard entschieden. Die Akteure sind jedoch unsicher, ob ein solcher Übergang tatsächlich stattfindet. Die Unsicherheit bezüglich der Reaktion der anderen Marktteilnehmer kann dazu führen, dass die Akteure

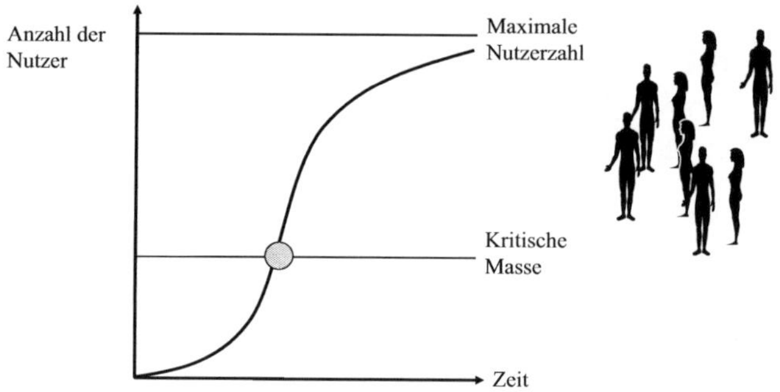

Abb. 4.18 Mitläufer-Effekt auf Netzmärkten

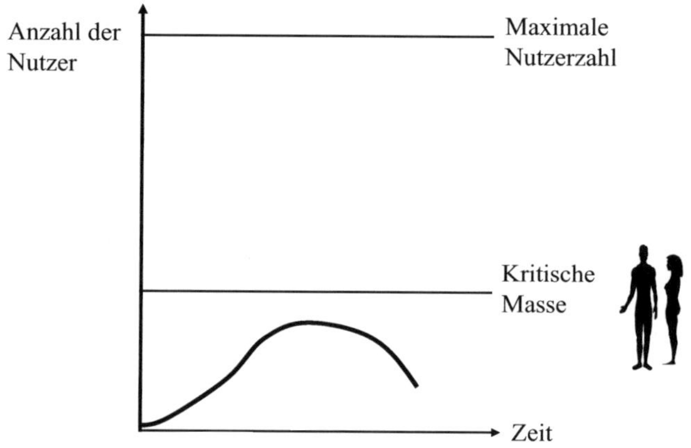

Abb. 4.19 Pinguin-Effekt auf Netzmärkten

in ihrem bisherigen Zustand verharren. Dieses Abstimmungsproblem wird als Pinguin-Effekt bezeichnet, wobei der Namensgebung eine Analogie zugrunde liegt (Abb. 4.19). Hungrige Pinguine stehen am Rande einer Eisscholle. Aus Angst vor Raubfischen hoffen sie, dass andere Pinguine zuerst in das Wasser springen, um das damit verbundene Risiko – Opfer eines Raubfisches zu werden – auszuloten. Sobald einige Pinguine den Sprung gewagt haben, hat sich die Gefahr für die anderen Pinguine verringert und die „Trittbrettfahrer-Pinguine" folgen nach (vgl. Farrell und Saloner 1987). Wenn jedoch keiner springt, verhungern alle. Übertragen auf unser Beispiel wird die kritische Masse des Netzwerks nicht erreicht.

(3) $p < q$ Wenn $p < q$ dann dominieren die Imitationseffekte die Innovationseffekte. Niedrige Innovationseffekte bedeuten, dass Innovatoren zunächst nicht angesprochen werden. Dies bewirkt einen langsamen, aber bei hohen Imitationseffekten jedoch erfolgreichen Diffusionsverlauf (z. B. im Fall des Mobiltelefons). Der Verlauf ähnelt dem bekannten Produktlebenszyklus.

(4) $p > q$ In diesem Fall dominiert der Innovationseffekt. Es kommt zu hohen Verkaufszahlen unmittelbar nach der Einführung, danach verläuft der Umsatz rückläufig.

Im Kontext von Netzwerkgütern sind die Annahmen S-förmiger Diffusionsverläufe zu relativieren, da einige Besonderheiten zu berücksichtigen sind (vgl. Wendt et al. (2000); Kretschmer 2008):

- Besonderheit 1: Nutzer sind interdependent. Durch Kommunikation zwischen Nutzern oder Produktion von Komplementärgütern kann sich die Diffusionskurve verändern.
- Besonderheit 2: Technologien sind interdependent. Diffusionskurven komplementärer Güter sind miteinander verknüpft. Beispielsweise sind die Diffusionspfade von Spielkonsolen und Videospielen stark korreliert und beeinflussen sich gegenseitig.
- Besonderheit 3: Generationen sind interdependent. Eine neue (bessere) Generation muss sich gegen die etablierte Technologie mit vielen Nutzern (installierte Basis) und zahlreichen Komplementärgütern durchsetzen. Diffusionskurven hängen dann von der Qualität und Durchdringung der bestehenden Generation ab.

Kritische Masse Die kritische Masse ist als Untergrenze einer Netzwerkgröße nicht eindeutig und erst Ex-post zu bestimmen. Rogers geht im Kontext von Telekommunikationsdiensten von 10 % der potentiellen Nutzerpopulation aus (Rogers 1995, S. 32). Andere Autoren nennen bezogen auf massentaugliche mobile Dienste einen Schwellenwert, der bei ca. 1 Mio. Nutzer liegt (vgl. Dyballa und Kruschwitz 2005, S. 363). Unabhängig von Zahlenwerten lassen sich folgende Tendenzaussagen bezogen auf die kritische Masse formulieren:

- Ohne eine hinreichende Zahl von Marktteilnehmern besteht unabhängig von einem Basis-nutzen wenig Anreiz, ein Netzwerkgut zu kaufen.
- Die Überwindung des Start-up Problems hängt direkt mit der Zahlungsbereitschaft der potentiellen Nutzer zusammen. Gegebenenfalls sollte der Preis subventioniert werden.
- Kontinuierlich sinkende Preise können dazu führen, dass potentielle Kunden sehr lange mit dem Kauf warten.
- Probleme der Marktdurchdringung können durch Absprachen oder internationale Gremien gelöst werden (z. B. Vorgabe von Standards).

Im Fall z. B. von Mobilfunk- oder Computernetzwerken können wir uns die Bedeutung von kritische Masse-Effekten und Netzwerkexternalitäten gut vorstellen. Aber auch für digitale Inhalte und Medien-güter geht die Ökonomie von der Existenz von Netzwerkeffekten aus (vgl. Hutter 2003). Sie entstehen, wenn Inhalte mit Informations- und Unterhaltungscharakter (z. B. politische Neuigkeiten, Fußballergebnisse) zum Gegenstand sozialer Kommunikation werden (vgl. Linde 2009). Diese positiven sozialen Netzwerkeffekte liegen in folgenden Fällen vor:

- Wenn Inhalte von Wirtschaftssubjekten umso positiver bewertet und umso eher nachgefragt werden, je größer die Zahl anderer Personen ist, mit denen sie sich über die Inhalte austauschen können.

- Wenn die Konversation mit Gleichgesinnten als befriedigend wahrgenommen wird (z. B. bezogen auf Sportereignisse).
- Wenn Personen zu Inhalten Stellung nehmen, weil sie von einer Vielzahl anderer Personen (vermutlich) bereits zur Kenntnis genommen worden sind (z. B. bei Buchbestsellern wie Harry Potter).

Diffusionsmodelle wie jenes von Bass können die Verbreitung von digitalen Inhalten aber nur unzureichend modellieren. Es ist nicht zuverlässig zu klären, wie groß die Anzahl der Adopter sein muss, damit der Verlauf eines Inhalts selbsttragend ist. Zu klären bleibt zudem die Interaktion der Adoptoren innerhalb ihres sozialen Umfeldes. Individuen, die mit anderen Personen innerhalb einer Gruppe in Verbindung stehen, tauschen Informationen untereinander aus und führen so zu einem gemeinschaftlichen Standpunkt. Beispielhaft sei auf das ökonomische Gut „Spielfilm" verwiesen. Menschen betrachten Spielfilme nicht nur aus dem Grund der Unterhaltung. Spielfilme bieten auch Gesprächsstoff für nachgelagerte Kommunikation und stiften damit einen indirekten Nutzen. Der individuelle Nutzen ist daher auch davon abhängig, wie viele andere Personen den Spielfilm schon gesehen haben.

> Eine Person wird sich auch einen Film ansehen, von dem sie relativ schlechte Qualitätserwartungen hat, wenn nur viele andere Personen den Film sehen werden. Umgekehrt wird sie eventuell auf einen relativ guten Film verzichten wollen, wenn sonst niemand den Film ansehen und darüber sprechen wird. (Haucap 2001, S. 5)

Computersimulationen im Kontext der Durchsetzung von Meinungen kommen zu dem Ergebnis, dass die kritische Masse bei etwa 10 % liegt. Wenn also eine Minderheit von 10 % der Bevölkerung an eine Meinung glaubt und diese (z. B. auch in sozialen Netzwerken) verbreitet, kann sie sich unter bestimmten Bedingungen gegen die Mehrheit durchsetzen (vgl. Xie et al. 2011).

4.3.3 Zweiseitige Märkte

Auf den ersten Blick haben virtuelle Einkaufszentren, Spielkonsolen, Online-Zeitungen, PC-Betriebssysteme, App-Stores, Auktionsplattformen, Facebook und Twitter wenig gemeinsam. Eine grundlegende Gemeinsamkeit dieser IuK-Anwendungen ist jedoch, dass sie als zweiseitige Märkte einzustufen sind (vgl. Neunetz 2010). Auf zweiseitigen Märkten werden zwei unterscheidbare Nutzergruppen durch eine Plattform zusammengeführt (Abb. 4.20). Je mehr Teilnehmer einer Gruppe die Plattform einsetzen, desto attraktiver wird die Plattform für die Nutzer der anderen Gruppe und umgekehrt (vgl. Rochet und Tirole 2003).

Indirekte Netzeffekte Zweiseitige Märkte basieren auf indirekten Netzeffekten. Die Plattform eines Intermediärs sorgt dafür, dass zwischen unterschiedlichen Gruppen Transaktionen möglich werden (vgl. Dewenter 2006). Die Mitglieder der Gruppen treten nicht

Abb. 4.20 Zweiseitige Märkte

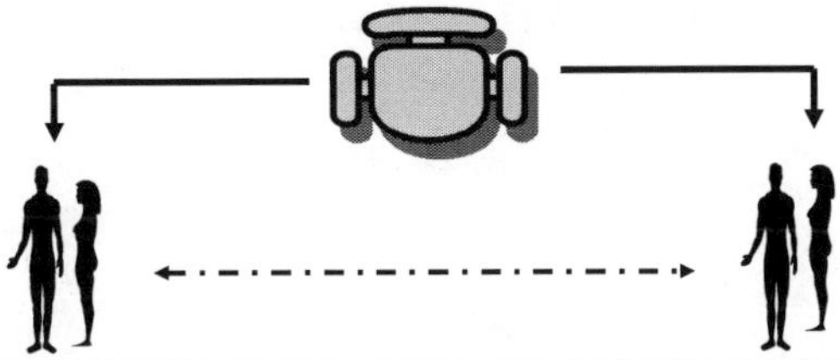

Markt 1 Kundengruppe 1	Intermediär (Plattform)	Markt 2 Kundengruppe 2
Werbetreibende	Medien	Rezipienten
Sponsoren	Veranstalter	Zuschauer
Verkäufer	Auktionsplattform	Käufer
Filmproduzenten	Rechtemakler	TV-Veranstalter

1. Die Intermediäre erbringen unterschiedliche Leistungen für mehrere (mindestens 2 Gruppen)
2. Die Anzahl der Kunden auf Markt 1 ist Leistungsmerkmal für Markt 2 und umgekehrt.

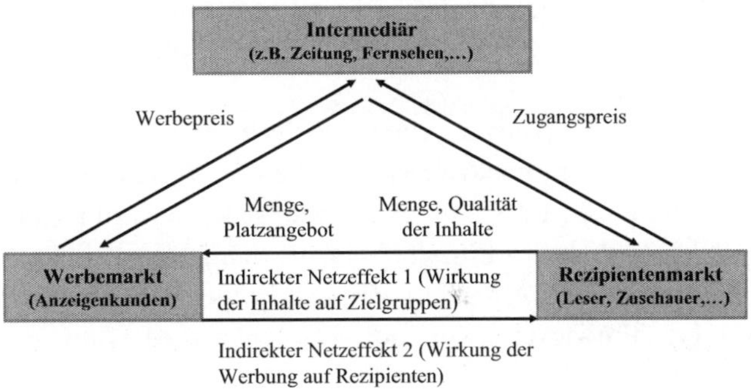

Abb. 4.21 Indirekte Netzeffekte und zweiseitige Märkte. (Vgl. Dewenter 2006)

in direkten Kontakt und können nicht miteinander verhandeln. Der Intermediär agiert zwischen den Gruppen und ist somit mit beiden Seiten in Kontakt. Betrachten wir als Beispiel den Medienmarkt (Abb. 4.21).

Dort werden durch den Intermediär die beiden Märkte „Werbemarkt“ und „Rezipientenmarkt“ miteinander verbunden. Die Vergrößerung der Reichweite auf dem Rezipientenmarkt verursacht nur geringe oder gar keine Kosten, führt aber dazu, dass die Attraktivität des Mediums für den Werbemarkt steigt. Schließlich ist es für werbetreibende Unternehmen Erfolg versprechender, eine größere Menge an Lesern oder Zuschauern anzusprechen als eine nur kleine Zahl an Rezipienten.

Die Stärke der Abhängigkeiten bestimmt die Spiralrichtung der Entwicklung. Im Kontext unseres Beispiels kommen noch direkte Netzeffekte hinzu. Bei werbefinanzierten Inhalten können der Werbewert und gegebenenfalls auch der inhaltliche Informationswert für den einzelnen Nutzer durch die Anzeigen-Auflagen-Spirale steigen (positive

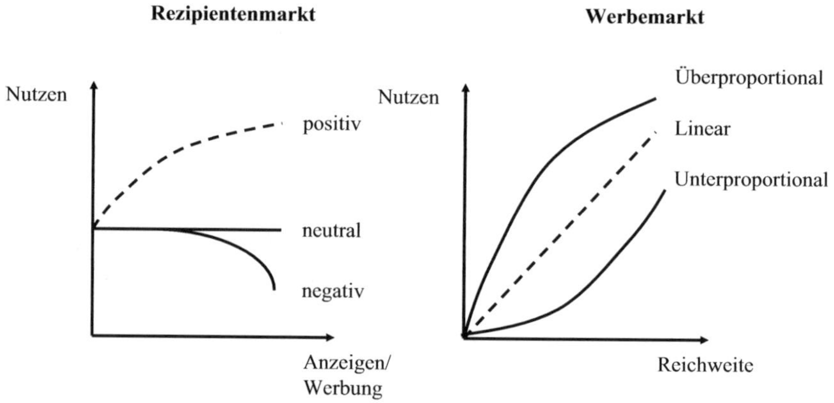

Abb. 4.22 Ausprägungen von indirekten Netzeffekten auf einem zweiseitigen Markt. (Vgl. Gieseking 2009, S. 41)

Rückkopplung). Umgekehrt kann sich bei sinkenden Auflagen auch eine Abwärtsspirale ergeben, wenn bei zurückgehenden Anzeigenerlösen die redaktionelle Leistung verringert wird. Ob aber überhaupt auf der Rezipientenseite positive Netzwerkeffekte erzielt werden ist u. a. davon abhängig, wie die Werbung von den Rezipienten aufgenommen wird (Abb. 4.22).

Erzeugt die Werbung einen positiven Nutzen, z. B. weil sie unterhaltsam oder informativ ist, entsteht ein positiver Netzwerkeffekt zwischen Werbenden und Rezipienten. Ist die Werbung z. B. lästig oder überzogen, so kann es zu negativen Netzwerkeffekten kommen. Welcher Effekt im Einzelfall eintritt, hängt ab von der Art der Werbung, vom Medium selbst und der entsprechenden Zielgruppe. Zu diskutieren bleiben also stets das Ausmaß und die Entwicklung von indirekten Netzeffekten auf zweiseitigen Märkten.

Henne-Ei-Märkte und Preisgestaltung Ein zweiseitiger Markt ist dadurch charakterisiert, dass der Intermediär beide zu verbindenden Seiten durch eine entsprechende Preisgestaltung „an Bord holen" muss. Er steht damit häufig vor einem „Henne-Ei-Problem" (vgl. Weiss 2010). Die für reale Wettbewerbsmärkte kennzeichnende Regel, dass die Preise den Grenzkosten entsprechen, ist hier nicht unbedingt optimal. Die Preisgestaltung ist komplizierter. Typisch für zweiseitige Märkte ist eine asymmetrische Preisgestaltung. Der Intermediär muss in unserem Beispiel die Preise in Kenntnis der Netzeffekte und in Abhängigkeit der daraus resultierenden Nachfrage auf dem Leser- und Anzeigenmarkt festsetzen (Abb. 4.23; Tab. 4.7).

Formale Analysen erlauben folgende Schlussfolgerungen hinsichtlich der Preise und Mengen auf zweiseitigen Märkten (vgl. Dewenter 2006):

- Die Marktseite mit relativ schwachen Netzeffekten subventioniert die Marktseite mit stärkeren Netzeffekten (vgl. Haucap und Wenzel 2011). Wenn also Werbekunden aus einer hohen Auflage einen größeren Nutzen ziehen als Leser aus einem großen

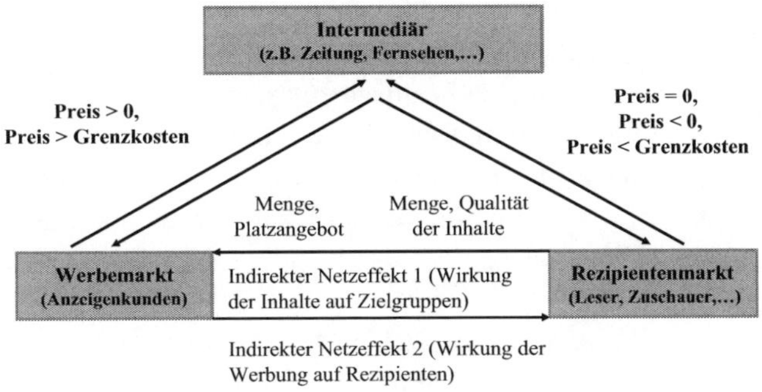

Abb. 4.23 Preisgestaltung in einem zweiseitigen Markt

Tab. 4.7 Zweiseitige Märkte

	Werbemarkt	Rezipientenmarkt
Netzeffekte	Positiv, geringer als auf Rezipientenmarkt	Positiv, höher als auf Werbemarkt
Preise	Preise > 0 bzw. Grenzkosten	Preise 0, < 0, < Grenzkosten

Anzeigenvolumen, d. h. ein relativ stärkerer Netzeffekt vom Lesermarkt ausgeht, so würde daraus ein tendenziell geringer Preis für Leser und ein höheren Preis für Anzeigenkunden resultieren.

- Ein sehr starker Netzeffekt auf einer Marktseite kann zu negativen Preisen (unter Grenzkosten) auf der anderen Marktseite führen. Sehr niedrige Preise (unterhalb der Grenzkosten) sind damit nicht zwangsläufig ein Anzeichen für einen Verdrängungswettbewerb sein (Dumpingpreise). Teilweise werden durch geringe oder kostenlose Abgabe von Gütern auch negative Effekte ausgeglichen, die z. B. durch ein als störend empfundenes Werbevolumen ausgelöst werden.
- Die Existenz von zweiseitigen Netzwerkeffekten führt tendenziell zu einer Zunahme der Mengen auf beiden Marktseiten, wenn über beide Märkte in der Summe positive Netzwerkeffekte vorliegen. Übersteigt hingegen ein negativer Netzeffekt (z. B. bezogen auf die Werbung) einen positiven Effekt, so kommt es im Vergleich zu einseitigen Märkten zu einer Reduktion der Mengen (vgl. Dewenter und Haucap 2008, S. 6).

Ziel einer zweiseitigen Plattform ist es, beide Seiten des Marktes so zu koordinieren, dass der Gewinn, der über beide Marktseiten entsteht, maximiert wird. Auf diese Weise lassen sich beide Netzwerkeffekte durch eine entsprechende Mengen- oder Preissetzung ausnutzen. Dabei ist zu beachten, dass aufgrund der Verbundenheit der Märkte, Veränderungen der Parameter auf einer Marktseite auch Auswirkungen auf die andere Marktseite haben. Beispiele:

- Eine Preiserhöhung auf dem Rezipientenmarkt führen zu einer Reduktion der Nachfrage auf diesem Markt. In der Folge kommt es zu einem Rückgang der Nachfrage am Werbemarkt.

- Geringe Preise auf dem Rezipientenmarkt erhöhen ceteris-paribus die Zahl der Rezipienten. Werbung wird attraktiver und die Nachfrage nach Werbeplatz steigt.
- Eine Erhöhung der Auflage führt zu einem Anstieg des Anzeigenvolumens. Steigt daraufhin die Zahl der Leser, so nimmt in der Folge die Auflage weiter zu.
- Übersteigen die negativen Effekte eines zu hohen Werbevolumens die positiven Effekte, die vom Rezipientenmarkt auf den Werbemarkt ausgehen, sollte die Märkte getrennt bearbeitet werden.

Je nach Stärke und Vorzeichen der Netzwerkeffekte, die zwischen Werbe- und Rezipientenmarkt bestehen, kommt es also positiven oder negativen Rückkopplungseffekten, die den ersten Effekt verstärken oder dämpfen. Neben den Netzwerkeffekten, die hier im Vordergrund stehen, sind in der Praxis auch die Grenzkosten und Preiselastizitäten von Bedeutung.

- Grenzkosten: Relevant sind sowohl die Höhe der Kosten zur Erstellung der Inhalte als auch die Kosten zur Erstellung von Werbeflächen. Sind digitale Medienprodukte einmal erstellt, können sie ohne weitere Kosten konsumiert werden. Die Zahl der Rezipienten hat also dann keinen Einfluss mehr auf die Kosten. Es ist also dann rational, die Inhalte so weit wie möglich zu verbreiten, um dadurch die Werbeeinnahmen zu steigern.
- Preiselastizität: Es ist davon auszugehen, dass die Preiselastizität der Nachfrage am Rezipientenmarkt höher ist als auf der anderen Marktseite. Zum einen gibt es mehrere konkurrierende Angebote, zum anderen können Kunden bei einer Preiserhöhung schnell zu anderen Anbietern wechseln.

Vor diesem Hintergrund ist der Ausdruck einer „Gratiskultur von digitalen Inhalten" eigentlich nicht zielführend. *„Die Existenz kostenloser Inhalte lässt sich auf eine relativ einfache Art und Weise durch die ökonomischen Charakteristika des Marktes erklären"* (Dewenter 2009, S. 659).

Single- und Multihoming Die Theorie der zweiseitigen Märkte unterscheidet die Fälle des Singlehoming, Multihoming und Mischformen (Abb. 4.24; vgl. Armstrong und Wright 2007):

a) Singlehoming bezeichnet den Sachverhalt, dass eine Marktseite nur eine Plattform nutzt, z. B. Nachfrager nur eine Online-Zeitung lesen oder eine Werbekunde nur eine Werbeplattform bedient.
b) Multihoming ist der parallele Einsatz mehrerer Plattformen auf einer der Marktseiten. Einige Beispiele:
   - Ein Nachfrager, der mehrere Spielkonsolen oder Browser nutzt oder mehrere Online-Zeitungen liest.
   - Ein Softwareentwickler, der für mehrere PC-Betriebssysteme Anwendungen erstellt.

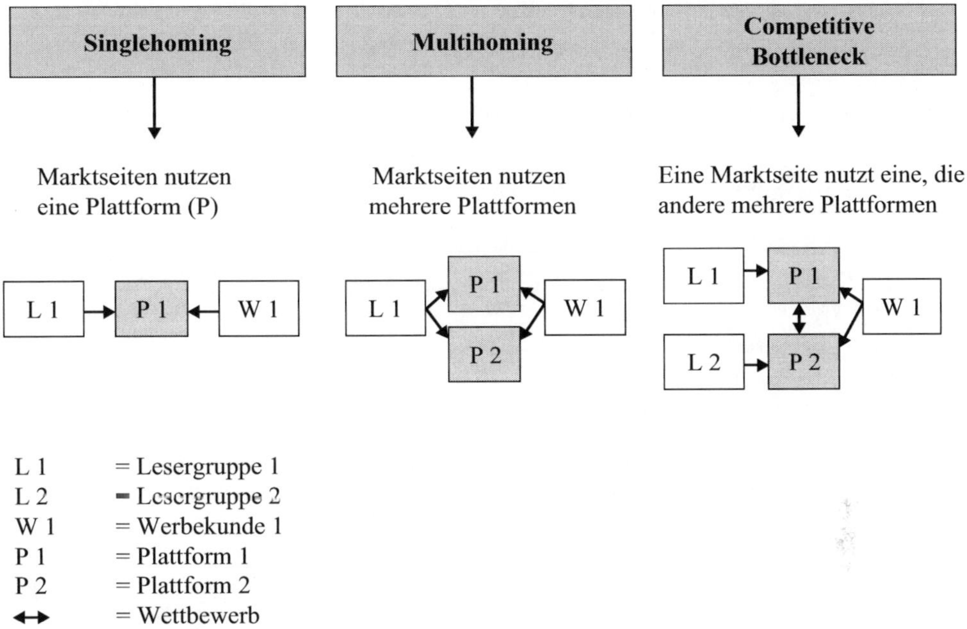

Abb. 4.24 Single- und Multihoming auf zweiseitigen Märkten. (Vgl. Hagemeister 2009, S. 70; Rochet und Tirole 2006, S. 650)

- Ein Werbekunde, der Werbung in vielen Online-Medien schaltet oder mehrere Werbeplattformen nutzt.

c) Märkte, auf denen eine Marktseite Singlehoming betreibt und die andere Marktseite Multihoming, werden als „Competitive Bottleneck" (Engpass) bezeichnet (vgl. Armstrong 2006).

Die Marktergebnisse sind davon abhängig, welche Strukturen bestehen. So werden z. B. die Preise tendenziell steigen, wenn eine Seite nicht in der Lage ist, Multihoming zu betreiben (vgl. Dewenter und Haucap 2008, S. 10). Ein Multihoming auf der Nachfrageseite fördert hingegen den Preiswettbewerb zwischen den Plattformen. Der Wettbewerb zwischen mehrseitigen Plattformen wird maßgeblich bestimmt durch die Stärke der indirekten Netzeffekte, das Ausmaß steigender Skaleneffekte, die Differenzierung der Plattformen und die Möglichkeit des Multihoming. Je nach Ausprägung dieser Faktoren ergeben sich unterschiedliche Markteintrittsbarrieren (vgl. Haucap und Wenzel 2011). Je nach Ausgestaltung kann es auch hier zu einem Entstehen von Märkten kommen, die durch das Motto „the winner takes it all" geprägt sind.

4.4 Übungen und Lernkontrolle

▶ Bearbeitungshinweise finden Sie im Web

1. Erläutern Sie folgende Begriffe:

Begriff	Erläuterung
Direkter Netzeffekt	
Indirekter Netzeffekt	
Positive Netzwerkexternalitäten	

2. Vergleichen Sie Singulärgüter sowie Gütern mit direkten und indirekten Netzeffekten unter folgenden Gesichtspunkten:

Merkmal	Singulärgüter	Güter mit direkten Netzeffekten	Güter mit indirekten Netzeffekten
Nutzen			
Stabilität des Nutzens			
Bedeutung der installierten Basis			
Adoption			
Adoptionsentscheidung			
Einfluss auf Adoptions-entscheidung			
Lock-In Effekte			

3. Netzeffekte:
   a) Vervollständigen Sie ausgehend von Metcalfes Gesetz die nachfolgende Tabelle:

Teilnehmer(N)	Wert des Netzes (V): $V = (N^2 - N)$	Durchschnittswert $V/N = N - 1$
1		
10		
1.000		
10.000		

   b) Welcher Zusammenhang lässt sich in der Tabelle erkennen?

c) Sollte der Kaufpreis einer virtuellen Gemeinschaft proportional mit der durchschnittlichen Anzahl an Nutzern steigen?
d) Ist Metcalfes Gesetz ein Naturgesetz?

4. Erläutern Sie anhand der nachfolgenden Graphik den Kreislauf positiver Rückkopplungen.

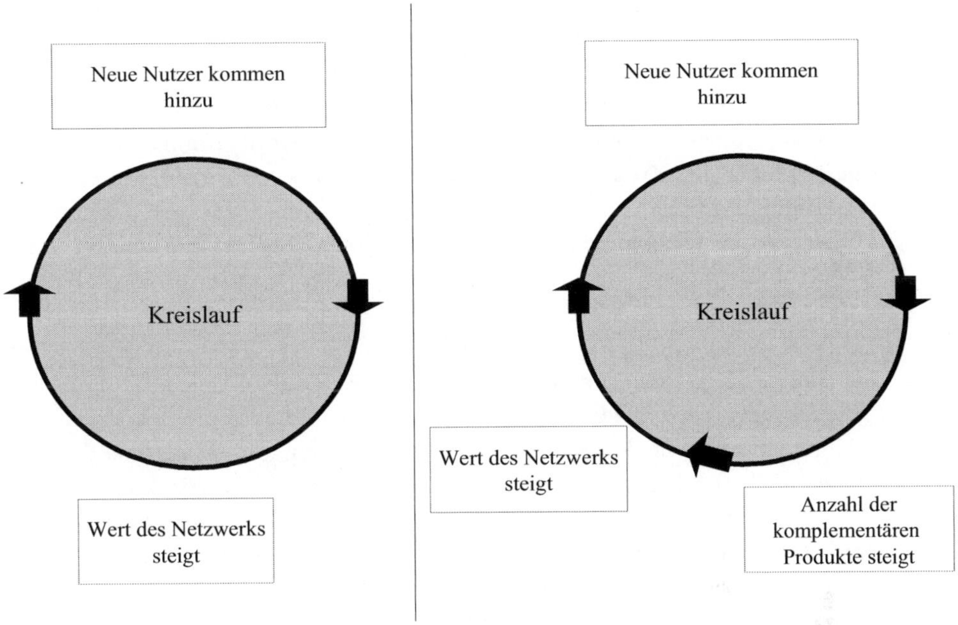

5. Rohlfs Nachfragkurve:
Gehen Sie davon aus, dass 100 Unternehmen an einem Netz von Videokonferenzen teilnehmen wollen. Die inverse Nachfrage ist gegeben durch die Funktion: $P(N) = 100\ N - N^2$. Die Anschlusskosten eines zusätzlichen Unternehmens an das Videokonferenznetz betragen 2.100 €.
   a) Konstruieren Sie die Rohlfs-Nachfragefunktion.
   b) Welches Marktergebnis würden Sie erwarten? Berücksichtigen in diesem Kontext auch die kritische Masse.
   c) Welche Auswirkungen haben fallende Preise bzw. Kosten auf den Tipping Point?
   d) Was verstehen Sie unter dem Motto „the winner takes it all"? Wie beurteilen Sie Märkte, die auf diesem Motto basieren?
6. Nutzungsgüter:
   a) Erläutern Sie anhand von IuK-Technologien den Begriff von Nutzungsgütern. Grenzen Sie Nutzungs-güter von Systemgütern ab.

b) Notiz: „Die Internet-Ökonomie führt zu einem Paradigmenwechsel im Marketing von der Analyse des Kaufverhaltens zur Analyse des Nutzungsverhaltens." Erläutern Sie diese Notiz.
c) Was verstehen Sie im Kontext von IuK-Technologien unter einer Nutzungslücke?
d) Unterscheiden Sie Einstellungs-, Handlungs- und Nutzungsakzeptanz.

7. Diffusion:
a) Unterscheiden Sie die Begriffe Adoption und Diffusion.
b) Erläutern Sie am Beispiel des E-Book Readers Kindle von Amazon Faktoren, die Einfluss auf Dauer und Verlauf des Adoptionsprozesses nehmen.
c) Sie sollen die Diffusion des E-Book Readers Kindle im Rahmen einer empirischen Untersuchung erklären. Welche der nachfolgenden Variablen würden Sie als unabhängige und abhängige Variable formulieren? Werbung, Ausbreitungsgeschwindigkeit, Produktmerkmale, Personenmerkmale, Zahl der erreichten Zielkunden.
d) Stellen Sie den idealtypischen Verlauf einer Adoptions- und Diffusionskurve nach Rogers in einer geeigneten Grafik dar. Ordnen Sie die Gruppen „Innovatoren" und „Frühe Übernehmer" ein.
e) E-Book Reader und E-Books sind aus ökonomischer Sicht komplementäre Güter. Erläutern Sie grafisch und verbal, wie sich die idealtypischen Adoptions- und Diffusionskurven im Fall von komplementären Gütern verändern können.

8. Das Unternehmen e-smell.com plant den Vertrieb duftender E-Mails über das Internet. Der Geschäftsführer prognostiziert für diese Innovation ein Marktpotential von 10 Mio. PC-Nutzern. Grundlage für die Prognose der Absatzmenge ist das Diffusionsmodell von Bass. Unterstellt werden ein Innovationskoeffizient (p) von 0,03 und ein Imitationskoeffizient (q) von 0,38.
a) Welche Aussagen enthalten der Innovations- und der Imitationskoeffizient?
b) Prognostizieren Sie die Absatzmenge mit Hilfe des Diffusionsmodells von Bass für die ersten fünf Perioden. Hilfestellung:
Innovatoren: p · restliches Potential
Imitatoren: (q · kumulierte Anzahl der Adoptoren bis zur Vorperiode · restliches Potential)/Marktpotential

Periode	Innovatoren	Imitatoren	Adoptoren	Adoptoren kumuliert	Verbleibendes Potential
0	0	0	0	0	10.000.000
1					
2					
3					
4					
5					

(in Anlehnung an Skiera, B.: Universität Frankfurt/Main, Vorlesung: Business Pläne und Marktforschung im Internet, SS 2002).

c) Erörtern Sie, welche Auswirkungen veränderte Werte für den Innovations- und den Imitations-koeffizenten haben. Gehen Sie von folgenden Fällen aus:
   - $q > p$
   - $q < p$
   - p und q hoch
   - p und q klein

d) Beurteilen Sie die Praxisrelevanz dieses Diffusionsmodells. Lässt sich auf dieser Grundlage z. B. die Verbreitung von Netzwerkgütern erklären?

9. Erläutern Sie die Bedeutung des Pinguin-Effekts und des Mitläufereffekts in der Diffusion von Gütern. Stellen Sie beide Effekte grafisch dar.
10. Zweiseitige Märkte:
    Massenmedien wie Zeitungen, Zeitschriften, das werbefinanzierte Fernsehen oder auch das Internet sind als zweiseitige Märkte durch die Existenz von indirekten und zweiseitigen Netzwerkeffekten gekennzeichnet.
    a) Erläutern Sie diesen Sachverhalt.
    b) Skizzieren Sie den Aufbau von zweiseitigen Märkten.
    c) Erläutern Sie die Preisbildung und die damit verbundenen Probleme auf zweiseitigen Märkten anhand von konkreten Beispielen (z. B. werbefinanziertes Fernsehen, Zeitschriften).
11. Gestaltung zweiseitiger Märkte:
    Beurteilen Sie die Gestaltung von folgenden zweitseitigen Märkten (im Kontext der Preisstruktur: + = Gebühr; 0 = keine Gebühr).

Plattform	Seiten	Preisstruktur		Subventionierte Seite
		Zugang	Nutzung	
Online-Partnervermittlungen				
Online-Zeitungen				
PC-Betriebssysteme				
Spielkonsolen				

(vgl. Welzel, P. (2011): Universität Augsburg, Vorlesung Einführung in die Ökonomie der Informationsgesellschaft, Wintersemester 2011/2012).

12. Multihoming:
    In welchen Fällen ist Multihoming auf zweiseitigen Märkten eher üblich bzw. unüblich?

Plattform	Seiten	Multihoming	Kommentar
Online-Partnervermittlungen			
Online-Zeitungen			
PC-Betriebssysteme			
Spielkonsolen			

(vgl. Welzel, P. (2011): Universität Augsburg, Vorlesung Einführung in die Ökonomie der Informationsgesellschaft, Wintersemester 2011/2012).

Literatur

Armstrong M (2006) Competition in two-sided markets. Rand J Econ 37(3):668–691

Armstrong M, Wright J (2007) Two-sided markets, competitive bottlenecks and exclusive contracts. Econ Theor 32(2):353–380

Bansler JP, Havn E (2002) Exploring the role of network effects in IT implementation: the case of knowledge management systems. http://is2.lse.ac.uk/asp/aspecis/20020070.pdf. Zugegriffen: 17. Nov. 2012

Bass FM (1969) A new product growth for model consumer durables. Manage Sci 15(5):215–227

Briscoe B, Odlyzko A, Tilly B (2006) Metcalfe's law is wrong. IEEE Spectrum July 2006:26–31. http://www.spectrum.ieee.org/jul06/4109. Zugegriffen: 20. Jan. 2013

Buxmann P, Diefenbach H, Hess T (2008) Die Softwareindustrie. Ökonomische Prinzipien. Strategien, Perspektiven. Springer, Berlin

Deckert A (2012) Simulationsbasierte. Optimierung einer agentenbasierten Simulation mit Anwendungen zur Preisoptimierung im Mobilfunk, Augsburg (http://opus.bibliothek.uni-augsburg.de/opus4/frontdoor/index/index/docId/1932. Zugegriffen: 18. Nov. 2012)

Dewenter R (2006) Das Konzept der zweitseitigen Märkte am Beispiel von Zeitungsmonopolen, Helmut-Schmitdt Universität, Fächergruppe Volkswirtschaftslehre, Diskussionspapier Nr. 53. http://opus.zbw-kiel.de/volltexte/2007/5544/pdf/paper_53.pdf. Zugegriffen: 19. Dez. 2012

Dewenter R, Haucap J (2008) Wettbewerb als Aufgabe und Problem auf Medienmärkten: Fallstudien aus Sicht der „Theorie zweiseitiger Märkte", Helmut-Schmidt-Universität, Fachgruppe Economics, Diskussionspapier Nr. 78. http://www.econstor.eu/dspace/bitstream/10419/38737/1/586157727.pdf. Zugegriffen: 5. Dez. 2012

Dewenter R (2009) Die Preissetzung von Internet Content Providern: oder naht das Ende der „Gratiskultur"? Wirtschaftsdienst 89(10):657–659

Dyballa M, Kruschwitz R (2005) UMTS und die Adoption mobiler Datendienste. In: Giordano M, Hummel J (Hrsg) Mobile Business. Vom Geschäftsmodell zum Geschäftserfolg – Mit Fallbeispielen zu Mobile Marketing, mobilen Portalen und Content-Anbietern. Gabler, Wiesbaden, S. 341–372

Einsfeld U, Schneider J (1996) Der Markt für interaktive elektronische Medien aus ökonomischer Sicht. Diskussionspapier WI-21, Universität Augsburg. http://www.wi-if.de/paperliste/paper/wi-21.pdf. Zugegriffen: 18. Aug. 2012

Farrell J, Saloner G (1987) Competition, compatibility and standards: the economics of horses, penguins and lemmings. In: Gabel LH (Hrsg) Product standardization and competitive strategy. North Holland, Amsterdam, S. 1–21

Fritsch L, Hahn P (2005) Studie zur Akzeptanzanalyse von Location-based Services, Universität Frankfurt am Main, Lehrstuhl für M-Commerce und Mehrseitige Sicherheit.

http://publikationen.ub.uni-frankfurt.de/frontdoor/index/index/docId/3094. Zugegriffen: 20. Sept. 2012
Gieseking T (2009) Gewinnoptimale. Preisbestimmung in werbefinanzierten Märkten. Gabler, Wiesbaden
Göldi A (2007) Netzwerkeffekte und den Unfug, den man damit anstellen kann. http://netzwertig.com/2007/08/17/netzwerkeffekte-und-der-unfug-den-man-damit-anstellen-kann/. Zugegriffen: 17. Nov. 2012
Hagemeister F (2009) Optimale. nichtlineare Preise für zweiseitige Märkte. Gabler, Wiesbaden
Haucap J (2001) Warum manche Spielfilme erfolgreich sind, andere aber nicht. Einige ökonomische Überlegungen, Arbeitspapiere des Instituts für Rundfunkökonomie, Universität Köln, Heft 128. http://www.rundfunk-institut.uni-koeln.de/institut/pdfs/12801.pdf. Zugegriffen: 18. Nov. 2012
Haucap J, Wenzel T (2011) Wettbewerb im Internet: Was ist online anders als offline? Düsseldorf. http://www.dice.hhu.de/fileadmin/redaktion/Fakultaeten/Wirtschaftswissenschaftliche_Fakultaet/DICE/Ordnungspolitische_Perspektiven/016_OP_Haucap_Wenzel.pdf. Zugegriffen: 3. Dez. 2012
Hasfeld P (2005) Netzwerkeffekte. im Electronic Commerce, Mannheim (https://ub-madoc.bib.uni-mannheim.de/view/subjects/330.default.html. Zugegriffen: 18. Sept. 2012)
Hirstein A (2006) Umstrittener Wert des Wachstums. Neue Züricher Zeitung 20. August. http://www.nzz.ch/2006/08/20/ws/articleECPXD.html. Zugegriffen: 6. July 2012
Hutter M (2003) Information Goods. In: Towse R (Hrsg) A handbook of cultural economics. Edward Elgar, Cheltenham, S. 263–268
Katz ML, Shapiro C (1985) Network externalities, competition, and compatibility. Am Econ Rev 75:424–440
Kölln V (2011) Produktdiffusion in TIMES-Märkten. Innovation, Kompatibilität und Timing bei Netzeffektgütern, Universität Marburg. http://www.uni-marburg.de/fb02/bwl01/forschung/Discussionpapers/11-01.pdf. Zugegriffen: 5. Nov. 2012
Köster D (1998) Was sind Netzprodukte? – Eigenschaften, Definition und Systematisierung von Netzprodukten. Discussion Paper FS IV 98–10, Berlin. http://bibliothek.wzb.eu/pdf/1998/iv98-10.pdf. Zugegriffen: 3. July 2012
Kretschmer T (2008) Dynamik in Netzwerkindustrien. LMU München. http://www.bwl.uni-muenchen.de/org_fakultaet/oeff_arbeit/av_kretschmer_final.pdf. Zugegriffen: 4. Feb. 2013
Kollmann T (1998) Akzeptanz innovativer Nutzungsgüter und -systeme. Konsequenzen für die Einführung von Telekommunikations- und Multimediasystemen. Gabler, Wiesbaden
Lehr C (2011) Die Bedeutung von direkten Netzeffekten im Web 2.0 für Lernszenarien. http://www.christian-lehr.net/ft/?p=. Zugegriffen: 18. Feb. 2013
Linde F (2005) Ökonomie. der Information. Universitätsverlag, Göttingen
Linde F (2009) Ökonomische Besonderheiten von Informationsgütern. In: Keuper F, Neumann F (Hrsg) Wissens- und Informationsmanagement. Strategie – Organisation – Prozesse. Gabler, Wiesbaden, S. 291–320
Linde F, Stock WG (2011) Informationsmarkt. Informationen im I-Commerce anbieten und nachfragen. Oldenbourg, München
Metcalfe B (1995) Metcalfes Law:. A network becomes more valuable as it reaches more users, Infoworld, No. 17
Müller-Böling D, Müller M (1986) Akzeptanzfaktoren der Bürokommunikation. Oldenbourg, München
Neunetz (2010) http://www.neunetz.com/2010/04/02/zweiseitige-maerkte-die-grundlagen/. Zugegriffen: 17. Nov. 2012

PWC, PriceWaterhouseCoopers (2012) Social Media in Deutschland: the winner takes it all. http://on-operations.com/wp-content/uploads/2012/05/Social-Media-Deutschland-2012-final.pdf. Zugegriffen: 18. Feb. 2013

Reed D (2006) That sneaky exponential: beyond Metcalfe's Law to the power of community building. http://www.reed.com/dpr/locus/gfn/reedslaw.html. Zugegriffen: 28. Aug. 2012

Rochet JC, Tirole J (2003) Platform competition in two-sided markets. J Eur Econ Assoc 1(4):990–1029

Rochet JC, Tirole J (2006) Two-sided markets. a progress report. Rand J Econ 37:645–667

Rogers EM (1995) Diffusion of innovations: modifications of a model for telecommunications. In: Stoetzer MW (Hrsg) Die Diffusion von Innovationen in der Telekommunikation. Springer, Berlin, S. 25–38

Rogers E (2003) Diffusion of innovations, 5. Aufl. Free Press, New York

Rohlfs JA (1974) A theory of interdependent demand for a communication service. Bell J Econ Manage Sc 5:16–37

Steyer R (1997) Netzexternalitäten. Wirtschaftswissenschaftliches Stud 26(4):206–210

Swann GMP, Shurmer M (1994) The emergence of standards in PC software: who would benefit from institutional intervention? Inf Econ Policy 6:295–318

Weiber R, Pohl A (1996) Das Phänomen der Nachfrage-Verschiebung. Informationssucher, Kostenreagierer, Leapfrogger. Z. Betriebswirtschaft 66(6):675–696

Weiss M (2010) Einführung in die App-Ökonomie: Wie funktionieren zweiseitige Märkte? (Folge I). http://carta.info/25163/einfuehrung-in-die-app-oekonomie-wie-funktionieren-zweiseitige-maerkte-folge-i/. Zugegriffen: 18. Jan. 2013

Welzel P (2011) Universität Augsburg, Vorlesung Einführung in die Ökonomie der Informationsgesellschaft, Wintersemester 2011/2012 (http://www.wiwi.uni-augsburg.de/vwl/welzel/Lehrveranstaltungen/WS_2011_2012/Einfuehrung_OEINF/Vorlesungsunterlagen/Handout.pdf. Zugegriffen: 20. Aug. 2012)

Wendt O, von Westarp F, König W (2000) Diffusionsprozesse in Märkten für Netzeffektgüter. Determinanten, Simulationsmodell und Marktklassifikation. Wirtschaftsinformatik 42(5):422–433

Xie J, Sreenivasan S, Korniss G, Zhang W, Lim C (2011) Social consensus through the influence of committed minorities. Phys Rev E 84:011130

Zusammenfassung Teil I: „Macht der Ringe" 5

Viele Lehrsätze und Annahmen der ökonomischen Theorie sind auf elektronischen Märkten zu relativieren. Im Kontext der traditionellen Ökonomie führen solche Erscheinungen eher zum Marktversagen. Auf elektronischen Märkten lassen sie sich häufig zu erfolgreichen Geschäftsmodellen entwickeln:

- Die für die Mikroökonomie zentrale Regel, dass der Preis gleich den Grenzkosten ist, kann bei digitalen Gütern nicht angewendet werden. Aufgrund der sehr niedrigen Grenzkosten würden sich bei Anwendung dieser Regel häufig Nullpreise ergeben.
- Digitale Güter und Informationsgüter haben Eigenschaften, die typisch für öffentliche Güter sind. Dazu zählen die Nicht-Rivalität im Konsum und die fehlende Möglichkeit zur Anwendung des Ausschlussprinzips. Trotzdem muss es nicht zum Marktversagen kommen. Solche Güter sind in der Regel teuer herzustellen, aber preiswert im Internet zu reproduzieren. Elektronische Märkte erlauben es, verschiedene Versionen eines Gutes oder von Leistungen herzustellen und die unterschiedliche Zahlungsbereitschaft verschiedener Kundengruppen auszunutzen.
- Viele elektronische Märkte sind nicht durch Knappheit, sondern durch Überfluss gekennzeichnet. Es entsteht eine Überflussökonomie, in der Aufmerksamkeit zum knappen Faktor wird. Um Aufmerksamkeit zu gewinnen, lassen sich Güter z. B. verschenken.
- Im Gegensatz zu sinkenden Grenz- und Skalenerträgen gibt es auf elektronischen Märkten häufig steigende Skalenerträge. Damit sind die Entwicklungen nicht wie in der traditionellen Ökonomie vorhersagbar, sondern pfadabhängig.
- Der Aufbau einer kritischen Masse führt zu einer überragenden Bedeutung von IuK-Standards. Eng damit verbunden sind der Aufbau von Wechselkosten und Lock-In Effekten.
- In der klassischen Ökonomie bestimmt die Knappheit den Preis eines Gutes. Die zunehmende Verbreitung eines Gutes führt bei isolierter Nutzung zu einem Wertverlust

R. Clement, D. Schreiber, *Internet-Ökonomie*, Springer-Lehrbuch,
DOI 10.1007/978-3-642-36719-9_5, © Springer-Verlag Berlin Heidelberg 2013

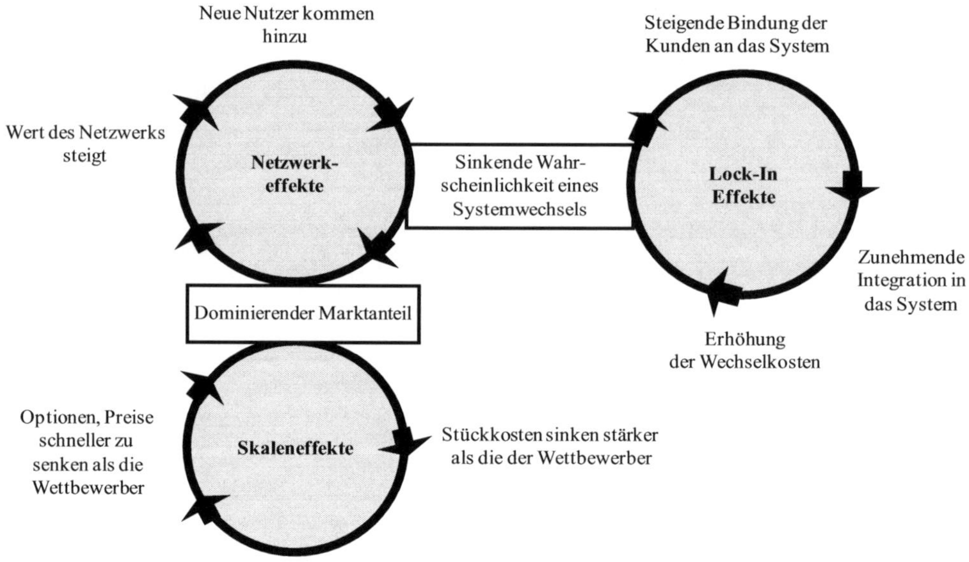

Abb. 5.1 „Ringe der Macht“ in der Internet-Ökonomie

und zu Preissenkungen (negative Rückkopplung). Auf elektronischen Märkten steigt hingegen der Wert eines Gutes mit zunehmender Verbreitung. Netzeffekte führen dazu, dass Masse Knappheit als Wertquelle verdrängt.

Betrachten wir die Skaleneffekte, Lock-In Effekte und Netzeffekte im Zusammenhang, so lassen sich selbstverstärkende Prozesse beobachten, die Ringen ähneln (vgl. Stelzer 2000; Abb. 5.1). An unterschiedlichen Stellen dieser Regelkreisläufe eröffnen sich strategische Einstiegsfenster, die zu einer dominanten Stellung führen können:

Ansatzpunkte	Einstiegsfenster	Sprung	Kreisläufe
Wechselkosten aufbauen	Sinkende Wahrscheinlichkeit eines Systemwechsels, zunehmende Integration des Systems, steigende Attraktivität des Systems für den Kunden	Steigende Attraktivität des Systems für den Kunden	Netzwerkeffekte, Skaleneffekte
Preissenkungen	Stückkosten sinken stärker als die der Wettbewerber	Erhöhung des Marktanteils	Netzwerkeffekte, Lock-In Effekte
Kritische Masse erreichen	Steigende Attraktivität des Systems für weitere Anbieter	Erhöhung des Marktanteils, steigende Attraktivität für Kunden	Skaleneffekte, Lock-In Effekte, Netzeffekte

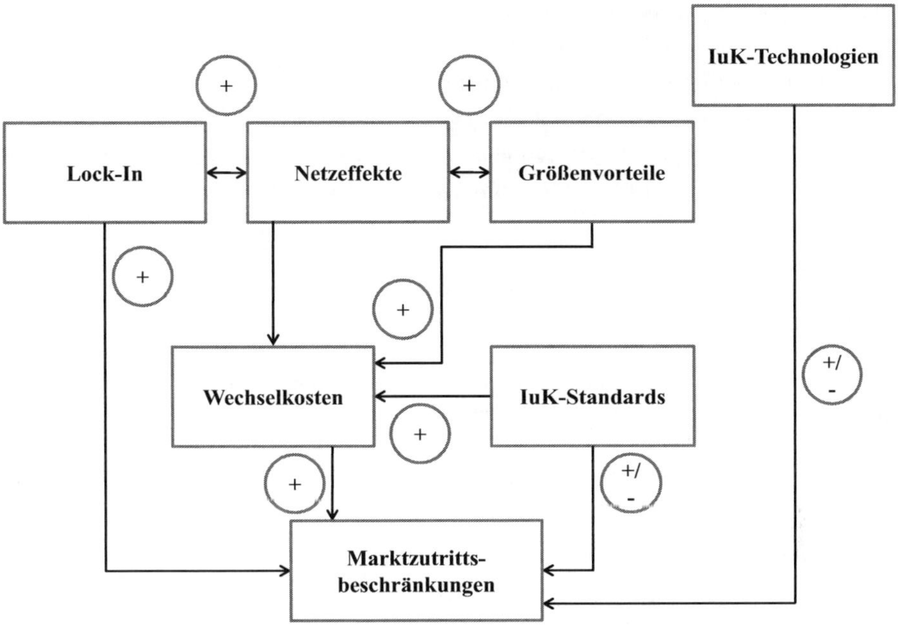

Abb. 5.2 Kräfte-Modell der Internet-Ökonomie. (In Anlehnung an Aufderheide et al. 2006, S. 145)

Die Verfechter der Internet-Ökonomie beschreiben mit diesen Prinzipien keine neuen ökonomischen Sachverhalte. Mit Skaleneffekten, Lock-In Effekten und Netzwerkeffekten werden allerdings Wirkungszusammenhänge beschrieben, die unter bestimmten Bedingungen zu nachhaltigen Marktveränderungen führen können (Abb. 5.2):

- Güter, die vollständig digital (re)produziert und vertrieben werden, begünstigen angebotsseitige Skaleneffekte.
- IuK-Systeme, die in hohem Maße in die Anwendungen des Kunden integriert sind, führen zu Wechselkosten und begünstigen Lock-In Effekte.
- IuK-Systeme, die vielfältige komplementäre und kompatible Güter erfordern, die nicht ohne weiteres durch Güter anderer Systeme ersetzt werden können, haben nachfrageseitige Netzwerkeffekte zur Folge.

Das Zusammenwirken dieser Faktoren hat zur Folge, dass auf bestimmten Märkten dominierende Systeme ihren Vorsprung immer weiter ausbauen können, während unterlegene Systeme zunehmend an Bedeutung verlieren (vgl. Aufderheide et al. 2006). Zu berücksichtigen ist, dass die Strukturen in der Internet-Ökonomie auch von Nutzern mit geschaffen werden. Inter-Operabilität und Kompatibilität sind aus Nutzersicht wertvolle Güter in einer vernetzten Welt. Standards werden honoriert, weil sie den Wert des Netzes erhöhen. Auch monopolähnliche Situationen können sich in diesem Fall auf freiwilliger Basis herausbilden.

Die Internet-Ökonomie lässt also keine gänzlich neuen Gesetzmäßigkeiten entstehen. Nicht die Spielregeln, sondern die mit der Ökonomie verknüpften Technologien haben sich gewandelt. Das traditionelle ökonomische Instrumentarium lässt sich daher gut anwenden, muss aber in einen neuen Kontext gerückt werden. Grundsätzlich bekannte, bislang aber nicht dominante Regeln werden neu akzentuiert, gewinnen zunehmend an Bedeutung, werden anders kombiniert und treten in neuen Ausprägungen auf.

Literatur

Aufderheide D, Lindner M, Zimmerlich A (2006) Internet Ökonomie, Wettbewerb und Hybridität bei Essential Facilities. In: Grob HL, Brocke J (Hrsg) Internet-Ökonomie: Ein interdisziplinärer Beitrag zur Erklärung und Gestaltung hybrider Systeme. Vahlen, München, S. 129–156

Stelzer D (2000) Digitale Güter und ihre Bedeutung in der Internet Ökonomie. WISU Nr. 6: 835–842

Teil II

Suchen, Finden und (Ver-)Kaufen auf elektronischen Märkten

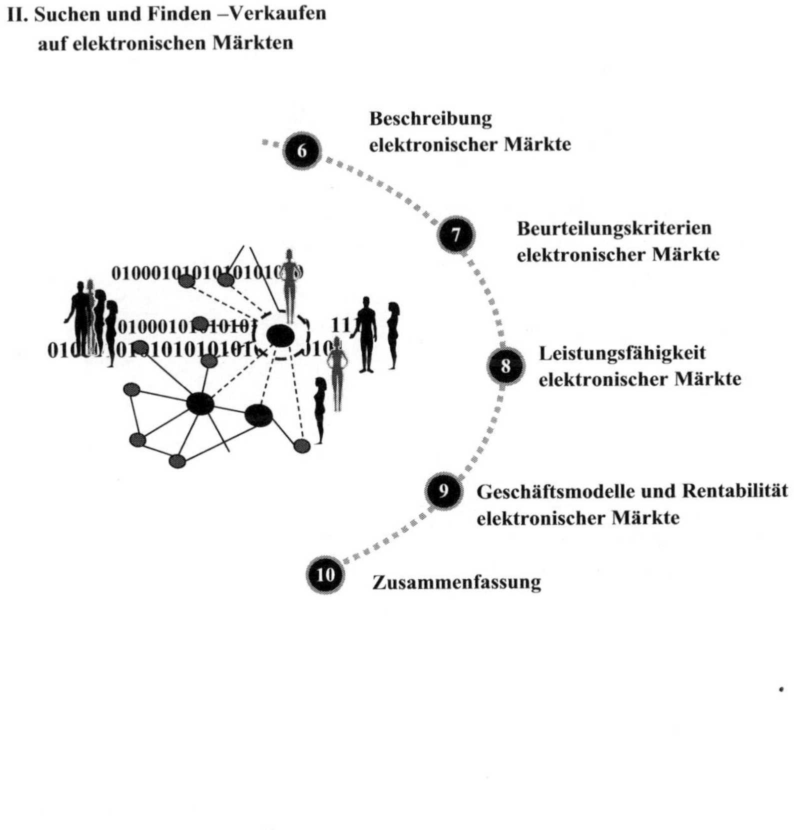

Elektronische Märkte

6

6.1 Inhalt und Schlüsselbegriffe

Inhalt

Elektronische Märkte erweisen sich als vielschichtige Gebilde. Im Mittelpunkt unserer Betrachtung stehen ihre Merkmale Stabilität und Wertschöpfung (Abb. 6.1). Zur Beschreibung elektronischer Märkte eignen sich Instrumente wie ein semantisches Netz und ein morphologischer Kasten. Die Ausrichtung elektronischer Märkte lässt sich anhand von Kriterien wie Zahl der Marktteilnehmer, Marktmacht, elektronische Vermittlungsquote und reale Transaktionsquote beschreiben. Wichtig für die Stabilität eines Marktplatzes sind die Zahl der Teilnehmer und seine erwartete Entwicklung. Zwar sind auch elektronische Märkte keine vollkommenen Märkte im strengen ökonomischen Sinne, ihr Mehrwert ist jedoch vielfältig. Elektronische Märkte übernehmen substituierend Aufgaben traditioneller Märkte (z. B. durch Online-Börsen), ergänzen traditionelle Märkte (z. B. für Reisen) durch komplementäre Funktionen und generieren völlig neue Anwendungsfelder (z. B. durch Online-Auktionen). Das operative Handelsgeschehen auf einem elektronischen Marktplatz ist komplex und kann aus verschiedenen Blickwinkeln beschrieben werden. Bei der Herausarbeitung von Erfolgsfaktoren spielen sowohl quantitative (z. B. Objektangebote wie Güter) als auch qualitative Größen (z. B. Zufriedenheit) eine Rolle. Zu klären und im Rahmen von Rentabilitätsberechnungen nachzuweisen ist, wie sich ein elektronischer Marktplatz dauerhaft wirtschaftlich betreiben lässt.

R. Clement, D. Schreiber, *Internet-Ökonomie*, Springer-Lehrbuch,
DOI 10.1007/978-3-642-36719-9_6, © Springer-Verlag Berlin Heidelberg 2013

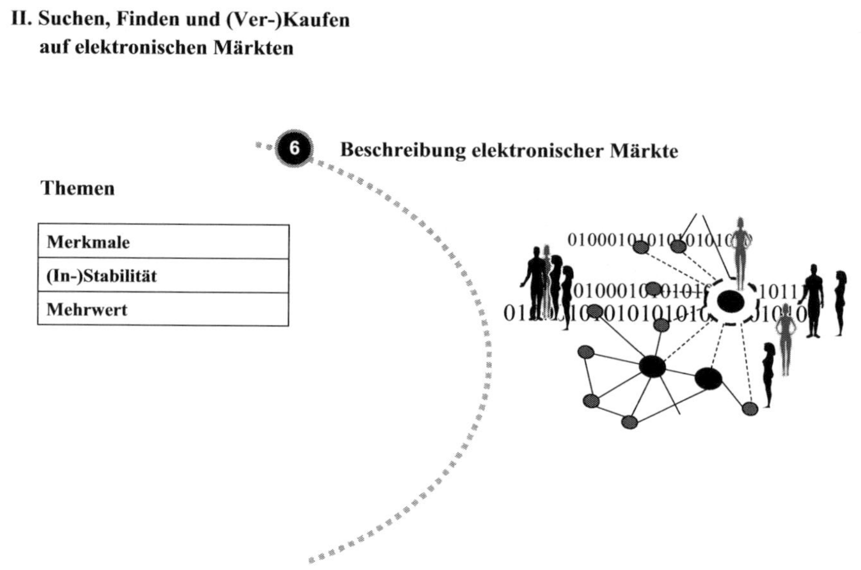

Abb. 6.1 Kriterien zur Beschreibung elektronischer Märkte

Schlüsselbegriffe

Elektronische Märkte; Elektronische Wertschöpfung; Elektronischer Mehrwert; Stabilität, Vermittlungs- und Koordinierungsleistung, Ausrichtung und Erfolgsfaktoren elektronischer Märkte.

6.2 Grundlagen

6.2.1 Strukturen elektronische Märkte

Um einen elektronischen Markt näher zu beschreiben, wollen wir die wichtigsten in diesem Kontext genannten Merkmale anhand eines semantischen Netzes darstellen (Abb. 6.2). Eine solche Darstellung ist in der Datenmodellierung ein hilfreiches Instrument, um die Komplexität zu ordnen. Obwohl es sich um einen virtuellen Platz handelt, wird dieser weitgehend geprägt durch die Aktivitäten realer Akteure. Dazu zählen Unternehmen (B: Business), Haushalte (C: Consumer) oder staatliche Institutionen (A: Administration). Diese Akteure haben Beziehungen, die aus Transaktionen bestehen. Die Transaktionen lassen sich in Phasen zerlegen, z. B. eine Informations-, Verhandlungs- und Abwicklungsphase. Einzelne oder alle Phasen lassen sich durch IuK-Technologien unterstützen. Die Aktivitäten der Akteure bilden spezifische Interaktionsmuster, die sich in neun Felder (A,B,C · A,B,C) ein-teilen lassen (z. B. B2B, B2C, B2A). Die Aktivitäten umfassen z. B. den Handel, die Information, die Kommunikation oder die Kooperation im Rahmen der Wertschöpfung.

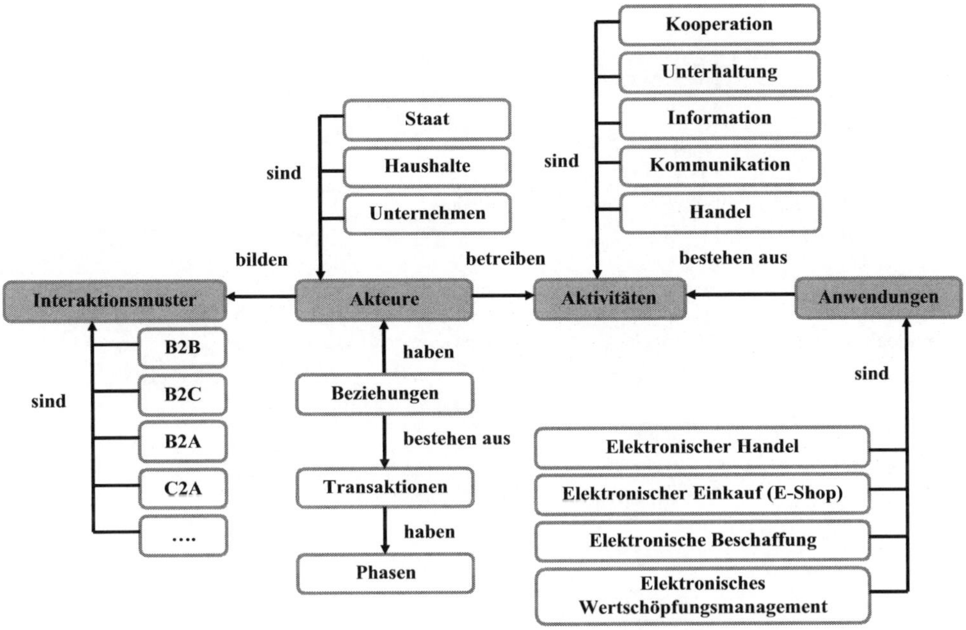

Abb. 6.2 Strukturen elektronischer Märkte in Form eines semantischen Netzes

Tab. 6.1 Beispiele für Interaktionsmuster auf elektronischen Märkten

Kriterium	B2B (Business to Business)	B2C (Business to Consumer)
Beziehung	Stabil, längerfristig angelegt, komplex, Verhandlungen	Spontan, einfach strukturiert, keine Verhandlungen
Kundenkreis	Überschaubar, überwiegend bekannt	Anonym, starke Fluktuation, geringe Kundenbindung
Transaktionen	Entlang der Wertschöpfungskette (Prozessoptimierung); Kosteneinsparungen (z. B. durch E-Procurement)	Information, Kommunikation, Unterhaltung, Handel im klassischen Sinn (Verkauf)
Technische Voraussetzung	Anspruchsvoll, elektronische Abstimmung von Prozessen, gegenseitiger Datenzugriff	Gering, Standard Browser, Anwendungssoftware

Je nach Ausrichtung des Anwendungsfeldes bilden sich Formen des elektronischen Handels, der elektronischen Beschaffung, des elektronischen Einkaufs oder ein elektronisch gestütztes Wertschöpfungsmanagement heraus. Besonders geläufig sind im Hinblick auf verschiedene Interaktionsmuster die Felder des Business to Business (B2B) und Business to Consumer (B2C), die sich mittels mehrerer Kriterien abgrenzen lassen (Tab. 6.1).

Basisebene im Schichtenmodell elektronischer Märkte sind IuK-Infrastrukturen. Dazu zählt u. a. die Internet-Infrastruktur mit den zugehörigen Standards (TCP/IP) und Diensten (WWW). Kennzeichnend für elektronische Märkte sind Handelssysteme und

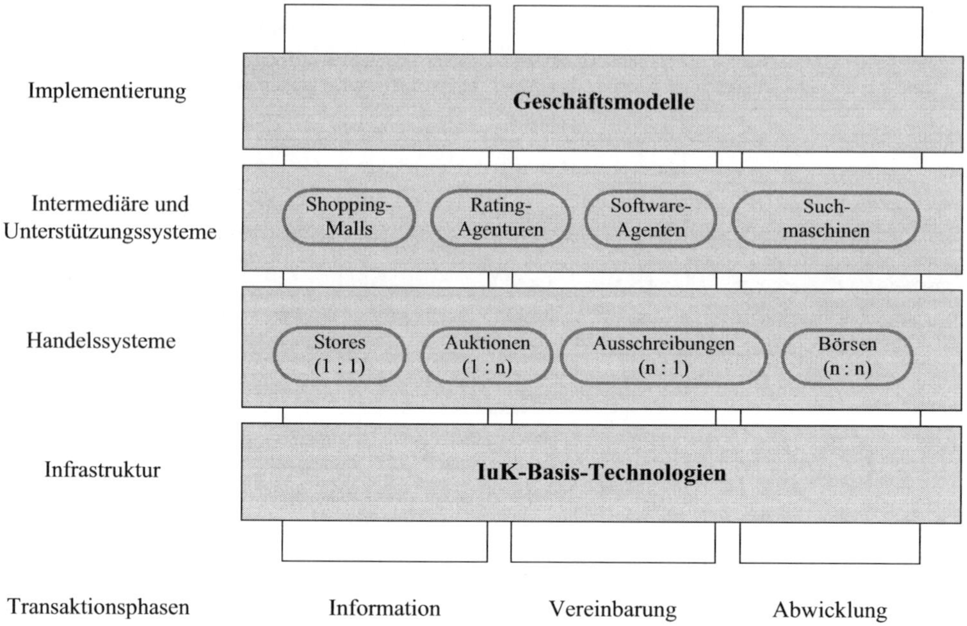

Abb. 6.3 Schichtenmodell elektronischer Märkte. (In Anlehnung an Bieberbach und Hermann 1999, S. 75)

Unterstützungssysteme (Abb. 6.3). Elektronische Handelssysteme sind IuK-Systeme, die speziell der Koordination und Abwicklung der Leistungsprozesse auf elektronischen Marktplätzen dienen:

- Stores sind Systeme, bei denen jeweils ein Anbieter mit einem Nachfrager in Beziehung tritt (1 : 1). In der Regel ist es die Anbieterseite, die mit solchen Stores den elektronischen Markt entwickelt.
- Auktionen sind Systeme, bei denen mehrere Nachfrager in Wettbewerb um die Leistung des Anbieters treten (1 : n). In der Regel erhält derjenige Nachfrager den Zuschlag, der den höchsten Preis bietet.
- Ausschreibungen sind Systeme, bei denen ein Nachfrager seine Leistung spezifiziert, um deren Erbringung mehrere Anbieter konkurrieren (n : 1). Häufig erhält derjenige den Zuschlag, der für die ausgeschriebene Leistung den niedrigsten Preis bzw. das günstigste Preis-Leistungsverhältnis verlangt.
- Börsen sind Systeme, bei denen viele Nachfrager und viele Anbieter aufeinander treffen (n : n). Über vorab definierte Mechanismen wird im Rahmen eines iterativen Prozesses ein Preis gefunden, der die Pläne abstimmt.

Die auf der Schicht der Handelssysteme aufsetzenden Intermediäre sind Mittler, die Transaktionen zwischen den Handelspartnern erleichtern. So fassen z. B. virtuelle Einkaufszentren wie Malls verschiedene Stores unter einem Dach zusammen und treffen

Merkmal	Ausprägung			
1. Marktteilnehmer	1 : 1	1 : n	m : 1	**n : m**
2. Güterabgrenzung	vertikal	horizontal	**vertikal/horizontal**	
3. Funktionalität	Information	Katalog	**Abwicklung**	Prozessintegration
4. Interessenorientierung	Käuferseitig	Verkäuferseitig	**Neutralität**	
5. Zugangsbarrieren	**technisch**	rechtlich	Volumen	finanziell
6. Preisbildung	statisch	**dynamisch**	statisch/dynamisch	
7. Erlöse	Provision	**Teilnahmegebühr**	Lizenz	**Werbung**
8. Leistungsangebot	Content	**Commerce**	Context	Connection

Abb. 6.4 Morphologischer Kasten zur Beschreibung von elektronischen Märkten

eine Vorauswahl für die Nachfrager bzw. bilden eine gemeinsame Kommunikationsplattform für die Anbieter. Rating-Agenturen bewerten die Anbieter und Leistungen im Netz und erleichtern den Kunden das Auffinden eines geeigneten Handelspartners. Agenten übernehmen zum Teil selbständig die Abwicklung von Markttransaktionen. Intelligente oder autonome Agenten sind Software-Programme, die über Eigenschaften wie Zielorientierung, Lernfähigkeit, Autonomie, Mobilität und Kommunikation verfügen.

6.2.2 Merkmale elektronischer Märkte

Die Ausrichtung elektronischer Märkte ist äußerst vielfältig. Zur Systematisierung der damit verbundenen Ausprägungen bietet sich ein morphologischer Kasten an (Abb. 6.4). Einzelne Marktplätze lassen sich dann z. B. in ihrem Geschäftsmodell gut abbilden. Die Zahl und die Ausprägung der Kriterien kann je nach Entwicklung angepasst werden.

(1) Marktteilnehmer Auf den Märkten können sich viele Nachfrager (n) und viele Anbieter (m), aber auch nur ein Nachfrager und ein Anbieter gegenüberstehen (1 : 1 Beziehung). In einer erweiterten Betrachtung kann gefragt werden, ob und inwieweit die Koordinierungsaufgabe durch Software-Agenten unterstützt wird. So können sowohl Käufer- als auch Verkäufer-Agenten automatisiert und autonom auf elektronischen Marktplätzen im Auftrag ihres Anwenders handeln. Wenn ein Agent ein Kauf- oder Verkaufsangebot identifiziert, so kann er umgehend Verhandlungen mit dem betreffenden Partneragenten (Vereinbarungsphase) beginnen. Entsprechen sich Angebot und Nachfrage, können die Agenten sogar selbständig eine Transaktion durchführen (Abwicklungsphase). Der Vorteil von Software-Agenten ist, dass sie mit vielen potentiellen Handelspartnern gleichzeitig in automatisierte Verhandlungen treten, einen günstigeren Preis erreichen oder einen nur noch zu bestätigenden Vertrag aufsetzen müssen (Vgl. Eymann 2000).

(2) Güterabgrenzung Bezogen auf die Art der gehandelten Güter ist vor allem die Unterscheidung in horizontale und vertikale Marktplätze geläufig (vgl. Brenner und Breuer 2001):

- Vertikale Marktplätze fokussieren eine bestimmte geschlossene Benutzergruppe (z. B. Industrie, Branche). Sämtliche Leistungen sind auf die Gruppe zugeschnitten, so dass Angebot und Nachfrage nach spezifischen Regeln zusammengeführt werden. Im Mittelpunkt steht die Identifikation und Lösung gruppenspezifischer Anforderungen, wobei eine genaue Kenntnis dieser Anforderungen erforderlich ist. Vertikale Marktplätze decken alle Stufen der Wertschöpfungskette dieser Gruppe ab und gehen somit in die Tiefe. Sie entstehen in der Regel in fragmentierten Branchen, in denen Anbieter und Nachfrager ansonsten nur unter Inkaufnahme hoher Transaktionskosten in Verbindung treten können.
  Vertikale B2B-Marktplätze entstehen auch dann, wenn Unternehmen mit starken Schwankungen ihrer Kapazitätsauslastung konfrontiert sind. Durch eine Vermarktung überschüssiger Mengen und Restposten ist eine Verbesserung der Erlössituation möglich.
- Horizontale Marktplätze konzentrieren sich auf Produktgruppen (z. B. Büromaterial, Computer), Funktionen und Prozesse, denen in vielen Branchen ein hoher Stellenwert zukommt (z. B. Beschaffung, Einkauf). Es erfolgt eine branchenübergreifende Zusammenführung von Angebot und Nachfrage. Die elektronischen Leistungen gehen also eher in die Breite. Der Nutzerkreis ist weitgehend offen, wenngleich eine Registrierung obligatorisch ist. Betreiber sind entweder unabhängige Intermediäre oder Vermittler, die über einen entsprechenden fachlichen Hintergrund verfügen.

Vielfach sind Marktplätze sowohl durch eine horizontale als auch eine vertikale Dimension gekennzeichnet.

(3) Funktionalität Die Funktionalität ist die Summe der Leistungen, die der Marktplatz den Marktteilnehmern bietet (vgl. IAO 2000):

- Im einfachsten Fall stellt der Marktplatz nur Informationen bereit. Die Möglichkeit, z. B. Waren zu kaufen oder zu verkaufen, besteht nicht.
- Eine erweiterte Funktionalität liegt vor, wenn zusätzlich zum Informations- und Verweisangebot z. B. Produktdaten in Form von elektronischen Katalogen abgerufen werden können. Diese erweiterte Funktionalität macht es Nachfragern z. B. möglich, sich das gewünschte Produkt im elektronischen Angebot auszusuchen, um anschließend mit dem Anbieter auf herkömmliche Art das Geschäft abzuschließen. Kaufverträge können über solche Marktplätze nicht abgeschlossen werden.
- Auktionen und Ausschreibungen bieten zusätzliche Funktionalitäten dadurch, dass Marktteilnehmern die Möglichkeit geboten wird, Kaufverträge direkt über das Internet abzuschließen.

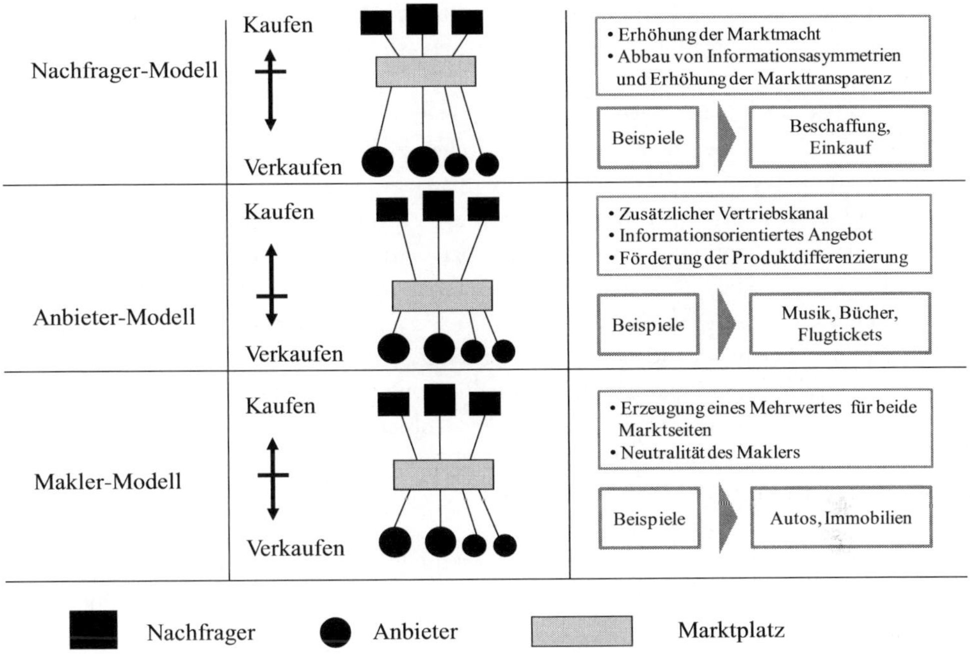

Abb. 6.5 Anbieter-, Makler- und Nachfrager-Modelle. (Vgl. auch Kollmann 2007, S. 518)

- Die Prozessintegration beschreibt eine funktionell weit entwickelte Ausprägungsform. In diesem Fall können Unternehmen Beschaffungsprozesse von der Ausschreibung über die Auftragsvergabe bis hin zur Bezahlung vollständig elektronisch ausführen.

(4) Interessenorientierung Der Betrieb eines Marktplatzes muss nicht zwangsläufig durch einen Intermediär erfolgen. Auch Anbieter oder Nachfrager können ein Interesse daran haben, eigene elektronische Marktplätze aufzubauen oder einen Intermediär an sich zu binden (vgl. Richter und Nohr 2002). Möglich sind neben einer direkten Absprache Nachfrager-, Anbieter- und Maklermodelle (Abb. 6.5):

- Im Fall eines Nachfrager-Modells betreiben ein oder mehrere Nachfrager einen Marktplatz. Ziele sind u. a. der Abbau von Informationsasymmetrien und die Erhöhung der Markttransparenz. Die Nachfrager versuchen dazu die Ausrichtung der Beziehungen zu ihren Gunsten zu beeinflussen und konstruieren tendenziell preisorientierte Marktplätze. Beispiel für einen nachfrageorientierten Marktplatz ist die Nachfragebündelung, bei der viele Nachfrager die gleichen Güter erwerben wollen und über ein gemeinsames Gebot aufgrund der höheren Nachfragemengen reduzierte Preise erhalten. Realisierbar ist auch ein geschlossenes Nachfrager-Modell, bei dem ein Unternehmen seinen Einkauf mit mehreren Lieferanten elektronisch durchführt (z. B. Beschaffungslösungen von Automobilherstellern).

- Ein Anbieter-Modell beschreibt einen Marktplatz, der durch einen oder mehrere Anbieter betrieben wird. Die Anbieter versuchen ein Gegengewicht zu den Nachfragern aufzubauen, die Informationsasymmetrien abbauen und/oder die Suchkosten verringern wollen. Die daraus resultierende Anbieter- und Preistransparenz vergrößert den Kostendruck für die Anbieter. Anbieter-Modelle zielen deshalb darauf ab, die Form und Ausrichtung des Marktplatzes zu ihren Gunsten zu verändern. Im Mittelpunkt stehen der Aufbau zusätzlicher Vertriebskanäle und die Produktdifferenzierung. Ergebnis sind eher informationsorientierte und weniger preisvergleichende Marktplätze.
- Betreiber eines Makler-Modells ist ein unabhängiger Vermittler. Solche Marktplätze bestehen aus Strukturen, bei denen sich viele Anbieter und viele Nachfrager gegenüberstehen. Beispiele sind Online-Börsen oder Online-Auktionen. Der Makler muss eine Neutralität und Unabhängigkeit für die konkrete Vermittlung von Angebot und Nachfrage offerieren. Vorteile sind für den Anbieter die Bereitstellung eines zusätzlichen Absatz- und Vertriebskanals und für die Nachfrager die Schaffung einer größeren Markttransparenz.

Die Wertschöpfung eines elektronischen Marktplatzes ist von der Vermittlungsleistung (elektronische Informationsebene) und von der daran gekoppelten Realtransformation abhängig (reale Transaktionsebene):

- Die Vermittlungsquote misst das Verhältnis von erfolgreichen zu nicht erfolgreichen Koordinationsakten auf der Informationsebene.
- Die reale Transaktionsquote misst das Verhältnis von erfolgreichen zu nicht erfolgreichen Tauschakten auf der Handelsebene.

Anhand dieser beiden Dimensionen lassen sich elektronische Märkte voneinander abgrenzen und die jeweilige Positionierung beschreiben (Abb. 6.6):

- Fragezeichen (???) Marktplätze weisen eine niedrige Vermittlungsquote und eine niedrige Transaktionsquote auf. Sie verfügen weder über eine hinreichende Anzahl von Transaktionspartnern noch über qualitativ hochwertige Tauschobjekte. Es kommt unabhängig von der Auswahl auf der Informationsebene kaum zu einem brauchbaren Matching-Ergebnis.
- Matchingorientierte Marktplätze haben eine hohe Vermittlungsquote und eine geringe Transaktionsquote. Sie verfügen über ausreichend viele Teilnehmer bzw. Handelsobjekte in der Datenbank. Sie erreichen auf der Informationsebene ein ausreichendes Resultat in der Zuordnung. Es fehlt jedoch an der Umsetzung der guten elektronischen Vermittlung in einen tatsächlichen Geschäftsabschluss. Beispielsweise sind Angaben auf der Angebotsseite fehlerhaft oder es mangelt den Nachfragern an Ernsthaftigkeit hinsichtlich einer tatsächlichen Transaktion.
- Transaktionsorientierte Marktplätze weisen eine geringe Vermittlungsquote und eine hohe Transaktionsquote auf. Sie haben die Fähigkeit, die wenigen Vermittlungen auf der Informationsebene in einen realen Kaufakt umzusetzen.

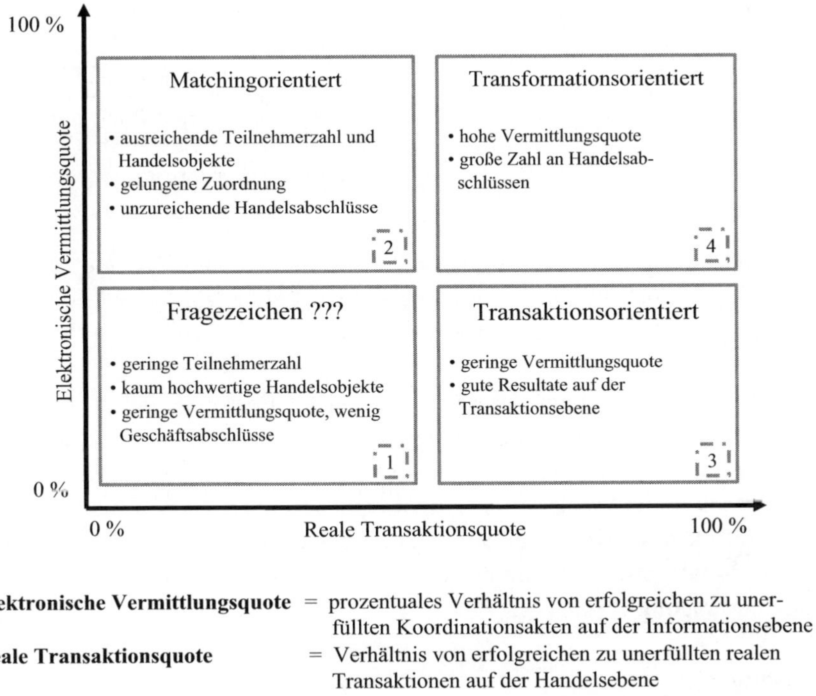

Abb. 6.6 Abgrenzung und Positionierung von Marktplätzen. (Vgl. Kollmann 2007, S. 476)

- Transformationsorientierte Marktplätze heben sich durch eine hohe Vermittlungs- und eine hohe Transaktionsquote ab. Sie sind in der Lage, eine überdurchschnittlich hohe Zahl an Vermittlungen in reale Kaufakte zu überführen. Diese Marktplätze haben strategische Wettbewerbsvorteile und eine starke Marktposition.

(5) Zugangsbarrieren Elektronische Märkte können offene oder geschlossene Zugänge aufweisen:

- Geschlossene Marktplätze sind z. B. Online-Kataloge mit einer Anbindung an ein ERP-System (Enterprise-Resource-Planning). Es handelt sich um eine integrierte Lösung für einen geschlossenen Nutzerkreis. Sie ist in die IuK-Landschaft eines Unternehmens integriert und der Zugang ist erst nach entsprechender Systemanbindung möglich. Für den Zutritt liegen bei geschlossenen Marktplätzen Beschränkungen vor. Diese können z. B. an personen- oder institutionsbezogenen Kriterien anknüpfen (z. B. Registrierung, ID-Nummern).
- Offene Marktplätze sind für alle Teilnehmer zugänglich. Es findet keine Konzentration auf bestimmte Produktbereiche oder Zielgruppen statt. Es wird ein großes Produktspektrum angeboten, das in der Tiefe und Breite die spezialisierten Marktplätze allerdings

Tab. 6.2 Formen der Preisbildung

		Form der Preisbildung	
		Statisch	Dynamisch
Beeinflussung der Preisbildung durch...	Anbieter	Katalog	Spot-Pricing
	Nachfrager	Preisgrenzen	Auktionen
	Anbieter und Nachfrager	Preisabsprachen	Börsen, Preisverhandlungen

nicht erreicht (vgl. Schwickerth und Pfeiffer 2000). Je offener Systeme sind, desto größer ist der potentielle Kreis der Adressaten. Weniger offene, proprietäre Systeme haben demgegenüber einen klar definierten Nutzerkreis.

Die Sicherheitsbedürfnisse auf elektronischen Märkten betreffen den Kommunikationsaustausch, die Authentizität und die Integrität. Authentizität ist gewährleistet, wenn eine empfangene Nachricht mit Sicherheit auch vom angegebenen Absender stammt. Integrität liegt vor, sofern der Inhalt der Nachricht nicht verändert wurde. Ein weiter Aspekt ist die Verbindlichkeit der Kommunikation. Diese besteht dann, falls der Zugang der Nachricht beweisbar ist, also vom Empfänger nicht bestritten werden kann (z. B. durch eine Empfangsbestätigung).

(6) Preisbildung Auf elektronischen Märkten gibt es statische und dynamische Formen der Preisbildung, deren Beeinflussung durch Anbieter, Nachfrager oder beide Marktseiten möglich ist (Tab. 6.2). Im Fall von Katalogpreisen handelt es sich um die geordnete und strukturierte Darstellung von elektronischen Produktkatalogen, die häufig der Unterstützung des Einkaufs von standardisierten Gütern für spezifische Branchen dienen. Preisverhandlungen finden unmittelbar zwischen Käufer und Verkäufer statt. Gehandelt werden vielfach unregelmäßig bezogene, nicht-standardisierte Güter mit einer höheren Komplexität. Oft sind diese Güter nur bei wenigen Zulieferern erhältlich und bedürfen eines umfassenden Bestell- und Verhandlungsvorgangs.

Auktionen dienen der Preisermittlung von Gütern über einen Bietprozess. Im Fall von Börsen handeln Käufer und Verkäufer mit Produkten und Dienstleistungen ohne in direkten Kontakt zu kommen. Ein Internetportal agiert als Mittler zwischen beiden Parteien. Das Spot-Pricing ist eine spezielle Form der zeitlichen Preisdifferenzierung, bei der die Preise kurzfristig in Abhängigkeit von der erwarteten Nachfrage festgelegt werden.

(7) Erlöse In elektronischen Geschäftsmodellen lassen sich Erlös- und Preismodell voneinander trennen (Abb. 6.7; vgl. Skiera et al. 2005):

- Bei der Erlösquelle „Produkt" wird das eigentliche Produkt bepreist (z. B. Online-Kauf eines Buches). Die Erlösquelle „Kontakt" wird genutzt, wenn Unternehmen den Kontakt zu ihren Kunden nutzen, um Einnahmen z. B. aus Werbung zu generieren. Die

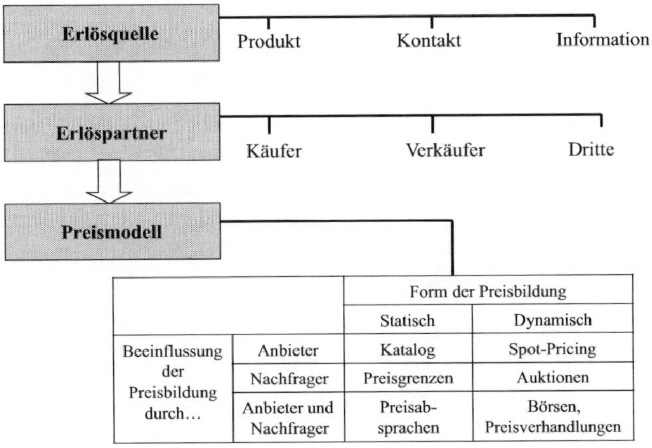

Abb. 6.7 Zusammenhang zwischen Erlösquelle und Preismodell

Erlösquelle „Information" kommt zum Einsatz, wenn Unternehmen Einnahmen z. B. aus dem Verkauf von Nutzerprofilen erzielen. Die Erlösquellen („Was wird bepreist") können isoliert oder gemeinsam eingesetzt werden.

- Nach Festlegung der Erlösquelle(n) müssen die Erlöspartner bestimmt werden („Wer wird bepreist"). In Frage kommen Käufer, Verkäufer oder Dritte (z. B. Werbepartner). Anschließend lässt sich das Preismodell ausgestalten (z. B. dynamisch, statisch; ein-, zweiseitig).

Zerdick et al. unterscheiden zwischen direkten und indirekten Erlösformen (Abb. 6.8; vgl. Zerdick et al. 2001, S. 26). Direkte Erlöse sind zum einen nutzungsabhängig und werden durch Einzeltransaktionen erzielt. Die Zahlung ist z. B. abhängig von der Menge oder der Dauer der in Anspruch genommenen Leistung. Voraussetzung für diese Erlösform sind eine Kundenbeziehung und entsprechende Abrechnungssysteme, die eine Bestandsführung und eine Protokollierung des Kundenverhaltens umfassen. Solche Systeme lohnen

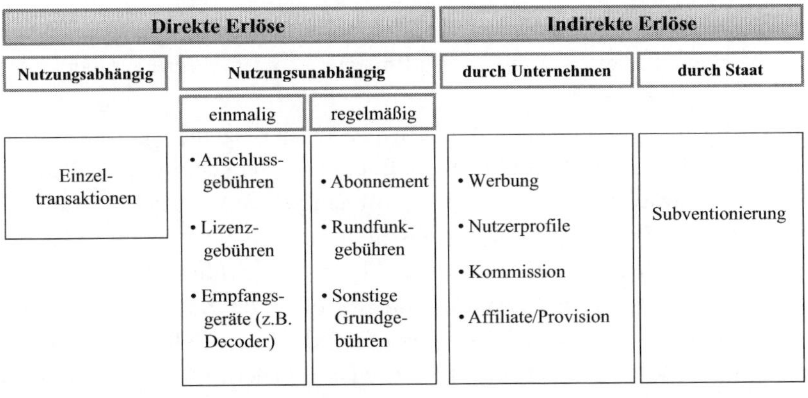

Abb. 6.8 Erlösmodellsystematik auf elektronischen Märkten. (Vgl. Zerdick et al. 2001, S. 26)

sich erst ab einem gewissen Mindestumsatz. Diese Erlösform eignet sich auf den ersten Blick für viele digitale Güter, die sich leicht zerlegen lassen. Eine nutzungsabhängige Einzelabrechnung ist jedoch für viele Kleinbeträge (micropayment) oft nicht wirtschaftlich durchführbar. Kunden sind zudem häufig nicht gewillt, von einer festen Gebühr auf nutzungsabhängige Gebühren zu wechseln. Direkte Erlöse lassen sich zum anderen auch nutzungsunabhängig erzielen. Zu unterscheiden sind regelmäßige und einmalige Formen. Regelmäßige Erlöse entstehen z. B. aus Abonnements. Diese Erlösform ist leicht abzurechnen und Leistungen durch den Nutzer müssen nicht gemessen werden. Auch diese Erlösform erlaubt den Aufbau einer Kundenbeziehung. Einmalige Erlöse können durch Gebühren für die Gewährung eines Zugangs erhoben werden, z. B. eine Anschlussgebühr, eine Zugangssoftware oder ein Empfangsgerät. Derartige Erlöse stehen am Anfang einer Kundenbeziehung, können jedoch auch davon abschrecken, wenn die Kosten zu hoch erscheinen.

Bei den indirekten Erlösformen dominieren die Werbung, das Kommissionsmodell und der Verkauf von Nutzerdaten (z. B. als Basis für Data Mining-Analysen). Indirekte Erlöse haben im Internet gegenüber anderen Formen eine größere Bedeutung. Ein Grund liegt darin, dass für indirekte Erlösmodelle keine ausgeprägte Kundenbeziehung notwendig ist. Diese ist im Internet schwieriger zu erreichen, wenn Nutzer aufgrund mangelnden Vertrauens oder fehlender Zahlungsbereitschaften vor engen Kontakten zurückschrecken.

Umgekehrt ermöglichen Internet-Technologien die Auswertung z. B. von Nutzerprofilen und damit neue indirekte Erlösformen (Abb. 6.9). Dazu einige Beispiele:

- Im Freemium-Modell werden dem Nutzer grundlegende Angebote frei zur Verfügung gestellt. Premium-Angebote können anschließend hinzu gebucht werden. Zu klären ist damit die Frage, welches Angebot kostenlos und welches Angebot zu bepreisen ist. Wird ein zu großer Teil des Angebots kostenlos zur Verfügung gestellt, kann der Anreiz zum Wechsel zu kostenpflichtigen Angeboten entfallen. Der Anbieter muss daher eine ausgewogene Angebotspalette finden und durch das Basisangebot „Lust auf mehr wecken". Ein weit verbreitetes Geschäftsmodell ist der werbefinanzierte Content. Voraussetzungen für den Erfolg dieses Modells sind u. a. viele Besucher, da Online-Werbung nur bei einer Ansprache großer Kundenkreise auch hohe Einnahmen verspricht. Notwendig sind ferne eine gute Suchmaschinen-Optimierung und mehrere Werbepartner, da sie das Ausfallrisiko mindern.
- Ziel der Affiliate-Werbung ist es, die Besucher auf der eigenen Seite auf andere Seiten umzuleiten, wo diese ein Produkt kaufen oder eine Dienstleistung beanspruchen. Für die Weiterleitung erhält der Anbieter einen finanziellen Ausgleich. Erträge fallen also erst an, wenn der Besucher auf der Webseite ihres Affiliate-Anbieters eine bestimmte Aktion durchgeführt hat. Das kann sowohl eine Anmeldung für einen Newsletter, der Download eines bestimmten Dokumentes oder der Kauf eines Produktes sein. Voraussetzungen für den Erfolg dieses Modells sind u. a. die Unterstützung der Affiliate-Werbung (z. B. durch Banner, Links) mit redaktionellem Inhalt, viele Besuche sowie thematisch passende Inhalte.

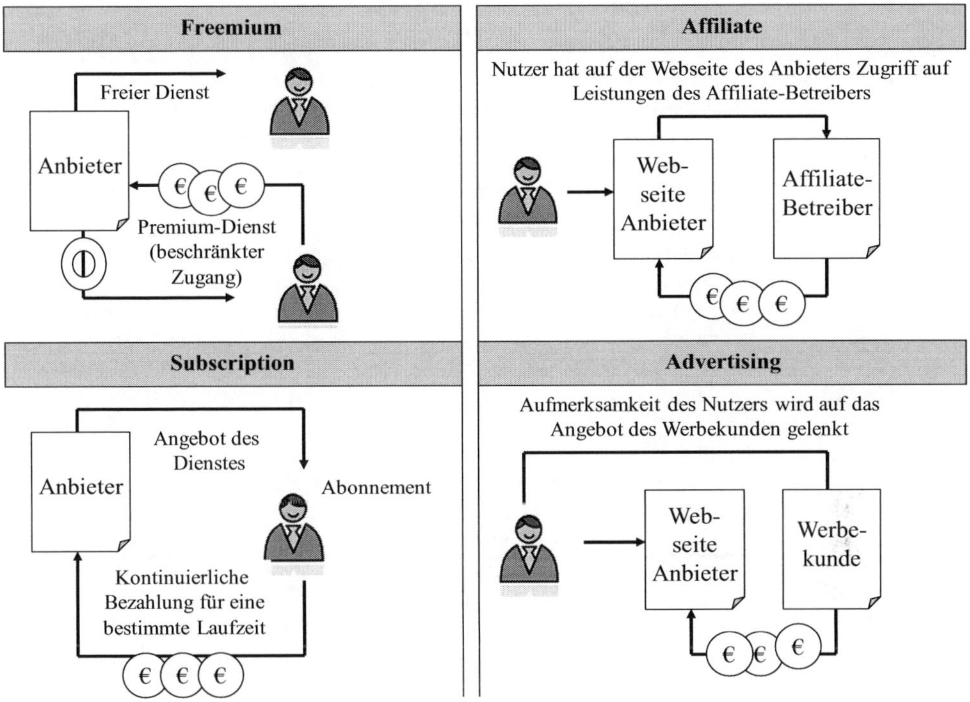

Abb. 6.9 Möglichkeiten zur Erlösgenerierung bei webbasierten Dienstleistungen

- Das Affiliate-Modell wird häufig mit einem Advertising-Modell verknüpft. So bekommt der Anbieter der Webseite zusätzlich einen Betrag, wenn der Nutzer auf die Werbung klickt und einen höheren Betrag, wenn der Nutzer beim Werbekunden auch noch etwas kauft oder bucht.
- Im Subscription-Modell muss der Nutzer einer Dienstleistung z. B. eine jährliche oder monatliche Gebühr entrichten. Dazu müssen einer konkreten Zielgruppe in der Regel hochwertige Informationen bereitgestellt werden. Die Verwaltung eines solchen Modells ist aufwendiger als bei anderen Erlösmodellen. Der Anbieter muss z. B. die Rechnungslegung durchführen, angemeldete Leser verwalten und säumige Zahler mahnen.

(8) Leistungsangebot Die von Zerdick et al. entwickelte Erlössystematik lässt sich gut auf verschiedene Ausrichtungen des Leistungsangebots anwenden, z. B. auf die 4C-Business-Net-Typologie von Wirtz (Abb. 6.10; vgl. Wirtz 2001):

1. Content-basierte Angebote beinhalten die wertgenerierenden Schritte der Sammlung, Selektion, Systematisierung, Aufbereitung und Bereitstellung von Inhalten bzw. Informationen für den Endnutzer. Die Inhalte können informierend, unterhaltend, oder bildend (z. B. Web Based Training) sein. Sie müssen für den Nutzer interessant, einfach,

	Content	Commerce	Context	Connection
Definition	Sammlung, Selektion, Systematisierung, Kompilierung und Bereitstellung von Inhalten	Anbahnung, Aushandlung und/oder Abwicklung von Geschäftstransaktionen	Klassifikation und Systematisierung von verfügbaren Informationen	Herstellung der Möglichkeit eines Informationsaustausches in Netzwerken
Ziel 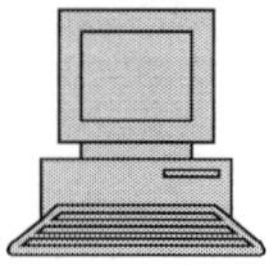	Online-Bereitstellung von konsumentenzentrierten, personalisierten Inhalten	Ergänzung bzw. Substitution traditioneller Transaktionsphasen	Komplexitätsreduktion Navigation	Schaffung von technologischen, kommerziellen oder rein kommunikativen Verbindungen in Netzen
Erlösmodell	Indirekte Erlösmodelle (vor allem Werbemärkte)	Transaktionsabhängige direkte oder indirekte Erlösmodelle	Indirekte Erlösmodelle	Direkte und indirekte Erlösmodelle

Abb. 6.10 4C-Business-Net-Typologie

bequem und visuell ansprechend aufbereitet werden. Da Interesse und Attraktivität subjektive Kategorien sind, die von der Bedürfnisstruktur des Nutzers abhängen, ist eine Personalisierung bzw. Individualisierung der Angebote sinnvoll.

2. Commerce-basierte Angebote beschreiben die Anbahnung und/oder Abwicklung von Geschäftstransaktionen zwischen Unternehmen und Konsumenten bzw. zwischen Unter-nehmen untereinander. Von besonderem Gewicht hierbei sind die Phasen der Anbahnung und Aushandlung von Kontrakten, d. h. das Auffinden geeigneter Geschäftspartner und die Abwicklung der Bestellung einschließlich der Überwachung der Auftragsabwicklung. Bei nicht-physischen Gütern (z. B. Informationen aus Datenbanken, Software, Musiktiteln, Filmen) kommt die digitale Distribution hinzu. Dieses Geschäftsmodell ist typisch für elektronische Marktplätze.
3. Context-basierte Angebote (z. B. durch Suchmaschinen) konzentrieren sich auf das Auffinden, die Klassifikation, die Systematisierung und die Aufbereitung von Informationen. Das Internet wird aufgrund spezifizierter Nutzeranfragen durchsucht. Gesucht werden aber nicht nur Informationen, sondern auch Informationen über Informationen, Informations-Transparenz und Reduktion der Informationsfülle. Ebenso wie bei Content-Geschäftsmodellen entsteht teilweise das Problem, dass Nutzer direkte Gebühren für die Informationsleistungen nicht akzeptieren. In diesem Fall werden vor allem indirekte Erlösmodelle wie z. B. Werbung, Sponsoring oder Associate-Partner-Programme (Erlöse durch Provisionen) eingesetzt.
4. Connection-basierte Angebote ermöglichen die Kommunikation in Netzwerken. Die Spanne der Organisationsformen reicht von der einfachen Möglichkeit der bidirektionalen Kontaktaufnahme (z. B. E-Mail) bis hin zur virtuellen Community, bei der

Tab. 6.3 Kern- und Nebenleistungen

Ausprägung	Kernleistung	Nebenleistung
E-Shop	Angebot von Gütern	Trendinformationen
E-Marktplatz	Autohandel	Versicherungen
E-Community	Kommunikation	Werbefläche
E-Procurement	Handel von Bürobedarf	Kundendaten

sich viele Kommunikationspartner treffen. Betreiber dieser Geschäftsmodelle generieren hohe Nutzerfrequenz. Dieses Modell bietet daher Möglichkeiten, indirekte Erlöse über Instrumente wie z. B. Werbung, Sponsoring oder Associate-Partner-Programme zu generieren.

Selten sind diese Angebotsformen in Reinform anzutreffen (Pure Player). Oft bieten Unternehmen Leistungen an, die sich mehreren dieser Kategorien zuordnen lassen. Kennzeichnend sind zudem häufig Kern- und Nebenleistungen (Tab. 6.3).

Die Haupterlöse entspringen oft aus der Kernleistung. Hier handelt es sich zumeist um direkte Erlöse. Daneben existieren indirekte Einnahmequellen. Beispielsweise werden über die Kernleistung Informationen generiert, die für Dritte von Interesse sein können. Ein tragfähiges Geschäftsmodell setzt voraus, dass Mehrwerte für Kunden generiert werden. Drei Varianten lassen sich unterscheiden (vgl. Kollmann 2007, S. 43 ff.):

- Singular-Prinzip: Die bezahlte Kernleistung steht im Mittelpunkt (z. B. Verkauf über E-Shop) und eine Nebenleistung ist nicht vorhanden bzw. wird nicht genutzt.
- Plural-Prinzip: Hier gibt es sowohl eine bezahlte Kernleistung (z. B. Vermittlungsleistung auf einem Marktplatz) als auch vermarktbare Nebenleistungen (z. B. Verkauf von Marktdaten).
- Symbiose-Prinzip: Ähnlich wie beim Plural-Prinzip gibt es Kern- und Nebenleistungen. Die Kernleistung wird jedoch kostenlos angeboten (z. B. Teilnahme an einer Community), um die Informationen für die Nebenleistung (z. B. personalisierte Werbung) zu erhalten.

6.3 Fallbeispiele und Anwendungen

6.3.1 Elektronische Wertschöpfung

Basis für die elektronische Wertschöpfung ist die zunehmende Nutzung innovativer IuK-Technologien. Ihr Einsatz allein generiert jedoch noch keinen Mehrwert (Abb. 6.11). Dieser Sachverhalt ist als Produktivitätsparadoxon bekannt und mehrfach empirisch belegt worden (vgl. Picot et al. 2003, S. 196 ff.). Die Ursachen sind vielfältig. So gibt

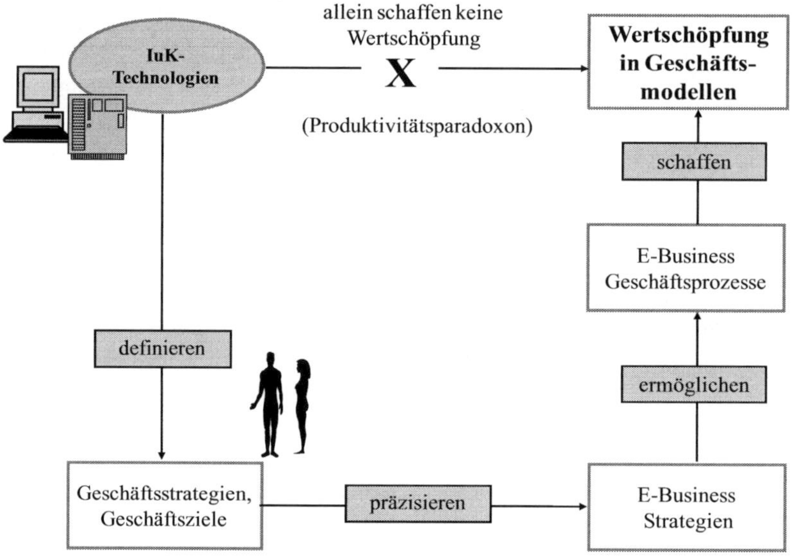

Abb. 6.11 Wertschöpfung durch IuK-Technologien

es u. a. zeitliche Verzögerungen zwischen dem Einsatz von IuK-Technologien und ihren Wirkungen auf betriebswirtschaftliche Größen wie Produktivität und Rentabilität (z. B. durch später einsetzende Lerneffekte beim Personal, Anpassungskosten für Implementierung und Schulung). Auch ist häufig eine unzureichende Reorganisation der Geschäftsprozesse zu beobachten. In der Regel gibt es keinen direkten Zusammenhang zwischen betriebswirtschaftlichen Kennziffern und dem Einsatz von IuK-Technologien. Dieser folgt eher mittelbar über die Geschäftsprozesse. IuK-Technologien müssen also auf die Geschäftsprozesse, die internen Strukturen und operativen Abläufe abgestimmt werden. IuK-Technologien begleiten dann die betrieblichen Wertschöpfungsketten und tragen auf vielfältige Weise indirekt zur Wertschöpfung bei. In diesem Fall wird der Wert der Güter durch Be-, Weiterverarbeitung oder Handel innerhalb des Unternehmens erhöht (vgl. Müller-Stewens und Lechner 2003, S. 369). Die direkte elektronische Wertschöpfung ergibt sich aus dem Umgang mit Informationen. Beispiele dafür sind:

- Überblick zu ausgewählten Themenfeldern,
- Auswahl gewünschter Güter,
- Abstimmung von Angebot und Nachfrage,
- Abwicklung von Geschäften,
- Vermittlung von Kooperationen zwischen Transaktionspartnern,
- Austausch von Informationen zwischen Geschäftspartnern.

Die Information kann dazu dienen, den Wertschöpfungsprozess zu erweitern, zusätzlichen Mehrwert für den Kunden zu schaffen oder damit verbundene Teilprozesse digital

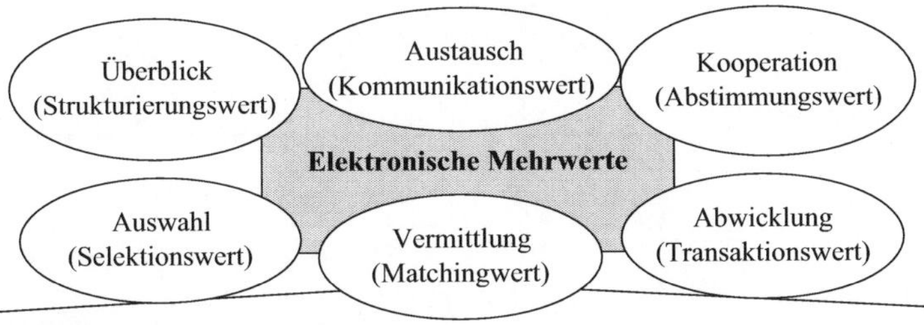

Wertschöpfung	Besonderheit
Produktangebot	24/7; rund um die Uhr an sieben Tagen der Woche
Informationsangebot	Multimedial, virtuell
Informationsnachfrage	Interaktiv
Informationsaustausch	Direkt, individuell gestaltbar
Informationsverarbeitung	Möglichkeit, auch große Mengen an relevanten Kunden-und Prozessdaten einfach, schnell und umfassend zu verarbeiten und die Ergebnisse direkt in den Kundenkontakt einfließen zu lassen

Abb. 6.12 Elektronische Wertschöpfung. (Vgl. Kollmann 2007, S. 30)

abzubilden (Abb. 6.12). Dabei ist es durchaus möglich, dass auch eine multiple Wertschöpfung stattfindet.

Sehr häufig besteht die elektronische Wertschöpfung aus der Sammlung, Verarbeitung und Übertragung von Informationen. Bezogen auf das Angebot rücken bessere Vergleichsmöglichkeiten und der Abbau von Informationsasymmetrien zugunsten des Nachfragers in den Vordergrund (z. B. durch Empfehlungssysteme). Unternehmen haben die Möglichkeit, ihr Angebot auf den einzelnen Webseiten anzupassen und individualisierte Angebote zu unterbreiten (z. B. Auktionsplattformen, Online-Buchhändler). Dabei gibt es ähnlich wie bei der realen Wertschöpfung Kernprozesse und Serviceprozesse. Die Kernprozesse haben einen echten wertschöpfenden Charakter, während die Serviceprozesse den Ablauf in der Wertschöpfungskette unterstützen.

Die elektronische Wertschöpfung hat bestimmte Besonderheiten, die aus den Möglichkeiten der IuK-Technologien resultieren. Im Ergebnis können sich für beide Marktseiten eine Senkung der Transaktionskosten und eine Beschleunigung der Geschäftsprozesse ergeben. Beispiel ist ein Geschäftsmodell für Urlaubsreisen, das Vergleichsmöglichkeiten von Reisezielen bietet, Zusatzinformationen für Flugangebote bzw. Reiseziele liefert und personalisierte Angebote unterbreitet. Der gesamte Transaktionsprozess (Suche, Auswahl, Buchung, Bezahlung) wird dazu über eine elektronische Plattform abgewickelt (Abb. 6.13).

Mobiles Internet Im Gegensatz zur Internetnutzung z. B. mithilfe eines stationären PCs weist der mobile Zugriff auf das Internet eine Reihe von Besonderheiten auf (Tab. 6.4).

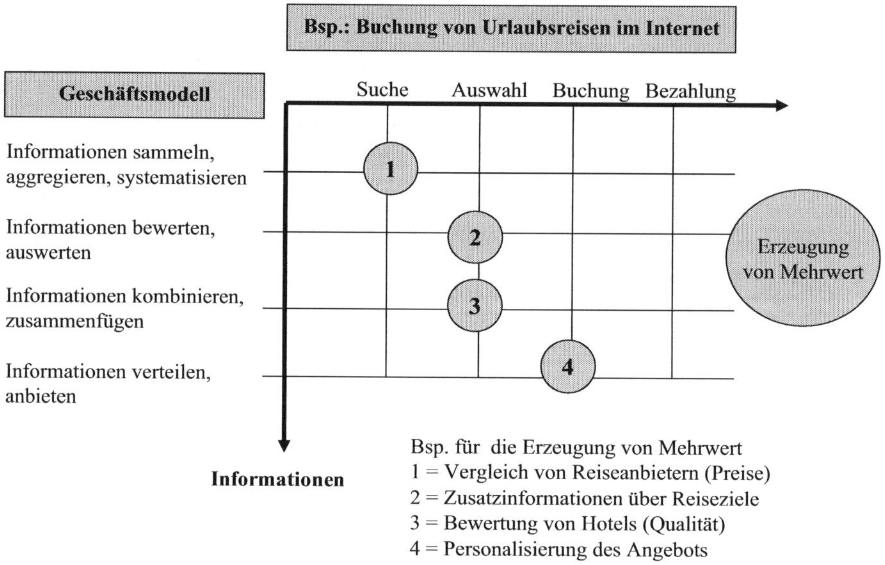

Abb. 6.13 Integrierte Form elektronischer Wertschöpfung

Tab. 6.4 Unterschiede zwischen stationärer und mobiler Internet-Nutzung

	Stationärer Zugriff	Mobiler Zugriff
Zugriff	Oft lange Ladezeiten, an Aufenthaltsort des Anwenders gebunden, nicht immer eindeutig zu identifizieren	Unmittelbar (one touch), unabhängig vom Aufenthaltsort des Anwenders, eindeutig identifizierbar und lokalisierbar
Länge des Zugriffs	In der Regel lang, gezielt	Häufig kurz, gezielt
Art des Zugriffs	Divers, reichhaltig	Echtzeit, häufig spezialisiert
Nutzen	Oft über längere Sitzungsdauer	Unmittelbare Erfahrung

Wesentliche Kriterien des mobilen Internet-Zugriffs sind die Ortsunabhängigkeit, die schnelle Verfügbarkeit, die ständige Erreichbarkeit, die Lokalisierung des Nutzers sowie die Identifikation der Teilnehmer. Wenn Nutzer ihr Endgerät mitführen, haben sie also jederzeit und an nahezu jedem Ort Zugang zu Netzwerken, Produkten und Dienstleistungen. Häufig sind die mobilen Internet-Anwendungen daher noch Pull-Anwendungen, d. h. der Nutzer bestimmt selbst, welche Produkte und Dienstleistungen er aktiv nachfragt (z. B. Abruf von Verkehrsnachrichten). Im Fall von Push-Anwendungen ist der Anbieter hingegen nicht mehr davon abhängig, dass sich der Nutzer in das Netz einwählt, sondern er kann sich selbst mit Angeboten an den mobilen Internet-Nutzer wenden. Beispiel für eine Push-Anwendung ist die automatische und personalisierte Versendung von zeitkritischen Informationen (z. B. Börsenkurse) an zuvor registrierte Nutzer.

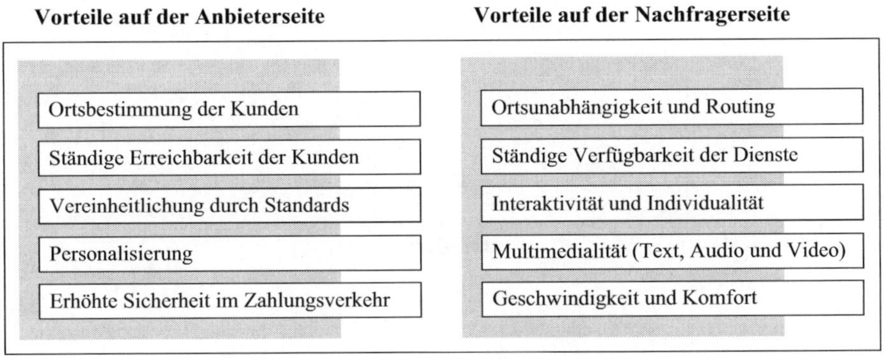

Abb. 6.14 Mehrwerte der mobilen Kommunikation. (Vgl. Kollmann 2001a, S. 61)

Das Mobile Commerce bietet also häufig einen zusätzlichen Mehrwert gegenüber stationären Internet-Anwendungen (Abb. 6.14):

- Das Senden und Empfangen von Daten bzw. Informationen zu jeder Zeit und an jeden Ort (Ubiquität).
- Die automatische Identifizierung durch Zuordnung eines Endgeräts zu einem Nutzer (1 : 1 Beziehung).
- Die Lieferung angepasster Informationen und Dienstleistungen passend zur persönlichen Situation des Nutzers (Kontext-Sensitivität: Personalisierung, Ortsbezogenheit).

Aus diesen Besonderheiten eröffnen sich sowohl im B2C- als auch im B2B-Bereich eine Reihe von Anwendungsfeldern, die hier nicht im Detail nachgezeichnet werden sollen. Beispielhaft sei auf Lokalisierungsdienste, Notrufdienste oder Anwendungen im Außendienst verwiesen. Ungeachtet dieser Potentiale ist auch die Nutzung des mobilen Internets den Bedingungen unterworfen, die auch für das stationäre Internet gelten. Dazu zählt die Notwendigkeit zur Generierung von direkten oder indirekten Netzeffekten, die Diffusion und Akzeptanz neuer Technologien sowie die Suche nach geeigneten Erlösquellen.

Integrative Medienformen Die elektronische bzw. virtuelle Handlungsebene impliziert, dass Raum und Zeit entkoppelt werden. Der Kontakt zu anderen Marktteilnehmern ist keine Frage der räumlichen Entfernung mehr, sondern eine Frage der Ausgestaltung des virtuellen Kontakts. Für diese Ausgestaltung steht eine Reihe von Medienformen (Ton, Bild, Video, Text) zur Verfügung, die in Form multimedialer Angebote zusammengeführt werden können. Diese Integrativität der Medienformen und ihre simultane Anwendung eröffnen für die Marktteilnehmer einen Zusatznutzen, der sich in einer Verbesserung der Informationswahrnehmung und -verarbeitung niederschlägt (Abb. 6.15). Beispiel sind Musikbörsen, bei denen Informationen zu einzelnen Musikstücken sowohl als Bild (Plattencover), Text (Beschreibung des Musikstils), Ton (Hörprobe) und Bewegtbild (Videoausschnitt) angeboten werden. Dadurch kann sich der Interessent auch ohne

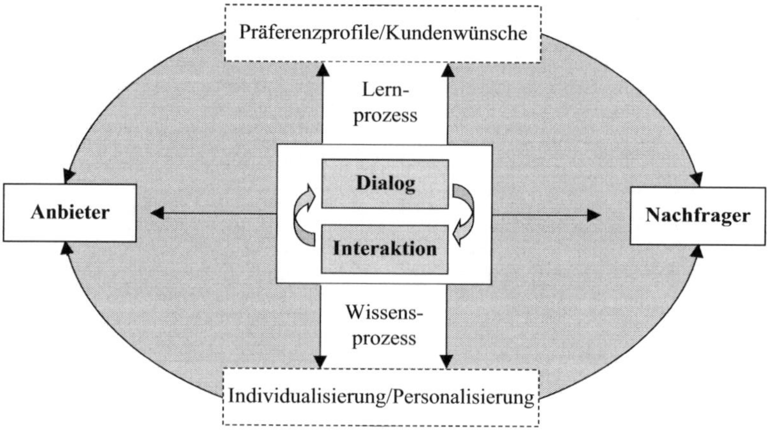

Abb. 6.15 Informationsaustausch als Basis des Wissensaufbaus. (Vgl. Kollmann 2007, S. 27)

vorherige Kenntnis einen guten Eindruck über das Angebot verschaffen. Da Informationen nicht nur passiv abgerufen, sondern auch von jedem Marktteilnehmer eingestellt werden können, kommt es zu einem Wechsel von einer passiven zu einer aktiven Kommunikation. Der Begriff der Interaktivität bezeichnet dieses „Miteinander in Verbindung treten" und die wechselseitige Kommunikation zwischen Sender und Empfänger. Durch die zweiseitige Kommunikationsbeziehung (Sender/Empfänger) werden nicht mehr nur Informationen von einem zum anderen Marktteilnehmer verteilt, sondern die Teilnehmer können sich die gewünschten Informationen auch selbst beschaffen. Durch diese duale Rolle jedes einzelnen Akteurs ergibt sich ein Wechsel von einer reinen Push- zu einer Push- und Pull-Kommunikation. Informationen werden nicht nur über Massenmedien an möglichst viele Empfänger gedrückt (z. B. wie im Fall des Fernsehens), sondern die Empfänger ziehen sich aus IuK-Systemen selbst die gewünschten Informationen heraus. Damit können zwei Richtungen verfolgt werden:

- Push-Kommunikation (Tendenz zur realen Handelsebene), bei welcher der Informationsanbieter versucht, automatisch das zu liefern, was den Informationsempfänger interessieren könnte. In diesem Kontext sind Streuverluste zu berücksichtigen.
- Pull-Kommunikation (Tendenz zur elektronischen Handelsebene), bei dem der Informationsnachfrager das gewünschte Gut selbst sucht und abruft. Hier sind Aktivitäts- und Auffindungsprobleme zu lösen.

Eng verbunden mit dem Wechsel von einer aktiven hin zu einer interaktiven Kommunikation sind die Personalisierung und die Individualität der Kommunikationsinhalte. In der Konsequenz bedeutet dies die Anpassung der Informationen, Angebote und Produkte an die Bedürfnisse der Kunden. Diese Personalisierung kann explizit durch den Kunden erfolgen, der das Angebot auf der Basis von Gestaltungsparametern selbst konfiguriert (vgl. z. B. die Zusammenstellung eines Computers bei einem Hersteller). Zum anderen kann die Personalisierung implizit erfolgen, wenn eine Abstimmung über die Bedürfnisse des Kunden bzw. seines elektronisch hinterlegten Profils mit einer Klassifikation der angebotenen Produkte oder mit dem Wissen über andere Produkte erfolgt (z. B. Produktempfehlungen eines Online-Buchhändlers).

Die ständige Verbesserung der Kundenansprache auf Basis der Individualisierung führt zu lernenden Kundenbeziehungen. Aufbauend auf dem Ausgangswissen über Kundenwünsche finden ein Dialog zwischen Anbieter und Nachfrager sowie ein Aufbau von Wissen statt. Nach Auffassung von Prahalad und Krishnan (2009) kann durch solche IuK-Innovationen eine neue Art von Wertschöpfung entstehen, die sie mit folgender Formel umschreiben lässt:

$$N = 1 \text{ und } R = G.$$

Dahinter verbirgt sich die Auffassung, dass sich Anbieter zunehmend auf individuelle Kundenanforderungen ausrichten müssen ($N = 1$) und auf ein breites, globales Netz an Ressourcen ($R = G$) zurückgreifen können. Den IuK-Technologien fällt dabei eine Schlüsselrolle zu.

6.3.2 (In-)Stabilität elektronischer Märkte

Würden Sie auf einem elektronischen Marktplatz kaufen, der nur wenige Produkte im Angebot hat, oder würden Sie sich für eine Auktionsplattform interessieren, die nur wenig Anbieter aufweist? Die Antwort wird in den meisten Fällen wohl negativ ausfallen. Ursache ist, dass elektronische Märkte eine kritische Masse an Nutzern erreichen müssen.

Marktplatzgröße Der elektronische Markt weist als Systemgut direkte und indirekte Nutzenkomponenten auf. Wichtig sind die Zahl der Teilnehmer und die erwartete Entwicklung des Marktplatzes. Unter der Prämisse geringer Budgets muss möglichst rasch die kritische Marktplatzgröße erreicht werden. Dazu werden Marktplätze häufig auf den Dominokunden ausgerichtet (Abb. 6.16). Der Dominokunde ist die Marktpartei, die zuerst eingeworben werden soll, damit die andere Partei den Marktplatz nutzt und bildlich als Dominostein mitfällt.

Beispiel ist der Dominokunde „Auftraggeber" für Handwerks- und Dienstleistungsauktionen. Unternehmen oder Haushalte stellen dazu Aufträge ein, die im Anschluss zu Geboten potentieller Auftragnehmer führen. Als Mehrwert wird dann z. B. ein Online-Bewertungssystem implementiert, das Transparenz über die Qualität der Auftragsausführung herstellt. Eine weitere Möglichkeit der Qualitätssicherung besteht in der Bereitstellung von Dienstleistungsprofilen oder in der Zulassung nur solcher Unternehmen, die in der Vergangenheit positiv beurteilt worden sind.

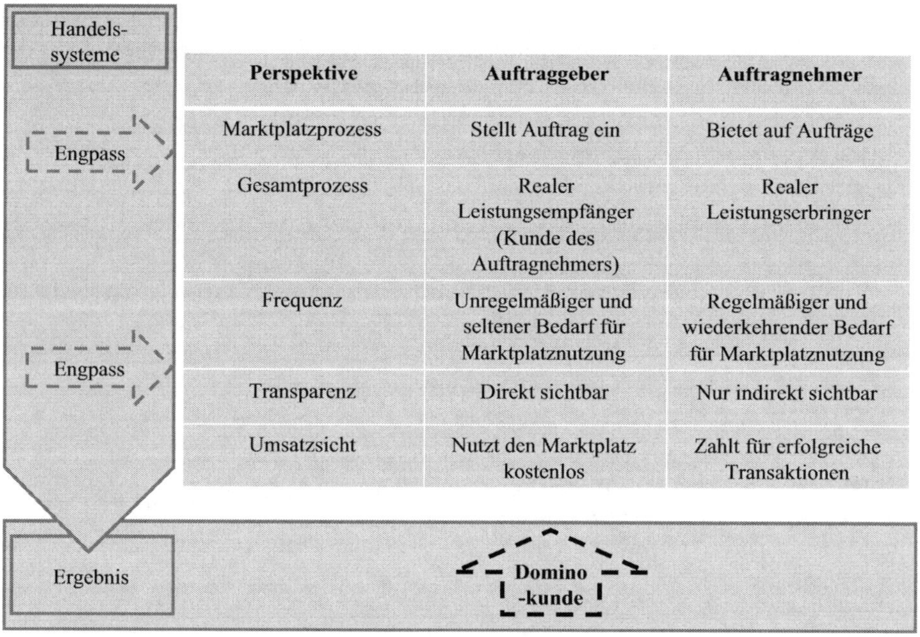

Perspektive	Auftraggeber	Auftragnehmer
Marktplatzprozess	Stellt Auftrag ein	Bietet auf Aufträge
Gesamtprozess	Realer Leistungsempfänger (Kunde des Auftragnehmers)	Realer Leistungserbringer
Frequenz	Unregelmäßiger und seltener Bedarf für Marktplatznutzung	Regelmäßiger und wiederkehrender Bedarf für Marktplatznutzung
Transparenz	Direkt sichtbar	Nur indirekt sichtbar
Umsatzsicht	Nutzt den Marktplatz kostenlos	Zahlt für erfolgreiche Transaktionen

Abb. 6.16 Dominokunde auf einem elektronischen Markt. (Vgl. Kollmann 2007, S. 438)

Koordinationsleistung Das Produkt eines elektronischen Marktplatzes ist die effiziente Koordination von Angebot und Nachfrage sowie die Übernahme einer Vermittlungsleistung. Dazu braucht der Betreiber Informationen, die er selbst nicht generieren kann:

- Anbieter müssen Produkte, Leistungen und Konditionen nennen.
- Nachfrager müssen Kaufwünsche übermitteln und Daten liefern, die sich zu Kundenprofilen bündeln lassen.

Der Nutzen eines Marktplatzes resultiert damit nicht nur aus der Leistungsfähigkeit des Betreibers, sondern auch aus der Teilnahmebereitschaft der Anbieter und der Akzeptanz der Nachfrager. Dieser Nutzen ist umso größer, je größer die Anzahl und Nutzungsintensität der Teilnehmer sind (Netzeffekte). Aufgrund dieser Ausgangssituation können verschiedene Probleme auftreten, die die Koordinierungsaufgabe des Betreibers erschweren:

1. Chicken-and-Egg-Problem: Ist die Anzahl der Anbieter zu gering bzw. die Menge der angebotenen Objekte nicht groß genug, so kommen keine Nachfrager auf den Marktplatz. Ist die Anzahl der Nachfrager bzw. die Zahl der Gesuche zu gering, so kommen keine Anbieter. Der Betreiber muss also den Marktplatz in der Regel mit einer Marktseite entwickeln, darf aber die andere Marktseite nicht vernachlässigen.
2. Kritische Masse-Problem: Die bereits auf dem Marktplatz vorhandene Nutzerzahl (installierte Basis) bestimmt den Nutzen für Neukunden, da sich mit steigender Nutzerzahl

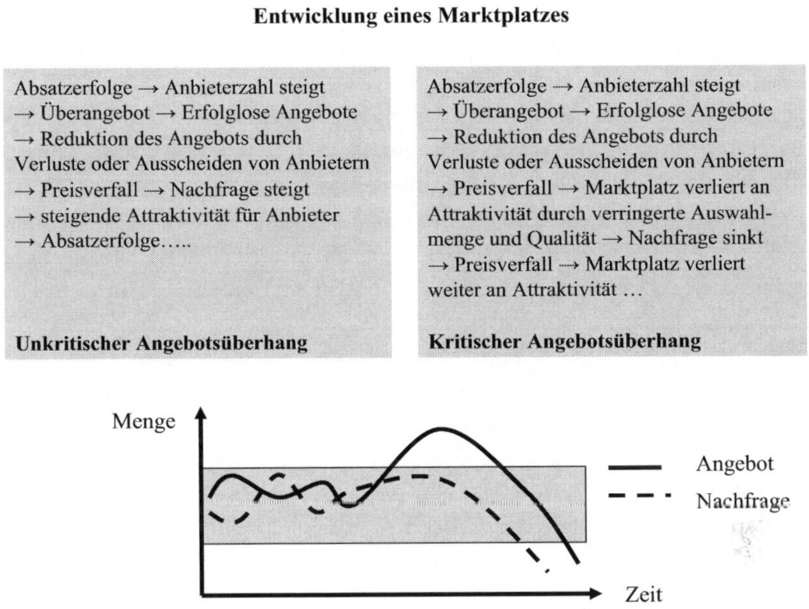

Abb. 6.17 (In-)Stabilität eines elektronischen Marktes

auch die Anzahl möglicher Transaktionspartner erhöht. Je größer die installierte Basis, desto größer ist der abgeleitete Nutzen für die Marktplatzteilnehmer.

3. Gleichgewichts-Problem: Es besteht ein gegenseitiges Abhängigkeitsverhältnis der Anzahl von Anbietern und Nachfragern bzw. deren Angeboten und Gesuchen. Der Marktplatz-betreiber muss darauf achten, dass sich diese Zahl entspricht und die Transaktionen zudem qualitativ hochwertig abgewickelt werden.

(In-)Stabilität Elektronische Märkte mit einer hinreichenden Zahl an Teilnehmern können auf den ersten Blick ein stetiges Wachstum und dauerhaften Unternehmenserfolg verzeichnen. Auch eine einmal erreichte hohe Teilnehmerzahl ist jedoch kein Garant für einen dauerhaften Erfolg, wenn die Nutzer nicht mehr von der Vorteilhaftigkeit des Marktplatzes überzeugt sind. Es kommt daher darauf an, stets ein ausgewogenes Verhältnis zwischen den Marktseiten herzustellen (vgl. Kollmann 1999, S. 34). Hohe Verkaufspreise und Absatzerfolge können zu einer steigenden Zahl von Anbietern führen, da diese erwarten, ebenfalls hohe Verkaufspreise erzielen zu können. Die gestiegene Anbieterzahl kann dann ein Überangebot und einen Preisverfall zur Folge haben. Aus Betreibersicht muss dies nicht zwangsläufig ein Problem darstellen, da die Reduzierung der Angebotspreise zu einer erhöhten Teilnehmerzahl auf der Nachfrageseite führen kann. Lassen sich in der Folge wieder höhere Preise erzielen, steigt die Attraktivität des Marktplatzes für Anbieter und es kommt zu einem stabilen Prozess (Abb. 6.17).

Dies kann, muss jedoch nicht der Fall sein. Es kommt zu einer Instabilität, wenn ein kritisches Niveau bezüglich des Überhangs überschritten wird. Dabei ist es unerheblich, ob dies auf der Angebots- oder Nachfrageseite auftritt (vgl. Kollmann 2007, S. 461 f.). Beispielsweise kann eine deutliche Reduzierung des Angebots bzw. der Angebotspreise die Attraktivität des Marktplatzes so senken, dass trotz der niedrigen Preise keine Nachfrager auf die Plattform kommen. Das vorzufindende Angebot erscheint den Nachfragern z. B. bezüglich Auswahlmenge und Qualität unvorteilhaft. Es kommt zu einem weiteren Preisverfall und zu einer Abwärtsspirale. Auch ein positiver Aufschaukelungseffekt ist denkbar. Diese möglichen Beziehungskreisläufe stellen damit hohe Anforderungen an das erfolgreiche Management eines elektronischen Marktplatzes.

App-Ökonomie Mit dem rasanten Wachstum mobiler Anwendungen und dem Erfolg der Produktpalette vor allem des Unternehmens Apple hat sich eine App-Ökonomie herausgebildet. Apps (kurz für Applications) sind Software-Anwendungen, die speziell für mobile Geräte entwickelt und auf mobilen Geräten ausgeführt werden. Apps haben im Wesentlichen folgende Eigenschaften:

- Begrenzte Funktionalität.
- Einfache Bedienung (Usability).
- Kurzer Produktlebenszyklus.
- Vorwiegend an Konsumenten gerichtet.
- Geringe Preise.

Web-Apps werden direkt über den Browser ausgeführt. Native Apps müssen auf einem Endgerät installiert werden (vgl. Weidenhiller 2012). Typische Marktplätze zur Verbreitung von native Apps sind App-Stores mobiler Technologieanbieter oder etablierter Online-Communities. Hier können die Anwendungen direkt über das Internet bezahlt und auf Endgeräte bzw. Plattformen geladen werden. Die Anbieter agieren im Markt als Intermediär zwischen Anwendungsentwicklern und Nutzern. Ähnlich wie die Produzenten von Betriebssystemen stellen sie Basisfunktionalitäten zur Verfügung (z. B. Versand von E-Mails, Verwaltung von Kalendern). Die Mehrzahl von Apps wird in den Appstores mit Text und Beschreibung präsentiert. Nutzer haben über diesen Feedback-Kanal die Möglichkeit, eine App (z. B. auf einer Skala) zu bewerten und die Anwendung zu kommentieren. Nutzer können und sollen sich damit ein detailliertes Bild über die Qualität der App machen. Die Mehrzahl von Appstores veröffentlicht Listen mit den am häufigsten heruntergeladenen Apps, den häufigsten gekauften kostenpflichtigen Apps und den umsatzstärksten Apps. Betreiber von privatwirtschaftlichen Content-Apps (z. B. Zeitung-Apps) bieten ihre Inhalte in der Regel nicht ausschließlich über die App an, sondern besitzen auch eine über das Web zugängliche Webseite.

In der App-Ökonomie treffen mehrere Entwicklungen zusammen, die sie zu einem interessanten Analysegegenstand machen (Abb. 6.18):

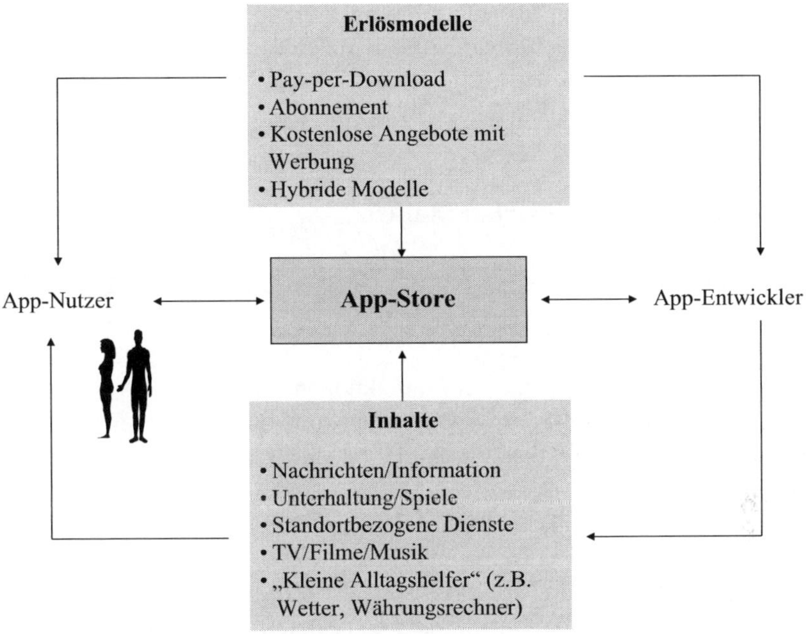

Abb. 6.18 Ausprägungen der App-Ökonomie

- App-Stores sind als Intermediär Teil von zweiseitigen Märkten oder auch von mehrseitigen Märkten. Über den App-Store können Drittanbieter ihre Apps anbieten. Nutzer erreichen den App-Store z. B. über ihre vorinstallierte Anwendung. Im Fall von Apple ist das Unternehmen nicht nur Betreiber der Plattform, sondern auch der Hersteller von Endgeräten (z. B. iPhone). Die Plattform aggregiert die Angebote, übernimmt die Bereitstellung, das Marketing und auch die Zahlungsabwicklung. Die zahlreiche Teilnahme von Entwicklern erhöht die Auswahl an vorhandenen Apps und erhöht den potentiellen Nutzen für die Kunden.
  Mit der Anzahl von Kunden wächst auch die Chance auf zusätzliche Umsätze für Entwickler und den App-Store. Die Netzwerkeffekte der einen Marktseite beeinflussen den (Miß-)Erfolg des Marktes für die andere Marktseite. Der App-Store hat damit den Charakter eines Marktplatzes, der von Netzwerkexternalitäten lebt.
- In der App-Ökonomie treffen Märkte für Inhalte mit Märkten für Software-Anwendungen zusammen. Märkte für Inhalte lassen sich z. B. durch Werbung oder durch den Vertrieb von Inhalten erzielen. Apps bieten dabei zwar Inhalte an, sie benötigen aber häufig kaum publizistische Inhalte, die von professionellen Instanzen stammen. Dies erlaubt eine Vielzahl von Erlösmodellen bis hin zur für kostenlosen Bereitstellung von Apps für Nutzer, die durch werbefinanzierte Modelle quersubventioniert werden.

Apps gelten zukünftig als ein bedeutender Distributionskanal für Online-Inhalt und -Dienste. Die Auswirkungen der Verbreitung digitaler Inhalte und ihre Verknüpfung mit mobilen Diensten, sozialen Netzwerken und anderen IuK-Systemen sind derzeit vor allem für die klassischen Medienbranchen noch nicht absehbar.

6.3.3 Mehrwert elektronischer Märkte

Die Eigenschaften des Internet versprechen gegenüber traditionellen Märkten eine Reihe von Vorteilen. Dazu zählen z. B. folgende Faktoren:

- Schnelligkeit in der Abwicklung von Transaktionen.
- Erschließung von Rationalisierungspotentialen durch Kostensenkung.
- Erfüllung von Kundenwünschen durch Individualisierung der Leistungen.
- Größere Volumen und Reichweite.
- Effektivere Möglichkeiten der Marktforschung und Ansprache von Kunden.

Aus ökonomischer Sicht versprechen diese Vorteile sogar einen höheren Grad an Vollkommenheit von Märkten. Elektronische Märkte, so die Erwartung, können dazu führen, dass

- nahezu vollständige Informationen über Produkte und Unternehmen erreichbar sind, welche die Markttransparenz erhöhen. Ineffiziente Marktteilnehmer, die sich bisher verstecken konnten, werden nicht überleben.
- eine räumliche Unabhängigkeit gegeben ist und damit verbundene Präferenzen entfallen, z. B. bezogen auf örtliche Einkaufsmöglichkeiten.
- eine Unabhängigkeit von der Zeit eintritt, z. B. durch Online-Käufe.
- sehr kurze Reaktionszeiten möglich sind, z. B. Erledigung von Online-Bankgeschäften.

Zwar sind auch elektronische Märkte keine vollkommenen Märkte im strengen ökonomischen Sinne, ihr Mehrwert ist jedoch vielfältig (vgl. Picot et al. 2003, S. 340 f.):

- Kommunikationseffekt: Elektronische Märkte ermöglichen eine schnelle und weiträumige Verbreitung größerer Informationsmengen bei gleichzeitiger Senkung der dabei entstehenden Kosten. So können über das Internet, Online-Dienste oder Home-Shopping Kanäle im Fernsehen eine große Zahl von Endabnehmern bzw. Anbietern zu geringen Kosten und fast ohne Zeitverlust erreicht werden.
- Maklereffekt: Elektronische Märkte ermöglichen es, Anbieter und Nachfrager direkt miteinander zu verknüpfen und so die klassische Funktion der Informationsmittler durch elektronische Medien teilweise zu ersetzen. Beispiel sind elektronische Börsen.
- Integrationseffekt: Elektronische Märkte ermöglichen die Zusammenfassung ursprünglich getrennt ablaufender Teilprozesse in integrierten, elektronisch unterstützten Abläufen. Beispiel sind elektronische Buchungssysteme in der Tourismusbranche.

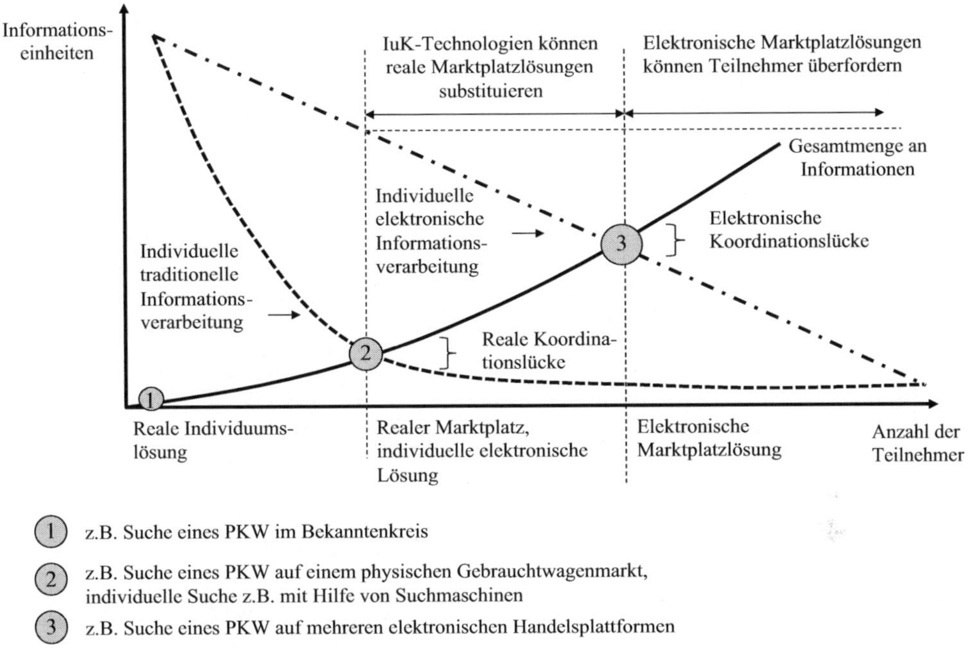

Abb. 6.19 Koordinationslücken der Informationsverarbeitung. (Vgl. Kollmann 2007, S. 407)

Früher getrennte Buchungsprozesse (z. B. für Flug, Mietwagen und Hotel) sind über elektronische Buchungssysteme übergreifend darstellbar.

Koordinierungslücken Zentraler Vorteil elektronischer Märkte ist die Überwindung der Raum-Zeit-Beschränkungen traditioneller Märkte. Allerdings können auch hier Koordinierungslücken auftreten. Betrachten wir dazu als Beispiel den Kauf eines gebrauchten PKW (Abb. 6.19):

- Wenn Sie den PKW von Ihrem Nachbarn kaufen, den Sie gut kennen, ist eine reale Individuumslösung vorteilhaft.
- Die Fähigkeit zur Marktübersicht schwindet schnell mit einer zunehmenden Zahl von Marktteilnehmern. Es entsteht eine reale Koordinierungslücke. Individuen können in diesem Fall eine reale organisierte Marktlösung suchen, z. B. einen Gebrauchtwagenhändler. Mit Hilfe der Nutzung von z. B. Suchmaschinen und der Eingabe „Gebrauchtwagenmärkte“ kann diese reale Lösung durch eine individuelle elektronische Lösung substituiert werden.
- In der Regel werden Sie bei der elektronischen Suche nach einem geeigneten PKW auf eine Vielzahl von Angeboten stoßen. Um tatsächlich sicher zu sein, dass Sie den gewünschten PKW auch finden, müssten Sie die einzelnen Webseiten besuchen, die Ihnen empfohlen werden. Es entsteht daher zunehmend die Notwendigkeit, elektronische

Aspekt	Erwartungen der Anbieter	Erwartungen der Nachfrager
Benutzerfreundliche Bedienung	• Übersichtliche Seitengestaltung • Einfache Benutzerführung • Einfache Eingabe von Objektdaten • Download von Einstellformularen • Intelligente Online-Schnittstellen	• Übersichtliche Seitengestaltung • Einfache Benutzerführung • Einfache Eingabe von Suchkriterien • Konkrete Hilfestellungen
Datenbank	• Quantität der vorhandenen Nachfrager • Absolute Zahl an „echten" Kaufabsichten	• Qualität der eingestellten Objekte • Aktualität der Angebote • Menge an Informationen zu den Objekten
Kosten	• Provision für Vermittlung • Gebühr für Objekteinstellung	• Keine, nur geringe Kosten
Elektronische Vermittlungsleistung	• Vermittlung von Nachfragern mit hoher Übereinstimmung von Suchwunsch und Objekt und einem echten Kaufinteresse	• Vermittlung von Angeboten mit hoher Übereinstimmung von Suchwunsch und Objekt • Vollständige Datensätze • Direkte Kontaktmöglichkeit
Reale Koordinationsleistung	Anbieter erwartet: 1. einen tatsächlichen Besuch vor Ort 2. informierte, interessierte Nachfrager 3. Kaufhandlungen	Nachfrager erwartet: 1. Bestätigung der Angaben 2. Bestätigung der Erwartungen 3. Bestätigung der Kaufkonditionen
Konkurrenzaspekte	• Flexibilität • Qualität der Vermittlung	• Flexibilität • Ortsungebundenheit • Elektronische Selektionskriterien • Keine Kosten für Vermittlung

Abb. 6.20 Erwartungen an einen elektronischen Markt aus Anbieter- und Nachfragersicht. (Vgl. Kollmann 2001b, S. 51)

Marktlösungen zu nutzen, um die individuelle elektronische Informationsverarbeitung zu unterstützen. Diese Lösungen können die Teilnehmer allerdings überfordern.

Dieses Beispiel eignet sich dazu, die wesentlichen Prozessanforderungen eines elektronischen Marktplatzes zu formulieren. Dazu zählen die Reduzierung der Online-Matchingkosten und der damit verbundenen Zeit. Ein Marktplatzbetreiber muss darauf abzielen, kostengünstiger und schneller ein Matching anzubieten, als es den Marktteilnehmern im Online- und Offline-Eigenbetrieb oder mit Hilfe realer Intermediäre möglich ist. Dies scheint vor allem dann der Fall zu sein, wenn die Marktübersicht erschwert ist. Allerdings muss ein elektronischer Marktplatz nicht nur Kostenvorteile aufweisen. Auch die Vermittlungsleistung muss in qualitativer Hinsicht einen Mehrwert für den Kunden bieten.

Erwartungen Der Erfolg eines elektronischen Marktes wird maßgeblich von den Erwartungen der Nachfrager und der Anbieter beeinflusst (Abb. 6.20):

1. Benutzerfreundliche Bedienung: Die ansprechende grafische Gestaltung sowie Art und Weise der Handhabung der technischen Systeme für Angebote und Gesuche erhöhen die Nutzungsbereitschaft der Marktteilnehmer. Die einfache Eingabe von Objektdaten

ist aus Sicht der Anbieter vorteilhaft. Die Nachfrager schätzen hingegen die einfache Eingabe von Suchkriterien oder Hilfefunktionen.

2. Datenbank: Aus Anbieterperspektive ist die Abrufhäufigkeit und -qualität von Informationen seitens der Nutzer von Bedeutung. Beispielsweise muss die Qualität der Suchabfragen (z. B. Echtheit) dokumentiert und kommuniziert werden. Aus Nachfrageperspektive sind die Art, Anzahl und Qualität der eingestellten Güter von wichtig.
3. Kosten: Dazu zählen für Anbieter Provisionen für die Vermittlung und Gebühren für die Objekteinstellung. Kunden haben oft die Erwartung, dass für sie keine oder nur geringe Kosten anfallen.
4. Elektronische Vermittlungsleistung: Dies ist die Kernkompetenz des elektronischen Marktplatzes. Sie muss einen Mehrwert gegenüber realen Marktplätzen schaffen. Wichtig sind die Art und Weise der Vermittlung von Transaktionen sowie das Ausmaß an Übereinstimmung der Transaktionswünsche.
5. Reale Koordinationsleistung: Dieses Attribut erfasst die Umsetzung der Vermittlungsleistung in die reale Sphäre und führt letztendlich zu Kaufhandlungen.
6. Konkurrenzaspekte: Elektronische Märkte benötigen eine klare Wettbewerbsstrategie, in der Unterscheidungsmerkmale zu konkurrierenden Angeboten gegenüber den Nachfragern kommuniziert und von diesen auch wahrgenommen werden müssen. Elektronische Märkte selbst können sich z. B. durch Flexibilität, Kostenvorteile oder anhand qualitativer Merkmale von Wettbewerbern abgrenzen.

Einflussgrößen Das operative Handelsgeschehen auf einem elektronischen Marktplatz ist komplex und kann aus verschiedenen Blickwinkeln beschrieben werden (vgl. Kollmann 2007, S. 464 ff.). Es kommen sowohl quantitative (z. B. Objektangebote, -nachfrage) als auch qualitative Größen (z. B. Anbieter-, Nachfragerzufriedenheit) zum Tragen. Die Größen führen im Zusammenwirken zu einem Beziehungskreis, der sich positiv bzw. negativ entwickeln kann (Abb. 6.21). Einflussgrößen bezogen auf den Umsatz bzw. auf die Kosten der Anbieter sind u. a. die Anzahl der Objekte, der Vermittlungserfolg, die Transaktionsgebühren und die Zahlungsbereitschaft der Nachfrager. Umsatzerfolg und Kostensituation beeinflussen wiederum die Wettbewerbsposition der einzelnen Anbieter.

Erfolgsfaktoren Marktplätze lassen sich nach bestimmten Kriterien bewerten und durch Gütesiegel zertifizieren. Zu klären und im Rahmen von Rentabilitätsberechnungen nachzuweisen ist, wie sich ein elektronischer Marktplatz dauerhaft wirtschaftlich betreiben lässt. Insofern kommt der Suche nach Erfolgsfaktoren eine große Bedeutung zu. Beispielhaft sei auf die Studie „Erfolgsfaktoren im E-Commerce – Deutschlands Top Online-Shops" verwiesen (vgl. Eckstein et al. 2012). Im Rahmen der Untersuchung wurden insgesamt 108 Online-Shops aus elf Branchen hinsichtlich der Kundenzufriedenheit und Kundenbindung analysiert.

Die Shop-Bewertung erfolgte aus Verbrauchersicht und wurde anhand eines zuvor entwickelten Kriterienkatalogs vorgenommen. Insgesamt wurden in der Erhebung mehr

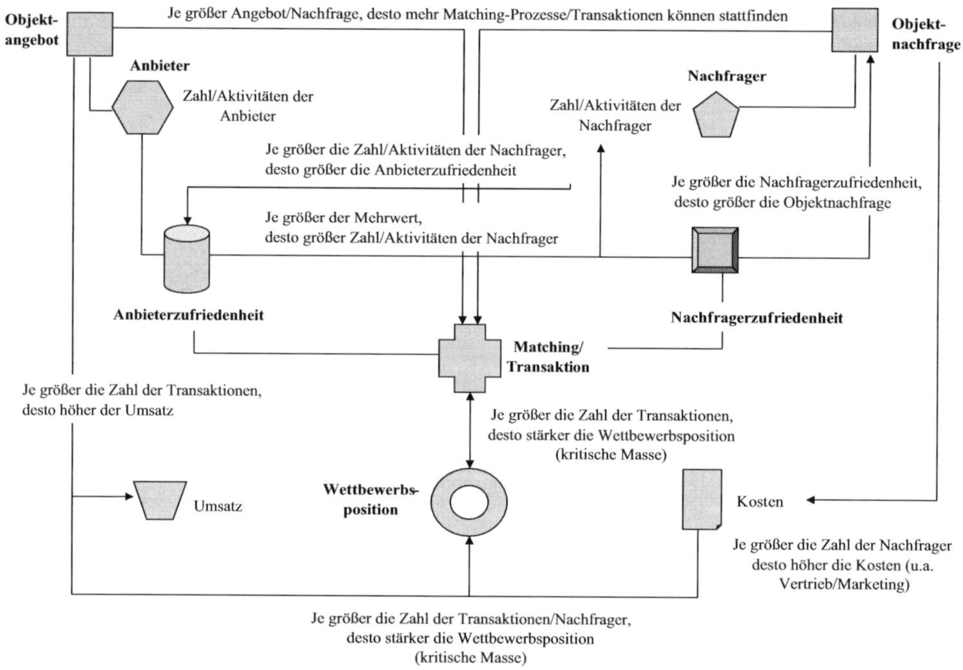

Abb. 6.21 Operatives Handelsgeschehen auf elektronischen Märkten. (Vgl. Kollmann 2007, S. 436)

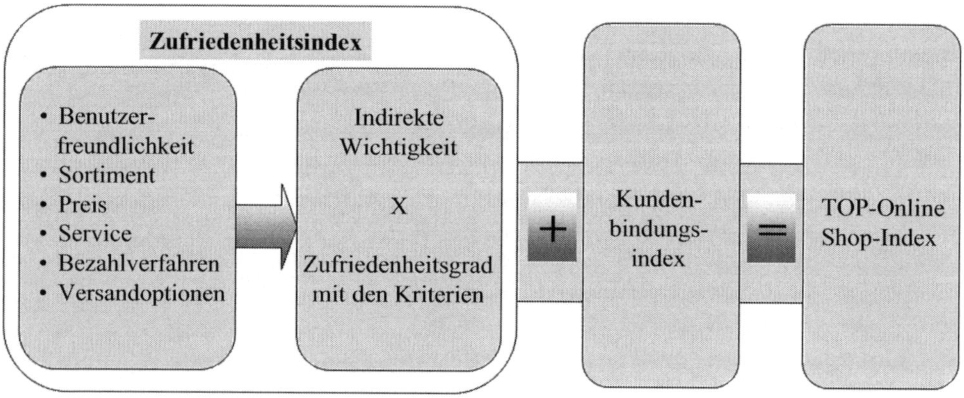

Abb. 6.22 Erfolgsfaktoren von Online-Shops

als 10.000 Konsumenten ab 16 Jahren in Deutschland über ein Verbraucherpanel befragt (internetrepräsentative Bevölkerungsbefragung). Im Zuge der Analyse wurden insgesamt sechs Erfolgsfaktoren für Online-Shops betrachtet (Abb. 6.22). Diese umfassen die Webseitegestaltung, die Benutzerfreundlichkeit, das Sortiment, den Preis, die angebotenen Bezahlverfahren und die Versandoptionen an den Endkunden.

Für einen erfolgreichen Online-Shop sind neben zufriedenen Kunden vor allem treue Kunden wichtig. Insbesondere durch den Einsatz von Social Media-Technologien gewinnt die Weiterempfehlungsbereitschaft von Kunden zunehmend an Bedeutung und lässt Rückschlüsse auf sein Vertrauen in den Online-Shop zu. Die Ergebnisse der Studie zeigen, dass Online-Händler, die in ihrer Geschäftsstrategie die aus Kundensicht wichtigsten Erfolgsfaktoren berücksichtigen, die Kundenbindung an ihren Web-Shop gegenüber Anbietern erhöhen, die in diesen Punkten nachlässig sind. Die Versandoptionen und Art der Lieferung sowie die Benutzerfreundlichkeit haben dabei den höchsten Einfluss darauf, ob es einem Händler gelingt, seine Kunden dauerhaft an den Shop zu binden. Für die Studie wurde dazu ein Kundenbindungsindex entwickelt, der die Einstellungen der Konsumenten anhand der Kriterien der Gesamtzufriedenheit, der Wahrscheinlichkeit der Wiederwahl des Shops und der Weiterempfehlungsbereitschaft beurteilt.

6.4 Übungen und Lernkontrolle

► Bearbeitungshinweise finden Sie im Web

1. Beschreiben Sie Unterschiede zwischen B2B- und B2C-Interaktionsmustern auf elektronischen Märkten unter folgenden Kriterien:

Kriterium	B2B	B2C
Beziehung		
Kundenkreis		
Transaktionen		
Technische Voraussetzung		

2. Das Schichtenmodell elektronischer Märkte in der Wirtschaftsinformatik unterscheidet zwischen elektronischen Unterstützungs- und Handelssystemen. Geben Sie Beispiele für diese Begriffe.
3. Beschreiben Sie die Ausrichtung von Nachfrager-, Anbieter- und Makler-Modellen auf elektronischen Marktplätzen.
4. Was verstehen Sie unter horizontalen bzw. vertikalen elektronischen Marktplätzen?
5. Ordnen Sie folgende Formen der Preisbildung in nachstehende Matrix ein: Spot-Pricing, Auktionen, Preislimits, Festpreis-Kataloge, Preisabsprachen, Börsen, Direktverhandlungen.

Preisbeeinflussung	Preisbildungsdynamik	
	Statisch	Dynamisch
Anbieter		
Nachfrager		
Anbieter und Nachfrager		

6. Auf welche Erlösquellen können Anbieter von Gütern im Internet zurückgreifen?
7. Erläutern Sie die Bestandteile des 4C-Net-Business-Modells von Wirtz. Erläutern Sie in diesem Zusammenhang die Zielsetzungen und mögliche Erlösquellen der Bestandteile.
8. Beschreiben Sie die Handelsplattform eBay.de mit Hilfe des folgenden morphologischen Kastens.

Merkmal	Ausprägung			
1. Marktteilnehmer	1 : 1	1 : n	m : 1	n : m
2. Güterabgrenzung	vertikal	horizontal	vertikal/horizontal	
3. Funktionalität		Katalog	Abwicklung	Prozessintegration
4. Interessenorientierung	Käuferseitig	Verkäuferseitig	Neutralität	
5. Zugangsbarrieren	technisch	rechtlich	Volumen	finanziell
6. Preisbildung	statisch	dynamisch	statisch/dynamisch	
7. Erlöse	Provision	Teilnahmegebühr	Lizenz	Werbung
8. Leistungsangebot	Content	Commerce	Context	Connection

....

9. Wissenschaftler behaupten, dass es keinen signifikanten Zusammenhang zwischen der Nutzung von IuK-Technologien und einer Produktivitätssteigerung gibt. Diskutieren Sie diese Behauptung und nehmen Sie dabei Bezug auf das Produktivitätsparadoxon.
10. Erläutern Sie ökonomische Vorteile und Nutzen von elektronischen Märkten.
11. Digitale Wertschöpfung:
    a. Basis der Wertschöpfung von digitalen Dienstleistungen sind Informationen. Nennen Sie Beispiele für entsprechende Wertschöpfungsaktivitäten und erläutern Sie die Vorteile, die durch digitale Dienstleistungen möglich werden.
    b. Erläutern Sie, ob und inwieweit durch mobile IuK-Technologien zusätzliche innovative Dienst-leistungen entstehen können.
    c. Als Vorteile der IuK-Technologien bei der Entwicklung innovativer Dienstleistungen gelten die Integrativität von Medienformen, ihre simultane Anwendung, der

Wechsel hin zu einer aktiven Kommunikation sowie die Personalisierung und Individualität der Kommunikationsinhalte. Erläutern Sie diese Sicht.

Literatur

Bieberbach F, Hermann M (1999) Die Substitution von Dienstleistungen durch Informationsprodukte auf elektronischen Märkten. In: Scheer A, Nüttgens M (Hrsg) Electronic Business Engineering. Physica, Heidelberg, S. 67–82

Brenner W, Breuer S (2001) Elektronische Marktplätze: Grundlagen und strategische Herausforderungen. In: Ahlert D, Becker J, Kenning P, Schütte R (Hrsg) Internet & Co. im Handel, 2. Aufl. Springer, Berlin, S. 141–160

Eckstein A, Hotz A, Pöpplow M, Klinksiek S (2012) Erfolgsfaktoren im E-Commerce – Deutschlands Top Online Shops. Köln. http://www.ecc-handel.de/erfolgsfaktoren_im_e-commerce_-_deutschlands_top.php. Zugegriffen: 20. Jan. 2013

Eymann T (2000) AVALANCHE – Ein agentenbasierter dezentraler Koordinationsmechanismus für elektronische Märkte. Freiburg. http://www.freidok.uni-freiburg.de/volltexte/147/pdf/eymann.pdf. Zugegriffen: 16. Aug. 2012

IAO, Fraunhofer-Institut für Arbeitswirtschaft und Organisation (2000) Marktstudie. Elektronische Marktplätze. Stuttgart (http://www.wi-inf.uni-duisburg-essen.de/FGFrank/ecomod/literatur/Fraunhofer_2002_TrendanalyseElektronischeMarktplaetze.pdf. Zugegriffen: 17. Nov. 2012)

Kollmann T (1999) Wie der virtuelle Marktplatz funktionieren kann. Harv Bus Manager 21(4):27–34

Kollmann T (2001a) Virtuelle Marktplätze. Grundlagen – Management – Fallstudie. Vahlen, München

Kollmann T (2001b) Virtuelle Marktplätze im Electronic Commerce. In: Hermanns A, Sauter M (Hrsg) Management-Handbuch Electronic Commerce, 2. Aufl. Vahlen, München, S. 43–53

Kollmann T (2007) E-Business. Grundlagen elektronischer Geschäftsprozesse in der Net Economy. Gabler, Wiesbaden

Müller-Stewens G, Lechner C (2003) Strategisches Management. Schäffer-Poeschel, Stuttgart

Picot A, Reichwald R, Wigand RT (2003) Die grenzenlose Unternehmung. Information, Organisation und Management, 5. Aufl. Gabler, Wiesbaden

Prahalad CK, Krishnan MS (2009) Die Revolution der Innovation. Wertschöpfung durch neue Formen in der globalen Zusammenarbeit. Redline Verlag, München

Richter K, Nohr H (2002) Elektronische Marktplätze, Potentiale, Funktionen und Auswahlstrategien. Shaker, Aachen

Schwickert AC, Pfeiffer E (2000) Elektronische Marktplätze – Formen, Beteiligte, Zugangsbarrieren, Uni-versität Mainz, Arbeitspapiere WI Nr. 5/2000. http://geb.uni-giessen.de/geb/volltexte/2004/1573/pdf/Apap_WI_2000_05.pdf. Zugegriffen: 18. July 2012

Skiera B, Spann B, Walz U (2005) Erlösquellen und Preismodelle für den Business-to-Consumer Bereich im Internet. Wirtschaftsinformatik 47(4):285–293

Weidenhiller P (2012) Erfolgsfaktoren privatwirtschaftlicher und öffentlich-rechtlicher mobiler Content-Apps im Vergleich, Institut für Rundfunkökonomie, Heft 288. Köln (http://www.rundfunk-institut.uni-koeln.de/institut/publikationen/ap.php. Zugegriffen: 18. Jan. 2013)

Wirtz B (2001) Electronic Business, 2. Aufl. Gabler, Wiesbaden

Zerdick A et al. (2001) Die Internet-Ökonomie – Strategien für die digitale Wirtschaft. 3. Aufl. Springer, Berlin

Beurteilungskriterien elektronischer Märkte 7

7.1 Inhalt und Schlüsselbegriffe

Inhalt

Zur Beurteilung elektronischer Märkte können Transaktionskosten, Informationsasymmetrien und Aspekte der Markttransparenz herangezogen werden (Abb. 7.1). Die Reduzierung von Transaktionskosten auf elektronischen Märkten ist u. a. davon abhängig, welche Phasen der Transaktion und welche Güterkategorien betrachtet werden. Die breite Verfügbarkeit von Informationen auf elektronischen Märkten ist kein Argument gegen die Existenz von Informationsasymmetrien. Es ist davon auszugehen, dass die einzelnen Marktteilnehmer unterschiedlich über Sachverhalte informiert sind und opportunistische Handlungsspielräume nutzen können. Gleichzeitig gibt es eine Vielzahl von Maßnahmen, die zu einer Verringerung ökonomischer und technologischer Informationsasymmetrien beitragen. Es ist auch nicht ohne weiteres zu erwarten, dass durch die von Anbietern im Internet bereitgestellten Informationen die Markttransparenz steigt. Es bedarf institutioneller Mechanismen, die den Aufbau von Vertrauen und Reputation gewährleisten. Personalisierte Empfehlungssysteme und Reputationssysteme auf elektronischen Märkten können dazu beitragen, dass dauerhafte und zuverlässige Beziehungen zwischen Kunden und Anbietern aufgebaut werden können.

Schlüsselbegriffe

Transaktionskosten; Informationsasymmetrien; Markttransparenz; Personalisierung; Empfehlungssysteme; Reputationssysteme; Vertrauen; Kundenzufriedenheit.

R. Clement, D. Schreiber, *Internet-Ökonomie*, Springer-Lehrbuch,
DOI 10.1007/978-3-642-36719-9_7, © Springer-Verlag Berlin Heidelberg 2013

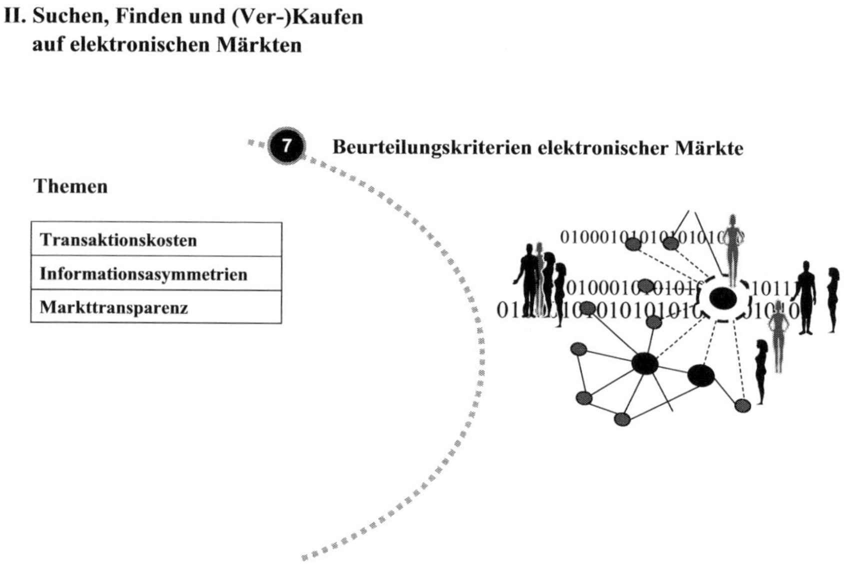

Abb. 7.1 Beurteilungskriterien elektronischer Märkte

7.2 Grundlagen

7.2.1 Transaktionskosten

In den Phasen einer ökonomischen Austauschbeziehung entstehen Transaktionskosten. Für seinen Transaktionskostenansatz erhielt der US-Ökonom Ronald Coase 1991 den Nobelpreis für Wirtschaftswissenschaften (vgl. Coase 1937). Zu den Transaktionskosten zählen u. a. Such- und Informationskosten sowie Kosten zur Entscheidungsfindung. Hinzu kommen ökonomische Reibungsverluste z. B. in Form von Missverständnissen oder Verzögerungen bei der Aushandlung von Verträgen. Diese Kosten können monetärer als auch nicht-monetärer Art sein (z. B. Zeit, aufgewendete Mühe). Die Höhe der Transaktionskosten wird von den Dimensionen der Faktorspezifität, Unsicherheit und Häufigkeit beeinflusst (Abb. 7.2). Sie dienen als Kriterium zur Wahl der optimalen Organisations- und Koordinierungsform von ökonomischen Aktivitäten. Dazu zählen der Markt, die unternehmensinterne Hierarchie oder ein Netzwerk zwischen Partnern. Zu wählen ist diejenige institutionelle Lösung, welche die geringste Summe aus Produktions- und Transaktionskosten verursacht. Oliver E. Williamson erhielt 2009 (zusammen mit Elionor Ostrom) für seine transaktionskostentheoretischen Überlegungen den Nobelpreis für Wirtschaftswissenschaften. Sein Ansatz zeigt, wie die Funktionsweise von Märkten und hierarchischen Strukturen z. B. in Unternehmen auf ihre Effizienz hin untersucht werden können (vgl. Williamson 1975).

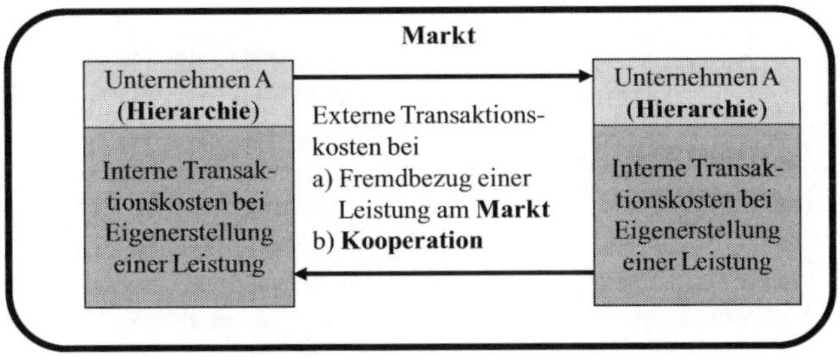

Transaktionskosten sind abhängig von:

1) Spezifischen Investitionen (Faktorspezifität)
2) Unsicherheit der Transaktion
   - bezogen auf Umwelteinflüsse
   - bezogen auf opportunistische Verhaltensweisen
3) Häufigkeit der Transaktion

Abb. 7.2 Transaktionskostenansatz

Spezifität und Unsicherheit Um zu zeigen, wie die Transaktionskosten mit den Ausprägungen der Merkmale variieren, betrachten wir das Beispiel einer Make-or-Buy-Entscheidung für eine IT-bezogene Weiterbildung (Tab. 7.1). Zu entscheiden ist, ob diese von einem externen Anbieter (Buy-Alternative) oder im eigenen Unternehmen selbst durchgeführt werden soll (Make-Alternative; in Anlehnung an Nienhäuser und Jans 2004). Wir betrachten zwei Situationen:

- Hohe Spezifität und hohe Unsicherheit (Konstellation 1).
- Geringe Spezifität und geringe Unsicherheit (Konstellation 2).

Tab. 7.1 Transaktionskosten bei hoher Spezifität, hoher Unsicherheit

	Make: Eigenständige Durchführung in der internen Organisation	**Buy: Einkauf von externer Expertise auf dem Markt**
1 Produktionskosten	60 Tsd. €	50 Tsd. €
2 Transaktionskosten		
2.1 Häufigkeit	10-mal jährlich	
2.2 Spezifität	Hoch, da Weiterbildung auf Bedürfnisse des Unternehmens zugeschnitten	
Nachverhandlungen	Nicht zu erwarten; wenn ja, intern relativ unproblematisch	Möglich; wenn ja, Abhängigkeit vom Anbieter
2.3 Unsicherheit	Kenntnisse über Leistungsumfang und Mitarbeiter vorhanden	Unsicherheiten vorhanden, z.B. über Anbieter und in welcher Form zukünftig Weiterbildung notwendig
Informationskosten	Gering	Höher
Kontroll-, Überwachungskosten	Gering	Höher
Kosten der Vertragsgestaltung	Gering	Höher
Mögliche Preiserhöhungen	Gering	Höher
Summe Transaktionskosten	Geringer	Höher (deutlich über 10.000 €)
Gesamtkosten	**Geringer**	Höher

Tab. 7.2 Transaktionskosten bei geringer Spezifität, geringer Unsicherheit

	Make: Eigenständige Durchführung in der internen Organisation	**Buy: Einkauf von externer Expertise auf dem Markt**
1 Produktionskosten	60 Tsd. €	50 Tsd. €
2 Transaktionskosten		
2.1 Häufigkeit	10-mal jährlich	
2.2 Spezifität	Gering, da IT-Basiskenntnisse	
Nachverhandlungen	Nicht zu erwarten; wenn ja, intern relativ unproblematisch	Nicht zu erwarten, da Anbieter leicht zu wechseln ist
2.3 Unsicherheit	Kenntnisse über Leistungsumfang und Mitarbeiter vorhanden	Unsicherheiten vorhanden, z.B. über Anbieter und in welcher Form zukünftig Weiterbildung notwendig; da es sich um Basiskenntnisse handelt, ist Anbieter leicht zu wechseln
Informationskosten	Gering	Kaum relevant
Kontroll-, Überwachungskosten	Gering	Kaum von Bedeutung
Kosten der Vertragsgestaltung	Gering	Relativ gering
Mögliche Preiserhöhungen	Gering	Eher unwahrscheinlich, da Konkurrenz vorhanden
Summe Transaktionskosten	Geringer	Kaum höher (unter 10.000 €)
Gesamtkosten	Höher	**Geringer**

In beiden Fällen gehen wir davon aus, dass die Durchführung einer IT-bezogenen Weiterbildungsmaßnahme häufig anfällt. Aus Vereinfachungsgründen werden nur Produktions- und Transaktionskosten berücksichtigt.

In dieser Konstellation (hohe Spezifität, hohe Unsicherheit) ist in der Summe also eine interne Durchführung der IT-bezogenen Weiterbildungsmaßnahme sinnvoll. Betrachten wir nun die Situation, die durch geringe Spezifität und geringe Unsicherheit gekennzeichnet ist (Tab. 7.2).

In der zweiten Situation erscheint in der Summe die marktseitige Lösung vorteilhafter. Selbstverständlich sind auch noch andere Konstellationen denkbar. So spielt die Häufigkeit der Transaktion eine Rolle. Wenn die IT-bezogene Weiterbildung nur alle zwei Jahre anfällt, dann sind externe Anbieter bei sonst gleichen Bedingungen in der Regel kostengünstiger, da ein Unternehmen die „Einrichtungskosten" für die IT-bezogene Weiterbildung nur auf eine geringe Zahl von Maßnahmen verteilen kann und dadurch die Produktionskosten relativ hoch sind. Auch können die Ausprägungen bei der Spezifität und der Unsicherheit gemischt sein (z. B. hohe Unsicherheit bei geringer Spezifität, geringe Unsicherheit bei hoher Spezifität).

Phasen der Markttransaktion Elektronische Transaktionen zerfallen in die Marktphasen der Information, Vereinbarung, Abwicklung, Nutzung und in die After-Sales-Phase bzw. Nachnutzungsphase (Abb. 7.3):

- Informationsphase: Anbieter und Nachfrager tauschen Informationen über Produktspezifikationen, Preise und Konditionen aus. Der Prozess kann anbieterseitig (Angebote) oder nachfragerseitig (Suchen) getrieben sein.

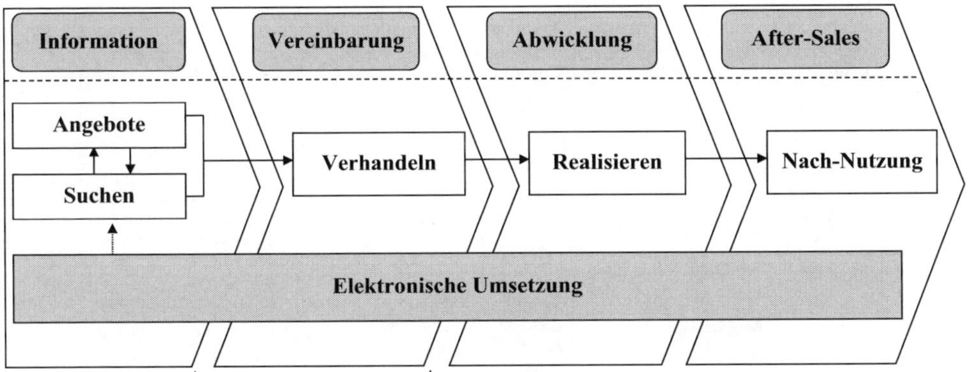

Information	Vereinbarung	Abwicklung	After-Sales
Marktforschung • Marktentwicklung • Trends • Lieferantenlisten Suche nach Marktpartnern • Lieferanten • Preise • Leistungseigenschaften	Verhandlungen zu Konditionen • Preise/Zahlungsbedingungen • Garantie-, Serviceleistungen • Ausgestaltung des Vertragswerkes	• Erbringung von Leistung und Gegenleistung • Abstimmung der Leistungserbringung • Anpassung und Kontrolle	• Umtausch, Reklamation • Beschwerdemanagement • Kundenbindung

Abb. 7.3 Phasen einer elektronischen Transaktion. (vgl. Picot et al. 2003, S. 338)

- Vereinbarungsphase: In dieser Phase werden konkrete Tauschabsichten geäußert, die im Erfolgsfall zu einem rechtsverbindlichen Vertrag führen.
- Abwicklungsphase: In dieser Phase werden die Verpflichtungen, die aus dem Kaufvertrag resultieren, umgesetzt. Dazu zählen z. B. Bezahlvorgänge oder die Auslieferung der Güter.
- After-Sales-Phase: In dieser Phase geht es nicht nur um gewinnmindernde Folgeprozesse für den Anbieter wie Umtausch, Preisminderung und Reklamation, sondern auch um gewinnbringende Serviceleistungen, die u. a. die Kundenbindung im Sinne eines Customer Relationship Managements (CRM) zum Ziel haben.

Transaktionskosten Zu den Ex-ante Transaktionskosten, die vor der Transaktion anfallen, zählen (Abb. 7.4):

- Informationsbeschaffungskosten (z. B. Informationssuche über Transaktionspartner).
- Anbahnungskosten (z. B. Kontaktaufnahme).
- Vereinbarungskosten (z. B. Verhandlungen, Vertragsformulierung, Einigung).

Kosten in den Marktphasen (Beispiele)		
Informations-, Suchphase	**Vereinbarungsphase**	**Abwicklungsphase, After-Sales-Phase**
Bezogen auf **Produkte** • Suchaufwand (Vergleich) • Messprobleme (Qualität) • Verifikation der Information	Vertragsabfassung • Verhandlungsaufwand • Vertragsgestaltung • Vertragsabsicherung	**Reguläre** Abwicklung • Physische Lieferung • Überwachung des Vollzugs • Bezahlung
Bezogen auf **Marktteil-nehmer** • Verifikation der Marktteilnehmer • Aufbau von Vertrauen und Reputation	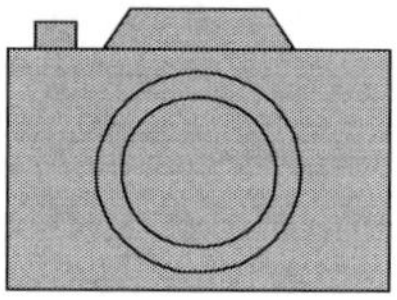 **Digital-Kamera**	Nicht-reguläre Abwicklung • Neuaushandlung der Bedingungen • Abstimmung von Vertragsdifferenzen • Rechtsdurchsetzung bei Nichterfüllen

Abb. 7.4 Transaktionskosten in den einzelnen Marktphasen

Ex-post fallen folgende Transaktionskosten an:

- Abwicklungskosten (z. B. Transportkosten).
- Kontrollkosten (z. B. Einhaltung von Termin-, Qualitäts-, Mengen-, Preis- und Geheimhaltungsabsprachen, Abnahme der Lieferung).
- Änderungs- und Anpassungskosten (z. B. Termin-, Mengen- und Preisänderungen).

Der Einsatz von IuK-Technologien hat zunächst einen direkten Einfluss auf die Transaktionskosten:

- Kommunikationskosten sinken und gleichzeitig steigt die Fähigkeit zur Verarbeitung von Informationen.
- Suchkosten sinken, weil z. B. potentielle Transaktionspartner durch Datenbanken oder den Einsatz von intelligenten Agenten leichter gefunden werden können.
- Transportkosten sinken für digitale Güter durch den Download vollständig.
- Anbahnungskosten reduzieren sich, wenn physische Begegnungen vor Ort durch den Austausch von elektronischen Nachrichten ersetzt werden.
- Abwicklungskosten lassen sich senken, wenn z. B. eine elektronische Vernetzung zwischen Lieferanten und Abnehmern vorliegt und Lagerhaltungssysteme automatisch den Eingang von Lieferungen verfolgen.

Die Frage ist, ob sich die Transaktionskosten auf elektronischen Märkten durch den umfassenden Einsatz von IuK-Technologien in allen Phasen verringern lassen und ob es aus Sicht der Anbieter und Nachfrager insgesamt zu sinkenden Transaktionskosten kommt.

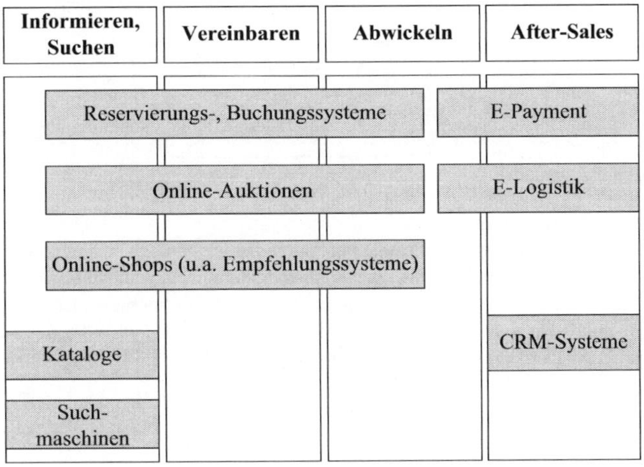

Abb. 7.5 Elektronische Anwendungen in einzelnen Transaktionsphasen

Hier bleibt zu berücksichtigen, dass sich einzelne oder auch mehrere Phasen durch elektronische Systeme unterstützen lassen (Abb. 7.5). Auch dies hat Einfluss auf die Höhe der Transaktionskosten. Beispielsweise werden Informationsbeschaffungs- und Suchkosten durch Empfehlungssysteme und Suchtechnologien deutlich reduziert.

Transaktionskostenbilanz Insgesamt ist die Aufstellung einer Gesamtbilanz schwierig, da sich Transaktionskosten nur schwer messen lassen. Auch hängt diese Bilanz stark von der Art der gehandelten Güter und dem Vorliegen von Informationsasymmetrien ab. Tendenzaussagen sind jedoch möglich (Abb. 7.6). Einsparungen dürften sich vor allem für informationsbasierte Produkte und Dienstleistungen ergeben. Vorteile für eingeführte Produkte sind dann zu erwarten, wenn es gut funktionierende Such- und Orientierungsdienste gibt bzw. sich die Ex-ante Transaktionskosten kontrollieren lassen. Elektronische Märkte haben Vorteile, wenn keine direkten Kontakte zwischen Käufern und Verkäufern notwendig sind und keine Informationsasymmetrien bestehen.

Suchkosten sinken dann, wenn die Konsumenten unmittelbar auf eine Vielzahl von Produkt- und Preisinformationen zugreifen können. Da diese Möglichkeit nicht nur auf nationale Märkte beschränkt bleibt, entstehen für viele Güter internationale Märkte mit hoher Transparenz. Wirtschaftlich ist diese Entwicklung vor allem für solche Güter, bei denen auch die Anbahnung einer Transaktion über das Internet erfolgt (z. B. Bestellungen per E-Mail bei Online-Buchläden). In der After-Sales-Phase können die Transaktionskosten sinken, wenn eine direkte Kontaktaufnahme mit Kunden möglich ist (z. B. im Rahmen des elektronisch gestützten CRM-Managements). Allerdings ist der Informationsumfang immer auch vom gesuchten Gut, vom Anbieter, von der Internet-Affinität des Nutzers, von seiner Risikobereitschaft und der Erfahrung z. B. im Umgang mit Informations-Intermediären abhängig.

Während beim Vertrieb von Gütern über das Internet physische Grenzen gesetzt sind, können Dienstleistungen (z. B. Brokerage, Beratung) direkt in Anspruch genommen

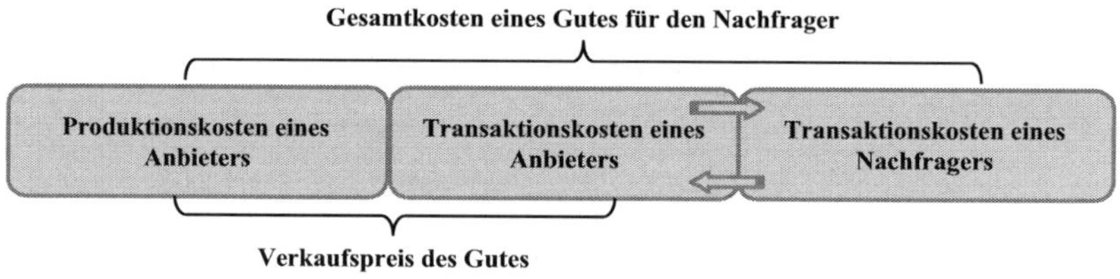

Transaktionskosten sinken
- für informationsbasierte Produkte und Dienstleistungen
- bei gut funktionierenden Such- und Orientierungsdiensten
- wenn sich die Ex-ante Transaktionskosten kontrollieren lassen
- wenn direkte Kontakte zwischen Käufern und Verkäufern entfallen können und keine Informationsasymmetrien bestehen

Transaktionskosten steigen
- bei fehlendem Vertrauen
- bei Unsicherheit hinsichtlich Weitergabe und Mißbrauch von Daten

Abb. 7.6 Tendenzaussagen zu Transaktionskosten auf elektronischen Märkten

werden. Hemmnisse entstehen aber durch fehlendes Vertrauen in die jeweiligen Beratungsinstitutionen. Für Vertrauensgüter, bei denen bestimmte Produkteigenschaften nur durch überdurchschnittlichen Suchaufwand oder überhaupt nicht zu ermitteln sind, muss Reputation aufgebaut werden. Das Entstehen von Reputation ist aber eher außerhalb des Internets zu erwarten. Daher sind bei bestimmten Dienstleistungen geringere Transaktionskostenersparnisse zu erwarten. Eine Quelle zusätzlicher Transaktionskosten ist auch die Anonymität des Mediums. Während sich ein Konsument bei traditionellen Massenmedien in der Regel sicher sein kann, dass sein Nutzungsverhalten Teil der Privatsphäre bleibt, ist diese Sicherheit auf elektronischen Märkten keineswegs gegeben.

Unsicherheiten über die Speicherung und die missbräuchliche Weitergabe von Daten des Nutzungsverhaltens erhöhen die Transaktionskosten. Zu diskutieren ist, wie das Web 2.0 als „Mitmach-Web", die Transaktionskosten verändert. Nutzer im Web 2.0 sind Nutzer (User) und Produzent (Producer) von Inhalten zugleich. Sie sammeln u. a. Preise und Leistungsdaten von Gütern auf Plattformen und stellen ihre Erfahrungen mit Dienstleistern über Portale zur Verfügung. Viele Menschen vertrauen Aussagen von Bekannten oder Kundenwertungen auf Webportalen mehr, als herkömmlichen Formaten der Werbung durch Unternehmen. Letztlich werden sich angesichts dieser Entwicklung Unternehmen zunehmend fragen, ob und zu welchem Zweck sie Werbung in klassischen Medien und Online-Medien einsetzen wollen. Auch Einrichtungen, die ihre Daseinsberechtigung aus der Senkung der Informationskosten für Verbraucher ziehen, müssen ihren Mehrwert hinterfragen. Schließlich werden auch redaktionelle Medien gezwungen, ihre Geschäftsmodelle zu überdenken, wenn sie sowohl als Werbeträger als auch als Orientierung für Verbraucher ihren Reiz verlieren (vgl. Ulrich 2009).

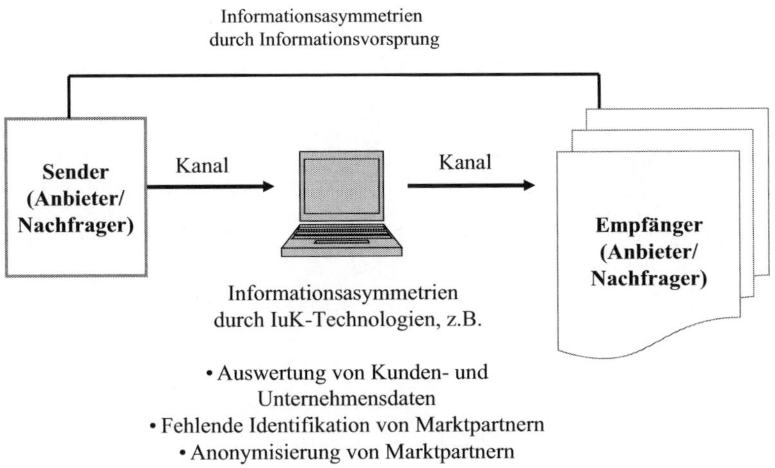

Abb. 7.7 Informationsasymmetrien auf elektronischen Märkten

7.2.2 Informationsasymmetrien

Elektronische Märkte sind wesentlich geprägt durch den Austausch an Informationen durch IuK-Technologien. Mit Online-Systemen lassen sich Informationen über potentielle Interaktionspartner schneller sammeln, verteilen und auswerten. Ein weiterer Vorteil ist, dass sich diese Daten durch geeignete Algorithmen digital aufbereiten lassen. Die breite Verfügbarkeit von Informationen auf elektronischen Märkten ist jedoch kein Argument gegen die Existenz von Informationsasymmetrien. Asymmetrische Informationen sind gegeben, wenn mehrere Personen mit unterschiedlichem Wissensstand in Interaktion treten und die Informationsbeschaffung für die schlechter informierte Marktseite mit hohen Kosten verbunden ist.

Formen von Informationsasymmetrien Im Internet sind ökonomische und technisch bedingte Informationsasymmetrien vorhanden (Abb. 7.7):

- Zwischen Verkäufer und Käufer (z. B. wenn der Verkäufer durch Cookies Datenspuren des Kunden verfolgen und die Kommunikation der Kunden verfolgen kann).
- Zwischen Käufer und Verkäufer (z. B. wenn der Verkäufer den Kunden bei elektronischen Bestellungen nicht eindeutig identifizieren kann).
- Zwischen Nutzern und Software (z. B. wenn Nutzer zwar leichter Zugang zu relevanten Informationen erhalten, aber z. B. ein Rankings von Unternehmen in Suchmaschinen nicht nachvollziehen können).
- Zwischen Nutzern (z. B. im Fall der Anonymisierung von Personen in Chats).

Auch wenn Menschen technisch vermittelt miteinander interagieren, spielt das Vertrauen eine wichtige Rolle. Die Grenzen des Vertrauens bilden daher häufig auch die Grenzen

Vertrauensebene	Beispiele	Risiko (Beispiele)
Informationen	Webseite, Blog, E-Mail, Newsgroup	Enttäuschung, Täuschung, Risiko
Datensammlung	Anmeldungen, Log-In	Weitergabe von Daten, Spam
Finanztransaktionen	Online-Banking, Online-Handel	Finanzieller Verlust, Täuschung
Kommunikation	Chat, E-Mail, Newsgroup	Einflussnahme, Enttäuschung, Belästigung
Technologie	Datensicherheit, Datenschutz	Viren, Trojaner, Verlust an Daten

Abb. 7.8 Ebenen des Online-Vertrauens und Online-Risiken. (vgl. Dzyek 2005, S. 80)

für Geschäftsmodelle auf elektronischen Märkten. Vertrauen ist die freiwillige Vorleistung eines Kommunikationspartners ohne rechtliche Sicherungs- und Kontrollmaßnahmen gegen opportunistisches Verhalten des anderen Kommunikationspartners. Vertrauen basiert auf der Erwartung, dass der Vertrauensnehmer auf opportunistisches Verhalten verzichtet. Diese Erwartung lässt sich nur bedingt technisch herstellen. Es ist daher keineswegs ausgeschlossen, dass die einzelnen Marktteilnehmer unterschiedlich über Sachverhalte informiert sind und opportunistische Handlungsspielräume nutzen können. Die Spieltheorie zeigt, dass opportunistisches Verhalten dabei vor allem bei temporären und nicht dauerhaften Kooperationsbeziehungen Vorteile verspricht.

Auf elektronischen Märkten ist eine Vielzahl von Vertrauensebenen angesprochen. Diese beziehen sich z. B. auf die Ausgestaltung der Information, die Datensammlung, Finanztransaktionen, die Kommunikation oder auch die IuK-Technologien selbst. Auf jeder dieser Ebene sind Nutzer mit Risiken des Vertrauensmissbrauchs konfrontiert (Abb. 7.8).

Vertrauen ist keine objektive, sondern eine subjektive Kategorie. Verschiedene Personen schätzen die Vertrauenswürdigkeit selbst ein und derselben Person in der Regel unterschiedlich ein. Vertrauen lässt sich zudem nicht quantifizieren. Außerdem ist Vertrauen dynamisch. Es baut sich langsamer auf als es sich abbaut. Auf elektronischen Märkten muss daher nicht nur Vertrauen der Kommunikationspartner, sondern auch Vertrauen in die jeweiligen IuK-Technologien hergestellt werden.

Die Folgen der asymmetrischen Informationsverteilung lassen sich durch die Principal-Agent-Theorie analysieren (vgl. Clement 2012, S. 128 ff.). In der Übertragung auf den elektronischen Markt repräsentiert der Prinzipal den Kunden, der das Handeln des Anbieters (Agenten) nicht beobachten kann. Der Anbieter verfügt über einen diskretionären

Transaktionsphase	Problem	Sachverhalt im Rahmen der Principal-Agent-Theorie
Informationsphase	Informationsselektion; Preis-, Qualitätsvergleiche von Gütern	Adverse Selektion
Vereinbarungsphase	Diskretionäre Spielräume; Versteckte Informationen	Hidden Action Hidden Information
Abwicklungsphase	Unsicherheiten in der Abwicklung aufgrund von Vertragslücken oder Beweisgrundlagen; Nicht-beobachtbare Handlungen	Hold-Up Situation Moral Hazard

Abb. 7.9 Qualitäts- und Verhaltensunsicherheit auf elektronischen Märkten

Handlungsspielraum. Die Ausgestaltung dieses Spielraums ist für den Kunden mit Unsicherheiten behaftet. Die im Kontext der Principal-Agent Theorie (PAT) angesprochenen Folgen lassen sich mit den Phasen einer Transaktion verknüpfen (Abb. 7.9).

Informationsphase Elektronische Märkte eröffnen Nachfragern einen leichteren und günstigeren Zugang zu Unternehmens- und Produktinformationen. Die Informationsvielfalt führt jedoch zur Notwendigkeit der Selektion. Es kann vor dem Vertragsabschluss aufgrund von Informationsasymmetrien zu der Auswahl eines unerwünschten Vertragspartners oder einer Leistung kommen. In diesem Fall liegt eine Qualitätsunsicherheit vor, die als Adverse Selektion bezeichnet wird. Im Vergleich zu traditionellen Märkten sind die Möglichkeiten der Risikominderung für den Kunden im Internet zu relativieren:

- So ist es im Internet für die Unternehmen mit besserer Produktqualität und Sorgfalt schwerer, sich von Unternehmen mit minderer Produktqualität unterscheidbar zu machen. Alle Anbieter haben im Prinzip die Möglichkeit, sich mit relativ geringen Kosten zu präsentieren.
- Während auf dem traditionellen Markt oft Äußerlichkeiten (z. B. Gebäude, Lage) das Bild eines Unternehmens beim Kunden prägen und Unsicherheiten reduzieren, ist diese Form der Risikoreduktion aufgrund der Anonymität im Internet nicht vermittelbar. Im Fall der Anonymität der Vertragspartner wächst die Unsicherheit über die Seriosität und die Kompetenz des Anbieters. Garantieversprechen können zwar Unsicherheiten reduzieren, allerdings sind diese Versprechen aufgrund der räumlichen Distanz der Anbieter schlecht einzuschätzen.

Vereinbarungsphase In der Ex-post Vereinbarungsphase können Nachfrager vor allem bei Kontraktgütern mit Formen von Hidden Action und Hidden Information konfrontiert werden:

- Hidden Action sind verborgene Handlungen. Dies bedeutet, dass der Agent diskretionäre Spielräume hat, die der Prinzipal nicht vollständig beobachten kann.
- Hidden Information bezeichnet versteckte Informationen. Diese liegen vor, wenn der Prinzipal zwar die Handlungen beobachten kann, deren Qualität aber (z. B. aufgrund mangelnder Fachkenntnis) nicht einschätzen kann.

Abwicklungsphase In dieser Phase entstehen Unsicherheiten im Fall der mangelnden Beweisgrundlage von erbrachten Leistungen. Das Ausmaß der bestehenden Unsicherheit ist u. a. abhängig von der Art der Übertragung und der Form der Bezahlung einer gekauften Leistung.

Hinzu kommt die Ungewissheit, ob die übermittelten Informationen (z. B. Bestellinformationen, Zahlungsdaten) hinreichend gesichert und vor Missbrauch geschützt übertragen werden. Wenn z. B. nur die Bestellung online aufgegeben wird, die gegenseitige Leistungserfüllung aber wie auf dem traditionellen Markt verläuft, besteht grundsätzlich kein höheres Risiko:

- Das Hold-Up stellt streng genommen kein Problem einer asymmetrischen Informationsverteilung dar, sondern entsteht wenn Vertragslücken und nicht-rechtskräftige Verträge vorliegen.
- Da die Handlungen in der Regel nicht beobachtet werden können, entsteht das Risiko der Verhaltensunsicherheit, die zu einer Situation des Moral Hazard führen kann. Die besser informierte Marktseite hat Informationsvorteile und versucht, das Vertragsergebnis zu beeinflussen.

Eignung von Güterkategorien für den elektronischen Handel Ausgehend von einer ungleichen Informationsverteilung ist es möglich, dass sich die Marktparteien opportunistisch verhalten, d. h. sie verfolgen ihr Eigeninteresse auch unter Zuhilfenahme von Formen der Täuschung. Dies äußert sich z. B. in einer Kommunikation, die auf unvollständige und verzerrte Weitergabe von Informationen gerichtet ist. Das Vorliegen von Informationsasymmetrien führt zur Marktunsicherheit. Diese wird auch als endogene Unsicherheit bezeichnet, weil sie innerhalb einer marktlichen Austauschbeziehung besteht. Davon abzugrenzen ist die Umweltunsicherheit (exogene Unsicherheit), die die Unsicherheit über das Eintreten künftiger Ereignisse meint. Marktteilnehmer haben hier nur die Möglichkeit der passiven Anpassung. Als Formen der endogenen Unsicherheit sind Qualitäts- und Verhaltensunsicherheit zu unterscheiden. Qualitätsunsicherheit bezieht sich auf das Problem der Nachfrager, die Qualität einer Leistung zu beurteilen. Je nachdem, ob eine Überprüfung der Qualitätseigenschaften grundsätzlich möglich ist, diese vor und/oder nach dem

		Beurteilbarkeit der Eigenschaften	
		Vor dem Kauf	Nach dem Kauf
Beurteilungskosten	Hoch	Erfahrungs- oder Vertrauenseigenschaft	Vertrauenseigenschaft
	Gering	Sucheigenschaft	Erfahrungseigenschaft

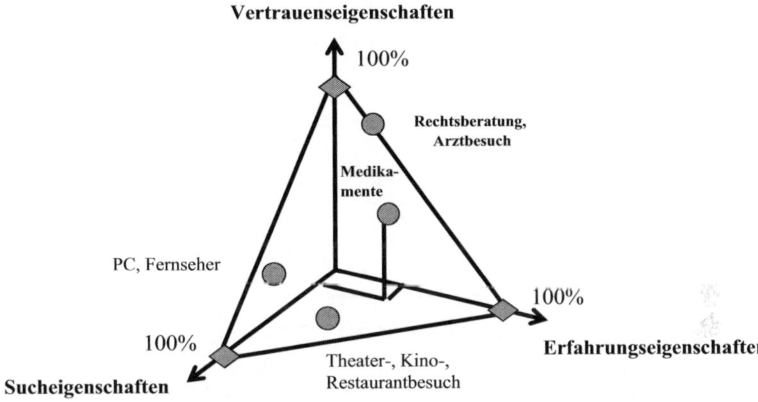

Abb. 7.10 Leistungseigenschaften aus informationsökonomischer Sicht. (vgl. Weiber und Adler 1995, S. 59)

Kauf stattfindet oder hohe Prohibitivkosten anfallen, lassen sich Such-, Erfahrungs- und Vertrauenseigenschaften unterscheiden (Abb. 7.10).

Leistungseigenschaften, die vor dem Kauf zu eher geringen Kosten überprüfbar sind, werden als Sucheigenschaften bezeichnet. Sind die Eigenschaften vor dem Kauf nur zu hohen Kosten zu überprüfen, liegen zunächst Erfahrungs- oder Vertrauenseigenschaften vor. Reduzieren sich diese Beurteilungskosten nach dem Kauf, liegen Erfahrungseigenschaften vor. Werden die Kosten der Beurteilung allerdings weiterhin als hoch empfunden, sind diese Eigenschaften den Vertrauenseigenschaften zuzuordnen. Schließlich kann die Überprüfung von Eigenschaften für den Nachfrager grundsätzlich gar nicht möglich sein, so dass Beurteilungskosten keine Relevanz haben. Diese Eigenschaften sind dann unmittelbar als Vertrauenseigenschaften zu betrachten.

In der Regel verfügt jedes Gut über eine Kombination dieser Eigenschaften. So kann bei einem Fahrzeug die Farbe als Sucheigenschaft, die Lebensdauer als Erfahrungseigenschaft und die umweltfreundliche Herstellung, mit der geworben wird, als Vertrauenseigenschaft beurteilt werden. Ob es sich um ein Such-, Erfahrungs- oder Vertrauensgut handelt, hängt von der Dominanz einer Leistungseigenschaft ab, die dann gegeben ist, wenn – so die Konvention – ihr Anteil mindestens 50 % beträgt. Anhand des Ausmaßes dieser Eigenschaften lässt sich jedes Gut in einem informations-ökonomischen Dreieck positionieren.

Der Einsatz des Internets zur Anbahnung von Transaktionen hat direkten Einfluss auf die Qualität der Inspektion von Gütern. Die Möglichkeiten der Leistungsbegutach-

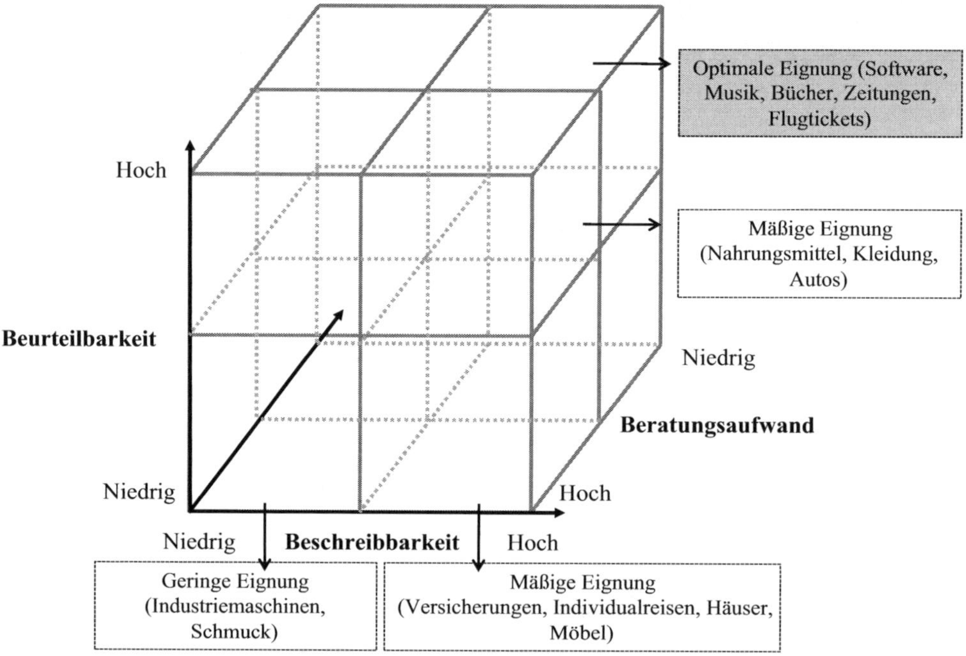

Abb. 7.11 Eignung von Güterarten für den elektronischen Markt. (vgl. Kollmann 2007, S. 251)

tung verringern sich in nahezu allen Wahrnehmungsbereichen, da Face-to-Face-Kontakte technologisch nachgebildet werden müssen (z. B. Professionalität des Vertriebspersonals). Viele Sucheigenschaften der realen Welt werden im Internet zu Erfahrungs- oder gar zu Vertrauenseigenschaften. Nicht alle Güter eignen sich daher gleichermaßen für den Handel auf elektronischen Märkten. Optimal geeignet erscheinen Güter wie z. B. Software, Musik, Bücher, Zeitschriften und Flugtickets (Abb. 7.11). Sie sind gut zu beschreiben und zu beurteilen. Gleichzeitig besteht in der Regel nur ein geringer Beratungsaufwand. Mäßig geeignet sind Güter wie z. B. Versicherungen, Individualreisen, Häuser, Möbel, Nahrungsmittel, Kleidung und Autos. Güter, die sich einer detaillierten Beschreibbarkeit bzw. Beurteilbarkeit weitgehend entziehen und/oder einen hohen Beratungsaufwand mit sich bringen, erscheinen nur gering geeignet. Dazu zählen z. B. Güter wie Industriemaschinen oder Schmuck.

In der realen Welt gelten vor allem Dienstleistungen aufgrund ihres konstitutiven Merkmals der Immaterialität als Vertrauensgüter. Die Immaterialität ist jedoch nicht zur Abgrenzung digitaler Dienstleistungen geeignet, da dieses Merkmal auch auf digitale Produkte wie Software zutrifft. Als weiteres Merkmal kommt wie auch in der realen Welt die Einbeziehung des Kunden in den Leistungserstellungsprozess der Dienstleistung hinzu. Sie erfährt aber mit der Interaktivität einen technologischen Inhalt. Interaktivität liegt vor, wenn der Kunde die Möglichkeit hat, im Hinblick auf die Leistungserstellung Program-

Merkmal	**Potentialorientiert**	**Prozessorientiert**	**Ergebnisorientiert**	
Charakter	Infrastruktur	Erlebnis	Zeitersparnis	Problemlösung
Eigenschaften	Such-eigenschaft	Erfahrungs-eigenschaft	Such-, oder Erfahrungs-eigenschaft	Vertrauens-eigenschaft
Zeitempfinden	Jederzeit	Intensive Zeit	Wenig Zeit	Richtige Zeit
Beispiel	E-Mail, Provider	Auktion, Online-Spiele, Chat	Suchmaschine, Portal	Online-Schulung

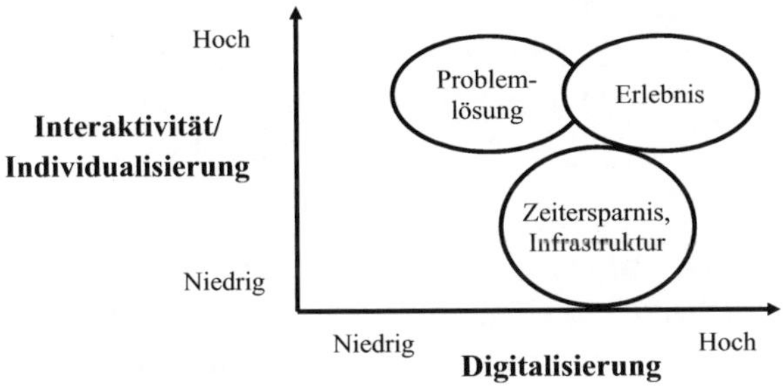

Abb. 7.12 Dienstleistungstypen im Internet

mabläufe zu empfangen, individuell zu steuern und innerhalb einer Kommunikation mit dem Anbieter Informationen zu senden.

Auch für Dienstleistungstypen lassen sich Such-, Erfahrungs- und Vertrauenseigenschaften unterscheiden (vgl. Breithaupt 2005, S. 130 ff.). Ausschlaggebend sind die Eigenschaften der Dienstleistungen und die Einbeziehung von Kunden in den Leistungsprozess (Abb. 7.12). Je nach Dienstleistungstyp fallen unterschiedliche Risiken an:

- Risiko des Datenmissbrauchs: Vor allem internetgestützte Dienstleistungen mit Problemlösungscharakter, bei denen z. B. vertrauliche gesundheits- oder finanzmarktbezogene Informationen einfließen, bergen Potentiale des Missbrauchs von Daten.
- Beurteilungsrisiko: Kunden können den Prozess der Erbringung von Dienstleistungen im Internet nicht beobachten. Zwar können interaktive geführte Touren oder Funktionalitäten im Prozess („Was passiert, wenn ich die Taste xy drücke?“) die Dienstleistung teilweise visualisieren. Leistungen mit Infrastruktur-, Erlebnis- und Zeitsparcharakter sind jedoch nicht auszuprobieren. Die Risikowahrnehmung im Dienstleistungskontext basiert dabei nicht nur auf technologischen, sondern auch auf sozialen Aspekten. Dienstleistungen im Internet, bei denen der Kunde weitgehend allein mit technischen Schnittstellen kommuniziert, sind anders zu bewerten als in der realen Welt, wo der Kunde direkt mit Mitarbeitern eines Unternehmens sprechen kann.

Tab. 7.3 Merkmale der Markttransparenz

Merkmal	Beschreibung
Anbieterkennzeichnung	Vollständige Adresse
Anbieterzahl	Zahl der Anbieter soll Rückschluss auf Wettbewerb geben; Listung durch Suchmaschinen möglich
Ort	Virtueller Speicherplatz; technischer Zugang muss möglich sein
Sprache	Verständliche Botschaften und Produktbeschreibungen
Zeit	Terminliche Absprachen (z. B. Lieferzeitpunkte, Zahlungstermine)
Qualität	Genaue Beschreibung der Beschaffenheit
Gesetzliche Vorschriften	Rechtliche Bedingungen (Kauf, AGB, Gerichtsstand)
Preis	Eindeutige Informationen (Höhe, Gebühren, Zusatzkosten)

- Qualitätsrisiko: Viele Dienstleistungen haben im Internet den Charakter der technologieunterstützten Selbstbedienung. Anders als in der realen Welt erfolgt die Leistungserstellung einer Dienstleistung im Internet zudem überwiegend in kurzen Transaktionen. Ausnahme sind z. B. über längere Zeit genutzte Online-Spiele oder Chats. Insgesamt führt die mangelnde Integrationsfähigkeit von Dienstleistungsangeboten im Internet vielfach zu kundenseitigen Qualitätsproblemen, die in einer Überforderung des Nutzers, zu einer negativen Qualitätswahrnehmung und in abgebrochenen Transaktionen münden.

7.2.3 Markttransparenz

Die Markttransparenz bezeichnet in der ökonomischen Theorie eine Situation, in der Angebot und Nachfrage durch die Marktteilnehmer überschaubar sind und in der sie über alle zur Transaktion notwendigen Informationen verfügen. „Alle" meint in der Regel eher die „wichtigen" Informationen. Der Begriff der Markttransparenz ist dabei in der Regel nicht konkretisiert. Sinnvoll erscheint daher eine Operationalisierung anhand verschiedener Merkmale, die wir aus Sicht des Nachfragers auf einem B2C-Teilmarkt vornehmen wollen (Tab. 7.3; vgl. Merk o. J.).

Häufig wird unterstellt, dass elektronische Märkte aufgrund ihrer technologischen Eigenschaften zu einer größeren Markttransparenz führen. In diesem Kontext sind zwei Dimensionen zu unterscheiden:

1. Informationsgüte: Wie relevant sind die Informationen und wie ist ihre Qualität zu beurteilen?
2. Technologie: Wie schnell und umfassend finde ich die Informationen z. B. mit Hilfe von Suchmaschinen.

Abb. 7.13 Informationsgüte und Qualität von Suchmaschinen

		Qualität der Suchmaschinen	
		Niedrig	Hoch
Informationsgüte im Internet	Gut	Verbesserung der Suchmaschinen-technologie notwendig	**Erzeugung von Markttransparenz durch das Internet möglich**
	Schlecht	Verbesserung der Informationsgüte und Suchmaschinentech-nologie notwendig	Steigerung der Informationsgüte (z.B. durch Institutionen) notwendig

Eine Erzeugung von Markttransparenz durch das Internet ist dann möglich, wenn die Informationsgüte gut und die technologische Qualität von Suchmaschinen hoch ist (Abb. 7.13; vgl. Rese und Gräfe 2002).

Suchmaschinen Aus technologischer Sicht ist die Rangfolge der Suchergebnisse eines der wichtigsten Qualitätsmerkmale einer Suchmaschine. Wie diese Ergebnisse zustande kommen bzw. nach welchen Maßstäben, Verfahren und Kriterien sie gewichtet werden, bleibt dem Nutzer verborgen. Kommerzielle Suchmaschinenanbieter werden ihre Ranking-Algorithmen aus nahe liegenden Gründen kaum veröffentlichen. Die Validität der Suchergebnisse ist daher für Nutzer nicht nachvollziehbar. Die Reihenfolge der Treffer ergibt sich zudem nicht immer aufgrund von qualitativen Merkmalen, sondern auch auf Basis der Gelder, die für bestimmte Begriffe gezahlt werden.

Suchalgorithmen sind nicht einwandfrei in der Lage, den Unterschied zwischen den populärsten und den qualitativ hochwertigsten Webseiten festzustellen. Daraus ergeben sich Möglichkeiten zur Manipulation von Webseiten. Das Suchmaschinen-Spamming bezeichnet Handlungen, die dazu führen, dass eine Internet-Suchmaschine auf eine Suchworteingabe auf den vorderen Plätzen Webseiten ausweist, die für den Nutzer keine relevanten oder dem Suchbegriff entsprechenden Informationen enthalten. Suchmaschinen sind zudem kaum in der Lage, alle verfügbaren Inhalte des WWW vollständig zu erfassen (z. B. wissenschaftliche Datenbanken). Inhalte des Webs, die nicht gelistet werden, sind unter dem Begriff Deep Web bzw. verstecktes Web subsumiert. Diese Inhalte können qualitativ durchaus hochwertiger sein als indexierte Inhalte (Visible Web). Auch kann es nach der Veröffentlichung von Informationen Wochen dauern, bis die Inhalte von den Crawlern der Suchmaschinen gefunden und in den Index übernommen werden. Es stehen also nicht alle relevanten Informationen zeitnah zur Verfügung.

Wir unterstellen nachfolgend eine effiziente Suchmaschinentechnologie und beschäftigen uns mit der Informationsgüte. Eine hohe Informationsgüte steigert die Markttransparenz und reduziert das Risiko von Fehlentscheidungen.

Informationsgüte Die Informationsgüte ist abhängig von der Verfügbarkeit, der Richtigkeit, der Relevanz und der Glaubwürdigkeit der Informationen (vgl. Gräfe 2004, S. 75 ff.). Aus Sicht des Nachfragers ist vor allem die Glaubwürdigkeit von Bedeutung. Sie wirkt wie ein Filter und schützt den Nachfrager vor falschen Informationen. Im Fall von Sucheigenschaften ist diese Gefahr geringer, da der Anbieter die Güter vor dem Kauf beurteilen kann. Im Fall von Vertrauenseigenschaften ist die Gefahr größer. Im Internet finden wir durchaus Situationen, die die Markttransparenz durch falsche Informationen beeinträchtigen. Hinzu kommt, dass Sucheigenschaften im Internet tendenziell zu Erfahrungseigenschaften werden, da z. B. ein Ausprobieren von Gütern vor dem Kauf nicht möglich ist. Die Analyse lässt folgende Schlussfolgerungen zu:

- Für Unternehmen mit einem schlechteren Leistungsangebot besteht ein Anreiz zur Gabe falscher Informationen. Ausgehend von einer Situation, in der Unternehmen richtig informieren und unterlegene Unternehmen keine Kunden erhalten, können diese ihre Situation durch falsche Informationen verbessern.
- Für die Verhaltensweise überlegener Unternehmen gibt es keine allgemeingültige These. Bei hoher Entdeckungswahrscheinlichkeit für falsche Informationen ist die Strategie, richtige Informationen zu geben, sinnvoll. Bei geringer Entdeckungswahrscheinlichkeit für Falschinformationen muss es hingegen nicht gelingen, die Kunden selbst mit richtigen Informationen von der Vorteilhaftigkeit des eigenen Angebots zu überzeugen.
- Die Annahme des Vertrauensverlusts der Nachfrager bei erkannter Fehlinformation kann zur Selbstheilung des Marktes beitragen, wenn sich das Marktvolumen verkleinert und die Teilnehmer den Markt verlassen. Überlegene Unternehmen sind stärker als unterlegene Unternehmen davon betroffen, wenn Kunden das Informationsmedium Internet verlassen. Unterlegene Unternehmen würden auch bei richtiger Information keine Kunden bekommen und profitieren daher von der Marktintransparenz.

Es ist also nicht ohne weiteres zu erwarten, dass durch die von Anbietern im Internet bereitgestellten Informationen die Markttransparenz steigt (Abb. 7.14). Es bedarf institutioneller Mechanismen, die die Transparenz gewährleisten.

Anonymität In der realen Welt kann u. a. durch persönliche Kontakte Vertrauen geschaffen werden. Im Internet ist diese persönliche Begegnung nicht möglich. Anbieter bleiben häufig anonym oder decken ihre Identität erst nach verbindlicher Annahme eines

Abb. 7.14 Marktintransparenz auf elektronischen Märkten

Die **Marktintransparenz** vergrößert sich bei

- unterschiedlicher Nutzenstiftung von Gütern für Konsumenten,
- Heterogenität der Güter,
- unterschiedlicher Aufdeckungswahrscheinlichkeit von Falschinformationen,
- zunehmender Zahl von Unternehmen.

Angebots durch den Nachfrager auf. Folglich ist die Aufhebung der Anonymität ein wichtiger Punkt für die Bildung von Vertrauen im Internet. Anonymität ist aber umgekehrt eine Schutzfunktion auf Grund des mangelnden Vertrauens. Insofern besteht ein Trade-off zwischen der Aufrechterhaltung von Anonymität als Schutzfunktion sowie der Aufhebung von Anonymität zur Schaffung von Vertrauen (Abb. 7.15). Das Vertrauen ist aus ökonomischer Sicht ein wichtiger Mechanismus zur Reduzierung von Transaktionskosten und eine grundlegende Voraussetzung, um Verträge mit einem Partner abzuschließen oder Leistungen und Produkte an Kunden zu verkaufen. Auf elektronischen Märkten besteht die Notwendigkeit des Vertrauensaufbaus umso mehr. Denn das Internet ist trotz der Möglichkeit, z. B. mit Hilfe von Suchmaschinen schnell an Informationen über verschiedene Angebote und Preise zu gelangen, von Unsicherheit geprägt. Der Kunde steht in der Internet-Welt zunehmend vor dem Problem herauszufinden, welcher Anbieter tatsächlich das halten kann, was er verspricht. Dabei sind die gewünschten Güter weder real zu sehen noch kann der Kunde sich unmittelbar von der Integrität des Anbieters überzeugen.

Vertrauensprobleme im Internet können den Handel zwischen Kunden und Anbieter also beeinträchtigen, auch wenn beide Marktseiten grundsätzlich ein Interesse an einer Transaktion haben. Vertrauen wird zu einem öffentlichen Gut (Abb. 7.16).

Bestehen Zweifel daran, ob der Bestellvorgang reibungslos abläuft, ob ein Gut tatsächlich geliefert wird und ein Bezahlprozess sicher abläuft, wird sogar ein günstiges Angebot

	Vorteile von Anonymität	**Nachteile von Anonymität**
Produkt-Geld-Ebene	• Konsument: Schutz der Privatsphäre • Unternehmen: Schutz der Informationen vor Wettbewerbern	• Keine personalisierten Produkte möglich • Keine Rückschlüsse auf Qualität des Anbieters oder Bonität des Nachfragers möglich
Meinungs- und Bewertungs-Ebene	• Wahrheitsgemäße Angabe, da keine Konsequenzen möglich	• Falsche Angabe, da keine Konsequenzen möglich • Eigenbewertung durch Anbieter oder Nachfrager

Abb. 7.15 Vor- und Nachteile der Anonymität auf elektronischen Märkten

	Ökonomische Kriterien			
Lokalisierung	Rivalität im Konsum	Ausschluss-prinzip	Gut	Ausprägung von Vertrauen
Internet	Nein	Nein	Öffentliches Gut	Weite Vertrauens-atmosphäre
Geschlossene Benutzergruppe	Nein	Ja	Klubgut	Enge Vertrauens-atmosphäre
Online-Unternehmen	Ja	Ja	Privates Gut	Reputation

Abb. 7.16 Vertrauen auf elektronischen Märkten

uninteressant. Schlechte Bewertungen eines Anbieters schrecken zusätzlich ab. Kunden kaufen erst, wenn hinreichendes Vertrauen aufgebaut ist. Sind die Erfahrungen positiv, wird der Kunde häufig zum Wiederholungskäufer, denn das Risiko zu einem unzuverlässigen Anbieter zu wechseln ist eine Barriere. Vertrauen wird im Online-Geschäft zu einem privaten Gut, das für Unternehmen die Form von Reputation erhält.

7.3 Fallbeispiele und Anwendungen

7.3.1 Kundenprofile und Empfehlungstechnologien

Suchmaschinen bewerten alle Webseiten gleich. Die Reihenfolge der Ergebnisse hängt primär von den Suchbegriffen und der internen Gewichtung von Eigenschaften der jeweiligen Webseite ab. Nutzer sind dann häufig von den erzielten Treffern überfordert und einer Informationsflut ausgesetzt. Empfehlungssysteme bzw. -technologien (Recommendersysteme) versprechen demgegenüber personalisierte Lösungen. Sie individualisieren Informationen und liefern Inhalte, die den Geschmack und die Präferenzen des Nutzers möglichst genau wiedergeben sollen. Empfehlungssysteme sind im Kern adaptive Software-Anwendungen. Sie sollen die Prozesse unterstützen und verbessern, mit denen wir uns im Alltag orientieren, z. B. Gespräche, Empfehlungen von Fachleuten, Rezensionen von Restaurants und Kinofilmen. Sowohl auf Kunden- als auch auf Anbieterseite besteht ein Interesse an solchen Systemen. Betreiber wünschen sich

- eine eindeutige Identifizierung der Kunden,
- die Aggregation von Kundendaten zu Kundenpräferenzen,
- eine Sichtbarmachung von Cross-Selling-Potentialen,

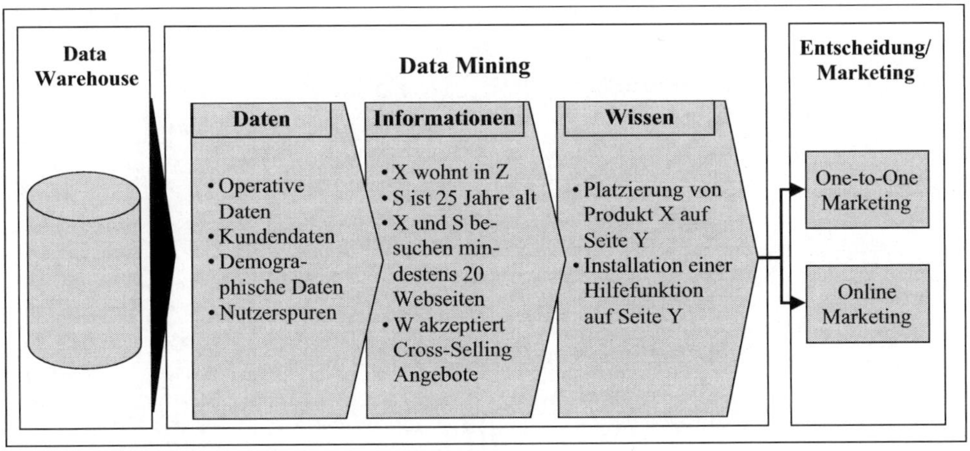

Abb. 7.17 Data-Mining. (vgl. Kollmann 2007, S. 315)

- Unterstützung beim Aufdecken von Konsumentensegmenten mit homogenem Kaufverhalten,
- analytische Hilfen in Bezug auf künftige Wettbewerbsszenarien und Überprüfung von Nachfragetrends.

Auch Besucher können profitieren, z. B. durch

- individualisierte Produktempfehlungen,
- Reduzierung der Informationsflut und Zeiteinsparung bei der Informationssuche,
- vergleichende Beurteilung von Wettbewerbsangeboten.

Empfehlungstechnologien setzen eine hinreichende Menge und Qualität von Daten voraus. Entweder werden diese Daten vom Nutzer explizit bereitgestellt oder das System erhält die Daten implizit.

Data-Mining Data-Mining Methoden können zur Informationsgewinnung über Nutzer eingesetzt werden (Abb. 7.17). Bei der Logfile-Analyse werden Statistiken über die Protokolle des Web Servers erstellt.

Damit kann festgestellt werden, welche die am häufigsten aufgerufenen Webseiten sind, welche Wege auf der Webseite besonders beliebt sind, mit welchen Suchbegriffen Nutzer auf die Webseite kommen oder auf welchen Seiten es am häufigsten zum Kaufabbruch kommt. Auch wenn daraus nicht auf das individuelle Verhalten geschlossen werden kann, liefert diese Auswertung wertvolle Hinweise auf die Zusammensetzung der Nutzer, die Beliebtheit der Seite, das Surfverhalten und auf Schwachstellen der Webseite. Werden diese Logfiles einzeln ausgewertet, kann durch Data-Mining der Navigationsweg des einzelnen Kunden auf der Webseite nachvollzogen werden. Dabei wird der Kunde

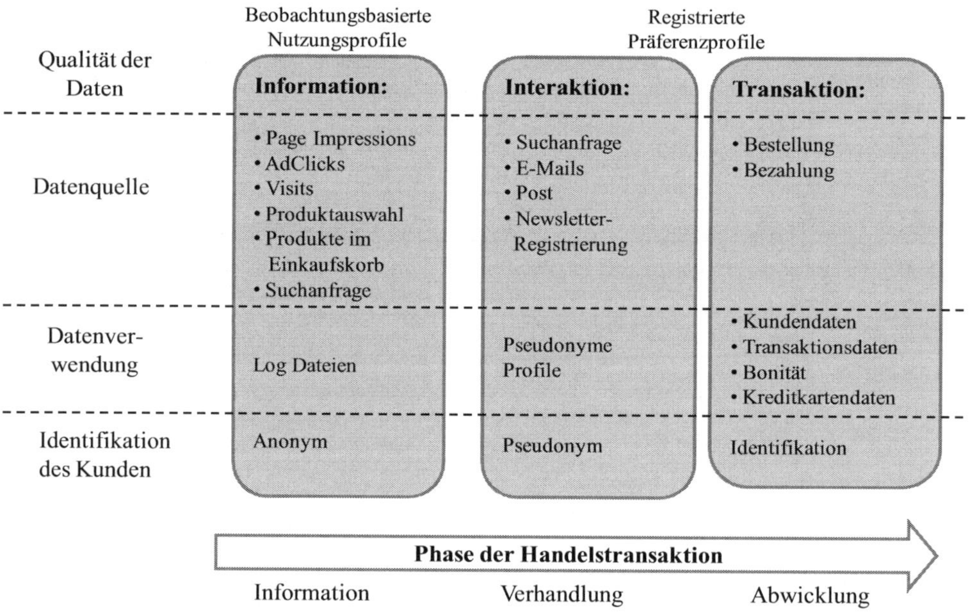

Abb. 7.18 Datenquellen in Transaktionsphasen. (vgl. Kaspar und Hagenhoff 2002, S. 12)

anhand der IP-Adresse erkannt. Diese Daten stehen ohne zusätzlichen Aufwand zur Verfügung. Allerdings kann von der IP-Adresse nicht immer auf den Kunden geschlossen werden, da große Server-Dienstleister IP-Adressen häufig bei jedem Besuch neu generieren und der Kunde nur dann erkannt werden kann, wenn er von seinem eigenen Rechner aus zugreift. Auch im Fall dynamischer Verfahren, die Logfiles in Echtzeit erhalten, ist der Nutzer nur dann eindeutig zu identifizieren, wenn er sich registriert und in einem Formular mit Benutzernamen und persönlichem Kennwort einloggt. Hier können Transaktionsdaten hinsichtlich der Kauf- und Bestellvorgänge gespeichert und besondere Interessengebiete anhand seines Surfverhaltens herausgefunden werden. Dies setzt aus datenschutzrechtlichen Bestimmungen das Einverständnis des Nutzers voraus.

Ein anderes Instrument zur Informationsgewinnung sind Cookies, die entweder nur für den Besuch der Webseite auf dem Rechner des Nutzers installiert werden oder ständig auf dem Rechner verbleiben. Sofern der Nutzer persistente Cookies nicht löscht, können der Nutzer bzw. Rechner bei Besuch der Webseite wieder erkannt und eine umfangreiche Historie über das Besuchsverhalten auf der Webseite gebildet werden. Mit der Zusammenführung von Logfile-Analysen, Benutzerdaten, Transaktionsdaten und Kampagneninformationen lässt sich ein umfassendes Nutzerprofil bilden (Abb. 7.18).

Empfehlungssysteme In der Praxis existiert eine Vielfalt von Recommender-Systemen. Ihnen gemeinsam ist, dass bestimmte Input-Daten durch eine spezifische Methodik zu Informationen aggregiert und zur Bereitstellung von Empfehlungen genutzt werden.

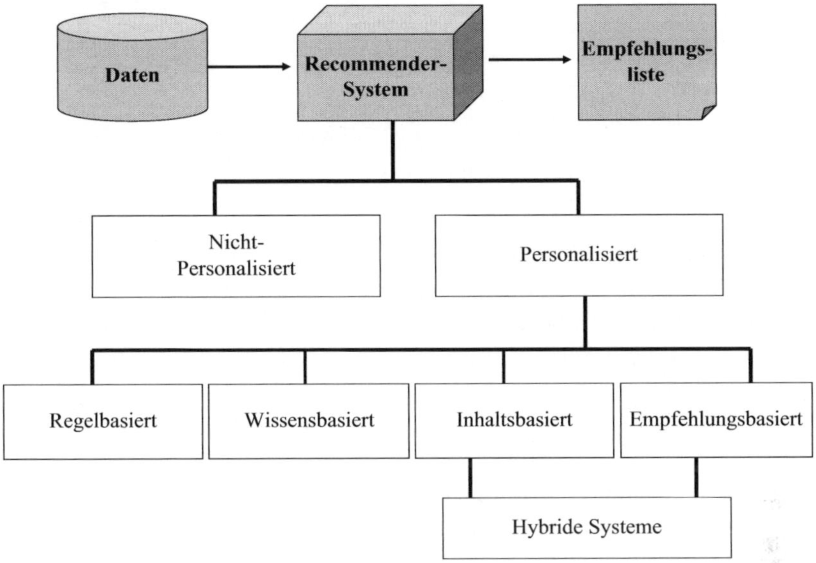

Abb. 7.19 Arten von Empfehlungssystemen

Clickstream basierte Systeme analysieren die Navigationsmuster von Besuchern auf der Webseite und versuchen, Ähnlichkeiten zwischen bestimmten Kunden oder Kundengruppen nutzbar zu machen, um diesen personalisierte Informationen zur Verfügung zu stellen. Repeat Buying Systeme werten Warenkorbdaten aus, die als Kaufgeschichten interpretiert werden und Rückschlüsse auf das Kaufverhalten erlauben. Dabei ist zu klären, welche gekauften Güter nicht zufällig gemeinsam gekauft wurden und wie viele Güter empfohlen werden sollen.

Nicht-personalisierte Empfehlungssysteme verwenden keine Informationen des Nutzers. Beispiel wäre die Empfehlung einer Webseite allein auf Basis von höchsten Besucherzahlen. Personalisierte Empfehlungssysteme setzen Informationen über den Nutzer voraus, wie z. B. Nutzer-Klick-Verhalten, explizite Produkt-Bewertungen oder auch das Nutzer-Profil. Die Mehrzahl der Empfehlungssysteme ist personalisiert. Sie lassen sich nach folgenden Kriterien unterscheiden (Abb. 7.19):

- Regelbasiert: Die Empfehlungen basieren auf Regeln der Form „*Wenn* ein Nutzer ein Einkommen oberhalb von 100.000 € und ein Haus hat, *dann* besteht auch ein Interesse an einer Sicherheitsanlage gegen Einbruch."
- Wissensbasiert: Die Empfehlungen stützen sich auf funktionales Wissen, wie ein Objekt (z. B. ein Notebook) mit den Bedürfnissen des Benutzers übereinstimmt.
- Inhaltsbasiert (content-based filtering): Die Empfehlung basiert auf der Ähnlichkeit von Objekten. Wenn sich ein Kunde z. B. für einen PKW des Herstellers Audi mit Allradantrieb interessiert, dann werden ihm auch PKW anderer Hersteller mit Allradantrieb empfohlen.

Tab. 7.4 Datenbasis für inhaltbasiertes Filtern

Film	Humor	Fantasy	Action	Drama
$8^{1/2}$-Wochen	2	1	2	8
Herr der Ringe	2	9	8	2
Titanic	2	2	8	9
Der kleine Hobbit	1	8	8	3

- Empfehlungsbasiert (collaborative filtering): Grundlage ist die Beziehung zwischen Objekten und Benutzern. Objekte sind ähnlich, wenn sie ähnlich bewertet wurden. Wenn Nutzer mit ähnlichen Vorlieben z. B. ein bestimmtes Buch „gut“ finden, wird dieses Buch auch dem aktiven Nutzer empfohlen.

In der Praxis dominieren inhaltsbasierte und empfehlungsbasierte Systeme.

a) Inhaltsbasierte Verfahren (content-based filtering) Bei inhaltsbasierten Systemen werden Ähnlichkeiten zwischen Objekten gesucht und mit den Präferenzen der Nutzer in Beziehung gesetzt. Erreicht wird dieser Vorgang durch den Vergleich von Metadaten von Objekten. Dazu werden Dokumente mit Schlüsselwörtern versehen und in Kategorien eingeordnet. Dabei werden die Texte in der Regel mit einem Gewichtungsschema analysiert, indem für die entscheidenden Wörter hohe Gewichtungen verteilt werden. Nutzer, die sich für diese Dokumente interessieren, geben dem System indirekt bekannt, dass er sich für Objekte mit der gleichen oder ähnlichen Klassifizierungen interessiert. Für die Empfehlung wird für jedes vorhandene Objekt eine Korrelation zwischen Objekt-Eigenschaften und Präferenzen der Nutzer erstellt. Die nächsten „Nachbarn“ (nearest neighbours) werden empfohlen. Dieses Vorgehen wird Item-to-Item Korrelation genannt, wenn die Empfehlungen allein durch den Vergleich von Objekten berechnet werden. Werden die Objekte mit Nutzern verbunden, liegt eine Item-to-User Korrelation vor. Anwendungsgebiete sind z. B. Produkte, Nachrichten, Webseiten, Restaurants und Filme. Betrachten wir ein Beispiel (Tab. 7.4).

In unserem Beispiel soll der Film „Herr der Ringe“ das Anfrageobjekt sein. Dazu lassen sich die Angaben in einen Vektorraum überführen. Wir reduzieren die Betrachtung vereinfacht auf die beiden Dimensionen „Fantasy“ und „Drama“ (Abb. 7.20).

Zwei Objekte sind sich bei dieser Darstellung ähnlich, wenn ihre Distanz im Vektorraum-Modell gering ist bzw. unähnlich, wenn ihre Distanz relativ groß ist. Es wird deutlich, dass die Distanz zwischen „Herr der Ringe“ und „Der kleine Hobbit“ gering und zu den anderen Filmen eher groß ist. Ein Nutzer, der sich für den Film „Herr der Ringe“ interessiert, würde durch das System aufgrund der ähnlichen Kategorisierung „Der kleine Hobbit“ als Empfehlung erhalten.

Das System liefert zudem eine nach absteigender Relevanz sortierte Ergebnisliste. Dabei werden auch Objekte einbezogen, die z. B. in der Gewichtung in einer Kategorie von der Gewichtung des Anfrageobjekts abweichen. Dadurch reduziert sich die Gefahr, dass relevante Dokumente aussortiert werden.

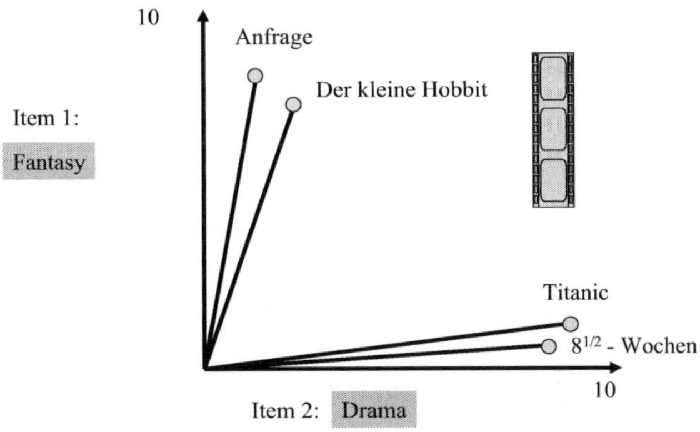

Abb. 7.20 Vektorraum-Modell des inhaltsbasierten Filterings

b) Empfehlungsbasierte Verfahren (collaborative filtering) In diesen Verfahren werden personalisierte Empfehlungen auf Basis von historischen Daten einer Nutzergemeinschaft generiert. Die Ähnlichkeit zwischen zwei Objekten wird über vergleichbare Bewertungen verschiedener Anwender berechnet. Das Verfahren rückt nicht die Klassifizierung von Objekten, sondern die Beziehung von Personen zu Objekten in den Mittelpunkt. Diese Verfahren sind flexibel, da sie auf alle Objekte angewendet werden können, die persönlich zu bewerten sind. Formal entspricht dies der Ermittlung der „Nähe" zu Bewertungen oder dem Abstand von Nutzern. So lässt sich der euklidische Abstand, d. h. die Distanz zwischen zwei Vektoren, als Ähnlichkeit interpretieren (vgl. Wolpers 2010; Abb. 7.21).

Die beschriebenen Verfahren haben jeweils bestimmte Vor- und Nachteile. Dazu einige Hinweise (vgl. Höhfeld und Kwiatkowski 2007; Tab. 7.5):

Nutzer	$8^{1/2}$-Wochen	Herr der Ringe	Titanic	Der kleine Hobbit	Entfernung von Christa mit k = 3 (nächste Nachbarn)
Reiner	4	3	1	5	$[(4 - 4)^2 + (3 - 3)^2 + (1 - 2)^2] = 1$
Dirk	5	3	2	4	$[(5 - 4)^2 + (3 - 3)^2 + (2 - 2)^2] = 1$
Kirsten	1	1	5	2	$[(1 - 4)^2 + (1 - 3)^2 + (5 - 2)^2] = 4{,}69$
Birgit	2	1	4	1	$[(2 - 4)^2 + (1 - 3)^2 + (4 - 2)^2] = 3{,}46$
Franz	5	4	1	5	$[(5 - 4)^2 + (4 - 3)^2 + (1 - 2)^2] = 1{,}73$
Christa	4	3	2	????	

Euklidischer Abstand von Christa zu Franz

(5 + 5 + 4)/3 = 4,66

Ungewichteter Mittelwert zu den drei nächsten Nachbarn

Abb. 7.21 Datenbasis für empfehlungsbasiertes Filtering

Tab. 7.5 Vor- und Nachteile von Empfehlungstechnologien

	Inhaltsbasiert	Empfehlungsbasiert
Vorteile	Beachtung von Inhalten	Flexibel einsetzbar
	Automatische Beurteilung von neuen Produkten möglich	Unabhängig von Informationen und Objektbeschreibungen
	Keine große Nutzerzahl erforderlich	Cross-Genre-Empfehlungen
Nachteile	Mangelnde Beschreibbarkeit von komplexen Objekten	Große Nutzerzahl erforderlich
	Überspezialisierung	Kalt-Start Problem
	Geringe Flexibilität	Keine Beachtung von Inhalten
	Teilweise Kalt-Start Problem	
	Keine persönlichen Bewertungen	

- Inhaltsbasierte Systeme setzen präzise und ausführliche semantische Beschreibungen der Objekte voraus. Der Datenbestand muss daher fortlaufend gepflegt werden, weil neue Produkte sonst nicht empfohlen werden können. Die Systeme haben den Vorteil, dass die Empfehlungen auch inhaltsbezogen umgesetzt bzw. realisiert werden können. Vorteil ist auch, dass nicht unbedingt eine große Nutzerzahl vorhanden sein muss. Qualitative Einschränkungen resultieren aus der mangelnden deskriptiven Beschreibbarkeit von Objekten, z. B. aus den Bereichen Musik oder Film. Zudem leiden inhaltsbasierte Empfehlungen an einer Überspezialisierung, weil nur Objekte empfohlen werden, die hoch bewertet wurden. Nicht-bewertete Dokumente werden ignoriert, obwohl sie gegebenenfalls relevant sind. Dem Nutzer werden häufig nur solche Objekte empfohlen, die denjenigen Objekten ähneln, die ihm bereits zuvor empfohlenen worden sind. Inhaltsbasierte Systeme gelten als wenig flexibel, beruhen aber dafür nicht auf subjektiven Kriterien. Die Vorgehensweise ist daher weitgehend transparent und keine „Black-Box“.
- Empfehlungsbasierte Technologien sind unabhängig von maschinenlesbaren Beschreibungen möglich. Eine große Stärke liegt in „Cross-Genre-Empfehlungen“. Einem Liebhaber von Jazz-Musik werden dann z. B. Vorschläge aus dem Bereich der Rock-Musik gemacht. Kooperative Empfehlungssysteme sind jedoch nur bei einer angemessenen Menge von Einträgen einsetzbar.

  Um gute Empfehlungen zu geben, müssen sich die Teilnehmer selbst aktiv durch Käufe bzw. Bewertungen am System beteiligen. Erst wenn genügend Nutzerdaten vorhanden sind, können daraus trennscharfe Nutzerprofile bestimmt werden (vgl. Montaner et al. 2003). Diese Zahl darf allerdings nicht zu groß sein, da speicherbasierte Verfahren an Kapazitätsgrenzen stoßen. Ab einer bestimmten Größenordnung müssen Abstriche an die Qualität oder Geschwindigkeit von Empfehlungen gemacht werden.

Eine übergreifende Einschränkung von Empfehlungssystemen ist das Kaltstart-Problem. Der Begriff umfasst mehrere Themen, die miteinander in Beziehung stehen und bei den einzelnen Verfahren unterschiedlich ausgeprägt sind:

- Neue Nutzer (new user): Diese müssen in ausreichender Anzahl Bewertungen abgeben, um kategorisiert werden zu können. Die Aussagefähigkeit von Bewertungen ist gering und nicht repräsentativ, wenn ein Objekt nur von einer geringen Zahl an Nutzern bewertet wird (First-Rater Problem).
- Neue Objekte (new item): Ein Objekt, das noch nicht viele Bewertungen erhalten hat, kann nicht ohne weiteres vorgeschlagen werden. Der damit zusammenhängende Begriff „Spärlichkeit“ beschreibt die geringe Quantität an Ausgangs- und Grunddaten.

In der Tendenz sind die Schwächen des einen Ansatzes die Stärken des anderen Ansatzes und umgekehrt. Es ist daher nahe liegend, dass sich hybride Empfehlungssysteme entwickelt haben, die zwei oder mehrere Technologien verbinden (vgl. Burke 2002).

Besonders bekannt ist das Empfehlungssystem von Amazon. Es trägt die Bezeichnung „Item-to-Item Collaborative Filtering“ (kooperatives Objekt-zu-Objekt-Filtern; vgl. Linden et al. 2003). Die genaue Funktionsweise des Empfehlungssystems ist nicht offen gelegt, jedoch wird unter der Nr. 20020198882 des US-Patentamts die prinzipielle Funktionsweise erklärt (vgl. Linden et al. 1998, 2002). In etwa wird folgender Algorithmus für die Berechnung der Ähnlichkeiten von Produkten verwendet (vgl. Kubek 2005, S. 44):

> Für jedes Produkt i im Produktkatalog, für jeden Kunden k, der Produkt i gekauft hat, für jedes weitere Produkt j, das dieser Kunde gekauft hat, speichere, dass ein Kunde die Produkte i und j zusammen gekauft hat und berechne die Ähnlichkeit zwischen i und j.

Mit Blick auf die große Zahl von Kunden und Produkten wird diese Berechnung nicht zum Zeitpunkt der Kaufsitzung durchgeführt (Abb. 7.22). Damit ist das Verfahren auch für eine große Datenmenge skalierbar. Da viele Kunden in der Regel nur wenige Produkte kaufen, ist die Laufzeit des Algorithmus kurz (vgl. Höhfeld und Kwiatkowski 2007).

Durch die „Offline“-Komponente können Produktempfehlungen während einer Kaufsitzung nahezu in Echtzeit gegeben werden. Das Verfahren liefert daher auch bei großen Datenmengen hochwertige Empfehlungen in sehr kurzer Zeit. Beispiele:

- Persönliche Empfehlungen: Jedes Mitglied hat einen persönlichen Shop, mittels dem das System Güter empfiehlt, die den bereits erworbenen Gütern ähnlich sind.
- Topseller: Dazu werden Güter aufgelistet, die einen der vorderen Amazon-Verkaufsränge belegen, d. h. die am häufigsten verkauften Güter in ihrer Gattung darstellen. Allerdings bleibt unberücksichtigt, wie die Mitglieder diese Güter bewertet haben.
- „Kaufen sie x und y zusammen“: Bei Anwahl eines Artikels x wird dieser Hinweis automatisch angezeigt. Auswählen lässt sich diese Option durch den Button „Beide jetzt kaufen“. Artikel y ist dabei inhaltlich nahezu identisch mit Artikel x und stammt aus der gleichen Produktart (wenn Artikel x ein Buch ist, so ist y auch ein Buch). Diese Beziehungen sind so gestaltet, dass Artikel x zwar auf Artikel y verweist, aber Artikel y nicht immer auf Artikel x.

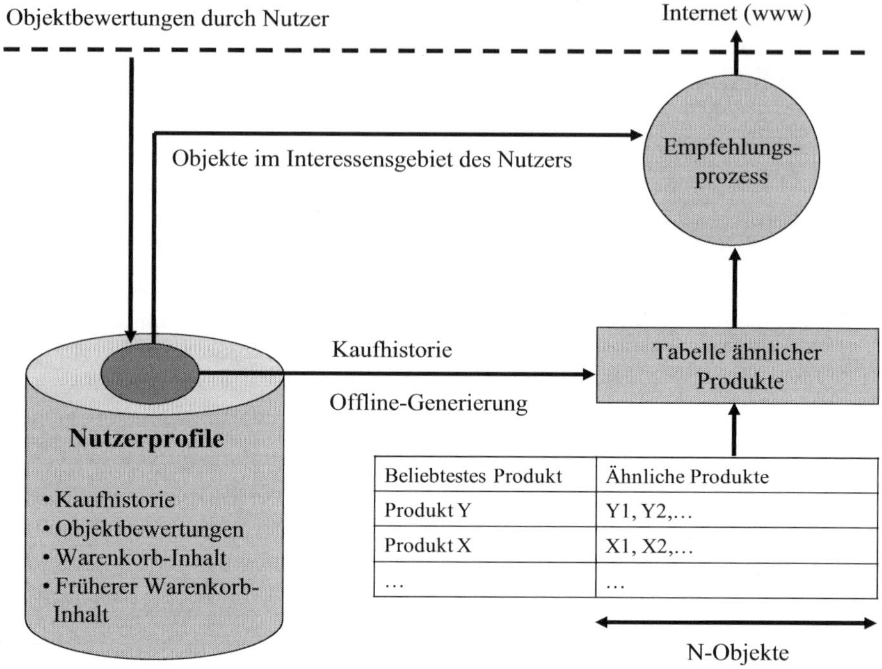

Abb. 7.22 Empfehlungssystem von Amazon

- „Kunden, die Artikel x gekauft haben, haben auch Artikel y gekauft": Dieser Hinweis wird bei der Detailanzeige eines Artikels gegeben. Empfohlen werden Artikel der gleichen Produktart und des gleichen Sachgebietes wie der betrachtete Artikel x.
- „Kunden kauften auch diese Produkte": Diese Option erscheint bei der Detailansicht eines Produktes als Auswahlmöglichkeit. Die Empfehlungen beschränken sich nicht mehr nur auf Produkte der gleichen Art und des gleichen Inhalts, sondern werden auf andere Produktarten erweitert. Dies bedeutet, dass bei Ansicht einer Digitalkamera auch z. B. Empfehlungen über Smartphones gegeben werden.

Angesichts der Vorteile, die Empfehlungstechnologien für Anbieter und Nutzer versprechen, wird in vielfältiger Hinsicht an einer Weiterentwicklung gearbeitet. Nicht alle Probleme sind jedoch technologischer Natur, sondern hängen auch vom Nutzer ab. Studien zeigen, dass Menschen vor allem Empfehlungen von Freunden und Bekannten vertrauen. Insofern lässt sich ein Trend erkennen, auch soziale Netzwerke oder Social-Media Instrumente mit Empfehlungstechnologien zu verknüpfen. Diese Entwicklung schafft aber gegebenenfalls eine neue Qualität. Bisher waren Empfehlungssysteme in der Regel daran gebunden, Objekte an Subjekte bzw. Personen zu empfehlen.

In sozialen Netzwerken lässt sich diese Dimension erweitern um die Empfehlung von Personen an Personen. Beispiele wären Empfehlungen über Personen im Bewerbungs-

Market of E-Lemons 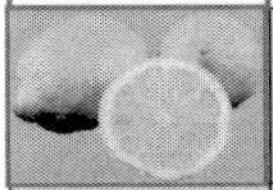	Signaling (Informationsaussendung)	Screening (Informationssuche)
Anbieter	Gibt Informationen für Nachfrager • Darstellung eigener Fähigkeiten • Benennung von Referenzkunden • Reputation, Marke	Sucht Informationen über Nachfrager • Zahlungsfähigkeit • Marktforschung
Nachfrager	Gibt Informationen für Anbieter • Informationen zu Bedürfnissen, Preisbereitschaft • Angabe eines Kundenprofils	Sucht Informationen über Anbieter • Vergleich von Angeboten • Mund-zu-Mund-Kommunikation • Zertifikate • Qualitätseinstufungen durch Dritte

Abb. 7.23 Signaling und Screening auf elektronischen Märkten

prozess (z. B. Noten, Alter, soziale Kompetenz) oder bezogen auf die Zusammensetzung von Arbeitsgruppen (z. B. Qualifikationen, Erfahrungen). Aspekte des Datenschutzes, der Glaubwürdigkeit und des Vertrauens gewinnen hier zunehmend an Bedeutung.

7.3.2 Vertrauen und Reputationssysteme

Auch Internet-Transaktionen sind mit Risiken behaftet. So kann der Verkäufer einer Ware gute oder schlechte Qualität liefern, der Käufer kann sich um die Zahlung drücken, sie mindern oder verzögern. Solche Risiken sind vor allem dann gegeben, wenn es sich um einmalige Transaktionen handelt. Im Fall wiederholter Transaktionen kommt es hingegen zum Aufbau von Vertrauen. Darüber hinaus steht Anbietern und Nachfragern auch auf elektronischen Märkten eine Vielzahl von Maßnahmen zur Verfügung, die zu einem kooperativen Verhalten beitragen können. In der Informationsökonomie werden diese Maßnahmen als Signaling und Screening diskutiert (Abb. 7.23).

Signaling Signaling bezeichnet die Übertragung von Informationen, die Vertrauenswürdigkeit versprechen und Unsicherheiten beseitigen. So können Nachfrager dem Anbieter Signale in Form der Bekanntgabe der Zahlungsbereitschaft oder eines Kundenprofils übermitteln. Weitaus häufiger ist das Signaling auf der Angebotsseite anzutreffen. Einige Beispiele:

- Angabe von Referenzkunden.
- Informationen, die dem Kunden anzeigen, wo sich das bestellte Gut in der Herstellung oder auf dem Weg zu ihm gerade befindet (Online-Tracking).

- Freiwillige Selbstbindung des Anbieters an eine Leistung (z. B. Garantieversprechen über die Qualität des Produktes, fristgerechte Lieferung, Versicherungen zur Betrugsprävention oder Konventionalstrafen)
- Zusatzinformationen, die vertrauensbildend wirken (z. B. können Finanzinstitute die Besucher ihrer Webseite regelmäßig mit Informationen über unsichere Anlageformen oder ungünstige Kursentwicklungen versorgen).
- Demo- und Vorabversionen (z. B. von Software), die Kunden von der Qualität eines Gutes und von der Qualität des Anbieters überzeugen sollen.

Screening Screening bezeichnet die Informationsbeschaffung durch die schlechter informierte Marktseite. Für Anbieter ist das Screening von Kunden häufig kostenintensiv. Sie überlassen Kunden daher oft die Einordnung in bestimmte Angebotstypen. Kunden können sich zudem auf Zertifikate oder die Beurteilung durch Dritte stützen, die eine Beurteilung des Anbieters ermöglichen. Beispielsweise wird es im Fall von Online-Shops durch das Definieren von bestimmten Prüfstandards möglich, die Vertrauenseigenschaften des Anbieters in Quasi-Suchkriterien für den Kunden zu überführen (Tab. 7.6). Trifft der Kunde bei der Suche nach einem Angebot hoher Qualität z. B. auf einen Anbieter, der von einem glaubwürdigen Dritten ein Zertifikat für besonders hochwertige Leistungen erhalten hat, fällt ihm die Kaufentscheidung leichter. Verschiedene Institutionen vergeben dazu Gütesiegel an Online-Shops, die sich den strengen Anforderungen an Sicherheit, Datenschutz und Transparenz verpflichtet haben.

Social Media Technologien und soziale Netzwerke ermöglichen darüber hinaus die Einbeziehung von Nutzern in den Bewertungsprozess von Anbietern.

Einige Beispiele:

- Nachfrager können sich im Rahmen der Mund-zu-Mund-Kommunikation auf die Urteile anderer Kunden stützen. In der virtuellen Welt stehen für diesen Informationsaustausch Foren, Chatrooms oder virtuelle Communities zur Verfügung, in denen Kunden gemeinsam ein Screening durchführen. Diese Foren können allerdings von Anbietern gezielt eingerichtet werden. Ziel ist es, positive Bewertungen von Kunden zu Produkten und Leistungen zu sammeln, um schnell eine wertvolle Informationsbasis zu schaffen. Es lassen sich Empfehlungsplattformen einrichten, die vorwiegend von den Bewertungen der Nutzer leben. Bewertungen eines Produktes lassen sich durch Provisionen an „Meinungsmacher" initiieren. Dies kann allerdings die Glaubwürdigkeit der Anbieter beeinträchtigen.
- Kunden auf Auktionsplattformen können sich vor Gebotsabgabe über den Ruf des Verkäufers informieren. Sie können das Bewertungsprofil des Verkäufers einsehen und so herausfinden, ob der Verkäufer seine Transaktionen bisher seriös und zügig abgewickelt hat, und ob seine Artikel der angegebenen Qualität entsprachen.

Kundenempfehlungen gewinnen durch die schnelle Informationsverbreitung im Internet eine neue Dynamik und haben zum Aufbau von Reputationssystemen beigetragen (vgl. Mui et al. 2002).

Tab. 7.6 Vertrauen am Beispiel eines Online-Shops

Kriterium	Schafft Vertrauen	Neutral	Verringert Vertrauen
Allgemeine Informationen	Direkte Ansprechpartner, 24 Stunden Call-Center	AGBs, Impressum	Eine oder mehrere Pflichtangaben fehlen
Zahlungsbedingungen	Rechnung	Nachnahme	Vorauskasse
Lieferbedingungen	Frei Haus	Post-Paketgebühren	Hohe Lieferpauschalen
Serviceangebote	Kostenlose 24 Stunden Hotline	Hotline	Nur per Postanschrift oder Telefonnummer
Preisangaben	Vollständig	Transparente Kosten-übersicht im Warenkorb	Preisangaben ohne ergänzende Zusatzinformationen
Transaktionssicherheit	Starke Verschlüsselung im gesamten Webangebot	Verschlüsselung von sensiblen Daten	Keine Verschlüsselung, abgelaufene Zertifikate
Gesetzliche Schranken	Zwingende Einhaltung, z. B. durch Nutzerautorisierung	Hinweis auf geltende Bestimmungen	Missachtung geltender Bestimmungen
Zahlungszeitpunkt	Nach der Lieferung	Zeitpunkt der Lieferung	Abschluss des Liefervertrages
Marke	Vorhanden, auch im stationären Handel	Seit längerem am Markt/Online	Neu, schlechter Ruf
Prüfsiegel	Anerkannte Prüfsiegel	Verbreitete Prüfsiegel	Keine Prüfsiegel
Tests in Fachzeitschriften	Gutes Abschneiden	Erfüllung aller Pflichtkriterien	Negative Bewertungen
Garantien	Garantien vorhanden, Treuhänder	Garantien auf Produkte	Keine Garantien

Reputationssysteme Reputation ist ein wichtiger Mechanismus zur Bildung von Vertrauen, der Unsicherheiten bezogen auf opportunistisches Verhalten abbaut (vgl. Peters und Reitzenstein 2008). Reputation ist die Erwartung über das Verhalten einer Person, die auf Informationen oder Beobachtung basiert. Die aktuelle Reputation beeinflusst daher auch das zukünftige Verhalten. Genau so wie Vertrauen, baut sich Reputation in der Regel langsamer auf als ab (vgl. Ockenfels 2003). Webbasierte Reputationssysteme moderieren den Prozess der Entwicklung von Reputation im Rahmen von automatisierten Prozessen, wobei es eine Vielzahl von Anwendungsfeldern gibt (Tab. 7.7).

Die Einsatzgebiete für Reputationssysteme basieren auf aggregierten bzw. community-basierten Informationen und auf persönlichen Angaben innerhalb eines Systems (Abb. 7.24). Hauptkriterium bei der Klassifikation von Reputationssystemen aus technologischer Sicht ist die Datenhaltung. Zu klären ist, wo die Daten gespeichert sind und

Tab. 7.7 Reputationssysteme in ausgewählten Einsatzgebieten. (vgl. Schaffert et al. 2010, S. 28)

Reputationssystem	Unterstützung der Gemeinschaft	Markt der Kompetenzen	Online-Handel	Online-Spiele und -Wettbewerbe	Webaggregatoren
Absicht	Hilfreiche und aktive Mitglieder auszeichnen	Kompetenzen der Mitglieder darstellen	Verhalten potentieller Geschäftspartner bewerten	Spielspaß und Attraktivität des Spiels erhöhen	Recherche von und Auswertung von Internetaktivitäten
Verfahren	Verhaltensauswertung, Bewertungen, Nominierungs- und Abstimmungsverfahren	Selbstauskünfte, Bewertungen der Beiträge und der Personen selbst	Gegenseitige Bewertung bisheriger Transaktionen	Auswertung des Spielverhaltens	Nutzung von Suchmaschinen Auszählung, Auswertung der Treffer
Visualisierung	Labels im Benutzerprofil	Labels, Punktesysteme, Ranglisten	Punkte-, Sternesysteme, Prozentangaben	Punktesysteme, Auszeichnungen, Ranglisten	vor allem Trefferlisten, Punkte

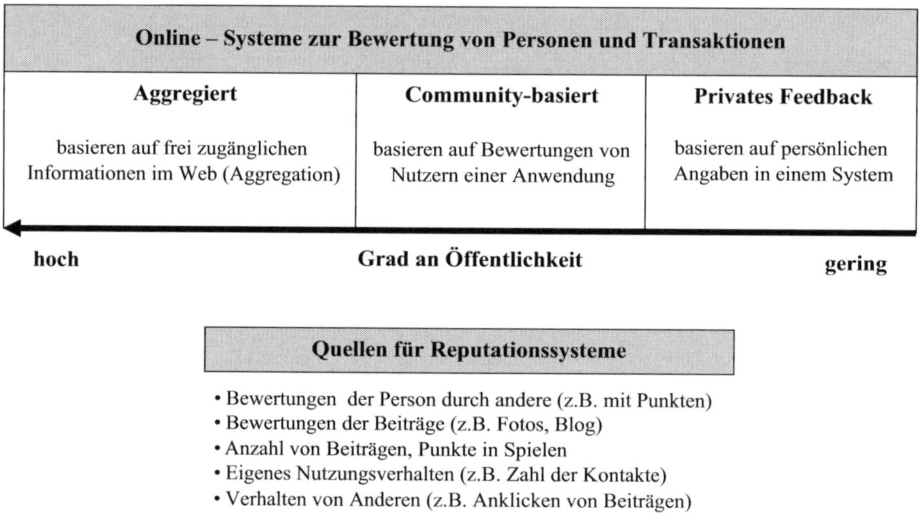

Abb. 7.24 Online-Systeme und Quellen zur Bewertung von Personen und Transaktionen. (vgl. Schaffert et al. 2010, S. 27)

wer darüber die Kontrolle hat. Bei zentral organisierten Reputationssystemen liegt die Kontrolle über die Daten beim Betreiber des Systems (z. B. eBay, Amazon). Der Nutzer ist gegenüber anderen Nutzern geschützt, muss aber dem Systemanbieter vertrauen. Entsprechend hoch sind die Vertrauensverluste des Anbieters, wenn Daten missbraucht werden. Im Fall von subjektiven Reputationssystemen ohne Weitergabe sammelt und speichert jeder Nutzer seine Erfahrungen, die er über andere Nutzer gewonnen hat. Aus diesen Daten wird die Reputation gebildet. Dieses System funktioniert gut bei häufigen Kontakten mit den gleichen Nutzern. Nur so können ausreichend Daten für eine Beurteilung gesammelt werden. Bei subjektiven Reputationssystemen mit Weitergabe von Daten entstehen verteilte Systeme. Hier wird die Reputation zwischen den Nutzern ausgetauscht (vgl. Voss 2004).

Das Funktionieren von Reputationssystemen ist von verschiedenen Bedingungen abhängig, die sich nur teilweise technologisch abbilden lassen:

- Teilnehmer sollten daran interessiert sein, langfristig auf der Plattform zu agieren. Diese langfristige Ausrichtung soll einen Anreiz zu konformem Verhalten liefern. Dieses Phänomen wird als Shadow-of-the-Future bezeichnet. Ein rationaler Teilnehmer wird sich dann konform verhalten, falls der Verlust an Reputation den einmaligen Gewinn bei Vertragsbruch übersteigt.
- Reputationssysteme besitzen eine direkte Signalisierungsfunktion, die das bisherige Verhalten jedes Teilnehmers sichtbar macht. Gleichzeitig üben sie eine indirekte Sanktionierungsfunktion aus, indem unehrliche Teilnehmer von weiteren Transaktionen ausgeschlossen werden. Die Sanktionierungsfunktion und der Anreiz zu konformem Verhalten sind umso größer, je stärker der Teilnehmer die Zukunft in seine Entscheidung einbezieht.
- Neue Teilnehmer sollten für ihre erste Transaktion einen Vertrauensvorschuss erhalten. Einige Autoren argumentieren, dass Reputationssysteme nur deswegen funktionieren, weil die Nachfrager glauben, dass sie funktionieren (vgl. Tirole 2003, S. 123).
- Feedbacks über aktuelle und vergangene Verhandlungen sollen öffentlich gemacht werden und Transparenz schaffen. Kein Benutzer sollte seinen eigenen Reputationswert manipulieren dürfen.

Unabhängig von der konkreten technologischen Ausgestaltung sammelt und verarbeitet ein Reputationssystem Wertungen, welche es dem Nutzer des Systems in Form von Reputationen zur Verfügung stellt (vgl. Bizer 2002):

- Reputation bildet eine Liste von Wertungen, die sich auf ein Reputationsobjekt B beziehen, auf einen Reputationswert ab. Die Reputation ist ein subjektiver Wert aus Sicht einer Person A. Die Kriterien, auf die sich die Wertungen beziehen, sind allgemeiner Art (z. B. Zustand einer Ware, die online bestellt worden ist).
- Eine Wertung ist die Abbildung eines Nutzers A, mit der er seine Erfahrungen über ein Reputationsobjekt einer Wertung zuordnet. In einem bestimmten Kontext macht A Erfahrungen mit B, woraus er sich eine Meinung zu B bildet. Diese Meinung übersetzt er zu einer Wertung.

Grob betrachtet, haben Reputationssysteme damit die Aufgabenbereiche Sammeln, Verarbeiten und Verteilen von Wertungen (Abb. 7.25; vgl. Voss 2004). Zwischen diesen

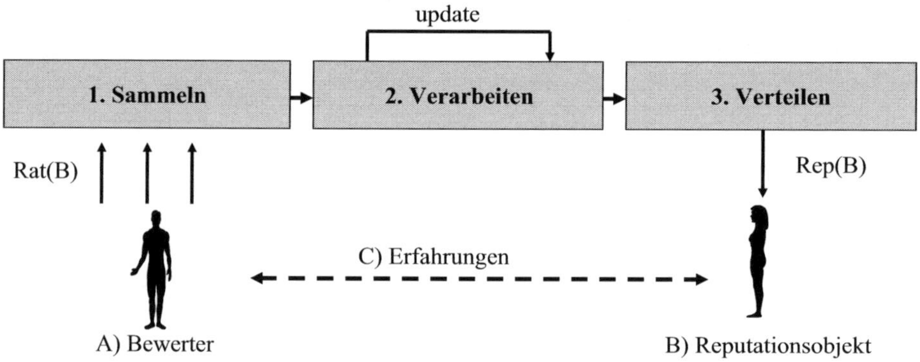

A = Bewerter	B = Reputationsobjekt	C = Erfahrungen von A mit B	Wertung der Erfahrung von A	Reputation von B im System
Käufer	Verkäufer/Händler	Verkauf von B an A	Rat(B)	Rep(B)
Leser	Text	Beurteilung des Textes nach dem Lesen	Rat(B)	Rep(B)

Abb. 7.25 Reputationssystem

Aufgabenbereichen fließen Informationen, wobei die Reihenfolge der Aktionen nicht festgelegt ist. Es handelt sich eher um einen eigenständigen Prozess, bei dem sich die Größen gegenseitig beeinflussen:

- Sammeln: Nutzer des Systems geben ihre Wertungen beim Sammel-Block ab.
- Verarbeiten: Vom Sammel-Block werden die Wertungen in den Bestand der Datensammlung aufgenommen und verarbeitet. Der Pfeil „update" (Abb. 7.25) stellt die Dynamik der Daten dar, wenn neue Wertungen hinzukommen.
- Verteilen: Die Daten müssen in Form von Reputation abrufbar sein.

Reputationssysteme sind nicht frei von Mängeln (vgl. Josang et al. 2007; Peters 2010, S. 173 ff.). Folgende Probleme können grob den zuvor unterschiedenen Ebenen den Aufgabenbereichen Sammlung, Verarbeitung und Verteilung zugeordnet werden (Abb. 7.26):

1. Sammlung von Bewertungen: Bei mehreren Reputationssystemen ist die Abgabe von Bewertungen nicht zwingend vorgeschrieben. Studien zeigen, dass die Nutzer nur etwa in der Hälfte aller Transaktionen eine Bewertung vornehmen. Häufig geben neutrale Nutzer keine Bewertung ab. In diesem Fall sind die Bewertungsprofile der Teilnehmer oft unvollständig und nur begrenzt aussagefähig. Aufgrund fehlender Anreize verzichten einige Teilnehmer zudem auf die Abgabe einer Bewertung. Hinzu

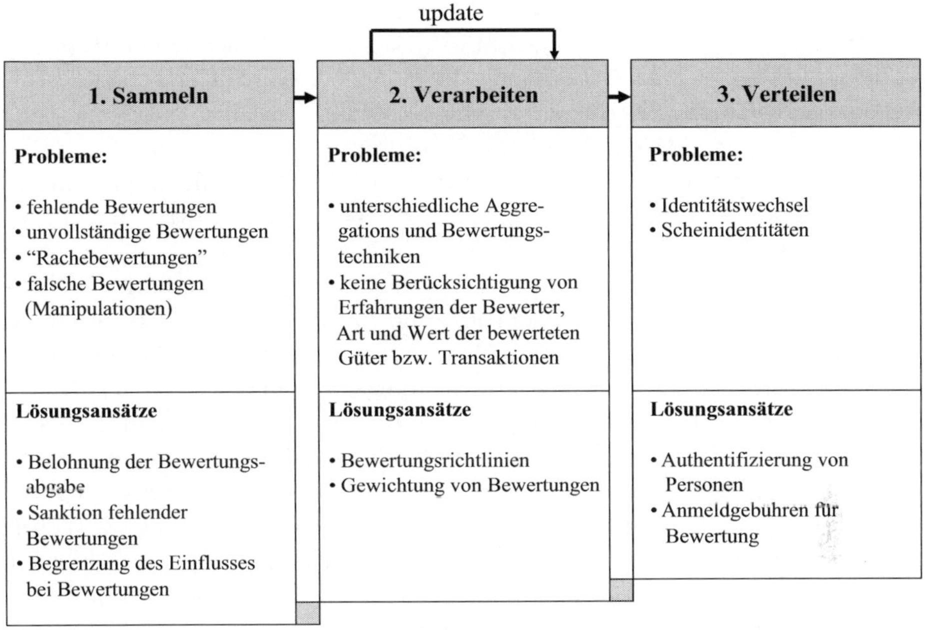

Abb. 7.26 Probleme und Lösungsansätze bei der Anwendung von Reputationssystemen

kommt die Befürchtung vor „Rachebewertungen" als Reaktion auf selbst abgegebene negative Bewertungen. Als Lösungsansatz könnten hier sowohl die Belohnung der Bewertungsabgabe als auch die Sanktion fehlender Bewertungen gelten. Schwierig ist es, Manipulationen zu verhindern, die durch die gezielte Abgabe falscher Bewertungen verursacht werden. Beispiele:

a. Ballot-Stuffing: Hier geht es um die Sammlung von guten eigenen Bewertungen in Scheintransaktionen, die zum „rest of the laurels" (Ausruhen auf Lorbeeren) führen und zum Ausgleich negativer Bewertungen genutzt werden können.
b. Bad Mouthing: In diesem Fall geht es um die Benachteiligung von Konkurrenten durch negative Bewertungen.

Reduzieren lassen sich solche Manipulationsversuche durch die Begrenzung des Einflusses eines einzelnen Teilnehmers auf die Reputation eines anderen Teilnehmers (z. B. nur Berücksichtigung der jeweils neuesten Bewertung bzw. stärkere Gewichtung neuer gegenüber alten Bewertungen).

2. Verarbeitung von Bewertungen: Reputationssysteme haben eigene Aggregations- und Darstellungstechniken. Manche Systeme verwenden die Nettoreputation (gute abzüglich schlechte Bewertungen), andere verwenden Durchschnittsbewertungen, den Modus (häufigste Bewertungen) oder den Median (mittlere Bewertungen). Zu berücksichtigen ist, dass Wertungen stets subjektiv sind (z. B. bedeutet „gut" etwas anderes

bei der Bewertung von Kinofilmen, Büchern oder Restaurants). Häufig erfolgt keine Differenzierung zwischen Bewertungen von Akteuren mit hoher und niedriger Reputation. Auch der Wert des Gegenstandes der Transaktion wird oft nicht berücksichtigt. Die „Objektivität" der Einzelbewertungen lässt sich durch detaillierte Bewertungsrichtlinien fördern. Eine Möglichkeit ist es, die Richtigkeit einer Bewertung von anderen Teilnehmern bewerten zu lassen. Eine andere Möglichkeit bietet die Gewichtung jeder Bewertung mit der Erfahrung des Bewertenden, wobei unterstellt wird, dass erfahrene Teilnehmer öfter objektive Bewertungen abgeben.

3. Verteilen der Information: Reputationssysteme müssen Bewertungen eindeutig bestimmten Akteuren zuordnen können, wenn ein realistisches Bild gezeichnet werden soll. In diesem Kontext müssen Vorkehrungen gegen einen Identitätswechsel getroffen werden, um z. B. eine wiederholte Anmeldung mit gefälschten Identitäten zu vermeiden. Ansonsten droht die Schädigung von Reputationssystemen durch identitätsverzerrendes Ballot Stuffing oder Bad Mouthing, das als Sybil Attack bezeichnet wird. Beim Whitewashing würde ein Teilnehmer einen Identitätswechsel vornehmen, um z. B. eine schlechte Reputation vorzunehmen. Lösungsansätze derartiger Manipulationsversuche basieren auf einer Authentifizierung von personengebundenen Merkmalen oder in der Einführung von Kosten, die den Identitätsmissbrauch verteuern (z. B. in Form von Anmeldegebühren).

7.3.3 Kundenzufriedenheit und Kundentreue im Online-Handel

Die Transaktionskosten umfassen die Kosten, welche durch die Anbahnung und Ausführung einer Transaktion entstehen. Im Fall eines Online-Geschäfts entstehen zum einen Kosten für das erworbene Gut oder die in Anspruch genommene Dienstleistung und zum anderen Kosten, welche aus der Geschäftsabwicklung selbst resultieren (z. B. die Gebühren für den Datentransfer). Diese Kosten machen jedoch nur einen Teil der Gesamtkosten aus. So führen ein höherer Suchaufwand für ein Produkt oder Misstrauen gegenüber dem Betreiber ebenfalls zu Kosten, auch wenn sie nur schwer monetär zu bewerten sind.

Qualitätskriterien und Kundenzufriedenheit Die Sicherstellung einer qualitativ hochwertigen Leistung ist nicht nur von technischen Faktoren, sondern auch von der Wahrnehmung durch den Nutzer abhängig. Die aufwendigsten Maßnahmen zur Qualitätssteigerung sind wenig hilfreich, wenn der Kunde das Ergebnis nicht bemerkt oder anders als gedacht bewertet. Zu klären ist daher die Frage, wie sich objektive Qualität auf die durch den Benutzer wahrgenommene subjektive Qualität auswirkt. Untersuchungen zeigen, dass die Höhe der Toleranz von Benutzern gegenüber Unzulänglichkeiten der IuK-Systeme von verschiedenen Faktoren abhängt:

- Benutzer haben eine recht genaue Vorstellung davon, wie lange eine Online-Transaktion dauern darf. Wird der Vorgang durch unerwartete Verzögerungen unterbrochen, sinkt die Toleranz. Dies gilt sowohl für die Gesamtaufgabe als auch für einzelne Prozesse (z. B. das Anzeigen eines virtuellen Einkaufswagens als Teilprozess eines Online-Kaufs).

- Wenn abgerufene Informationen zwischengespeichert werden, reduziert sich die Toleranz des Nutzers gegenüber der Geschwindigkeit der Webseite. Das Wissen, dass eine Webseite besonders hoch frequentiert ist, macht einen Benutzer toleranter gegenüber der Geschwindigkeit dieser Webseite.
- Die akzeptierte Wartezeit bei inkrementell geladenen bzw. angezeigten Webseiten ist in der Regel höher als bei Webseiten, die erst vollständig geladen und dann schlagartig angezeigt werden. Dieser Effekt resultiert u. a. aus dem Feedback, welches der Benutzer durch die inkrementell geladenen Informationen erhält. In Browsern, die über eine zuverlässige Ladeanzeige verfügen, werden inkrementell geladene Seiten nicht bevorzugt. Solange der Benutzer sieht, dass das System arbeitet, werden längere Ladezeiten akzeptiert. Untersuchungen zeigen, dass Benutzer Wartezeiten akkumulieren. Je mehr Wartezeit aufläuft, umso weniger wird weitere Wartezeit akzeptiert.
- Benutzer ziehen aus der Gesamt-Wartezeit Rückschlüsse auf andere Eigenschaften. Zum Beispiel verringert sich bei langsamen Online-Transaktionen die Bereitschaft der Kunden, dem System die Kreditkartennummer anzuvertrauen. Einmal empfundene Sicherheitsmängel stellen einen kritischen Schaden dar, der nachträglich nur schwer zu beheben ist.

Grundsätzlich ist davon auszugehen, dass die subjektiv wahrgenommene und die objektiv vorhandene Qualität korrelieren. Ein Online-Shop, der über einen hohen Qualitätsstandard verfügt, wird in der Regel höher bewertet als ein Shop mit tatsächlich niedrigerer Qualität.

Eine Zufriedenheit ist erreicht, wenn die Erwartungen weitestgehend erfüllt sind (Abb. 7.27). Erklärungsfaktoren für die Kundenzufriedenheit sind:

- Bequemlichkeit: Der Kunde muss die Möglichkeit haben, seine Vorstellungen vom Convenience-Shopping einzulösen (z. B. bezogen auf Zeit, Schnelligkeit, Aufwand).
- Produktangebot: Wichtig sind Sortimentstiefe, -breite sowie die Quantität und Qualität der verfügbaren Informationen.
- Seitendesign/-funktionalität: Da ein „Touch and Feel" nicht möglich ist, spielen z. B. Geschwindigkeit des Seitenaufbaus, Such- und Auswahlfunktionen, Verständlichkeit der Menüführung und Komplexität eines Bestellvorgangs eine wichtige Rolle.
- Sicherheit der Abwicklung elektronischer Zahlungen.
- Multikanal-Strategie: Studien zeigen, dass die Bereitstellung verschiedener Beschaffungskanäle den Kundennutzen und indirekt die Kundenzufriedenheit erhöhen.

Modell der Kundentreue Das von Lee, Kim und Moon vorgestellte Modell der Kundentreue, welches im Folgenden vorgestellt werden soll, hebt insbesondere den Faktor Vertrauen und die Höhe von Transaktionskosten hervor (Abb. 7.28; vgl. Lee et al. 2000).

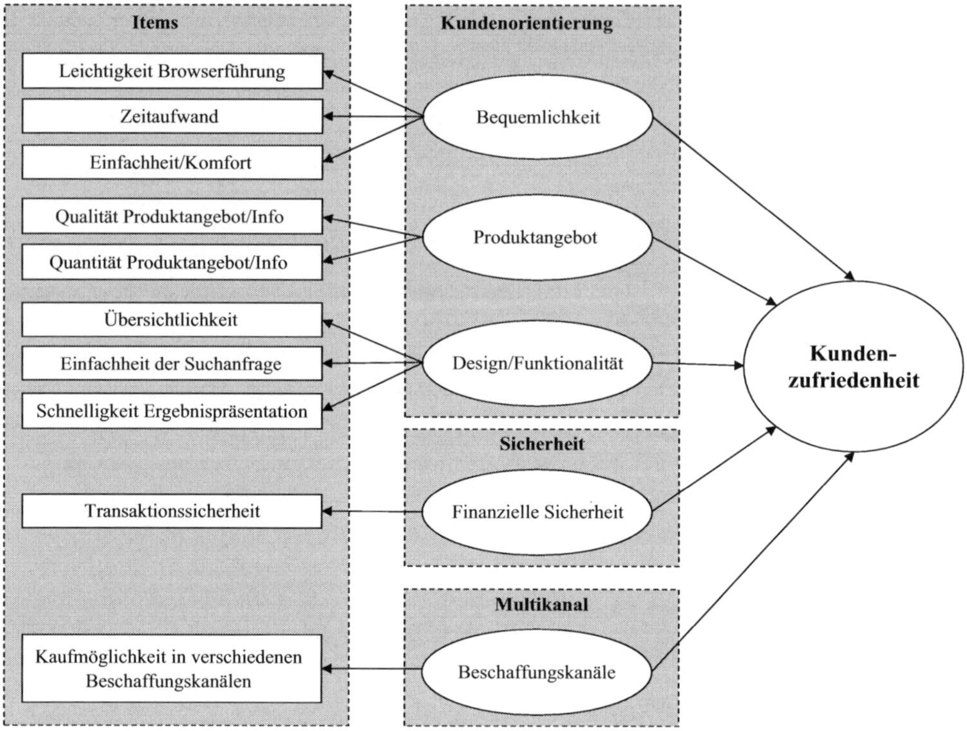

Abb. 7.27 Erklärungsfaktoren der Kundenzufriedenheit. (vgl. Kollmann 2007, S. 265)

IuK-Systeme müssen das für geschäftliche Transaktionen notwendige Vertrauen zumindest indirekt wiedergeben, da es technologisch allein nicht herstellbar ist. Die Kundentreue ist die abhängige Zielvariable. Sie ist definiert als die Absicht des Kunden, basierend auf bisherigen Erfahrungen und Erwartungen einen Online-Shop erneut zu besuchen und Käufe zu tätigen. Folgende zehn Hypothesen lassen sich formulieren:

1. Umfassende Information stärkt das Vertrauen des Kunden. Der Kunde benötigt solche Informationen für das Treffen seiner Kaufentscheidung.
2. Gemeinsame Werte verstärken das Vertrauen.
3. Kommunikation verstärkt das Vertrauen, da Unstimmigkeiten ausgeräumt und Erwartungen angepasst werden können. Die Häufigkeit und Qualität der Kommunikation sind entscheidend.
4. Unsicherheit reduziert Vertrauen, da das Verhalten nicht absehbar ist.
5. Unsicherheit (z. B. bezogen auf die Einschätzung der Güterqualität) erhöht die Transaktionskosten. Unsicherheit wächst in der Regel mit der Komplexität des Gutes.
6. Eine große Anzahl von Wettbewerbern reduziert die Transaktionskosten. Ein Mangel an Wettbewerb erhöht die Wahrscheinlichkeit opportunistischen Verhaltens auf

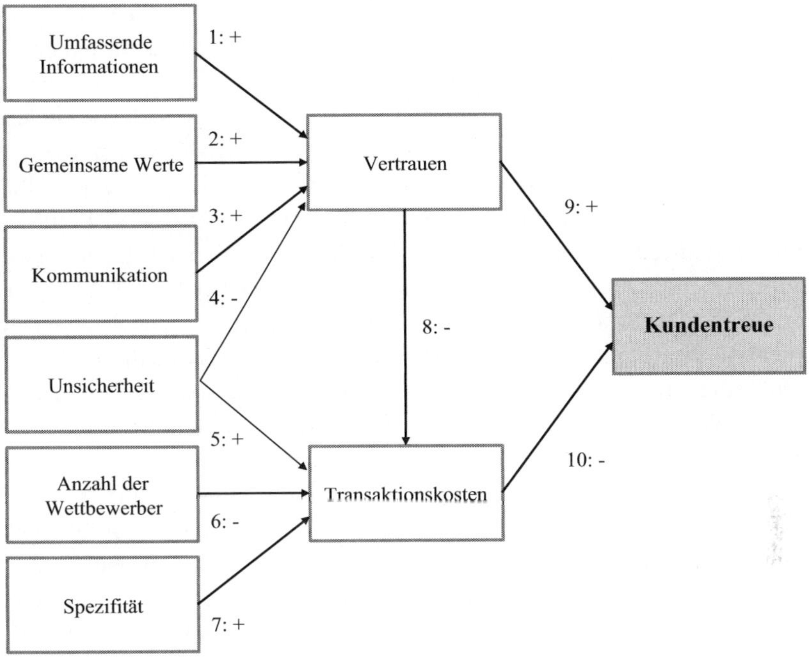

Abb. 7.28 Modell der Kundentreue

Seiten der Anbieter. Eine zu große Zahl an Wettbewerbern, kann allerdings zu einem Suchaufwand führen, der die Vorteile des Wettbewerbs kompensiert.

7. Die Spezifität des Online-Shops erhöht die Transaktionskosten. Mit wachsender Spezifität wird es für den Kunden aufwendiger zu einem anderen Shop zu wechseln, da er seine Kenntnisse nicht weiter verwenden kann. Spezifität erhöht die Wahrscheinlichkeit opportunistischen Verhaltens durch den Anbieter, wenn er erkennt, dass Kunden nicht verlustfrei zu anderen Anbieter wechseln können.
8. Vertrauen reduziert Transaktionskosten. Wenn Käufer und Verkäufer sich nicht vertrauen können, müssen sie Vorsichtsmaßnahmen gegen opportunistische Verhaltensweisen der Gegenseite treffen, was Transaktionskosten verursacht.
9. Vertrauen verstärkt die Kundentreue. Ein mangelndes Vertrauen gegenüber einem System, in das viel Zeit und Energie investiert werden muss, führt hingegen zu Unzufriedenheit.
10. Höhere Transaktionskosten verringern die Kundentreue. Kunden tendieren zu dem Angebot, welches die geringsten Transaktionskosten verursacht.

Die aufgestellten Hypothesen lassen sich im Rahmen einer Web-basierten Erhebung untersuchen. Dazu ist es sinnvoll, zwischen Low- und High-Involvement Käufen zu unterscheiden. Mit Involvement wird der Grad der Selbstbeteiligung beschrieben. Low-

Involvement Käufe beziehen sich auf kurzlebige, einfache und allgemeine Gebrauchsgüter. High-Involvement Käufe beziehen sich z. B. auf komplexe, langlebige und teure Güter (z. B. Autos, Fernseher). Für den Entwurf von Online-Systemen ist die Unterscheidung von Low- und High-Involvement Käufen insofern wichtig, da verschieden komplexe Güter auch nach einem entsprechenden Design der Kunden-Schnittstelle verlangen.

Mit der Wichtigkeit des Gutes für den Konsumenten nimmt die Bedeutung der Transaktionskosten ab. Für Low-Involvement Käufe gilt, dass höhere Transaktionskosten zu geringerer Kundentreue führen. Für Güter mit geringer Komplexität ist keine ausgeprägte Kommunikation mit Kunden notwendig. Die Spezifität spielt eher für High-Involvement Käufe eine Rolle. Ein Grund für diesen Effekt dürfte sein, dass der Konsument für Low-Involvement Käufe in der Regel nicht bereit ist, ausreichend Aufwand für die Anpassung an die Spezifität eines Online-Shops zu investieren. Die negativen Auswirkungen der Spezifität kommen nicht zum Tragen. Des Weiteren ist die Spezifität von Online-Shops, die tendenziell einfachere Güter verkaufen, eher geringer. Kunden-Schnittstellen von Online-Shops, die überwiegend komplexere Güter verkaufen, sollten besonders umfassend informieren und Unsicherheiten reduzieren. Diese Überlegungen lassen sich verbinden mit der Frage, welche Instrumente in welcher Phase des Kaufprozesses relevant sind, um existierende Informationsasymmetrien zu verringern. In diesem Fall kommt es zu einem Aufbau von Vertrauen, zur Senkung von Transaktionskosten und zu einer Erhöhung der Kundentreue. Im Electronic Commerce lassen sich idealtypisch folgende Phasen einer Anbieter-Nachfrager-Beziehung unterscheiden (Abb. 7.29):

- Gefunden werden im Internet (Phase 1),
- Aufbau von Vertrauen (Phase 2),
- Durchführung der Kauftransaktion (Phase 3),
- Erlangung von Kundenloyalität (Phase 4).

Die Instrumente der Phase 1 eignen sich vor allem zur Verminderung der Informationsasymmetrien bei Sucheigenschaften. Die Instrumente der Phase 2 unterstützen die Bildung von Vertrauenseigenschaften. Die Instrumente der Phase 3 lassen sich dagegen sowohl bei Vertrauens- als auch bei Erfahrungseigenschaften einordnen. Die Instrumente der Phase 4 sind vor allem für den Einsatz bei Erfahrungseigenschaften konstruiert (vgl. Müller 2006, S. 143).

Empirische Ergebnisse zum Online-Kaufverhalten Die Einflussfaktoren für den Nutzen des Online-Handels lassen sich gut identifizieren. Sie müssen allerdings von den Kunden als solche wahrgenommen werden. Auch wenn eine Person z. B. günstige Preise im Online-Handel erkennt oder Zeit- und Bequemlichkeitsvorteile sieht, kann sie sich dennoch für einen stationären Kauf entscheiden.

Im Fall von Multi-Channel-Vertriebswegen ist es sinnvoll, verschiedene Transaktionsphasen zu unterscheiden. So können Konsumenten z. B. einen Online-Shop aufsuchen und

Instrument	Eigenschaften		
	Such-	Erfahrungs-	Vertrauens-
Phase 1: Gefunden werden			
Suchmaschine/-kataloge	x		
Affiliate Programme	x		
Online-Werbung	x		
Phase 2: Aufbau von Vertrauen			
Unternehmensdarstellung			x
Gütesiegel/Zertifikate			x
Garantien		x	
Phase 3: Kauftransaktion			
Pay before			x
Pay now		x	x
Pay later		x	
Phase 4: Kundenloyalität			
Freundschaftswerbung		x	
Word-of-mouth		x	
Bewertungen			x

Abb. 7.29 Electronic Commerce Instrumente nach Transaktionstypen. (vgl. Müller 2006, S. 143)

sich informieren, bevor sie in der stationären Filiale einkaufen. Zu klären bleiben die Gründe, warum es zur Trennung von Informationssuche und Kauf kommt oder in welchem Vertriebskanal der Impuls zur Wahl eines Anbieters kommt. Studien zeigen, dass Informationssuche und Kauf häufig in verschiedenen Vertriebskanälen desselben Unternehmens erfolgen.

Rüdiger hat in einer umfassenden Analyse zwölf Studien in EU-Ländern zum wahrgenommenen Nutzen im Online-Handel ausgewertet (vgl. Rüdiger 2006). Um die Aussagekraft der Ergebnisse zu erhöhen, wird in einem Raster von 25-Prozent-Schritten der Grad der Zustimmung angegeben (Tab. 7.8). Die Studien sind aufgrund der unterschiedlichen methodischen Vorgehensweise nicht in allen Punkten zu vergleichen, Tendenzaussagen sind aber möglich. Die Tabelle zeigt, dass der theoretisch zu erwartende Nutzen des Online-Handels von einer Vielzahl von Kunden auch tatsächlich so wahrgenommen wird. Diese Aussage gilt vor allem für den Bequemlichkeits- und Zeitvorteil. In geringerer Abstufung gilt sie auch für den Zugang zu mehr Alternativen und die höhere Preistransparenz verbundenen mit niedrigeren Preisen. Der Großteil der Online-Käufer weist ein hohes Maß an Zufriedenheit auf und hat auch überwiegend Vertrauen in den Online-Kauf entwickelt.

Tab. 7.8 Befragungsergebnisse zum wahrgenommenen Nutzen im Online-Handel. (Länderstudien, Mehrländerstudien in der EU)

Nutzen	Grad der Zustimmung in den Studien				
	100–75 %	75–50 %	50–25 %	0–25 %	Ohne Abstufung
Zugang zu mehr Informationen				1	1
Zugang zu mehr Alternativen		4	3	3	1
Höhere Preistransparenz und niedrigere Preise		2	3	3	1
Bequemlichkeits- und Zeitvorteile	2	4	5		
Stärkung der Machtposition des Kunden				1	
Neue Leistungsangebote				1	

Tab. 7.9 Befragungsergebnisse zu wahrgenommenen Risiken im Online-Handel. (Länder-studien, Mehrländerstudien in der EU)

Risiken	Grad der Zustimmung in den Studien				
	100–75 %	75–50 %	50–25 %	0–25 %	Ohne Abstufung
Privacy Risiken			4	5	
Mangelnde Beurteilbarkeit des Händlers				6	1
Mangelnde Beurteilbarkeit der Leistungen		1	3	5	1
IT-Sicherheit		1	3	1	1
IT-Sicherheit beim Bezahlvorgang			6	3	1
Kulturelle Risiken			1		1
Erfüllungsrisiken			2	5	1
Neuartigkeit Technologie/Leistungen				1	

Trotz dieser wahrgenommenen Vorteile bleibt die Zahl der Käufer bzw. die Nutzung dieser Form des Einkaufs hinter den Erwartungen zurück. Dies hängt u. a. damit zusammen, dass die Käufer unterschiedliche Zielsetzungen mit dem Online-Kauf verfolgen. „Schnäppchenjäger“ werden eher umfassende Preis- und Leistungsvergleiche durchführen und Convenience-Käufer werden eher z. B. kurze Lieferzeiten bevorzugen.

Online-Verkaufsformen sind aus Sicht von Kunden mit Risiken verbunden. Die Auswertung von 15 empirischen Studien bestätigt weitgehend die Faktoren, die sich aus theoretischer Sicht ableiten lassen (Tab. 7.9).

Risiken beziehen sich vor allem auf IT-Risiken und hier vor allem auf jene, die im Zusammenhang mit Bezahlvorgängen entstehen. Hinzu kommen Risiken aus der mangelnden Beurteilbarkeit der Leistungen sowie Privacy- und Erfüllungsrisiken. Dabei werden Risiken erstaunlicherweise von Käufern und Nicht-Käufern im ähnlichen Ausmaß wahrgenommen. Dies dürfte den Verzicht auf den Online-Handel als auch risikomindernde Maßnahmen wie z. B. den Kauf standardisierter und preisgünstiger Güter bzw. den Kauf bei bekannten oder Markenhändlern erklären. Die Auswertung der Studien zeigt die wichtige Rolle des Vertrauensaufbaus im Online-Handel. Auch der Vertrauensbildung und damit dem quantitativen Umfang des Online-Handels sind jedoch Grenzen gesetzt. Dazu zählen die mangelnde Beurteilbarkeit von Leistungen, notwendige Kompetenzen und Erfahrungen für den Online-Kauf, die fehlende persönliche Beratung und die Funktion des Einkaufs als sozialer Kontakt. Der stationäre Einkauf wird daher auch in Zukunft nicht in allen Bereichen durch den Online-Handel verdrängt werden.

7.4 Übungen und Lernkontrolle

▶ Bearbeitungshinweise finden Sie im Web

1. Was verstehen Sie unter Transaktionskosten?
2. Welche Phasen hat eine ökonomische Transaktion? Welche Funktionen erfüllen elektronische Märkte in diesen einzelnen Phasen?
3. Erläutern Sie ausgehend vom Marktphasenmodell mögliche Ansatzpunkte zur Verbesserung von Marktprozessen durch IuK-Technologien:

Kriterium	Marktseite	Anbahnung	Vereinbarung	Abwicklung
Funktionalität	Nachfrager			
	Anbieter			
Transaktionskosten	Nachfrager			
	Anbieter			
Convenience (Bequemlichkeit)	Nachfrager			
	Anbieter			

4. Sind Konstellationen denkbar, in der relativ zur traditionellen Geschäftsabwicklung die zu erwarteten Transaktionskosten in Summe größer sind? Gehen Sie von folgenden Phasen aus:

Anbahnung	Vereinbarung	Abwicklung	Kontrolle	Anpassung

- = relativ kleiner 0 = in etwa gleich + = relativ größer

5. Beurteilen Sie stichwortartig die Kategorien von Transaktionskosten bei folgenden Gütern (Quelle: Sadrieh 2011):

	Informations-, Suchkosten	Verhandlungs-kosten	Kontroll-kosten	Vertragsdurch-setzungskosten
Frische Lebensmittel				
Verpackte Lebensmittel				
Arzneimittel				
Kleidung				
CD				
Software				
Finanzberatung				
Reisen				

6. Beurteilen Sie stichwortartig die Kategorien von Transaktionskosten bei folgenden Einkaufsmöglichkeiten (Quelle: Sadrieh 2011):

	Informations-, Suchkosten	Verhandlungs-kosten	Kontroll-kosten	Vertragsdurch-setzungskosten
Physische Marktplätze				
Physische Ladengeschäfte				
Elektronische Marktplätze				

7. Was verstehen Sie unter Such-, Erfahrungs- und Vertrauensgütern? Erläutern Sie, ob und inwieweit sich diese Güter für den Handel im Internet eignen.
8. Beurteilen Sie die Eignung der nachfolgend dargestellten Güterkategorien für den elektronischen Handel (Einstufung: 4 = sehr gut geeignet, 3 = gut geeignet, 2 = mit Einschränkungen geeignet, 1 = ungeeignet):

Güterart/Phase		Informations-phase	Kaufphase	Auslieferungs-phase
Suchgut	Schuhe			
Erfahrungsgut	PKW			
	Finanzinformation			
Vertrauensgut	Medikament			
	Rechtsberatung			
Kontraktgut	Immobilienkauf			

9. Grundsätzlich birgt jede Form des Distanzhandels größere Risiken als der Kauf im stationären Einzelhandel. Beurteilen Sie das wahrgenommene Kaufrisiko beim Einkauf im Internet anhand der nachfolgenden Dimensionen:

Dimension	Beschreibung
Funktionales Risiko	
Psychologisches Risiko	
Übertragungsrisiko	
Datenrisiko	

10. Nehmen Sie an, dass zufriedene Online-Käufer ihre positiven Erfahrungen im Durchschnitt drei weiteren Personen mitteilen, unzufriedene Online-Käufer hingegen ihre negativen Erfahrungen an zehn Personen weitergeben. Beurteilen Sie die Konsequenzen mithilfe der nachfolgenden Tabelle:

100 Kunden, davon	Empfehlungen im Internet
70 zufriedene Kunden	
30 unzufriedene Kunden	

11. Informationsintermediäre sollen im Internet vorliegende Informationsasymmetrien abbauen. Erläutern Sie mögliche Ansatzpunkte bei folgenden Güterkategorien:

Gut	Abbau durch...
Suchgut	
Erfahrungsgut	
Vertrauensgut	

12. Beurteilen Sie folgende Situationen im Kontext des Informationsmediums Internet:

		Qualität von Suchmaschinen	
		Niedrig	Hoch
Informationsgüte im Internet	Gut		
	Schlecht		

In welcher Situation ist eine Steigerung der Markttransparenz im Internet möglich?

13. Suchmaschinen:
    a. Welche technologischen bzw. qualitativen Probleme können Suchmaschinen aufweisen? Berücksichtigen Sie Rangfolge, Transparenz und Aktualität der Suchkriterien.

b. Sie wollen eine wissenschaftliche Arbeit verfassen und bedienen sich der Hilfe von Suchmaschinen. Beschreiben Sie nachfolgende Kriterien zur Beurteilung von Informationen aus dem Internet:

URL:
Autor und Datum:
Stil, Aufmachung und Inhalt:
Motiv der Veröffentlichung:
Literaturhinweise und Referenzen:
Kommentare von anderen Nutzern:
Verifizierung:

14. Erläutern Sie den Unterschied zwischen Sicherheit und Vertrauen bei der Abwicklung von Transaktionen im Internet.
15. Erläutern Sie den Aspekt der Unsicherheit bezüglich des Verhaltens von Transaktionspartnern im Internet unter folgenden Gesichtspunkten und geben Sie Beispiele:

Verhaltensunsicherheit	Charakteristika	Beispiel
Hidden characteristics		
Hidden intention		
Hidden action		

16. Wieso spielt Anonymität im Internet eine Rolle? Erläutern Sie Vor- und Nachteile von Anonymität auf folgenden Ebenen:

Ebene	Vorteile von Anonymität	Nachteile von Anonymität
Produkt-Geld-Ebene		
Meinungs-Bewertungs-Ebene		

17. Zeitungsnotiz: „Wer elektronische Marktplätze beobachtet weiß, dass zahlreiche Plattformen für Internet-Auktionen seit Jahren existieren, so dass von einem Verfall der Märkte mangels gegenseitigen Vertrauens keine Rede sein kann. Auch betrügerische Handlungen kommen bei Internet-Auktionen relativ selten vor.“ Erläutern Sie mögliche Gründe für diesen Sachverhalt.
18. Was verbürgen die von unabhängigen Institutionen an Online-Shops vergebenen Zertifikate? Auf Basis welcher Kriterien sollte ein solches Zertifikat vergeben werden?

19. Das Internet erlaubt den Übergang von der Massenkommunikation zum One-to-One-Marketing. Unterscheiden Sie das Massenmarketing und das 1:1 Marketing unter folgenden Gesichtspunkten:

Gesichtspunkt	Massenmarketing	1:1 Marketing
Kunde		
Produkt		
Kommunikation		
Zielgröße		
Zielgruppe		

20. Zur Beobachtung des wiederholten Besuchs der Nutzer stehen nachfolgende Möglichkeiten zur Verfügung. Beurteilen Sie Vor- und Nachteile:

	Cookie	Registrierung
Beschreibung		
Vorteile		
Nachteile		

21. Produktempfehlungen:
    a. Erläutern Sie auf Grundlage der nachfolgenden Tabelle die Möglichkeit zur Generierung von Kundendaten durch Empfehlungssysteme:

	Expertengestützt	Nutzergestützt
Nicht-personalisiert		
Personalisiert		

    b. Wo sehen Sie mögliche Grenzen in der Erhebung von Kundendaten?
22. Empfehlungstechnologien:
    a. Unterscheiden Sie inhaltsbasierte und eigenschaftsbasierte Empfehlungssysteme.
    b. Was verstehen Sie unter dem Kaltstart-Problem von Empfehlungssystemen?
23. Kundenzufriedenheit, -loyalität und -bindung:
    a. Kundenzufriedenheit und Kundenloyalität können in einem Portfolio zusammengebracht werden. Erläutern Sie den Handlungsbedarf in den Feldern I – IV:

Kundenloyalität	Hoch	III	IV
	Niedrig	II	I
		Niedrig	Hoch
		Kundenzufriedenheit	

b. Auf elektronischen Märkten sind die Individualisierung und der Digitalisierungsgrad der Leistung wichtige Erfolgsfaktoren. Erläutern Sie mögliche Implikationen in den Feldern I–IV:

Individualisierung der Leistung	Hoch	III	IV
	Niedrig	II	I
		Niedrig	Hoch
		Digitalisierungsgrad der Leistung	

Literatur

Bizer C (2002) Design von Reputationssystemen für Online-Communities, 4. Paderborner Frühjahrstagung. Modelle im E-Business. http://www4.wiwiss.fu-berlin.de/bizer/pub/modeb_repsys.PDF. Zugegriffen: 19. Sept. 2012

Breithaupt HF (2005) Dienstleistungen. Im Internet und ihre Qualität aus Kundensicht. Deutscher Universitäts-Verlag, Wiesbaden

Burke R (2002) Hybrid recommender systems: survey and experiments. User Model User-Adapt Interact 12(4):331–370

Clement R (2012) Mikroökonomie. Grundlagen der Wissenschaft von Märkten und Institutionen wirtschaftlichen Handelns. Berliner Wissenschafts-Verlag, Berlin

Coase RH (1937) The nature of the firm. Economica 4:386–405

Dzyek W (2005) Vertrauen in Internetangebote. Eine empirische Untersuchung von Glaubwürdigkeitsindikatoren bei der Nutzung von Online-Therapie- und Online-Beratungsangeboten. Köln (http://www.e-beratungsjournal.net/ausgabe_0206/dzeyk.pdf. Zugegriffen: 17. Nov. 2012)

Gräfe G (2004) Informationsqualität. bei Transaktionen im Internet. Deutscher Universitäts-Verlag, Wiesbaden

Höhfeld S, Kwiatkowski M (2007) Empfehlungssysteme aus informationswissenschaftlicher Sicht – State of the Art. Infor Wiss Praxis (IWP) 58(5):265–276

Josang A, Ismail R, Boyd C (2007) A survey of trust and reputation systems for online service provision. Decis Support Syst 43(2):618–644

Kaspar C, Hagenhoff S (2003) Individualität und Produktindividualisierung – Kundenprofile für die Personalisierung von digitalen Produkten; Universität Göttingen, Arbeitsbericht Nr. 17, Schumann M (Hrsg) Institut für Wirtschaftsinformatik. http://www2.as.wiwi.uni-goettingen.de/getfile?DateiID=439. Zugegriffen: 18. Aug. 2012

Kollmann T (2007) E-Business. Grundlagen elektronischer Geschäftsprozesse in der Net Economy. Gabler, Wiesbaden

Kubek M (2005) Verteiltes Nutzer- und Content-Matching in mobilen Kommunikationssystemen im Umfeld des PotatoSystems. Diplomarbeit, TU Ilmenau, Fakultät für Informatik und Automatisierung. http://www.4fo.de/download/Diplomarbeit_Kubek.pdf. Zugegriffen: 17. July 2012

Lee J, Kim J, Moon JY (2000) What makes internet users visit cyber stores again? Key design factors for customer loyalty, CHI Proceedings, S. 289–296

Linden GD, Jacobi JA, Benson EA (1998) Collaborative recommendations using item-to-item similarity mappings. Patent-Nr. US 6.266.649. – Patentinhaber: Amazon.com, Seattle, WA. – Erteilt am: 24.7.2001

Linden GD et al (2002) Content personalization based on actions performed during a current browsing session; United States patent application 20020198882; Dezember 2002. http://patent.ipexl.com/U2S/20020198882.html. Zugegriffen: 17. Nov. 2012

Linden G, Smith B, York J (2003) Amazon.com Recommendations: item-to-item collaborative filtering. IEEE Internet Comput 7(1):76–80 (January/February 2003)

Merk G (o. J.) Der Begriff „Markttransparenz" in besonderer Hinsicht auf den B2C-Internethandel erklärt. http://www.wiwi.uni-siegen.de/merk/downloads/lehrmittel/markttransparenz_b2c.pdf. Zugegriffen: 20. Jan. 2013

Montaner M, López B, de la Rosa JL (2003) A taxonomy of recommender agents on the internet. Artif Intell Rev 19(4):285–330

Ockenfels A (2003) Reputationsmechanismen auf Internet-Marktplatzformen. Zeitschrift Betriebswirtschaft (ZfB) 73(3):295–315

Mui L, Mohtashemi M, Halberstadt A (2002) A computational model of trust and reputation. HICSS '02: proceedings of the 35th Annual Hawaii International Conference on System Sciences (HICSS'02) Bd 7

Müller M (2006) Die Verminderung von asymmetrisch verteilten Informationen im Electronic Commerce. Eine Untersuchung des Electronic Commerce unter Berücksichtigung des institutionenökonomischen Ansatzes. Books on Demand, Norderstedt

Nienhüser W, Jans M (2004) Grundbegriffe und Grundideen der Transaktionskostentheorie – am Beispiel von „Make-or-Buy"-Entscheidungen über Weiterbildungsmaßnahmen. http://www.e-ducation.de/fileadmin/Download/GrundbegriffeTAKT.pdf. Zugegriffen: 17. Aug. 2012

Peters R (2010) Internet-Ökonomie. Springer, Berlin

Peters R, Reitzenstein I (2008) Reputationssysteme im eCommerce – Funktionsweise, Anwendung und Nutzenpotentiale. HMD 45(261):43–50

Picot A, Reichwald R, Wigand RT (2003) Die grenzenlose Unternehmung. Information, Organisation und Management, 5. Aufl. Gabler, Wiesbaden

Rese M, Gräfe G (2002) Erhöhte Markttransparenz durch das Internet? – Eine informationsökonomische Analyse des Anbieterverhaltens bei der Bereitstellung von Informationen. Unternehmung 56(5):333–353

Rüdiger K (2006) Nutzen und Risiken des Online-Handels – eine Analyse aus theoretischer und empirischer Sicht, Institut für Sicherheit im E-Business (ISEB), Nr. 21, Universität Bochum. http://www.iseb.rub.de/download/Ruediger_Nutzen_Risiken_Online_Handel_06.pdf. Zugegriffen: 18. Sept. 2012

Sadrieh A (2011) Übung Struktur und Design elektronischer Märkte, Sommersemester. Universität Magdeburg

Schaffert S, Güntner G, Lassnig M, Wieden-Bischof D (2010) Reputation und Feedback im Web. Einsatzgebiete und Beispiele. Salzburg. http://de.slideshare.net/snml/reputation-und-feedback-im-web-einsatzgebiete-und-beispiele. Zugegriffen: 7. Jan. 2013

Tirole J (2003) The theory of industrial organization. MIT Press, Cambridge

Ulrich TW (2009) Wie Web 2.0 die Wirtschaft verändert (Teil 3 von 4) – Informationskosten – Nahe Null dank Web 2.0 oder „Haben Werbung und Verbraucherverbände eine Zukunft?". http://www.webosoph.de/2009/10/08/wie-web-2-0-die-wirtschaft-verandert-teil-1-von-4-%E2%80%93-transaktionskosten/. Zugegriffen: 15. Nov. 2012

Voss M (2004) Privacy preserving online reputation systems. In: Deswarte Y et al (Hrsg) Information security management, education and privacy, IFIP 18th world computer congress TC11 19th international information security workshops 22.–27. August 2004. Toulouse, S. 249–64

Weiber R, Adler J (1995) Informationsökonomisch begründete Typologisierung von Kaufprozessen. Zeitschrift Betriebswirtschaft 47(1):43–65

Williamson OE (1975) Markets and hierarchies, analysis and antitrust implications: a study in the economics of internal organization. Free Press, New York

Wolpers M (2010) Information Retrieval 2, Fraunhofer-Institut für Angewandte Informationstechnik, FIT. http://mitarbeiter.fit.fraunhofer.de/~wolpers/ir2/2011.01.19.hbrs.ir2.pdf. Zugegriffen: 20. Nov. 2012

8 Leistungsfähigkeit elektronischer Märkte

8.1 Inhalt und Schlüsselbegriffe

Inhalt

Die Markteffizienz elektronischer Märkte lässt sich anhand von Kriterien wie Suchkosten, Preiselastizität, Preisdispersion und Menükosten der Preisänderung beurteilen (Abb. 8.1). Ausschlaggebend für die Höhe der Suchkosten und die Höhe der Preiselastizität sind u. a. die Zugänglichkeit von Preis- und Produktinformationen sowie die Leichtigkeit, mit der Nachfrager die unterschiedlichen Güter vergleichen können. Elektronische Preisvergleichssysteme ermöglichen die simultane Suche auf elektronischen Märkten. Sie sind aber mit Problemen der Informationsvielfalt, der Vertrauenswürdigkeit von Informationen sowie der Darstellbarkeit von Produktinformationen konfrontiert. Aufgrund der geringen Menükosten können auf elektronischen Märkten vielfältige Formen der dynamischen Preisbildung eingesetzt werden. Diese Formen der Preisbildung umfassen Preissetzungsstrategien, bei denen sich die Preise zeitlich oder nach der aktuellen Angebots- und Nachfragesituation anpassen. Sie erlauben es, Informationen über die Zahlungs- sowie Preisbereitschaft der Kunden zu erlangen. Arbeitshypothesen zur Markteffizienz können in empirischen Untersuchungen insgesamt nur teilweise bestätigt werden. Es kommt u. a. auf die Art des Gutes, die Form der Preisfindung und Strukturmerkmale von Intermediären an, die häufig auf elektronischen Märkten zu finden sind. Zusammenfassend ergibt sich auch hinsichtlich der Vermittlungseffizienz durch Intermediäre auf elektronischen Märkten ein differenziertes Bild. Eine ausgeprägte Disintermediation, die traditionelle Intermediäre ersetzt, lässt sich nicht in allen Branchen beobachten. Das Internet bietet für neue und bestehende Intermediäre auch Chancen, die sich in zusätzlichen Vertriebskanälen oder neuen Geschäftsmodellen niederschlagen können.

R. Clement, D. Schreiber, *Internet-Ökonomie*, Springer-Lehrbuch,
DOI 10.1007/978-3-642-36719-9_8, © Springer-Verlag Berlin Heidelberg 2013

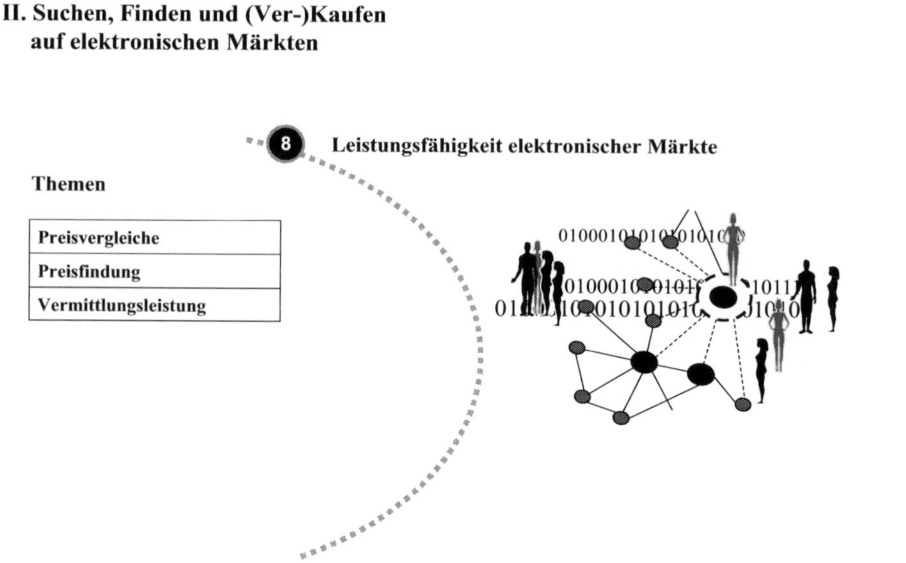

Abb. 8.1 Leistungsfähigkeit elektronischer Märkte

Schlüsselbegriffe

Markteffizienz; Suchkosten; Preiselastizität; Preisdispersion; Menükosten der Preisänderung; Preisvergleichssysteme; Intermediation; Disintermediation; Reintermediation; Cyberintermediation; Long Tail.

8.2 Grundlagen

8.2.1 Markteffizienz

Die Vorstellung eines vollkommenen Marktes ist ein Konstrukt aus den Siebzigerjahren des 19. Jahrhunderts. Der Engländer William Stanley Jevons, der Österreicher Carl Menger und der Franzose Léon Walras entwarfen unabhängig voneinander ein Modell, in dem die Märkte reibungslos funktionieren und die der Volkswirtschaft einen Zustand maximaler Effizienz bescheren. Die auf dieser Vorstellung aufbauende neoklassische Schule der Ökonomie ist durch rigide Annahmen gekennzeichnet. Dazu zählen vollkommene Markttransparenz, rationale Marktteilnehmer, freier Marktzutritt, gegebene Technologie, homogene Güter und fehlende Transaktionskosten. Hinzu kommt eine atomistische Marktstruktur mit einer großen Anzahl von Anbietern, die zu klein sind, um den Einheitspreis zu beeinflussen, der sich aus dem Zusammenspiel von Angebot und Nachfrage bildet. Es wurde häufig kritisiert, dass sich die Realität dieser Theorie widersetzt. Mit der

Kommerzialisierung des Internet scheint sich nun die Realität dieser Theorie ein Stück weit anzunähern:

- Die Zutrittsschranken zum Aufbau von Webseiten sind minimal.
- Die Markttransparenz hat sich durch Absenkung der Suchkosten und Preisvergleichsdienste deutlich vergrößert.
- Die Existenz eines atomistischen Marktes erscheint logische Folge niedriger Markteintrittsschranken, die länderübergreifend eine große Zahl von Anbieter und Nachfragern zusammenführt.

Kriterien der Markteffizienz Ausgangspunkt für die Beurteilung der Markteffizienz ist die Wohlfahrtsökonomie. Der Begriff Effizienz kann in zwei Bedeutungen verwendet werden. Zum einen gibt es die technische Effizienz, welche einen Zustand kennzeichnet, in dem keine Produktionsfaktoren verschwendet werden, zum anderen die ökonomische Effizienz, die uns im Folgenden interessiert. Ein Markt wird ökonomisch effizient genannt, wenn zu jedem Zeitpunkt jede für die Bewertung der gehandelten Güter relevante Information durch die Preise vollständig widergespiegelt wird. In dieser Situation entsprechen die Preise den Grenzkosten der Produktion (Kosteneffizienz). Preise oberhalb der Grenzkosten sind ineffizient, da ein Teil der Nachfrage nicht bedient wird, obwohl die Zahlungsbereitschaft über den Grenzkosten der Produktion liegt. Ein möglicher Wohlfahrtsgewinn wird nicht ausgeschöpft. In der Realität werden diese Ergebnisse selten erreicht. Anbieter können aufgrund unvollkommener Informationen bei Nachfragern Gewinne erzielen und zusätzlich zu den Güterpreisen entstehen Transaktionskosten (Anbahnungs-, Vereinbarungs-, Kontroll-, oder Anpassungskosten). Sie erhöhen den Güterpreis, da sie vom Anbieter entweder direkt in den Preis eingerechnet werden und/oder zusätzlich vom Nachfrager zu tragen sind. Um dem Ideal ökonomischer Effizienz nahe zu kommen, ist es notwendig, Transaktionskosten zu minimieren.

Die Preishöhe stellt jedoch nur einen Teilaspekt der Markteffizienz dar. Auch folgende Gesichtspunkte sind von Bedeutung (vgl. Brynjolfsson et al. 1999):

- Die Existenz von Suchkosten.
- Die Preiselastizität, mit der die Sensitivität der Nachfrage auf kleine Preisänderungen gemessen wird.
- Die Preisdispersion, d. h. der Abstand zwischen dem höchsten und niedrigsten Preis eines gleichen Gutes.
- Die Menükosten, die einem Händler durch Preisveränderungen entstehen.

Ausgehend von den Eigenschaften elektronischer Märkte sollte sich der Wettbewerb intensivieren und sollten die Preise auf einem effizienten Niveau liegen. Aufgrund der Funktionsweise elektronischer Märkte können mit Blick auf die Markteffizienz folgende Arbeitshypothesen formuliert werden (Abb. 8.2):

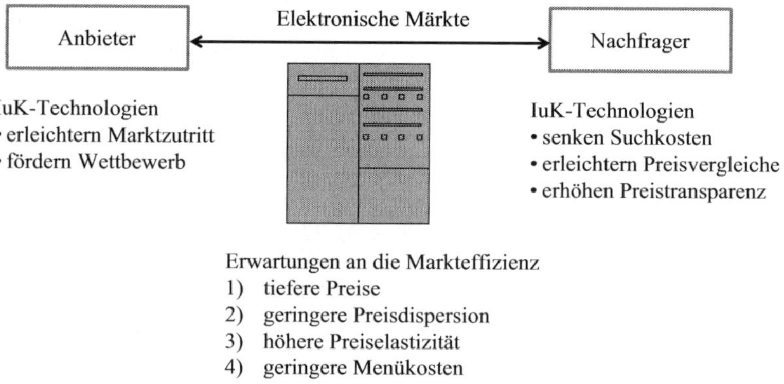

Abb. 8.2 Erwartungen an die Effizienz elektronischer Märkte

1. Die Suchkosten auf elektronischen Märkten sind geringer. Die Preise auf elektronischen Märkten liegen unterhalb jener auf traditionellen Märkten.
2. Kunden reagieren auf elektronischen Märkten sensibel auf geringe Preisveränderungen (hohe Preiselastizität).
3. Der Abstand zwischen dem höchsten und niedrigsten Preis eines Produktes (Preisdispersion) ist auf elektronischen Märkten geringer als auf traditionellen Märkten.
4. Die Menükosten der Preisänderung sind auf elektronischen Märkten systematisch geringer als auf traditionellen Märkten.

Empirische Ergebnisse zur Markteffizienz Die aufgestellten Arbeitshypothesen zur Markteffizienz können in empirischen Untersuchungen nur teilweise bestätigt werden (Abb. 8.3). Es kommt u. a. auf die Art des Gutes, die Form der Preisfindung und Strukturmerkmale der Absatzkanäle an (z. B. reiner Online-Handel, Multi-Channel Vertrieb). Auf der Mehrzahl elektronischer Märkte gibt es Intermediäre. Der Hauptgrund für die Existenz von Intermediären sind Marktunvollkommenheiten. Intermediäre besitzen ein großes Potential, Transaktionskosten in der Informationsphase zu senken. Dazu zählen vor allem Suchkosten. Relativ eindeutig sind die Ergebnisse von Untersuchungen hinsichtlich der Suchkosten bei homogenen, standardisierten und relativ preiswerten Gütern sowie hinsichtlich geringerer Menükosten. Hier ist die Markteffizienz höher. Sofern sich Anbieter im Internet jedoch in der Wahrnehmung der Kunden unterscheiden, sind selbst für nahezu identische Güter verschiedene Preise anzutreffen. Zu berücksichtigen bleibt, dass die bisherigen Studien zur Effizienz auf weitgehend „noch nicht reifen" elektronischen Märkten durchgeführt wurden. Mit zunehmender technischer Perfektionierung der Preisbildungsmechanismen und Erfahrungen der Konsumenten im Umgang mit elektronischen Märkten kann sich dieses Urteil ändern.

Vor allem im Fall differenzierter Güter sind nach wie vor Preisunterschiede vorhanden. Hier spielen Faktoren wie Marke, Vertrauen und Bekanntheit eine Rolle. Sie dienen als Hilfe beim Abbau von Unsicherheiten, die durch die räumliche Trennung von Kunden,

Kategorie der Effizienz	Ergebnisse	Markteffizienz elektronischer Märkte höher ?
Suchkosten (bei homogenen Gütern)	Preisinformationen sind leichter zu finden; wichtig ist das Verhältnis von Preishöhe zu Suchkosten	Relativ eindeutig: Für homogene Güter sinken Suchkosten und Preise zum Teil deutlich
Preiselastizität (bei heterogenen Gütern)	Preiselastizität abhängig von • Preisinformationen • Produktinformation • Vergleichbarkeit der Produkte	Keine eindeutige Aussage möglich; u.a. abhängig von der Art des Gutes und der Gewichtung von einzelnen Kategorien der Suchkosten
Preishöhe 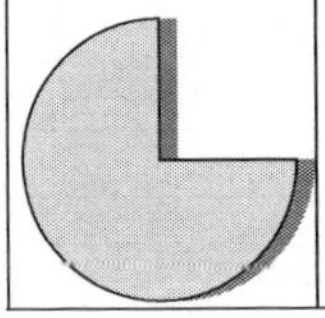	Tendenziell sinkend bei homogenen Gütern; bei qualitativ hochwertigen Gütern nicht zwangsläufig durch Vermeidung einer Negativauslese, ungleiche Informationsverteilung und nichtpreisliche Faktoren	Keine eindeutige Aussage möglich; u.a. abhängig von der Art des Gutes, der Preisbildung (z.B. Auktion, Shopbot) und der Art des Intermediärs (reiner Internet-Anbieter oder Multi-Channel Unternehmen, Bekanntheitsgrad und Größe des Unternehmens)

Abb. 8.3 Hypothesen zur Effizienz elektronischer Märkte. (vgl. Clement 2007)

Anbieter und Produkt entstehen. Die Personalisierung der Angebote erhöht die Wechselkosten und schwächt den Preiswettbewerb zwischen Anbietern ab. Auch die engere Kooperation mit Intermediären könnte sich vorteilhaft auf Anbieter auswirken. So erhöht die Aufnahme in die Datenbank eines Intermediärs die eigene Sichtbarkeit. Gleichzeitig kann das Unternehmen den Eintritt neuer Anbieter eher erkennen und auf niedrigere Preise frühzeitig reagieren. Auch ist es sinnvoll, Intermediären verlässliche Produktinformationen und nicht nur Preisinformationen zur Verfügung zu stellen. Zunehmende Produktinformationen vermindern Preiskämpfe und Kunden können Güter erhalten, die ihren Präferenzen entsprechen. Obwohl der nächste Anbieter also theoretisch nur einen Mausklick entfernt ist, werden sich elektronische Märkte im Vergleich zu traditionellen Märkten nicht in allen Bereichen als effizienter erweisen.

Das Internet bietet Anbietern von Dienstleistungen Vorteile, die z. B. in der direkten Kundenansprache durch Personalisierung bestehen. Für Kunden gelten die Geschwindigkeit, die zeitliche sowie örtliche Unabhängigkeit von Öffnungszeiten, individualisierte bzw. anonymisierte Angebote und die größere Bequemlichkeit der Transaktionen als Vorteile bei der Nutzung internetgestützter Dienstleistungen. Dennoch scheinen viele Prozesse im Internet noch nicht den Anforderungen der Kunden zu entsprechen. Zu verweisen ist auf Transaktionen, die nicht zu Ende geführt werden, Unzufriedenheit oder negative Mundkommunikation in Foren. Vor allem fehlende Interaktionsmöglichkeiten mit dem Anbieter bzw. seinen Mitarbeitern schrecken Kunden von der Nutzung von internet-gestützten Dienstleistungsangeboten ab. Durch den überwiegend indirekten Kontakt zwischen Anbietern und Kunden werden zum Teil nicht einmal die Gründe für den Abbruch von Transaktionen oder die Unzufriedenheit mit der Qualität des Dienstleistungsangebots

Abb. 8.4 Funktionen von Intermediären in Transaktionsphasen

Transaktionsphase	Funktionen/Aufgaben der Intermediäre
Informationsphase	Informationsgewinnung
	Absatzförderung, Beschaffungsunterstützung
	Käufersuche, Kontaktaufnahme
	Abbau von Informationsasymmetrien und Schaffung von Vertrauen
Vereinbarungsphase	Verhandlungen
	Matching (Anpassung des Angebots an die Nachfrage)
Abwicklungsphase	Physische Distribution
	Finanzierung, Zahlungsverkehr
	Risikoübernahme

offenbar. Die Sicherstellung einer hohen Servicequalität auf elektronischen Märkten setzt jedoch ein klares Verständnis voraus, wie Dienstleistungskunden Qualität auf elektronischen Märkten überhaupt erleben und wahrnehmen. Auch im Fall von Dienstleistungen werden elektronische Märkte im Vergleich zu traditionellen Märkten daher auf absehbare Zeit nicht in allen Bereichen eine größere Markteffizienz aufweisen.

8.2.2 Vermittlungseffizienz

Intermediäre haben die Funktion, Transaktionen zwischen Wirtschaftsakteuren möglichst zweckmäßig zu gestalten und dabei Transaktionskosten in den einzelnen Phasen zu reduzieren (Abb. 8.4):

- Das Zusammenführen von Angebot und Nachfrage an einem zentralen Punkt erleichtert die Transparenz.
- Die Bereitstellung vertrauensschaffender Instanzen verhindert ein opportunistisches Verhalten der beiden Marktseiten.
- Die Verfügbarkeit von Informationen z. B. über Preise und Güterbeschaffenheit senkt Suchkosten.

Intermediäre und Transaktionskosten Intermediäre reduzieren die Transaktionskosten, indem sie die Kontakte zwischen Anbietern (n) und Nachfragern (m) bündeln und reduzieren (Abb. 8.5; Baligh und Richartz 1964; Baligh-Richartz-Effekt). Die Kontaktkosten des Gesamtmarktes betragen bei einer unterstellten Gleichverteilung von Akteuren auf der Angebots- und Nachfrageseite eines Marktes:

1. Ohne Intermediation: $n \cdot m$.
2. Mit Intermediation $n + m$.

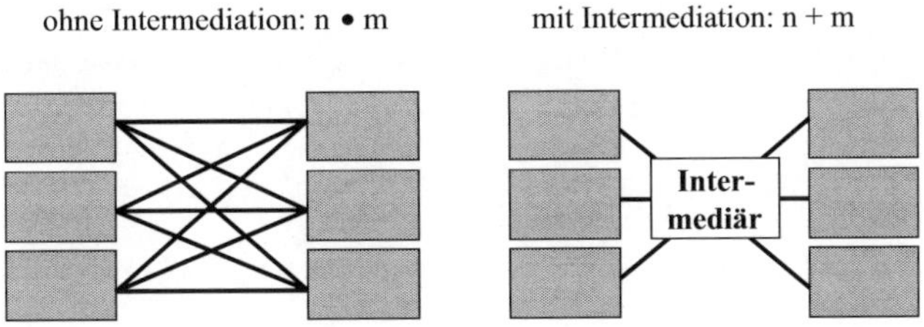

Abb. 8.5 Vorteilhaftigkeit der Intermediation auf Märkten

Kontakte	
Ohne Intermediation	3 • 3 = 9
Mit Intermediation	3 + 3 = 6
Ersparnis	3 • 3 – (3 + 3) = 3

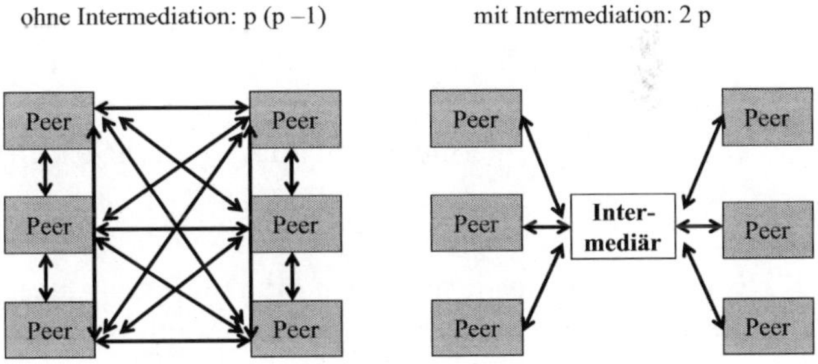

Abb. 8.6 Intermediation bei Peer-to-Peer Verbindungen

Kontakte	
Ohne Intermediation	6 • (6 – 1) = 30
Mit Intermediation	2 • 6 = 12
Ersparnis	6 • (6 – 3) = 18

Damit führt die Einschaltung von Intermediären bereits bei mehr als zwei Anbietern und zwei Nachfragern zu einer Reduzierung der Kontaktkosten ($3 \cdot 2 > 3 + 2$). Intermediäre schöpfen die Ersparnis an Kontaktkosten des Gesamtmarktes ab. Der Effekt beträgt:

3. $m \cdot n - (m + n)$.

Diese Sicht wird differenzierter, wenn zusätzliche Intermediäre in den Markt eintreten und/oder weitere Intermediationsstufen entstehen. Dadurch verändern sich die Kontaktkosten des Marktes und auch die Aufteilung der Ersparnis an Kontaktkosten.

Eine Erweiterung lässt sich mit Blick auf netzwerkbasierte Märkte wie Auktionssysteme oder Tauschbörsen vornehmen (Abb. 8.6; vgl. von Walter 2007, S. 73). Hier handelt es sich um Peer-to-Peer Verbindungen, die eine Kommunikation unter Gleichen (Peer) in einem Netzwerk bezeichnen.

Die Existenz von Peers (p), die als Anbieter und Nachfrager auftreten, und der dadurch mögliche bidirektionale Austausch erhöht die Kostensenkung durch Intermediäre. Die Kontakte betragen:

1. Ohne Intermediation: $p \cdot (p - 1)$
2. Mit Intermediation: $2 \cdot p$

Die Ersparnis an Kontaktkosten beläuft sich auf:

3. $p \cdot (p - 3)$

In der Internet-Ökonomie werden verschiedene Entwicklungen bezüglich der Rolle der Intermediäre beobachtet, die nachfolgend vorgestellt werden:

a. Wegfall von Handelsstufen in der Wertkette (Disintermediation),
b. Übernahme von Intermediation durch bestehende oder neue Partner der Wertkette (Reintermediation).
c. Übernahme von Intermediation durch virtuelle Partner der Wertkette (Cyberintermediation).

a) Disintermediation Je mehr sich die Transparenz über vorhandene Produkte und Leistungen im Internet realisieren lässt, desto weniger ist der Kunde dazu bereit, den Handel in Anspruch zu nehmen und ihn durch Handelsmargen zu bezahlen. Im Internet kann sich der Kunde zeit- und ortsunabhängig über Güter und Konditionen eines oder mehrerer Hersteller informieren und sie direkt vergleichen, um sich dann für ein bestimmtes Angebot zu entscheiden. Die durch Suche und Vergleiche im Internet entstehenden Kosten sind häufig geringer als in der realen Welt. Dies gilt insbesondere für diejenigen Güter, bei denen keine zusätzliche Beratung erforderlich ist, oder die nicht vor Ort betrachtet und beurteilt werden müssen. In einigen Branchen besteht daher die Gefahr, dass Handelsstufen wegfallen und Wertschöpfungsketten neu konfiguriert werden (Abb. 8.7). Der Wegfall an Handelsstufen wird als Disintermediation bezeichnet.

Die Disintermediation betrifft vor allem diejenigen traditionellen Intermediäre, deren Aufgaben auf elektronischen Märkten mit geringeren Transaktionskosten übernommen werden können. Die Disintermediation bietet mehrere Vorteile:

- Durch das Wegfallen bzw. Umgehen von Zwischenhändlern lassen sich Kosten senken. Diese können in Form von Preissenkungen an Kunden weitergegeben werden.
- Es verkürzt sich die Zeit, die ein Gut von der Fertigung bis zur Auslieferung zum Konsumenten benötigt. Je länger die Durchlaufzeit eines Gutes ist, umso marktferner und unflexibler ist es. Ein Anstieg der Kosten ist die Folge.
- Der Produzent gewinnt durch das Internet einen weiteren Absatzkanal. Er kann das Marketingkonzept nach seinen Vorstellungen formen. Produzenten sind unabhängig

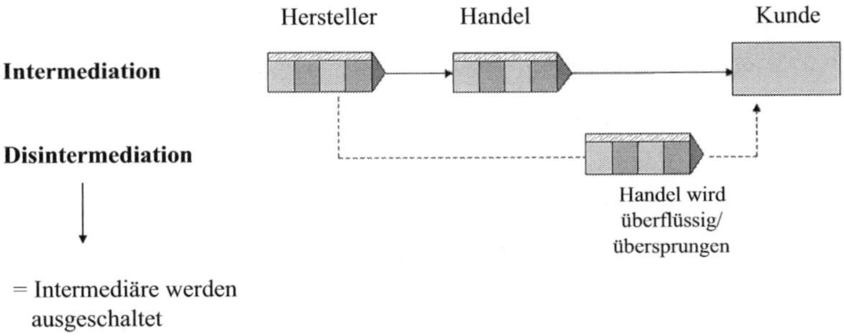

Abb. 8.7 Disintermediation

von Zwischenhändlern, deren Vertriebsabsichten vielleicht nicht mit denen der Hersteller in Einklang stehen.

- Der Kunde erhält neue Produktversionen und keine Restbestände, die der Händler auf Lager hat.
- Durch den direkten Kontakt zu Konsumenten können die Bedürfnisse der Kunden besser erkannt und erfüllt werden. Der Produzent kann individueller reagieren. Wenn er hinreichend aussagefähige Informationen besitzt, ist sogar eine auf den einzelnen Kunden abgestimmte Personalisierung des Angebots möglich.

Für den Kunden ergeben sich Nachteile aus einer fehlenden und unabhängigen Beratung. Der Hersteller wird in der Regel nur sein eigenes Angebot anpreisen und konkurrierende Angebote nicht positiv erwähnen. Das umfassende und qualifizierte Gespräch, das einem Kunden in einem Fachgeschäft geboten wird, kann und will der Hersteller internetbasiert häufig nicht bieten.

b) Reintermediation Durch die elektronischen Medien und das Internet entstehen neue Marktlücken, die von Reintermediären ausgefüllt werden können (Abb. 8.8). Der Prozess der Reintermediation beschreibt die Anpassung oder Neuschaffung von Leistungen durch alte und neue Anbieter an die medienspezifischen Besonderheiten des Internet. Diese Mittler bieten neben den normalen Leistungen eine Vielzahl von Mehrwertdiensten an, z. B. im Buchhandel Hilfestellungen bei der internetweiten Buchsuche, dem Auffinden von Rezensionen oder Autoreninformationen. Diese neuen Intermediationsdienste können auch von den traditionellen Mitgliedern der Wertkette angeboten werden. Bestehende Intermediäre werden in diesem Fall nicht ersetzt, sondern sie verändern und ergänzen ihr Tätigkeitsfeld. Da die neuen Leistungen häufig einen Mehrwert für die Nachfrager haben, kann die Reintermediation einem branchenweiten Preisverfall entgegenwirken.

c) Cyberintermediation In diesem Fall konkurrieren neue Internet-Anbieter mit klassischen Intermediären (Abb. 8.9). Cyberintermediäre sind erst durch das Internet möglich geworden und entsprechen rein virtuellen Handelsplattformen:

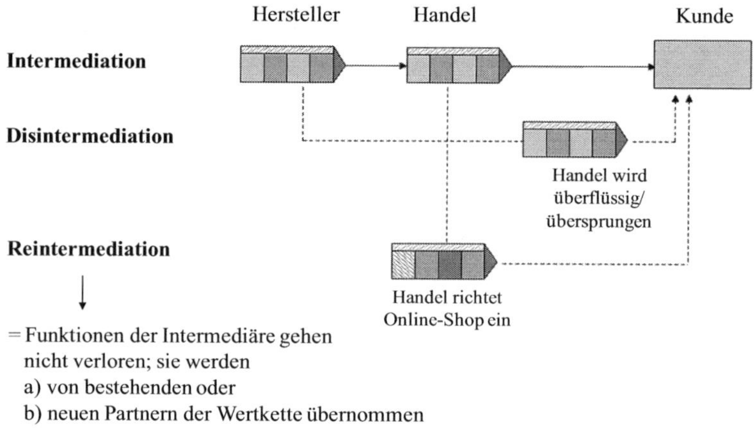

Abb. 8.8 Reintermediation

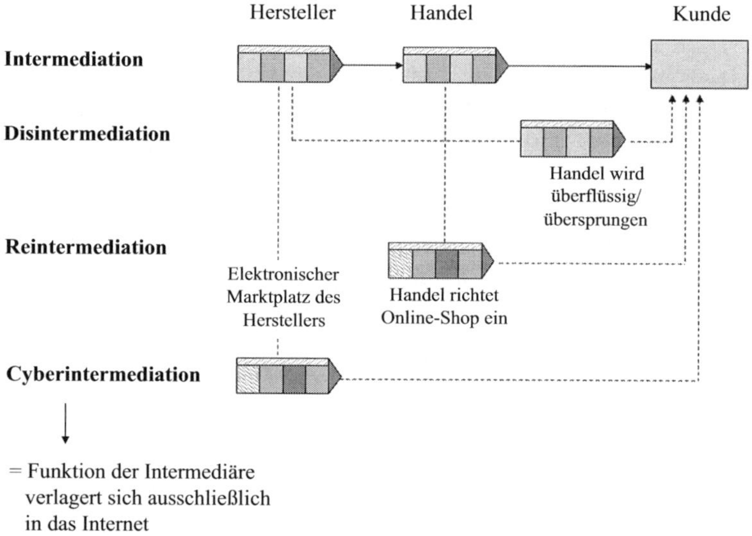

Abb. 8.9 Cyberintermediation

- Suchmaschinen oder Portale erleichtern dem Nutzer die Suche nach Informationen.
- Virtuelle Einkaufszentren wie Malls fassen die Angebote verschiedener Online-Shops zusammen. Dadurch werden Suchkosten gesenkt und der Vergleich von Gütern erleichtert.
- Preisagenturen unterstützen Nutzer bei der Suche und Auswahl von preiswerten Gütern. Auktionen stellen einen dynamischen Prozess der Preisbildung bereit.
- Virtuelle Communities und Foren stellen Nutzern eine Plattform für Kommunikation und Informationsaustausch bereit.

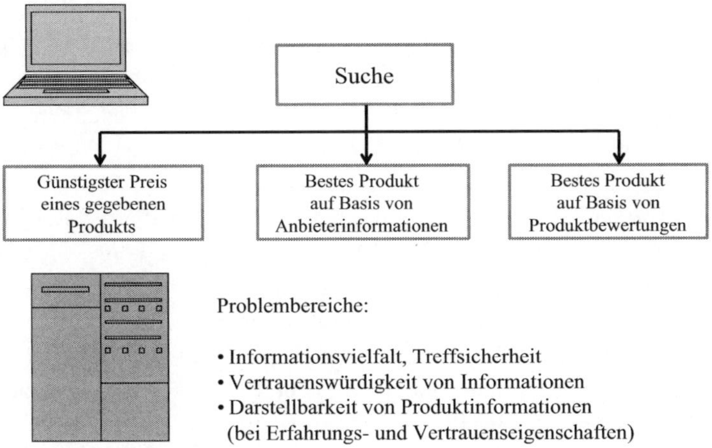

Abb. 8.10 Such- und Vergleichsprozesse auf elektronischen Märkten

Die Veränderung der Ökonomie auf Basis der Digitalisierung ist inzwischen unübersehbar. Betroffen sind dabei z. B. die Finanzwirtschaft, der Tourismus, die Musik-, Film- oder Medienbranche. In allen Branchen lassen sich dabei auch Veränderungen in der Aufgabenstellung der Intermediäre erkennen.

8.3 Fallbeispiele und Anwendungen

8.3.1 Preisvergleiche und Suchprozesse

Unmittelbar nach der Kommerzialisierung des Internets haben sich die Produkt- und Preisvergleichsdienste als Intermediäre und Agentensysteme etabliert. Vor allem drei Dienste haben sich kontinuierlich entwickelt (Abb. 8.10):

- Preisvergleichssysteme, die zu einem intensiven Preiswettbewerb führen können („bester Preis für ein gegebenes Produkt“).
- Produktvergleichssysteme, die die Wettbewerbsintensität und die Markttransparenz erhöhen („bestes Produkt“).
- Verbraucherportale, die den Konsumenten häufig mit Zusatzinformationen versorgen („Bewertung des besten Produkts aus Verbrauchersicht“).

Viele Anbieter vereinigen Elemente dieser Dienste. Preisvergleichssysteme enthalten auch Produktbewertungen bzw. Vergleichsmöglichkeiten zwischen Produkten und Verbraucherportale stellen Preisvergleiche an.

Preise haben aus ökonomischer Sicht Sucheigenschaften. Elektronische Märkte eignen sich daher gut als Quelle zur Informationsbeschaffung, wenn der Preis der einzige oder wichtigste Wettbewerbsparameter ist. Dies gilt vor allem bei homogenen Gütern und dann, wenn Nachfrager bereits genau wissen, welches Produkt sie kaufen möchten. Einfache Preisvergleichsdienste basieren darauf, dass die Produkt- und Preisdaten auf den Webseiten der Online-Shops elektronisch zugänglich sind.

Preisvergleichsdienste sind aus ökonomischer Sicht Intermediäre, die sich als softwaregestützte Agentensysteme darstellen. Es stellt sich zunächst die Frage, warum Nachfrager und/oder Anbieter solche Leistungen überhaupt in Anspruch nehmen (Abb. 8.11). Auf realen Märkten können Nachfrager auf Grund räumlicher und zeitlicher Restriktionen sowie asymmetrisch verteilter Informationen nur einen Teil der Angebote überschauen. Auf diesen Märkten dominiert die sequentielle Suche. Der elektronische Handel erleichtert Kunden den eigenständigen Zugriff auf Preisinformationen verschiedener Anbieter und weitet die Freiräume zur Beobachtung des Wettbewerbs aus. Dadurch wird die Markttransparenz erhöht und werden Informationsasymmetrien zu Gunsten der Nachfrager abgebaut. Angesichts der Informationsflut im Internet stoßen Nachfrager jedoch rasch an ihre kognitiven Grenzen und können so nur selten sämtliche Informationen erfassen. Preisvergleichsdienste können die Nachfrager in der Informations- und Selektionsphase unterstützen. Sie lokalisieren Angebote und filtern diese nach Kundenwünschen. Nachfrager können so z. B. auf Anbieter aufmerksam werden, die sie sonst möglicherweise nicht in einen Preisvergleich einbezogen hätten. Die Nachfrager können dabei „günstigste Preise“ wählen, Preisobergrenzen vorgeben oder auch in Preisverhandlungen eintreten. Aus ökonomischer Sicht sind vor allem zwei Fragen von Interesse:

- Können Nachfrager davon ausgehen, dass sie vom Preisvergleichsdienst die Angaben erhalten, die sie wünschen?
- Sollen sich Anbieter für oder gegen die Aufnahme in Preisvergleichsdienste entscheiden?

Zwischen Nachfrager und Preisvergleichsdienst liegt aus ökonomischer Sicht eine Principal-Agent-Situation vor. Der Principal (Nachfrager) delegiert an den Agenten (Preisvergleichsdienst) z. B. die Aufgabe, für ein spezifisches Produkt den günstigsten Anbieter zu ermitteln. Der Preisvergleichsdienst hat einen Informationsvorsprung vor dem Nachfrager. Er kennt die Preise und Angebote der ihm angeschlossenen Anbieter, kann sie vergleichen und das günstigste Angebot ermitteln. Der Nachfrager erwartet, dass er von diesem Informationsvorsprung profitieren kann und der Dienst das günstigste Angebot aussucht. Dabei ist der Nachfrager mit dem Problem konfrontiert, dass er nicht weiß, welchen Preisvergleichsdienst er zur Recherche nutzen soll (Qualitätsunsicherheit). Hier helfen neutrale Bewertungen, Tests oder Erfahrungsberichte anderer Nutzer.

Da der Zeitaufwand für die Suche mit einem Preisvergleichsdienst eher gering und für den Nachfrager überwiegend kostenfrei ist, ist es ratsam, mehrere Preisvergleichsdienste zu nutzen. Hat sich ein Nachfrager für einen Preisvergleichsdienst entschieden, besteht

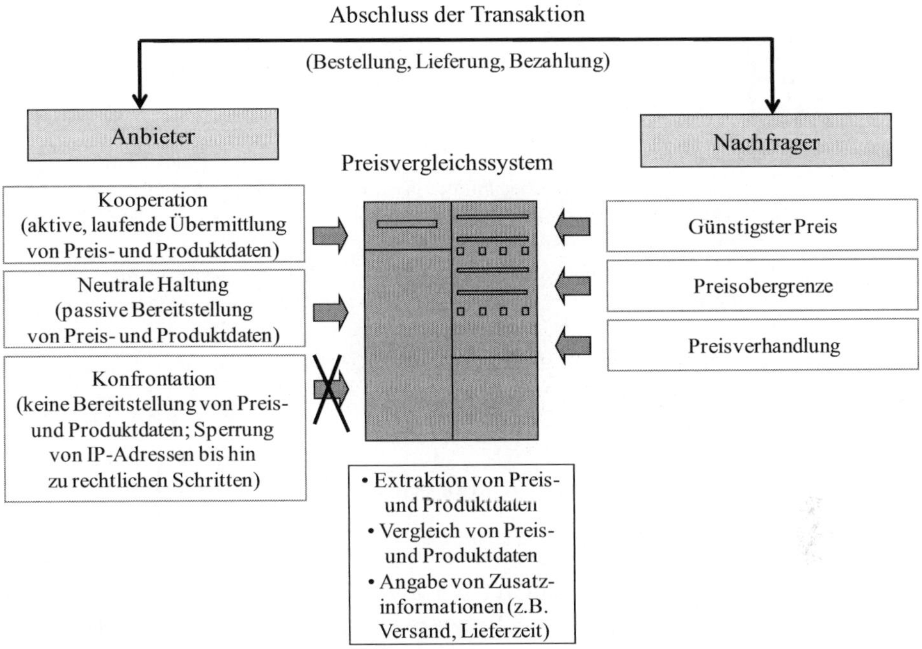

Abb. 8.11 Preisvergleiche auf elektronischen Märkten

die Gefahr, dass die Ergebnisse nicht den Erwartungen entsprechen. Ein Preisvergleichsdienst könnte sich gegebenenfalls besser stellen, wenn er bei der Informationsbeschaffung nur eine geringe Zahl von Anbietern berücksichtigt oder mit ausgewählten Anbietern zusammenarbeitet (Verhaltensunsicherheit). Der Nachfrager würde dann möglicherweise nicht auf die günstigsten Anbieter aufmerksam. Auch aus diesem Grund ist die Nutzung mehrerer Preisvergleichsdienste sinnvoll.

Preisvergleichsdienste sind für beide Marktseiten mit Chancen und Risiken verbunden (Abb. 8.12). Wenn viele Nachfrager Preisvergleichsdienste nutzen, werden Anbieter faktisch gezwungen, sich bei Preisvergleichsdiensten listen zu lassen. Ansonsten werden sie nicht gefunden. Im Fall homogener Produkte kann dann ein intensiver Preiswettbewerb einsetzen. Anbieter können sich in diesem Fall z. B. mit Preisdifferenzierungen oder dem Angebot von Zusatzleistungen dem Preiswettbewerb entziehen. Online-Händler können mit der Aufnahme ihrer Angebote in Preisvergleichsdienste ihre Verkäufe steigern und Neukunden gewinnen. Verfügt ein Anbieter darüber hinaus über eine feste Stammkundschaft, die keinen Preisvergleichsdienst nutzt, kann er mit einer Preisdifferenzierung, die z. B. den Nutzern von Preisvergleichsdiensten günstigere Preise einräumt, einen größeren Marktanteil erreichen. Verhindert dagegen ein Anbieter die Aufnahme in Preisvergleichssysteme, entgehen ihm möglicherweise zusätzliche Gewinne und die Akquisition von Neukunden muss über andere Wege erfolgen. Selbst wenn davon ausgegangen wird, dass überwiegend „Schnäppchenjäger" Preisvergleichsdienste nutzen, können Anbieter

	Nachfrager	Anbieter
Chancen	• Größere Preis- und Markttransparenz • Zwang zur Listung der Anbieter in Preisvergleichsdiensten bei umfassender Nutzung durch Nachfrager • Entdecken „unbekannter Anbieter"	• Zusätzliche Verkäufe • Gewinnung von Neukunden • Verkauf von „Ladenhütern"
Risiken	• Auswahl des „richtigen Preisvergleichsdienstes" • Nachfrager wird nicht auf günstiges Angebot aufmerksam gemacht	• Größerer Preiswettbewerb (vor allem bei standardisierten Gütern)

Abb. 8.12 Beurteilung von Preisvergleichsdiensten

mit höheren Preisen dann profitieren, wenn sie seltene oder bei anderen Anbietern gerade vergriffene Produkte vorrätig haben.

Kooperieren Anbieter aktiv mit Preisvergleichsdiensten und übertragen diesen gesondert ihre Angebote, eröffnen sich dadurch Spielräume z. B. um „Ladenhüter" besonders günstig abzustoßen und damit Neukunden zu gewinnen. Online-Händler, die ihre Produkte zu niedrigen Preisen anbieten, stehen einer Kooperation mit Vergleichsdiensten besonders aufgeschlossen gegenüber. Würden Preisvergleichsdienste die Serviceleistungen der Online-Händler besser berücksichtigen, wäre gegebenenfalls ein noch größerer Teil der Händler zu einer intensiven Kooperation bereit. In diesem Fall können Nachfrager auch die Leistungen der jeweiligen Händler in ihre Kaufentscheidungen einbeziehen und der Wettbewerb wäre nicht nur auf den Faktor Preis beschränkt, sondern könnte sich in Richtung eines Leistungswettbewerbs entwickeln. Damit neben den Produkt- und Preisdaten auch Serviceleistungen der Online-Händler in die Auflistungen von Preisvergleichsdiensten einfließen können, ist der Einsatz einer standardisierten Abfrageschnittstelle zur effizienten Informationsübertragung zwischen Online-Händlern und Preisvergleichsdiensten notwendig.

Einen Kriterienkatalog zur Beurteilung von Preisvergleichsdiensten aus Nachfragersicht haben Brüggemann und Breitner aufgestellt (Abb. 8.13; vgl. Brüggemann und Breitner 2003). Vor allem das Einsparpotential ist von Bedeutung, weil es aus Sicht von Nachfragern in der Regel den Hauptgrund für die Nutzung von Preisvergleichsdiensten darstellt.

Elektronische Märkte kennen keine Ländergrenzen. Im Fall einer länderübergreifenden Suche bleiben Unterschiede der Preisvergleichsdienste in Bezug auf Leistungsumfang, technische Umsetzung und Ausgestaltung der Erlöskonzepte zu berücksichtigen.

Hinzu kommen unterschiedliche Ausgangsbedingungen in den Ländern wie z. B. die Internet-Infrastruktur, das Banken- und Versandsystem, die rechtliche Absicherung des elektronischen Handels sowie kulturelle Einflüsse des Anbieter- und Nachfragerverhaltens (vgl. Genath et al. 2004).

Abb. 8.13 Bewertungsraster für Preisvergleichssysteme

Technologie/ Bedienung	- Performance (Oberfläche, Geschwindigkeit) - Benutzerführung - Sortiermöglichkeit
Datenbank/ Katalogumfang	- Reichweite - Anzahl Kategorien - Anzahl Händler - Anzahl Produkte
Funktionalität	- Produktinformation - Händlerinformation - Bewertungssystem - Zugangsmöglichkeiten - Preis- bzw. Produktbezogene Zusatzfunktionen (z.B. Personalisierung)
Erlösmodell	- Anbieter - Kunde - Dritte

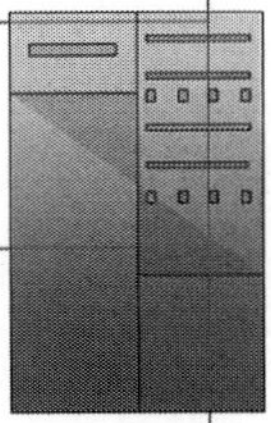

Die Arbeitsweise von Preisvergleichsdiensten hängt eng mit dem Geschäftsmodell zur Erzielung von Erlösen zusammen. Preisvergleichsdienste als Intermediäre vermitteln Leistungen, indem sie Konsumenten auf die Webseiten von Shops leiten. Anschließende Kauftransaktionen werden direkt zwischen Anbietern und Kunden abgewickelt. Als Erlösquelle für Preisvergleichsdienste kommen Anbieter, Kunden oder Dritte (z. B. Hersteller) in Frage (vgl. Kuhlins 2004):

- Für die Anbieter hängt der Nutzen von Preisvergleichsdiensten davon ab, ob sie ihnen Käufer zuführen. Sie bevorzugen daher eher erfolgsabhängige Provisionen. Dagegen ist ein Clickthrough für Preisvergleichsdienste einfach zu zählen, aber nicht jeder Besucher eines Online-Shops kauft auch etwas.
- Für Kunden sind die Preisvergleichsdienste weitgehend kostenlos. Die kundenseitige Erwartung, dass Informationen im Internet kostenlos genutzt werden können, erschwert die Durchsetzung von Preisen. Hinzu kommt, dass die Grenzkosten für den Abruf eines Preisvergleichs praktisch Null sind. Die Bepreisung solcher Dienste setzt damit in der Regel voraus, dass ein Zusatznutzen generiert wird (z. B. Verknüpfung mit Produktbewertungen).
- Im Fall der Zahlung durch Dritte bietet sich u. a. der Verkauf von Nutzerdaten an. Interessant dürfte für Hersteller und Händler z. B. sein, nach welchen Produkten am häufigsten gesucht wird und welche Wunschpreise oder Preisobergrenzen Konsumenten angeben.

Preisvergleichsplattformen Die Preisvergleichs-Plattform geizhals.at hat von Anfang 2009 knapp 2.000 Personen mit Hilfe eines standardisierten Online-Fragebogens zu ihrem Einkaufsverhalten befragt (vgl. Klausegger 2009). Die wichtigsten Ergebnisse (Abb. 8.14):

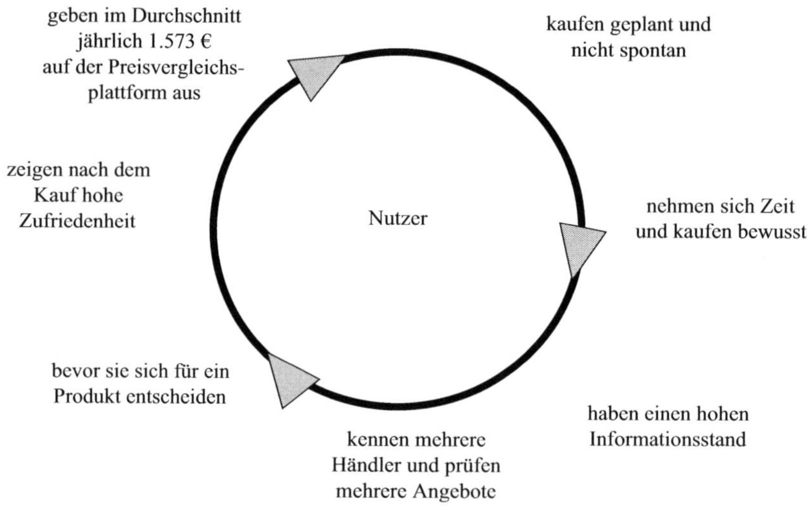

Abb. 8.14 Nutzer auf der Preisvergleichs-Plattform geizhals.at

- Die deutliche Mehrheit der Befragten treffen ihre Produkt- bzw. Herstellerentscheidung mittels Preisvergleich im Internet. Auch Testberichte im Internet und eigene Erfahrungen sind wichtige Kriterien bei Kaufentscheidungen. Nur jeder siebte Befragte hat jedoch bereits vor dem Kauf eine klare Vorstellung.
- Nahezu alle Befragten sehen sich vor der Kaufentscheidung mehr als ein Angebot an, etwa die Hälfte bis zu drei oder vier Angebote.
- Die Mehrzahl der Befragten nimmt sich mindestens einen Tag oder länger Zeit für ihre Kaufentscheidung. Die Verkäufe erfolgen also eher geplant und nicht spontan.
- Die wichtigsten Auswahlkriterien bei Händlern sind Preis, Verfügbarkeit und Händlerbewertung.
- Die wichtigsten Auswahlkriterien bei Produkten sind Qualität, Preis-Leistungsverhältnis, Marke und Innovationsgrad.
- Es besteht eine hohe Kaufzufriedenheit und großes Produktwissen beim Online-Kauf.

Die Ergebnisse sind zwar nicht zu verallgemeinern, sie zeigen aber, dass sich das Spektrum von Preisvergleichssystemen erweitert. Neben dem reinen Preisvergleich fungieren sie als Informationsmedium und Wirtschaftsfaktor. Die Nutzer von Preisvergleichssystemen weisen Merkmale auf, wie sie eher kennzeichnend für rationale Kaufentscheidungen sind. Zu klären bleibt, wo der eigentliche Kauf stattfindet. Häufig informieren sich Kunden im Internet über Preise und der eigentliche Kauf erfolgt in traditionellen Einkaufsstätten (z. B. Fachhandel). Auch durch den Einsatz von Preisvergleichssystemen ist also nicht davon auszugehen, dass der Preis allein über den Verkaufserfolg entscheidet. Ebenso wichtig sind Kriterien wie positive Händlerbewertungen, Servicebewusstsein und Liefertreue. Dies wirkt insgesamt in Richtung Kundenbindung und Kundenpflege. Damit gelten bei vielen

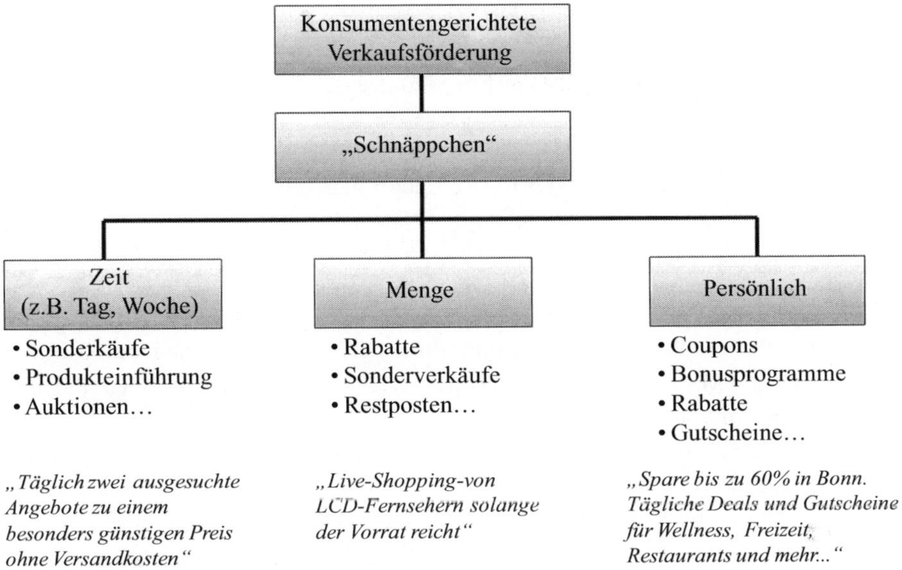

Abb. 8.15 „Schnäppchen-Angebote“ im Internet. (vgl. Nguyen 2012)

elektronischen Handelsplattformen mehr oder weniger die gleichen Spielregeln, die auch in der realen Einkaufswelt anzutreffen sind.

Günstigste Preise Günstigste Preise werden im Internet mit Hilfe entsprechender Suchdienste relativ schnell gefunden. Elektronische Märkte gelten daher häufig als idealer Platz zur Umsetzung einer „Schnäppchenjäger-Mentalität“. „Schnäppchen“ sind vielfach eine Spielart der Verkaufsförder- und Sonderangebotspolitik von Unternehmen, die sich auf den Handel und/oder die Konsumenten ausrichten können. Im Rahmen der konsumentengerichteten Maßnahmen der Verkaufsförderung lassen sich die Instrumente grob in eine zeitliche, mengenmäßige und persönliche Komponente einteilen (Abb. 8.15). Solche „Schnäppchen“ sprechen Kunden mit bezogen auf die Zahlungsbereitschaft unerwartet niedrigen Preisen an (z. B. „60 % günstiger als ...“; „Zwei zum Preis für Einen“; „Restpostenverkauf“; „Jubiläumsverkäufe“; ...). Der Anreiz zum Kauf wird häufig dadurch geschaffen, dass das Angebot zeitlich oder mengenmäßig begrenzt ist und/oder Kunden persönlich angesprochen werden. Kunden können durch solche Angebote in der Tat häufig für sie attraktive Preise erzielen. Allerdings verbergen sich dahinter in der Regel auch angebotsseitige Interessen. Die zeitliche (z. B. „Nur heute“; „Live-Shopping zwischen 14.00–18.00 Uhr“) oder mengenmäßige Beschränkung von Angeboten (z. B. „nur noch 100 Stück“) führen zu einer schnellen Kaufentscheidung und erschweren den Vergleich. Lokal bezogene Werbeplattformen („Spare bis zu 60 % in Bonn. Tägliche Gutscheine für Wellness, Freizeit, Restaurants und mehr...“) erweisen sich für Händler als zusätzlicher Vertriebsweg, um neue Kunden durch Rabatte oder Gutscheine in die Läden zu locken.

Tab. 8.1 Erlösaufteilung einer elektronischen Couponaktion. (vgl. Braun 2011)

Anzahl verkaufter Gutscheine	4.600	Einnahmen (Provision)	21.344 €
Preis pro Gutschein	11,60 €	Einnahmen nicht eingelöster Gutscheine	10.672 €
Umsatz	53.360 €	Gesamteinnahmen	32.016 €
Provision eingelöster Gutscheine	50 %	Einnahmen Händler	21.344 €
Anteil eingelöster Gutscheine	80 %	Gesamteinnahmen	53.360
Anteil nicht eingelöster Gutscheine	20 %		

Betrachten wir als Beispiel das E-Couponing. Hier handelt es sich um Gutscheine, die per Internet, SMS oder E-Mail versendet werden. Sie gewähren einen Rabatt und können für den Online-Kauf und zum Teil auch beim Bezahlen im Geschäft eingelöst werden. Nehmen wir an, in einer Großstadt können Sie in einem Restaurant folgenden Rabatt erhalten: „11,60 Euro statt 27,60 Euro – All you can eat für Zwei" (Rabatt: 58 %, Ersparnis: 16,00 €). Der Käufer muss also 11,60 € bezahlen, um einen Gutschein in Höhe von 27,60 € zu erhalten. Die angebotenen Coupons sind an den Kaufpreis gekoppelt. Der Konsument bekommt den Gutschein als Druckversion per E-Mail zugeschickt und kann diesen in der Regel bis zu einem festgelegten Datum vor Ort einlösen. Wir unterstellen, dass der Plattform-Anbieter 50 % des Kaufpreises erhält und 4.600 Coupons verkauft werden (Tab. 8.1).

Das Beispiel verdeutlicht, dass der Plattform-Anbieter bei einer Provision von 50 % und einer unterstellten Ausfallquote von 20 % insgesamt 60 % des Gesamtumsatzes einbehält. Die Einnahmen der nicht eingelösten Coupons vereinnahmt der Plattform-Anbieter komplett für sich. Obwohl für das Unternehmen nach Abzug von Rabatt und Provision ein deutlich geringerer Betrag als bei einem normalen Angebot verbleibt, kann sich eine solche Aktion durchaus lohnen:

- Die Coupon-Kampagne kann Stammkunden generieren, die beim wiederholten Besuch den normalen Preis für die Leistung errichten.
- Der Coupon kann sich auf ein Einstiegsprodukt beziehen. Zusatzprodukte werden zum normalen Preis verkauft (z. B. Getränke).
- Coupon-Aktionen können Leerlaufzeiten ohne Mehrkosten reduzieren, Ressourcen effizienter ausnutzen und hohe Fixkosten im Dienstleistungsbereich (z. B. in Hotels, Wellness-Oasen) reduzieren.

Ob und inwieweit sich solche Aktionen betriebswirtschaftlich rechnen, ist u. a. von der Branche des Coupon-Herausgebers, von den zur Verfügung stehenden Vertriebskanälen und von der Art der Ausgestaltung des Coupons abhängig.

Preisverschleierung Für die Anbieter ist der Einsatz von Suchhilfen und Shopbots durch die Kunden ambivalent. Einerseits ermöglichen sie die Ausweitung der potentiellen

Instrument	Verschleierung
Versandkosten	Umfangreiche und komplizierte Versandkostenoptionen führen zur Unübersichtlichkeit; Ausgliederung der Versandkosten aus dem Gesamtpreis erschweren Preisvergleiche
Produktbündelung/ -differenzierung	Bündelpreise und differenzierte Produkte lassen sich nur schwer vergleichen; Preisvergleichsdienste sind nicht in der Lage, nach Bündeln zu suchen
Produkt-beschreibungen	Komplexe, komplizierte Beschreibungen; Hervorheben von Produkteigenschaften soll vom „Preis ablenken“
Häufige Preis-veränderungen	Erschwerter Vergleich; je zahlreicher Preisänderungen stattfinden, desto weniger kann sich bei Konsumenten ein Referenzpreis verfestigen, mit dem sie Produkte vergleichen können

Abb. 8.16 Instrumente der „Preisverschleierung“

Nachfrage, wenn Anbieter sich solchen Suchprozessen stellen. Andererseits bringen die ständigen Vergleiche mit der Konkurrenz einen hohen Wettbewerbsdruck mit sich. Dies kann vor allem im Fall homogener und relativ preiswerter Güter Preiskämpfe und geringere Gewinne der Anbieter zur Folge haben. In diesem Fall ist zu erwarten, dass betroffene Anbieter Gegenstrategien entwickeln, um die erhöhte Preistransparenz wieder einzuschränken (z. B. durch Produktbündelung, Produktdifferenzierung). Unter Preisverschleierung ist jede Art der Verwirrung zu verstehen, die aktiv dazu beiträgt, sowohl Preis- und Produktvergleiche des Konsumenten über einzelne Angebote, als auch sein Lernverhalten diesbezüglich zu erschweren (Abb. 8.16). Erfolg können Verschleierungsstrategien nur aufweisen, wenn Preisvergleiche nicht optimal funktionieren oder rationale Entscheidungen von Konsumenten erschwert sind.

Die Wirksamkeit und der Einsatz der Instrumente sind u. a. abhängig von der Art der Güter, der Marktdichte und den Strukturen der Anbieterseite. Das Verhalten der Händler und Hersteller auf elektronischen Märkten lässt folgende Tendenzaussagen zu (vgl. Frischmann 2006, S. 54):

- Markenhändler sind in der Regel teurer als weniger bekannte Händler.
- Händler mit einer Multikanalstrategie sind häufig teurer als reine Online-Händler.
- Hersteller, die auch über den Onlinekanal verkaufen, weisen fast immer den vollen Herstellerpreis aus, um Konflikte mit Händlern zu umgehen.
- Weniger bekannte Verkäufer passen ihre Preise schnell an, damit sie sicherstellen können, dass sie bei Preisvergleichen obere Rankings erzielen.

Konsumenten sollten sich demnach nicht von der suggerierten Vergleichbarkeit des Onlinemarktes blenden lassen, sondern ihr Vertrauen auf eigene Kalkulationen und Recherchen setzen (Frischmann 2006, S. 80).

Produktinformationen Im Fall von differenzierten Gütern benötigen Kunden auch Produktinformationen, um den Grad der Übereinstimmung mit den persönlichen Präferenzen und den damit verbundene Produktqualitäten beurteilen zu können. Auf realen Märkten lassen sich die damit verbundenen Suchkosten durch Bildung von lokalisierten Märkten reduzieren, auf denen sich Anbieter und Nachfrager kennen. Auch die Existenz von spezialisierten Händlern (Intermediären) kann die Suchkosten senken. Ausschlaggebend für die Höhe der Suchkosten nach differenzierten Gütern auf elektronischen Märkten sind folgende Faktoren:

- Die Zugänglichkeit der Preisinformationen,
- die Zugänglichkeit der Produktinformationen und
- die Leichtigkeit, mit der Nachfrager die unterschiedlichen Güter vergleichen können.

Preisinformationen lassen sich leicht beurteilen. Der Grad der Produktinformationen wird durch Kommentare sowie Verfügbarkeit von Sortier- und Suchfunktionen beschrieben. Die Erwartung vieler Händler, dass eine größere Anzahl an Intermediären auf elektronischen Märkten zu einem Preiskampf mit immer niedrigeren Margen führt, ist vor allem im Fall differenzierter Güter nicht unbedingt gerechtfertigt. Zwar ist es möglich, dass im Falle niedriger Suchkosten für Preisinformationen die Preiselastizität der Kunden zunimmt und die Margen sinken. Ein Sinken der Suchkosten für Produktinformationen kann jedoch genau die entgegengesetzte Wirkung erzielen. Kunden sind im Fall zusätzlicher Produktinformationen oft bereit, auch höhere Preise zu zahlen (Abb. 8.17; vgl. Diehl et. al. 2002). Auch die für den Nachfrager verbesserten Vergleichsmöglichkeiten der Händler führen nicht notwendigerweise zu einem höheren Wettbewerb. Dies ist zumindest dann nicht der Fall, wenn die Angebote der Verkäufer differenzierter werden und die Produktinformationen ein größeres Gewicht erhalten (vgl. Lynch und Ariely 2000). Anbieter können also ihre strategische Ausrichtung zunehmend auf ein differenzierteres Produktangebot richten. Homogene Artikel machen dann praktisch nur noch für „Billiganbieter" Sinn, denn sie ziehen aus den niedrigen Preisen ihren Vorteil.

Die Kunden haben durch gesunkene Suchkosten fast immer einen Vorteil, seien es niedrigere Preise, besserer Service, höhere Transparenz oder Auffinden eines Produktes, das den Präferenzen am ehesten entspricht. Es zeigt sich, dass die Loyalität der Kunden bei höherer Transparenz sowie größerem und qualitativ besserem Informationsangebot steigt. Anbieter sollten daher bereit sein, mit dritten Parteien wie Intermediären zu kooperieren und diesen die Vergleichbarkeit ihrer Angebote zu ermöglichen. Intermediäre können bei höherer Gewichtung von Produktinformationen also nicht nur für den Nachfrager, sondern auch für die Anbieter einen Nutzen schaffen.

Abb. 8.17 Preiselastizität auf elektronischen Märkten

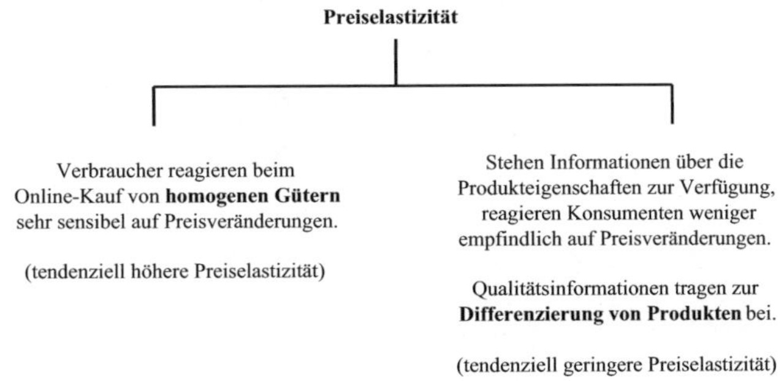

Sie senken die Preissensitivität der Kunden, was zu höheren Preisen und damit höheren Gewinnen führen kann. Intermediäre und Anbieter sind also gut beraten, Preis- und Produktinformationen in der erforderlichen Qualität bereitzustellen.

8.3.2 Preisunterschiede und dynamische Formen der Preisbildung

Preisvergleichsdienste bringen im Sinne einer unsichtbaren Hand Angebot und Nachfrage zueinander. Solche Dienste aggregieren Informationen, senken Suchkosten und erhöhen die Markttransparenz. Wenn sich die Dienste auf vergleichbare und homogene Produkte beziehen, kommen sie dem theoretischen Konstrukt des vollkommenen Marktes näher. Auf einem solchen Markt sollte es für dasselbe Produkt eigentlich keine oder nur geringe Preisunterschiede geben.

Preisunterschiede und Preisdispersion Vielfach wird behauptet, dass das Internet eine friktionslose Ökonomie ermöglicht, in der Marktunvollkommenheiten aufgrund von Suchkosten und Informationsdefiziten verschwinden. Diese These war bereits mehrfach Gegenstand von empirischen Studien. Vor allem der Vergleich von Verkaufspreisen in den verschiedenen Vertriebskanälen eignet sich gut als Grundlage für die Beurteilung der Effizienz eines Marktes. Es klingt zunächst plausibel, dass ein Preisvergleich im Internet wesentlich leichter vorzunehmen ist als bei normalen Händlern. Es ist daher zu erwarten, dass Preisunterschiede bei Internet-Händlern zumindest bei gleichartigen Gütern wenn nicht verschwinden, so doch deutlich kleiner sind als im physischen Handel. Denkbare Arbeitshypothesen zur Preisdispersion sind (vgl. Hafner 2006):

1. Der minimale Preis ist in den Online-Shops niedriger als in traditionellen Geschäften.
2. Der mittlere Preis ist in Online-Shops niedriger als in traditionellen Geschäften.
3. Der maximale Preis ist in den Online-Shops niedriger als in traditionellen Geschäften.

Intermediäre können auf elektronischen Märkten z. B. aufgrund sinkender Kosten günstiger anbieten. Sofern die Markteintrittsbarrieren gering sind, drängen andere Unternehmen

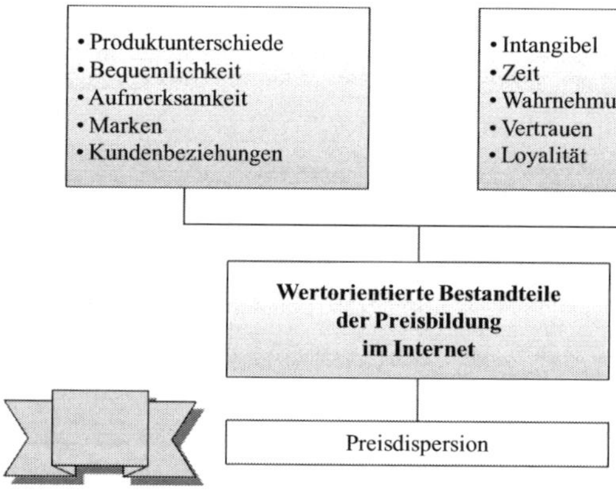

Abb. 8.18 Erklärungsfaktoren für Preisdispersion im Internet

auf den Markt, der Wettbewerb steigt und die Preise sinken. Zumindest bei relativ homogenen bzw. standardisierten Gütern wie z. B. Büchern, CDs oder Software sollte es im Vergleich zu Ladenpreisen daher zu günstigeren Angeboten kommen. Die Ergebnisse sind jedoch nicht eindeutig. Die Ursachen für Preisunterschiede selbst vergleichbarer Güter sind vielfältig (Abb. 8.18; vgl. Pohl und Kluge 2001)

- Produktheterogenität und der Wert intangibler Produktmerkmale: Auf den ersten Blick lassen sich Preisdispersionen z. B. bei Büchern und CDs eigentlich nicht erklären, da sich die Produktmerkmale durch alle Vertriebskanäle hindurch leicht vergleichen lassen. Selbst äußerlich identische Produkte sind jedoch nicht immer vollkommene Substitute. Für Kunden entscheidend sind alle Charakteristika des Angebotes im Internet und nicht nur die äußeren Produktmerkmale. Trotz vermeintlicher Identität des Kernproduktes können sich also zwei Angebote in der Wahrnehmung durch den Kunden voneinander unterscheiden. Ergebnis ist eine Preisdifferenzierung, die sich vor allem bei digitalen Gütern anbietet.
- Bequemlichkeit: Im Online-Handel spielt das Konzept der Bequemlichkeit (Convenience) eine wichtige Rolle. Jede Möglichkeit, die es den Kunden erleichtert, ein bestimmtes Produkt zu finden und einschätzen zu können, beeinflusst die Kaufbequemlichkeit. Hilfestellung geben bessere Suchmethoden, Vorschläge für unentschiedene und unerfahrene Kunden, Produkt-Reviews, Produktproben (z. B. Buchkapitel, CD-Audioclips) oder Produktvergleiche. Da es sich um Informationen handelt, die vom physischen Produkt getrennt werden können, kann die Bequemlichkeit des Angebotes als einziger Grund Preisdispersionen jedoch nur erklären, wenn der Wechsel zu einem anderen Anbieter mit Such- oder Wechselkosten verbunden ist.
- Aufmerksamkeit und der Wert der Wahrnehmung: Die Wichtigkeit einer optimierten Wahrnehmung im Internet ergibt sich aus dem Überangebot an Informationen. Immer leistungsfähigere Technologien sowie schnellere und umfassendere Suchmaschinen werden diesen Trend in Zukunft eher noch verstärken. Studien zeigen, dass Konsu-

menten, denen auf Grund von Informationsüberangeboten oder anderen Gründen keine vollständigen Preisinformationen zur Verfügung stehen, nicht unbedingt zum niedrigsten Preis kaufen. Sie kaufen zum ersten Preis, der ihre subjektive Preisobergrenze (Reservationspreis) unterschreitet. Dies erklärt, warum Anbieter mit starker Wahrnehmung höhere Preise verlangen können als unbekanntere Anbieter.

- Marken und der Wert des Vertrauens: Im Gegensatz zu konventionellen Märkten, können Käufer im Internet durch den Kaufvorgang nur einen unzureichenden Eindruck von der Verkäuferseite gewinnen. Der Auftritt einer Internetseite, die Präsentation der Geschäftsbedingungen und die Art der Zahlung können zwar einen Teil der für den Käufer notwendigen Informationen beinhalten. Bei Bestandteilen des Kaufprozesses, wie z. B. der physischen Lieferung, ist jedoch oft ein hohes Maß an Vertrauen des Kunden erforderlich. Dies erklärt, dass Nutzer nicht immer bei den preiswertesten Anbietern sondern bei bekannten Händlern kaufen, die sich mit einer Marke im Internet positioniert haben.
- Kundenbeziehungen und der Wert der Loyalität: Wie auf traditionellen Märkten können z. B. Loyalitätsprogramme benutzt werden, um Kunden über einen längeren Zeitraum an einen Anbieter zu binden. Auch die persönliche Ansprache von Bedürfnissen und die Abgabe von Kaufempfehlungen können zur Festigung von Kundenbeziehungen beitragen.
- Preisdifferenzierung und der Wert der Kundeninformationen: Nicht nur Kunden können sich im Internet umfassend mit Informationen über Preise und Produktdetails versorgen. Auch den Anbietern steht die Möglichkeit offen, Informationen über Kunden zu sammeln. Die Preisgestaltung ist nicht mehr statisch, sondern kann an die Zahlungsbereitschaft der Kunden angepasst werden.

Menükosten und dynamische Preisbildung Menükosten sind Kosten, die dann entstehen, wenn Händler ihre Preise ändern (z. B. Austausch von Preisetiketten in einem Supermarkt). Bei hohen Menükosten werden die Preise seltener geändert und der Preis spiegelt nicht immer den Gleichgewichtspreis von Angebot und Nachfrage wider. Auf elektronischen Märkten sind die Kosten für eine Preisänderung deutlich geringer. Ein Preis kann durch einfachen Eintrag in eine Datenbank geändert werden. Studien kommen zu dem Ergebnis, das die Preise auf elektronischen Märkten häufiger als auf traditionellen Märkten geändert werden. Im Durchschnitt zeigen die Preisänderungen in Richtung einer Preissenkung, kurzfristig sind aber auch Preiserhöhungen anzutreffen.

Interessant ist auch die Höhe von Preisänderungen. Vielfach sind Änderungen von wenigen Cent zu beobachten. Aus ökonomischer Sicht sind derart geringe Preisveränderungen zunächst wenig einleuchtend. Dennoch machen selbst marginale Veränderungen einen Sinn, wenn z. B. Shopbots eine Suchanfrage nach dem preiswertesten Anbieter durchführen. Praktisches Beispiel sind Mobilfunktarife. Seit Tarifrechner einen kostenlosen Tarifvergleich anbieten, kann eine marginale Preissenkung dazu führen, dass ein Anbieter am häufigsten in Suchanfragen genannt wird. Häufige Veränderungen der Preise können

Abb. 8.19 Formen der dynamischen Preisbildung. (vgl. Pohl und Kluge 2001, S. 150)

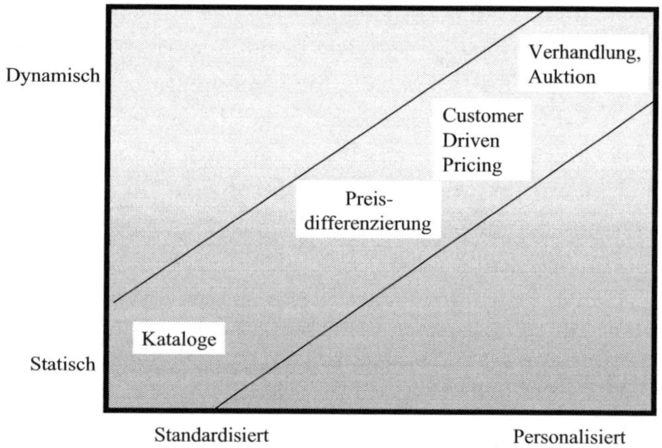

jedoch die Markttransparenz verringern und mögliche Einsparungen bei den Suchkosten kompensieren.

Dynamische Preisbildung Aufgrund der geringen Menükosten können auf elektronischen Märkten vielfältige Formen der dynamischen Preisbildung eingesetzt werden (Abb. 8.19). Diese Formen der Preisbildung umfassen Strategien, bei denen sich die Preise zeitlich oder nach der aktuellen Angebots- und Nachfragesituation anpassen. Sie ermöglichen es, Informationen über die Zahlungs- sowie Preisbereitschaft der Kunden zu erlangen.

Im Fall von Multi-Channel-Unternehmen, die mehrere Vertriebskanäle nutzen, ist der Einsatz solcher Preisbildungsformen dann nicht unproblematisch, wenn Kunden unterschiedliche Preise nicht akzeptieren. Möglich wäre in diesem Fall die Reduzierung der Transparenz durch gleichzeitige Differenzierung von Preis und Leistung. Wenn die Preise im Internet unterhalb jener der stationären Vertriebskanäle liegen, kann es zu einer Substitution des Offline- durch den Online-Kanal kommen. Hier bietet es sich für Unternehmen an, die dynamische Preisbildung auf indirekte Absatzkanäle auszulagern. Beispielhaft sei auf verschiedene Formen der kundengesteuerten Preisfestlegung verwiesen, die sich gegenüber den oft im traditionellen Handel noch dominierenden Verfahren der anbietergesteuerten Preisfixierung abheben (Abb. 8.20).

Beim Powershopping oder Co-Shopping richtet sich der Preis danach, wie viele Kunden dieses Produkt kaufen wollen (Abb. 8.21). Der Interessent kann sich jeweils entscheiden, ob er auf jeden Fall kauft oder nur zum besten Preis. Er geht hingegen leer aus, wenn sich nicht genügend Interessenten zum Kauf bereit erklären. Kunden können sich auch zu einer Gruppe zusammenschließen (Buyer-Bundling). Sie können dann durch die Bündelung ihrer Nachfrage attraktive Mengenrabatte erzielen. Der Einkaufsprozess kann bei Erreichen einer bestimmten Verkaufsmenge oder eines Zeitpunktes beendet werden.

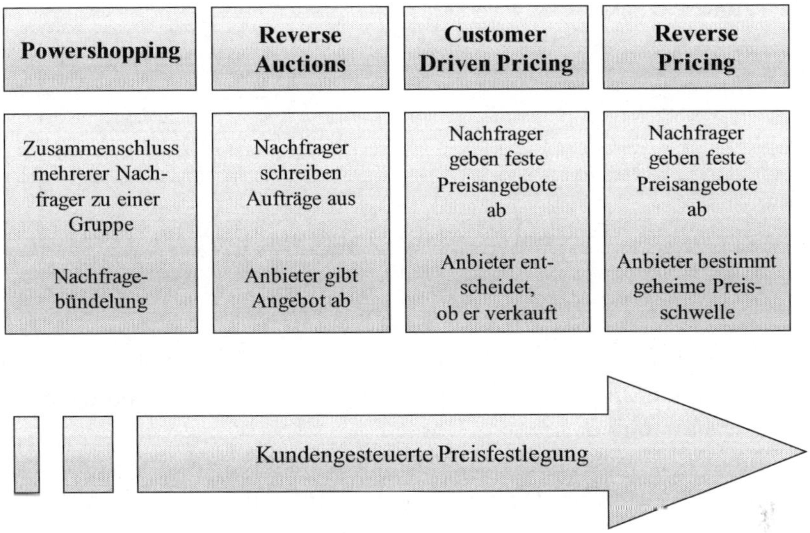

Abb. 8.20 Formen der kundengesteuerten Preisfestlegung

Bei dieser Variante wird eine limitierte Anzahl von Produkten mit einem variablen Preis angeboten. Je höher die Zahl der Käufer, desto niedriger wird der Preis. Möglich ist die Ausgestaltung von Preisstufen, die erst bei einer Mindestzahl von Käufern wirksam werden.

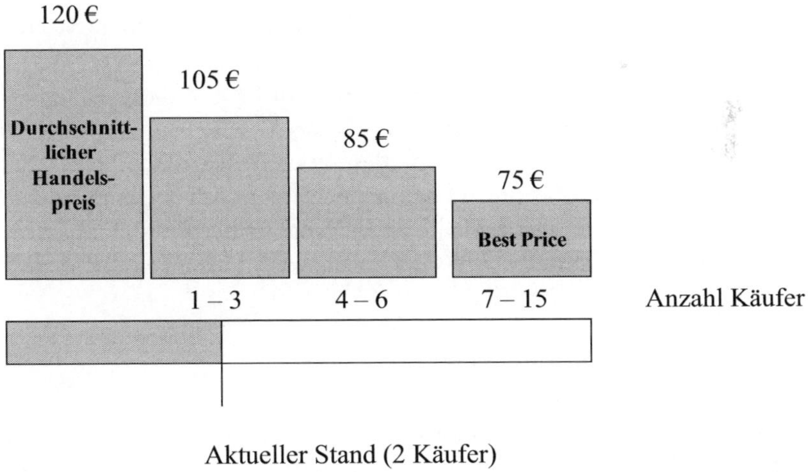

Abb. 8.21 Powershopping

Im Fall von Reverse Auctions werden Aufträge ausgeschrieben. Unternehmen geben Angebote ab und können diese während einer genau definierten Zeit des Auktionsverlaufs nachbessern. Nach Ablauf der Reverse Auction entscheidet sich der Kunde für eines der

Abb. 8.22 Reverse Pricing. (vgl. Spann 2005)

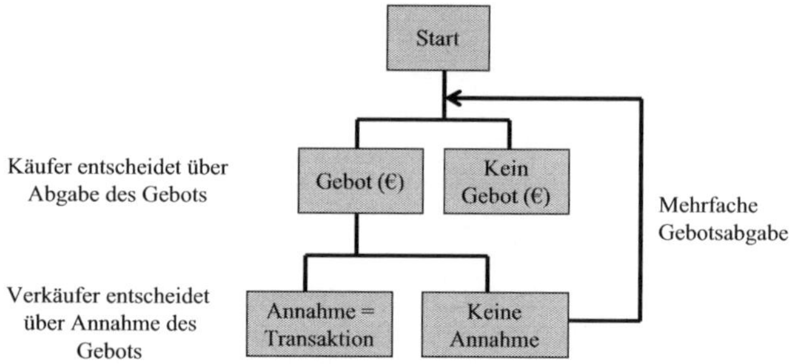

Angebote. Dieses muss nicht unbedingt das preisgünstigste Angebot sein, sondern kann auch andere Faktoren wie Lieferzeit oder Qualität berücksichtigen. Auf diese Art erfolgt eine dynamische Preisfindung.

Beim Customer Driven Pricing gibt der Kunde sein Preisangebot ab und der Verkäufer hat die Wahl, diese Nachfrage zu befriedigen oder nicht. Eine Interaktion zur Preisfindung zwischen einem einzelnen Kunden und einem Anbieter gibt es nicht. Durch die Beteiligung vieler potentieller Kunden, die alle ihre Preisbereitschaft offen legen, kann der Anbieter gut die Preiselastizität des Marktes abschätzen. Die Preisintransparenz schützt den Anbieter vor Preisangriffen der Konkurrenz und seine anderen Absatzkanäle. Customer Driven Pricing findet z. B. beim Verkauf von Restposten oder verderblicher Produkte Anwendung.

Reverse Pricing (Name your own price; NYOP) bezeichnet die Umkehrung des herkömmlichen Preismechanismus (Abb. 8.22). Als interaktiver Preismechanismus ermöglicht NYOP sowohl dem Käufer als auch dem Verkäufer eines Produktes Einflussnahme auf den endgültigen Preis einer Transaktion. Während der Verkäufer durch eine geheime Preisschwelle einen Mindestpreis für die Transaktion vorgibt, bestimmt ein Käufer die endgültige Höhe des Transaktionspreises durch die Abgabe eines Gebotes. Liegt dieses Gebot oberhalb der geheimen Preisschwelle des Verkäufers, wird die Transaktion in Höhe des vom Käufer genannten Gebotes ausgeführt.

Insgesamt stellt das Internet also eine Reihe dynamischer Preisbildungsverfahren zur Verfügung, die auch die Basis für neue oder veränderte Geschäftsmodelle legen.

8.3.3 Veränderung von Marktstrukturen

Elektronische Märkte erscheinen für traditionelle Intermediäre häufig als Bedrohung. Diese These ist jedoch zu undifferenziert. Die Entscheidung zur Einschaltung von Intermediären ist davon abhängig, ob und inwieweit dadurch Transaktionskosten gegenüber direkten Handelsbeziehungen reduziert werden können (Abb. 8.23). Der Intermediär wird nur eingeschaltet, wenn die Transaktionskosten beim direkten Kontakt zwischen Angebot und Nachfrage (T1) höher ausfallen als die kumulierten Transaktionskosten zwischen Angebot und Intermediär (T2), zwischen Nachfrager und Intermediär (T3) und der Handelsspanne des Intermediärs (H).

Abb. 8.23 Kontaktbeziehungen auf Märkten

T = Transaktionskosten
H = Handelsspanne

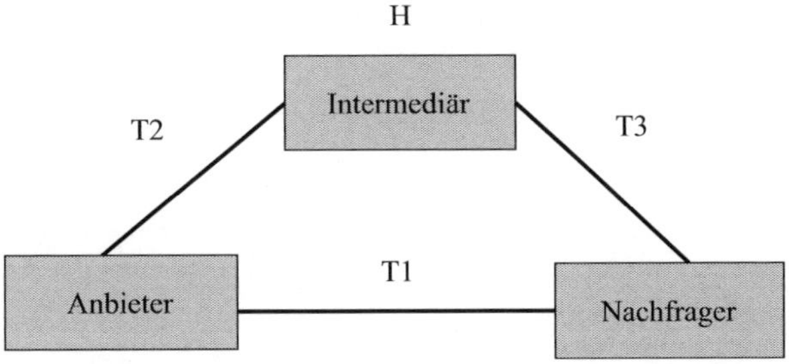

T1	T2	H	T3	Konstellation	Empfehlung
40	10	10	10	T1 > T2 + H + T3	Intermediation
30	10	10	10	T1 = T2 + H + T3	Indifferenz
20	10	10	10	T1 < T2 + H + T3	Direkter Kontakt

Vor diesem Hintergrund lassen sich 4 Szenarien von Transaktionsbeziehungen betrachten (Abb. 8.24). Die Szenarien 1 und 4 verändern die Transaktionsbeziehungen traditioneller Märkte nicht grundsätzlich, sondern unterstützen sie elektronisch. Weiterreichende Veränderungen ergeben sich hingegen in den Szenarien 2 und 3 (vgl. Sarkar et al. 1995).

Szenario 1: Internet als zusätzlicher Vertriebsweg In diesem Fall werden bestehende Strukturen elektronisch unterstützt und ergänzt, z. B. Finanzdienstleistungen von Banken (Abb. 8.25). Der Ablauf von Transaktionen wird nicht grundlegend verändert, sondern es

		**Traditionelle Märkte** (Marketplace)	
		Direktvertrieb effizienter: T1 < T2 + H + T3	Vertrieb über Intermediär effizienter: T1 > T2 + H + T3
Elektronische Märkte (Marketspace)	Direktvertrieb effizienter: T1 < T2 + H + T3	Szenario 1: Internet als zusätzlicher Vertriebsweg	Szenario 2: Internet verdrängt klassischen Handel (Disintermediation)
	Vertrieb über Intermediär effizienter: T1 > T2 + H + T3	Szenario 3: Entstehen neuer Intermediäre auf elektronischen Märkten und Verdrängung des Direktvertriebs von Herstellern (Cyberintermediation)	Szenario 4: Fortbestand/Entstehung von Intermediation auf elektronischen Märkten (Reintermediation/ Cyberintermediation)

T1 = Transaktionskosten bei Umgehung eines Intermediärs
T2 = Transaktionskosten für den Güteraustausch zwischen Hersteller und Intermediär
T3 = Transaktionskosten für den Güteraustausch zwischen Intermediär und Kunde
H = Handelsspanne des Intermediärs

Abb. 8.24 Transaktionsbeziehungen auf traditionellen und elektronischen Märkten

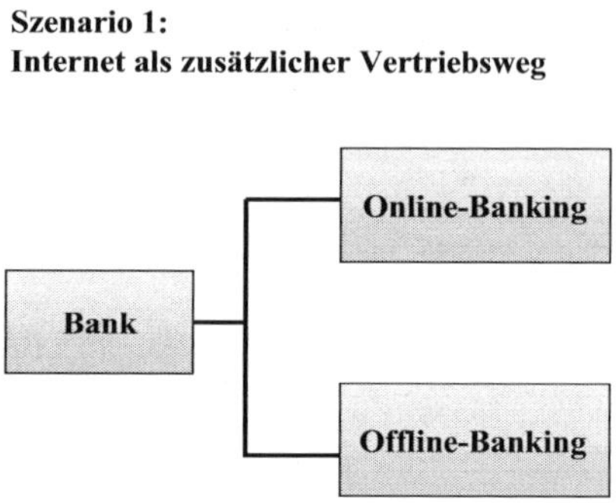

Abb. 8.25 Internet als zusätzlicher Vertriebsweg

findet eine elektronische Umsetzung konventioneller Dienste statt. Die IuK-Technologien werden dazu benutzt, die bisherigen Transaktionsabläufe effizienter zu gestalten, um z. B. Skaleneffekte und Größenvorteile zu realisieren.

Szenario 2: Internet verdrängt klassischen Handel In diesem Szenario der Disintermediation werden einzelne Stufen der Wertkette durch internetbasierte Anwendungen übersprungen. In der Regel betrifft dies Zwischenhändler, wenn der Hersteller seine Endabnehmer direkt erreichen kann. Ein Grund besteht darin, dass eine Webseite Funktionen erfüllen kann, die ansonsten von den klassischen Distributionskanälen übernommen werden (z. B. Übermittlung von Produktinformationen oder Abwicklung von Verkaufstransaktionen). Beispielhaft sei auf das Geschäftsmodell des PC-Herstellers Dell verwiesen, das in zwei Punkten vom traditionellen Modell der PC-Industrie abweicht (Abb. 8.26):

- Dell verkauft seine PCs nur direkt und schließt Wiederverkäufer, Einzelhändler und Systemintegratoren vom Kaufprozess aus (Kundenschnittstelle).
- Während beim klassischen Modell die Produktion nach Verkaufsprognosen erfolgt und eine Lagerhaltung von ca. 90 Tagen damit einhergeht, produziert Dell erst nach Auftragseingang (Koordination der Produktion innerhalb der Wertschöpfung).

Szenario 3: Entstehen neuer Intermediäre auf elektronischen Märkten In diesem Szenario der Cyberintermediation ist es anstelle von Direktkontakten auf traditionellen Märkten effizienter, die Dienste von elektronischen Intermediären zu nutzen (Abb. 8.27). Solche Dienste existieren nur in der virtuellen Sphäre. Sie wären zwar auch in der realen Welt denkbar, sie werden aber aufgrund von prohibitiven Kosten oder aus anderen Gründen (z. B. Koordinierungsaufwand, beschränkte Kapazität der Informationsverarbeitung) nicht realisiert. Folgende Funktionen stehen im Vordergrund:

- Aggregation von Angebot und Nachfrage.
- Verbesserte Bereitstellung von Informationen (z. B. Suchfunktionen) und Unterstützung der Kommunikation.

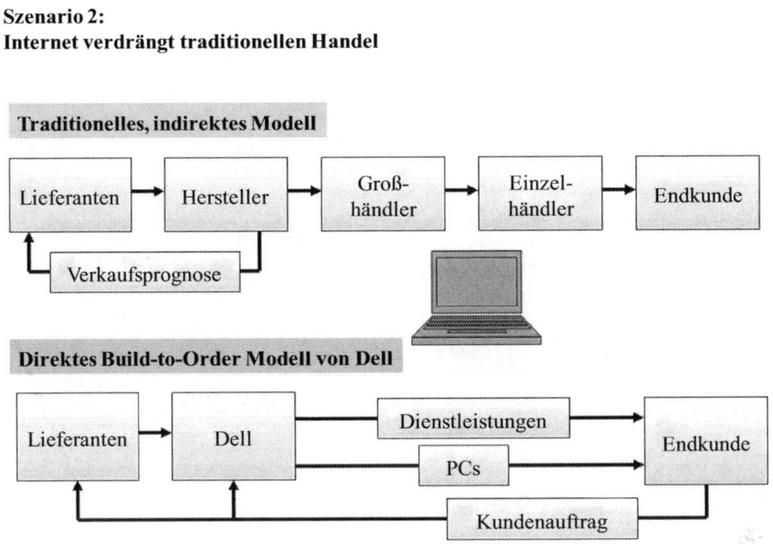

Abb. 8.26 Built-to-Order Modell von Dell

Abb. 8.27 Internet-basierte Intermediäre

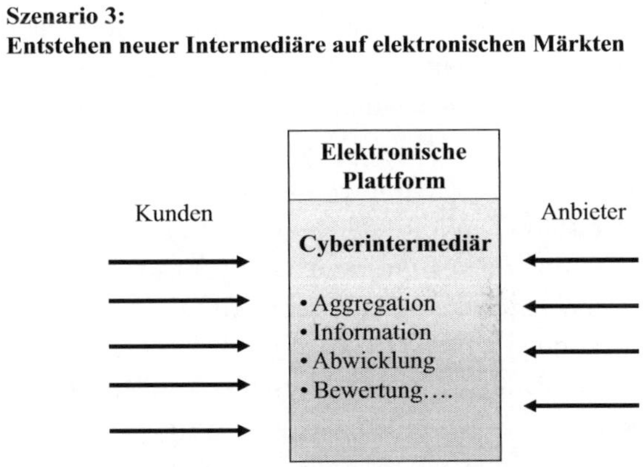

- Versorgung mit Produktinformationen und Informationen über Nachfragerpräferenzen (z. B. Communities, Diskussionsforen).
- Übernahme von Zahlungsfunktionen, Sicherungsfunktionen und Schaffen von Vertrauen (z. B. Empfehlung von Handelspartnern).
- Handel mit Informationsgütern und Bewertung von Gütern.

Szenario 4: Fortbestand und Entstehung von Intermediation auf elektronischen Märkten In diesem Szenario kommt es zur Reintermediation oder zur Cyberintermediation (Abb. 8.28). So kann z. B. der PC-Handel durch Einrichtung eines eigenen Online-Shops direkte Beziehungen und einen neuen Vertriebsweg zu Kunden aufbauen. Wenn der

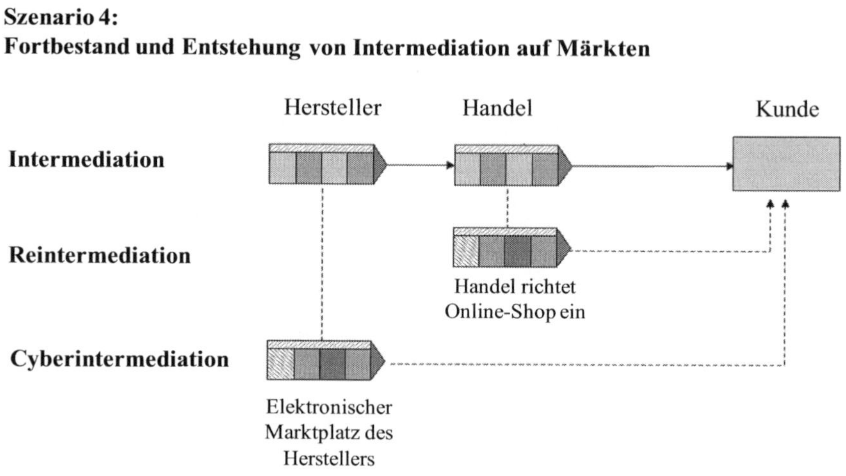

Abb. 8.28 Veränderung von Wertschöpfungsketten

Hersteller von PCs hingegen einen eigenen elektronischen Marktplatz einrichtet, kann die Existenz des PC-Handels auf elektronischen Märkten gefährdet werden. Aufgrund der Nutzung von IuK-Technologien müssen Intermediäre also neue Anforderungen bewältigen. Dadurch entstehen für die Mitglieder der Wertschöpfungskette Gefahren, es eröffnen sich jedoch auch Chancen für andere Betätigungsfelder.

Hypothesen Zusammenfassend ergibt sich hinsichtlich der Vermittlungseffizienz auf elektronischen Märkten ein differenziertes Bild. Die häufig in den Vordergrund gerückte Disintermediation bezieht sich nur in Ausnahmefällen auf alle Zwischenglieder einer Branchenwertkette. Zumeist betrifft die Disintermediation einzelne Stufen der Wertkette. So können z. B. nur die Großhändler übersprungen werden, wenn die Hersteller direkt die Einzelhändler beliefern. Hersteller können jedoch auch den direkten Kontakt zum Endkunden suchen, indem sie Online-Shops und Online-Support anbieten. Maßgeblich für die Bedrohung eines Mitgliedes der Wertkette sind u. a. das Volumen physischer Warenströme und die Vielfalt der Informationsflüsse, mit denen dieser Teilnehmer befasst ist (Abb. 8.29).

Für ein Unternehmen, das große Volumina und Warenströme abwickelt und gleichzeitig komplexe Informationen verarbeitet, ist die Gefahr der Disintermediation eher gering. Je spezialisierter die Leistungen eines Unternehmens innerhalb einer Wertkette sind, umso geringer ist die Gefahr, dass diese Leistungen von einem vor- oder nachgelagerten Partner in dieser Wertkette mit übernommen werden. Beispielsweise verfügen Logistikunternehmen über einen großen Fuhrpark, ausgefeilte Systeme zur Auftragsverfolgung und langjährige Erfahrungen in der Routenoptimierung. Für den Computerhersteller Dell war es zwar sinnvoll, die vom Einzelhandel erbrachten, weitgehend standardisierten Leistungen (z. B. Bereitstellung von Kundeninformationen, Verkaufsabwicklung) selbst zu

Abb. 8.29 Disintermediations-Matrix. (vgl. Watson et. al. 2000)

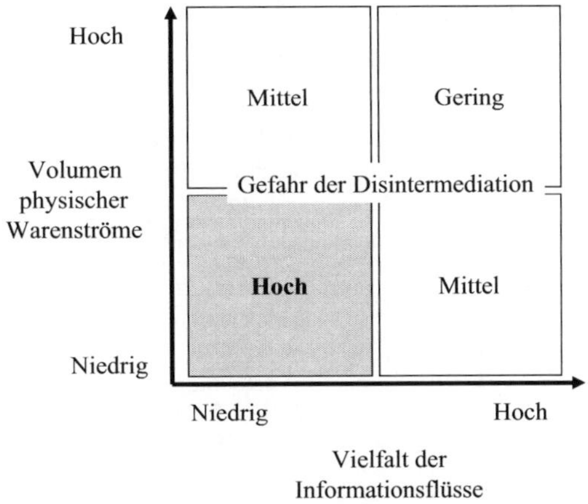

übernehmen. Es wäre jedoch unwirtschaftlich, ein eigenes Auslieferungssystem aufzubauen. In vielen Fällen stellt das Internet nur einen zusätzlicher Absatzkanal bereit, der traditionelle Vertriebswege ergänzt (Multi-Channel). Je nach Branche, Produkteigenschaften und Zusatznutzen für den Endkunden wird das Onlineangebot des Herstellers in einem gewissen Umfang die Funktionen der traditionellen Intermediäre übernehmen (Tab. 8.2). In diesem Maße wird das Umschlagvolumen der Intermediäre zurückgehen, was zum Ausscheiden einzelner Teilnehmer aus dem Markt führen kann.

Für die Mehrzahl von Gütern und Leistungen wünschen die Endkunden eine Auswahl an Bezugskanälen. Dies wird z. B. deutlich bei Bankdienstleistungen. In Abhängigkeit von dem jeweiligen Bankgeschäft und dem aktuellen Aufenthaltsort des Kunden kann er sich zwischen computergestütztem Online-Banking, Mobile Banking, Call-Center gestütztem Telefonbanking, dem Selbstbedienungsterminal in der Filiale oder dem persönlichen Gespräch mit einem Berater entscheiden. Außerdem stehen ihm unabhängige Broker von Finanzdienstleistungen zur Verfügung.

Tab. 8.2 Einfluss elektronischer Märkte auf die Vermittlungsleistung

Marktfunktion	Einfluss elektronischer Märkte	Wahrscheinliche Effekte
Produkt-angebote	Personalisierung/Download	Disintermediation
Aggregation	Cyberintermediation	
Veränderte Kostenstrukturen	Reintermediation	
Geringere Logistikkosten	Disintermediation	
Produkt-suche	Geringere Suchkosten	Disintermediation
Höhere Suchkomplexität	Cyberintermediation	
Geringe Markteintrittsbarrieren	Cyber-, Reintermediation	
Vertrauen, Sicherheit	Zunehmende Sicherheit	Cyber-, Reintermediation
Reputation	Reintermediation	

Tab. 8.3 Bewertung der Vermittlungseffizienz

Szenarien	Disintermediation	Reintermediation	Cyberintermediation
Hersteller	Chance: Direkter Kontakt zum Kunden, Kontrolle über Distributionswege	Chance: Höhere Erlöse	Chance: Neue Vertriebswege
	Risiko: Größere Komplexität der Prozesse	Risiko: Verlust an Kon-trolle über Distributionswege	Risiko: Verlust an Kontrolle über Distributionswege
Traditioneller Intermediär	Chance: Zusätzlicher Vertriebskanal	Chance: Zusätzlicher Vertriebskanal	Chance: Sammlung von Erfahrungen aus Fehlern
	Risiko: Verlust an Einnahmen	Risiko: Fehlende kritische Masse, Ressourcen	Risiko: Neue Intermediäre sind innovativer
Neuer Intermediär	Chance: Anbieter stellt zusätzlichen Vertriebskanal bereit	Chance: Neue Märkte	Chance: Neue Geschäftsmodelle
	Risiko: Es entstehen Markteintrittsbarrieren	Risiko: Spezifisches Know-how erforderlich	Risiko: Begrenzte Ressourcen, höhere Konkurrenz von Anbietern und traditionellen Intermediären
Kunde	Chance: Direkter Kontakt zum Hersteller, Preissenkungen	Chance: Mehrwert durch neue Dienste	Chance: Mehrwert durch neue Dienste
	Risiko: Höhere Transaktionskosten, keine produktspezifische Beratung	Risiko: Zunehmende Marktkomplexität	Risiko: Unzureichendes Qualitätsversprechen, Verlust produktspezifischer Beratung

Die Eliminierung einer dieser Absatzwege würde der Kunde als eine Verminderung des Angebotes empfinden. Gerade dieser Wunsch der Kunden nach variablen Vertriebskanälen bietet vielen Intermediären eine Überlebenschance. Um ihre Bedeutung innerhalb der Wertkette zu erhalten oder zu steigern, müssen sie ihre Beziehung zu vor- und nachgelagerten Elementen der Wertkette – also zu ihren Lieferanten und ihren Kunden – intensivieren. Sie müssen einen Zusatznutzen anbieten, der von anderen Mitgliedern der Wertkette nur schwer erbracht werden kann. In diesem Zusammenhang gewinnt das Kundenbeziehungsmanagement ebenso an Bedeutung wie die horizontale Integration. Unter horizontaler Integration wird die Ausdehnung der eigenen Kompetenzen und Fähigkeiten auf verwandte Produkt- und Leistungskategorien verstanden. In der Summe geht es für Intermediäre also darum, den Umfang physischer Warenströme und/oder unterschiedlicher Informationsflüsse zu erhöhen und somit ihre Leistung in Richtung des rechten oberen Segmentes der Disintermediations-Matrix zu verschieben. Insgesamt eröffnen die verschiedenen Szenarien der Dis-, Re- und Cyberintermediation den Beteiligten sowohl Chancen als auch Risiken. Eine differenzierte Betrachtung und z. B. branchenbezogene Betrachtung ist also angebracht (Tab. 8.3).

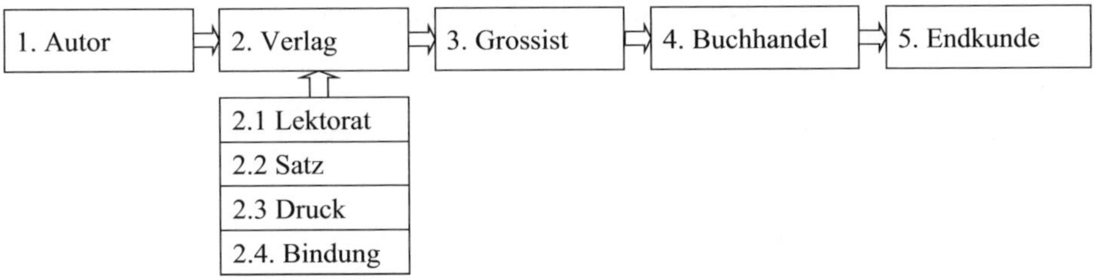

Verkaufspreis		20,00	
Koordination, Vertrieb, Transport (2)	10%	2,00	Transaktionskosten 60%
Handelsmarge (3), (4)	50%	10,00	
Honorar für Autor (1)	10%	2,00	Produktionskosten 30%
Produktion (2.1), (2.2), (2.3), (2.4)	20%	4,00	
Verlagsgewinn	10%	2,00	

Abb. 8.30 Klassische Wertschöpfungskette des Buchmarktes

Beispiel Buchmarkt Der Buchmarkt interessiert uns als Autoren aus nahe liegenden Gründen besonders. Er wurde inzwischen deutlich durch das Internet verändert (vgl. Ullrich 2009). Die klassische Wertschöpfungskette sieht wie folgt aus (Abb. 8.30):

- Ein Autor schreibt ein Manuskript.
- Ein Verlag wählt den Autor aus, übernimmt die Rechte- und Produktionskoordination sowie den Vertrieb des Buches. Das (2.1) Lektorat prüft die Stimmigkeit des Manuskripts und korrigiert gegebenenfalls Tipp- und Ausdrucksfehler. Ein (2.2) Grafiker erstellt die Druckvorlage und das Cover-Layout. Mit diesen Daten druckt und schneidet ein (2.3) Drucker die Buchseiten. Die Bindung und Konfektionierung der Bücher übernimmt der (2.4) Buchbinder.
- Der Verlag lagert die Bücher und sendet einen Teil an (3) Großhändler, die die Bücher diverser Verlage auf Anfrage dem (4) Bucheinzelhandel liefern, wo der (5) Endkunde das Buch kauft. Mehr als die Hälfte der Kosten sind in unserem Beispiel Transaktionskosten.

Das Internet verändert diese Wertschöpfungskette (Abb. 8.31). Online-Buchhändler (4), bei denen der Endkunde direkt über das Internet Bücher ersteht, kaufen direkt bei den Verlagen und machen so den Großhandel überflüssig. Das senkt – dank Buchpreisbindung – die Handelsspanne zugunsten der anbietenden Verlage typischerweise auf eine mittlere Größenordnung von 25 Prozent. Auch der organisatorische Aufwand sinkt. Damit wird der Verlagsgewinn ceteris paribus deutlich erhöht.

Angebote wie books-on-demand lassen die Transaktionskosten weiter sinken, indem sie an der Produktionsseite ansetzen. Es wird nicht nur der Großhandel überbrückt, sondern auch Lagerhaltungs- und Produktionskosten können gesenkt werden, da ein Buch erst dann produziert wird, wenn es ein Kunde tatsächlich kaufen will. Inzwischen lassen sich

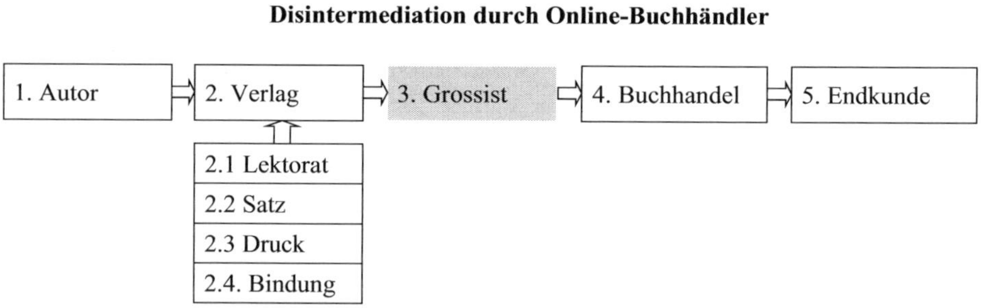

Verkaufspreis		20,00	
Koordination, Vertrieb, Transport (2)	8%	1,60	Transaktionskosten 33%
Handelsmarge (3), (4)	25%	5,00	
Honorar für Autor (1)	10%	2,00	Produktionskosten 30%
Produktion (2.1), (2.2), (2.3), (2.4)	20%	4,00	
Verlagsgewinn	37%	7,40	

Abb. 8.31 Veränderung der Wertschöpfungskette des Buchmarktes (Disintermediation)

Bücher auch als E-Book vertreiben (Abb. 8.32). In diesem Fall bedürfen die Anbieter weder des lokalen Buchhandels noch einer Produktion (Druck, Buchbindung). Auch Transport- und Lagerkosten sinken nahe Null, was die Transaktionskosten weiter reduziert und den Verlagsgewinn ceteris paribus insgesamt weiter erhöht.

Durch das Web 2.0 lässt sich die Wertschöpfungskette weiter reduzieren (Abb. 8.33). Der Autor kann sein Buch über a) Handels-Portale, buchspezifische Portale oder b) über die eigene Webseite direkt an Endkunden vertreiben. Lektorat, Satz, Produktion, Vertrieb, Rechtekoordination und Produktionskoordination sowie der Großhandel spielen dann als eigene Wertschöpfungsstufen keine Rolle mehr. Sie erfolgen durch den Autor, weitgehend automatisiert über Computerprogramme bzw. entfallen ganz.

Im Extrem kann der Buchhandel seine Rolle als physischer Ort zum Kauf von Büchern verlieren bzw. an Bedeutung einbüßen. Diese Veränderung haben Buchhandlungen inzwischen erkannt. Sie wandeln sich teilweise zu einem Ort des Lesevergnügens. Das Geschäftsmodell hat sich verändert und wird durch die Integration von IuK-Technologien in das klassische Kerngeschäft (Buchverkauf) weiterentwickelt (Reintermediation). Mit Einführung des E-Books wird das gedruckte Buch nicht aussterben. Alle Inhalte, die sich aber im Medium E-Book besser aufgehoben fühlen, werden abwandern und „umziehen". Diese These stützt sich auf das Rieplsche Gesetz der Medien, was bereits 1913 veröffentlicht wurde. Dieses besagt, dass kein Instrument des Gedankenaustausches, das einmal eingeführt wurde und sich bewährt hat, von anderen vollkommen ersetzt oder verdrängt wird. Statt einer Substitution kommt es demnach zu einem Komplementarität in der Anwendung von Medien.

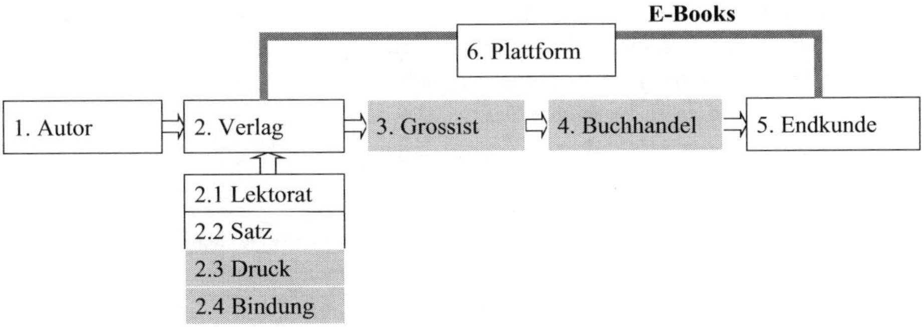

Verkaufspreis		20,00	
Koordination, Vertrieb, Transport (2)	5%	1,00	Transaktionskosten 30%
Handelsmarge (3), (4) – Plattform (6)	25%	5,00	
Honorar für Autor (1)	10%	2,00	Produktionskosten 25%
Produktion (2.1), (2.2), (2.3), (2.4)	15%	3,00	
Verlagsgewinn	45%	9,00	

Abb. 8.32 Veränderung der Wertschöpfungskette des Buchmarktes (Digitalisierung)

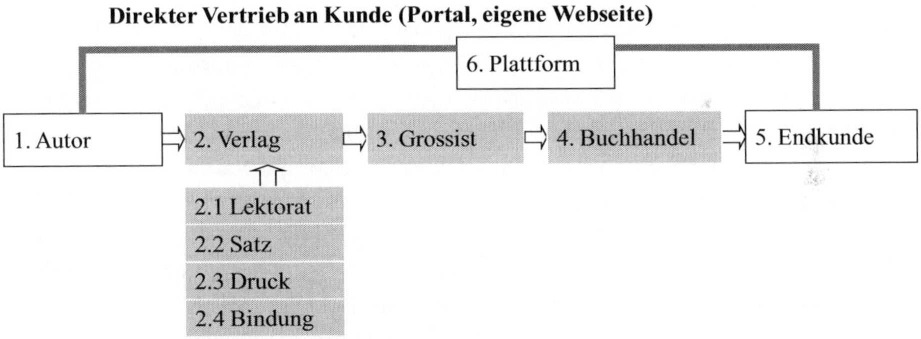

Verkaufspreis		20,00	
Koordination, Vertrieb, Transport (2)	0%	0,00	Transaktions-kosten 7 - 50%
Handelsmarge (3), (4) – Plattform (6)	7 - 50%	1,40 - 10,00	
Honorar für Autor (1)	50 - 93%	10,00 - 18,60	Autor 50 - 93%
Produktion (2.1), (2.2), (2.3), (2.4)	0%	0,00	
Verlagsgewinn	0%	0,00	

Abb. 8.33 Veränderung der Wertschöpfungskette (Web 2.0)

Auch in den Bildungsbereich lassen sich E-Books integrieren (Smart Education). Diese Integration muss zunächst nicht kostengünstiger sein als die traditionelle Anschaffung von Büchern. Wir betrachten als Beispiel eine Hochschule, deren Fachbereich 2.000 Studierende hat und in der jährlich sechs Bücher wahlweise traditionell oder elektronisch als E-Book angeschafft werden können (vgl. http://www.dailybits.com/the-lowdown-on-ipads-and-textbooks/):

Traditionell	Elektronisch
Buch: 75 €	E-Book: 15 €
Pro Jahr: 6 · 75 = 450 € · 2.000 = 900.000 €	Pro Jahr: 6 · 15 = 90 € · 2.000 = 180.000 €
	Endgerät: 500 € · 2.000 = 1.000.000 €
Ersatz Buch nach 5 Jahren: Pro Jahr 900.000 € /5 = 180.000 €	Ersatz Endgerät nach 4 Jahren: Pro Jahr 1.180.000 € /4 = 295.000 €

Diese Betrachtung hat nur exemplarischen Charakter, sie macht aber deutlich wo die Stellschrauben sind: Die Preise der Bücher in Relation zu den E-Books, die Preise von Endgeräten, die Haltbarkeit und natürlich die Frage, wer die Kosten trägt. So kann die Hochschule die Bücher durch die Bibliothek anschaffen lassen oder vorhandene PC-Pools z. B. durch Tablet-PCs ersetzen. Auch können die Studierenden die Bücher bzw. Endgeräte durch die Studierenden selbst gekauft werden. Zu klären bleibt dann allerdings die Einkommenssituation der Studierenden.

Auf den ersten Blick liegt es durchaus nahe, die Endgeräte für den Unterricht zu nutzen, über die die Mehrzahl der heutigen Generation an Studierenden oder auch Schülern schon verfügt (Digital Natives). Sicher ist es auch aus Sicht der Lehrenden für viele Fächer hilfreich und aus Sicht der Lernenden interessanter, wenn in digitale Textbücher Medien, Videos und Fotos eingebunden werden. Dies kann das Verständnis auch komplexer Sachverhalte erleichtern, kooperative Lehr- und Lernformen fördern sowie die Medienkompetenz von Lehrenden und Lernenden gleichermaßen stärken. Allerdings ist es aus unserer Erfahrung heraus nicht so sehr die Frage, ob Wissen analog oder digital vermittelt wird. Menschen sind zum selbständigen Denken anzuregen, müssen sich tatsächlich mit dem Lernstoff auseinandersetzen und sollen nicht zur einfachen Nachahmung von Lehrinhalten motiviert werden. Schlechter Unterricht wird durch den Einsatz neuer Medien nicht besser und Unterricht mit neuen Medien muss nicht zwangsläufig gut sein. Die Effizienz des Lernens ist also nicht zwangsläufig durch den Einsatz technischer Hilfsmittel zu steigern, so dass auch hier in Anlehnung an das Rieplsche Gesetz bewährte und neue Lehr- und Lernformen nebeneinander bestehen bleiben können.

Long Tail Was für den Buchhandel gilt, ist prinzipiell auf jene Sektoren übertragbar, die digitalisierbare Güter anbieten. „Plentitude. Not Scarcity" – so Kelly (vgl. Kelly 1998). Der Autor argumentiert, dass das Informationszeitalter durch eine Überflussökonomie geprägt wird. Das Long Tail Geschäft z. B. der Musikindustrie ist eine solche Ausprägung der neuen Überflussökonomie. Der Begriff Long Tail ist die Bezeichnung für eine bereits

Abb. 8.34 Long Tail

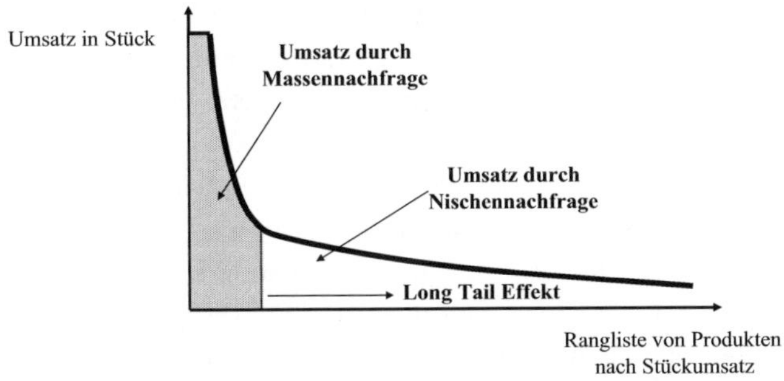

länger bekannte Eigenschaft von statistischen Verteilungen. Das nach dem italienischen Ökonomen Vilfredo Pareto benannte Pareto-Prinzip beruht auf der Erkenntnis, dass für viele auftretende Phänomene eine große Anzahl von Ereignissen sehr selten vorkommt, während für eine relativ kleine Menge von Ereignissen eine hohe Eintrittswahrscheinlichkeit besteht. Bezogen auf den Umsatz im Musikmarkt gilt dann die Regel, dass 20 % der Produkte 80 % des Umsatzes ausmachen. Diese Verteilung ergibt eine fallende Kurve, deren Länge im Vergleich zu ihrer Spitze unverhältnismäßig lang und im Prinzip unendlich ist (Abb. 8.34).

Die Argumentation des Long Tail stützt sich auf zwei Thesen (vgl. Anderson 2004; Anderson 2011):

a) Vergrößerung des Produktangebots und Angebotsvielfalt im Internet Aufgrund der begrenzten Verkaufsflächen und der relativ hohen Fixkosten muss der traditionelle Handel sein Angebot streng nachfrageorientiert gestalten. Das Hauptaugenmerk gilt der Massennachfrage, während alles, was nicht profitabel ist, häufig außen vor bleiben muss. Insofern erscheint eine Konzentration auf die 20 % der Produkte sinnvoll, die 80 % des Umsatzes ausmachen. Für Nischenprodukte ist hier wenig Platz, da sie Verkaufsflächen binden und nur zu geringen Umsätzen führen. Das Internet stellt hingegen einen unbegrenzten und kostenlosen Regalplatz zur Verfügung. Im Fall z. B. digitaler Musikservices fallen zudem keine Herstellungskosten und kaum Distributionskosten an, so dass die Möglichkeit besteht auch Musiktitel mit geringem Absatz anzubieten. Es macht also keinen Unterschied mehr, ob ein Bestseller oder ein weniger bekannter Titel im Angebot gehalten wird, denn beide sind nur noch Einträge in einer Datenbank, deren Lagerung gleich viel kostet.

b) Veränderung der Nachfrage in Richtung Long Tail Der Online-Handel verändert das Aussehen der Nachfragekurve deutlich. Der Long Tail Effekt basiert im Wesentlichen auf folgenden Faktoren:

- Kostensenkungen: Das Internet führt auf Seiten der Anbieter zu stark gesunkenen Grenzkosten. Gleichzeitig existieren durch die hohe Reichweite des Internets auch für sehr spezielle Produkte einträgliche Absatzmärkte, so dass sich die Fixkosten auf mehr abgesetzte Produkte verteilen. Die Lager- und Präsentationskosten pro Produkt sinken im Vergleich zum klassischen Einzelhandel deutlich, da keine teuren Ladengeschäfte in frequentierten Einkaufstraßen angemietet werden müssen. Durch diese veränderte Kostenstruktur ist es Intermediären möglich, ihr Sortiment erheblich zu erweitern und damit den Präferenzen der Konsumenten immer besser zu entsprechen. Wo früher noch das Sortiment auf wenige Produkte limitiert werden musste, da z. B. die Lager- und Präsentationskosten zu hoch waren, kann über das Internet ein schier endloses Sortiment angeboten und vertrieben werden.

- Nischendenken: Nischen sind absatzpolitisch betrachtet Teilbereiche eines Marktes, der noch nicht vollkommen oder unzureichend abgedeckt ist. Aggregiert ergeben Nischenmärkte einen neuen Markt, dessen Bearbeitung profitabel sein kann. Wenn z. B. fünf Bestseller einer Produktkategorie im Durchschnitt 10.000-mal verkauft werden und jedes Stück einen Gewinn von 1 € einbringt, lässt sich ein Gewinn von 50.000 € erzielen. Wenn 200.000 andere Produkte bei einem Gewinn von 0,50 € nur einmal verkauft werden, führt dies zu einem Gewinn von 100.000 € (vgl. hessen-it.de 2007, S. 9).
- Such- und Empfehlungstechnologien: Die Bedienung von Nischenmärkten hilft wenig, wenn die Konsumenten die Nischenprodukte, die ihren vermeintlichen Präferenzen entsprechen, nicht finden. Der Long Teil funktioniert also nur bei hinreichender Markttransparenz. Notwendig sind daher z. B. ein effizientes Suchmaschinenmarketing oder eine Suchmaschinenoptimierung mit den richtigen Keywords, die potentielle Kunden auf die Produkte aufmerksam machen (vgl. Hinz et al. 2011). Studien zeigen, dass der Long Tail umfangreichere und genau spezifizierte Suchbegriffe begünstigt, die das Ranking verbessern (z. B. statt Suche nach „Computer" konkret „Apple Macbook neu kaufen"). Auch kollaborative Instrumente wie persönliche Bewertungen und Empfehlungen dienen als Filter und können die Nachfrage in die Nischen lenken.

Das Konzept des Long Tail ist nicht unumstritten. Kritiker weisen darauf hin, dass es schwierig ist, die gesamte Nachfrage auf Nischenprodukte hin auszurichten (vgl. Elbersee 2008). Studien zeigen, dass sich der Absatz von Produkten im Online-Handel zum Teil zwar in den rechten Teil der Kurve (Nischenteil) verlagert hat. Allerdings hat sich auch die Zahl der Produkte, die sich gar nicht verkauft haben, erhöht. Die Kurve des Long Tail wird also nicht länger und dicker, sie wird nur länger. Zudem gibt es nicht immer ein klar abgrenzbares Segment von Kunden, die nur ausgefallene und keine Massenprodukte wünschen. Der rechte Teil der Nachfragekurve wird durch Konsumenten geprägt, die vergleichsweise viel konsumieren und auch gerne auf Nischenprodukte ausweichen. Konsumenten, die weniger konsumieren, konzentrieren sich dagegen häufig auf die gängigen Massenprodukte. Ein größeres Angebot im Internet muss also nicht zwangsläufig dazu führen, dass mehr Produkte als zuvor nachgefragt werden.

8.4 Übungen und Lernkontrolle

▶ Bearbeitungshinweise finden Sie im Web

1. Aufgrund seiner technologischen Eigenschaften ist ein elektronischer Markt vielfach eine ideale Plattform für einen „vollkommeneren Gütermarkt". Beurteilen Sie diese Aussage mit Hilfe der nachfolgenden Tabelle:

Merkmal	Vollkommener Gütermarkt (Modellmarkt)	Realer Markt (z.B. PKW)	Elektronischer Markt
Gleichartigkeit der Güter			
Markttransparenz			
Reaktionsgeschwindigkeit			
Räumliche, zeitliche Beschränkungen			
Präferenzen			

2. Was verstehen Sie unter Markteffizienz? Welche Erwartungen würden Sie hinsichtlich der Effizienz elektronischer Märkte formulieren?
3. Peter ist auf der Suche nach dem günstigsten Shop, in welchem sein Lieblingsparfum „Jo" angeboten wird. Von seinem Freund erfährt er, dass es fünf Anbieter gibt, die unterschiedliche Preise für das Parfüm verlangen. Die fünf Preise für eine Flasche Eau de Toilette (50 ml) sind gegeben als 32, 40, 35, 42 und 45 €. Peter weiß jedoch nicht, welcher Shop welchen Preis verlangt. Daher wird er mehrere Preise erheben und nach der Suche bei dem günstigsten Shop kaufen. Pro Preissuche fallen Suchkosten in Höhe von 2 € an. Nehmen Sie außerdem an, dass Peter vor Beginn der Suche festlegt, wie viele Preise er erheben wird. Gehen Sie von dem Preisdispersionsmodell von Stigler aus.
   a) Nach welcher Regel sollte Peter bestimmen, wie viele Preise er erhebt?
   b) Wie viele Preise sollte Peter optimalerweise erheben?
   c) Ändert sich die optimale Entscheidung, wenn die Suchkosten 1,50 € betragen?

   (Quelle: Sadrieh 2011).

4. Beurteilen Sie folgende Thesen:
   a) Die Suchkosten sind auf elektronischen Märkten immer geringer.
   b) Der Abstand zwischen dem höchsten und dem niedrigsten Preis für ein weitgehend homogenes Produkt (Preisdispersion) entfällt auf elektronischen Märkten vollständig.

c) Die Konsumenten reagieren auf kleine Preisänderungen im Internet sehr sensibel. Deshalb sollten die Preise häufig geändert werden.

5. Beurteilen Sie anhand ausgewählter Kriterien, ob elektronische Märkte gegenüber traditionellen Märkten effizienter arbeiten:

Kriterium	Ergebnisse	Markteffizienz elektronischer Märkte höher?
Suchkosten		
Preissensibilität		
Preishöhe		
Menükosten		

6. Das Unternehmen Priceline hat ein Patent für den „Name your own price" Preisbildungsmechanismus für Flüge erworben. Erläutern Sie die Besonderheiten dieses Mechanismus. Können die Kaufgebote der Konsumenten als deren Preisbereitschaft interpretiert werden?
7. Marketing-Experten versprechen sich im Internet auch vom Reverse-Pricing Umsatzzuwächse. Was verstehen Sie unter Reverse-Pricing?
8. Nehmen Sie an, der Reverse-Pricing Anbieter UPRICE bietet auf seiner Plattform einen Flug von A nach B an. Diesen Flug kann UPRICE bei einer kooperierenden Airline für 250 € bekommen. UPRICE kennt seine Konsumenten und weiß, dass sie sich folgendermaßen verhalten:

Klasse	Anzahl Konsumenten	Gebotener Preis
A	500	240
B	800	260
C	700	280

UPRICE kann nicht nach individuellen Konsumenten identifizieren und legt eine einheitliche Preisschwelle fest. Diese soll für den Flug 270 € betragen.

a) Wie viele Flüge werden an welche Konsumenten verkauft und wie hoch ist der Deckungsbeitrag für UPRICE?

Klasse	Anzahl Konsumenten	Kaufen (ja/nein)	Gebotener Preis	Kosten	Gesamtdeckungsbeitrag
A	500				
B	800				
C	700				

b) Was ist die optimale Höhe der geheimen Preisschwelle, damit UPRICE den höchstmöglichen Deckungsbeitrag erzielt?

Klasse	Anzahl Konsumenten	Kaufen (ja/nein)	Gebotener Preis	Kosten	Gesamt-deckungsbeitrag
A	500				
B	300				
C	700				

c) UPRICE erwägt, die mehrfache Gebotsabgabe von Konsumenten zuzulassen. Aus einer repräsentativen Umfrage weiß UPRCICE, dass 50 % aller Konsumenten ein zweites Gebot und 25 % aller Konsumenten ein drittes Gebot, jedoch keine Konsumenten mehr als drei Gebote abgeben würden. Dabei verringern die Konsumenten ihr erstes Gebot um 10 € (im Vergleich zur einmaligen Gebotsabgabe), erhöhen nachfolgende Gebote aber jeweils um 15 €. Berechnen Sie für jede der Konsumentenklassen das Gebotsverhalten bei mehrfacher Gebotsabgabe (Gebotshöhe des ersten, zweiten und dritten Gebots sowie Anzahl der Bieter).

Klasse	Anzahl Konsumenten	Gebotener Preis	Kaufen (ja/nein)	Kosten	Gesamt-deckungsbeitrag
A	500				
	250				
	125				
B	300				
	150				
C	700				

d) Würden Sie UPRICE bei einer geheimen Preisschwelle von € 260 zur Einführung der mehrfachen Gebotsabgabe raten?

(vgl. Skiera, B.: Universität Frankfurt am Main, Vorlesung: Electronic Commerce Spezialisierungsstudium, WS 04/05).

9. Das Modell des Powershoppings kann mit offenen bzw. geschlossenen Preisstufen ausgestaltet werden.
   a) Erläutern Sie den Unterschied anhand der folgenden Abbildung und beurteilen Sie die Auswirkungen auf den Erlös. Gehen Sie davon aus, dass sich zum Ende der Ablauffrist neun Teilnehmer gefunden haben.

Teilnehmer	Preisstufe
1 – 3	100 €
4 – 7	90 €
8 – 12	70 €

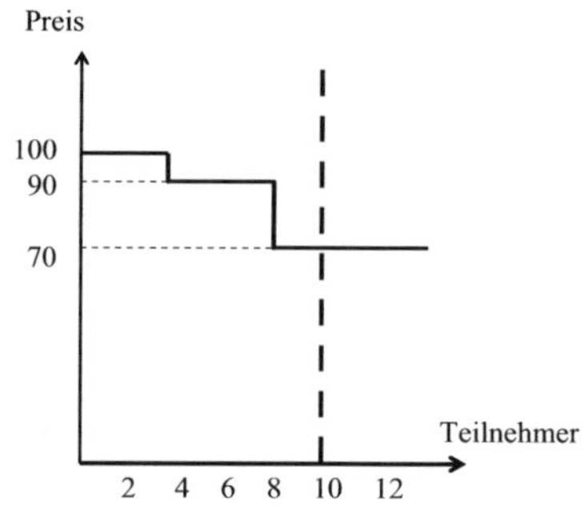

b) Nennen Sie mögliche Nachteile dieses Verkaufsmodells.

10. Das Internet begünstigt kooperative Strategien zwischen Akteuren. Erläutern Sie mögliche Online-Formen der Kooperation im Rahmen der folgenden Tabelle:

	Zulieferer	Hersteller	Händler	Kunde
Zulieferer				
Hersteller				
Händler				
Kunde				

11. Intermediation:
    a) Berechnen Sie die Zahl der Kontakte und die Ersparnisse an Kontaktkosten auf traditionellen Märkten und Netzwerk-Märkten (Peer-to-Peer), die durch die Einschaltung von Intermediären (nachfolgend abgekürzt mit I) realisiert werden können:

Akteure	Traditionell			Netzwerk		
	Ohne I	Mit I	Effekt	Ohne	Mit I	Effekt
2						
3						
4						
5						
6						

    b) Ab welcher Zahl von Transaktionspartnern reduzieren sich die Kontaktkosten bei Einschaltung eines Intermediärs auf traditionellen bzw. Netzwerkmärkten?
    c) Was sind die Bedingungen für das Auftreten des Baligh-Richartz-Effekts?

12. Nennen Sie Beispiele für Aufgaben, die Intermediäre entlang der einzelnen Phasen einer Markttransaktion wahrnehmen. Beurteilen Sie, ob sich diese Aufgaben durch internetgestützte Anwendungen ersetzen lassen und geben Sie Beispiele für derartige Anwendungen:

Phase	Aufgabe klassischer Intermediäre	Ersetzbar	Beispiele
Information/Anbahnung			
Vereinbarung			
Abwicklung			
After-Sales			

13. Erläutern Sie am Beispiel der Tourismusbranche folgende Begriffe:
    a) Intermediation
    b) Disintermediation
    c) Reintermediation
    d) Cyberintermediation
14. Nehmen Sie an, ein Produkt kostet für den Endverbraucher 100 €. Der Hersteller berechnet für die Produktion 40 €, der Großhandel 20 € und der Einzelhandel 40 €.
    a) Erläutern Sie die maximal mögliche Kostenersparnis durch Disintermediation im Rahmen folgender Tabelle:

Kette					Preis
1	Hersteller	Großhandel	Einzelhandel	Verbraucher	
2	Hersteller		Einzelhandel	Verbraucher	
3	Hersteller			Verbraucher	
Preis					
Verkaufspreis					

    b) Erläutern Sie mögliche Vorteile der Disintermediation aus Sicht des Herstellers.
15. Szenarien:
    a) Ordnen Sie die Konzepte Disintermediation, Reintermediation und Cyberintermediation den Quadranten der folgenden Matrix zu:

		Traditionelle Märkte	
		Direktvertrieb $T1 < T2 + H + T3$	Vertrieb über Intermediär $T1 > T2 + H + T3$
Elektronische Märkte	Direktvertrieb: $T1 < T2 + H + T3$		
	Vertrieb über Intermediär $T1 > T2 + H + T3$		

T1 Transaktionskosten bei Umgehung eines Intermediärs
T2 Transaktionskosten für den Güteraustausch zwischen Hersteller und Intermediär
T3 Transaktionskosten für den Güteraustausch zwischen Intermediär und Kunde
H Handelsspanne des Intermediärs

b) „Die internetgestützte Disintermediation bedroht den traditionellen Handel in seiner Existenz.“ Beurteilen Sie diese These.

16. Die nachfolgende Tabelle zeigt Ihnen die Wertschöpfungskette im Medienbereich:

Inhalte erstellen	Inhalte bündeln	Inhalte verteilen	Inhalte konsumieren

Ordnen Sie folgende Begriffe den Gliedern der Wertschöpfungskette zu: Internet-Portale, Suchmaschinen, Internet-Service Provider, Wikis, Blogs, Peer-to-Peer Architekturen. Was verändert sich dadurch?

Literatur

Anderson C (2004) The long tail. The future of entertainment is in the millions of niche markets at the shallow end of the bitstream. Wired Magazine, 12, The Conde Nast Publications, New York, Oktober, S 170–177

Anderson C (2011) The Long Tail. Nischenprodukte statt Massenmarkt, 2. Aufl. Deutscher Taschenbuch Verlag (dtv), München

Baligh HH, Richartz LE (1964) An analysis of vertical market structures. Manag Sci 10(4):667–689

Braun M (2011) E-Couponing – Eine Analyse der Erfolgsfaktoren und Potentiale im E- und M-Commerce. Master-Arbeit, Hochschule Rhein-Main, als E-Book erhältlich; http://www.e-couponing-blog.de/ebook-e-couponing/. Zugegriffen: 18. Jan. 2013

Brüggemann T, Breitner MH (2003) Alternative Geschäftsmodelle für Preisvergleichsdienste. Proceedings zum 1. Preisvergleichsdienste Workshop – Konzepte, Geschäftsmodelle und Architekturen, Universität Hannover (http://www.iwi.uni-hannover.de/publikationen_mhb.html?&L=1. Zugegriffen: 17. Juni 2012)

Brynjolfsson E, Smith MD, Bailey J (1999) Understanding Digital Markets: Review and Assessment, Working Paper, http://ecommerce.mit.edu/papers/ude/ude.pdf. Zugegriffen: 18. July 2012

Clement R (2007) Arbeiten elektronische Märkte effizienter als traditionelle Märkte? WISU 2/2007, S 360–365

Diehl K, Kornish LJ, Lynch JG (2002) Smart agents: when lower search costs for quality information increase price sensitivity. Journal of Consumer Research, Juni 2003. (https://faculty.fuqua.duke.edu/~jglynch/articles/Diehl%20Kornish%20Lynch%202003%20JCR.pdf. Zugegriffen: 12. Dez. 2012)

Elberse A (2008) Das Märchen vom Long Tail. Harvard Business Manager, August 2008, S 32–44

Fritschmann T (2006) Der Preisvergleich im Internet: Eine empirische Analyse von Verschleierungsstrategien in verschiedenen Produktgruppen. Diplom-Arbeit, Universität Frankfurt am Main, Lehrstuhl für Betriebswirt-schaftslehre, insbesondere Electronic Commerce, http://www.ehi.org/file-admin/images/content_images/For-schung/wissenschaftspreis/2008/Uni_Diplomarbeit_T_Frischmann.pdf. Zugegriffen: 18. Nov. 2012

Genath H, Brüggemann T, Breitner MH (2004) Preisvergleichsdienste im internationalen Vergleich. Universität Hannover, IWI-Diskussionsbeiträge, 21. Juni 2004 (http://www.iwi.uni-hannover.de/fileadmin/wirtschaftsinformatik/Publikationen/IWIDP8k.pdf. Zugegriffen: 17. Juni 2012)

Hafner S (2006) Effizienz elektronischer Märkte – Preisvergleich zwischen Online-Shops und traditionellen Geschäften am Beispiel des Spielwarenhandels, Diplom-Arbeit, Wirtschaftsuniversität Wien, http://michael.hahsler.net/stud/done/hafner/Diplomarbeit_Hafner.pdf. Zugegriffen: 15. Aug. 2012

hessen-it.de (2007) Hessisches Ministerium für Wirtschaft, Verkehr und Landesentwicklung, Web 2.0. Neue erfolgreiche Kommunikationsstrategien für kleine und mittlere Unternehmen, Wiesbaden

Hinz O, Eckert J, Skiera B (2011) Drivers of the Long Tail Phenomenon: An Empirical Analysis. J Manag Inf Syst 27(4):43–69

Kelly K (1998) New Rules for the New Economy Penguin Books, New York

Klausegger C (2009) Österreichische Konsumenten unter der Lupe. Eine empirische Studie; http://unternehmen.geizhals.at/about/de/presse/preisvergleichs-studien/. Zugegriffen: 17. Nov. 2012

Kluge B, Pohl A (2000) Premiumpricing im e-commerce: Wertorientierung bei Angeboten im Internet. In: von Barske et al (Hrsg) Das innovative Unternehmen, Wiesbaden (Kap. 12.03)

Kuhlins S (2004) Preisvergleichsdienste im Internet. In: Salmen S, Gröschel M (Hrsg) Electronic Customer Care – der Schlüssel zur virtuellen Kundennähe. Physica, Berlin, S 155–170

Lynch JG, Ariely D (2000) Wine online: search cost and competition on price, quality, and distribution. Mar Sci 19(1):83–103

Nguyen PL (2012) Innovative Geschäftsmodelle von Schnäppchen-Portalen im Internet, Diplom-Arbeit, Hochschule Bonn-Rhein-Sieg (unveröffentlicht)

Pohl A, Kluge B (2001) Pricing – der richtige Preis im Zeitalter von Agenten und Reverse Auctions. In: Kliet-mann M (Hrsg) Kunden im E-Commerce. Verbraucherprofile, Vertriebstechniken, Vertrauensmanagement. Symposium Publishing, Düsseldorf, S 133–159

Sadrieh A (2011) Übung Struktur und Design elektronischer Märkte, Sommersemester, Universität Magdeburg

Sarkar M, Butler B, Steinfield C (1995) Intermediaries and cybermediaries: a continuing role for media-ting players in the electronic Marketplace. Journal of Computer-Mediated Communication, 1(3), http://jcmc.indiana.edu/vol1/issue3/sarkar.html. Zugegriffen: 18. Okt. 2012

Spann M (2005) Analyse des Gebotsverhaltens im Reverse Pricing. In: Diller H (Hrsg) Pricing-Forschung in Deutschland. GIM-Verlag, Nürnberg, S 199–212

Ullrich TW (2009) Wie Web 2.0 die Wirtschaft verändert (Teil 2 von 4) – Schrumpfende Wertschöpfungs-ketten – Beispiel Buchmarkt http://www.webosoph.de/2009/10/08/wie-web-2-0-die-wirtschaft-verandert-teil-1-von-4-%E2%80%93-transaktionskosten/. Zugegriffen: 17. Sept. 2012

von Walter B (2007) Intermediation und Digitalisierung. Ein ökonomisches Konzept am Beispiel der konvergenten Medienbranche, Deutscher Universitäts-Verlag, Wiesbaden

Watson, RT et al (2000) Electronic commerce. The strategic perspective. Dryden Press, Fort Worth

Geschäftsmodelle und Rentabilität auf elektronischen Märkten

9

9.1 Inhalt und Schlüsselbegriffe

Inhalt

Auch elektronische Geschäftsmodelle müssen sich Kriterien der betriebswirtschaftlichen Rentabilität unterziehen (Abb. 9.1). Die Geschäftsmodelle sind dabei auch von der Quantität und der Qualität der Daten abhängig, auf denen sie basieren. Ein internetspezifisches Qualitätsmodell unterscheidet zwischen kunden- und unternehmensbezogenen Determinanten. Im Mittelpunkt der Betrachtung steht der Interaktionsprozess des Kunden mit der Webseite des Anbieters. Die Webseite zeigt sich als Einstiegstor zum Aufbau einer zielgerichteten Kommunikation mit dem Kunden. Ein Kunde, der sich in einer Kundenbasis gut betreut fühlt, reduziert seine Informations- und Suchkosten und wird gegebenenfalls Folgegeschäfte tätigen. Der Weg zur dauerhaften Erlösgenerierung führt über die Gewinnung von Stammkunden. Personalisierung, Individualisierung und Customization gelten als Erfolgsfaktoren der Kundenbindung. Eine Verbundenheitsstrategie liegt vor, wenn der Kunde mit einem Anbieter zufrieden ist, ihm vertraut und er keine Motivation verspürt, den Anbieter zu wechseln. Eine Gebundenheitsstrategie liegt hingegen vor, wenn Kunden aufgrund hoher Wechselbarrieren nicht wechseln können. In diesem Kontext und auch bei der generellen Ausrichtung von Geschäftsmodellen sind die Besonderheiten von Märkten zu berücksichtigen. So weist z. B. der elektronische Einkauf auf B2B-Märkten häufig enge Handelsbeziehungen und ein hohes Transaktionsvolumen auf. Die Transaktionspartner sind fest definiert und wechseln eher selten. Die Anforderungen an das Design von IuK-Lösungen sind gering. Demgegenüber sind höhere Anforderungen an Aspekte der IT-Sicherheit zu stellen, wenn keine geschlossenen (Intra-)Netze vorliegen.

R. Clement, D. Schreiber, *Internet-Ökonomie*, Springer-Lehrbuch,
DOI 10.1007/978-3-642-36719-9_9, © Springer-Verlag Berlin Heidelberg 2013

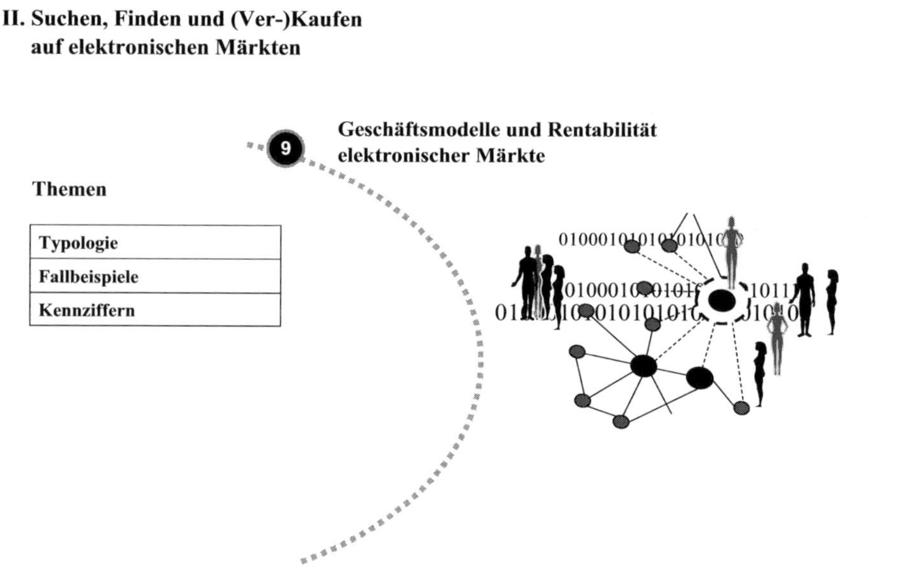

Abb. 9.1 Geschäftsmodelle und Rentabilität auf elektronischen Märkten

Schlüsselbegriffe

Geschäftsmodelle; Kundenverbundenheit und Kundengebundenheit; Kennziffern zur Beurteilung der Rentabilität von elektronischen Märkten.

9.2 Grundlagen

9.2.1 Geschäftsmodelle

Der Begriff Geschäftsmodell (engl. business model) stammt aus der Wirtschaftsinformatik und wird dort seit den 1970er Jahren verwendet (vgl. Stähler 2002, S. 38). Ein Geschäftsmodell ist keine Geschäftsstrategie. Eher ist das Geschäftsmodell ein Detailplan einer Strategie (vgl. Stähler 2002, S. 49) oder ein Bindeglied zwischen der Strategie- und der Prozessebene (vgl. Osterwalder 2004, S. 14). Inzwischen gibt es eine rasante Zunahme von Konzepten und Definitionen. Weitgehende Einigkeit herrscht in der Literatur darüber, dass diese starke Zunahme in engem Zusammenhang mit dem Wachstum des Internets steht (vgl. Rentmeister und Klein 2003).

Definitionen Eine der ersten Definitionen stammt von Österle aus dem Jahr 1996:

> The business model should help in understanding the new business forms, and in providing early recognition of their opportunities and dangers (Österle 1996, S. 16).

Eine sehr häufig in der Literatur anzutreffende Definition ist jene von Timmers aus dem Jahre 1998:

> An architecture for the product, service and information flows, including a description of the various business actors and their roles; and A description of the potential benefits for the various business actors; and A description of the sources of revenues (Timmers 1998, S. 4).

Auch Wirtz baut seine Definition auf jener von Timmers auf:

> Mit dem Begriff Geschäftsmodell (Business Model) wird die Abbildung des Leistungssystems einer Unternehmung bezeichnet. Durch ein Geschäftsmodell wird in stark vereinfachter und aggregierter Form abgebildet, welche Ressourcen in die Unternehmung fließen und wie diese durch den inner-betrieblichen Leistungserstellungsprozess in vermarktungsfähige Informationen, Produkte und/oder Dienstleistungen transformiert werden (Wirtz 2010, S. 211).

Weiter unterteilt Wirtz ein Geschäftsmodell in die Partialmodelle Kapital-, Beschaffungs-, Leistungserstellungs-, Markt-, Leistungsangebots- und Distributionsmodell, welche einer tiefergehenden Analyse dienen sollen. Wirtz betont damit, dass seine Definition nicht nur den Produktionsprozess, sondern auch den Dienstleistungsprozess einschließt. Kritisiert wird an dieser Definition u. a., dass sie sich nur auf vertikal integrierte Unternehmen bezieht und unternehmensübergreifender Wertschöpfung zu wenig Beachtung schenkt (vgl. Graf 2008, S. 86). Diese Form der Wertschöpfung ist jedoch im Internet stark vertreten, z. B. durch die Integration eines Logistikpartners für den Online-Versandhandel, der die bestellte Ware zum Kunden liefert (vgl. Deinlein 2003, S. 40 f.).

Die Auslassung der unternehmensübergreifenden Wertschöpfung wird von Bieger et al. aufgehoben, die unter dem Begriff Geschäftsmodell die Darstellung der Art und Weise verstehen, wie ein Unternehmen, ein Unternehmenssystem oder eine Branche am Markt Werte schafft. Dabei sind Antworten auf folgende acht Fragen notwendig: Leistungskonzept, Kommunikationskonzept, Ertragskonzept, Wachstumskonzept, Kompetenzkonfiguration, Organisationsform, Kooperationskonzept und Koordinationskonzept (Bieger et al. 2002, S. 50 ff.). Bieger et al. sprechen hier nicht nur von Unternehmen, sondern auch von Unternehmenssystemen, wodurch die Definition für Organisationseinheiten unterschiedlicher Größe anwendbar wird.

Der besondere Fokus liegt auf der Schaffung von Werten und weniger auf Gewinnen oder Umsätzen. Kraus kritisiert die Tatsache, dass alle acht Konzepte den gleichen Stellenwert besitzen, was zu einer hohen Komplexität führen kann. Hier könnte eine Reduzierung der Komplexität durch eine hierarchische Anordnung geschaffen werden. Das Kommunikationskonzept könnte z. B. als Untermodell des Leistungskonzeptes dargestellt werden (vgl. Kraus 2005, S. 110).

Eine häufig zu findende Definition stammt von Stähler (2002 S. 41 f.). Danach ist ein Geschäftsmodell ein Geschäftskonzept, das in der Praxis schon angewandt wird. Es setzt sich aus drei Kernelementen zusammen:

1. Ein Geschäftskonzept beschreibt, welchen Nutzen Kunden oder andere Partner des Unternehmens aus der Verbindung mit diesem Unternehmen ziehen können. Dieser Teil des Geschäftsmodells entspricht der Value Proposition.

Tab. 9.1 Elemente eines Geschäftsmodells. (In Anlehnung an Scheer et al. 2003, S. 20)

Merkmale	Österle (1996)	Timmers (1998)	Wirtz (2001)	Bieger (2002)	Stähler (2002)
Akteur/Rollen		■	■	■	■
Betrachtung des Unternehmensteils				■	
Betrachtung des Unternehmens			■	■	■
Betrachtung des Unternehmensnetzes				■	
Beziehung der Akteure				■	
Externes Kommunikationskonzept				■	
Finanzen/Umsätze (Flüsse)		■	■	■	■
Güter/Dienstleistungen (Flüsse)		■	■		
Information (Flüsse)		■	■		
Kritische Erfolgsfaktoren	■				
Nutzen		■			■
Organisationsform				■	
Produktlebenszyklus					
Prozesse/Ablauf			■		
Ressourcen (allgemein)			■		
Wachstum	■			■	
Wertkette/Kernkompetenzen				■	■
Wertschöpfung			■	■	■

Legende: ■ wird erwähnt; (leer) wird nicht erwähnt

2. Ein Geschäftskonzept erfordert eine Architektur und Konfiguration der Wertschöpfung. Diese beschreibt, wie der Nutzen für die Kunden generiert wird. Die Architektur stellt die verschiedenen Stufen der Wertschöpfung und der Rollen dar, die die einzelnen Akteure einnehmen.
3. Ein Geschäftskonzept erfordert ein Ertragsmodell. Zu klären ist, welche Einnahmen das Unternehmen aus welchen Quellen generiert. Die zukünftigen Einnahmen entscheiden über den Wert des Geschäftsmodells und damit über seine Nachhaltigkeit.

Zusammenfassend lässt sich sagen, dass je nach Fragestellung nichts gegen eine Verwendung der jeweiligen Definition spricht (Tab. 9.1). Die Definitionen können gleichberechtigt nebeneinander stehen. Die Wahl sollte jedoch stets begründet werden.

9.2.2 Typologie

Im Rahmen der Geschäftsmodellforschung sind inzwischen eine Reihe von Metamodellen entwickelt worden (vgl. z. B. Bouwman et al. 2008; Osterwalder und Pigneur 2010; Wirtz 2010; Weiner et al. 2010a, b). Aufbauend auf diesen Arbeiten wählen wir ein **5W-Modell**, das aus fünf Partialmodellen besteht. Das Modell verknüpft die interne sowie externe Sicht und stellt den Nutzen in den Mittelpunkt. Die interne Perspektive beschreibt nach innen

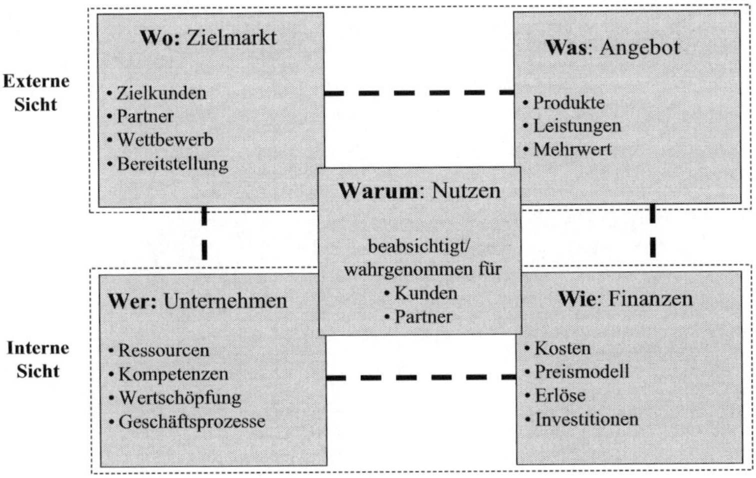

Abb. 9.2 Geschäftsmodell

gerichtete Komponenten eines Geschäftsmodells. Die externe Sicht integriert Elemente, die vor allem die Außendarstellung eines Geschäftsmodells betreffen. Die Elemente sind untereinander mindestens indirekt verknüpft, wodurch deutlich wird, dass eine auf ein Element bezogene Entscheidung stets auch Auswirkungen auf die anderen Elemente des Geschäftsmodells hat (Abb. 9.2).

- **Wer:** Unternehmensperspektive: Hier geht es um die Festlegung der wesentlichen internen Elemente der Leistungserstellung. Zu klären bleiben z. B. Ressourcen, Kompetenzen, Formen der Generierung von Wertschöpfung sowie Geschäftsprozesse.
- **Wie:** Finanzperspektive: Die finanziellen Aspekte beinhalten Kosten und Erlöse, Preismodelle, Gewinn und Investitionen sowie Umsatzverteilungen.
- **Was:** Angebotsperspektive: Dieser Block beschreibt das „Was" der Erstellung von Produkten und Leistungen. Hier geht es auch um den Mehrwert, der am Markt angeboten wird.
- **Wo:** Marktperspektive: Die Marktperspektive beschreibt Zielkunden (oder Gruppen davon), Wettbewerber (oder Gruppen davon), Partner (oder Gruppen davon), Kanäle und Beziehungen zu diesen Akteuren.
- **Warum:** Nutzenperspektive: In zentraler Funktion verankert ist der beabsichtigte und wahrgenommene Nutzen z. B. aus Sicht von Kunden oder Partnern. Diese Platzierung soll unterstreichen, dass jeder Aspekt des Geschäftsmodells unmittelbare Auswirkungen auf den Nutzen haben kann. So können z. B. Entscheidungen über das Preismodell oder über ausgelagerte Geschäftsprozesse ebenso Auswirkungen auf den Kundennutzen haben, wie das Produkt- oder Dienstangebot selbst.

Zur visuellen Darstellung eines Geschäftsmodells reicht dieses Metamodell nicht aus. Vielmehr müssen die Elemente und die Beziehungen zwischen ihnen detailliert beschrieben und konkretisiert werden. Bei der Gestaltung eines Geschäftsmodells muss zudem geklärt

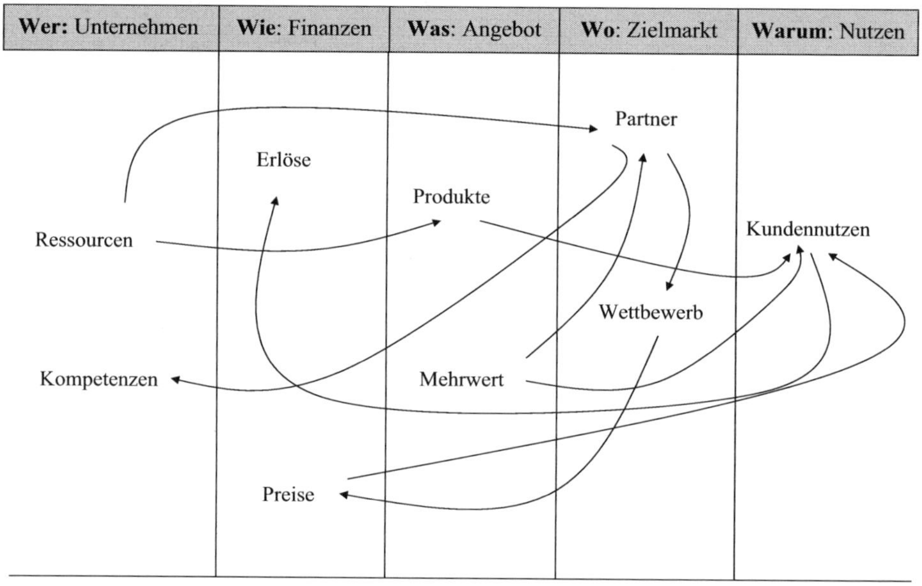

Abb. 9.3 Geschäftsmodell als Beziehungsgeflecht

werden, auf welche anderen Bausteine sich die Konkretisierung auswirkt. Durch eine formalisierte Struktur ist es dann möglich, die Beziehungen zwischen den Elementen zu beschreiben (vgl. Spath et al. 2012; Abb. 9.3).

Nachfolgend wollen wir Aspekte der Rentabilität von elektronischen Plattformen in den Mittelpunkt stellen. Wir konzentrieren uns auf die drei zentralen Bereiche elektronischer Handel, Verkauf und Einkauf (Abb. 9.4). Gemeinsam ist diesen Anwendungen, dass sie der Allokation bzw. dem Austausch von Ressourcen dienen. Damit kann eine grundsätzliche Abgrenzung zu solchen transaktionsorientierten Internet-Anwendungen vorgenommen werden, die z. B. der Unterhaltung oder dem Austausch von Meinungen dienen (vgl. Heinemann 2007, S. 39 f.).

Die Bereiche Handel, Verkauf und Einkauf sind nicht überschneidungsfrei, dennoch lassen sich Unterschiede feststellen:

- Beim elektronischen Handel geht es primär um die Zusammenführung von Angebot und Nachfrage nach Informationen und Handelsobjekten. Elektronische Marktplätze sind grundsätzlich offen für mehrere Anbieter und Nachfrager. Im Mittelpunkt unserer Betrachtung stehen eher qualitative Aspekte im Prozess der Leistungserstellung, die entscheidende Bedeutung auch für quantitative Kenziffern wie z. B. Umsatz und Kundenfrequenz haben.
- Beim elektronischen Verkauf stehen die Vertriebs- und Servicekanäle im Mittelpunkt. Der Online-Shop eines Anbieters richtet sich an eine größere Anzahl von Nachfragern und wird vom Anbieter organisiert. Hier wollen wir eine quantitative Betrachtung von Verkaufsprozessen vornehmen und die Stammkundengewinnung mit Zahlenbeispielen näher analysieren.

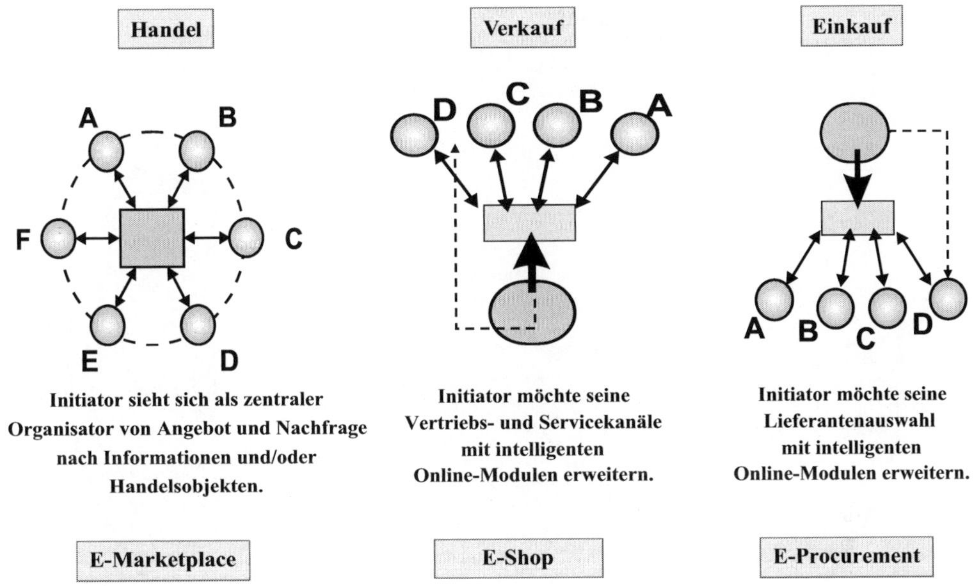

Abb. 9.4 Elektronische Formen zur Abwicklung von Transaktionen. (In Anlehnung an Timmers 2000, S. 35 ff.)

- Der elektronische Einkauf konzentriert sich auf die Wahl des Lieferanten. Vor allem größere Unternehmen verwenden diese Organisationsform zur Optimierung ihrer Einkaufsprozesse. Auch hier wollen wir Zahlenbeispiele zur Beurteilung der Rentabilität von elektronischen Einkaufslösungen betrachten.

9.3 Fallbeispiele und Anwendungen

9.3.1 Elektronischer Handel

Die Beurteilung elektronischer Geschäftsmodelle stützt sich häufig allein auf quantitative Kennziffern. Die quantitativen Ergebnisse werden jedoch vorgelagert ganz entscheidend von qualitativen Aspekten mitbestimmt, die nachfolgend betrachtet werden sollen:

1. Daten- und Informationsqualität.
2. Qualität der Leistungserstellung in den Phasen:
   a. Potentialphase
   b. Prozessphase
   c. Ergebnisphase
3. Internet-Qualitätsmodell.

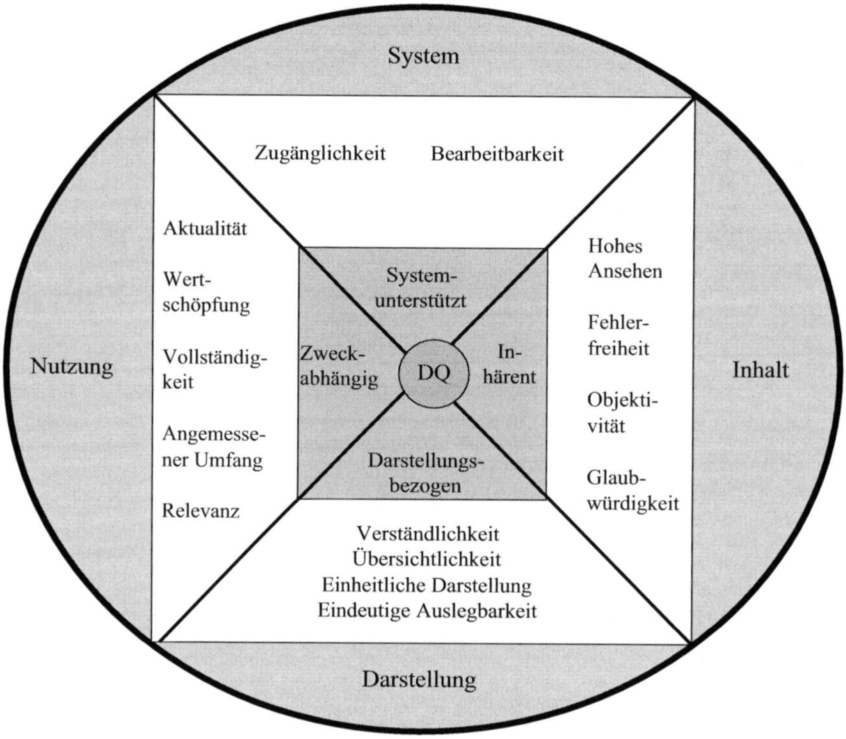

Abb. 9.5 Datenqualitätskriterien nach DGIQ. (In Anlehnung an http://www.dgiq.de/)

(1) Daten- und Informationsqualität Wir wollen die Datenqualität aus Vereinfachungsgründen mit der Informationsqualität gleichsetzen (vgl. Rohweder et al 2011). Die Definition von Datenqualität wird in der Literatur primär aus Sicht des Anwenders vorgenommen (vgl. Apel 2009). Dabei geht es um Aspekte wie Nützlichkeit oder Verwertbarkeit von Daten (vgl. Wang und Strong 1996). Studien zeigen bis zu 70 Merkmale, mit denen die Datenqualität beschrieben wird (vgl. Eppler 2006). Die Deutsche Gesellschaft für Informations- und Datenqualität (DGIQ) hat ausgehend von Forschungsarbeiten eine Taxonomie von Kriterien der Datenqualität entwickelt (Abb. 9.5). Der Kriterienkatalog zeigt, dass es zwischen einzelnen Ausprägungen Überschneidungen gibt. So ist z. B. die Abgrenzung zwischen Vertrauenswürdigkeit und Glaubwürdigkeit schwierig, da sich beide Kriterien bedingen. Bezogen auf den Messpunkt der Güte von Daten empfehlen Analysen vor allem das Data Warehouse, da sich in dieser Schicht alle relevanten Daten befinden und das Data Warehouse als Datenquelle auch für nachgelagerte Anwendungen zu betrachten ist. Zudem werden operative Systeme nicht belastet und die Daten liegen in einer feineren Granularität vor. Zur Messung der Datenqualität werden Profiling-Werkzeuge angeboten (vgl. Kink 2009). Dies sind Software-Werkzeuge, die automatisch Vorschläge zu Regeln und Bedingungen der Datenerhebung generieren.

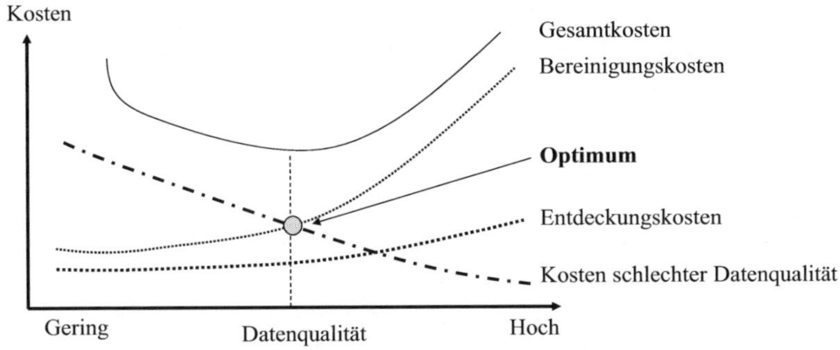

Abb. 9.6 Wechselwirkungen von Datenqualitätskosten. (In Anlehnung an Eppler und Helfert 2004)

Kennziffern beziehen sich auf Vollständigkeit, Konsistenz, Genauigkeit, Objektivität und Glaubwürdigkeit der Daten. Eine schlechte Datenqualität führt zu Kosten, die in folgende Kategorien zerfallen (vgl. Eppler und Helfert 2004):

1. Kosten durch schlechte Datenqualität:
   a. Direkt: z. B. falsch durchgeführte Geschäftsprozesse, Kosten zur Kompensation unzufriedener Kunden.
   b. Indirekt: z. B. Kosten durch falsche Entscheidungen und schlechtere Reputationswerte.
2. Kosten zur Sicherstellung der Datenqualität:
   a. Präventivkosten: z. B. Kosten für Software/Schulung, die eine schlechte Datenqualität von vornherein vermeiden sollen.
   b. Entdeckungskosten: z. B. Kosten für die Messung und Berichterstattung über Datenqualität
   c. Bereinigungskosten: z. B. Kosten der Ursachenanalyse, Korrektur und Bereinigung von schlechter Datenqualität.

Die genannten Kostenkategorien sind nicht unabhängig voneinander (Abb. 9.6). Ist die Datenqualität gering, sind die direkten und indirekten Kosten tendenziell hoch. Steigt die Datenqualität, verringern sich diese Kosten. Die Bereinigungskosten sind bei minimaler Datenqualität Null und steigen bis auf ein Maximum bei sehr hoher Datenqualität. Auch die Entdeckungskosten verhalten sich ähnlich. Das optimale Niveau befindet sich an der Stelle, wo sich die Kurve der Bereinigungskosten mit der Kurve der Kosten einer schlechten Datenqualität schneidet. Mit der Einführung von Präventivmaßnahmen

- sinken die Bereinigungskosten und Entdeckungskosten, d. h. die Gesamtkosten (Verschiebung der Kurve nach unten).
- kann ein höheres Niveau der Datenqualität erreicht werden (Verschiebung des optimalen Punktes nach rechts).

Tab. 9.2 Nutzen einer verbesserten Datenqualität

a) Monetär	Umsatzsteigerung, Kostenreduktion
b) Quantifizierbar	Umsatzsteigerung, Kostenreduktion Reduktion von Durchlaufzeiten Produktivitätssteigerung
c) Intangibel	Erhöhte Kunden-, Mitarbeiterzufriedenheit Verbesserte Leistungserstellung

Zu klären bleiben die Ursachen einer schlechten Datenqualität. Lee et al. haben ausgehend von der Analyse verschiedener Projekte zehn Ursachen identifiziert. Dazu zählen z. B. redundante Datenquellen, Benutzer- und Bedienerfehler, falsche oder limitierte Eingabemasken, Medienbrüche oder auch fehlerhafte IT-Architekturen (vgl. Lee et al. 2006).

Der Nutzen einer verbesserten Datenqualität liegt in monetären, quantifizierbaren und intangiblen Faktoren (Tab. 9.2; vgl. Batini und Scannapieca 2006, S. 94 f.).

Zur Realisierung dieser Nutzen sind der Aufbau eines Datenqualitätsmanagements und eine organisatorische Verankerung im Unternehmen unerlässlich (vgl. Wolf 2011).

(2) Qualität der Leistungserstellung Entscheidet sich der Kunde zur Inanspruchnahme einer Leistung, nimmt er Informationen auf, die in den anschließenden Verarbeitungs- und Entscheidungsprozess einfließen. Dabei interagiert der Kunde interaktiv mit dem System des Anbieters, mit den Mitarbeitern oder anderen Kunden. Damit verbunden sind Erwartungen des Kunden an sich selbst und an die Leistung des Anbieters.

(2a) Potentialphase Diese Phase wird von non-digitalen und digitalen Potentialfaktoren geprägt (Abb. 9.7). Der Anbieter muss eine Organisation und Technologie bereitstellen und vorhalten, welche die Anbahnung und Durchführung von Transaktionen im Internet ermöglicht. Anders als in der realen Welt ist der Anteil von Mitarbeitern mit Kundenkontakt gering bzw. im Extremfall nicht vorhanden. Die digitalen Potentialfaktoren zeigen sich in der Webseite sowie den hinterlegten Programmen und Datenbanken. Dieser virtuelle Raum bildet dabei durchaus Merkmale eines physischen Leistungsstandortes ab, z. B. Unterstützung von Kaufprozessen, Erlebnis- und Unterhaltungsfunktionen, Such-, Konfigurations-, Bestell- oder Bezahlfunktionen.

Die non-digitalen Faktoren der Organisation und der technischen Basis umfassen ein Leistungsversprechen und Leistungsmerkmale. Diese Faktoren erfahren im Internet eine besondere Bedeutung:

- Leistungsversprechen: Dazu zählen technisches und organisatorisches Vermögen in Bezug auf Sicherheit, Kompetenz und Vertrauenswürdigkeit. Der IT-Sicherheit und dem Schutz der Privatsphäre kommen zentrale Bedeutung zu. Hier geht es nicht allein um die technische Sicherheit von Transfer- und Speichervorgängen, sondern auch um die Behandlung von persönlichen Daten in der Organisation. Sicherheit bezieht sich auf technische Systeme und Vertrauen auf die Organisation.

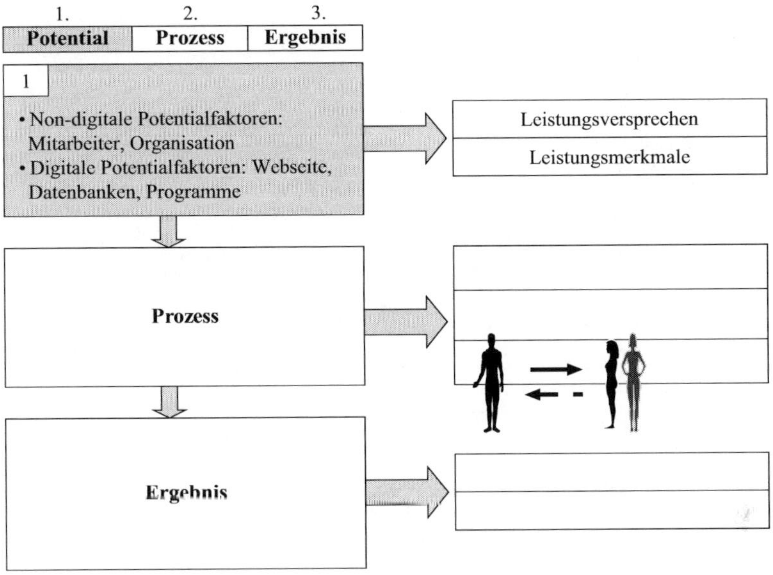

Abb. 9.7 Potentialphase der digitalen Leistungserstellung

- Leistungsmerkmale: Neben der generellen Verfügbarkeit des Leistungsangebots ist aus Nutzersicht die Geschwindigkeit relevant, mit der sich die vom Anbieter zu erbringenden Prozesse vollziehen. Im Internet ist die 24/7/365-Verfübarkeit von Angeboten ein Vorteil gegenüber der realen Welt. Ist ein Anbieter jedoch nicht erreichbar oder erweist sich die Suche nach Kontaktmöglichkeiten bei Problemen zu zeitaufwendig oder gar nicht erfolgreich, wird der Vorteil schnell zum Nachteil.

Die digitalen Potentialfaktoren sind stark von der informationsbasierten Darstellung und ihrem virtuellen Umfeld geprägt. Von Bedeutung ist vor allem das Erscheinungsbild der Webseite als entscheidende Kundenschnittstelle. Häufig ist nicht die mangelnde Verfügbarkeit von Inhalten problematisch, sondern der Überfluss an Informationen, die dem Kunden angeboten werden. Die Qualität des Inhalts bezieht sich auf Aktualität, Ausmaß, Relevanz, Vollständigkeit, Fehlerfreiheit, Interpretierbarkeit und Glaubwürdigkeit von Informationen.

(2b) Prozessphase Bei der digitalen Leistungserstellung kommt der Kunde temporär an einem virtuellen Ort mit dem Anbieter in Kontakt (Abb. 9.8). Im Internet setzt sich die Initialisierung der Leistungserstellung aus folgenden Elementen zusammen:

- Zeitliche Präsenz: Physische Transferzeiten im klassischen Sinne fallen weg, da der Kunde seinen Anbieter „ansurft". Zu berücksichtigen sind Login-, Abwicklungs-, Transaktions-, Warte-, Lade- und Downloadzeiten.

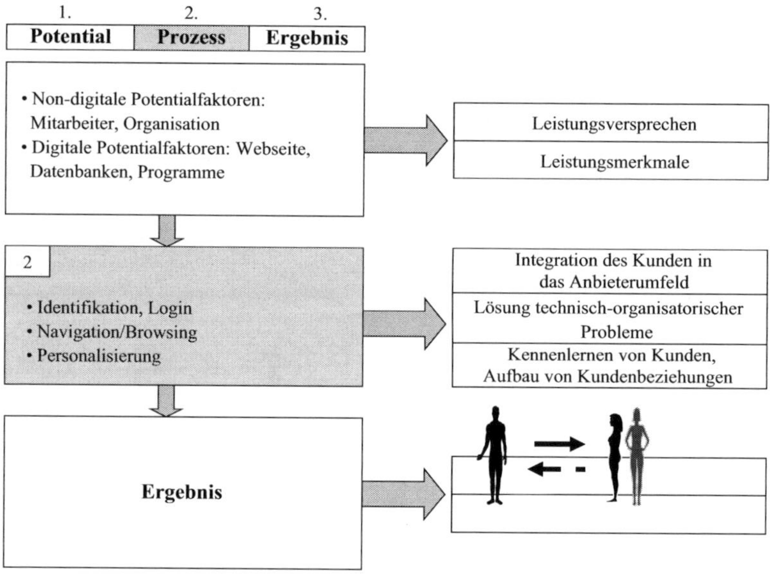

Abb. 9.8 Potentialphase der digitalen Leistungserstellung

- Soziale Präsenz: Bei der Mehrzahl der webbasierten Dienstleistungen ist der Kunde im Rahmen der Leistungserstellung allein und trifft weder auf Mitarbeiter noch auf andere Kunden. Die Leistung hat zum Teil einen hohen Grad an Selbstbedienungscharakter.
- Möglichkeiten zur tatsächlichen sozialen Integration bieten z. B. Internetforen. Darüber hinaus lassen sich virtuelle Mitarbeiter einsetzen, z. B. im Rahmen einer „Guided Tour", die eine scheinbare soziale Integration darstellt.

Durch die Interaktion ist der Kunde an der Reihenfolge und Tiefe der Informationsflüsse beteiligt. Abhängig von der Handlungskompetenz und Motivation des Kunden kann dieser gezielt navigieren (Searching) oder ungezielt nach Informationen suchen (Browsing). Studien zeigen, dass Kunden webbasierter Leistungen in dieser Phase auftretende Probleme nicht immer trennscharf der Technologie bzw. dem Anbieter zuordnen:

- Technologische Probleme: Beispiele sind Stromausfälle, Ausfälle technischer Bauteile, durch Viren/Hacker temporär nicht einsatzfähige Server, nicht-ausreichende Kapazitäten des Anbieters zur Bearbeitung von Prozessen oder zur simultanen Verarbeitung von Kundenanfragen.
- Probleme aus der Interaktion Mensch-Technologie:
  - Wissensfehler: z. B. Nicht-Kenntnis von Regeln einer elektronischen Auktion.
  - Denkfehler: z. B. versehentliche Löschung von E-Mails.
  - Merk-, Vergessensfehler: z. B. Login-Daten
  - Urteilsfehler: z. B. kann der Kunde mit der Meldung „Java-Skript aktivieren" nichts anfangen.

- Gewohnheitsfehler: z. B. Fehlbedienungen.
- Unterlassungsfehler: z. B. keine Eingabe von PIN-Nummern.
- Erkennensfehler: z. B. Fehlinterpretation von Preisangaben.
- Bewegungsfehler: z. B. „Danebenklicken mit der Maus".

Solche Fehler können zum Abbruch von Transaktionen oder zur Unzufriedenheit führen, sind jedoch nicht immer vom Anbieter zu verantworten.

Der Grad der Einbeziehung des Kunden in der Prozessphase ist ebenso unterschiedlich wie die Komplexität der Leistung. Die Herausforderung für den Anbieter besteht nicht nur darin, den Prozess der realen Welt möglichst originalgetreu nachzumodellieren, sondern auch den Technologiekontext attraktiv zu gestalten (z. B. im Kontext von Identifikation, Login, Navigation, Browsing). Die Interaktion im Rahmen des Prozesses der Leistungserstellung erfordert eine Art „Einfühlungsvermögen" des Anbieters gegenüber Kundenbedürfnissen. Das Kennenlernen von Kunden und ihren Wünschen stellt sich jedoch gegenüber der realen Welt verändert dar. Möglich ist es, z. B. über Cookies oder andere Applikationen Informationen über Kunden zu gewinnen und personalisierte Angebote zu unterbreiten. Daraus lassen sich anschließend prozessbezogene Maßnahmen entwickeln, z. B. Menüführungen durch das Angebot oder eine begleitende Kommentierung eines Download-Vorgangs („Was passiert als nächstes, wenn ich Prozesschritt x anklicke").

(2c) Ergebnisphase Das Ergebnis der Interaktion äußert sich beim Kunden zum einen in direkten Ergebnissen des durchlaufenen Prozesses, zum anderen in indirekten Ergebnissen der Leistung. Diese Ergebnisse prägen die Einstellungen des Kunden. Am Endpunkt der Leistungserstellung bewertet der Kunde das Ergebnis und gleicht es mit seinen Erwartungen ab (Abb. 9.9). Es kommt zu einem bestimmten Grad an Übereinstimmung der erwarteten und der wahrgenommenen Zielerreichung. Die Ergebnisqualität führt von der Transaktionsebene weg hin zur Beziehungsebene und soll zur Kundenbindung führen.

(3) Internet-Qualitätsmodell Die Bündelung der Faktoren führt zu einem internetspezifischen Qualitätsmodell, das zwischen kunden- und unternehmensbezogenen Determinanten unterscheidet. Im Mittelpunkt der Betrachtung steht der Interaktionsprozess des Kunden mit der Webseite des Anbieters. Die Interaktionsqualität wird von der Ergebnisqualität getrennt, um beiden Dimensionen Rechnung zu tragen (Abb. 9.10).

a. Potentialqualitäten des Unternehmens

Die Potentiale auf Unternehmensseite werden in die Teilbereiche Leistungsangebot (Value Proposition), Strukturen und Prozesse (organisatorische Aspekte) und Hard- und Software (technische Aspekte) unterteilt. Sie entsprechen den Aspekten der funktionalen bzw.

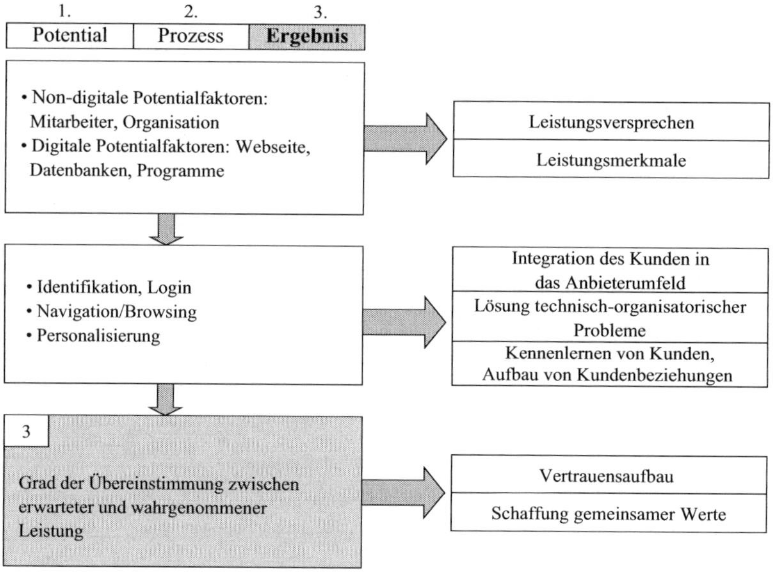

Abb. 9.9 Ergebnisphase der digitalen Leistungserstellung

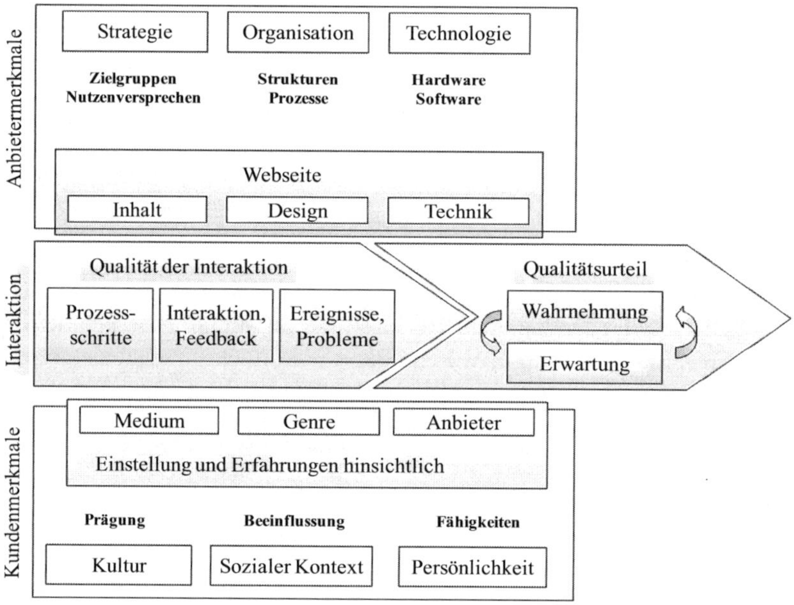

Abb. 9.10 Internet-Qualitätsmodell. (Vgl. Riemer und Müller-Lankenau 2005, S. 18 ff.)

technologischen Qualität. Diese Potentiale schlagen sich in den Gestaltungsdimensionen Inhalt, Design und Technik der Webseite nieder:

- Inhalt: Die Inhalte der Webseite umfassen alle textlichen, grafischen und animierten Informationen (z. B. zu Produkten, Leistungen und Services des Unternehmens) sowie alle Funktionalitäten zur Erbringung der Leistungen (z. B. Produktkonfiguratoren, Berechnungsfunktionen oder Warenkorb).
- Design: Zum Design gehören die Strukturierung der Inhalte, die Navigation, die Funktionen zur Bedienung der Webseite sowie die optische Gestaltung hinsichtlich Layout der Texte und Grafiken. Das Design beeinflusst nicht nur das ästhetische Empfinden und das optische Design der Webseite, sondern vor allem auch ihre Gebrauchstauglichkeit (Usability).
- Technik: Die technischen Komponenten beziehen sich auf die technische Infrastruktur, die zum Betrieb einer Webseite eingesetzt wird. Sie determinieren verschiedene Aspekte wie Antwortverhalten und Erreichbarkeit der Server sowie Sicherheit und auch Kompatibilität mit verschiedenen Browsern.

b. Potentialqualitäten des Kunden

Die Potentialqualitäten des Kunden ergeben sich aus verschiedenen Charakteristika, die die persönlichen Fähigkeiten und das Umfeld betreffen:

- Internet-Erfahrung: Für die Qualitätsbeurteilung einer Webseite durch den Kunden ist dessen Erfahrung und Einstellung in Bezug auf das Medium von Bedeutung. Kunden, die unerfahren im Umgang mit dem Medium sind, honorieren andere Elemente der Webseite (z. B. Navigationshilfen, einfache Beschreibungen) als erfahrene Kunden. Unternehmen müssen ihre Services, Funktionen, Inhalte, Navigationsprozesse und Designelemente sowie die technischen Komponenten an den Erwartungen ihrer Kunden ausrichten und gegebenenfalls Optionen sowohl für unerfahrene wie auch erfahrene Kunden vorsehen.
- Genre-Einschätzung: Ein Genre bezeichnet eine Klasse von Internetanwendungen, z. B. Shopping-, Entertainment-, News-Seiten, Suchmaschinen oder Web-Kataloge. Steht ein Kunde z. B. dem Genre des Internet-Shoppings grundsätzlich skeptisch gegenüber, so ist er in der Regel schwerer von der Qualität der Leistung zu überzeugen. Im Fall von Web-Evaluationen sind daher Erfahrungen und Einstellungen der Kunden zu erfassen.
- Anbieter-Erfahrung: In diesem Zusammenhang spielen vorliegende Erfahrungen des Kunden mit dem Internet-Angebot eines Unternehmens sowie auch Einstellungen des Kunden gegenüber dem Anbieter eine Rolle. Diese Einstellungsmuster haben einen Einfluss auf die Qualitätswahrnehmung und müssen bereits bei der Gestaltung der Internet-Anwendung berücksichtigt werden (z. B. hinsichtlich des Usability-Designs).

9.3.2 Elektronischer Verkauf

Das Internet ist als offenes System gestaltet. Aufgrund der technologischen Eigenschaften ist eine zielgruppenspezifische und personalisierte Ansprache von Marktsegmenten und Kunden möglich („lock-on"). Ein Geschäftsmodell ist in der Regel auf einzelne oder mehrere Zielgruppen zugeschnitten und steht vor der Aufgabe, diese Gruppen mit den richtigen Instrumenten anzusprechen. Es gibt eine Reihe von Vorschlägen zur Typologisierung von Nutzergruppen im Bereich der Online-Kommunikation. Beispielhaft sei auf jene von Kilian und Langner (2010) verwiesen. Die Typologie unterscheidet folgende Gruppen:

- E-Consumer: jüngere, internet-affine Personen mit Schwerpunkt Online-Handel und Online-Banking, 30–49 Jahre.
- Junge Flaneure: fokussiert auf Online-Spiele, Newsgroups und Chats, vorwiegend jüngere Personen, unter 30 Jahren.
- Routinierte Infonutzer: zielorientierte Internetnutzung bei geringerer Nutzungsdauer, tendenziell höherqualifiziert und berufstätig, 40–49 Jahre.
- Junge Hyperaktive: sehr intensive Internetnutzung mit Schwerpunkt Interaktionsmedien (z. B. Communities, soziale Netzwerke), vorwiegend jüngere Personen, unter 30 Jahre.
- Selektivnutzer: seltenere und nicht so intensive Nutzung im Vergleich zu anderen Gruppen; sie sind z. B. über direkte Kommunikationsmedien wie E-Mail gut zu erreichen.
- Randnutzer: zielfokussierte Internet-Nutzung, aber in relativ geringem Umfang.

Es ist nahe liegend, dass sich die Zielgruppen durch Online-Kommunikationsinstrumente unterschiedlich angesprochen fühlen (Abb. 9.11). Die gewählte Zuordnung hat aber eher einen abwägenden Charakter und ist nicht als zeitstabile Zuordnung zu verstehen (vgl. Horn 2012, S. 34).

Web Controlling Entscheidende Benutzerschnittstelle zum Kunden ist die Webseite. Das Web Controlling bzw. Web Analytics ist eine Methode zur Erfolgskontrolle und -steuerung von Web-Auftritten (vgl. Reese 2008). Ziel ist die systematische Sammlung und Auswertung von Kunden- und Nutzungsdaten. Dazu steht eine Reihe von Rohdaten zur Verfügung (Tab. 9.3).

Website-Anbieter sind in der Regel an möglichst hohen, im Zeitverlauf steigenden Zugriffszahlen interessiert, da eine hohe Zahl an Besuchern und Nutzern auch eine entsprechende Anzahl an potenziellen Kunden verspricht (vgl. Schwickert und Wendt 2000). Eine hohe Anzahl von Hits pro Besuch allein ist aber kein Kennzeichen dafür, dass es sich um ein interessantes Angebot handelt. Dahinter kann z. B. im Fall von Online-Shops auch eine umständliche Seitennavigation stehen. Auch eine hohe Anzahl der Page Views wird teilweise durch lange Seitenpfade, z. B. beim Ausfüllen eines Bestellformulars in mehreren Schritten verfälscht. Um zusammenhängende Nutzungsvorgänge von Webseiten

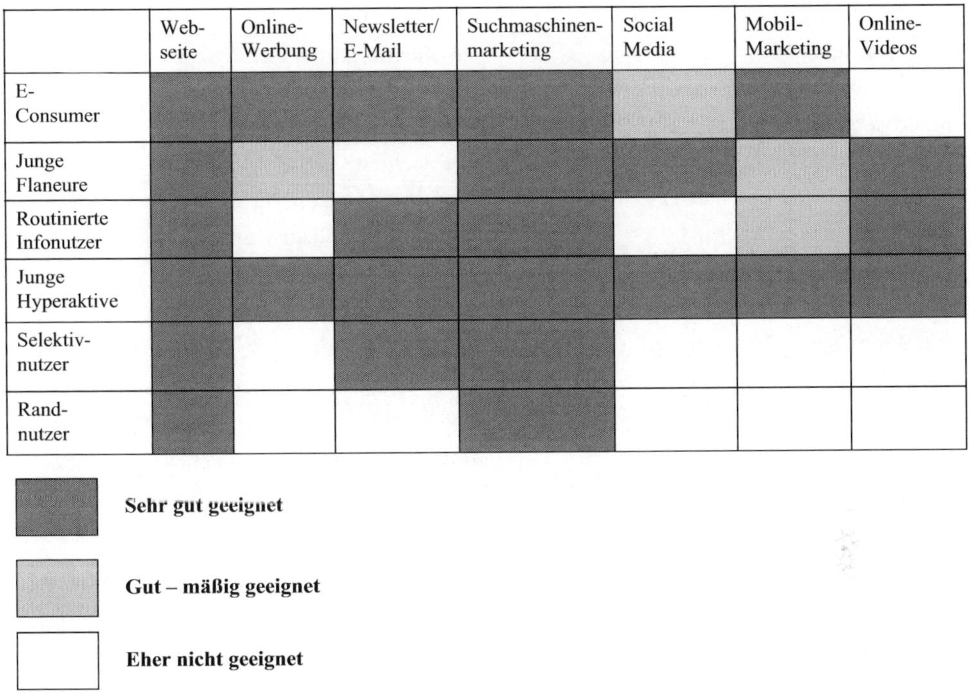

Abb. 9.11 Zielgruppen und Instrumente der Online-Kommunikation

Tab. 9.3 Beispiele für Rohdaten der Webanalyse

Hits (Dateizugriffe)	Jede Anfrage an den Server stellt einen Hit dar. Ein Hit wird in der Logfile-Datei durch einen Eintrag (Zeile) repräsentiert.
Page View (Page Impressions)	Ein Page View ist ein Sichtkontakt mit einer vollständigen Web-Seite. Oft besteht ein Page View aus mehreren Hits.
Visits/Sessions	Als Visit wird ein zusammenhängender Nutzungsvorgang eines bestimmten Users bezeichnet. Ein Visit besteht oft aus mehreren Page Views. In diesem Fall wird eine Session-ID gebildet.
(Unique) Users	Ein User ist ein Nutzer, der auf eine Website zugreift. Dies setzt Identifizierung voraus: IP-Adresse, Cookies

zu erfassen, muss dem Besucher für die Dauer der Session vom Server eine eindeutige Kennung (Session-ID) zugewiesen werden. Damit lässt sich der Bewegungspfad eines Nutzers konstruieren. Sie geht allerdings bei einem erneuten Besuch verloren. Auf Basis von Session-IDs sind daher keine aktuellen Nutzerprofile zu erstellen. Die Ermittlung von Kennzahlen auf Basis der Nutzeranzahl setzt die Identifikationsmöglichkeit einzelner Nutzer voraus, z. B. durch Cookies oder IPAdressen. Durch die Auswertung von Logfiles lässt sich auch der Weg eines Besuchers beim Navigieren durch die Website (Clickstream) nachvollziehen.

Dieser gibt Aufschluss darüber, welche Angebote genutzt werden und wo die häufigsten Ein- und Ausstiegsseiten sind. Während eine abgeschlossene Bestellung eines Online-

Tab. 9.4 Beispiele für die Kombination von Rohdaten einer Webanalyse

Ein-Klick-Besuche	Ein-Klick-Besuche/Visits gesamt
Anteil weitergehende Besuche	Weitergehende Besuche/Visits gesamt
Besuchstiefe	Page Views/Visits
Anteil der Mehrfachnutzer	Mehrfachnutzer/User gesamt
Anteil der registrierten Nutzer	Registrierte Nutzer/Nutzer gesamt
Klickpfade	Reihenfolge der Seitenaufrufe
Clickthrough-Rate	Clickthroughs/Reichweite

Tab. 9.5 Beispiele für Kenngrößen einer Webanalyse mit Zeitbezug

Verweildauer eines Besuches	Σ Verweildauer einzelner Page Views
Durchschnittliche Verweildauer	Σ Verweildauer einzelner Nutzer/Nutzeranzahl
Dauer des Fernbleibens	Aktuelles Datum – Datum des letzten Besuchs
Besuchsfrequenz	Besuche eines Nutzers/Zeitraum

Shops als Ausstiegsseite positiv zu bewerten ist, muss bei einem Abbruch auf der Homepage das Seitendesign und die inhaltliche Gestaltung hinterfragt werden. Aus Marketingsicht ist interessant, wer die Webseite benutzt, wie die Nutzer zur Website gelangen, über welche Seite sie das Angebot wieder verlassen und welche Aktionen sie in der Zwischenzeit ausführen bzw. welche Pfade sie durch die Webseite nehmen. Wird die Webseite über eine Suchmaschine erreicht, wird nicht nur deutlich, über welche Suchmaschine der Nutzer auf die Seite gelangt, sondern auch durch welchen Suchbegriff. Auch ist es möglich, über den Domain-Namen jene Länder herauszufinden, aus denen die Nutzer kommen bzw. welchen Organisationen sie angehören. Sinnvoll ist der Einsatz von Auswertungssoftware wenn es um das Aufspüren von Fehlern in der Webseite geht, z. B. bei Nutzerzugriffen auf nicht mehr vorhandene Seiten oder Schreibfehler. Um die Effektivität einer Werbemaßnahme zu beurteilen, ist es hilfreich, die Klickrate (Clickthrough-Rate) zu bestimmen. Diese errechnet sich aus dem Verhältnis von Clickthroughs zur Anzahl der Abrufe einer werbetragenden Seite.

Kennzahlen auf der Basis von Rohdaten sind wenig aussagekräftig, da den Werten Vergleichsmaßstäbe fehlen. Sinnvoll sind hingegen Verhältniszahlen, die die absoluten Zahlen in Form von prozentualen Anteilswerten wiedergeben (Tab. 9.4; vgl. Schwickert und Wendt 2000).

Kennzahlen mit Zeitbezug geben Auskunft darüber, zu welcher Tageszeit oder an welchen Tagen eine Webseite am stärksten frequentiert wird (Tab. 9.5). Auch können zeitbezogene Kennzahlen über die durchschnittliche Besuchsdauer oder die Dauer der Betrachtung einzelner Seiten oder Bereiche Auskunft geben (vgl. Schwickert und Wendt 2000). Die Verweildauer ist die Zeitspanne, die ein Nutzer auf einer bestimmten Website verbringt. Die Verweildauer, die zwischen Zugriffszeitpunkten gemessen wird, gibt Auskunft darüber wie intensiv die Besucher das Angebot der Website nutzen. Wird diese

Kennzahl im Zusammenhang mit dem Inhalt einer Seite betrachtet, kann festgestellt werden, ob die Information vom Besucher erfasst oder nur flüchtig registriert wurde. Die Besuchsfrequenz liefert eine Aussage über die regelmäßige Nutzung des Webangebots durch einzelne Besucher. Ist diese Zahl hoch, dann kann davon ausgegangen werden, dass das Informationsangebot auf der Webseite attraktiv ist. Für Service-Angebote sind hier niedrige Werte anzustreben, da dies ein Merkmal für die Kundenzufriedenheit ist und ein Unternehmen Kosten hinsichtlich der Bearbeitung der Anfragen einsparen kann. Neben der Besuchsfrequenz kann für jeden Besucher der Zeitraum ermittelt werden, in dem er der Webseite fernbleibt.

Anbieter und Betreiber von Online-Shops sind aufgrund der Vielzahl von Daten gut in der Lage, das Verhalten der Nutzer zu erfassen und systematisch auszuwerten. Ziel ist die Ermittlung von betriebswirtschaftlichen Erfolgsgrößen, z. B:

- Produktanalysen nach Kategorien, Umsätzen und Preisen.
- Warenkorbanalysen nach häufig gewählten Produkten und Produktgruppen sowie Cross-Selling-Potentiale.
- Analysen von Konversionsraten von der Webseite zur Shopansicht, von der Produktauswahl in den Warenkorb und vom Warenkorb bis zur Bestellung.

Der Anteil der Kunden, der Waren kauft, liefert nur unzureichend Informationen darüber, welche Faktoren, die Verkaufsleistung beeinflussen. Häufig werden daher tiefergehende Kennzahlen betrachtet, die die Schritte des Wareneinkaufs näher analysieren (Zumstein 2012, S. 74 ff.):

1. look: Der Besucher sammelt erste Eindrücke über das Online-Angebot (product impression).
2. click: Beschrieben wird der Vorgang, in dem auf einen speziellen Hyperlink geklickt wird und zugehörige Produktinformationen verfügbar werden (clickthrough).
3. basket: Das Kaufobjekt wird in einen elektronischen Einkaufskorb gelegt (basket insertion).
4. buy: Der Besucher führt eine Kauftransaktion durch (purchase).

In einem ersten Schritt ist zu klären, wie der Anteil nicht realisierter Kontakte zu bewerten und zu verringern ist. Hinweise liefern die Anzahl von Werbebannern oder Angaben über die Präsenz und Positionierung des Web-Auftritts in Suchmaschinen. In einem zweiten Schritt ist zu prüfen, warum Kontakte mit der Webseite nicht zum Kauf geführt haben. Gegebenenfalls liegt eine mangelnde Attraktivität der Webseite oder eine umfangreicher und nur schwer verständlicher Registrierungsprozess vor. Abschließend gilt es zu untersuchen, warum Käufer nicht zu Wiederkäufern werden. Wenn jeder dieser Einkaufsschritt zueinander in Beziehung gesetzt wird, lassen sich folgende Kennziffern bilden (Abb. 9.12; vgl. Hippner et al. 2002, S. 238):

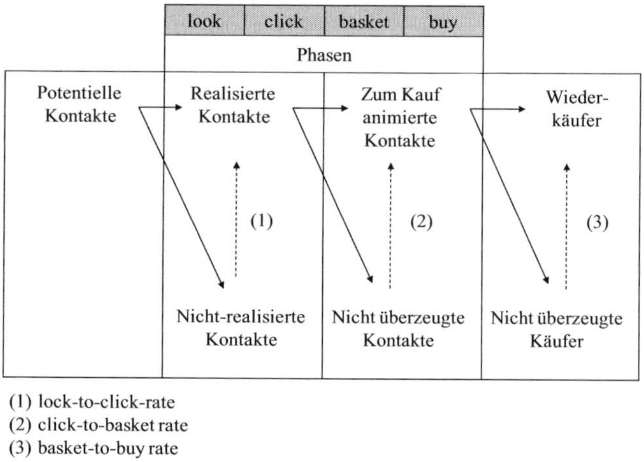

Abb. 9.12 Online-Geschäfts-abläufe und Web-Controlling

1. look-to-click rate: Prozentsatz der Besucher, die ein Angebot angeklickt haben, nachdem sie es gesehen haben.
2. click-to-basket rate: Prozentsatz der Besucher, die danach ein Produkt in den Warenkorb gelegt haben.
3. basket-to-buy rate: Prozentsatz der Besucher, die auch einen Kauf getätigt haben.

Durch die Analyse der Einkaufsschritte lässt sich erkennen, auf welcher Ebene der Online-Shop die meisten Kunden verliert und wodurch dieser Verlust verursacht wird. Sie lässt sich durch Kennzahlen zum Kundenverhalten auf einer Webseite ergänzen. Die Stickiness berechnet sich aus dem Produkt von Besuchshäufigkeit, Verweildauer und Gesamtzahl der Zugriffe der Webseite (vgl. Zumstein 2012, S. 62 ff.):

1. Häufigkeit · Dauer · Gesamtzahl der Zugriffe der Webseite, oder
2. Visit/User · Zeit/Visit · User/Gesamtuser

Hat eine Webseite 200.000 Unique User von denen 50.000 User die Seite 250.000 mal besucht und dort insgesamt 1 Mio. Minuten verbracht haben, ergibt sich eine Stickiness von 5 min/User:

3. 250.000 Visits/50.000 User · 1.000.000 min/250.000 Visits · 50.000 User/200.000 Gesamtuser

Eine hohe Verweildauer ist dann von Vorteil, wenn sich ein Nutzer mit Inhalten der Webseite beschäftigen soll. Die Slipperiness wird ebenso wie die Stickiness berechnet und bezeichnet (absichtlich) kurze Verweildauern, um z. B. eine schnelle Kundeninteraktion zu ermöglichen.

Tab. 9.6 Beispiel für Kennziffern zum Verhalten auf einer Webseite

	Geringe Stickiness	Hohe Stickiness
Weiter Focus	Nutzer ist schnell zufrieden oder hat Desinteresse in diesem Bereich	Hohes Kaufinteresse oder der Nutzer langweilt sich
Geringer Focus	Benutzer versucht die korrekte Information zu finden	Browsing wird gut angenommen

Tab. 9.7 Beispiel für eine Kennziffer zum Aktualisierungsgrad einer Webseite

FF < 1	1 < FF < 1,5	FF > 1,5
Die selbe Seite wird häufiger betrachtet, als der Inhalt wechselt; die Stickiness wird abnehmen	Der Besucher findet jedes Mal, wenn er sich neu einloggt veränderte/aktuelle Informationen; die Stickiness wird zunehmen	Die Inhalte werden zu oft ausgetauscht; es besteht die Gefahr, dass der Besucher die aktualisierten Inhalte überhaupt nicht sieht

Die Kennzahl Focus gibt Auskunft über die Zahl der Seiten, die Besucher bei einem Visit aufsuchen:

$$\text{Focus} = \text{Anzahl der angeklicktenSeiten}/\text{Anzahl der zur Verfügung stehendenSeiten}$$

Rufen die Besucher z. B. durchschnittlich 3 von 15 Seiten auf, ist der Focus mit 0,2 eng. Im Fall von 5 Aufrufen ist der Focus mit 0,33 weiter. In Kombination mit der Stickiness lassen sich daraus Informationen zur Webseite herleiten (Tab. 9.6).

Der Freshness Factor soll beurteilen, wie sich das Ändern von Inhalten der Website auf die Besucherhäufigkeit auswirkt (vgl. Stolz 2008, S. 62). Die Frequenz bezeichnet die durchschnittliche Visit-Häufigkeit. Für viele Webseiten, die z. B. Nachrichten oder Wetterprognosen beinhalten, ist eine rasche Änderung der Inhalte sinnvoll. Da solche Veränderungen eine ständige Pflege und Aktualisierung von Inhalten erfordern sowie mit Kosten verbunden sind, stellt sich die Frage nach der Effektivität (Tab. 9.7):

$$\text{FreshnessFactor(FF)} = \text{Durchschnittliche Inhaltsmodifikationsrate}/\text{Frequenz}$$

Ein Faktor kleiner 1 besagt, dass sich Besucher mehrmals den gleichen Inhalt ansehen, weil sie öfter kommen als der Inhalt ausgetauscht wird. Ist der Faktor größer 1 finden sie bei jedem Besuch eine Webseite mit verändertem oder aktualisiertem Inhalt vor. Liegt der Wert oberhalb von 1,5 werden gegebenenfalls Ressourcen verschwendet. Inhalte werden gar nicht wahrgenommen, da sie schon wieder verändert und aktualisiert wurden, bevor der durchschnittliche Besucher sie gesehen hat (vgl. NetGenesis Corp 2003).

Insgesamt gibt es gegenwärtig kein einheitliches und allgemein anerkanntes Kennzahlensystem zur Be- und Auswertung von Nutzerdaten im Online-Handel. Unabhängig davon, ist das Web Controlling ein unverzichtbarer Bestandteil der Webstrategie eines Unternehmens, um Kosten und Nutzenaspekte einzelner Maßnahmen und des gesamten Web-Auftritts sinnvoll beurteilen zu können (vgl. Zumstein 2012).

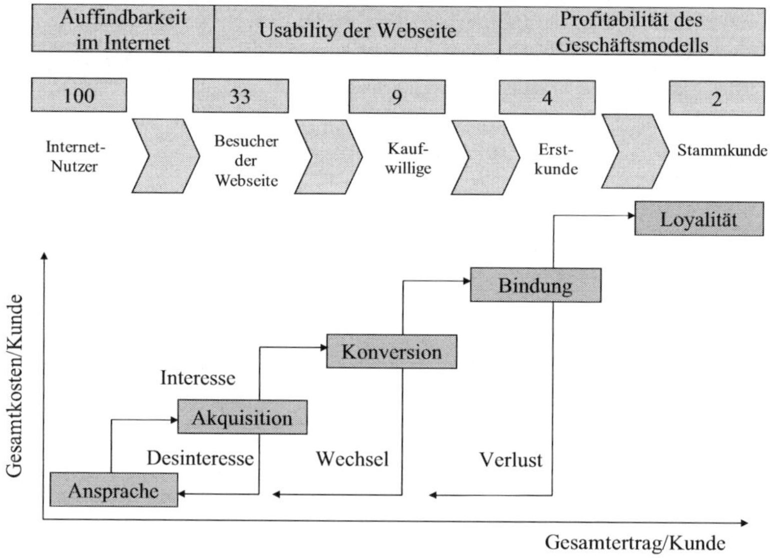

Abb. 9.13 Idealtypischer Kundenlebenszyklus im Online-Handel

Kundenlebenszyklus Der Prozess, aus potentiellen Kontakten einen treuen Kundenstamm aufzubauen, lässt sich idealtypisch in verschiedene Phasen zerlegen. Die Phasen zeigen Ansatzmöglichkeiten für das Web Controlling auf und machen gleichzeitig deutlich, dass die Kundenbeziehung nach jeder Phase beendet werden kann (Abb. 9.13):

- Ansprache (Reach): In dieser Phase gilt es die Aufmerksamkeit eines Nutzers durch Werbe- oder Marketingmaßnahmen zu wecken.
- Akquisition (Acquisition): Ziel ist es, mit dem potentiellen Kunden in Kontakt zu kommen, um sein Kaufinteresse für ein bestimmtes Produkt zu wecken. Mögliches Risiko ist hier das Desinteresse für das Angebot.
- Konversion (Conversion): Die Konversion bezeichnet Kunden, die Waren kaufen und zu tatsächlichen Kunden umgewandelt werden. Nach dem ersten Kauf kann der Kunde zu einem anderen Anbieter wechseln. Eine Maßzahl die Abwanderung ist die Churn-Rate. Sie misst wie viel bestehende Kunden im Verhältnis zur Gesamtkundenzahl den Anbieter wechseln.
- Kundenbindung (Retention): In dieser Phase gilt es die Kundenzufriedenheit zu erhalten und die Basis für Wiederholungskäufe zu legen.
- Loyalität (Loyalty): Diese Kunden haben den höchsten Wert, da sie eine hohe Kundenbindung aufweisen. Sie verschaffen Umsätze, ohne dass ein besonderer Aufwand für Werbung oder Überzeugung anfällt. Anzeichen für eine hohe Loyalität sind eine hohe Besuchsfrequenz und eine hohe Wiederkaufrate.

Wir wollen einzelne Phasen des Kundenlebenszyklus nachfolgend näher betrachten und teilweise auch mit Zahlenbeispielen versehen.

(1) Akquisition – Zahl der Besucher Elektronische Märkte sind kritische Masse-Systeme, d. h. benötigen eine bestimmte Zahl aktiver Kunden. Betrachten wir dazu ein Beispiel (vgl. Skiera 2000/2001). Ein Internet-Anbieter gibt zurzeit monatlich 40.000 € für Online-Werbung aus. Der durchschnittliche Tausenderkontaktpreis (TKP) liegt bei 40 € und berechnet sich als:

$$\text{TKP} = (\text{Preis der Schaltung/Bruttoreichweite}) \cdot 1.000$$

Der TKP ist damit der Preis, der für das Erreichen von 1.000 Kontakten berechnet wird. Häufig taucht der Begriff bei der Bannerwerbung auf. Hier ist nicht der absolute Preis der Werbung entscheidend, sondern die Reichweite in der entsprechenden Zielgruppe. Der TKP-Wert kann daher gut als Relation zwischen Leistung und Preis einer Werbekampagne angesehen werden.

Die Clickthrough-Rate zeigt, wie oft ein Button angeklickt und gelesen wurde. Sie liegt im Beispiel bei 2 %. Von den Besuchern registrieren sich 50 % als Nutzer (Anmelderate). Die Kundenbindungsrate (Retention-Rate), d. h. der Anteil der Nutzer, die bereits im Vormonat Nutzer waren, beträgt 80 %. Der Deckungsbeitragssatz bei den getätigten Umsätzen beträgt 20 %. Aktuell hat das Unternehmen einen stabilen Kundenstamm von 50.000 Mitgliedern.

Das Management möchte den Kundenstamm so schnell wie möglich auf 100.000 Mitglieder verdoppeln und stellt dafür ein Werbebudget zur Verfügung. Zwei Vorschläge stehen zur Diskussion:

- Erhöhung der monatlichen Werbeausgaben auf 100.000 €.
- Ausgaben in Höhe von 350.000 € zur Verbesserung der Webseite, durch die die Anmelderate auf 70 % und die Kundenbindungsrate auf 95 % gesteigert werden können.

Wir wollen nun vergleichen, wann und zu welchen Kosten beide Vorschläge ihr Ziel von 100.000 Mitgliedern erreichen. Beginnen wir mit der Erhöhung der monatlichen Werbeausgaben auf 100.000 €:

TKP	Clickthrough	Anmelderate	Werbeausgaben (Monat)	Retention-Rate
40	0,02	0,5	100.000	0,8

Bei 40.000 Werbeschaltungen, einem durchschnittlichen TKP von 40 €, einer Clickthrough-Rate von 2 % und einer Anmelderate von 50 % erzielt das Unternehmen 10.000 neue Kunden im Monat. Bei einem Kundenstamm von 50.000 Mitgliedern und einer Kundenbindungsrate von 80 % betragen die monatlichen Abgänge 10.000 Mitglieder. Vor der Erhöhung des Werbebudgets halten sich also Zugang neuer Nutzer und Abgang von bestehenden Nutzern die Waage. Durch die Erhöhung der monatlichen Werbeausgaben auf 100.000 € werden die angestrebten 100.000 Nutzer nach etwa fünf Monaten erreicht. Dadurch entstehen Kosten von 300.000 € [5 · (100.000 – 40.000 €)].

Monat	Werbeausgaben	Kumuliert	Werbeschaltungen	Visits	Neukunden	Abgang	Kundenstamm
0	40.000		1.000.000	20.000	10.000	10.000	50.000
1	100.000	100.000	2.500.000	50.000	25.000	10.000	65.000
2	100.000	200.000	2.500.000	50.000	25.000	13.000	77.000
3	100.000	300.000	2.500.000	50.000	25.000	15.400	86.600
4	100.000	400.000	2.500.000	50.000	25.000	17.320	94.280
5	100.000	500.000	2.500.000	50.000	25.000	18.856	100.424

Kommen wir nun zur Verbesserung der Webseite:

TKP	Clickthrough	Anmelderate	Werbeausgaben (Monat)	Retention-Rate
40	0,02	0,7	40.000	0,95

Durch die erhöhte Anmelderate auf 70 % und die Steigerung der Kundenbindungsrate auf 95 % werden 100.000 Nutzer ebenfalls nach etwa fünf Monaten erreicht. Die zusätzlichen Kosten betragen allerdings 350.000 €.

Monat	Werbeausgaben	Kumuliert	Werbeschaltungen	Visits	Neukunden	Abgang	Kundenstamm
0	40.000		1.000.000	20.000	14.000	2.500	50.000
1	40.000	40.000	1.000.000	20.000	14.000	2.500	61.500
2	40.000	80.000	1.000.000	20.000	14.000	3.075	72.425
3	40.000	120.000	1.000.000	20.000	14.000	3.621	82.804
4	40.000	160.000	1.000.000	20.000	14.000	4.140	92.664
5	40.000	200.000	1.000.000	20.000	14.000	4.633	102.030

Trotz der erhöhten Kosten sollte die Verbesserung der Webseite verfolgt werden. Bei Rückführung der Werbeausgaben auf das ursprüngliche Niveau verringert sich der Kundenstamm wieder, während die Verbesserungen bei der Anmelde- und Kundenbindungsrate zunächst dauerhaft sind und keine weiteren Kosten verursachen.

(2) Konversion von Neukunden Betrachten wir dazu folgendes Beispiel (vgl. Skiera 2000/2001). Ein Internethändler hat aktuell einen Kundenstamm von 100.000 Käufern. Um Erstkäufer zu gewinnen, schaltet das Unternehmen Bannerwerbung im Internet und zahlt dafür einen Tausenderkontaktpreis von 45 €. Die Clickthrough-Rate beträgt 2 % und die Conversion-Rate 20 %. Die Wahrscheinlichkeit, dass ein Erstkäufer im nächsten Monat einen Wiederholungskauf tätigt, beträgt 65 %. Die Wahrscheinlichkeit, dass er im darauf folgenden Monat einen erneuten Wiederholungskauf durchführt, liegt bei 40 %. Dabei nehmen wir an, dass über die Bannerwerbung nur Erstkäufer akquiriert werden und Wiederholungskäufer ausschließlich direkt auf die Seite des Internethändlers gehen. Pro Kauf wird ein durchschnittlicher Umsatz von 40 € mit einem Deckungsbeitragssatz von 50 % realisiert.

Betrachten wir die Kosten der Akquisition eines Erstkäufers durch Bannerwerbung. Sie betragen:

$$45\,€/1.000 \cdot 1/0{,}02 \cdot 1/0{,}2 = 11{,}25\,€ \text{ je Neuanmeldung}$$

Als Alternative wird dem Internethändler die Teilnahme an einem Affiliate-Programm angeboten. Der Vermittler verlangt dazu 35 % Provision auf den Umsatz des Erstkaufs:

$$\text{Provision} = \text{Umsatz} \cdot \text{Provisionssatz} = 40\,€ \cdot 35\,\% = 14\,€.$$

Aus finanziellen Gründen ist die Online-Werbung daher sinnvoller, da sie bezogen auf den Erstkauf nur 11,25 € kostet. Zu berücksichtigen bleiben Ausrichtung des Geschäftsmodells und die zeitliche Perspektive.

Kommen wir zum Ertragsmodell. Wir wollen dazu zwei Folgemonate nach dem Erstkauf berücksichtigen. Um den Barwert der Deckungsbeiträge eines Kunden zu berechnen, benötigen wir noch einen Diskontsatz. Dieser soll bei 2 % liegen. Wir berechnen den Barwert für drei Monate wie folgt:

- Erstkauf: $40\,€ \cdot 0{,}5\,\text{DB} - \text{Satz} = 20\,€$
- Monat 1: $40\,€ \cdot 0{,}65$ (Wahrscheinlichkeit Wiederholungskaufrate) $\cdot\, 0{,}5 = 13\,€$
- Monat 2: $40\,€ \cdot 0{,}40 \cdot 0{,}5 = 8\,€$

Der Barwert eines Kunden beträgt:

$$20\,€ + 13/1{,}02 + 8/1{,}0404 = 40{,}43\,€.$$

Zum Vergleich betrachten wird die maximale Provision für das Affiliate-Programm, bei der ein negativer Kundenwert vermieden wird. Diese liegt im Beispiel bei:

$$40{,}43\,€/40\,€ = 101\,\%$$

(3) Kundenlebenswert und Kundenabwanderung Wichtiger Stellhebel für die Tragfähigkeit eines Geschäftsmodells in dieser Phase ist der Kundenlebenswert in Kombination mit der Kundenabwanderung. Betrachten wir auch dazu ein Beispiel (vgl. Skiera 2004/2005). Ein Unternehmen bieten den Online-Verleih von DVDs für monatlich 20 € an. Typischerweise werden fünf DVDs pro Monat entliehen. Es fallen Kosten in Höhe von 3 € pro Verleih einer DVD an. 6 % Ihrer Kunden kündigen jeden Monat. Sie rechnen mit einem monatlichen Diskontsatz von 1 %.

Der Kundenlebenswert setzt sich zusammen aus dem durchschnittlichen Cash-Flow des Kunden, der über die Gesamtlebenszeit diskontiert wird. Es müssen anschließend noch die Aquisitionskosten abgezogen werden:

1. Cash-Flow: $20\,€ - (5 \times 3\,€) = 5\,€$ (9.1)
2. Diskontfaktor: $1{,}01/1{,}01 - 0{,}94$ (9.2)
3. Kundenlebenswert (CLV): $5\,€(1{,}01/1{,}01 - 0{,}94) - 10\,€ = 62{,}14\,€$ (9.3)

In der Regel sollte der Kundenlebenswert im Zeitablauf steigen. Gründe sind wegfallende bzw. niedrigere Akquisitionskosten, fallende direkte Kosten in den Folgeperioden sowie

Abb. 9.14 Verbundenheits- und Gebundenheitsstrategie

Aspekte	Gebundenheit	Verbundenheit
Aktivitäten des Anbieters	Aufbau von Wechselbarrieren	Management der Kundenzufriedenheit und des Vertrauens
Bindungswirkung	Nicht-Wechseln-Können	Nicht-Wechseln-Wollen
Freiheit der Kunden	Eingeschränkt	Uneingeschränkt
Bindungsinteresse	Geht vom Anbieter aus	Geht vom Kunden aus

steigende Bestellungen und Bestellvolumen pro Kunde, z. B. durch steigendes Vertrauen (vgl. Krafft und Götz 2006). Nehmen wir nun an, Sie erhöhen Ihr Angebot für einen Cost-per-Click (CPC) auf 1,50 €. Gleichzeitig bieten Sie den damit erreichten Kunden einen Preisnachlass von 3 € im Monat an. Durch ein höheres Gebot für CPC wird in der Regel erreicht, dass die Anzeige von Suchmaschinenanbietern besser platziert wird. Auch die Click-Rate beeinflusst die Position der Anzeige. Dies führt zu einem sich selbstverstärkenden Effekt im Sinne eines kritischen Masse-Systems. Je besser eine Anzeige positioniert ist, desto mehr Clicks kann sie anziehen. Allerdings sind die Auswirkungen auf den Kundenlebenswert in diesem Fall zumindest rechnerisch negativ:

$$\text{4. CLV: } [20\,€ - (5 \cdot 3\,€ - 3)] \cdot (1{,}01/1{,}01 - 0{,}94) - (1{,}50\,€/0{,}05) = -1{,}14\,€ \qquad (9.4)$$

Nicht berücksichtigt wird, dass die Conversion-Rate, die bei 5 % liegt, durch die Gewährung eines Preisnachlasses steigen sollte. Dies würde dazu führen, dass sich die Akquisitionskosten über einen größeren Kundenstamm verteilen und damit je Kunde betrachtet sinken. Wichtiger Stellhebel in derartigen Analysen ist die monatliche Kundenabwanderungsrate. Dazu betrachten wir Gleichung (3) und variieren sie jeweils um einen Prozentpunkt:

Senkung um einen Prozentpunkt	Erhöhung um einen Prozentpunkt
CLV: $5\,€(1{,}01/1{,}01 - 0{,}94 + 0{,}01) - 10\,€ = 74{,}17\,€$	CLV: $5\,€(1{,}01/1{,}01 - 0{,}94 - 0{,}01) - 10\,€ = 53{,}12\,€$
Steigerung um rund 12 €	Senkung um rund 9 €

(4) Kundenbindung und Kundenloyalität Der Gegenpol zur Kundenabwanderung ist die Kundenbindung. Sie lässt sich in eine Verbundenheits- und eine Gebundenheitsstrategie einteilen (Abb. 9.14). Von der Verbundenheitsstrategie wird gesprochen, wenn der Kunde mit einem Anbieter zufrieden ist, ihm vertraut und er keine Motivation verspürt, den Anbieter zu wechseln. Eine Gebundenheitsstrategie liegt vor, wenn Kunden aufgrund hoher Wechselbarrieren nicht wechseln können. In dieser Situation liegt ein Lock-In vor (vgl. Nerdinger und Neumann 2007).

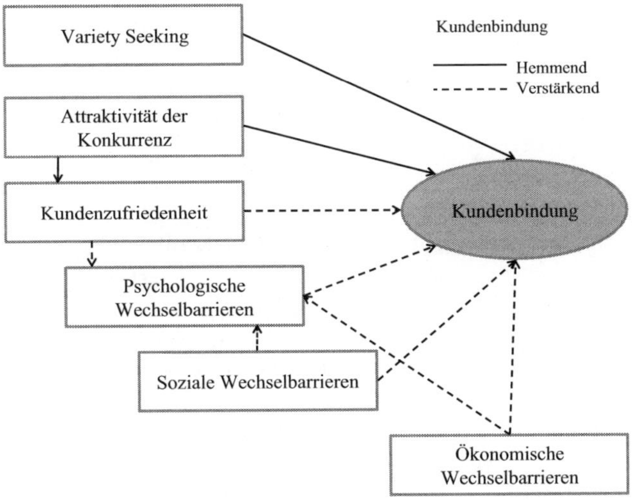

Abb. 9.15 Kundenbeziehungskonstrukt. (Vgl. Peter 1997, S. 104)

Das Wiederkaufverhalten lässt sich durch unterschiedliche Faktoren erklären (vgl. Homburg und Bucerius 2006):

- Geschäftspartner bewerten die Attraktivität einer Geschäftsbeziehung nach einem Vergleichsniveau. Sie sammeln Erfahrungen und bilden einen Mittelwert. Es entsteht Zufriedenheit, wenn der wahrgenommene Nettonutzen über dem Vergleichsniveau liegt.
- Kunden sind zufrieden, wenn sie sich in einem psychischen Gleichgewicht befinden. Um dieses Gleichgewicht aufrecht zu erhalten und um kognitive Dissonanzen zu vermeiden, verhalten sich zufriedene Kunden gegenüber ihrem Anbieter loyal und kaufen das Produkt ohne Betrachtung von Alternativen wieder. Kommunikation und Beschwerdemanagement in der Nachkaufphase spielen eine wichtige Rolle.
- Kunden können auf nicht zufriedenstellende Leistungen mit Abwanderung und Widerspruch reagieren. Welche der Maßnahmen gewählt wird, ist abhängig vom Ausmaß der Unzufriedenheit und von der Loyalität des Kunden. Nicht loyale Kunden wandern schneller ab. Loyale Kunden werden zunächst durch Widerspruch reagieren. Dies eröffnet dem Anbieter verschiedene Möglichkeiten, um eine Abwanderung zu verhindern (z. B. Aufbau von Wechselbarrieren, Angebot von besseren Alternativen).

Die verschiedenen Ansätze zur Erklärung des Wiederkaufverhaltens lassen sich zu einem Kundenbeziehungskonstrukt verknüpfen (Abb. 9.15, Tab. 9.8). Durch das Internet verändern sich einzelne Ausprägungen dieses Konstrukts.

Zusammenfassend gibt es also Entwicklungen, in denen sich das Internet hemmend bzw. verstärkend auf verschiedene Aspekte der Kundenbeziehung auswirkt. Diese Entwicklungen bleiben im Kontext von Geschäftsmodellen zu berücksichtigen.

Tab. 9.8 Kundenbeziehungskonstrukt und Internet

Faktoren	Inhalt	Auswirkungen durch Internet
Variety Seeking	Bedürfnis, andere Anbieter kennen zu lernen, Suche nach Abwechslung im Kauf	Erleichterung durch sinkende Informationskosten
Attraktivität der Konkurrenz	Angebotskonditionen	Erleichterung durch größere Markttransparenz
Kundenzufriedenheit	Zufriedenheit mit Kernleistung, Erfüllung von Erwartungen	Nur bedingt herstellbar
Psychologische Wechselbarrieren	Vertrauen zum Unternehmen, Kenntnis der Geschäftsabläufe, bevorzugte Behandlung als Stammkunde	Nur bedingt herstellbar
Soziale Wechselbarrieren	Persönliche Ansprache, Meinung von Freunden/Bekannten	Weniger wichtig bei Anonymität, wichtiger in sozialen Netzwerken
Ökonomische Wechselbarrieren	Zeitaufwand für Verhandlungen mit Anbietern, Wechselkosten, Rabatte	Sinkende Informationskosten erleichtern den Abbau von ökonomischen Barrieren; durch Personalisierung lassen sich neue ökonomische Barrieren aufbauen

9.3.3 Elektronischer Einkauf

Eine alte Kaufmannsweisheit lautet „Im Einkauf liegt der Gewinn". Dies ist folgerichtig, denn am Anfang der Wertschöpfungskette steht der Einkauf. Auch wenn die damit verbundene Tätigkeit der Beschaffung von Materialien, Produkten und Dienstleistungen über elektronische B2B-Marktplätze geschieht, ist diese Hebelfunktion des Einkaufs zur Erzielung von Wettbewerbsvorteilen nicht verschwunden.

B2B-Marktplätze Wenn Sie in eine Suchmaschine Ihrer Wahl den Begriff „B2B-Marktplatz" eingeben, stoßen Sie auf viele branchenübergreifende und branchenspezifische Handelsplätze für Großhändler, Wiederverkäufer, Restposten-Händler, Importeure sowie Angebote für Endverbraucher. Die Marktplätze lassen sich nach vielfältigen Gesichtspunkten gliedern. Beispielhaft sei eine Typologie genannt, die nach der Zahl der Marktteilnehmer und der Zugangsstruktur unterscheidet (Abb. 9.16). Beim Aufbau vertikaler Marktplätze steht vorrangig die Erkennung und Abdeckung branchenspezifischer Bedürfnisse im Vordergrund. Derartige Marktplätze existieren z. B. in Industriebereichen wie Automobil, Chemie, Luftfahrt, Telekommunikation oder Transportwesen. Vertikale Marktplätze müssen sich vor allem durch gute Branchenkenntnis ihrer Betreiber auszeichnen. Horizontale Marktplätze konzentrieren sich nicht auf eine Branche, sondern auf Produkte und Dienstleistungen, die branchenunabhängig von vielen Unternehmen nachgefragt werden. Sie richten sich häufig auf die Bedürfnisse kleiner und mittlerer Unternehmen aus, für die der Aufbau einer eigenen Beschaffungslösung wirtschaftlich nicht sinnvoll ist.

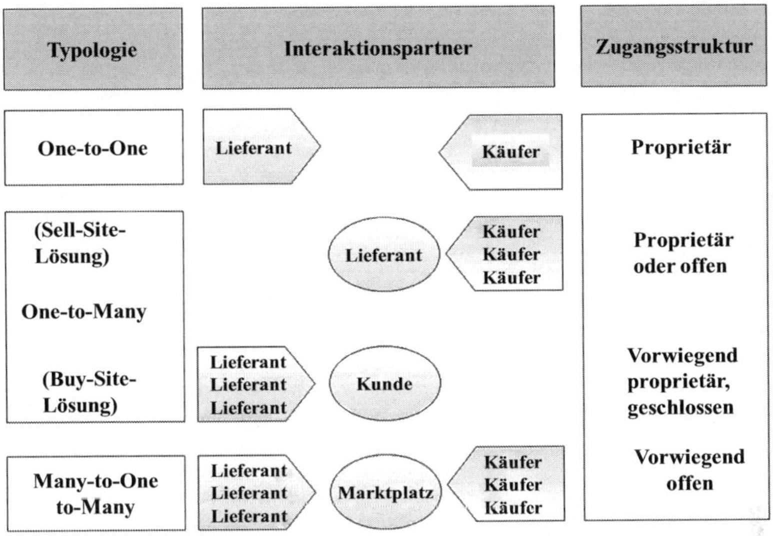

Abb. 9.16 Interaktionsformen des elektronischen Einkaufs. (Vgl. Wirtz 2001, S. 329)

Entscheidendes Kriterium ist die effiziente Abwicklung der Beschaffungsprozesse. Dazu ist eine weitgehende Integration in die unternehmens-bezogene IT-Landschaft erforderlich.

Der elektronische Einkauf weist einige Besonderheiten auf. Dazu zählen häufig enge Handelsbezieh-ungen und ein hohes Transaktionsvolumen. Die Transaktionspartner sind fest definiert und wechseln eher selten. Die Anforderungen an das Design von IT-Lösungen sind gering. Demgegenüber sind höhere Anforderungen an Aspekte der IT-Sicherheit zu stellen, wenn keine geschlossenen Netze vorliegen. Wesentliches Merkmal ist die System- und Prozessintegration z. B. in bestehende Warenwirtschaftssysteme. Die Wahl geeigneter Handelsformen ist u. a. von der Einteilung der Güter nach ihrem Standardisierungsgrad abhängig. Bei einfachen und standardisierbaren Gütern besteht z. B. ein geringes Versorgungsrisiko, da die Leistungen in der Regel von vielen Anbietern erbracht werden können. Werden komplexe Systeme oder Dienstleistungen beschafft, so ist der Preis nicht das wichtigste Entscheidungskriterium. Je komplexer ein System ist, umso aufwendiger wird ein Preis- und Leistungsvergleich, da individuelle Angebote bewertet werden müssen. Ein dynamischer Handel z. B. über Börsen scheidet in solchen Fällen aus, da die Leistungsbeschreibung aufwendig ist.

Der Funktionsumfang elektronischer B2B-Marktplätze weist also Unterschiede auf. In der einfachsten Form besteht der Marktplatz aus dem Schwarzen Brett einer Website, auf dem einzelne Angebote platziert werden können. Wenn Güter in größerem Umfang ge- oder verkauft werden, so sind katalogbasierte Dienste notwendig, die eine Anbindung an das Warenwirtschaftssystem ermöglichen. Dabei handelt es sich häufig um standardisierte und preiswerte Güter. Im Fall von Auktionen werden solche Güter versteigert, bei denen eine Preisfindung aufgrund bestimmter Gütermerkmale schwierig ist. Eine weitere Form

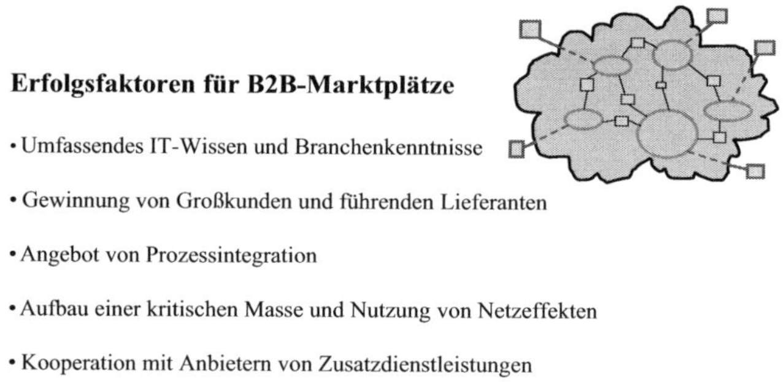

Abb. 9.17 Erfolgsfaktoren von B2B-Marktplätzen

der Anbahnung von Transaktionen stellen Ausschreibungen dar. Im Fall von Börsen steht häufig der anonymisierte Handelsprozess von Massengütern im Vordergrund.

Für einen erfolgreichen Marktplatz ist es wichtig, ein hohes Transaktionsvolumen zu erreichen und einen Mehrwert für Nutzer zu gewährleisten:

- Integrationsfunktion: Diese wird häufig durch eine automatisierte Portal-Infrastruktur realisiert, die zwischen Handelspartnern die Kontrolle der Identität, die Verschlüsselung der übertragenen Daten sowie einen Informationsaustausch in Echtzeit erlaubt.
- Dienstleistungen: Dazu zählen Zusatzfunktionen, die die Abwicklung von Markttransaktionen erleichtern oder verbessern (z. B. Bezahlfunktion, Logistik).
- Angebots- und Nachfragebündelung: In der Regel führt bereits die Präsenz vieler Anbieter und/oder Nachfrager zur Reduktion von Einkaufspreisen, zur Erweiterung der Lieferantenbasis oder zur Verringerung von Transaktionskosten. Im Fall z. B. von Katalogsystemen handelt es sich hier allerdings um einen statischen Prozess. Preise, Konditionen und Qualitäten stehen bereits fest. Das gilt auch für die Rollenverteilung. Lieferanten sind und bleiben Lieferanten und Einkäufer sind und bleiben Einkäufer. Börsen und Auktionen erlauben hingegen einen dynamischen Prozess der Aggregation und Preisfindung.

Strategische Ausrichtung Auch B2B-Marktplätze sind „kritische Masse-Systeme", d. h. sie benötigen ein bestimmtes Beschaffungsvolumen, um die angestrebten Ziele erreichen zu können (Abb. 9.17). Netzeffekte, ein schnelles Wachstum und steigende Skalenerträge sind gängige Konzepte zur Erreichung einer kritischen Masse. Sie ist definiert als die Anzahl der Nutzer, die eine hinreichende Attraktivität für potentielle Nutzer darstellt, so dass sich ein selbsttragender Prozess in Gang setzt (vgl. Wirtz 2002, S. 224). Kann ein Marktplatz diesen Wert halten, so kann er seine Position festigen oder ausbauen. Dazu ist die Gewinnung von Großkunden und führenden Lieferanten sowie das Anbieten von Zusatzleistungen sinnvoll (z. B. Logistikservice).

Der größte Vorteil der B2B-Marktplätze liegt nach mehrheitlicher Auffassung in der Reduzierung von Transaktionskosten begründet. In der Informationsphase werden Suchkosten gesenkt. Ein umfangreicher Preis- und Produktvergleich kann zu einer Erhöhung

Tab. 9.9 Strategische Vor- und Nachteile einer elektronischen Einkaufslösung

Strategische Vorteile	Strategische Nachteile
Kostenführerschaft durch niedrige Kosten; Reduzierung von Transaktionskosten	Verlust an Flexibilität, wenn nur mit einem Kunden zusammengearbeitet wird
Erweiterung des Kundenkreises durch neue Vertriebskanäle	Abhängigkeit von technologischer und finanzieller Liquidität des Marktplatzes
Festigung der Kundenbeziehung	Vendor-Lock-In, höhere Wechselkosten

der Markttransparenz führen. Davon profitieren vornehmlich die Nachfrager. Durch die gestiegene Lieferantenbasis und die effizienteren Angebotsvergleiche können die Einkaufspreise sinken. Bei einer hinreichend großen Zahl von Marktteilnehmern stellen Auktionen und Börsen transparente und effiziente Mechanismen der Preisfindung bereit.

Die Anbieter können durch einen B2B-Markt einen neuen Distributionskanal erschließen und ihren potentiellen Kundenkreis erweitern. Darüber hinaus ermöglicht die elektronische Abwicklung der Transaktionen eine Reduktion an Beständen und eine Verringerung der Lagerkosten.

Aus Sicht der Anbieter haben B2B-Marktplätze den Nachteil, dass sie einem erhöhten Preisdruck ausgesetzt werden. Die Erhöhung der Markttransparenz kann die Preiselastizität der Nachfrager erhöhen und die Kundenbindung sinken lassen (vgl. Wirtz und Mathieu 2001). Grundsätzliche Nachteile für die Teilnehmer entstehen im Fall der Dominanz von nur wenigen B2B-Marktplätzen. Es besteht die Gefahr eines Vendor-Lock-In, nachdem spezifische Investitionen in die Technologie des Marktplatzes getätigt worden sind. Auch kann sich eine Abhängigkeit von der technologischen Funktionsfähigkeit und der Liquidität des B2B-Marktplatzes ergeben (vgl. Wirtz 2002). Letztendlich müssen strategische und operative Überlegungen den Ausschlag zur Teilnahme an einer elektronischen Einkaufslösung geben (Tab. 9.9).

Kostenstruktur B2B-Marktplätze haben technologisch bedingt in der Regel hohe Fixkosten, während die variablen Zusatzkosten für die Ausführung von Transaktionen eher gering sind. Steigende Teilnehmerzahlen führen damit zu sinkenden Durchschnittskosten. Diese Kosteneinsparung kann der Betreiber entweder an die Teilnehmer zurückgeben oder seine Angebote und Serviceleistungen verbessern, was in der Folge wiederum zu einer Erhöhung der Attraktivität des Marktplatzes und zu steigenden Teil-nehmerzahlen führen kann. Betrachten wir ein Beispiel (vgl. Skiera 2001/2002).

Sie sollen das Unternehmen Chemdex bei der Entscheidung unterstützen, ob dieses seine Rohstoffeinkäufe teilweise über einen Marktplatz tätigen soll. Das Unternehmen besitzt ein Beschaffungsvolumen von 100 Mio. €, von denen die Hälfte Rohstoffe sind.

Das Unternehmen geht davon aus, dass zunächst 10 % dieses Volumens über einen elektronischen Marktplatz beschafft werden können. Die Kosten, sich an den Marktplatz anschließen zu lassen, betragen einmalig 475.000 € und jährlich 52.500 € fix sowie 1 % des Bestellvolumens als variable Transaktionskosten. Wir wollen das Periodenergebnis für die ersten vier Jahre ermitteln, wenn ein Preisnachlass durch den Marktplatz in Höhe von 5 % bzw. 7 % realisiert werden kann. Dazu müssen wir berücksichtigen, dass durch den Preisnachlass das gesamte, über den Marktplatz abgewickelte Beschaffungsvolumen betroffen ist. Das über den Marktplatz beschaffte Volumen beträgt:

$$100\,\text{Mio.}\,€ \cdot 0{,}5 \cdot 10\,\% = 5\,\text{Mio.}\,€ \tag{9.5}$$

Die jährliche Ersparnis bei 5 % Preisnachlass ergibt sich als:

$$5\,\text{Mio.}\,€ \cdot 0{,}05 - [(5\,\text{Mio.}\,€ \cdot 0{,}95) \cdot 0{,}01] - 52.500\,€ = 150.000\,€ \tag{9.6}$$

$$\text{Periodenergebnisüber vier Jahre: } (4 \cdot 150.000) - 475.000 = 125.000\,€ \tag{9.7}$$

Die jährliche Ersparnis bei 7 % Preisnachlass ergibt sich als:

$$5\,\text{Mio.}\,€ \cdot 0{,}07 - [(5\,\text{Mio.}\,€ \cdot 0{,}93) \cdot 0{,}01] - 52.500\,€ = 251.000\,€ \tag{9.8}$$

$$\text{Periodenergebnisüber vier Jahre: } (4 \cdot 251.000\,€) - 475.000\,€ = 529.000\,€ \tag{9.9}$$

Wir können zudem noch fragen, wie hoch der Preisnachlass mindestens sein muss, wenn der zusätzliche Deckungsbeitrag ab dem zweiten Jahr positiv sein soll.

$$2 \cdot (5\,\text{Mio.}\,€ \cdot x\,\%) = 475.000 + 2 \cdot 52.500 + 2 \cdot (5\,\text{Mio.}\,€ \cdot 1 - x\,\%) \cdot 0{,}01) \tag{9.10}$$

$$10\,\text{Mio.}\,€ \cdot x\,\% = 475.000\,€ + 105.000\,€ + 100.000\,€ - 100.000\,€ \cdot x\,\% \tag{9.11}$$

$$10{,}1\,\text{Mio.}\,€ \cdot x\,\% = 680.000\,€ \tag{9.12}$$

$$x\,\% = 680.000\,€/10{,}1\,\text{Mio.}\,€ = 6{,}73\,\% \tag{9.13}$$

Zu klären bleibt, ob Preisnachlässe in dieser Größenordnung realistisch sind. Gründe für die Preisnachlässe könnte die Nutzung von Auktionsplattformen, ein größerer Wettbewerb zwischen den Lieferanten oder das Auffinden neuer Lieferanten durch größere Markttransparenz sein. Wenn derartige Einsparungen realisiert werden, kann dies aber auch ein Indiz dafür sein, dass der Einkauf vorher nicht besonders effizient gearbeitet hat.

Wirtschaftlichkeit Zur Beurteilung der Wirtschaftlichkeit eines Marktplatzes sind betriebswirtschaftliche Überlegungen notwendig. Betrachten wir zur Verdeutlichung auch hier ein Beispiel (vgl. Skiera 2001/2002). Die Strategie-Abteilung schlägt vor, dass Sie einem IT-System beitreten, um elektronische Bestellvorgänge effektiver abwickeln zu können. Dazu sind aus Ihrer Sicht Investitionen in eine Web-Schnittstelle nötig. Sie haben durch Ihre Planungsabteilung folgendes Einsparungspotential ermitteln lassen:

Einsparungspotential	Monate 1–6	Monate 7–12	Monate 13–36
Bestellungserfassung	4 Std. pro Mitarbeiter pro Monat	5 Std. pro Mitarbeiter pro Monat	5,5 Std. pro Mitarbeiter pro Monat
Bestellungsabwicklung	3,5 Std. pro Mitarbeiter pro Monat	4,5 Std. pro Mitarbeiter pro Monat	5 Std. pro Mitarbeiter pro Monat
Fehlervermeidung bei der Eingabe	2.000 € pro Monat	2.000 € pro Monat	2.000 € pro Monat

Für die Bestellungserfassung sind vier Mitarbeiter zuständig, die Bestellungsabwicklung wird von fünf Mitarbeitern durchgeführt. Die internen Kostensätze betragen 50 € pro Mitarbeiterstunde. Ausgehend von diesen Daten lassen sich Einsparungen z. B. für drei Jahre wie folgt berechnen:

Größe	Monate 1–6	Monate 7–12	Monate 13–36
Bestellungserfassung	4 Std. · 4 Mitarbeiter 50 € = 800 €	5 Std. · 4 Mitarbeiter 50 € = 1.000 €	5,5 Std. · 4 Mitarbeiter 50 € = 1.100 €
Bestellungsabwicklung	3,5 Std. · 5 Mitarbeiter 50 € = 875 €	4,5 Std. · 5 Mitarbeiter 50 € = 1.125 €	5 Std. · 5 Mitarbeiter 50 € = 1.250 €
Eingabefehlervermeidung	2.000 €	2.000 €	2.000 €
Summe pro Monat	3.675 €	4.125 €	4.350 €

Erstes Jahr: $3.675 \cdot 6 + 4.125 \cdot 6 = 46.800$ €
Zweites und drittes Jahr je: $4.350 \cdot 12 = 52.200$ €

Die Prüfung verschiedener Angebote hat ergeben, dass es am wirtschaftlichsten ist, das E-Procurement-System mittels eines Standard-Software-Pakets zu implementieren. Dieses muss noch an das interne ERP-System angebunden werden. Die Kosten für die Software-Lizenzen betragen einmalig 13.000 €. Die Programmierung der Schnittstellen sowie die Implementierung durch den Softwarehersteller kosten 15.000 €. Sie schätzen, dass Ihre eigenen IT-Mitarbeiter mit insgesamt 200 Mitarbeiterstunden in das Projekt eingebunden sind (interne Kosten: 50 € /Stunde). Zusätzliche Hardware ist mit 4.500 € zu veranschlagen. Die Kosten für die Instandhaltung und gelegentliche Erweiterung des Systems werden auf 15.000 € pro Jahr geschätzt. Zudem müssen zu erwartende Support-Kosten in Höhe von 2.000 € pro Jahr, sowie einmalig 8.000 € für Mitarbeiterschulungen berücksichtigt werden.

Einmalige Kosten		Laufende Kosten pro Jahr	
Software-Lizenzen	13.000 €	Instandhaltung/Erweiterung	15.000 €
Externe Programmierung	15.000 €	Support	2.000 €
Interne Programmierung	$200 \cdot 50 = 10.000$ €		
Hardware	4.500 €		
Mitarbeiterschulungen	8.000 €		
Summe	50.500 €	Summe	17.000 €

Der Return on Investment (ROI) zeigt die Rentabilität der Lösung. Wir legen dazu einen durchschnittlichen Kapitalkostensatz von 16 % zu Grunde und betrachten einen Zeitraum von drei Jahren:

$$[(46.800 - 17.000) + (52.200 - 17.000) \cdot 1{,}16^1 + (52.200 - 17.000) \cdot 1{,}16^2)]/50.500 \quad (9.14)$$

$$86.304/50.500 = 170{,}9\,\% \quad (9.15)$$

Die Lösung ist also rentabel.

Nutzwertanalyse Häufig lassen sich die zuvor dargestellten Fragen nicht allein auf Basis von monetären Daten treffen. So ist z. B. der Zuwachs an Expertenwissen im Fall der Nutzung eines externen IT-Dienstleisters häufig hoch, gleichzeitig verringert sich die Möglichkeit der Kontrolle, so dass eine Abhängigkeit eintreten kann. Vor diesem Hintergrund bietet sich die Nutzwertanalyse an. Sie gehört zu den quantitativen, nicht-monetären Analysemethoden.

Sie eignet sich u. a. für Aspekte der Softwareauswahl für Unternehmen und ermöglicht die systematische Bewertung verschiedener Alternativen. In der Regel sind die Alternativen mit spezifischen Vor- und Nachteilen konfrontiert, die gegeneinander abzuwägen sind. Je nach Gewichtung der Faktoren – im Beispiel Kosten bzw. Flexibilität – ergeben sich unterschiedliche Ergebnisse der Vorteilhaftigkeit (Abb. 9.18).

Die Auswahl der überlegenen Alternative erscheint als einfacher Rechenvorgang. Die Alternative mit der höchsten Gesamtpunktzahl ist auszuwählen. Wenn aber bereits geringfügige Veränderungen in den Zielgewichten oder in den Punktwerten die Rangfolge der Alternativen ändern, dann sollte das Bewertungsergebnis im Rahmen einer Sensitivitätsanalyse kritisch überprüft werden. Zu klären ist z. B. welche Einzelwerte für das „Kippen" der Rangfolge ursächlich sind. Hier bleibt zu berücksichtigen, dass die Bewertungen, die Gewichte und auch bereits die Kriterienauswahl subjektiv sind. Es wird daher eine Objektivität der Entscheidungsfindung vermittelt, die eigentlich nicht gegeben ist. Die Nutzwertanalyse kann und soll also quantitative Verfahren z. B. der Rentabilitätsrechnung nicht ersetzen. Sie ist aber durch Berücksichtigung der nicht-monetären Aspekte ein wichtiges Hilfsmittel bei der Entscheidungsfindung.

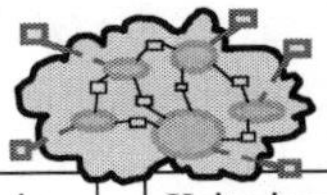

Kriterium	Gewicht	Punkte	Ergebnis
Know-How	20%	5	1,00
Flexibilität	10%	3	0,30
Kontrolle	10%	3	0,30
Verfügbarkeit	10%	5	0,50
Sicherheit	10%	3	0,30
Kosten	**30%**	**5**	**1,50**
Reputation des Anbieters	10%	3	0,30
Summe	100%		4,20
5 = high 3 = medium 0 = low			

Kriterium	Gewicht	Punkte	Ergebnis
Know-How	20%	5	1,00
Flexibilität	**40%**	**5**	**2,00**
Kontrolle	5%	3	0,15
Verfügbarkeit	5%	5	0,25
Sicherheit	10%	3	0,30
Kosten	10%	5	0,50
Reputation des Anbieters	10%	3	0,30
Summe	100%		4,50
5 = high 3 = medium 0 = low			

Abb. 9.18 Beurteilungskriterien einer elektronischen Einkaufslösung

9.4 Übungen und Lernkontrolle

▶ Bearbeitungshinweise finden Sie im Web

1. Als Anbieter von Online-Auktionen möchten Sie als zusätzliche Einnahmequelle Werbebanner auf Ihrer Homepage schalten. Für das 3. Quartal 2002 erwarten Sie 1,3 Mio. Visits mit einer durchschnittlichen Anzahl von 5,6 Pageimpressions pro Visit. Voraussichtlich werden Sie 30 % der Bannerfläche zu einem Netto-Tausenderkontaktpreis von 40 € verkaufen können. Das erwartete Wachstum liegt bei 23 % pro Quartal für die Visits. Aufgrund eines verbesserten Angebots erwarten Sie für das Jahr 2003, dass Sie 25 % mehr Pageimpressions pro Visit erzielen können
   a. Was verstehen Sie unter Pageimpressions, Visits und Unique visitors?
   b. Ermitteln Sie die Erlöse aus den Bannerschaltungen für das 3. und 4. Quartal 2002 sowie für das Jahr 2003.
   c. Statt eines Tausenderkontaktpreises von 40 € bietet Ihnen Ihr Vermarkter eine Pauschale von 2,50 € pro Click auf ein Werbebanner an. Im 3. Quartal 2002 liegt Ihre AdClickrate bei 2 %. Sie erwarten, dass die AdClickrate in den folgenden Quartalen um 10 % pro Quartal fallen wird. Für welche Variante der Abrechnung der Werbeschaltungen entscheiden Sie sich?
   (in Anlehnung an Skiera 2002).
2. Ein Suchmaschinenanbieter versucht bei seinen AdWords, den Gewinn zu maximieren. Dabei spielen die Clickrate (CTR) und die vom Kunden angegebenen Costs-per-Click (CPC) eine wichtige Rolle. Nehmen Sie an, dass drei Kunden

(K1 bis K3) in einer Kategorie im Wettbewerb stehen und die nachfolgenden CPCs haben. Zudem hat der Anbieter herausgefunden, dass die CTRs in den folgenden Intervallen gleichverteilt sind:

Kunde	CPC	Geschätzte CTR
K1	0,50 €	[0,025; 0,055]
K2	0,40 €	[0,03; 0,06]
K3	0,35 €	[0,05; 0,06]

a. In welcher Reihenfolge sollte der Anbieter die Werbungen auf Basis der erwarteten Erlöse anordnen?
b. Auf welchen Betrag müsste Kunde 3 seinen CPC erhöhen, um an erster Stelle der AdWords zu erscheinen. Gehen Sie davon aus, dass sich die restlichen Werte nicht ändern.
(vgl. Skiera 2004/2005).

3. Ihre Bekannte betreibt einen kleinen Web-Shop und verkauft darüber Accessoires. Um den Umsatz anzukurbeln möchte sie eine E-Mail Kampagne starten. Ein Direkt-Marketing-Unternehmen hat ihr auf eine Anfrage folgendes mitgeteilt:
   - Angebot 1: Sie erhält 100.000 E-Mail-Adressen zur einmaligen Verwendung. Jede Adresse kostet 0,25 €. Der Anbieter schätzt, dass eine Clickthrough-Rate von 10 % und eine Conversion-Rate von 10 % zu erwarten sind.
   - Angebot 2: Sie erhält 25.000 E-Mail-Adressen für je 1,20 € zur einmaligen Verwendung. Diese Adressen stammen von Kundinnen eines Versandhandels, die modisch interessiert und online-affin sind. Der Anbieter beziffert die Clickthrough-Rate daher auf 20 % und erwartet eine Conversion-Rate von 10 %.

   a. Die Customer-Rentention-Rate beträgt in beiden Fällen 25 %. Ihre Bekannte schätzt den durchschnittlichen Bestellwert eines Kunden auf 60 € pro Bestellung. Die Marge beträgt 50 %. Zu welcher Entscheidung würden Sie Ihrer Bekannten raten?
   b. Ihre Bekannte meint, dass 100.000 Adressen für die erste Kampagne etwas zu hoch gegriffen sind. Was meinen Sie?
   c. Welche Ratschläge würden Sie Ihrer Bekannten geben, um die Anzahl der Bestellungen und die Anzahl der treuen Kunden zu steigern?
   (vgl. Skiera 2000/2001).

4. Sie wollen 50.000 Briefe und E-Mails im Rahmen einer Direktmarketingkampagne versenden. Sie gehen von 30.000 € Gesamtkosten aus. Die erwartete Response-Rate beträgt 10 % und die Conversion-Rate bei den Antworten 15 %.

   Der durchschnittliche Erlös für jeden geworbenen Kunden beträgt 50 €. Berechnen Sie die Anzahl der Käufer, die Kosten pro Antwort, die Kosten pro Käufer, den gesamten Erlös und den ROI (Return on Investment) der Kampagne.
(vgl. Skiera 2000/2001).

5. Sie betreiben eine Webseite zur Fußball-WM 2010. Neben allgemeinen Informationen betreiben Sie auch einen Fan-Shop. Sie überlegen, ob Sie nun als Affiliate ein Angebot in Ihre Webseite einbauen sollen.
   a. Welche Chancen und Risiken müssen Sie bei einem Affiliate berücksichtigen?
   b. Ihre Webseite hat zurzeit 220.000 Pageimpressions und 45.000 Visits pro Monat. Wenn Sie Bannerwerbung auf Ihre Startseite schalten, können Sie einen Tausenderkontaktpreis von 15 € erzielen. Ein Online-Händler würde Sie bei Einbindung in Ihre Startseite mit 5 % des erzielten Umsatzes durch einen über Ihre Webseite vermittelten Kunden entlohnen. Sie schätzen, dass bei 4 % der Visits auf das Angebot des Online-Händlers geklickt wird. Die Conversion-Rate des Online-Händlers für diese weitervermittelten Neukunden beträgt 10 %, wobei diese bei ihrem Erstkauf einen durchschnittlichen Umsatz von 25 € generieren. Wie hoch sind Ihre monatlichen Provisionserlöse, wenn Sie nur Erstkäufe berücksichtigen?
   c. Wie hoch sind Ihre monatlichen Provisionserlöse durch den Online-Händler, wenn Sie eine Wiederverkaufsrate von 50 % bei Ihren vermittelten Neukunden berücksichtigen und diese insgesamt maximal dreimal bei Ihnen kaufen?
   d. Neben dem Angebot von des Online-Händlers haben Sie noch Platz für Werbebanner auf Ihrer Startseite. Wie hoch sind die Einnahmen aus der Schaltung auf dieser Fläche, wenn Sie im Durchschnitt 20 % Ihrer Seitenaufrufe für Bannerschaltungen verkaufen können?
   (in Anlehnung an Skiera 2004/2005).
6. Zur „Response Optimierung" der zukünftigen Werbeaktionen wird im Rahmen der CRM-Anwen-dungssoftware eines Verlages folgender Lösungsvorschlag beschritten:

Kategorie	Ohne CRM-Lösung	Mit CRM-Lösung
Versand der Werbebotschaft	1 Mio. Adressen	Nur die „profitabelsten" 10 %
Kosten	2 €/Sendung	2,5 €/Sendung
Antwortrate	0,5 %	1,5 %
Umsatz pro Antwort	250 €	250 €
Gesamtumsatz		
Ertrag		

   Ermitteln Sie den Ertrag der einzelnen Lösungen.
7. Ein Online-DVD-Verleiher erhält von einem Suchmaschinenanbieter das Angebot, Keyword-Advertising zu betreiben. Erfahrungsgemäß, so der Anbieter, können Sie mit einem Cost-per-Click (CPC) von 0,50 € rechnen. 5 % der Personen, die über einen solchen Click auf Ihrer Webseite gelangt sind, unterzeichnen dann einen jederzeit zum Monatsende wieder kündbaren Vertrag.
   a. Wie hoch sind die Akquisitionskosten pro Kunden (AK)? (Hilfestellung: AK = CPC/CR, mit CR = Kunden/Click)
   b. Sie bieten den Verleih von DVDs für monatlich 20 € an. Typischerweise werden fünf DVDs pro Monat entliehen und Sie rechnen mit Kosten in Höhe von 3 € pro Verleih

einer DVD. 6 % Ihrer Kunden kündigen jeden Monat. Sie rechnen mit einem monatlichen Diskontsatz von 1 %. Wie hoch ist der Kundenlebenswert eines über den Suchmaschinenanbieter gewonnen Kunden? Der Kundenlebenswert (CLV) berechnet sich mit folgender Formel:

$$\begin{aligned} \text{CLV} &= \frac{\sum \text{CCF} \cdot \text{r}}{(1+\text{k})^{\text{t}}} - \text{AK} \\ &= \text{CCF} \cdot \frac{(1+\text{k})}{(1+\text{k}) - \text{r}} - \text{AK} \end{aligned}$$

Mit CCF = Cashflow pro Kunde im Monat
k = Diskontierungsfaktor
r = Kundenabwanderungsrate

c. Wie verändert sich der Kundenlebenswert, wenn Sie dem Suchmaschinenanbieter einen höheren Cost-per-Click von 1,50 € und gleichzeitig den erreichten Kunden einen Preisnachlass von 3 € im Monat anbieten? Welches Argument lässt sich hier gegen die Berechnung vorbringen?
d. Welche Auswirkung hat eine Senkung der monatlichen Kundenabwanderungsrate um einen Prozentpunkt? Gehen Sie von Aufgabe b) aus.
e. Welche Auswirkung hat eine Steigerung der monatlichen Kundenabwanderungsrate um einen Prozentpunkt?
(vgl. Skiera 2004/2005).

8. Eine Bank hat die Vertriebskanäle der Filiale (persönliche Betreuung) und eines Call-Centers (keine persönliche Betreuung). In beiden Kanälen werden die gleichen Preise angeboten und es wird ein Deckungsbeitrag von 20 % erzielt. Das Management geht davon aus, dass das „Share of Wallet" (Anteil an den Umsätzen des Kunden in der betreffenden Produktkategorie) bei einer persönlichen Betreuung 20 % und bei einer Betreuung durch das Call-Center 8 % beträgt. Die Kosten der persönlichen Betreuung liegen bei 300 €/Jahr, die Betreuungskosten beim Call-Center bei 50 €/Jahr. Das Management möchte die Kunden in Abhängigkeit vom Umsatzpotential den beiden Kanälen zuordnen. Wie könnte eine solche Einteilung vorgenommen werden?
(vgl. Skiera 2004/2005).
9. Die Bannerwerbung für die Kontaktbörse „findemich.de" führt bei einem Tausenderkontaktpreis von 12 € zu einer Clickthrough-Rate von 1 %. Von den Besuchern lassen sich 10 % als neue Nutzer registrieren. Der Monatsbeitrag beträgt 5 €. Die variablen Kosten der Börse liegen bei 1 €. Erfahrungsgemäß bleiben 80 % dieser Nutzer auch in den folgenden Monaten Mitglied zu einem monatlichen Preis von 5 €. Die Kunden werden ihre Mitgliedschaft spätestens nach sechs Monaten beenden und andere Wege der Partnersuche beschreiten.
a. Wie hoch sind die Akquisitionskosten eines Neukunden?
b. Wie hoch ist der Kundenlebenswert eines Neukunden?

c. Ihr Chef ist der Auffassung, dass bei einem Mitgliedsbeitrag von 3 € die Kundenbindungsrate auf 90 % gesteigert werden könnte (bei Beendigung der Mitgliedschaft nach sechs Monaten). Teilen Sie diese Auffassung?
d. Ihr Chef bleibt bei einem Monatsbeitrag von 5 € pro Monat. Er teilt Ihnen aber nun mit, dass im Durchschnitt jeder Dritte durch Bannerwerbung gewonnene Kunde auf der Partnerbörse so erfolgreich ist, dass er Ihnen kostenlos einen weiteren Neukunden vermittelt. Empfehlen Sie Ihrem Chef, die Bannerwerbung weiter zu schalten?
(in Anlehnung an Skiera 2003/2004).

10. Bürogerätehändler Freundlich will mehr über die Profitabilität seiner Kunden erfahren und möchte dazu Informationen über den Kundenwert ermitteln. Er beauftragt Sie mit der Berechnung des durchschnittlichen Wertes seiner Neukunden. Im ersten Jahr hat die Firma 20.000 Neukunden mit durchschnittlich 1,8 Bestellungen und einem durchschnittlichen Kaufvolumen von 2.980 € pro Bestellung. Die direkten Kosten betragen 70 % des Gesamtertrages. Zudem fallen in diesem Jahr pro Neukunde 630 € Akquisitionskosten an. Der Diskontierungsfaktor beträgt 1,13 (Diskontsatz: 13 %)
a. Berechnen Sie den durchschnittlichen Kundenwert eines Neukunden des Händlers.
b. Herr Freundlich möchte wissen, wie sich der Kundenwert in den nächsten zwei Jahren entwickelt. Folgende Zahlen sind bekannt:

	Zweites Jahr	Drittes Jahr
Retention Rate	60 %	65 %
Durchschnittliche Anzahl Bestellungen im Jahr	2,6	3,6
Durchschnittliches Kaufvolumen pro Bestellung	5.589 €	9.106 €
Anteil der direkten Kosten am Gesamtertrag	65 %	63 %
Diskontsatz im Jahr	13 %	13 %

(vgl. Skiera 2003/2004).

11. Der Autokonzern „XY“ hat im Verkaufsbezirk Nordrhein-Westfalen eine Kundendatenbank aufgebaut. Im Rahmen einer umfangreichen CRM-Anwendung wurde unter Berücksichtigung von Kaufsumme, Produktionskosten, Marketingkosten und anderen Größen ein Scoring-Modell zur Ermittlung des Kundenwertes implementiert. Die nachfolgende Tabelle zeigt dieses Modell:

Bewertungskriterien		Scores
Alter	> 60	0,5
	50–59	1
	40–49	2
	30–39	3

Bewertungskriterien		Scores
Kaufsumme	< 20.000 €	1
	21. – 40.000 €	2,4
	41. – 60.000 €	4,2
	60. – 120.000 €	6
Haltedauer/Neukauf	0–2 Jahre	3,3
	3–4 Jahre	1,2

Ermitteln Sie den Kundenwert folgender Kunden:
A: 55 Jahre, Kaufsumme 70.000 €, alle 2 Jahre Neukauf
B: 40 Jahre, Kaufsumme 42.000 €, alle 4 Jahre Neukauf
C: 30 Jahre, Kaufsumme 39.000 €, alle 4 Jahre Neukauf

12. Ein Klingeltonanbieter sieht sich mit der Abwanderung von Kunden konfrontiert. Sie haben ein Segment von Kunden mit folgenden Angaben identifiziert:
    - Durchschnittliche Einzahlung eines Kunden im Jahr 50 €.
    - Durchschnittliche Auszahlungen für einen Kunden im Jahr 12 €.
    - Durchschnittliche Kundenlebenszeit 3 Jahre ($t = 0, 1, 2$).
    - Diskontfaktor 10 %.
    a. Eine Maßnahme zur Kundenrückgewinnung würde Auszahlungen von 100 € je Kunde erfordern. Würden Sie die Maßnahme durchführen, wenn Sie annehmen, dass sich nach der erfolgreichen Kundenrückgewinnung die jährlichen Einzahlungen je Kunde von Periode zu Periode um 1 % erhöhen und die Kunden durchschnittlich vier Jahre Kunde sein werden? Gehen Sie davon aus, dass für dieses Segment eine Rückgewinnungswahrscheinlichkeit von 85 % vorliegt und Ein- bzw. Auszahlungen jeweils zu Beginn der Periode anfallen.
    b. Wie hoch hätten die Auszahlungen für die Akquisition der Kunden unter dem Gesichtspunkt der Rentabilität vor drei Jahren höchstens sein dürfen? (vgl. Skiera 2004/2005).
13. Das Unternehmen fixtrade.com betreibt einen horizontalen B2B-Marktplatz für mittelständische Unternehmen mit einer selbst entwickelten Software-Lösung. Fixtrade gewinnt 40 % seiner am Marktplatz registrierten Teilnehmer durch Werbung (On- und Offline), 35 % durch Weitervermittlung (z. B. durch eine Bank) und 25 % durch direkte Ansprache seiner Verkaufsmitarbeiter. Im Mai haben sich aufgrund von Werbung 120 Unternehmen neu registriert, wobei die Werbeausgaben 8.000 € für Online-Medien und 1.500 € für Offline-Medien betrugen. Für weitervermittelte Kunden muss fixetrade.com eine einmalige Gebühr von 100 € pro registriertem Kunden zahlen. Der Verkaufs-außendienst verursacht monatliche Kosten von 12.000 € für zwei Mitarbeiter.
    a. Wie viele Unternehmen haben sich aufgrund der Bemühungen des Verkaufsaußendienstes im Mai registriert? Gehen Sie davon aus, dass die oben angegebene Verteilung der registrierten Teilnehmer auf die unterschiedlichen Akquisitionsformen auch im Mai Gültigkeit hatte.

b. Berechnen Sie die Akquisitionskosten pro Kunden für alle drei Akquisitionsformen separat sowie deren gewogenen Durchschnitt.
c. Die Unternehmen auf dem Marktplatz lassen sich in zwei Kategorien einteilen:

Element	Große Mittelständler (GM)	Kleine Mittelständler (KM)
Akquisitionsform	Ausschließlich Verkaufsaußendienst	Ausschließlich Werbung und Weitervermittlung
Aktiv am Marktplatz	30 %	40 %
Durchschnittlicher Umsatz je Transaktion im Monat	5.000 €	1.500
Durchschnittliche Anzahl der Transaktionen je Monat	3	5
Transaktionsgebühr bezogen auf Transaktionsvolumen	1 %	1 %
Fixe Bearbeitungskosten je Transaktion	10 €	10 €
Monatlicher Deckungsbeitrag		

Ermitteln Sie den monatlichen Deckungsbeitrag für die am Marktplatz aktiven Unternehmen (GM und KM).

d. Nach wie vielen Monaten haben sich die Akquisitionskosten für ein GM bzw. ein KM im Durchschnitt amortisiert? Beachten Sie, dass nicht alle GM bzw. KM aktiv handeln. Das Unternehmen möchte im Juni gegenüber Mai zusätzlich 50.000 € für Kundenakquisition ausgeben. Wie würden Sie das Geld auf die verschiedenen Akquisitionsformen aufteilen? Begründen Sie Ihre Antwort.
e. Der Vorstand erwägt die Einführung eines neuen Preismodells mit zwei optionalen Tarifen, die das Unternehmen selbst aussuchen kann:
   - Transaktionsgebühr 1 %.
   - Pauschalgebühr pro Transaktion von 30 €.
     Weiterhin fallen fixe Bearbeitungskosten pro Transaktion in Höhe von 10 € an. Welchen Tarif würde ein GM bzw. KM wählen? Berechnen Sie ausgehend von dieser Entscheidung den monatlichen Deckungsbeitrag pro Unternehmen (GM und KM).
     (in Anlehnung an Skiera 2001/2002).

Literatur

Apel D et al (2009) Datenqualität. erfolgreich steuern – Praxislösungen für Business-Intelligence-Projekte. Hanser, Paderborn

Batini C, Scannapieca M (2006) Data quality – concepts, methodologies and techniques. Springer, Heidelberg

Bieger T et al (2002) Strukturen und Ansätze einer Gestaltung von Beziehungskonfigurationen – Das Konzept Geschäftsmodell. In: Bieger T (Hrsg) Zukünftige Geschäftsmodelle – Konzepte und Anwendungen in der Netzökonomie. Springer, Berlin, S 35–59

Bouwman H, De Vos H, Haaker T (2008) Mobile service innovation an business models. Springer, Berlin

Deinlein J (2003) Tragfähigkeit von Geschäftsmodellen der New Economy. Gabler, Wiesbaden

Eppler M, Helfert M (2004) Framework for the classification of data quality costs and an analysis of their progression. In: Proceedings of 9th international conference on information quality. The MIT Press, Cambridge, S 311–325

Eppler M (2006) Managing information quality – increasing the value of information in knowledge-intensive products and processes, 2. Aufl. Springer, Berlin

Graf A (2008) Geschäftsmodelle. im europäischen Automobilvertrieb. Gabler, Wiesbaden

Heinemann JH (2007) Nutzung von Elektronischen Marktplätzen im Hersteller-Distributionssystem – darge-stellt am Beispiel des Automobilvertriebs. Sankt Gallen. http://www1.unisg.ch/www/edis.nsf/SysLkpByIdentifier/3294/$FILE/dis3294.pdf. Zugegriffen: 4. Nov. 2012

Hippner H, Merzenich M, Wilde KD (2002) Handbuch Web Mining im Marketing. Springer, Wiesbaden

Homburg C, Bucerius M (2006). Kundenzufriedenheit als Managementherausforderung. In: Homburg C (Hrsg) Kundenzufriedenheit. Konzepte – Methoden – Erfahrungen. Gabler, Wiesbaden, S 53–89

Horn N (2012) Online-Kommunikation. Theoretische Grundlagen, Instrumente und ihre Anwendung im Personaldienstleistungssektor, Master-Arbeit, Fachhochschule Koblenz, Rhein-Ahr-Campus (unveröffentlicht)

Kink N (2009) Controlling und Datenqualität. Z Control Manag 1(53):9–10

Kilian T, Langner S (2010) Online-Kommunikation – Kunden zielsicher verführen und beeinflussen. Gabler, Wiesbaden

Krafft M, Götz O (2006) Der Zusammenhang zwischen Kundennähe, Kundenzufriedenheit und Kunden-bindung sowie deren Erfolgswirkungen. In: Hippner H, Wilde KD (Hrsg) Grundlagen des CRM. Konzepte und Gestaltung, 2. Aufl. Gabler, Wiesbaden, S 325–356

Kraus R (2005) Strategisches Wertschöpfungsdesign:. Ein konzeptioneller Ansatz zur innovativen Gestaltung der Wertschöpfung. Deutscher Universitäts-Verlag, Wiesbaden

Lee Y et al (2006) Journey to data quality. The MIT Press, Cambridge

Nerdinger FW, Neumann C (2007) Kundenzufriedenheit und Kundenbindung. In: Moser K (Hrsg) Wirtschaftspsychologie. Springer, Berlin, S 128–146

NetGenesis Corp (2003) E-Metrics, business metrics for the new economy. htttp://maya.cs.depaul.edu/~classes/ect584/papers/e-metrics.pdf. Zugegriffen: 17. Nov. 2012

Osterwalder A (2004) The business model ontology: a proposition in a design science approach. Lausanne (http://www.hec.unil.ch/aosterwa/phd/osterwalder_phd_bm_ontology.pdf. Zugegriffen: 18. Okt. 2012)

Osterwalder A, Pigneur Y (2010) Business model generation – A handbook for visionaries. Game Changers, and Challengers. http://www.businessmodelgeneration.com/book. Wiley, New Jersey

Österle H (1996) Business engineering: transition to the networked enterprise. Electron Mark (EM) 6:14–16

Peter SI (1997) Kundenbindung als Marketingziel: Identifikation und Analyse zentraler Determinanten. Gabler, Wiesbaden

Reese F (2008) Web Analytics – Damit aus Traffic Umsatz wird: Die besten Tools und Strategien. BusinessVillage, Göttingen

Rentmeister J, Klein S (2003) Geschäftsmodelle – ein Modebegriff auf der Waagschale. Z Betriebswirtschaft 67(1):18–30

Riemer K, Müller-Lankenau C (2005) Web-Evaluation: Einführung in das Internet-Qualitätsmanagement, Kompetenzcenter Internetökonomie und Hybridität der Universität Münster, Nr. 21 ((http://miami.uni-muenster.de/servlets/DerivateServlet/Derivate-(4584/21_arbeitsberichte_internetoekonomie.pdf. Zugegriffen: 17. Okt. 2012)

Rohweder J et al (2011) Informationsqualität – Definitionen, Dimensionen und Begriffe. In: Hildebrandt K, Gebauer M, Hinrichs H, Mielke M (Hrsg) Daten und Informationsqualität – Auf dem Weg zur Information Excellence, 2. Aufl. Springer, Wiesbaden, S 25–45

Scheer C et al (2003) Geschäftsmodelle und internetbasierte Geschäftsmodelle – Begriffsbestimmung und Teilnehmermodell. Universität, Mainz. http://wi.bwl.uni-mainz.de/publikationen/isym012.pdf. Zugegriffen: 17. Nov. 2012

Schwickert AC, Wendt P (2000) Controlling-Kennzahlen für Web Sites; Arbeitspapiere WI. Nr. 8/2000. http:/www/wi.uni-giessen.de/gi/dl/showfile/Schwickert/1168/Apap_WI_2000_08.pdf. Zugegriffen: 16. Aug. 2012

Skiera B (2000/2001) Universität Frankfurt am Main, Übungsaufgaben zur Vorlesung Electronic Commerce I: Business to Consumer. Wintersemester

Skiera B (2001/2002) Universität Frankfurt am Main, Übungsaufgaben zur Vorlesung: Electronic Commerce II: Business to Business. Wintersemester

Skiera B (2002) Universität Frankfurt/Main, Vorlesung: Business Pläne und Markt-forschung im Internet. SS

Skiera B (2003/2004) Universität Frankfurt am Main, Übungsaufgaben zur Vorlesung Electronic Commerce II: Business to Consumer. WS

Skiera B (2004/2005) Universität Frankfurt am Main, Vorlesung E-Commerce. Wintersemester

Spath D, Weiner N, Renner T, Weisbecker A (Hrsg) (2012) Neue Geschäftsmodelle für die Cloud entwickeln. Methoden, Modelle und Erfahrungen für Software-as-a-Service im Unternehmen. Fraunhofer-Verlag, Stuttgart

Stähler P (2002) Geschäftsmodelle in der digitalen Ökonomie, 2. Aufl. Josef Eul Verlag, Lohmar

Stolz CD (2008) Erfolgsmessung. Informationsorientierter Websites. Books on Demand, Norderstedt

Timmers P (1998) Business Models for Electronic Markets. Electron Mark 8:3–8

Timmers P (2000) Electronic. Commerce. Wiley, Chichester

Wang R, Strong D (1996) Beyond accuracy: what data quality means to data consumers. J Manag Inf Sys 12(4):5–33

Weiner N, Renner T, Kett H (2010a) Geschäftsmodelle im Internet der Dienste – Aktueller Stand in Forschung und Praxis. Fraunhofer-Verlag, Stuttgart

Weiner N, Renner T, Kett H (2010b) Geschäftsmodelle im Internet der Dienste – Trends und Entwicklungen auf dem Deutschen IT-Markt. Fraunhofer-Verlag, Stuttgart

Wirtz B (2001) Electronic Business, 2. Aufl. Gabler, Wiesbaden

Wirtz B, Mathieu A (2001) B2B-Marktplätze. – Erscheinungsformen und ökonomische Vorteile. WISU 10:1332–1342

Wirtz B (2002) Erfolgsfaktoren und Perspektiven von B2B-Marktplätzen. WISU 2/2002:223–228

Wirtz B (2010) Electronic Business, 3. Aufl. Gabler, Wiesbaden

Wolf J (2011) Organisatorische Maßnahmen für gute Datenqualität. In: Hildebrand K, Gebauer M, Hinrichs H, Mielke M (Hrsg) Daten- und Informationsqualität – Auf dem Weg zur Information Excellence, 2. Aufl. Springer-Vieweg, Wiesbaden, S 241–259

Zumstein D (2012) Web Analytics. Explorative Analyse zu Einsatz, Nutzen und Problemen, Fribourg. http://ethesis.unifr.ch/theses/ZumsteinD.pdf?file=ZumsteinD.pdf. Zugegriffen: 15. Sept. 2012

10 Zusammenfassung Teil II: „Regeln elektronischer Märkte“

Die wichtigste Eigenschaft elektronischer Märkte ist die Aufhebung der räumlichen und zeitlichen Dimension. Elektronische Märkte sind virtuelle Märkte und kommen damit dem abstrakten Ideal der Ökonomie in vielen Punkten näher. Es gibt allerdings auch einige Regeln, die dieses Ideal relativeren. Drei Beispiele:

1. Auch elektronische Märkte sind keine perfekten Märkte (Abb. 10.1). Preisvergleiche sind zwar durch Suchmaschinen und Preisvergleichssysteme leichter geworden, aber Such- und Wechselkosten, Informationsasymmetrien sowie mangelndes Vertrauen können diese Vorteile teilweise sogar überkompensieren. Das fehlende Vertrauen der Marktpartner lässt sich mit Hilfe von Technologien nur bedingt herstellen. Da sich Anbieter und Nachfrager nicht physisch treffen, gewinnt die Reputation den Charakter einer „Währung“. Nicht in allen Bereichen weisen elektronische Märkte daher gegenüber traditionellen Märkten eine größere Effizienz auf. Es kommt ganz entscheidend auf die Art der Güter (z. B. Such-, Erfahrungs- und Vertrauensgüter) und die Ausgestaltung der einzelnen Transaktionsphasen an.
2. Die Transparenz elektronischer Märkte ist nicht grundsätzlich gegeben, sondern muss differenziert beurteilt werden (Abb. 10.2). Zugenommen hat die Transparenz auf elektronischen Märkten mit homogenen Gütern für Nachfrager und Anbieter gleichermaßen. Zu fragen ist daher, wer daraus einen größeren Nutzen zieht. Durch größere Informationsvielfalt ist eine Erhöhung der Marktmacht auf Kundenseite, aber auch eine Konzentration auf Händlerseite möglich. Preise werden durch dynamische Verfahren individueller. Offen ist, wer davon profitiert. Der Kunde kann auf elektronischen Märkten vielfach personalisierter angesprochen werden als auf traditionellen Märkten (Abb. 10.2). Dies gilt zumindest dann, wenn hinreichend aussagefähige Kundenprofile vorliegen. Vor allem durch die Entwicklung hin zum Web 2.0 wandelt sich die Rolle der Benutzer bzw. Kunden. Sie erstellen und bearbeiten Inhalte in quantitativ und qualitativ entscheidendem Maße selbst. Maßgebliche Inhalte werden nicht

R. Clement, D. Schreiber, *Internet-Ökonomie*, Springer-Lehrbuch,
DOI 10.1007/978-3-642-36719-9_10,

„Der Wettbewerber ist nur ein Mausklick entfernt. Elektronische Märkte sind nahezu perfekte Märkte.“

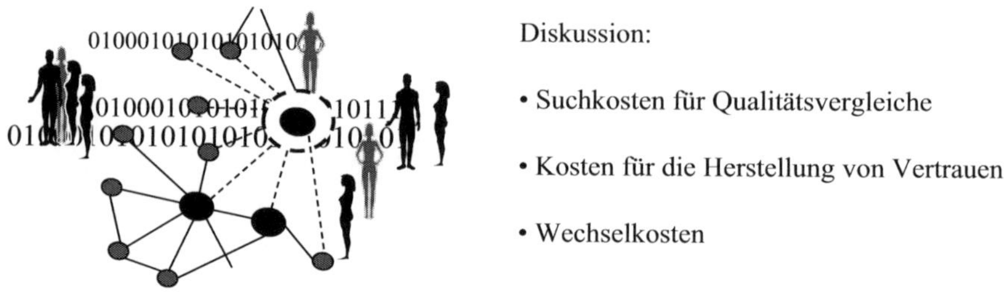

Abb. 10.1 „Nicht alle elektronischen Märkte sind perfekt“

„Der Verbraucher verfügt über eine große Informationsvielfalt. Er wird souveräner und bestimmt weitgehend das Angebot.“

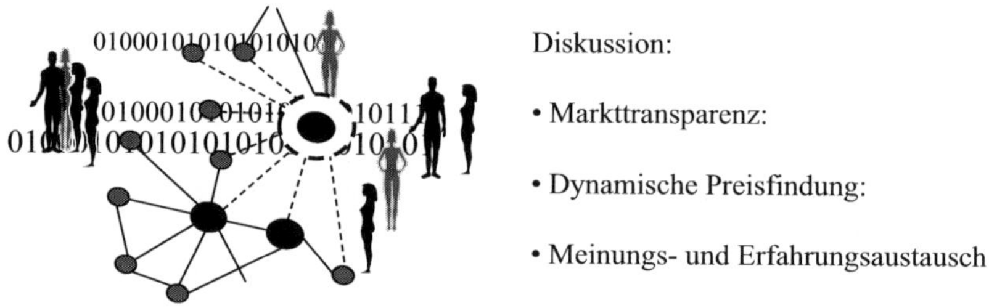

Abb. 10.2 „Nicht alle elektronischen Märkte sind transparent“

mehr nur zentralisiert von großen Medienunternehmen erstellt und über das Internet verbreitet, sondern auch von einer Vielzahl von Individuen, die sich mit Hilfe sozialer Software zusätzlich untereinander vernetzen. Aus ökonomischer Sicht könnte von einer zunehmenden Konsumentensouveränität gesprochen werden. Doch diese Betrachtung ist nur bedingt richtig. Es gibt auch Entwicklungen, die der Kundenmacht entgegenwirken. So stellt sich u. a. die Frage der Glaubwürdigkeit von Informationen und ist zu klären, wie mit der Vielfalt an Informationen effizient umzugehen ist.

3. Die IuK-Technologien heben raumzeitliche Beschränkungen auf. Der elektronisch gestützte Handel gewinnt dadurch zusätzliche Freiheitsgrade und wird auch internationaler. Trotzdem gibt es im grenzüberschreitenden Handel nach wie vor Beschränkungen (Abb. 10.3). Sprachliche und kulturelle Barrieren, Preise in anderen Währungen und nicht immer verständliche Geschäftsbedingungen verhindern bzw. erschweren nicht nur die Abwicklung, sondern bereits die Anbahnung ökonomischer Transaktionen vor allem im B2C-Bereich. Kommt es zum Vertragsabschluss, kann sich die Abwicklung langwierig und im Fall von Reklamationen gegebenenfalls schwierig

„Der Verbraucher kann weltweit einkaufen. Der elektronische Marktplatz ist global".

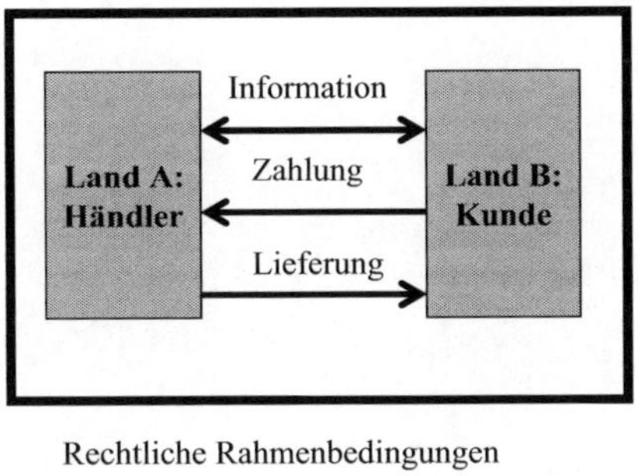

Diskussion:

- Kulturelle und sprachliche Barrieren
- Klare Geschäftsbedingungen
- Rechtliche Rahmenbedingungen

Abb. 10.3 „Nicht alle elektronischen Märkte sind global"

erweisen (z. B. bei nicht-digitalen Gütern). Teilweise unklar ist auch die Zuständigkeit im Fall juristischer Auseinandersetzungen. Dies kann die Transaktionskosten erhöhen. Insgesamt fehlt noch ein globales und konsistentes Regelwerk, das von allen beteiligten Akteuren akzeptiert wird. Angesichts der dezentralen Struktur des Internet stellt sich zudem die Frage, ob dieses überhaupt in absehbarer Zeit aufgebaut werden kann und soll.

Auf elektronischen Märkten gelten im Vergleich zu realen Märkten also keine gänzlich neuen Gesetzmäßigkeiten. Allerdings verändern sich die Spielregeln durch die mit der Ökonomie verknüpften Technologien. Das traditionelle ökonomische Instrumentarium, Typologien von Geschäftsmodellen und ökonomische Kennziffern lassen sich im Kern aber gut auch auf die Analyse elektronischer Märkte anwenden.

Teil III

Tauschen, Teilen und soziale Interaktion in elektronischen Netzwerken

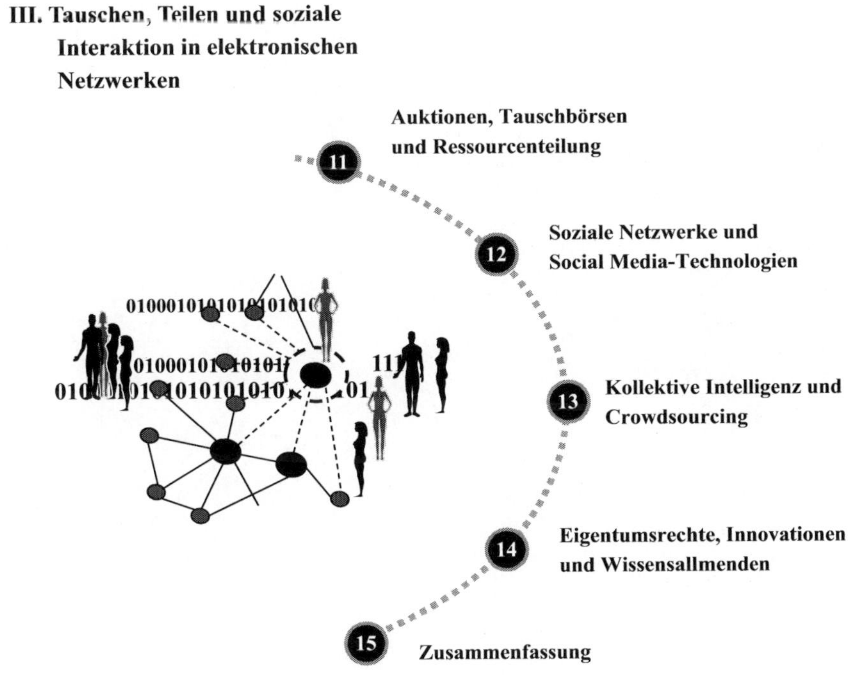

Auktionen, Tauschbörsen und Ressourcenteilung

11

11.1 Inhalt und Schlüsselbegriffe

Inhalt

Im Internet finden sich Auktionsplattformen und Tauschbörsen, auf denen Sie eine nahezu unübersehbare Zahl von Gütern kaufen und verkaufen können (Abb. 11.1). Auf klassischen Tauschbörsen wechseln Güter z. B. gegen virtuelle Tauschpunkte den Besitzer. In der Regel tauschen Sie bei der Teilnahme an einer Auktion Güter gegen Geld. Die Mindestgebote sind dabei von verschiedenen endogenen und exogenen Einflussfaktoren abhängig. Unabhängig vom Design der Auktion erfolgt der Zuschlag in etwa in Höhe des zweithöchsten Gebots.

Das Internet befreit die Kommunikation von Raum und Zeit. Sharing-Unternehmen bringen Menschen zusammen, die teilen, mieten oder tauschen wollen und dafür soziale Netzwerke, Webplattformen oder Ortungsdienste nutzen. Dieser Trend wird als gemeinschaftlicher Konsum bezeichnet und kann zur Stärkung nachhaltiger Produktions- und Konsummuster beitragen, da auch gebrauchte und vorhandene Güter einbezogen werden. Das Internet ermöglicht den Austausch von Gütern und Informationen unter Bedingungen der Anonymität und kann zu einer Verletzung von Reziprozitätsnormen führen, die häufig beim Tausch unterstellt werden. Beispiele sind Tauschbörsen für Musik, Filme oder Videos. Überlegungen der Spieltheorie legen im Fall von Tauschbörsen ein Trittbrettfahrerverhalten der Teilnehmer nahe. Dieses Ergebnis kann, muss aber nicht eintreten. Im Fall von illegalen Tauschhandlungen klagen Software-, Musik- und Filmindustrie über Millionenverluste. Andere Autoren hingegen betonen auch die positiven Effekte selbst dieses Tauschhandels. Empirische Untersuchungen zu den

R. Clement, D. Schreiber, *Internet-Ökonomie*, Springer-Lehrbuch,
DOI 10.1007/978-3-642-36719-9_11, © Springer-Verlag Berlin Heidelberg 2013

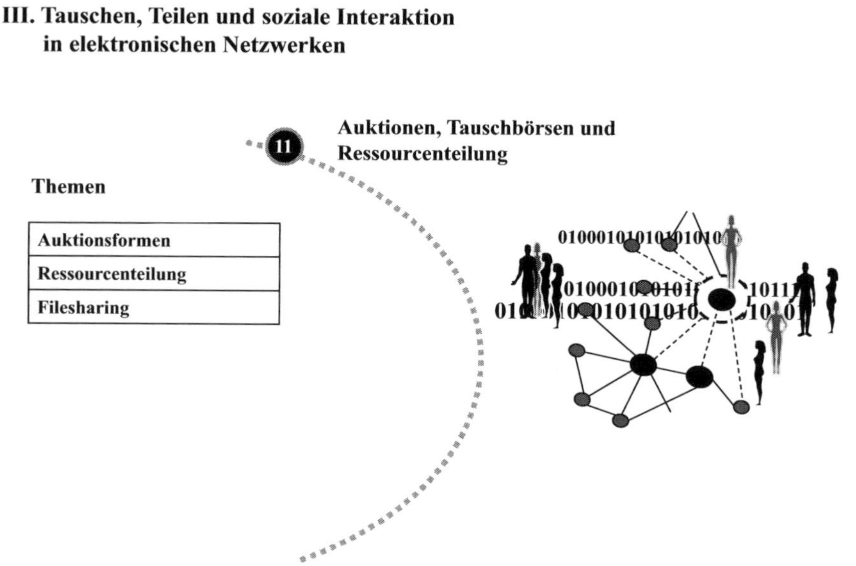

Abb. 11.1 Tauschen und Ressourcenteilung auf elektronischen Märkten

volkswirtschaftlichen Effekten von Filesharing-Aktivitäten lassen keine eindeutigen Schlussfolgerungen zu und machen eine differenzierte Analyse erforderlich.

Schlüsselbegriffe

Elektronische Auktionen; Tauschbörsen; Spieltheorie und Trittbrettfahrerverhalten; Reziprozitätsnormen; Ressourcenteilung; Filesharing; Netzeffekte; Raubkopien.

11.2 Grundlagen

11.2.1 Online-Auktionsplattformen

In privaten Haushalten sammelt sich in vielen Jahren so manches an, was eigentlich überflüssig ist bzw. was nicht mehr gebraucht wird. CDs, Bücher, Filme und Haushaltsgeräte stapeln sich häufig unbeachtet in Kisten und Regalen. Es liegt daher nahe, Hausputz zu betreiben und Platz zu schaffen. Die Versteigerung von gebrauchten Gütern im Internet hat sich inzwischen zu einer alltäglichen Handlung gewandelt und findet seinen Ausdruck in innovativen Geschäftsmodellen. Vor allem die Auktionsplattform eBay gilt als einer der größten Online-Marktplätze weltweit, auf dem Sie praktisch alles kaufen und verkaufen können.

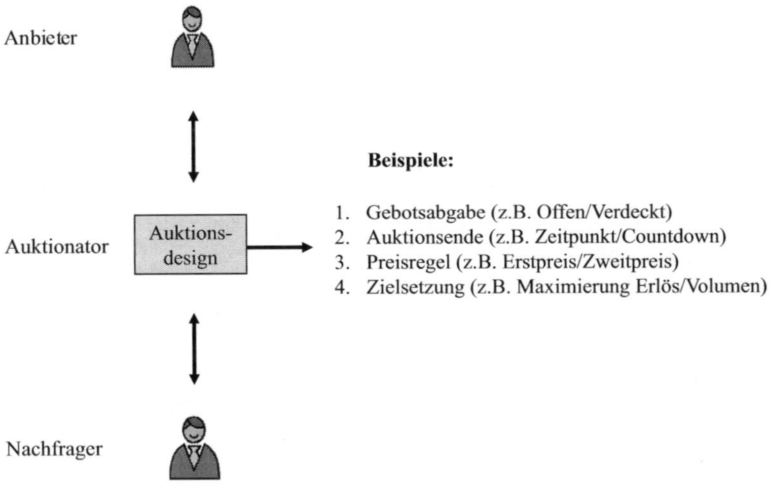

Abb. 11.2 Auktionsmechanismus

Auktionen und Informationsasymmetrien Im Fall einer Auktion werden von potentiellen Käufern und/oder Verkäufern Gebote abgegeben. Der Auktionsmechanismus ist durch verschiedene Gestaltungsmerkmale bestimmt (Abb. 11.2). Hintergrund dieser Preisfindung sind Informationsasymmetrien im Markt. Ein Anbieter kennt häufig nicht die Zahlungsbereitschaft seiner Kunden. Setzt er einen zu hohen Preis fest, so kann er seine Ware nicht verkaufen. Setzt er seinen Preis zu niedrig fest, so schöpft er die Zahlungsbereitschaften der Kunden nicht aus. Die Auktion stellt in dieser Situation eine dynamische Form der Preisfindung bereit, die im Idealfall die Zahlungsbereitschaft der Kunden optimal ausschöpft.

Folgende Formen der Informationsasymmetrien sind im Kontext von Auktionen zu unterscheiden (Abb. 11.3):

- Im Fall von private value Auktionen besteht eine Präferenzenunsicherheit. Jeder Bieter bewertet das Auktionsobjekt individuell, so dass der private Wert (private value) der persönlichen Zahlungsbereitschaft entspricht. Es existiert aufgrund der individuellen Gebote kein objektiver Referenzwert (innerer Wert), auf den sich die Bieter festlegen können. Ein Beispiel ist die Versteigerung eines Bildes von einem unbekannten Künstler, das von den einzelnen Bietern unterschiedlich eingeschätzt wird.
- Im Fall von common value Auktionen liegt eine Qualitätsunsicherheit vor. Das Objekt hat einen eindeutigen und objektiven Wert, der für alle Bieter übereinstimmt. Allerdings ist den Bietern dieser Wert nicht bekannt. Auf der Basis von Informationen, die zwischen den Bietern variieren, erstellt jeder Bieter eine unabhängige Einschätzung dieses objektiven Wertes. Ein Beispiel ist die Versteigerung der Förderrechte von Öl. Hier bestimmt das im Ölfeld vorhandene Vorkommen den objektiven Wert des Rechts, der bei gegebenem Ölpreis von allen Bietern als identisch angesehen wird. Zum

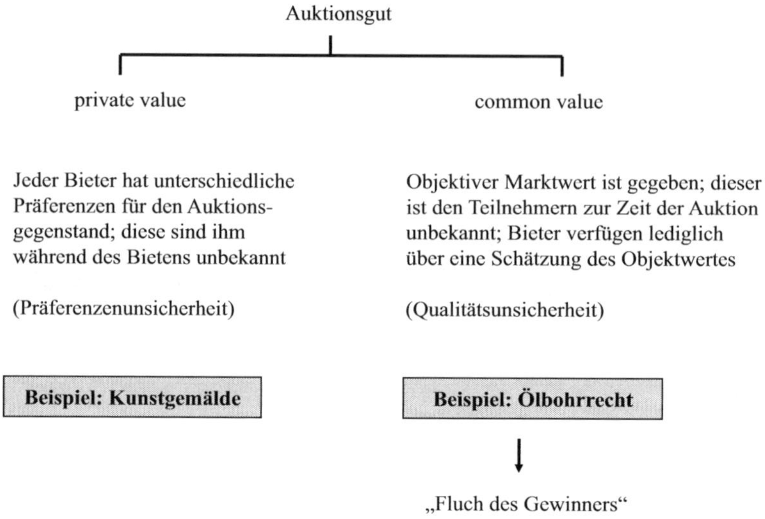

Abb. 11.3 Private value und common value Auktion

Versteigerungszeitpunkt kennen die Bieter die Menge des tatsächlichen Öls nicht, obwohl jeder Bieter über eine private Einschätzung verfügt. Diese private Einschätzung wird durch die Einschätzung der anderen Bieter beeinflusst. In diesem Fall kann der Fluch des Gewinners (winners curse) auftreten. Erstmals wurde dieser Terminus von Capen, Clapp und Campbell (1971) benannt, die die Renditen ersteigerter Ölfelder im Golf von Mexiko untersuchten und feststellten, dass die Gewinne unter den Erwartungen der Unternehmen lagen (vgl. Kagel und Levin 1986; Kagel und Levin 2002). Der Ausdruck des winners curse besagt, dass derjenige Bieter, der das höchste Gebot abgegeben hat, nur deshalb gewinnt, weil er von allen beteiligten Bietern den Wert des Auktionsobjektes am größten überschätzt hat (vgl. Kräkel 1992, S. 82). Der Fluch des Gewinners ist also ein Entscheidungsfehler eines Bieters. Der Bieter zieht statt des Ex-post erwarteten Gewinns fälschlicherweise den Ex-ante erwarteten Gewinn heran. Ein derartiger Fehler im Prozess der Entscheidungsfindung ist schwierig zu erkennen, da lediglich das Ergebnis des Entscheidungsprozesses in Form des abgegebenen Gebots ermittelbar ist. Aus diesem Grund wird der Fluch des Gewinners in Untersuchungen über die abgegebenen Gebote definiert. Das Eintreten wird dann daran festgemacht, dass die abgegebenen Gebote durchschnittlich den wahren Wert des Auktionsobjektes übersteigen. Studien zeigen, dass die Wahrscheinlichkeit des Auftretens und das Ausmaß mit steigendem Grad der Unsicherheit über den Wert des Auktionsgegenstandes und steigender Anzahl der Bieter zunehmen.

Im Fall von Mischformen aus private value Auktionen und common value Auktionen hängt die individuelle Bewertung eines Objekts sowohl von den individuellen Präferenzen als auch von dem objektiven Referenzwert ab (z. B. dem erwarteten Marktpreis).

Kriterium	Offline	Online
Kosten	Hoch (Miete, Personal, Organisation)	Niedrig (geringe Gebühr an Auktionsplattform)
Aufwand	Hoch (Transport, Anfahrt)	Niedrig (kein Transport, keine Anfahrt notwendig)
Teilnehmer-kreis	Klein, da hoher Aufwand	Potential sehr groß, da keine Vorleistung notwendig
Inspektion der Ware	Kann vorgenommen werden	Nicht möglich (Vertrauen in Angaben des Anbieters)
Güter-spektrum	Überwiegend keine neuen Güter	Keine Einschränkungen

Abb. 11.4 Offline- und Online-Auktionen

Beispielhaft seien Antiquitäten genannt, die regelmäßig von Fachleuten geschätzt werden. Sie werden aber im Bietprozess häufig über- oder unterboten. Auch erhöht eine hohe Wertschätzung des einen Bieters die Wahrscheinlichkeit, dass andere Bieter das Gut hoch einschätzen (positive Korrelation).

Die Auktion dient als Mechanismus zur Preisfindung bei unbekannten Marktpreisen (z. B. bei Kunstgegenständen, Antiquitäten; vgl. Milgrom 2004). Sie umfasst einen Bietprozess, bei dem Nachfrager und Anbieter bei einem Intermediär, dem Auktionator, ihre Preisvorstellungen (Gebote) hinterlegen. Zu welchem Zeitpunkt und zu welchen Kriterien ein Handel abgeschlossen wird, unterliegt den Gestaltungsparametern der Auktion. Eine Auktion ist einseitig, wenn nur eine Marktseite (Nachfrager oder Anbieter) Gebote abgeben kann. Bei der zweiseitigen Auktion gehen Gebote sowohl von Nachfrager als auch Anbietern aus. Das Ziel einer Auktion ist es, denjenigen Preis für ein Gut zu ermitteln, der zur Markträumung führt. Unter Markträumung wird die vollständige Zuteilung aller Güter eines Marktes an die Marktteilnehmer verstanden. Auktionen sind also primär auf die effiziente Allokation von Gütern ausgerichtet. Dazu müssen hinreichend viele Handelspartner teilnehmen, so dass der Markt genügend groß bzw. liquide ist. Als Nachteil gilt, dass überwiegend nur entlang der Dimension Preis gehandelt wird. Andere für die Auswahl eines Guts relevanten Aspekte wie z. B. Lieferbedingungen, Menge oder Garantiezeit bleiben unberücksichtigt bzw. sind unveränderlich (vgl. Klemperer 2004).

Online-Auktionen Elektronische Auktionen unterscheiden sich in einigen Gesichtspunkten von Offline-Auktionen (Abb. 11.4). Der Nachteil der Beschränkung auf die Handelsdimension des Preises ist bei elektronischen Auktionen ein Vorteil, da sie die Formalisierung des Bietprozesses erleichtert. Der Grad der elektronischen Unterstützung kann bis zur vollständig automatisierten Durchführung einer Auktion reichen. Ein Beispiel dafür ist der Einsatz von autonomen Bietagenten, die nach einer Programmierung durch den Benutzer selbständig an den Bietprozessen teilnehmen. Üblicherweise beschränkt sich

Tab. 11.1 Merkmalsausprägungen für Auktionen

Gebotsabgabe	Häufigkeit	Einmalig	Iterativ
	Verlauf	Steigend	Fallend
	Sichtbarkeit	Verdeckt	Offen
Transaktionsbildung	Ziele	Erlösmaximierung	Volumenmaximierung
	Preisermittlung	Höchstpreis	Zweitpreis

der Grad der elektronischen Unterstützung jedoch auf die Implementierung des Auktionsmechanismus in ein zentrales System, auf das die Benutzer durch die Abgabe ihrer Gebote zugreifen können. Besonders beliebt ist der Einsatz von Software im Rahmen des Sniping, d. h. des Bietens in letzter Sekunde (vgl. Ockenfels und Roth 2002). Aus den verbindlichen Geboten der Käufer lässt sich automatisch ermitteln, wie viele Käufer das Produkt zu einem bestimmten Preis kaufen würden. Online-Auktionen bieten daher eine Möglichkeit, Preis-Absatz-Funktionen zu ermitteln.

Auktionsdesign Zur näheren Bestimmung des Aktionsablaufs sind verschiedene Merkmalsausprägungen zu unterscheiden (Tab. 11.1). Der Vergleich von Ergebnissen der einzelnen Auktionsformen erfolgt auf Basis eines Zahlenbeispiels mit folgenden Annahmen:

- Es wird ein unteilbares Gut versteigert (private value).
- Jeder Bieter kennt seine eigene Zahlungsbereitschaft (v) für das Objekt, nicht aber die Wertschätzung der anderen potentiellen Käufer.
- Die Wertschätzungen der anderen Auktionsteilnehmer (auch des Anbieters) werden als Ziehung einer allgemein bekannten Wahrscheinlichkeitsverteilung betrachtet.
- Die Bieter sind risikoneutral und treffen untereinander keine Absprachen.
- Die Bieter handeln unabhängig voneinander und rational.
- Geboten wird von drei Personen in Schritten zu 1 € mit folgender Zahlungsbereitschaft (v):
- v1: 100 €; v2: 110 €; v3: 120 €.

Englische Auktion (Abb. 11.5) Es wird der persönliche Höchstpreis geboten. Allerdings nicht sofort, sondern in kleinen Schritten. Der Zuschlag geht an den Bieter mit dem höchsten Gebot. Bieter 1 wird bei einem Preis von 101 € und Bieter 2 bei einem Preis von 111 € aus der Auktion aussteigen. Bieter 3 erhält bei einem Preis von 111 € den Zuschlag. Es wird damit solange mitgeboten, bis die eigene maximale Zahlungsbereitschaft erreicht ist oder bis kein anderer das Gebot überbietet. Der Warenwert entspricht ungefähr dem zweithöchsten Gebot von 110 €. Damit kommt die englische Auktion dem optimalen Bietverhalten sehr nahe.

Gebotsabgabe	Häufigkeit	Einmalig	Iterativ
	Verlauf	Steigend	Fallend
	Sichtbarkeit	Verdeckt	Offen
Transaktionsbildung	Ziel	Erlösmaximierung	Volumenmaximierung
	Preisbildung	Höchstpreis	Zweitpreis

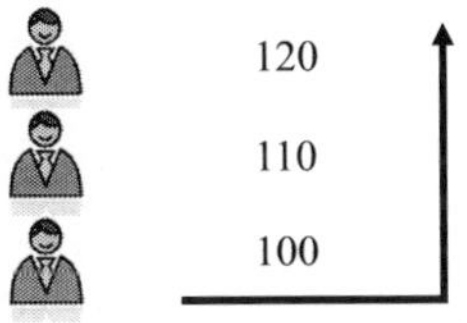

Abb. 11.5 Merkmale der englischen Auktion

Eine Offenlegung der tatsächlichen Zahlungsbereitschaft aller Bieter ist jedoch nicht gewährleistet, wenn die Heterogenität der Zahlungsbereitschaften der Bieter groß ist. Nehmen wir an, vier Bieter haben die Zahlungsbereitschaften 3 €, 4 €, 5 € und 20 €.

Wenn kein Mindestgebot verlangt wird und zu Schritten von 1 € geboten wird, erhält Bieter 4 den Zuschlag zu 6 €. Die höchste Zahlungsbereitschaft wird also nur offenbart, wenn der Unterschied zwischen der höchsten und zweithöchsten Zahlungsbereitschaft nicht größer als die Schrittweite der Gebote ist. Die Zahl der Bieter und der Abstand der Gebote sind also wichtige Erfolgskriterien der englischen Auktion.

Holländische Auktion (Abb. 11.6) Die holländische Auktion ist eine umgekehrte englische Auktion und ein Bieten gegen die Uhr. Zu Beginn wird ein zum Teil unrealistisch hoher Preis gesetzt, der in vordefinierten Zeit- und Preisintervallen gesenkt wird. Derjenige Bieter, der zuerst auf den Preis eingeht, erhält den Zuschlag. Je länger ein Käufer wartet, desto günstiger wird der Preis, aber desto mehr steigt auch das Risiko, dass ihm ein Konkurrent zuvorkommt. Beispiele sind die holländische Blumenauktionen oder die Versteigerung von Gebrauchtwagen. Wenn die Gebote offen abgegeben werden, haben die Teilnehmer keine Chance, sich an den Konkurrenten zu orientieren. Schließlich weiß keiner, wann der Erste zuschlägt. So verführt die holländische Auktion dazu, schnell zu reagieren und die eigene Preisvorgabe zu überbieten (vgl. Söllner, 2008).

Im Beispiel wird Bieter 3 das Gut zu einem Preis von 111 € ersteigern, da dieser Preis knapp über der Zahlungsbereitschaft von Bieter 2 liegt, die 110 € beträgt. Auch im holländischen Verfahren ist damit nicht sichergestellt, dass die Nachfrager zu ihren tatsächlichen Zahlungsbereitschaften kaufen.

Gebotsabgabe	**Häufigkeit**	Einmalig	Iterativ
	Verlauf	Steigend	Fallend
	Sichtbarkeit	Verdeckt	Offen
Transaktions-bildung	**Ziel**	Erlös-maximierung	Volumen-maximierung
	Preisbildung	Höchstpreis	Zweitpreis

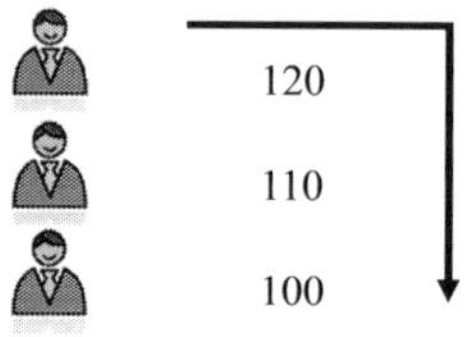

Abb. 11.6 Merkmale der holländischen Auktion

Gebotsabgabe	**Häufigkeit**	Einmalig	Iterativ
	Verlauf	Steigend	Fallend
	Sichtbarkeit	Verdeckt	Offen
Transaktions-bildung	**Ziel**	Erlös-maximierung	Volumen-maximierung
	Preisbildung	Höchstpreis	Zweitpreis

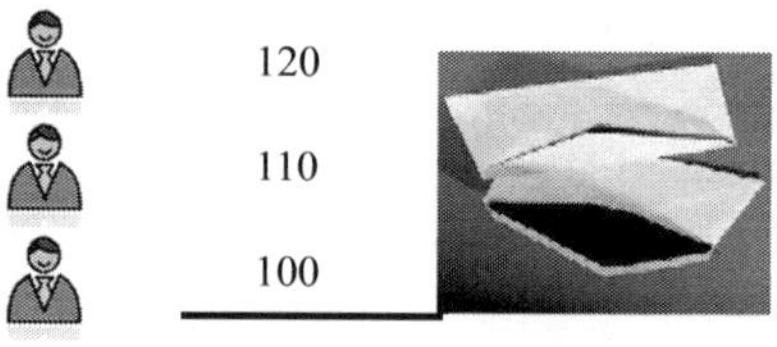

Abb. 11.7 Merkmale der verdeckten Höchstpreisauktion

Verdeckte Höchstpreisauktion (Abb. 11.7) Jeder Bieter übermittelt seinen Preis, wobei die Preise der anderen Bieter geheim bleiben. Die Auktion verläuft im Gegensatz zur englischen Auktion nicht sequenziell, da die Bieter gleichzeitig ein einziges und nicht veränderliches Gebot abgeben. Der Bieter mit dem höchsten Gebot erhält den Zuschlag. Der Bieter muss die Reservationspreise der anderen Bieter einschätzen und sein eigenes Gebot

Gebotsabgabe	Häufigkeit	Einmalig	Iterativ
	Verlauf	Steigend	Fallend
	Sichtbarkeit	Verdeckt	Offen
Transaktionsbildung	Ziel	Erlösmaximierung	Volumenmaximierung
	Preisbildung	Höchstpreis	Zweitpreis

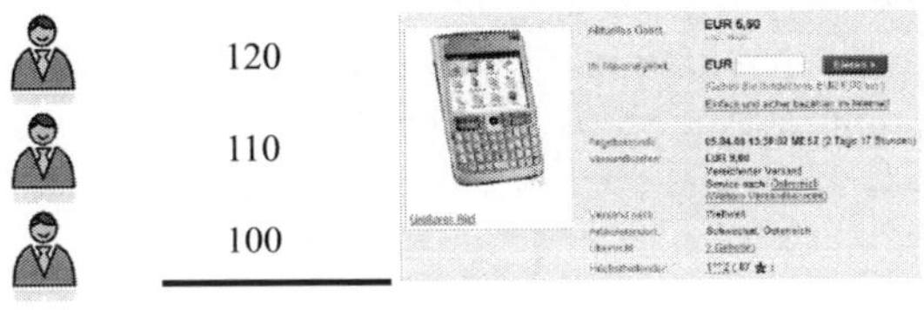

Abb. 11.8 Merkmale der Vickrey-Auktion

so platzieren, dass es marginal über dem der anderen Bieter liegt. Die Höhe des eigenen Gebotes ist damit abhängig von der jeweiligen Einschätzung der Gebote der anderen Marktteilnehmer. Auch hier führt das Auktionsverfahren im Rahmen der unterstellten Annahmen zu einem Zuschlag, der dem Ergebnis der englischen und holländischen Auktion entspricht. Die wahrheitsgemäße Angabe der Zahlungsbereitschaft durch alle Bieter ist damit nicht gewährleistet:

- Bieter 3 hat eine Zahlungsbereitschaft von 120 €.
- Bieter 3 schätzt den Reservationspreis von Bieter 2 bei 110 €, jenen von Bieter 1 bei 100 €.
- Bieter 3 gibt sein Gebot bei 111 € ab, welches unter seiner Zahlungsbereitschaft liegt, jedoch marginal über der Zahlungsbereitschaft von Bieter 2.

Verdeckte Zweitpreisauktion oder Vickrey-Auktion (Abb. 11.8) Die Vickrey-Auktion ist nach dem Nobelpreisträger William Vickrey (1914–1996) benannt. Sie wird vor allem bei geheimen und einmaligen Geboten eingesetzt. Bei dieser Auktionsform erhält der Höchstbietende den Zuschlag, er zahlt aber nur in Höhe des zweithöchsten Gebots. Die Bieter haben in diesem Fall die Strategie einer wahrheitsgemäßen Angabe der tatsächlichen Zahlungsbereitschaft. Bieter 3 nennt also 120 € und zahlt das zweithöchste Gebot, das bei 110 € liegt. In einer Vickrey-Auktion bzw. Zweitpreisauktion ist eine Verbesserung durch Unter- oder Überbieten nicht möglich. Unter- oder Überbieten kann aber schaden:

- Überbietet Person 2, ändert sich nichts, solange das Gebot unter 120 € liegt. Bietet Person 2 z. B. 121 € oder darüber erhält sie den Zuschlag und zahlt 120 € oder mehr.

Der Nettonutzen wäre negativ, z. B. im Fall eines Gebots von 121 €: 110 € − 121 € = −11 €

- Unterbietet Person 3, ändert sich nichts solange das Gebot über 110 € liegt. Bietet Person 3 z. B. 109 € oder weniger, erhält Bieter 2 den Zuschlag und zahlt 109 € oder weniger. Der Nettonutzen von Person 3 wäre Null, da sie das Gut nicht erhält.

Marktdesign für Auktionen Interessante Hinweise zur Ausgestaltung von Auktionen liefert die Theorie des Marktdesigns, die von den Nobelpreisträgern Hurwicz sowie Shapley und Roth auch in den Blickpunkt des öffentlichen Interesses gerückt ist. Beispielhaft sei auf Arbeiten zum so genannten Sniping verwiesen (vgl. Ockenfels und Roth, 2002). Sniper (Heckenschützen) sind diejenigen Bieter, die ihr Gebot erst kurz vor Ende der Auktion eingeben. eBay und Amazon nutzen im Kontext ihrer Auktionen in den USA Zweitpreis-Regeln zur Preisbestimmung. Anders als bei der Vickrey-Auktion findet die Versteigerung jedoch in einem dynamischen und offenen Bietkontext statt:

- Amazon-Auktionen enden „weich". Eine Auktion wird solange über die angestrebte Laufzeit hinaus verlängert, bis zehn Minuten lang kein neues Gebot eingegangen ist.
- eBay-Auktionen enden „hart" zu einer bis auf die Sekunde vorgegebenen festen Endzeit.

Die Auswertung von Handelsdaten zeigt, dass auf eBay ein großer Teil der Gebote erst in den letzten Minuten bzw. Sekunden vor Ende der Auktion abgegeben wird. Durch Zurückhalten eines Gebots bis kurz vor Ende der Auktion soll die eigene Wertschätzung bzw. Zahlungsbereitschaft vor Konkurrenten verschleiert werden. In der Schlussphase geht es dann aber häufig hektisch zu und die Preise schnellen in die Höhe. Bieter können bei dem Versuch scheitern, noch rechtzeitig auf späte Gebote zu reagieren. Um dies zu verhindern, bieten Internet-Auktionshäuser ihren Nutzern die Hilfe eines automatischen Stellvertreters an, der ihre Interessen wahrnimmt. Sie können zu Beginn einer Auktion ein Preisgebot (proxy bid) abgeben, das im System gespeichert wird. Den weiteren Ablauf übernimmt der Agent. Das System erhöht das Gebot automatisch in Höhe der aktuell vorgegebenen Gebotsschritte bis zu dem angegebenen Maximalpreis, sobald ein konkurrierendes, in Echtzeit abgegebenes Gebot von einem anderen Bieter vorliegt. Auch ohne aktiv mitzusteigern, haben die Bieter dann eine Chance, das Versteigerungsobjekt zu erhalten, sofern im Verlauf der Auktion kein höheres Gebot eingeht. Der Kaufpreis liegt dann nur minimal über dem zweithöchsten Angebot und nicht in Höhe des gespeicherten Gebots. Einige Autoren sind der Auffassung, dass es sich bei diesen Internet-Auktionen um Vickrey-Auktionen handelt. Begründet wird dies mit dem Proxy bidding des Gebotsagenten. Der dem Agenten zugewiesene Maximalwert entspricht der eigenen Zahlungsbereitschaft und kann als Höchstgebot aufgefasst werden. Da der Agent stets nur den mindestmöglichen Betrag (Tick) über dem Konkurrentenangebot bietet, erfolgt der Zuschlag nicht zum definierten Höchstgebot, sondern zu dem Preis, den der stärkste Mitkonkurrent zu bieten bereit war. Der Tick wird in dieser Argumentation vernachlässigt und aus der Eigenschaft des Proxy bidding wird eine Zweitpreisregel abgeleitet.

Tab. 11.2 Anreizkompatibilität von Auktionsformen

Auktionsform	Höchstgebot	Zuschlag	Anreizkompatibel
Englisch	111	111	Nein
Holländisch	111	111	Nein
Verdeckte Höchstpreisauktion	111	111	Nein
Vickrey-Auktion	120	110	Ja

Bei Amazon ist ein solcher Effekt nicht zu finden. Die Preisfindung ist relativ gleichmäßig über die Zeit verteilt und auffällig hohe Bietaktivitäten vor Ende der Auktion lassen sich nicht beobachten. Der Unterschied zwischen dem Bietverhalten auf den Plattformen von eBay und Amazon wird größer, wenn die Bieter erfahrener sind. Bei eBay-Auktionen greifen dann weniger Kunden auf elektronische Stellvertreter zurück, sondern sie platzieren selbst kurz vor Auktionsende ein Gebot. Beispielsweise handeln erfahrene Bieter, die auf Antiquitäten spezialisiert sind, strategisch und lassen sich nicht dazu verleiten, kurz vor Ende der Auktion noch ein höheres Gebot abzugeben. Sniping führt dann dazu, dass Auktionsteilnehmer das Gut zu einem relativ geringen Preis kaufen, weil es gar nicht zu einem Schlagabtausch mit anderen Bietern kommt. Auch ist es dann nicht möglich, den Preis eines Gutes durch Scheinangebote künstlich in die Höhe zu treiben. Allerdings besteht die Gefahr, dass durchaus der Zufall in der Schlussphase entscheidet. Wer im richtigen Moment die Maus drückt, ersteigert das Gut.

Fazit: Die Regelung, wie eine Auktion endet, hat einen beachtlichen Effekt auf das Verhalten der Bieter und auch auf das Ergebnis der Auktion. Der Unterschied des Bietverhaltens bei eBay (fixiertes Ende) und Amazon (offenes Ende) zeigt, dass das Bieten bei eBay bis kurz vor Ende einer Auktion eine vorteilhafte Strategie darstellen kann. Im Fall eines offenen Endes einer Auktion stellt es hingegen keinen entscheidenden Vorteil dar, mit dem Gebot bis zum Ende der Auktion zu warten. Im Fall der Versteigerung von Gütern, deren Wert schwerer zu bestimmen ist, spielen vor allem auch die kognitiven Fähigkeiten der Bieter eine Rolle.

Anreizkompatibilität Von Interesse ist die Frage, welche Auktionsform aus Sicht des Anbieters die höchsten Erlöse garantiert. Ein Blick in unser Zahlenbeispiel zeigt, dass der Zuschlag unabhängig von der Auktionsform recht nahe beieinander liegt (Tab. 11.2).

- Wie bekannt, ist es bei der Vickrey-Auktion rational, die eigene Wertschätzung zu nennen. Der Zuschlag erfolgt zum zweithöchsten Gebot.
- Die englische Auktion kann in zwei Abschnitte gegliedert werden. Zu Beginn bieten viele Interessenten für das Objekt. Schrittweise scheiden die Bieter mit steigendem Preis aus. Sobald nur noch zwei Bieter übrig bleiben, verhält sich die englische Auktion wie eine Zweitpreisauktion. Der letzte Bieter bekommt den Zuschlag und bezahlt in etwa den Ausstiegspreis des Verlierers und damit dessen Wertschätzung. Damit erreichen Zweit-

Tab. 11.3 Strategische Äquivalenz von Auktionsformen

Auktionsform	Bietstrategie	Erwartungswert für den Auktionspreis
Englisch Vickrey	Nur von eigener Zahlungsbereitschaft abhängig	In Höhe des zweithöchsten Gebots
Holländisch Höchstpreis	Abhängig von den Erwartungen bezüglich des Bietverhaltens der anderen Bieter	Ungewiss, allerdings Erwartungswert in Höhe des zweithöchsten Gebotes

preisauktion und englische Auktion in etwa den gleichen erwarteten Verkaufspreis und sind strategisch äquivalent zueinander.

- Kommen wir zur geheimen Höchstpreisauktion. Der Bieter macht keinen Gewinn, wenn er seine maximale Zahlungsbereitschaft notiert und diese dann auch bezahlen muss. Er wird eine Strategie des „bid-sharing" verfolgen und einen geringeren Betrag als den maximalen Preis nennen. Wie stark soll jedoch der Betrag gesenkt werden? Je geringer sein Gebot ist, desto kleiner ist die Wahrscheinlichkeit des Zuschlags. Gleichzeitig steigt jedoch der Gewinn. Auktionsteilnehmer verfolgen keine dominante Strategie, sondern machen ihr Gebot von der eigenen Wertschätzung und den Geboten der anderen Bieter abhängig. Der Interessent versucht ein Gebot abzugeben, dass das Maximum der anderen Gebote gerade so übertrifft, dass es den größtmöglichen Gewinn erbringt. Es lässt sich zeigen, dass dieses gewinnbringende Gebot unter den genannten Voraussetzungen genau der erwarteten zweithöchsten Wertschätzung entspricht.
- In der holländischen Auktion besteht die Strategie darin, den Zeitpunkt des Gebots möglichst lange hinauszuzögern und nicht direkt zu bieten, wenn die eigene Wertschätzung erreicht ist. Der Auktionsteilnehmer wird so lange warten, bis er mit einem Gebot eines Konkurrenten rechnet. In strategischer Hinsicht ähnelt diese Situation der verdeckten Höchstpreisauktion. Je geringer das Gebot, desto kleiner ist die Wahrscheinlichkeit den Zuschlag zu erhalten, desto größer ist jedoch der Gewinn. Holländische Auktion und verdeckte Höchstpreisauktion sind also strategisch äquivalent (Tab. 11.3).

Dies führt zu dem Ergebnis, dass alle Auktionsformen zu dem gleichen erwarteten Zuschlag führen. Dieses Ergebnis formulierte Vickrey bereits 1961 in seinem Erlös-Äquivalenz-Theorem (vgl. Vickrey 1961). Die Bieter passen ihr Verhalten an die ungleichen Auktionsregeln an und gleichen die Unterschiede der Auktionsformen aus. Sie müssen nicht mehr als die Wertschätzung des stärksten Konkurrenten bezahlen. Gewinner ist der Bieter, der das Objekt am meisten schätzt. Auf ein Restaurant übertragen: Ein Gast zahlt mehr als üblich, ein anderer weniger – das Resultat bleibt unter dem Strich neutral.

Dieses Ergebnis hängt aber auch von den Annahmen ab, die wir unterstellt haben:

- Es besteht Risikoneutralität der Bieter.
- Es liegt Präferenzunsicherheit vor. Jeder Bieter kennt seine Wertschätzung, die Werte der anderen sind ihm unbekannt.

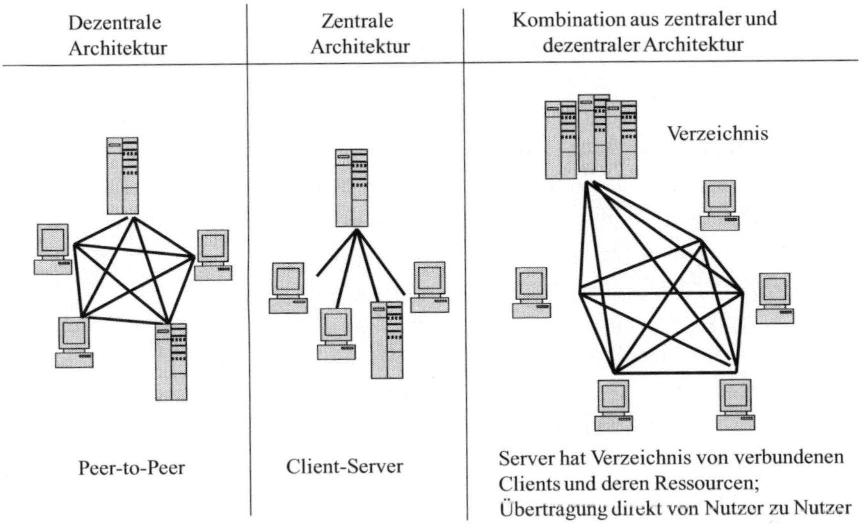

Abb. 11.9 Netzwerkarchitekturen

- Der Auktionator kennt keinen der Bieterwerte. Die unbekannten Wertschätzungen sind unabhängig identisch und werden als Ziehung einer allgemein bekannten Wahrscheinlichkeitsverteilung betrachtet.
- Personen nutzen zur Bildung ihrer Wertschätzung eine symmetrische Verteilungsfunktion. Sie machen keine Unterschiede zwischen ihren Konkurrenten und betrachten sie als homogene Bieter.
- Die Zuteilung hängt nur von den Geboten ab und es bestehen keine Präferenzen. Alle Teilnehmer kennen die Regeln der Auktion und halten sich auch daran.

Werden diese Annahmen verändert, sind andere Ergebnisse zu erwarten.

11.2.2 Anonyme Tauschbörsen im Internet

Das Internet ermöglicht den Austausch von Gütern und Informationen unter Bedingungen der Anonymität und kann zu einer Verletzung von Reziprozitätsnormen führen, die beim Tausch häufig unterstellt werden (vgl. Haug und Weber 2003). Anwendungsbeispiele sind Tauschbörsen für Musik, Filme oder Videos. Sie basieren auf einem Peer-to-Peer Netzwerk (P2P; engl. peer als Gleichberechtigter). Ein solches P2P-Netzwerk hat im Gegensatz zu einer Architektur des Typs Client-Server keinen dedizierten Server. Jeder Computer im P2P-Netzwerk ist teils Server und teils Client (Abb. 11.9). Das bedeutet, dass jeder Computer des Netzwerks seine Ressourcen freistellen kann (vgl. Schoder und Fischbach, 2003).

Ein Client-Server-Netzwerk besteht aus Gruppen benutzerorientierter PCs, die vom Netzwerk-Server (einem besonders leistungsfähigen Rechner), Netzwerkressourcen anfordern und bekommen. Der Server ist für bestimmte Aufgaben und für die Sicherheit verantwortlich. Er regelt z. B. den Zugriff und die dazugehörigen Rechte auf die Daten. In einem reinen P2P-Netz sind alle Computer gleichberechtigt und können sowohl Dienste in Anspruch nehmen, als auch zur Verfügung stellen. In P2P-Netzwerken, werden die Netzwerkteilnehmer jedoch häufig in Abhängigkeit von ihrer Qualifikation in verschiedene Gruppen eingeteilt, die spezifische Aufgaben übernehmen.

Der Begriff (Internet-)Tauschbörse meint eine Variante des Filesharings, bei der sich der Nutzer dazu verpflichtet, anderen Nutzern über das Internet eine Auswahl seiner Dateien zur Verfügung zu stellen. Im Gegenzug erhält er die Möglichkeit, auf Dateien anderer Teilnehmer zuzugreifen. Die Bezeichnung Kopierbörse wäre korrekter, weil die Daten von Computer zu Computer kopiert werden, ohne dass das Original selbst den Besitzer wechselt. Wenn auf den Austausch von Daten Bezug genommen wird, liegt ein P2P-Filesharing vor. Zu unterscheiden sind u. a. zentrale und dezentrale Filesharing-Netzwerke. Im Fall zentraler Netzwerke verwaltet ein zentraler Server die Liste der von den Clients angebotenen Dateien. Der eigentliche Austausch der Datenblöcke erfolgt direkt zwischen den Clients. Zentrale Server sind der Schwachpunkt des Systems. Sie müssen nicht nur den gesamten Datenverkehr zur Quellensuche aushalten, sondern legen im Falle eines Ausfalls gleichzeitig das ganze oder einen Teil des Systems lahm.

In einem dezentralen System werden sämtliche Koordinations- und Verwaltungsaufgaben unter den Peers selbst erledigt. Suchanfragen werden oftmals über alle Nachbarn hinweg gestartet und Quellen für den Download gefunden. Zudem ist es möglich, einige Peers automatisch als besondere Peers zu wählen. Sie übernehmen dann die Aufgaben von zentralen Koordinationsservern. P2P-Systeme benötigen keinen zentralen Server, so dass im Fall der Verbreitung von Dateien Probleme der Zuordnung auftreten.

Strafrechtliche Klagen oder die Androhung von Strafen gegen Nutzer dieser Systeme sowie Filter-Maßnahmen von Internetdienstanbieter haben zur Entwicklung auch anonymer P2P-Filesharing-Dienste geführt. Die Dateinetzwerke erreichen ihre Anonymität durch folgende Maßnahmen (Abb. 11.10):

- Weiterreichen über Zwischenstationen: Der ursprüngliche Absender von Datenpaketen wird verschleiert, indem jeder Teilnehmer nicht nur eigene Anfragen sendet und deren Antworten empfängt, sondern auch Anfragen und Antworten anderer Teilnehmer weiterleitet. Dadurch ist nicht ersichtlich, wer die ursprünglichen Daten gesendet hat oder für wen sie letztendlich bestimmt sind. Jeder Teilnehmer ist somit ein Netzwerkknoten und ein Router. Oft werden die übertragenen Daten zusätzlich end-to-end verschlüsselt, so dass die Zwischenstationen den Inhalt der Datenpakete nicht auslesen können. Ein Beispiel: Petra gibt die Datei an Paul, Paul an Oliver, Oliver an Anna. Petra und Anna lernen sich dabei also nie kennen und sind daher geschützt. Oft werden virtuelle IP-Adressen genutzt und alle Übertragungen verschlüsselt.

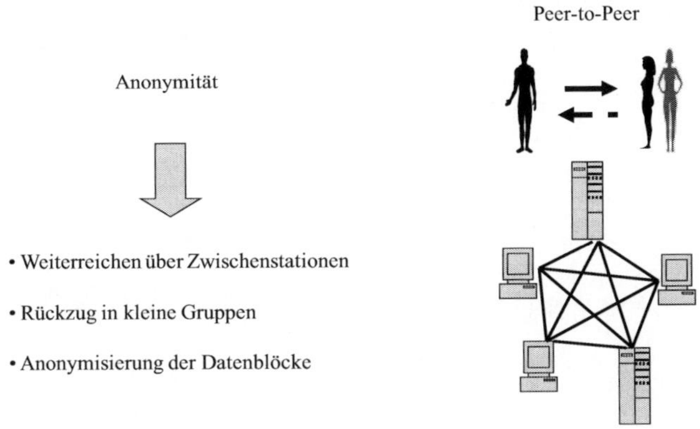

Abb. 11.10 Anonymität in generalisierten Tauschbörsen

- Rückzug in kleine Gruppen: Dateitausch wird nur mit Freunden oder mit der nächsten Ebene von Freunden meiner Freunde betrieben. Freigegebene Dateien sind nur für zugelassene Benutzer sichtbar, die persönlich bekannt und vertrauenswürdig sind. Diese Netzwerke sind dann nicht anonym im eigentlichen Sinn, denn Netzwerkadressen und freigegebene Dateien sind für jeden Freund sichtbar und die Kommunikation findet zwar verschlüsselt, aber direkt mit dem Benutzer statt.
- Anonymisierung der Datenblöcke: Statt das Netzwerk zu anonymisieren, werden die ausgetauschten Datenblöcke anonymisiert. Die Dateiblöcke werden z. B. mit Dateiblöcken anderer Dateien vermischt oder mehrmals verwendet, was ebenfalls die Zugehörigkeit verschleiert.

Im Gegensatz zu bilateralen, nicht anonymen Tauschtransaktionen kann ein generalisiertes Tauschsystem, bei dem der Tausch über Dritte verläuft, größere Kooperationsprobleme mit sich bringen:

- Das Tauschsystem stellt nicht zwangsläufig sicher, dass der Empfänger direkt etwas zurückgibt. Die Rückgabe kann vielmehr zu einem späteren Zeitpunkt auch durch andere Teilnehmer des erfolgen. Die Reziprozität ist also nicht sichergestellt.
- Das Tauschsystem bietet Anreize, Güter anzunehmen, ohne eine Gegenleistung zu erbringen (Vertrauensbruch).
- Das Tauschsystem kann Trittbrettfahrerverhalten begünstigen.

Trittbrettfahren aus Sicht der Spieltheorie Ein Trittbrettfahrer (free rider) ist jemand, der den Nutzen eines Gutes erlangt, ohne dafür zu zahlen. Wenn eine Person nicht vom Konsum eines Gutes ausgeschlossen werden kann, dann kann sie seine Zahlung in der Hoffnung verweigern, dass andere die Kosten übernehmen, die bei der Erstellung des Gutes anfallen.

Im Fall der Kooperation von mehreren Akteuren wie z. B. in einem Netzwerk lässt sich die Abwägung des einzelnen Teilnehmers, inwieweit er sich für die gemeinsame Sache

Abb. 11.11 Tausch aus spieltheoretischer Sicht (I)

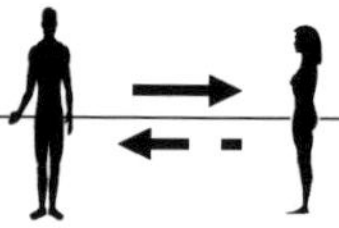		Person B	
		Beitrag	Kein Beitrag
Person A	Beitrag	A: 3 B: 3	A: 1 B: 4
	Kein Beitrag	A: 4 B: 1	A: 2 B: 2
Nash-Gleichgewicht (2/2); Pareto-Optimum (3/3)			

engagieren soll, in einem spieltheoretischen Modell beschreiben. Die handlungstheoretische Basis ist die Rational-Choice-Theorie (RCT; vgl. Kunz 2004). Sie geht davon aus, dass Individuen rationale Akteure sind, die unter den ihnen zur Verfügung stehenden Handlungsalternativen diejenige auswählen, die mit dem höchsten subjektiv erwarteten Nutzen verknüpft ist. Die Wahl einer Alternative ist bei strategischen Interaktionen dadurch gekennzeichnet, dass die Handlungen anderer Akteure Auswirkungen auf die Konsequenzen der eigenen Handlung haben.

Das Nash-Gleichgewicht ist in der Spieltheorie eine Strategiekombination für die gilt, dass es für keinen Spieler profitabel ist seine Strategie zu ändern, wenn die anderen Spieler ihre Strategie unverändert lassen. Jeder Spieler wählt dann die beste Antwort auf die Strategie der anderen Spieler (vgl. Nash 1950). Ein Pareto-Optimum, auch Pareto-Effizienz, ist ein Zustand, in dem es nicht möglich ist, ein Individuum besser zu stellen, ohne zugleich ein anderes Individuum schlechter zu stellen. Manche, aber nicht alle Nash-Gleichgewichte sind gleichzeitig auch ein Pareto-Optimum. Für alle Spiele des Typs Gefangenendilemma gilt zum Beispiel, dass das Nash-Gleichgewicht nicht das Pareto-Optimum darstellt (vgl. Rieck 2008).

Wir wollen nachfolgend ein Beispiel betrachten, in dem zwei Personen an der Errichtung einer Tauschbörse interessiert sind (in Anlehnung an Heertje und Wenzel 2001, S. 167 ff; Abb. 11.11):

- Ist die Tauschbörse errichtet, profitieren beide Personen davon.
- Die Vorteile der Tauschbörse sind nicht-rivalisierend, d. h. die Tauschbörse hat den Charakter eines kollektiven Gutes.
- Ein nachträglicher Ausschluss von der Tauschbörse ist nicht möglich.

Leisten die Personen keinen Beitrag, hat die Tauschbörse einen geringeren Nutzen als bei einem Beitrag ($2 < 3$). Das kollektiv vernünftige Ergebnis mit einem gemeinsamen Nutzenniveau von 6 ($3 + 3$) muss sich jedoch nicht einstellen. Wenn Person A sich für einen Beitrag entscheidet, ist es für Person B durchaus rational, keinen Beitrag zu wählen. In diesem Fall ist der individuelle Nutzen am höchsten ($4 > 3$). Wenn Person A dies erkennt, ist es auch für sie rational, keinen Beitrag bereitzustellen, denn der Nutzen ist in diesem Fall größer ($2 > 1$). Die Situation (2/2) stellt ein Nash-Gleichgewicht dar, da es

Abb. 11.12 Tausch aus spieltheoretischer Sicht (II)

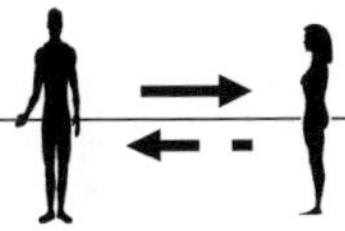

		Person B	
		Beitrag	Kein Beitrag
Person A	Beitrag	A: 3 B: 3	A: 2 B: 4
	Kein Beitrag	A: 4 B: 2	A: 1 B: 1
(2/4), (4/2) Nash-Gleichgewichte			

Abb. 11.13 Tausch aus spieltheoretischer Sicht (III)

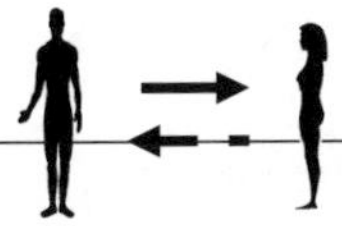

		Person B - wichtig	
		Beitrag	Kein Beitrag
Person A - unwichtig	Beitrag	A: 3 B: 3	A: 1 B: 4
	Kein Beitrag	A: 4 B: 2	A: 1 B: 1
(4/2) Nash-Gleichgewicht			

sowohl für Person A als auch für Person B die wechselseitig beste Antwort darstellt. Die Bereitstellung keines Beitrags ist daher unabhängig vom Verhalten der anderen Person für beide Personen die dominante Trittbrettfahrer-Strategie. Durch die Strategie „keinen Beitrag" werden die erwarteten Verluste minimiert, da der Nutzen stets höher ist als wenn einseitig ein Beitrag geleistet wird. Es liegt ein Gefangenendilemma vor.

Dieses Ergebnis kann, muss aber nicht eintreten. Wir modifizieren daher die Auszahlungsmatrix leicht (Abb. 11.12). Wenn Person A einen Beitrag leistet, ist es für Person B sinnvoll, keinen Beitrag zu leisten ($4 > 3$). Wenn B keinen Beitrag leistet, ist es für Person A weiterhin sinnvoll, einen Beitrag zu leisten, da der Nutzen von 2 größer ist als im Fall, in dem auch Person A keinen Beitrag leistet ($2 > 1$). In diesem Fall profitiert Person B aufgrund der Kollektiveigenschaft des Gutes „Tauschbörse" uneingeschränkt von der Bereitstellung durch Person A. Die Trittbrettfahrerstrategie ist ein Nash-Gleichgewicht. Die gleichen Überlegungen können wir für Person B anstellen, so dass sich ein zweites Nash-Gleichgewicht herausbildet. Welches Gleichgewicht sich herausbildet, ist abhängig von den Wahrscheinlichkeiten, mit denen die Personen ihre Strategien wählen.

Eine weitere Modifizierung ergibt sich, wenn wir ungleiche Beiträge der Personen zulassen (Abb. 11.13). Die Nicht-Kooperation (Trittbrettfahrerstrategie) ist die dominante Strategie für die hier unwichtigere Person A, da im Fall der Kooperation von B aus Sicht von Person A $4 > 3$ bzw. im Fall der Nicht-Kooperation von B $2 > 1$ ist. Wenn A die dominante Strategie der Nicht-Kooperation wählt, ist es für die hier wichtigere Person B rational, einen Beitrag zu leisten ($2 > 1$). Im einzigen Nash-Gleichgewicht erzielt Person A sein bestes, Person B jedoch nur sein zweitschlechtestes Ergebnis. Die unwichtigere

Abb. 11.14 Auszahlungsmatrix bei einem „Tit for Tat Spiel"

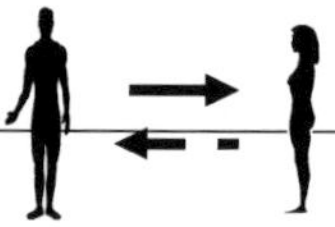

		Person B	
		Beitrag	Kein Beitrag
Person A	Beitrag	A: 4 B: 4	A: 0 B: 5
	Kein Beitrag	A: 5 B: 0	A: 1 B: 1

Person A wird zum Trittbrettfahrer zu Lasten der wichtigeren Person. In der Spieltheorie wird von der „Ausbeutung der Großen durch die Kleinen" gesprochen.

Lösung von Kollektivgutproblemen In der Literatur gibt es eine Reihe von Lösungen für Kollektivgutprobleme, die auch für Tauschbörsen im Internet Anwendung finden können:

- Motivationen der Teilnehmer: Dazu zählen altruistische oder kooperative Orientierungen, moralische Wertvorstellungen, soziale Verpflichtungen und eine soziale (Gruppen-)Identität. Sie sollen dazu führen, dass freiwillige Beiträge zur Erstellung eines Kollektivgutes auftreten. Derartige Lösungen stehen aber in Widerspruch zur Rational Choice Theorie, derzufolge Handlungen ausschließlich durch Eigeninteresse motiviert sind.
- Strukturen der Gemeinschaft: Dazu zählen die Identifizierbarkeit der Individuen, die Sichtbarkeit und Wirksamkeit der eigenen Beiträge zur Entstehung des Kollektivguts und selektive Anreize. Hinzu kommen Merkmale, die am ehesten in kleinen Gemeinschaften anzutreffen sind, z. B. Sanktionierbarkeit von Trittbrettfahrern. Eine kleine Gruppe garantiert aber noch keine Kooperation und in großen Gruppen ist sie nicht ausgeschlossen.
- Strategische Lösungen: Hier handelt es sich um rationale Überlegungen der Akteure, die nahe legen, dass sich Kooperation auf lange Sicht hin auszahlt. Kooperation bei wiederholten Tauschvorgängen unter rationalen Akteuren können z. B. mithilfe einer Reziprozitätsnorm erklärt werden. Wenn angenommen wird, dass in der Zukunft eine erneute Interaktion stattfindet, kann Reziprozität eine erfolgreiche Strategie sein und Kooperation begünstigen.

Aus der Spieltheorie ist bekannt, dass die Strategie des Tit for Tat („Wie du mir, so ich dir") zur Lösung eines Gefangenendilemmas beitragen kann (Robert Axelrod). Betrachten wir dazu ein Zahlenbeispiel, das zwanzig Runden andauert (Abb. 11.14; vgl. Bofinger 2011, Kap. 9). In jeder Runde steht der Spieler vor der Entscheidung, sich kooperativ (Beitrag leisen) oder nicht-kooperativ (keinen Beitrag leisten) zu verhalten. Wenn beide Spieler

Tab. 11.4 Spielergebnisse bei einem wiederholten Spiel

	A	B
Spiel 1	Kooperation: 0	Nicht-Kooperation: 5
Spiel 2	Nicht-Kooperation: 1	Nicht-Kooperation: 1
Spiel 3	Nicht-Kooperation: 1	Nicht-Kooperation: 1
...	...	...
Spiel 20	Nicht-Kooperation: 1	Nicht-Kooperation: 1
Summe	19	24

Tab. 11.5 Auszahlungen bei einem wiederholten Spiel

Auszahlung aus Sicht von Spieler A bei zwanzig Runden		Spieler B			
		Nicht-Kooperation	Kooperation	Tit for Tat	Summe
Spieler A	Nicht-Kooperation	20	100	24	144
	Kooperation	0	80	80	160
	Tit for Tat	19	80	80	179

stets unkooperativ sind, erhalten sie zwanzig Mal eine Auszahlung von 1, in der Summe also 20.

a. Wenn sich beide Spieler stets kooperativ verhalten, d. h. einen Beitrag leisten, erhalten beide eine Auszahlung von jeweils 80 (20 Runden zu einer Auszahlung von je 4). Verhalten sich beide hingegen unkooperativ, so liegt die Auszahlung nur bei jeweils 20 (20 Runden zu einer Auszahlung von je 1).
b. Wenn A sich an der Strategie des Tit for Tat orientiert, und B sich unkooperativ verhält, erzielt A mit 19 ein etwas schlechteres und B mit 24 ein besseres Ergebnis als bei einem völlig unkooperativen Verhalten, das eine Auszahlung von 20 bringt (Tab. 11.4).
c. Denkbar ist, dass A stets kooperiert und B sich stets unkooperativ verhält. In diesem Fall wäre die Auszahlung für A Null und für B 100 (20 Runden mit einer Auszahlung von je 5).

Wenn wir das Spiel ausschließlich aus Sicht von A betrachten, dann ergeben sich verschiedene Auszahlungen in Abhängigkeit von der gewählten Strategiekombination (Tab. 11.5).

Wenn A nicht weiß, wie sich B verhält und damit alle Strategien von B gleich wahrscheinlich sind, ist es für ihn vorteilhaft, die Strategie des Tit for Tat zu wählen. Hier ist die erwartete Auszahlung mit 179 am höchsten. Da das Spiel symmetrisch ist, gilt dies auch für Spieler B. Folgende Gründe sprechen für die Vorteilhaftigkeit dieser Strategie:

Abb. 11.15 Einflussgrößen für Internet-Tauschbörsen

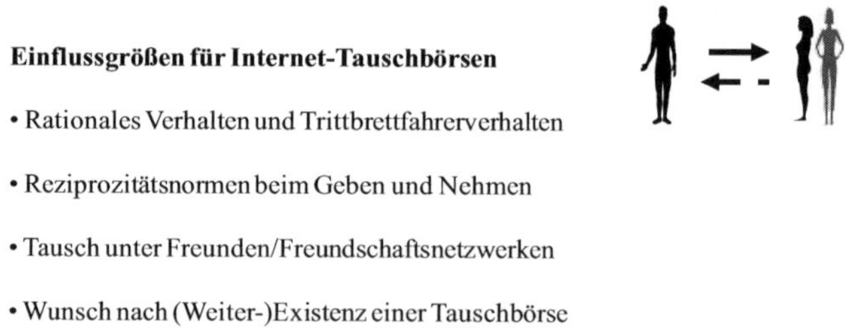

- Es ist eine freundliche Strategie, d. h. indem ein Akteur kooperativ beginnt, lädt er seinen Partner ein, ebenfalls kooperativ zu sein.
- Es enthält ein Element der Vergeltung. Wenn sich ein Akteur unkooperativ verhält, muss er damit rechnen, dass er in der nächsten Runde durch eine unkooperative Reaktion bestraft wird.
- Schlechtes Verhalten wird vergeben. Ein Akteur kann jederzeit durch kooperatives Verhalten wieder dafür sorgen, dass sich auch der Partner kooperativ verhält.
- Die Strategie ist einfach zu verstehen.

Reziprozitätsnorm Die Einflussgrößen für die Teilnahme an Internet-Tauschbörsen sind vielfältig (Abb. 11.15). Tauschhandlungen beruhen auf einem wechselseitigen Geben und Nehmen von Gütern. Diese Handlungen folgen bestimmten Regeln und hier vor allem der Reziprozitätsnorm. Ihr zufolge sollten Tauschbeziehungen reziprok sein, das heißt auf Gegenseitigkeit beruhen. Daraus kann eine ausgeglichene Beziehung und Zufriedenheit zwischen den Tauschpartnern entstehen. Da die Gegengabe beim Tausch zumeist nicht zeitgleich mit der Gabe erfolgt, wird eine Regel benötigt, die gewährleistet, dass ein Ausgleich tatsächlich stattfindet. Nach der Equity-Theorie ist „Gerechtigkeit" dann erreicht, wenn das Verhältnis von Ergebnis zu Aufwand für alle Tauschpartner gleich ist. Damit ist nicht impliziert, dass eine gleiche Verteilung der Güter unter allen Tauschpartnern erfolgen muss (equality), sondern jeder erhält genau so viel an Leistungen von der Tauschgemeinschaft, wie ihm angesichts seines Beitrags zusteht (equity).

Bezogen auf das Verhalten der Tauschpartner einer Internet-Tauschbörse können wir zu dem Schluss kommen, dass die Teilnehmer sich keineswegs reziprok verhalten. In der Regel kennen sie sich nicht persönlich, es gibt keine Kontrollinstanz und keine vorgegebene Moral, nach der von einer Gemeinschaft mit stabiler Gruppenzugehörigkeit ausgegangen werden kann. Trotzdem gibt es eine Art von Gemeinschaft, in der Vertrauen und Reziprozität entstehen kann (vgl. Becker und Clement 2003). Analysen zeigen, dass teilweise mehr gegeben als erhalten wird. Dieses Verhalten ist gegebenenfalls dadurch zu erklären, dass die relativ geringen Zugangskosten zum Internet die Bereitstellung von Dateien fördern. Akteure wollen Tauschbörsen am Leben halten, damit sie weiter existieren. Wer Dateien an Freunde weitergibt, gibt auch in Internet-Tauschbörsen mehr Dateien weiter. Dies lässt auf eine Haltung der Freigiebigkeit und auf ein generalisiertes Verhaltensmuster der Reziprozität schließen. Wenn viele Freunde auf P2P-Tauschbörsen Dateien freigeben,

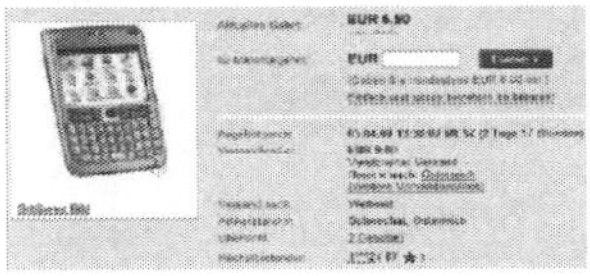

Endogene Preisdeterminanten

- Mindestgebot
- Produktpräsentation
- Zahlungsmethoden/Versandkosten
- Laufzeit/Endzeitpunkt der Auktion
- Anbieterreputation
- Zustand/Garantie/Rechnung

Exogene Preisdeterminanten

- Alternative Auktionen
- Zahl der Anbieter

Abb. 11.16 Preisdeterminanten einer Auktion

erhöht dies die Bereitschaft zum Geben von Dateien. Es könnte sein, dass die Tauschbörse als erweitertes Freundschaftsnetzwerk und als Gemeinschaft mit vergleichsweise stabilen Normen verstanden wird.

11.3 Fallbeispiele und Anwendungen

11.3.1 Preisbildung in Online-Auktionen

Wir wollen das Auktionshaus eBay als Beispiel für die Frage wählen, von welchen endogenen und exogenen Einflussfaktoren die Endpreise von Online-Auktionen bestimmt werden (Abb. 11.16). Hierzu liegt eine Studie vor, die wir als Referenz nutzen (vgl. Karl 2008). Um ein statistisch valides Ergebnis zu erzielen, wurde mit dem iPod touch (8 Gigabyte) ein Produkt gewählt, welches standardisiert ist, in großer Zahl auf der Auktionsplattform verfügbar war und so einen Vergleich zulässt. Nach der Auswahl des Forschungsobjektes wurden die entsprechenden Artikel und deren möglichen Determinanten und Endpreise über einen Zeitraum von 15 Tagen beobachtet und die jeweiligen Daten aufgezeichnet. Wir wollen beurteilen, ob verschiedene Hypothesen (nachfolgend abgekürzt mit H0 bis H13) empirisch bestätigt worden sind oder nicht.

(1) Endogene Preisdeterminanten Mindestgebot

Durch das Setzen eines Mindestpreises kann sich der Anbieter gegen einen zu niedrigen Endpreis der Auktion absichern. Sofern der Mindestpreis als Qualitätsindikator interpretiert wird, könnte er eher positiv auf den Auktionsendpreis wirken. Allerdings wird das Mindestgebot häufig als Eintrittspreis wahrgenommen. Je höher der „Eintritt" in die Auktion, desto geringer die Gebotsabgaben (vgl. Samuelson 2001, S. 313).

Hypothese	Empirische Validierung
H0: Je höher der Mindestpreis, desto größer die Möglichkeit, dass die Auktion nicht erfolgreich beendet wird.	H0 (nicht bestätigt): Von 85 beobachteten Fällen wurden alle Auktionen erfolgreich beendet.
H1: Je höher der Startpreis bei einer Auktion ist, desto niedriger wird der Auktionsendpreis sein.	H1 (nicht bestätigt): Der Endpreis unterscheidet sich nicht signifikant zwischen Auktionen mit einem niedrigen zu denen mit einem höheren Startpreis.

Produktpräsentation

Im Internet dargestellte Güter können nicht inspiziert werden. Selbst Suchgüter werden damit tendenziell zu Erfahrungs- und Vertrauensgütern. Auch eBay selbst weist darauf hin, dass Fotos und ausführliche Produktbeschreibungen in einer Auktion zu besseren Ergebnissen führen können (vgl. http://pages.eBay.de/help/sell/photo_tutorial.html).

Hypothese	Empirische Validierung
H2: Je mehr Bilder bei einer Auktion vorhanden sind, desto höher wird der Auktionsendpreis sein.	H2 (nicht bestätigt): Es wird kein höherer Preis erzielt wenn mehr Bilder bei einer Auktion vorhanden sind. Das Gegenteil ist der Fall: Je mehr Bilder, desto niedriger fällt der Auktionsendpreis aus. Allerdings kommt es hier darauf an, ob eigene Bilder die Originalfotos von Produkte ersetzen bzw. ergänzen.
H3: Je ausführlicher ein Artikel beschrieben wird, desto höher wird der Auktionsendpreis ausfallen.	H3 (nicht bestätigt): Eine ausführliche Artikelbeschreibung führt nicht zu höheren Auktionsendpreisen. Dies kann daran liegen, dass es sich beim iPod touch um ein technisch genormtes Produkt handelt und die meisten Käufer schon vor Beginn der Information wissen, was sie ersteigern wollen. In diesem Fall sind die angegebenen Produktinformationen uninteressant. Die Produktdetails wie technische Daten variieren zwischen den einzelnen Produkten nicht und können außerdem auch von anderen Informationsquellen beschafft (z. B. Apple Homepage).

Zahlungsmethoden und Versandkosten

Hypothese	Empirische Validierung
H4: Je mehr verschiedene Zahlungsmethoden in einer Auktion angeboten werden, desto höher wird der Auktionsendpreis sein.	H4 (nicht bestätigt): Die Anzahl der Zahlungsmöglichkeiten ist nicht für die Entscheidung eines Kaufes signifikant ausschlaggebend. Allerdings will sich die Mehrzahl der Verkäufer vor dem opportunistischen Verhalten der Käufer absichern. Durch bestimmte Zahlungsmodalitäten wie Überweisung im Vorhinein lässt sich das Risiko des Verkäufers reduzieren.
H5: Je höher die Versandkosten bei einer Auktion sind, desto niedriger fällt der Auktionsendpreis aus.	H5 (nicht bestätigt): Die Höhe der Versandkosten hat keinen Einfluss auf den Auktionsendpreis. An dieser Stelle muss allerdings der Wert des iPod in Betracht gezogen werden. Versandkosten von z. B. 10 € fallen hier nicht ins Gewicht.

Laufzeit und Endzeitpunkt der Auktion

Hypothese	Empirische Validierung
H6: Je länger die Laufzeit eines Artikels, desto höher der Auktionsendpreis.	H6 (nicht bestätigt): Es macht keinen Unterschied, wie lange eine Auktion online gestellt wird. Daraus folgt, dass es keine signifikanten Differenzen zwischen Auktionen gibt, die einen Tag, drei Tage, fünf Tage, sieben Tage oder zehn Tage laufen. Am häufigsten waren Auktionen mit einer Laufzeit von sieben Tagen anzutreffen, was gegebenenfalls an der automatischen Voreinstellung liegt.
H7: Bestimmte Wochentage erzielen höhere Auktionsendpreise als andere Wochentage.	H7 (bestätigt): Die Endpreise, die während der Werktage erzielt werden, können höher ausfallen als die jener Auktionen, die an einem Samstag oder Sonntag enden. Dieses Ergebnis kann mit Hypothese 13 in Verbindung gebracht werden, da an Samstagen und Sonntagen entsprechend mehr konkurrierende Auktionen vorhanden sind.
H8: Je früher die Tageszeit für den Endzeitpunkt einer Auktion, desto höher der Auktionsendpreis.	H8 (nicht bestätigt): Am späten Nachmittag kann es zu niedrigeren Endpreisen kommen als zu anderen Zeitpunkten. Allerdings kann nicht behauptet werden, dass eine frühere Tageszeit für den Endzeitpunkt einer Auktion zu einem höheren Auktionsendpreis führt.

Anbieterreputation

Auktionshäuser wie eBay bieten ein Bewertungssystem, das u. a. eine Beurteilung von Anbietern erlaubt (http://pages.eBay.de/help/feed-back/allaboutfeedback.html). Das Bewertungssystem hat eine Signalfunktion, die es dem Bieter ermöglicht, Verkäufer nach verschiedenen Kriterien (z. B. Verlässlichkeit) zu differenzieren. Auch andere Anbieter haben die Möglichkeit, sich an der Beurteilung von Konkurrenten zu orientieren. Gleichzeitig hat das Reputationssystem den Anreiz, die Verkäufer von opportunistischem Verhalten abzuhalten, da Bieter eine positive Reputation mit einem höheren Endpreis honorieren könnten.

Hypothese	Empirische Überprüfung
H9: Je besser die Anbieterreputation ist, desto höher wird der Auktionsendpreis ausfallen.	H9 (nicht bestätigt): Die Anbieterreputation hat keinen signifikanten Einfluss darauf, ob ein Artikel ersteigert wird oder nicht. Dies kann allerdings damit zu tun haben, dass positive Bewertungen sehr häufig vorkommen. Von den 85 beobachteten Fällen waren in 77 Fällen 100 % positive Bewertungen vorhanden.

Zustand, Garantie und Rechnung

Im Rahmen von Online-Auktionen werden häufig gebrauchte Produkte versteigert, so dass der Zustand von Bedeutung ist. Wichtig ist zudem, ob vom Verkäufer oder durch Beigabe von Rechnungen noch Garantieansprüche geltend gemacht werden können. Dies kann auch Auskunft darüber geben, ob Bieter darauf achten, ob ein Artikel gestohlen ist oder nicht (bei neuen Produkten ohne Rechnung könnte dies der Fall sein).

Hypothese	Empirische Überprüfung
H10: Je besser der Zustand eines Artikels, desto höher der Auktionsendpreis.	H10 (bestätigt): Obwohl sämtliche beobachteten Geräte in einem quasi neuwertigen Zustand waren, wurde hier signifikant zwischen den Geräten unterschieden.
H11: Wird bei einer Auktion Garantie geleistet, so fällt der Auktionsendpreis höher aus.	H11 (nicht bestätigt): Es besteht kein signifikanter Zusammenhang zwischen der Leistung einer Garantie und dem Auktionsendpreis. Eventuell wird dem Verkäufer zu wenig Vertrauen geschenkt und eine angepriesene Garantie nicht ernst genommen.
H12: Bei Vorhandensein einer Rechnung für einen Artikel, wird der Auktionsendpreis höher ausfallen.	H12 (nicht bestätigt): Das Vorhandensein einer Rechnung führt nicht zu einem höheren Auktionsendpreis. Das Ergebnis ist überraschend, da eine Rechnung in der Regel belegt, dass es sich nicht um ein gestohlenes Gerät handelt.

(2) Exogene Preisdeterminanten Exogene Preisdeterminanten sind Größen, die in einem Modell eine unabhängige Variable darstellen. In diesem Fall sind dies Variable außerhalb der eigentlichen Auktion:

- Marktsituation und Zahl der Anbieter: Im Gegensatz zu Festpreisangeboten bestimmen bei Auktionen Angebot und Nachfrage den Preis. Bei einer hohen Anzahl an Anbietern kommt es zu einem Überangebot am Markt und dementsprechend zu niedrigeren Endpreisen. Es kommt dazu, dass Bieter leichter den Zuschlag erhalten, auch ohne bis zu ihrer maximalen Zahlungsbereitschaft gehen zu müssen.
- Zahl der Teilnehmer an Auktionen: Studien zeigen, dass etwa 40 % der erfolglosen Bieter der ersten Auktion auch bei der zweiten Aktion noch mitsteigern. Bei der dritten Auktion sind noch 20 % der Bieter der ursprünglichen Auktion aktiv, die auch in der zweiten Auktion keinen Erfolg hatten. Mit einem zunehmenden Angebot an homogenen Auktionsobjekten sinkt die Anzahl der Gebote durch die Teilnehmer.

Hypothese	Empirische Überprüfung
H13: Je mehr alternative Auktionen zeitgleich laufen, desto niedriger fällt der Auktionsendpreis aus.	H13 (bestätigt): Demnach führen Artikel mit nur wenig konkurrierenden Auktionen zu einem signifikant höheren Auktionsendpreis. Mit dieser Erkenntnis kann auch H7 erklärt werden. An Samstagen und Sonntagen waren mehr konkurrierende Auktionen zu beobachten. Dies hatte offenbar Einfluss auf die Endpreise.

Einige empirische Ergebnisse korrespondieren nicht mit theoretischen Überlegungen. Zu berücksichtigen bleiben daher das Untersuchungsdesign, die Art des Produkts und auch Defizite der Theoriebildung. Die in der Studie von Berger und Zimmermann enthaltene Analyse zeigt, dass der durchschnittliche Akteur seine Standardbewertungen, die die Reputation wesentlich bestimmen, nach der Tit for Tat Strategie vergibt. Er kooperiert a priori mit seinem Bewertungspartner und vergilt ansonsten Gleiches mit Gleichem (vgl. Berger und Zimmermann 2007, S. 1).

Eine Analyse von Bewertungskommentaren des Reputationssystems von eBay stellte die Frage, ob und in welchem Umfang es Abweichungen zwischen den abgegebenen Bewertungen und den damit verbundenen Bewertungskommentaren gibt. Die Untersuchung zeigt, dass Händler Transaktionen teilweise positiv beurteilen, obwohl sie unzufrieden sind und diese Unzufriedenheit auch durch entsprechende Bewertungskommentare zum Ausdruck bringen. Die Gründe konnten in dieser Untersuchung nicht erschlossen werden. Es ist aber davon auszugehen, dass Nutzer beispielsweise negative „Rachebewertungen" befürchten. Vor diesem Hintergrund muss die Frage gestellt werden, ob und inwieweit Bewertungen tatsächlich ehrlich abgegeben werden (vgl. Botsch und Luckner 2008).

11.3.2 Sharing Economy und Ressourcenteilung

Mein Haus, mein Auto, mein Boot – war gestern. Teilen statt besitzen! Was sagen die Deutschen zum Sharing-Trend? – so lautet der Titel einer von salesforce durchgeführten Online-Umfrage unter etwa 23.400 Befragten mit einem Durchschnittsalter von ca. 30 Jahren (vgl. Salesforce 2011). Die Motivation zu dieser Studie lag darin, herauszufinden, ob sich das Konsumverhalten der Deutschen in Richtung einer neuen und nachhaltigeren Nutzung von Ressourcen entwickelt oder ob es sich bei der Sharing-Philosophie um einen temporären Nischentrend handelt.

Das grundlegende Konzept der Sharing Economy ist nicht neu. Es gab und gibt sicher auch in Zukunft stets zeitliche Phasen, in denen es üblich ist, zumindest im Freundes- oder Bekanntenkreis Güter zu tauschen oder bei Freunden Urlaub zu machen. Das Internet befreit die Kommunikation jedoch von Raum und Zeit. Daraus ergibt sich ein Vernetzungspotential, das das Teilen und Tauschen auf die Ebene einer außerordentlich großen Zahl an Menschen hebt. Sharing-Unternehmen selbst verkaufen keine Güter, sondern bringen

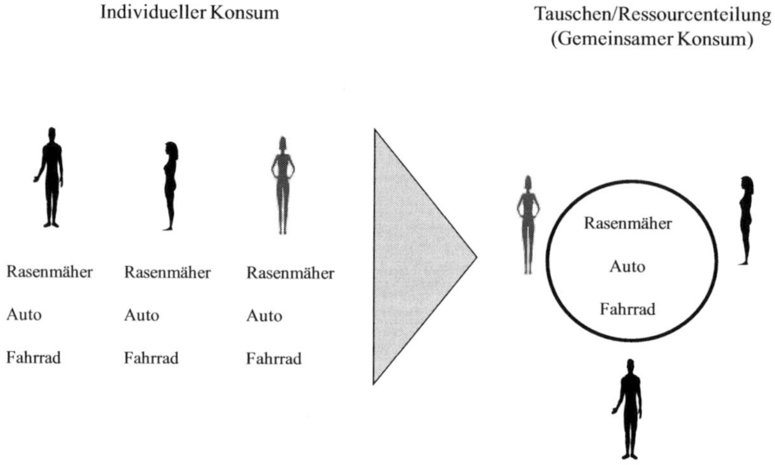

Abb. 11.17 Gemeinsamer Konsum

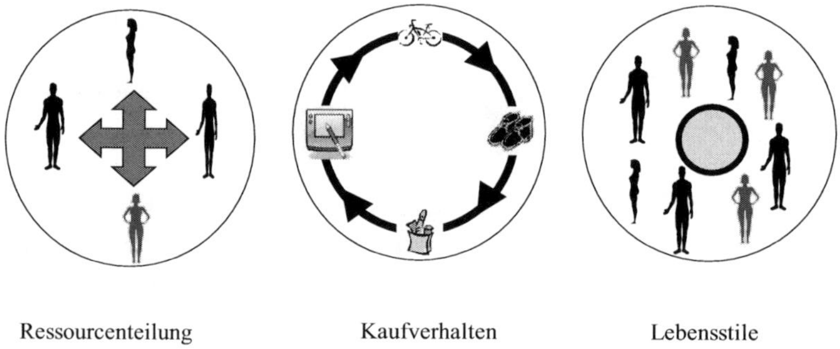

Abb. 11.18 Ausprägungen des gemeinschaftlichen Konsums. (In Anlehnung an Radia 2011)

Menschen zusammen, die teilen, mieten oder tauschen wollen und dafür soziale Netzwerke, Webplattformen oder Ortungsdienste nutzen (vgl. Botsman 2010). Dieser Trend, der auch als soziale Innovation bezeichnet wird, ist als „collaborative consumption" bekannt. Der Begriff steht für gemeinschaftlichen Konsum und das Teilen von persönlichen Dingen über das Internet (Abb. 11.17).

Collaborative Consumption ist dadurch gekennzeichnet, dass Nutzer untereinander und nicht mit einem Verkäufer oder Betreiber verhandeln. Je nach Webseite können die Nutzer einer Community Objekte verkaufen, tauschen oder verleihen. Die Mehrzahl der Homepages wird zwar von Unternehmen betrieben, diese treten aber nicht als Verkäufer auf, sondern als Bereitsteller des Portals, das zur Abwicklung genutzt wird. Es lassen sich mehrere Systeme des kollaborativen Konsums unterscheiden (Abb. 11.18).

(1) Ressourcenteilung Der Gedanke ist einfach: Wenn ich mir eine DVD kaufe, interessiere ich mich nicht für die DVD als Gut, sondern für den Film darauf. Ich zahle primär für den Nutzen eines Gutes, nicht nur für das Gut selbst. Diese Idee lässt sich ausweiten auf Gegenstände, die wir nur selten benutzen, für die sich aber andere interessieren könnten. Zwei Beispiele:

- http://www.carpooling.com/ (Plattform für Carsharing): In Deutschland gibt es rund 43 Mio. PKW (Stand: März 2013), die die meiste Zeit an Straßenrändern, Parkplätzen und in Parkhäusern herumstehen. Gleichzeitig gibt es viele Menschen, die kein Auto haben und auf teure Mietwagen angewiesen sind. Dieser Sachverhalt zeigt das Potential von Carsharing-Modellen. Zu beachten bleiben selbstverständlich auch Restriktionen solcher Modelle. Dazu zählen z. B. Stellplatzprobleme in größeren Städten, Überschneidung von Buchungszeiträumen, unterschiedliche Intensitäten der PKW-Nutzung, Schwarzfahren und Diebstahl von Fahrzeugen oder nicht gemeldete Schäden. Auch müssen die Carsharing-Standorte in urbanen Räumen aus verkehrstechnischer und betriebswirtschaftlicher Sicht optimiert sowie mit dem Öffentlichen Nahverkehr abgestimmt werden. Der Platz für Carsharing-Modelle im Kontext nachhaltiger Mobilitätskonzepte ist jedoch vorhanden.
- http://www.airbnb.de/ (Plattform für Zimmer und Häuser): Privatpersonen können Haus-, Zimmer- oder Schlafangebote einstellen, die direkt über Airbnb gebucht werden können. Diese portal-gestützte Vermittlung von Privatunterkünften kann Reisenden neben einer günstigen, komfortablen Übernachtungsmöglichkeit auch häufig Kontakt zu Einheimischen und ein Reiseerlebnis fernab von Massentourismus und eher tristen Standardhotels bieten. Bewertungen der Unterkunft erlauben eine Beurteilung der Vermieter nach verschiedenen Kriterien. Noch unklar ist, welche Folgen dieser Trend z. B. für die Tourismusbranche haben wird.

Umfragen zeigen, dass mehr als ein Drittel der Befragten materielle Güter wie Autos oder die eigene Wohnung nicht teilen möchte, da sie ihnen zu wertvoll sind. Dieses Ergebnis lässt vermuten, dass es eine Gruppe von Konsumenten gibt, die emotional mit ihren Alltagsgegenständen verbunden sind. Teilen wird erst attraktiv, wenn der eigene Besitz von einem utilitaristischen und nicht emotionalen Standpunkt aus betrachtet wird (vgl. Salesforce 2011). Ein wichtiger Faktor für Sharing-Modelle sind die Fragen:

- Wie kann ich jemandem vertrauen, den ich nicht kenne?
- Wie stelle ich sicher, dass mein Eigentum respektiert wird?
- Wie erkenne ich „schwarze Schafe" unter den Sharing-Partnern?

Die meisten Sharing-Plattformen versuchen den „Faktor Vertrauen" durch Community-Richtlinien zu konkretisieren. Fast alle Sharing-Unternehmen verlangen Profile für Anbieter und Nutzer und halten ein internes Community-Rating bereit. Hilfreich könnte auch die Verpflichtung sein, z. B. Anmeldungen nicht mehr über Pseudonyme, sondern nur noch über die echte Identität zu erlauben (vgl. Salesforce 2011).

(2) Kaufverhalten Der Kauf einer Waschmaschine mit dem Label „A + + +“ soll u. a. zum Umweltschutz beitragen. Verantwortungsvoller Konsum kann jedoch auch weitergedacht werden als der Austausch von „schlechten“ mit „besseren“ Gütern. Anstatt genutzte Produkte zu entsorgen wird der Lebenszyklus verlängert, indem ein Produkt anderen zur Verfügung gestellt wird. Elektronische Auktionsmärkte und Handelsplattformen eröffnen die Chance zur Stärkung von nachhaltigen Konsummustern durch die Weiterentwicklung internetgestützter Gebrauchtwarenmärkte. Bisher scheiterte die Ausschöpfung der Wiederverwendungsmöglichkeiten von Gütern oftmals an zu hohen Transaktionskosten, so dass der Handel mit gebrauchten Produkten auf regionale Märkte beschränkt blieb. Aufgrund dieser Hemmnisse wurde oftmals weder lokal noch regional eine kritische Größe für Gebrauchtgütermärkte erreicht, die sowohl für Anbieter als auch Nachfrager attraktiv sein konnte. Durch die rasant gestiegene Nutzung des Internets und durch Handelsplattformen wie eBay haben sich die Rahmenbedingungen grundlegend gewandelt (vgl. Henseling et al. 2009). Jährlich werden auf eBay weltweit Waren im Wert von 60 Mrd. Dollar gehandelt. Rund die Hälfte davon entfallen auf gebrauchte Güter. Bei den Online-Markplätzen für Gebrauchtgüter sind direkte und indirekte Erlösformen vorzufinden. Dabei lassen sich Erlöse durch Provisionen und Einstellgebühren (indirekte Erlösform) sowie durch den Verkauf von Produkten (direkte Erlösform) erzielen.

Ökologische Effekte Eine Studie des Einkaufsverhaltens auf eBay macht deutlich, dass der Gebrauchtwarenhandel zu weniger Neukäufen und zu positiven ökologischen Effekten führt (vgl. Behrendt et al. 2011).

Die Befragung von 6.700 eBay-Nutzerinnen und Nutzern zeigt gleichzeitig, dass es von der Produktgruppe abhängt, ob und inwieweit ein Gebrauchtkauf den Kauf eines neuen Produktes ersetzt. So wäre ohne eBay von 40 % der Befragten die gebraucht erworbene Kinderkleidung neu gekauft worden. Bei Notebooks hätten 25 % das gebrauchte Notebook neu erworben. Bei über einem Viertel der Käufer wurde durch den Sofa-Kauf der Kauf eines Neuproduktes vermieden. Allerdings gibt es auch eine Gruppe, die sich ohne eBay diese Produkte nicht gekauft hätte.

Diese durch Wiederverkauf im Internet wegfallenden Neukäufe entlasten nicht automatisch die Umwelt. Wie sich die Verlängerung der Nutzungsdauer von Produkten auf die Umwelt auswirkt, kann nur produktspezifisch beantwortet werden. Die Studie zeigt, dass z. B. die Nettobilanz der Treibhausgasemissionen für den privaten Gebrauchthandel auf eBay bei den Produkten positiv ausfällt, die während der Nutzung kein Strom oder Wasser benötigen (z. B. Kleidung und Bücher). Das sind rund 80 % der gehandelten Produkte auf eBay. Für strom- und wasserverbrauchende Produkte entscheiden das Alter und die Effizienz der Geräte darüber, ob und inwieweit sich ein Gebrauchtkauf auch ökologisch lohnt. Bei der Beurteilung der Öko-Bilanz spielen zudem begleitende Faktoren eine Rolle. Wesentlichen Einfluss haben z. B. die Entfernung, über die die getauschten Güter transportiert werden müssen, und die Wahl des Verkehrsmittels, mit dem sie versendet werden. Auch die Verpackung muss bei der ökologischen Buchführung berücksichtigt werden. Häufig werden Artikel einzeln versendet und damit auch getrennt verpackt. Nicht zuletzt fließt der

Betrieb des Computers und die Bereitstellung der Netzstruktur und der damit verbundene Energieverbrauch in die Bilanz ein.

Die Studie teilt die Nutzerinnen und Nutzer der eBay-Plattform in fünf Verbrauchergruppen ein. Dabei gab es keine signifikanten Unterschiede bei soziodemographischen Merkmalen wie Einkommen, Geschlecht, Bildungsstand und Alter. Die Unterschiede zwischen den Konsumtypen liegen eher in den Einstellungen und den Verhaltensweisen begründet:

- Preisorientierte Gebrauchtwarenkäufer (20 %) nutzen eBay, um Güter zu kaufen, die sie sich sonst nicht leisten könnten. Sie nutzen teilweise auch andere Handelsplätze wie Flohmärkte oder Kleinanzeigen in Zeitungen, um gebrauchte Güter zu kaufen.
- Gebrauchtwaren-Skeptiker (20 %) sind gegenüber Gebrauchtwaren eher zurückhalten eingestellt. Sie weisen demzufolge eine geringe Handelsaktivität auf eBay auf.
- Online-Käufer (15 %) kaufen neue wie gebrauchte Produkte überwiegend online. Anders als die preisorientierten Gebrauchtwagenkäufer sind sie selten auf klassischen Gebrauchtwaren-Märkten anzutreffen. Finanzielle Gründe und Umweltschonung sind keine wichtigen Motive.
- Umweltorientierte Gebrauchtwarenkäufer (22 %) sind die Personengruppe, die ein ausgeprägtes Umweltbewusstsein beim Handeln auf eBay aufweist. Diese Gruppe kauft vorrangig im „regionalen Umkreis" zur Vermeidung langer Transportwege.
- Prosumer (23 %) zeichnen sich vor allem durch eine hohe Weiterverkaufsorientierung aus. Dies gilt sowohl in ihrem Umgang mit Produkten, als auch in ihrer Verkaufsmotivation insgesamt. Sie behandeln Produkte pfleglicher, um sie später weiterverkaufen zu können. Ihre Teilnahme am Handel auf eBay basiert insbesondere auf ökonomischen und sozialen Motiven.

Insgesamt hat sich das Konsumverhalten durch eBay und andere Online-Plattformen für Gebrauchtgüter messbar verändert. Die Potentiale zur Entlastung der Umwelt erstrecken sich über Kauf-, Nutzungs- und Verkaufsphase (Abb. 11.19).

Um diese Potentiale zur Ressourcenschonung zu nutzen, können folgende Maßnahmen hilfreich sein:

- Stärkung des Vertrauens in die versprochene Qualität von gebrauchten Produkten.
- Entwicklung von Angeboten für bestimmte Lebenssituationen (z. B. Umzug, Geburt, Gründung eines Hausstandes, Aufnahme eines Studiums).
- Ökologische Optimierung des bestehenden Online-Handels (z. B. Möglichkeiten für einen klimaneutralen Versand der Produkte oder strategische Allianzen mit Transportdienstleistern).
- Entwicklung von Kommunikationsstrategien zur Erschließung des angehäuften, aber nicht mehr genutzten Konsumgüter in den privaten Haushalten.
- Unterstützung von Auktionsmechanismen, die die Erhöhung von Langlebigkeit und Werthaltigkeit der Produkte als Strategien eines nachhaltigen Konsums fördern.

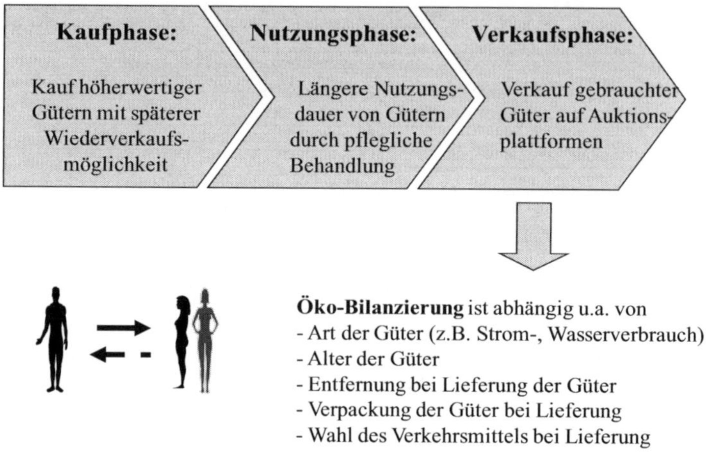

Abb. 11.19 Konsumverhalten und Ressourcenschonung

Auch im Kontext des Online-Handels mit gebrauchten Gütern stellt sich allerdings die Frage nach Reboundeffekten. Bislang gibt es keine umfassende Untersuchung über die Umwelt- und Verkehrseffekte der Online-Plattformen für Gebrauchtgüter. Notwendig ist die Abschätzung der potentiellen Substitution von Einkaufsfahrten und Neukäufen durch den Online-Handel mit Gebrauchtgütern. Dies erfordert Kenntnisse hinsichtlich des Einkaufs- und Mobilitätsverhaltens der Konsumenten und über ihre Veränderung durch den Online-Handel. Von Interesse ist letztendlich die Frage, ob der Kauf gebrauchter Produkte sonstige Produktkäufe substituiert oder ob dies zu einem additiven Konsum führt (vgl. Behrendt und Henseling 2006). Wer im Netz tauscht und teilt, führt also nicht zwangsläufig einen nachhaltigeren Lebensstil. Vielmehr sparen die Menschen durch diese Handelsform Geld, das sie wieder für den Kauf anderer Güter ausgeben können.

(3) Lebensstile Industrialisierung und Globalisierung haben es möglich gemacht, dass viele Güter preiswert herzustellen sind. Häufig gilt es als „normal", alles selbst zu besitzen, was gebraucht wird. Rund 10.000 Gegenstände besitzt ein Europäer im Durchschnitt (vgl. Frey 2011). Einer eBay Studie zufolge schlummern in jedem deutschen Haushalt nicht mehr benötigte Güter im Wert von durchschnittlich rund 1.000 €. Dies wären hochgerechnet 40 Mrd. € (vgl. Behrendt et al. 2011). Vor diesem Hintergrund wird die Frage gestellt, ob die IT-gestützten Möglichkeiten der Ressourcenteilung den Weg zu neuen Lebensstilen ermöglichen (vgl. Defial et al. 2011).

Internet-Plattformen fungieren als Makler zwischen Menschen, die Güter besitzen und diese teilen wollen. Dadurch werden Menschen vernetzt und es entstehen soziale Gemeinschaften (vgl. Impulse 2011). Auch in Deutschland gibt es eine gewisse Abkehr bezogen auf die Bedeutung von Besitz und Eigentum (vgl. Salesforce 2011). Warum sollten also materielle Dinge, die nicht jeden Tag in Gebrauch sind, nicht mit anderen gemeinsam genutzt werden? Ein wichtiger Grund ist die ökonomische Komponente. Wer teilt, spart Geld.

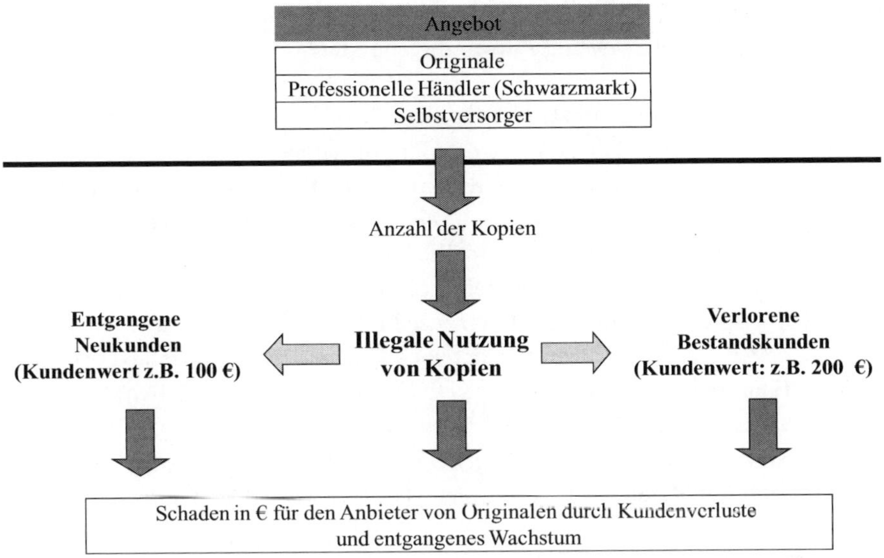

Abb. 11.20 Legales und illegales Angebot von Kopien

Sharing-Unternehmen, die dies überzeugend nachweisen, haben gute Aussichten, sich zu etablieren. Ein weiterer Grund für den Zuspruch kann unter dem Begriff der Nachhaltigkeit zusammengefasst werden. Allerdings gilt ein nachhaltiger Konsum- oder Lebensstil immer noch als sperriger Begriff, der zu konkretisieren ist (vgl. Lange 2005).

11.3.3 Filesharing

Im Mittelalter waren es die Klöster, in denen nur Mönche mit ihrem Spezialwissen Kopien von Büchern erstellen konnten. Im Internet-Zeitalter ist zur Erstellung von Kopien kein Spezialwissen mehr erforderlich. Die legale oder auch illegale Vervielfältigung von digitalen Informationsgütern ist nahezu für jeden Nutzer möglich (vgl. Dörr 2008, S. 128). Sind keine exklusiven Verwertungsrechte (z. B. Urheberrechte) verfügbar oder nur mit hohen Kosten durchsetzbar, entsteht ein Nebeneinander von legalen und illegalen Angeboten, das sich wie folgt zusammensetzt (Abb. 11.20):

- Original-Anbieter von digitalen Informationsgütern.
- Gewerbliche Raubkopierer bei denen das wirtschaftliche Interesse im Vordergrund steht. Dazu werden Kopien vorrangig als Datenträger hergestellt und an Endkunden verkauft.
- Selbstversorgung durch Endkunden. Neben der physischen Privatkopie findet diese Selbstversorgung zunehmend digital statt, verläuft also über Webseiten oder

Tauschnetzwerke. Sie sind kostenlos, bieten eine große Auswahl und die Beschaffung von Gütern ist mit relativ wenig Aufwand verbunden.

Nachfrager eines Informationsgutes können entscheiden, ob sie das Produkt vom Originalanbieter, vom gewerblichen Anbieter oder von anderen Nachfragern erwerben. In den ersten beiden Fällen ist dies entgeltlich möglich. Privatkopien werden angefertigt, wenn keine Präferenzen für die Produkte bestehen und die Herstellungskosten einer Kopie niedrig sind. Der Nachfrager muss also überlegen, welche Unterschiede zwischen dem Originalangebot, dem gewerblichen Angebot einer Kopie und einer selbst gefertigten Kopie bestehen. Insofern ist durchaus eine Aufteilung des Marktes in die genannten drei Segmente möglich. Letztendlich entscheidet vor allem der Degressionseffekt der Fixkosten über die Marktaufteilung und die Wettbewerbsfähigkeit der gewerblichen Angebote (vgl. Linde und Stock 2011, S. 553 ff.).

Anbieter sowie Personen, die gegen geltendes Recht verstoßen, Kopien fertigen und weitergeben sind Raubkopierer. Es lassen sich verschiedene Formen unterscheiden:

- Im Fall einer klassischen Raubkopie wird ein bestehendes Informationsgut komplett übernommen und in anderer Aufmachung als das Original auf den Markt gebracht.
- Fälschungen zielen darauf ab, das Originalgut in jeder Hinsicht nachzubilden.

Je umfangreicher gewerbliche Raubkopierer ihr Geschäft gestalten, desto größer ist die Wahrscheinlichkeit entdeckt zu werden. Raubkopierer können nicht in einen offenen Wettbewerb zum Originalanbieter treten. Illegale Anbieter müssen also überlegen, bis zu welcher Menge sie anbieten wollen.

Je kleiner das Angebot, desto geringer ist in der Regel das Risiko der Aufdeckung. In ökonomischen Modellen wird daher u. a. danach gefragt, wie hoch eine Strafe anzusetzen ist, damit ein Original-Produzent trotz der Bedrohung durch gewerbliche Raubkopien noch genügend Anreize für die Entwicklung neuer Produkte oder Leistungen hat. Die Zahl der Raubkopien hängt dabei nicht allein von der Strafhöhe, sondern auch von der Entdeckungswahrscheinlichkeit ab. Sind Originale und Raubkopie perfekte Substitute, gilt vereinfacht folgende Überlegung (vgl. Welzel 2011):

$$G \cdot F > (1 - F) \cdot X^* \cdot K, \text{mit} \tag{11.1}$$

G = Geldstrafe
F = Entdeckungswahrscheinlichkeit
X^* = Marktanteil der Raubkopien
K = Entwicklungskosten eines digitalen Gutes

Nehmen wir an, dass ein Hersteller von Raubkopien 2 % der gesamten Stückzahl auf einem Markt verkauft. Beträgt die Entdeckungswahrscheinlichkeit 1 % gilt:

$$G \cdot 0{,}01 > (1 - 0{,}01) \cdot 0{,}02 \cdot K \tag{11.2}$$

Tab. 11.6 Preisgestaltung mit und ohne Kopiererlaubnis

	Original	Kopien	Kopierabgabe	Zahlungsbereitschaft für Original
Ausgangssituation	Kauf	Nicht erlaubt	–	10 €
Alternative	Kauf	Maximal Drei	6 €	16 €

Da in unserem Beispiel $(1 - 0{,}01) \approx 1$, können wir vereinfachen zu:

$$G \cdot 0{,}01 > 1 \cdot 0{,}02 \cdot K \tag{11.3}$$

Die erwartete Geldstrafe muss also mindestens 2 % der Entwicklungskosten des digitalen Gutes betragen bzw. doppelt so hoch ausfallen.

Das Filesharing bezeichnet das direkte Weitergeben von Dateien zwischen PC-Benutzern unter Verwendung eines Filesharing-Netzwerks. Dies muss nicht zwangsläufig illegal sein, z. B. wenn Filme von Stiftungen oder Institutionen kostenlos bereitgestellt werden. Im Fall des illegalen Filesharing befinden sich die Dateien normalerweise auf den Computern der einzelnen Teilnehmer oder Servern, von wo sie an interessierte Nutzer verteilt werden. Im Regelfall können Dateien sowohl heruntergeladen als auch hochgeladen werden. Beim Filesharing sind viele Akteure einbezogen: Absender bereitgestellter Inhalte durch Hochladen, Empfänger von Inhalten durch Herunterladen, der Vertragspartner des Internet-Diensteanbieters, der Internet-Diensteanbieter sowie die Personen, die die verwendete Software entwickelt bzw. bereitgestellt haben. Gerade im Fall juristischer Auseinandersetzungen über die Folgen illegaler Handlungen ist diese Differenzierung von Interesse. Sie ist aber nicht Gegenstand unserer Analyse. Im Vordergrund stehen ökonomische Aspekte.

Inzwischen gibt es eine Reihe von Studien, die sich in methodisch unterschiedlicher Weise mit den Folgen des illegalen Filesharing auseinandersetzen (vgl. Linhart 2007, Tschmuck 2009). Auffällig ist die weite Streuung der Ergebnisse. Einige Studien kommen zu dem Ergebnis, dass illegales Filesharing die Hauptursache für rückläufige Umsätze z. B. der Tonträger ist. Andere stellen gar keinen Zusammenhang fest bzw. kommen sogar zu positiven Wirkungen. Die nachfolgenden Ausführungen stellen einige Ergebnisse vor, erheben aber keinen Anspruch auf Vollständigkeit.

(1) Original und Kopie Die Theorie der indirect appropriability beschreibt die Möglichkeit von Produzenten, die Verluste durch Kopien zu internalisieren, diese Rechte indirekt zu verwerten bzw. ihren Wert indirekt zu internalisieren (vgl. Liebowitz 1985). In dem Fall, dass Kopieren erlaubt ist oder nicht verhindert werden kann, kann ein Rechteinhaber als Monopolist für ein Originalerzeugnis einen höheren Preis verlangen (Tab. 11.6). Auch wird nach dieser Auffassung ein Konsument für diese zusätzliche Nutzungsmöglichkeit mehr bereit sein zu zahlen, als wenn er nur ein Original erhält, das er nicht kopieren darf. Diese Sicht ist in mehrerer Hinsicht zu differenzieren.

Tab. 11.7 Kopien und Kauf von Originalen

	Kauf Original	Kopien	Netzeffekt	Zusätzlicher Kauf Originale
Preis 10 €	$10 \cdot 10\,€ = 100\,€$	20	100 Kopien	$10 \cdot 10\,€ = 100\,€$

a) Nehmen wir an, dass die Zahlungsbereitschaft für ein Original ohne Kopiermöglichkeit bei 10 € liegt. Zu klären bleiben die Menge an zulässigen Kopien und die Höhe der marginalen Kopierkosten. Nehmen wir an, die Zahl der Kopien sei auf drei begrenzt. Die marginalen Kopierkosten sollen für die erste Kopie 1 €, für die zweite 2 € und für die dritte 3 € betragen. Die marginalen Kopierkosten sind also ansteigend, weil z. B. die Qualität mit zunehmenden Kopien zurückgeht. In diesem Fall würde ein Käufer bei der Möglichkeit des Fertigens von drei Kopien maximal 16 € für ein Original zahlen.

   In diesem Beispiel ist die Zahl der Kopien von einem Original begrenzt. Bei steigender Nachfrage nach Kopien steigt damit auch die Nachfrage nach Originalen. Die Anbieter können dann die Preise für Originale erhöhen und so von der Nachfrage nach Kopien wenigstens einen Teil abschöpfen (indirect appropriability; vgl. Wurm 2003). Sind die marginalen Kopierkosten jedoch konstant (z. B. 1 € pro Kopie), dann muss der Anbieter seine Preise bis zu dem Punkt senken, der durch die Substitution von Originalen durch Kopien bestimmt ist. Sind Originale und Kopien gar nicht mehr zu unterscheiden, kann der Anbieter den Preis lediglich in Höhe der marginalen Kopierkosten setzen.

b) Werden von einigen Originalen wenige oder gar keine Kopien erstellt und von anderen sehr viele ist eine Internalisierung der Verluste durch Kopien im Rahmen einer Preisdifferenzierung möglich. Diese Strategie wird als Versioning bezeichnet. Dazu gilt es Güter auf Eigenschaften hin zu untersuchen, die für die Kunden grundsätzlich von unterschiedlicher Bedeutung sein können, um sie dann in entsprechend modifizierten Varianten anzubieten (z. B. hinsichtlich Übertragbarkeit auf Trägermedien, Ausgestaltung des Kopierschutzes).

c) Die Anfertigung von Kopien kann den Bekanntheitsgrad von Gütern steigern und die Nachfrage nach Originalen erhöhen. Dieser Effekt ist als Sampling bekannt. Sampling gilt als eine besser informierte Kaufentscheidung durch das Herunterladen von Hörproben und eine Erhöhung der Produktvielfalt (vgl. Peitz und Waelbroeck 2004). Beides kann über Filesharing-Netzwerke oder Streaming-Dienste bewirkt werden und sich vorteilhaft auf die Rechteinhaber bzw. Unternehmen auswirken. Auch Künstler könnten aus Prestige-, Status- und Reputationsgründen wollen, dass so viele Tonträger wie möglich gehört werden, auch wenn diese illegal wären (vgl. Gayer und Shy 2006). Unterstellen wir dazu vereinfacht, dass sich zunächst 10 Personen zum Kauf eines Originals entscheiden, das 10 € kostet. Die Käufe führen zu 20 Kopien, die in der Folge einen Netzeffekt von 100 illegalen Kopien zur Folge haben. Entscheiden sich 10 % der Besitzer von illegalen Kopien anschließend für den Kauf des Originals zu einem Preis von 10 €, werden statt ursprünglich 100 € nun 200 € an Erlösen erzielt (Tab. 11.7).

Abb. 11.21 Rahmenbedingungen des Filesharing

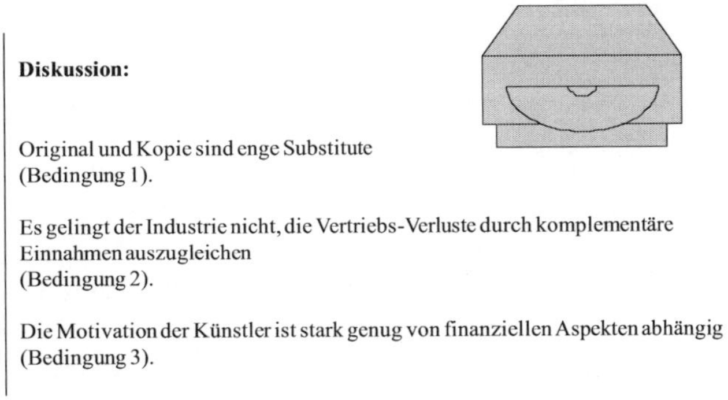

(2) Substitute, komplementäre Einnahmen und finanzielle Anreize Oberholzer-Gee und Strumpf stellen drei Bedingungen auf, die erfüllt sein müssen, damit Filesharing zu geringeren Anreizen für die Produktion von Kunst und Kultur führt (Abb. 11.21; vgl. Oberholzer-Gee und Stumpf 2007; Oberholzer-Gee und Stumpf 2009):

- Original und Kopie sind enge Substitute (Bedingung 1).
- Es gelingt der Industrie nicht, die Vertriebs-Verluste durch komplementäre Einnahmen auszugleichen (Bedingung 2).
- Die Motivation der Künstler ist stark genug von finanziellen Aspekten abhängig (Bedingung 3).

Bedingung 1: Die Autoren analysieren insgesamt 16 Studien über den Substitutionseffekt von Filesharing bei Musik und bei Filmen. Acht Studien kommen zu einem negativen Ergebnis. Die Substitutionsraten bewegen sich zwischen 3,5 % bei Filmen und maximal 30 % bei Musik-CDs. Drei Studien ermitteln eine positive Auswirkung. Vier Studien sehen keinen Zusammenhang. Die empirische Bestimmung der tatsächlichen Auswirkungen von Filesharing ist also offenbar schwierig.

Bedingung 2: Vor allem in der Musikindustrie haben komplementäre Einnahmequellen wie z. B. Konzerteinnahmen für eine Kompensation von Einnahmeverlusten aus Musikverkäufen gesorgt. Die durchschnittlichen Preise für Konzert-Tickets sind seit Jahren überproportional zum sonstigen Preisniveau angestiegen. Auch die Nachfrage nach Konzerten hat zugenommen. Es gibt sogar die Auffassung, dass die Nachfrage gerade aufgrund von Filesharing gestiegen ist. Eine Analyse der Gesamt-Umsätze der US-amerikanischen Musik-Industrie im zeitlichen Verlauf zeigt, dass die klassischen Einnahmen durch Musikverkäufe von 1997 bis 2007 um 15 % zurückgegangen sind. Das Gesamtvolumen der Branche ist hingegen um 66 % gewachsen (z. B. durch gestiegene Konzert-Einnahmen und neue Vertriebsplattformen). Für die Filmbranche vermuten die Autoren einen ähnlichen Effekt. Diese ist jedoch empirisch nicht belegt.

Bedingung 3: Zu klären ist, welchen Stellenwert finanzielle Anreize bei der Produktion von Kunst und Kultur haben. Es gibt verschiedene Anzeichen dafür, dass solche

Tab. 11.8 Nutzenfunktionen für Software

Anzahl	Nutzertyp	Nutzen (legal)	Nutzen (illegal)	Nutzen (Nicht- Nutzer)
200	Unterstützungsorientiert	$4N - P$	N	0
100	Unterstützungsunabhängig	$N - P$	N	0

Anreize eine geringere Rolle als in der sonstigen Ökonomie spielen. Beispiel Musik: Von den über 50.000 Musikalben, die im Jahr 2007 weltweit erschienen sind, haben nur 950, also weniger als 4 %, mehr als 25.000 Stück verkauft. Der finanzielle Erfolg war hier also schon immer bescheiden. Die Mehrzahl der Musiker und Songwriter finanziert ihren Lebensunterhalt hauptsächlich über andere Tätigkeiten. Auch andere Studien relativieren den negativen Einfluss von Filesharing (vgl. Huygen et al. 2009). Die Autoren stellen die Umsatzverluste der Musikindustrie in den Niederlanden in Höhe von rund 100 Mio. € pro Jahr „Wohlfahrtsgewinne" von mindestens 200 Mio. € gegenüber. Nach Einschätzung der Studie hat die Musikindustrie in der Vergangenheit zu wenig auf die Entwicklung neuer Einkommensquellen gesetzt, die die wegfallenden Erlöse aus dem Tonträgerverkauf ersetzen konnten. Die Autoren gehen davon aus, dass sich in Zukunft allein mit dem Verkauf von Musikaufnahmen keine profitablen Unternehmen mehr betreiben lassen.

Im Gegensatz zur Musikindustrie sehen die Autoren in den Bereichen Film und Games noch keine negativen Effekte von Filesharing. Im Filmbereich sind die Erlöse konstant und eher von der Qualität des Angebotes abhängig und der Games Sektor zeigt noch immer hohe Wachstumsraten. Die Einbrüche bei der Musikindustrie sind zumindest teilweise auch dadurch zu erklären, dass Konsumenten ihr „Entertainment-Budget" inzwischen lieber für Filme und Games ausgeben. Im Fall von Spielen kommen diese in der Form von Lizenzgebühren für „in-game Musik" teilweise auch der Musikindustrie zugute. Auf Basis ihrer Erkenntnisse sprechen sich die Autoren für eine Kulturflatrate aus. Zugleich wenden sich die Autoren gegen eine Verschärfung des Urheberrechtes. In diesem Zusammenhang betonen die Autoren, dass auch bei der Einbeziehung von Internet Service Providern im Kampf gegen Urheberrechtsverletzungen die rechtsstaatlichen Prinzipien der Verhältnismäßigkeit und Rechtssicherheit gewährleistet werden müssen.

(3) Netzeffekte Netzeffekte können, so die These, selbst bei einem gewissen Ausmaß des Konsums illegaler Kopien einen positiven Gesamteffekt auf die Anbieter haben (vgl. Ludwig 2011). Ursächlich ist der positive Nettoeffekt, der durch eine höhere Zahlungsbereitschaft bei den Personen hervorgerufen wird, die sich für den Kauf eines Originals entscheiden (vgl. Takeyama 1994). Ein geeignetes Beispiel für Netzeffekte ist Software. Hier ergeben sich positive Effekte aus Komplementärleistungen oder einem zusätzlichen Nutzen, der aus der Größe des Netzwerks resultiert. Beispielhaft sei ein Markt dargestellt, der zwischen verschiedenen Nutzertypen unterscheidet (vgl. Shy 2005). Es gibt 200 Nutzer, die „unterstützungsorientiert" und 100 Nutzer, die „unterstützungsunabhängig" sind (Tab. 11.8).

Tab. 11.9 Szenarien zum Nutzen illegaler Kopien

Szenario	Nutzer	Preis	Umsatz
Illegale Kopien möglich	300 200 Legal 100 illegal	$P = 3N =$ $3(200 + 100) = 900$	$200 \cdot 900 = 180.000$
Keine illegalen Kopien möglich	200	$P = 4N = 4 \cdot 200 = 800$	$200 \cdot 800 = 160.000$
Geringer Kaufpreis bei Unterbindung illegaler Kopien	300	$P = N = 200 + 100 = 300$	$300 \cdot 300 = 90.000$

Die beiden Gruppen unterscheiden sich darin, dass die unterstützungsorientierten Verwender der Software einen größeren Nutzen aus dem Kauf legaler Kopien ziehen als die unabhängigen Nutzer. Sie sind z. B. auf technische Unterstützung beim Betrieb der Programme angewiesen oder wollen legale Kopien ohne Risiko erwerben.

N umfasst die Gesamtanzahl der legalen und illegalen Softwarenutzer. P bezeichnet den Preis einer legalen Kopie. Die Präferenzen beinhalten den externen Netzeffekt, der sich daran ablesen lässt, dass die Gesamtzahl der Nutzer Teil der Funktion ist.

Das ist im Beispiel der Softwareverwendung offensichtlich, denn je mehr Nutzer dieselbe Software nutzen, desto besser sind die Kommunikationsfähigkeit zwischen den Computern und der Austausch von Daten sichergestellt. Unterstützungsorientierte Nutzer erwerben mit dem Kauf des Produktes zugleich den Zugang zu für sie notwendige Serviceleistungen. Sie haben deshalb einen im Beispiel vierfachen Nutzen. Für illegal erworbene (Piraten-) Kopien ist nichts zu zahlen. Der Preis spielt also bei der Nutzenfunktion eines Nutzers nur eine Rolle, wenn sie eine legale Kopie kaufen, und vermindert seinen Gesamtnutzen, da ihm Kosten entstanden sind (Tab. 11.9). Wird Piraterie nicht verhindert, so werden alle 100 unterstützungsunabhängigen Nutzer die Software illegal kopieren, statt für eine legale Kopie zu zahlen. Im Gegensatz dazu werden die unterstützungsorientierten Nutzer die Software kaufen, solange sie einen höheren Nutzen daraus im Vergleich zur illegalen Anwendung haben:

$$4N - P \geq N. \tag{11.4}$$

Software-Anbieter maximieren ihre Gewinne (Erlöse), indem sie den Preis P entsprechend wählen:

$$P = 3\mathrm{N}. \tag{11.5}$$

Bei einer Gesamtzahl von 300 Nutzern ergibt sich ein Preis von $P = 3\mathrm{N} = 3\,(200 + 100) = 900$. Verkauft der Anbieter 200 Stück an die unterstützungsabhängigen Verwender zu diesem Preis, ergibt sich ein Erlös von 180.000.

Nehmen wir nun an, dass es dem Anbieter gelingt, Piraterie vollständig auszuschalten, indem er z. B. entsprechende Schutzvorrichtungen in seiner Software installiert. Verkauft der Anbieter nur an unterstützungsorientierte Nutzer, werden diese die Software kaufen, wenn gilt:

$$4N - P \geq 0. \tag{11.6}$$

Der Verkäufer maximiert seine Erlöse, indem er den Preis setzt, so dass $P = 4\,N = 4 \cdot 200 = 800$. In diesem Fall erzielt der Verkäufer aus dem Verkauf an die 200 unterstützungsabhängigen Kunden einen Erlös von 160.000. Er verdient also weniger als im Falle mit Piraterie. Wenn der Herausgeber auch an die unterstützungsunabhängigen Nutzer verkauft, werden diese die Software kaufen, solange sie einen positiven Nutzen daraus ziehen:

$$N - P \geq 0. \tag{11.7}$$

Der Anbieter setzt einen Preis von $P = N = 200 + 100 = 300$. Der Erlös beträgt bei Verkauf an alle 300 Nutzer 90.000.

Unternehmen sollten

> ... ihre Produkte so attraktiv gestalten und vermarkten, dass die Kunden sie lieber kaufen als nur kopieren. Nicht zuletzt gilt das Wort der Ökonomen, die die Aufteilung des Markts in Käufer und nicht-kaufwillige Nutzer vorschlagen. Marktsegmentierung ist das Schlüsselinstrument zur Preisgestaltung, um mit digital gespeicherten Informationen Gewinne zu erzielen. (Shy 2005, S. 28)

Fazit Die ökonomischen Folgen des nicht-authorisierten Filesharings sind gegenwärtig noch nicht klar erkennbar. Von den existierenden Forschungsansätzen kann nicht einem Design der Vorzug gegeben werden. Notwendig erscheint die Strukturierung eines übergreifenden Modells (vgl. Tschmuck 2009):

1. Angebotsseite: Die Musikindustrie und Tonträgerindustrie zeichnen sich durch oligopolistische Strukturen aus. Ziel ist die Maximierung von Marktanteilen und die größtmögliche Kontrolle von Verwertungsstrukturen und -prozessen. Aufgrund der urheberrechtlichen Rahmenbedingungen ist der Wettbewerb von Künstlern durch monopolistische Konkurrenz geprägt.
2. Nachfrageseite: Hier sind verschiedene Effekte zu analysieren:
   - Negative Effekte der Marktschrumpfung: Filsharing hat Substitutionseffekte auf den Tonträgerverkauf bzw. auf Bezahlangebote, die sich negativ auf den Absatz auswirken können.
   - Komplementäre Effekte und Netzeffekte des Marktwachstums: Eine Marktentwicklung tritt auf, wenn über das Filesharing neue Künstler und Genres entdeckt werden, die in der Folge zum Kauf von Tonträgern bzw. Bezahlangeboten führen. Auch lassen sich Märkte entwickeln, wenn z. B. Musik, die in Tauschbörsen heruntergeladen wird, auf Offline- und Online-Vertriebswegen nicht oder nicht in der gewünschten Form verfügbar ist. Es entsteht eine Nachfrage, die herkömmlich nicht befriedigt werden kann. Eine Marktsegmentierung tritt auf, wenn Nutzer z. B. nicht das ganze

Album, sondern nur einzelne Stücke davon erwerben wollen. Diese Effekte wirken entweder neutral oder sogar positiv auf den Absatz von Tonträgern bzw. auf diverse Formen der Bezahlung.

Erst in der Gesamtschau kann geklärt werden, wie hoch negativ wirkende Substitutions- und positiv wirkende Komplementär- bzw. Netzeffekte ausfallen, und ob und in welcher Höhe ein Schaden z. B. für Musikproduzenten und -verwerter tatsächlich entsteht.

11.4 Übungen und Lernkontrolle

▶ Bearbeitungshinweise finden Sie im Web

1. Welche Ziele verfolgen Auktionen? Wann sind Auktionen sinnvoll?
2. Übertragen Sie folgenden Auktionsverlauf in die Grafik. Was lässt sich aus dem Funktionsverlauf erkennen? Wozu kann er in der Praxis benutzt werden?

Bieter	Höchstgebote	Anzahl der Bieter, die bis zu dem jeweiligen Gebot kaufen würden
1	2	8
2	5	7
3	10	6
4	17	5
5	20	4
6	25	3
7	30	2
8	31	1

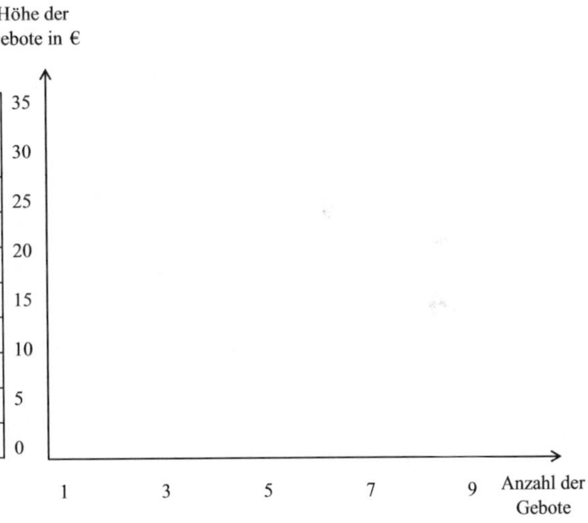

3. Unterscheiden Sie die im Internet vorherrschenden Auktionsformen nach folgenden Kriterien:

Auktionsart	Häufigkeit	Verlauf	Sichtbarkeit	Zuschlag
Englisch				
Holländisch				
Verdeckter Höchstpreis				
Verdeckter Zweitpreis				

Welches Auktionsverfahren praktiziert das Auktionshaus eBay?

4. Eine Auktion ist durch folgende Annahmen gekennzeichnet:
   - Versteigerung eines unteilbaren Gutes (private value).
   - Jeder Bieter kennt seine eigene Zahlungsbereitschaft (v) für das Objekt, nicht aber die Wertschätzung der anderen potentiellen Käufer.
   - Die Wertschätzungen der anderen Auktionsteilnehmer (auch des Anbieters) werden als Ziehung einer allgemein bekannten Wahrscheinlichkeitsverteilung betrachtet.
   - Die Bieter sind risikoneutral und treffen untereinander keine Absprachen.
   - Die Bieter handeln unabhängig voneinander und rational.

   Ermitteln Sie die Ergebnisse für die in 6.3 genannten Auktionsformen, wenn drei Personen folgende Zahlungsbereitschaften haben und in Schritten zu 1 € bieten:

   v1 100 €

   v2 110 €

   v3 120 €
5. Unterscheiden Sie private value Auktionen und common value Auktionen. Was könnte der „Fluch des Gewinners" in diesem Zusammenhang bedeuten?
6. Nehmen Sie an, vier Unternehmen bieten für Öl-Bohrrechte auf einem Stück Land. Ein neutrales Gutachten schätzt den Wert des Ölvorkommens auf 10 Mio. €. Die Unternehmen haben folgende Einschätzungen: A: 5 Mio. €, B: 10 Mio. €, C: 12 Mio. €, D: 15 Mio. €. Erläutern Sie an dieser Situation den „Fluch des Gewinners" und diskutieren Sie mögliche Strategien, diesem zu entgehen.
7. Was verstehen Sie unter einem Trittbrettfahrer?
8. Erläutern Sie, ob es in nachfolgendem Beispiel zu einem Tausch kommt. Beurteilen Sie dazu die Situation mit Hilfe der Begriffe Nash-Gleichgewicht und Pareto-Optimum.

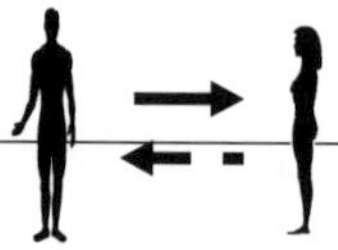

		Person B	
		Beitrag	Kein Beitrag
Person A	Beitrag	A: 3 B: 3	A: 1 B: 4
	Kein Beitrag	A: 4 B: 1	A: 2 B: 2

9. Beurteilen Sie die Wahrscheinlichkeit eines Tauschgeschäfts in folgendem Fall:

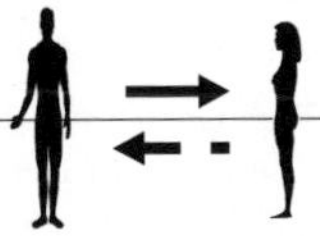		Person B - wichtig	
		Beitrag	Kein Beitrag
Person A - unwichtig	Beitrag	A: 3 B: 3	A: 1 B: 4
	Kein Beitrag	A: 4 B: 2	A: 1 B: 1

10. Nennen Sie verschiedene Ansätze zur Lösung von Kollektivgutproblemen, die auch für Tauschbörsen im Internet Anwendung finden können. Erläutern Sie in diesem Kontext die Strategie des Tit for Tat.
11. Reziprozitätsnorm:
    a) Was verstehen Sie unter Reziprozität?
    b) Wie realistisch ist dieses Verhalten auf Tauschbörsen im Internet?
12. Internettauschbörsen:
    a) Werden in Internettauschbörsen kollektive Güter produziert?
    b) Welche Problematik kann aus den ökonomischen Merkmalen einer Internettauschbörse resultieren?
13. Ressourcenteilung:
    Mit welchen Problemen sind Internet-Plattformen konfrontiert, die z. B. Carsharing und Housesharing Modelle umsetzen wollen?
14. Wiederverkaufskultur:
    Führt der Handel mit gebrauchten Produkten auf Auktionsplattformen zur Einsparung von Ressourcen?
15. Filesharing von Musik und Filmen:
    Welche Bedeutung haben Substitutions-, Komplementär- und Netzeffekte für das Filesharing von Musik und Filmen?
16. Verwertungsrechte und Kopiertechnologien:
    a) Beschreiben Sie einen Markt für digitale Güter (z. B. Musik), in denen einfache bzw. kostengünstige Kopiertechnologien, jedoch keine exklusiven Verwertung srechte existieren.
    b) Wie verändert sich die Situation, wenn es exklusive Verwertungsrechte gibt?

Literatur

Becker JU, Clement M (2003) Generation Napster – Das ökonomische Kalkül eines Anbieters von Medien-Dateien bei Filesharing-Diensten. Wirtschaftsinformatik 45(3):261–272

Berger R, Zimmermann J (2007) Das Problem der Transaktionsbewertung bei Internetauktionen. Eine Analyse des Bewertungssystems von eBay Deutschland unter Berücksichtigung der Freitextkommentare, Institut für Soziologie, Universität Leipzig. http://www.uni-leipzig.de/~sozio/content/site/a_berichte/54.pdf. Zugegriffen: 14. Dez. 2012

Behrendt S, Henseling C (2006) E-nnovation: E-Business und Nachhaltigkeit. Ökologisches Wirtschaften 4:39–42

Behrendt S, Blättel-Mink B, Clausen J (Hrsg) (2011) Chancen für nachhaltigen Konsum am Beispiel von eBay. Springer, Berlin

Bofinger P (2011) Grundzüge der Volkswirtschaftslehre. Einführung in die Wissenschaft von Märkten, 3. Aufl, Pearson, München

Botsch J, Luckner S (2008) Empirische Analyse von Bewertungskommentaren des Reputationssystems von eBay, Institut für Informationswirtschaft und -management (IISM), Universität Karlsruhe (TH). http://ibis.in.tum.de/mkwi08/18_Kooperationssysteme/01_Botsch.pdf. Zugegriffen: 14. Nov. 2012

Botsman R (2010) What's mine is yours: the rise of collaborative consumption. HarperBusiness, New York

Capen EC, Clapp RV, Campbell WM (1971) Competitive bidding in high-risk situations. J Petreleum Technol 23:641–653. http://www.cs.princeton.edu/courses/archive/spr09/cos444/papers/capen_et_al71.pdf. Zugegriffen: 18. Okt. 2012

Defila R, Di Giulio A, Kaufmann-Hayoz R (Hrsg) (2011) Wesen und Wege nachhaltigen Konsums. Ergebni-se aus dem Themenschwerpunkt Vom Wissen zum Handeln – Neue Wege zum Nachhaltigen Konsum, oekom, München

Dörr R (2008) Illegales Filesharing. Der Reiz am heimlichen Datentausch. Tectum Wissenschaftsverlag, Marburg

Frey B (2011) The Collaborative Living, Teil 1, http://reverbmag.de/2011/11/the-collaborative-living-teil-1/. Zugegriffen: 10. Jan. 2013

Gayer A, Shy O (2006) Publishers. artists, and copyright enforcement. Inf Econ Policy 18(4):374–384

Haug S, Weber, K (2003) Tauschnetzwerke im Internet und im Freundeskreis. Eine empirische Untersuchung der Wirksamkeit der Reziprozitätsnorm beim Tauschen. Teil I: Bestimmungsfaktoren der Reziprozität beim Tauschen; kommunikation@gesellschaft, Jg. 4, Beitrag 6. (http://www.soz.uni-frankfurt.de/K.G/B6_2003_Haug_Weber_I.pdf. Zugegriffen: 15. Nov. 2012)

Heertje A, Wenzel HD (2001) Grundlagen der Volkswirtschaftslehre, 6. Aufl. Springer, Berlin

Henseling C, Blättel-Mink B, Clausen J, Behrendt S (2009) Wiederverkaufskultur im Internet: Chancen für nachhaltigen Konsum. APuZ 32–33. http://www.bpb.de/files/26HC72.pdf. Zugegriffen: 14. Dez. 2012

Huygen A, Helberger N, Poort J, Rutten J, Van Eijk N (2009) Ups and downs. Economic and cultural effects of file sharing on music, film and games. TNO Information and Communication Technology Series. http://www.internationalchamberofcommerce.org/uploadedFiles/BASCAP/Pages/Ups%20and%20Downs.pdf. Zugegriffen: 14. Dez. 2012

Impulse (2011) Teilen statt kaufen – Wie Sharing die Wirtschaft verändert. http://www.impulse.de/unter-nehmen/:Teilen-statt-kaufen-Wie-Sharing-die-Wirtschaft-veraendert/1021643.html/102-1643.html. Zugegriffen: 10. Okt. 2012

Kagel JH, Levin D (1986) The winner's curse and public information in common value auctions. Am Econ Rev 76(5):894–920

Kagel JH, Levin D (2002) Bidding in common value auctions: a survey of experimental research. In Kagel JH, Levin D (Hrsg.) Common value auctions and the winner's curse. University Press, Princeton University Press, 1–84

Karl M (2008) Endogene und exogene Preisdeterminanten bei online Auktionen am empirischen Fallbeispiel von eBay, Diplomarbeit, Universität Wien, http://othes.univie.ac.at/2915/1/2008-11-23_0204101.pdf. Zugegriffen: 17. Nov. 2012

Klemperer P (2004) Auctions: Theory and Practice, http://www.paulklemperer.org/index.htm. Zugegriffen: 16. Dez. 2012

Kräkel M (1992) Auktionstheorie. und interne Organisation. Gabler, Wiesbaden

Kunz V (2004) Rational choice Campus, New York

Lange H (2005) Lebensstile. Der sanfte Weg zu mehr Nachhaltigkeit?, Universität Bremen, artec-paper Nr. 122, http://www.artec.uni-bremen.de/files/papers/paper_122.pdf. Zugegriffen: 16. Nov. 2012

Liebowitz SJ (1985) Copying and indirect appropriability: photocopying of journals. J Pol Econ 93:822–841

Linde F, Stock, WG (2011) Informationsmarkt. Informationen im I-Commerce anbieten und nachfragen Oldenbourg, München

Linhart M (2007) Filesharing. Möglichkeiten und Grenzen des digitalen Datenaustausches mit dem Medium Internet, Wirtschaftsuniversität Wien, http://michael.hahsler.net/stud/done/linhart/filesharing_linhart.pdf. Zugegriffen: 16. Dez. 2012

Ludwig C (2011) Copyright-Schutz im Musikmarkt unter dem Einfluss des Internets und verbesserter Technologien. Abschlussarbeit FU, Berlin. (http://musikwirtschaftsforschung.files.wordpress.com/2009/03/cornelia_ludwig_diplomarbeit_web_full.pdf. Zugegriffen:10. Okt. 2012)

Milgrom P (2004) Putting auction theory to work Cambridge University Press, USA

Nash J (1950) Non-cooperative games; http://www.princeton.edu/mudd/news/faq/topics/Non-Cooperative_Games_Nash.pdf. Zugegriffen: 15. Okt. 2012

Oberholzer-Gee, Strumpf, K (2007) The effect of file sharing on record sales. An empirical analysis. J Pol Econ 115(1):1–42

Oberholzer-Gee, Strumpf K (2009) File-sharing and copyright; NBER's innovation policy and the economy series, vol. 10. In: Joshua Lerner, Scott Stern (Hrsg) MIT Press, Working Paper 09–132 (http://www.hbs.edu/faculty/Publication%20Files/09-132.pdf. Zugegriffen: 17. Nov. 2012)

Ockenfels A, Roth AE (2002) Last-minute bidding and the rules for ending second-price auctions: evidence from eBay and Amazon auctions on the Internet. Am Econ Rev 92(4):1093–1103. http://www.stanford.edu/class/cs206/roth-ockenfels.pdf. Zugegriffen: 15. Nov. 2012

Peitz M, Waelbroeck P (2004) Why the music industry may gain from free downloading – the role of sampling. Int J Ind Org 24(5):907–913

Radia S (2011) What collaborative consumption means for marketers. http://bbh-labs.com/what-collaborative-consumption-means-for-marketers. Zugegriffen: 14. Dez. 2012

Rieck C (2008) Professor Rieck's Spieltheorie-Seite. http://www.spieltheorie.de/index.htm. Zugegriffen: 14. Okt. 2012

Salesforce (2011) Mein Haus, mein Auto, mein Boot–war gestern. Teilen statt besitzen! Was sagen die Deutschen zum Sharing-Trend? https://www.zebramobil.de/docs/2011-10-24_Salesforce_Studie.pdf?PHPSESSID = v1jv53ph9ic5145bnb8qpu7vj4. Zugegriffen: 27. Okt. 2012

Samuelson W (2001) Auctions in theory and practice. In: Chatterjee K. Samuelson W (Hrsg) Game theory and business applications. Kluwer Academic, Norwell

Schoder D, Fischbach K (2003) Peer-to-Peer-Netzwerke für das Ressourcenmanagement. Wirtschaftsin-formatik 453:313–323. http://www.wim.uni-koeln.de/fileadmin/publikationen/downloads/wi032003_313_323.pdf. Zugegriffen: 14. Okt. 2012

Shy Oz (2005) Netzpiraten vs. Medienmogule: Der Nutzen von illegalen Kopien für den Künstler. WZB-Mitteilungen 107:26–28

Söllner M (2008) Menschliches Verhalten in elektronischen Märkten. Bayreuther Arbeitspapiere zur Wirtschaftsinformatik 34. http://hdl.handle.net/10419/52618. Zugegriffen: 18. Nov. 2012

Takeyama L (1994) The welfare implications of unauthorized reproduction of intellectual property in the presence of demand network externalities. J Ind Econ 17:155–166

Tschmuck P (2009) Wie böse ist das file-sharing – Teil 18. http://musikwirtschaftsforschung.wordpress.com/2009/05/25/wie-bose-ist-das-file-sharing-teil-18/. Zugegriffen: 14. Aug. 2012

Vickrey WS (1961) Counterspeculation, auctions, and competitive sealed tenders. J Financ XVI:8–37

Welzel P (2011) Universität Augsburg, Vorlesung Einführung in die Ökonomie der Informationsgesellschaft. Wintersemester 2012 (http://www.wiwi.uni-augsburg.de/vwl/welzel/Lehrveranstaltungen/WS_2011_2012/Einfuehrung_OEINF/Vorlesungsunterlagen/Handout.pdf. Zugegriffen: 20. Aug. 2012)

Wurm M (2003) Urheberrechtsschutz und Produktion in der Musikindustrie, Universität Potsdam, International Economics, Working Paper 2003-03 (http://www.uni-potsdam.de/u/makrooekonomie/docs/studoc/stud8.pdf. Zugegriffen: 14. Sept. 2012)

Soziale Netzwerke und Social Media-Technologien

12

12.1 Inhalt und Schlüsselbegriffe

Inhalt

Soziale Netzwerke lassen sich durch Kennziffern der Graphentheorie beschreiben. Sie haben Eigenschaften, die jenen von skalenfreien Netzwerken und Kleine-Welt-Netzwerken entsprechen. Damit verbunden sind bestimmte Folgen für das Wachstum, die Robustheit und Stabilität, die Verbreitung von Viren sowie die Durchsuchbarkeit von Netzwerken. Aus ökonomischer Sicht sind im Kontext von sozialen Netzwerken vor allem positive und negative Externalitäten von Bedeutung.

Mit dem Entstehen des Web 2.0 hat sich gleichzeitig eine Vielzahl von sozialen Medien (Social Media) entwickelt, die es Nutzern ermöglichen, sich untereinander und mediale Inhalte einzeln oder in Gemeinschaft auszutauschen (Abb. 12.1). Beispiele für solche Medien sind Weblogs, Social Sharing-Plattformen wie YouTube oder Social Network-Dienste wie Facebook. Die genannten Medien werden inzwischen von einer Vielzahl von Unternehmen eingesetzt, um z. B. den Bekanntheitsgrad zu stei-gern, Meinungen von Kunden über Produkte und Image zu generieren oder den Umsatz zu steigern.

Das virale Marketing vereint Elemente der Dialog- und Massenkommunikation. Hat eine Botschaft oder eine Idee den Tipping Point überschritten, kann sie sich schnell, kostenlos und nahezu explosionsartig verbreiten. Ohne eine gezielte Strategie und ein strukturiertes Monitoring können die Vorteile, die sich aus der Integration von Social Media in die Unternehmenspolitik ergeben können, nur unzureichend realisiert werden. Mit dem Social Web sind vernetzte Mikroöffentlichkeiten entstanden. Dadurch werden andere Voraussetzungen der Entstehung von Krisen, aber auch gleichzeitig neue Möglichkeiten der Krisenprävention und -kommunikation geschaffen. Die Chancen,

R. Clement, D. Schreiber, *Internet-Ökonomie*, Springer-Lehrbuch,
DOI 10.1007/978-3-642-36719-9_12,

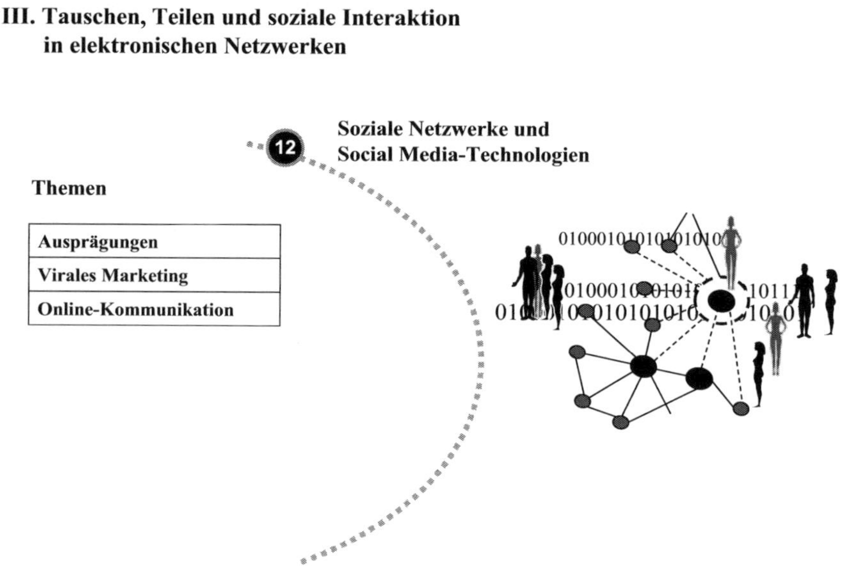

Abb. 12.1 Soziale Netzwerke und Social Media-Technologien

die Social Media in der Kommunikation bieten, dürften häufig die damit verbundenen Risiken überwiegen.

Schlüsselbegriffe

Soziale Netzwerke; Zufallsnetzwerke; Kleine-Welt-Netzwerke; Skalenfreie Netzwerke; Social Media; Blogs; Social Sharing-Dienste; Communities; Virales Marketing; Social Media-Strategie.

12.2 Grundlagen

12.2.1 Strukturen sozialer Netzwerke

Vielleicht sind Sie auch Mitglied in einem oder sogar mehreren elektronisch gestützten sozialen Netzwerken und mit anderen Menschen verbunden. Mathematisch betrachtet sind Beziehungen in einem sozialen Netzwerk Knoten (Personen) und ihre Verknüpfungen (Links). Dazu zählen z. B. private, geschäftliche oder Freizeitbezogene Aktivitäten, aber auch Name, Adresse und genutzte Güter:

- Netzwerke lassen sich als Graphen modellieren (Abb. 12.2; vgl. Diestel 2005). Gerichtete Graphen liegen vor, wenn die Beziehung zwischen zwei Objekten nicht unbedingt symmetrisch ist. Dies ist z. B. bei Graphen der Fall, die Verwandtschaftsverhältnisse darstellen. Ist Peter ein Elternteil von Tina, so kann Tina niemals ein Elternteil von

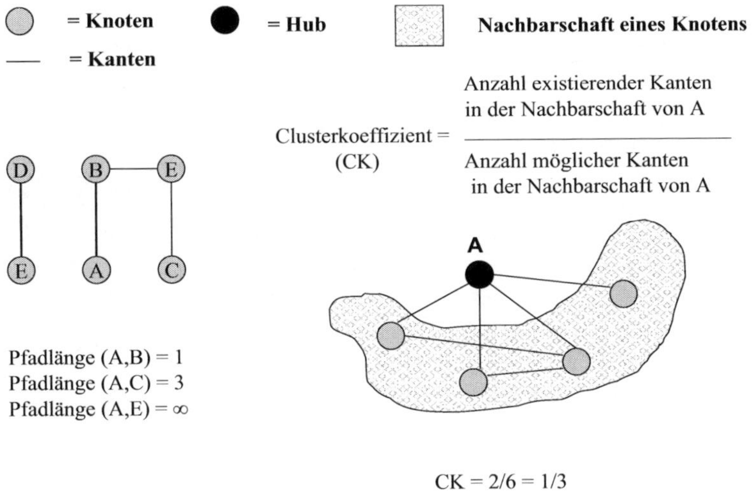

Abb. 12.2 Grundbegriffe der Graphentheorie

Peter sein. Die Beziehung geht nur in eine Richtung. Ungerichtete Graphen treten auf, wenn die Beziehung zwischen zwei Objekten symmetrisch ist. Hat z. B. Borussia Dortmund in der Hinrunde der Fußballbundesliga gegen Borussia Mönchengladbach gespielt, dann gilt dies auch umgekehrt.

- Zwei Knoten sind Nachbarn, wenn sie durch eine Kante verbunden sind. Der Grad eines Knotens ist die Anzahl seiner Nachbarn, d. h. die Anzahl seiner Kanten. Der Eingangsgrad bezeichnet die Anzahl der Kanten, die zu einem Knoten führen. Der Ausgangsgrad entspricht der Anzahl der Kanten, die von einem Knoten wegführen. Anhand der Gradverteilung lassen sich Aussagen über die Struktur eines Netzwerks treffen, z. B. ob alle Knoten gleichartig sind oder wie stark die Verbundenheit des Netzwerks ist. Hubs (oder Naben) sind besonders stark verlinkte Knoten in einem Netzwerk. Über sie verläuft ein Großteil des Netzwerk-Verkehrs, so dass sie viel Einfluss haben, andererseits aber auch zu Engpässen werden können.
- Der Pfad oder Weg zwischen zwei Kanten ist eine Verbindung der Knoten im Netzwerk. Zu unterscheiden sind z. B. die kleinste Pfadlänge, die größte Pfadlänge oder die durchschnittliche Pfadlänge (vgl. Krause et al. 2006, S. 148 f.).
- Die Dichte ist ein Indikator für die Aktivität des Netzwerkes. Eine Dichte von 0 % liegt vor, wenn keine Beziehung vorhanden ist, wohingegen bei einer Dichte von 100 % die maximal mögliche Anzahl an Beziehungen vorliegt. Die Dichte wird als Verhältnis der vorhandenen Beziehungen zur Anzahl maximaler Beziehungen definiert. Sie verdeutlicht die Verbundenheit des Netzwerkes, d. h. wie schnell sich neue Informationen im Netzwerk ausbreiten können. Mit dem Clusterkoeffizient lässt sich die lokale Kompaktheit oder Dichte eines Graphen bestimmen. Er beschreibt, wie stark Nachbarknoten untereinander vernetzt sind.

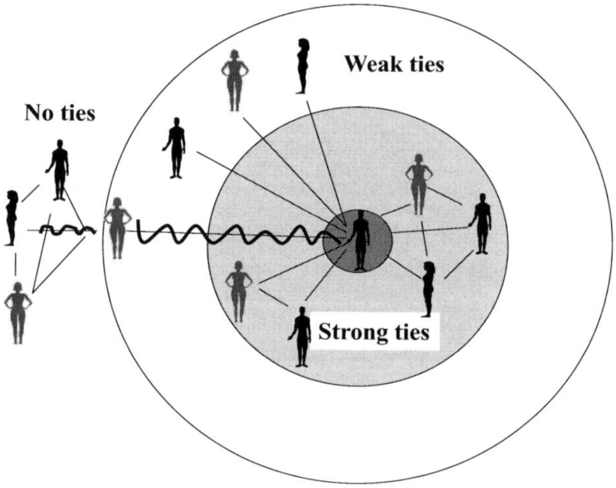

Abb. 12.3 Starke und schwache Beziehungen

Inzwischen gibt es eine Reihe von Software-Tools die diese Beziehungen für Anwender und Unternehmen graphisch aufarbeiten und mit Hilfe bestimmter statistischer Verfahren analysieren (soziale Netzwerkanalyse). Die Analyse von Netzwerken lässt sich zudem aus interdisziplinärer Perspektive vornehmen und bildet einen komplexen Untersuchungsgegenstand (vgl. Easely und Kleinberg 2010; Goyal 2007).

Starke und schwache Bindungen Bezogen auf die Bindungsstärke kann zwischen starken Bindungen (Strong Ties) und schwachen Bindungen (Weak Ties) unterschieden werden (vgl. Ashman et al. 1998). Starke Bindungen zeichnen sich dadurch aus, dass ein enger Zusammenhalt innerhalb einer Gruppe besteht und nur wenige (Außen-) Verbindungen zu anderen Gruppen vorkommen. Schwache Bindungen dienen eher dem Austausch von Informationen auch mit anderen Gruppen (z. B. Communities) und zeichnen sich durch lose, lockere Bindungen aus. Nach Granovetter werden diese Beziehungen nach Zeitumfang, emotionaler Intensität, Intimität (Vertrautheit) und Leistungen (Gegenseitigkeit) definiert, die die Personen innerhalb einer Beziehung austauschen. Weak Ties entsprechen eher flüchtigen Bekannten und Strong Ties guten Freunden oder Lebenspartnern (Abb. 12.3; vgl. Granovetter 1973).

Die Forschung geht davon aus, dass jeder Mensch starke Beziehungen nur zu einer beschränkten Anzahl von Menschen haben kann, die ihrerseits durch ein dichtes Geflecht miteinander verknüpft sind. Schwache Verbindungen beruhen häufig auf Zufallsbekanntschaften. Für die Bildung z. B. von beruflich orientierten Netzwerken sind diese schwachen Verbindungen jedoch enorm wichtig, da sie Brücken zu anderen Gruppen in Netzwerken herstellen.

In der Literatur werden verschiedene Netzwerktopologien unterschieden. Wir wollen uns nachfolgend auf drei Formen beschränken, die sich in wichtigen Merkmalen unterscheiden.

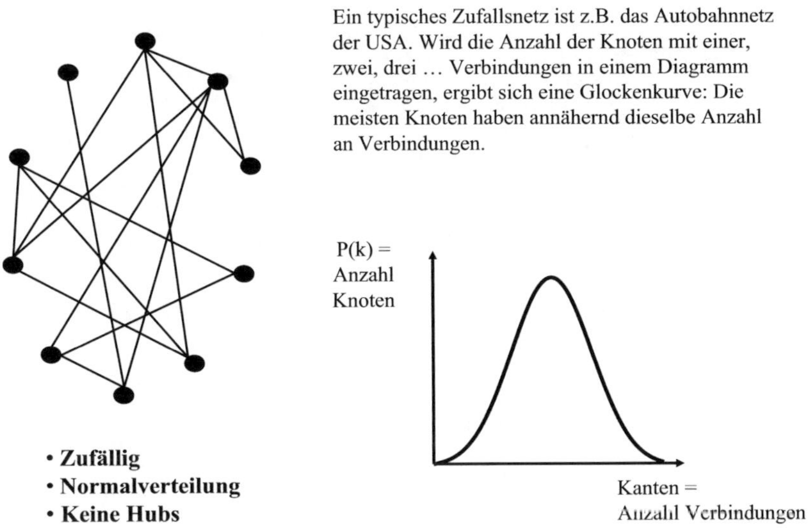

Abb. 12.4 Zufallsnetzwerk

(1) Zufallsnetzwerk (englisch: random network) Stellen wir uns ein Abendessen mit zehn Personen vor. Die Personen wurden zufällig ausgewählt, keiner kennt den Anderen. Schon bald werden sich kleinere Gruppen bilden, manche Leute werden sich nach einiger Zeit anderen Gruppen anschließen und am Ende des Abends wäre jeder mit jedem bekannt (http://pro.unibz.it/projects/netzwerke/doku/infografik/infografik_web_070205.pdf).

Zufallsgraphen sind, wie bereits der Name sagt, rein zufällig aufgebaut (Abb. 12.4) Die Zuordnung folgt zwar dem Zufallsprinzip, die Kanten weisen jedoch gleiche Zuordnungswahrscheinlichkeiten auf (vgl. Newman et al. 2006, S. 229). In einem Zufallsnetzwerk sind alle Knoten gleichberechtigt. Entsprechend kann davon ausgegangen werden, dass kein Knoten als Hub fungiert. Hubs sind dadurch gekennzeichnet, dass sie im Vergleich zu den anderen Knoten in dem Netzwerk einen überdurchschnittlich hohen Grad aufweisen (vgl. Barabási und Bonabeau 2004). Die Gradverteilung P(k) in einem Zufallsnetzwerk folgt einer Poissonverteilung. Diese verdeutlicht die Wahrscheinlichkeitsverteilung der Zuordnung von Kanten und Knoten. Für große Netzwerke hat die Poisson-Verteilung die Form einer Normal- bzw. Gauß-Verteilung. Der Großteil der Knoten weist eine ähnliche Gradverteilung auf, die sich um den Mittelwert formiert (vgl. Adler und Khatami 2007, S. 243 f).

Das Zufallsnetzwerk zeichnet sich durch eine geringe lokale Clusterung aus. Der geringe Clusterkoeffizient lässt sich durch die zufälligen Verbindungen auch innerhalb der Nachbarschaften eines Knotens erklären, wodurch keine starke Bindungsintensität entstehen kann. Außerdem existiert eine geringe durchschnittliche Weglänge innerhalb dieses Netzwerks. Diese verdeutlicht, dass zwischen den einzelnen Knoten eine geringe Distanz vorliegt (vgl. Holzer 2009, S. 262).

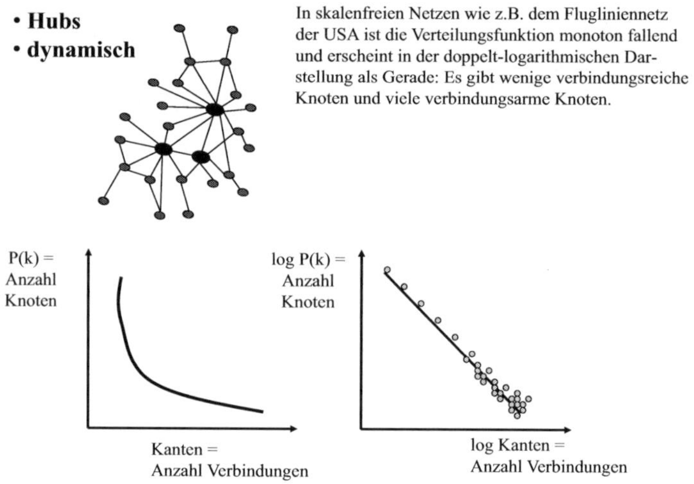

Abb. 12.5 Skalenfreies Netzwerk

(2) Skalenfreie Netzwerke (englisch: scale free network) Bei den ersten Untersuchungen der Struktur des WorldWideWeb erwarteten Wissenschaftler, ein Zufallsnetzwerk vorzufinden. Eine Person, die sich z. B. mit anderen im Netz verlinkt, wird sich von seinen eigenen Interessen leiten lassen. Angesichts der großen Anzahl von Personen oder Webseiten sollte das Muster der Einzelinteressen von einem Zufallsmuster nicht zu unterscheiden sein (vgl. Barabási und Bonabeau 2004).

Untersuchungen zeigen jedoch, dass das WorldWideWeb im Wesentlichen von sehr wenigen, sehr großen und verbindungsreichen Knoten zusammengehalten wird. Von der für Zufallsnetze kennzeichnenden Chancengleichheit kann keine Rede mehr sein. Die Verteilung der Knotenwahlen ist nicht gleich und nicht normalverteilt (vgl. Huberman 2001). Netze dieser Art weisen in aller Regel eine Eigenschaft auf, die skalenfrei genannt wird. Ein besserer Name wäre maßstabslos, denn gemeint ist, dass es in skalenfreien Netzwerken keine Knotengröße gibt, die als normal und als Maßstab gelten kann (vgl. Barabási und Bonabeau 2004).

Die Sortierung von Internetseiten nach ihrer Größe zeigt zudem, dass die Verteilung einem Potenzgesetz (power law) folgt (vgl. Ravasz und Barabási 2003). Die Wahrscheinlichkeit, dass ein beliebiger Knoten genau k-Verbindungen aufweist, ist ungefähr proportional zu $1/k^{n.}$ (vgl. Clasen und Müller 2003). Aus noch nicht genau erforschten Gründen liegt der Wert des Exponenten (n) im Potenzgesetz in der Regel zwischen 2 und 3. Die Verteilungskurve eines Potenzgesetzes unterscheidet sich damit erheblich von den Glockenkurven, die kennzeichnend für zufällige Netze sind. Sie weist nicht das ausgeprägte Maximum bei der typischen Größe auf, sondern fällt monoton. Mit zunehmender Größe nimmt die Anzahl der Knoten ab. In einer doppelt-logarithmischen Darstellung erscheint sie als Gerade (Abb. 12.5).

Das Potenzgesetz wird inzwischen auf viele Arten von Netzwerken (u. a. soziale, biologische, kulturelle, ökonomische Netzwerke) bezogen. Es scheint sich um allgemeine Struktureigenschaften sich selbstorganisierender Netzwerke zu handeln. Netzwerke erhal-

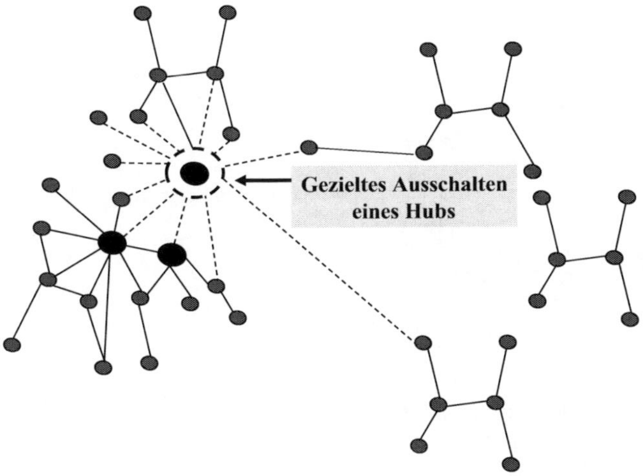

Gegen zufällig auftretende Schäden ist ein skalenfreies Netz wesentlich unempfindlicher als ein Zufallsnetz. Allerdings kann es durch einen gezielten Angriff auf seine Hubs in Stücke gerissen werden.

Abb. 12.6 Gezielte Störung eines skalenfreien Netzwerks

ten sich durch ein Wachstum, das durch Addition neuer Knoten zu beschreiben ist. Dabei verbinden sich die neuen Netzwerkknoten bevorzugt mit jenen, die bereits gut verbunden sind. Dieses Prinzip wird als Verknüpfungsvorliebe (preferential attachment) bezeichnet (vgl. z. B. Barabási und Albert 1999). Interessanterweise folgt die Verknüpfungsvorliebe häufig einem linearen Gesetz. Als Folge weisen die Hubs im Gegensatz zu anderen Knoten einen hohen Grad auf. In diesem Kontext werden auch Verbindungen zum Pareto-Prinzip geknüpft, das als 80:20 Regel bekannt ist. Danach leistet ein kleiner Teil der Menge von bewerteten Elementen in einem System oder Netzwerk den Hauptbeitrag zum Gesamtwert. Der überwiegende Teil der Elemente leistet hingegen nur einen kleinen Beitrag.

Da viele Kommunikationsnetze und auch soziale Netzwerke als skalenfreie Netzwerke darstellbar sind, stellt sich die Frage nach ihrer Robustheit im Fall von Störungen. Zu unterscheiden sind zufällige Ausfälle und gezielte Attacken, die die Kommunikation in einem möglichst großen Teil des Netzes unterbrechen sollen. Im Fall von Zufallsgraphen besteht nur ein geringer Unterschied zwischen diesen beiden Arten von Störungen. Bei skalenfreien Netzwerken ist dieser Unterschied deutlicher ausgeprägt. Skalenfreie Netzwerke gelten als relativ robust gegen unkoordinierte Angriffe. Es sind in den meisten Fällen Knoten betroffen, deren Ausfall keine Folgen für die Kommunikation innerhalb des Netzwerks hat. Konzentriert der Angreifer im Fall von gezielten Störungen seine Angriffe auf die Hubs, lässt sich das Netzwerk bereits mit relativ geringem Aufwand schädigen (vgl. Barabási und Bonabeau 2004, Abb. 12.6). In skalenfreien Netzwerken wie dem Internet wird dieser Gefährdung der Hubs durch eine hohe Redundanz begegnet.

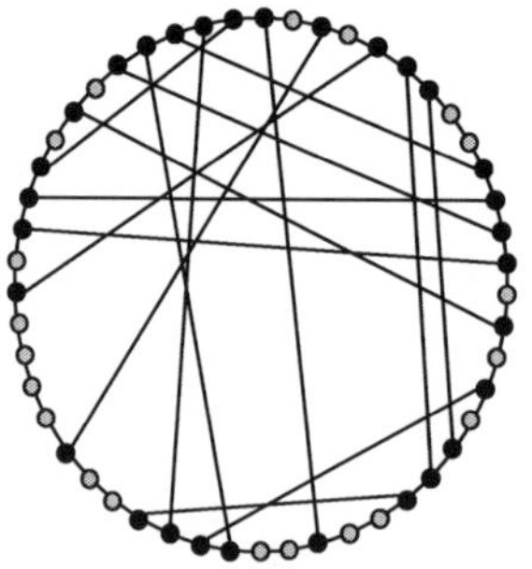

Abb. 12.7 Kleine-Welt-Netzwerk

Ein stabiles Netzwerk neigt dazu, seinen Status Quo zu erhalten. Stabilität in Netzwerken ist sowohl in den Einzelteilen (Knoten) als auch im Zusammenwirken zu beobachten. Störfaktoren werden in beiden Fällen durch korrigierende Einflüsse kompensiert oder zumindest abgeschwächt. Zudem sind die wichtigsten Funktionen redundant, d. h. mehrfach angelegt. Versagt ein Teilsystem, springen andere Teilsysteme ein. Dadurch, dass sich die meisten Aktionen auf mehrere, dezentrale Knotenpunkte verteilen, gewinnt das Netzwerk zusätzlich an Stabilität. Sind die internen Regelungsmechanismen überfordert, wird allerdings auch ein bislang stabiles System schlagartig verändert. Der Tipping Point kennzeichnet diesen Punkt, an dem ein System destabilisiert wird (vgl. Gladwell 2000).

(3) Kleine-Welt-Netzwerk (englisch: small world network) Angenommen auf einer Party wären 50 Gäste. Selbst wenn sich niemand kennen würde, so würden doch bald kleinere Gruppen entstehen. Nehmen wir nun an, einer der Gäste hätte eine besonders interessante Neuigkeit zu erzählen. Innerhalb einer halben Stunde hätte die besagte Neuigkeit die Runde gemacht und jeden einzelnen Gast erreicht (http://pro.unibz.it/projects/netzwerke/doku/info-grafik/infografik_web_070205.pdf).

Skalenfreiheit ist nur eine von vielen Eigenschaften eines Netzes, die in der Netzwerkforschung analysiert wird. Es hängt auch keineswegs nur von der Größe bzw. Verbindungszahl eines Knotens ab, wie attraktiv er für neue Verbindungen ist. Eine andere Fragestellung beschäftigt sich mit der Anzahl der Schritte, mit denen man von einem beliebigen Knoten des Netzes zu jedem beliebigen anderen Knoten gelangt. Analysen zeigen, dass skalenfreie Netzwerke häufig Strukturen haben, die Kleine-Welt-Netzwerken entsprechen. Der Ausdruck basiert auf einem Experiment aus dem Jahre 1967, das als Kleine-Welt-Phänomen bekannt ist. Travers/Milgram wählten Probanden aus einer festgelegten Menge an Teilnehmern zufällig aus, welche Briefe an eine Person in Massachusetts/USA senden sollten. Dies erfolgte nicht auf direktem Weg, sondern vielmehr über den Sendern bekannte Personen, bei der die Wahrscheinlichkeit höher war, die Zielperson zu kennen und zu erreichen. Durch das Weiterleiten der Briefe entstand jeweils eine Netzwerkstruktur, bei der durchschnittlich sechs Akteure genügten, um die Zielperson zu erreichen. So entstand der Ausdruck „six degrees of separation" (vgl. Milgram 1967; Travers und Milgrom 1969). Nahezu jeder Knoten des Netzwerkes weist eine gewisse Nähe zu fast jedem anderen Knoten auf, auch wenn diese räumlich weit voneinander entfernt sind (Abb. 12.7). Es reichen durchschnittlich sechs Knoten aus, um eine solche Distanz zu überbrücken (vgl. Watts 1999, S. 495). Das Kleine-Welt-Phänomen lässt sich auch auf andere Netzwerke übertragen. Das Grundprinzip ist, dass einzelne Objekte (z. B. Personen) als Knoten repräsentiert sind, zwischen denen eine Kante in Form einer Beziehung (z. B. Bekanntschaft) besteht. Nach diesem Muster sind unter anderem die Erdös-Zahl und die Bacon-Zahl definiert:

- Erdös-Zahl: Im Graphen werden die publizistisch verwandten Autoren als Knoten repräsentiert, zwischen denen jeweils dann eine Kante existiert, wenn sie eine Publikation gemeinsam verfasst haben (vgl. Erdös und Rhényi 1960). Ein Beispiel:

Reiner	Ist Co-Autor von	Dirk
Dirk	Ist Co-Autor von	Andreas
Andreas	Ist Co-Autor von	Jürgen
Jürgen	Ist Co Autor von	Paul Erdös

  Reiner hat im Beispiel die Erdös-Zahl 4. Wenn keine Verbindung in dieser Form zu einer Person herstellbar ist, ist deren Erdös-Zahl unendlich. Studien zeigen, dass die Erdös-Zahl der meisten Personen entweder unendlich oder sehr klein ist. Ursächlich ist, dass Erdös in vielen Teilbereichen der Mathematik gearbeitet und mit über 500 verschiedenen Wissenschaftlern gemeinsam publiziert hat. Grundlage für die Berechnung der Erdös-Zahl sind Datenbanken, die vom Erdös-Zahl-Projekt verwaltet und regelmäßig aktualisiert werden (vgl. http://www.oak-land.edu/enp).

- Bacon-Zahl: Die Zahl bezeichnet die Länge der kürzesten Kette von Schauspielern, die gemeinsam in einem Film spielen. Dabei wird, ausgehend von Kevin Bacon, jedem Schauspieler eine Zahl zugeordnet. Bacon hat die Zahl 0. Jeder Schauspieler, der mit Bacon zusammengearbeitet hat, bekommt die Bacon-Zahl 1. Jeder, der mit einem Schauspieler der Bacon-Zahl 1 vor der Kamera stand, bekommt die Bacon-Zahl 2. Die größte, momentan existierende Bacon-Zahl ist 8.
  Sie gibt einen Hinweis auf das Kleine-Welt-Phänomen „Ich kenne jemanden, der kennt jemanden, der wieder jemanden kennt,. . . ", das über recht wenige Zwischenstationen von jedem beliebigen Menschen zu jedem anderen führt.
- Ein vergleichbares Projekt wurde im Rahmen des Kulturprogramms zur FIFA Weltmeisterschaft 2006 vorgestellt. Auf netz 2006.de sollten alle Fußballspieler angeben, mit welchen Mitspielern sie schon gemeinsam auf dem Platz gestanden haben. So sollte ein großes Netz von Spielern entstehen.

Kleine-Welt-Netzwerke vereinen zwei wichtige Eigenschaften:

- Die Wahrscheinlichkeit, dass ein Knoten eine Verbindung zu einem benachbarten Knoten eingeht, ist hoch. Die Wahrscheinlichkeit der Verlinkung mit einem weiter

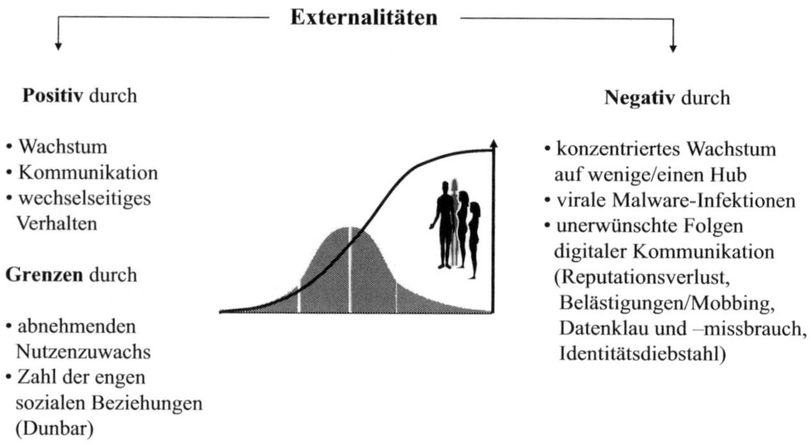

Abb. 12.8 Soziale Netzwerke und Externalitäten

entfernten Knoten ist hingegen vergleichsweise gering. Dieser Sachverhalt wird durch den hohen Clusterkoeffizienten beschrieben.
- Der Durchmesser dieser Netze ist relativ klein. Das bedeutet, dass z. B. eine Nachricht, die von einem Knotenpunkt zum Nachbarn weitergegeben wird, in kurzer Zeit alle Knoten des Netzes erreicht.

Ein weiteres Merkmal dieser Netzwerkstruktur ist die Cliquenbildung. Hier bilden mehrere Knoten lokale Cliquen, wobei diese in sich eine starke Bindung aufweisen. Kennzeichnend ist daher eine relative Neigung zur Zentralisierung sowie der hohe Wert des Clusterkoeffizienten (vgl. Mutschke 2010, S. 266). Kleine-Welt-Netzwerke sind daher eine Mischform aus regulären und zufälligen Netzwerkstrukturen (vgl. Watts und Strogatz 1998; vgl. Adler und Khatami 2007, S. 243). Diese Eigenschaft scheint zunächst in Widerspruch zur Skalenfreiheit zu stehen, denn die Hubs würden mit ihren vielen Verbindungen solche auch isolierten Cluster eigentlich zusammenbinden. Untersuchungen des WorldWideWeb zeigen jedoch, dass ein Netzwerk sowohl in Gruppen aufgeteilt als auch skalenfrei sein kann, wenn sich eng verknüpfte Gruppen von Knoten zu größeren, weniger dicht vernetzten Clustern zusammenfinden.

Ökonomie sozialer Netzwerke Soziale Netzwerke bieten ein interessantes Anwendungsfeld auch für ökonomische Ansätze. Vor allem Externalitäten spielen hier unter verschiedenen Gesichtspunkten eine Rolle (Abb. 12.8). Externalitäten sind vereinfacht gesprochen Auswirkungen von Handlungen auf unbeteiligte Dritte, für die niemand bezahlt oder einen Ausgleich erhält. Häufig werden positive Externalitäten in den Vordergrund gestellt:

1. Wachstum: Es gibt steigende Anreize für potentielle Teilnehmer, sich einem Netzwerk anzuschließen, je größer es bereits ist. Es liegen positive Netzwerkexternalitäten vor, die sich in verschiedener Form auch empirisch nachweisen lassen (vgl. Clement und Schollmeyer 2009).
   Allerdings ist der Nutzenzuwachs, der durch neue Teilnehmer entsteht, eher rückläufig. Der Nutzenzuwachs hängt nicht von der absoluten Teilnehmerzahl (globale Netzwerkeffekte), sondern von den Teilnehmern aus dem persönlichen Umfeld (lokale Netzwerkeffekte) ab (vgl. Linde und Stock 2011, S. 58 f.). Dieses Umfeld ist begrenzt.
2. Kommunikation: Inhalte in soziale Netzwerken, die z. B. informierenden oder unterhaltenden Charakter haben, unterliegen Netzwerkeffekten. So wirken z. B. Kaufempfehlungen und Erfahrungsberichte auf das Kaufverhalten, schaffen Kommentare Orientierung oder beeinflussen Informationen die Einstellungen und Meinungen. Solche Effekte lassen sich z. B. für virale Marketing-Kampagnen nutzen.
3. Verhalten: Bisher wurden soziale Netzwerke hauptsächlich unter der Perspektive der Nutzungsdauer, der Art und Weise der Nutzung oder unter Aspekten der Motivation zur Teilnahme analysiert. Studien deuten darauf hin, dass die Nutzung auch unter Berücksichtigung sozialer Gruppenphänomene wie Konformität analysiert werden kann (vgl. Bak und Kessler 2012).
4. Soziale Interaktion: Das Verhalten in sozialen Netzwerken hat teilweise Ähnlichkeiten zu dem in der Ökonomie gut erforschten Gebiet des Mitläufereffekts. Hier kommt es zu einer Nachfragesteigerung nach einem Gut, weil dieses Gut auch von anderen konsumiert wird. Das Herdenverhalten beschreibt wie Individuen zusammen in einer Gruppe ohne bestimmte Führung agieren und aus ökonomischer Sicht ein Gleichgewicht bilden.
5. Soziale Beziehungen: Nach Analysen von Dunbar (Dunbar-Zahl) gibt es kognitive Grenzen für die Anzahl von Menschen, mit denen eine Einzelperson enge soziale Beziehungen unterhalten kann. Diese Zahl liegt bei etwa 150 Menschen (vgl. Dunbar 1993). In sozialen Netzwerken wird diese Zahl von Freunden zum Teil deutlich übertroffen. Vielen Personen scheint es möglich, z. B. 500 Freunde zu verwalten. Social Software eignet sich damit offenbar durch den relativ einfachen und auf die Bedürfnisse der menschlichen Kommunikation zugeschnittenen Aufbau (z. B. Orientierungs-, Erinnerungshilfen) dafür, die Kapazität des menschlichen Gehirns so zu erweitern, dass deutlich mehr Beziehungen organisiert werden können. Ob damit jedoch tatsächlich die Fähigkeiten für den Umgang mit sozialen Bindungen erweitert werden, bleibt abzuwarten. Gegebenenfalls kommt es zu einer Art Long Tail des Beziehungsnetzes. Mit Hilfe von sozialen Netzwerk-Technologien wird die Kapazitätsbegrenzung des physischen Netzwerks so aufgehoben, dass das Gehirn eine größere Zahl an flüchtigen Nischenbekanntschaften verwalten kann. Dies könnte erklären, dass Menschen ihr Beziehungsnetz in sozialen Netzwerken deutlich über 150 Personen steigern können, ohne dass die Qualität des Netzwerks darunter leidet. Soziale Netzwerke beeinflussen damit die Art und Weise, wie sich die Beziehungsnetze der Menschen zumindest an

dessen Rändern formen und verändern. Das Gehirn vergisst, die Datenbank nicht (Metzler 2007).

Die ökonomische Analyse sozialer Netzwerke thematisiert teilweise auch negative Externalitäten, die entstehen, wenn eine Person durch die Handlungen anderer Personen beeinträchtigt wird und diese „Nebeneffekte" nicht in den Entscheidungen berücksichtigt werden. Beispiele:

1. Wachstum: Anbieter von Information, die ohnehin schon gut verlinkt und erfolgreich sind, können in sozialen Netzwerken wachsen. Kleinere Anbieter bleiben klein oder verschwinden wieder. Es gibt wenige mittelgroße Informationsanbieter (vgl. Joinetz 2006; Barabási 2003). Schafft es ein Knotenpunkt, viele Links an sich zu ziehen, so kann dies zu einem Tipping Point innerhalb der Netzwerkstruktur führen. Sie schlägt um von der Struktur eines skalenfreien Netzwerks hin zu einer Typologie, die einem Stern ähnelt. Beispiel ist die Monopolstellung eines Wirtschaftsunternehmens, das ohne Konkurrenz alle Kunden des betreffenden Sektors beliefert.
2. Virenausbreitung: In Anlehnung an die Analyse z. B. von der Verbreitung biologischer Viren in sozialen Netzen (z. B. AIDS-Erkrankung) werden ähnliche Untersuchungen auch bezogen auf Computerviren in Kommunikationssystemen durchgeführt. In einem System kann jeder Knoten entweder gesund oder infiziert sein. Eine Ansteckung eines Knotens ist nur möglich, wenn durch eine Kante eine direkte Verbindung zu einem infizierten Knoten besteht. In jedem Zeitabschnitt wird ein gesunder Knoten mit der Wahrscheinlichkeit v infiziert, vorausgesetzt er ist mit mindestens einem kranken Knoten verbunden. In der gleichen Zeit wird ein infizierter Knoten mit der Wahrscheinlichkeit δ wieder gesund. Als effektive Ausbreitungsgeschwindigkeit x ergibt sich (vgl. Deszö und Barabási 2003):

$$x = v/\delta$$

   Bei Zufallsgraphen und regulären Graphen lässt sich ein Schwellwert x_1 mit folgender Bedeutung ermitteln:

   - Ist $x = v/\delta < x_1$, wird der Virus relativ schnell ausgelöscht.
   - Ist $x = v/\delta > x_1$, besteht die Ansteckung weiter.

   Für viele skalenfreie Netzwerke, zu denen auch soziale Netzwerke zählen, lässt sich zeigen, dass x_1 gleich Null ist. Selbst Viren mit einer niedrigen Ausbreitungsgeschwindigkeit können in diesem Fall also bestehen und sich weiter ausbreiten. Ursächlich ist die Existenz von Hubs, da sie zu vielen Knoten Verbindungen haben (vgl. Ziegler 2005). Malware-Infektionen und die Verbreitung von Viren vollziehen sich daher häufig über derartige Hubs.

3. Kommunikation: Im Kontext von negativen Effekten der Kommunikation, die digitale Spuren hinterlässt, ist zwischen den Auswirkungen auf interne und externe Attribute trennen (vgl. BLV o. J.):
   - Verlust von Ansehen (extern): Soziale Netzwerke sind vor allem für das Ansehen von Unternehmen eine Herausforderung und dürfen in ihrer Bedeutung nicht unterschätzt werden. So ist es nicht nur wichtig, wie sich ein Unternehmen in sozialen Netzwerken darstellt, sondern auch, welche Informationen andere über das Unternehmen einstellen. So kann bereits ein einziger negativer Beitrag das Ansehen oder die Reputation eines Unternehmens nachhaltig schädigen.
   - Belästigungen oder Mobbing (extern): Betroffen sind private Nutzer und auch Mitarbeiter eines Unternehmens.
   - Datenklau und Datenmissbrauch, Identitätsdiebstahl (intern): Nutzer sozialer Netzwerke haben in der Regel keine Gewissheit darüber, was mit ihren Daten passiert und wer sie mitliest. Daraus ergeben sich sowohl in der privaten als auch beruflichen Nutzung Gefahren des Datenklaus und -missbrauchs sowie der Verwendung der Daten für andere Identitäten.

Insgesamt ist zwar durchaus davon auszugehen, dass die Menge an Untergruppen und zusätzlicher Kommunikationskanäle innerhalb der Mitgliedergruppe eines sozialen Netzwerks zu positiven Netzwerkexternalitäten führt. Wenn die Knoten nicht miteinander kommunizieren, überschätzen „Netzwerkgesetze“ wie jenes von Reed jedoch den Wert eines Netzwerks. Es kann zudem nicht erklärt werden, warum anfangs erfolgreiche soziale Netzwerke sich wieder auflösen. Zudem ist nicht ohne weiteres nachvollziehbar, warum die Motivation zur Beteiligung an sozialen Netzwerken allein durch den Anstieg der Mitgliederzahl wachsen soll. Gleichzeitig können negative Netzwerkexternalitäten den Wert sozialer Netzwerke wieder schmälern. Mit dem Wachstum an Mitgliedern nehmen gegebenenfalls auch die ungewollten Kontakte und damit die störende Kommunikation zu. Ein Zuviel an Vernetzung kann damit auch den gegenteiligen Effekt bewirken. Dies gilt nicht nur, weil Störer existieren, sondern auch weil Informationen in großer Zahl eine Selektion unumgänglich machen. Zugleich steigt der Zeitaufwand, denn Kontakte wollen gepflegt werden. In der Konsequenz kann dies zum Rückzug aus großen Netzwerken führen, da im Fall von Mehraufwand und Unübersichtlichkeit kein weiterer Informationsgewinn zu erwarten ist. Zu berücksichtigen bleibt im Kontext von sozialen Netzwerken auch die Nicht-Rivalität des Konsums. Mitglieder können in verschiedenen und konkurrierenden Communities aktiv sein. Die häufig im Rahmen von Netzwerkeffekten existierenden Lock-in Effekte sind damit häufig ebenso gering wie die Wechselkosten zu konkurrierenden Angeboten. Soziale Netzwerke sind also keine Einbahnstraße in Richtung nur steigender Nutzerzahlen.

12.2.2 Social Media

Unter Social Media werden diejenigen technologischen Medien zusammengefasst, die soziale Beziehungen zwischen Menschen unterstützen (vgl. Safko 2010, S. 3 f.). Die Inter-

Rasant zunehmende Dynamik in den Internet-Anwendungen bezogen auf

- Reichweite
- Nutzergenerierte Inhalte
- Zugänglichkeit
- Benutzerfreundlichkeit
- Aktualität
- Veränderbarkeit
- Verfügbarkeit

Abb. 12.9 Wichtige Eigenschaften von Social Media

aktion umfasst den gegenseitigen Austausch von Informationen, Meinungen, Eindrücken und Erfahrungen sowie das Mitwirken an der Erstellung von Inhalten. Die Nutzer nehmen durch Kommentare, Bewertungen und Empfehlungen aktiv auf die Inhalte Bezug und bauen untereinander soziale Beziehungen auf. Diese Faktoren unterscheiden Social Media von den traditionellen Massenmedien. Die Produktion entsteht in der Gemeinschaft oder wird in die Gemeinschaft getragen. Soziale Medien werden daher auch als partizipatorische Medien bezeichnet, d. h. sie leben vom Mitmachen. Kommunikationsmittel auf Social Media-Plattformen sind vor allem Texte, Bilder, Audio- oder Video-Dateien (vgl. Bundesverband Digitale Wirtschaft 2009, S. 5). Dabei sind die Aktivitätsgrade und Rollen nicht festgelegt. Die Beteiligung ist von der Sozialisierung mit dem entsprechenden Medium und dem Nutzerkreis in diesem Medium abhängig. Die regelmäßig veröffentlichte Social Media-Landkarte zeigt die Dynamik der Entwicklung (vgl. Cavazza 2012).

Von großer Bedeutung für die Entstehung von Social Media ist das Web 2.0. Der Begriff Web 2.0 wurde von O'Reilly eingeführt (O'Reilly 2005). Während das Internet zuvor einen statischen Charakter einnahm, beschreibt das Web 2.0 eine rasant zunehmende Dynamik in den Internet-Anwendungen (Abb. 12.9; vgl. Back et al. 2009):

- Reichweite: Sowohl Social Media als auch Massenmedien machen es möglich, global präsent zu sein. Die Anwendungen sind weitestgehend frei skalierbar.
- Nutzergenerierte Inhalte: Nutzer gestalten die Inhalte der Webseiten z. B. durch Informationen, Beiträge, Audio- und Video-Dateien selbst. Diese Inhalte können einen Mehrwert für andere Nutzer darstellen.
- Zugänglichkeit: Die Produktion von Massenmedien obliegt nicht mehr allein privaten oder öffentlichen Unternehmen. Durch Social Media-Werkzeuge ist bereits mit geringen Ressourcen ein Zugang großer Nutzergruppen häufig ohne redaktionelle Einschränkungen möglich.

- Benutzerfreundlichkeit: Die Produktion von Massenmedien setzt Spezialkenntnisse und eine umfassende Ausbildung voraus. Diese Ausprägung der Kenntnisse ist im Rahmen von Social Media deutlich geringer.
- Aktualität: Der Zeitraum zwischen einem Ereignis und der Veröffentlichung insbesondere bei periodischen Massenmedien beansprucht einen gewissen Zeitraum (Tage, Wochen, Monate). Social Media ermöglichen es, unmittelbar und ohne Zeitverzug zu veröffentlichen.
- Veränderbarkeit: Ein Beitrag in einem Massenmedium (z. B. Zeitungsartikel) kann nach Erstellung und Veröffentlichung nicht mehr verändert werden. Social Media ermöglichen es nahezu ohne Zeitverzug, Änderungen an Veröffentlichungen vorzunehmen.
- Verfügbarkeit: Inhalte sind sofort verfügbar und müssen nicht an einem Ort vorgehalten werden. Durch offene und flexible Schnittstellen wird es möglich, digitale Daten aus verschiedenen Anwendungen miteinander zu kombinieren und auf verschiedenen Endgeräten zu nutzen (z. B. PCs, Smartphones).

In der Literatur existieren neben Social Media die Bezeichnungen Social Software und Social Web. Die Bezeichnungen haben den Informationsaustausch, den Aufbau sozialer Beziehungen und die Kommunikation zwischen Menschen gemeinsam, unterscheiden sich jedoch in der Festlegung der Medien. Das Social Web stellt bei der zwischenmenschlichen Interaktion die webbasierten Anwendungen in den Mittelpunkt (vgl. Ebersbach et al. 2008, S. 29 f.). Der Begriff Social Software schließt zusätzlich weitere Software (z. B. Instant Messaging-Programme) mit ein, die das Internet als Trägermedium zur Kommunikation nutzen.

Wir werden nachfolgend Weblogs Social Sharing-Plattformen und Social Network-Dienste als besonders weit verbreitete Formen näher betrachten (vgl. Büttner et al. 2011).

(1) Weblogs Weblogs, die umgangssprachlich Blogs genannt werden, sind Tagebücher bzw. Journale in digitaler Form, die der Schreiber (Blogger) mit den Inhalten füllt, die für ihn relevant und von Interesse sind (Abb. 12.10; vgl. Back et al. 2009, S. 18). Eine verkürzte Form des Blogs stellen Microblogging-Dienste wie z. B. Twitter dar. Die Botschaft des Bloggers ist hier auf 140 Zeichen begrenzt, welche einen Kurzlink zu dem entsprechenden Thema beinhaltet, über das diskutiert werden soll. Wichtige Merkmale eines Blogs:

- Das Erstellen und die Aktualisierung von Blogs sind einfach und ohne großen technischen Aufwand oder Vorkenntnisse möglich. Charakteristisch für Blogs ist die Chronologie der Einträge, wobei die aktuellsten Inhalte am Anfang stehen.
- Blogs verfügen über eine hohe Vernetzung, wenn Hyperlinks oder Trackbacks von anderen Nutzern auf einen spezifischen Blog gesetzt werden. Die Trackbackfunktion dient zur Referenzierung. Auch kann der Blogautor zurückverfolgen, wer sich auf seinen Blog bezieht, da die Trackbackfunktion auf der verlinkten Seite direkt angezeigt wird.
- In Blogs lassen sich schwache und starke Verbindungen beobachten. Die Anzahl schwacher Verbindungen entspricht dem normalen Leser, der sich sonst in keiner Weise am Blog beteiligt. Werden Beiträge kommentiert, bewertet und auch mit anderen Blogs

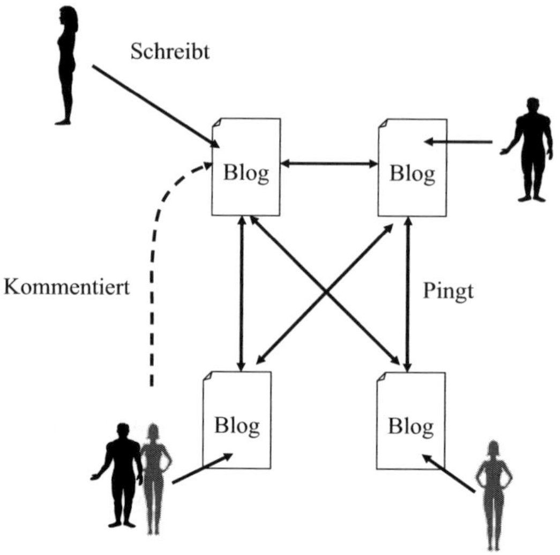

Ein Blogping ist ein Signal für den in der Blogsoftware eingestellten Blog-Server. Mit diesem Signal wird dem Blogserver mitgeteilt, dass sich ein Beitrag in diesem Blog geändert hat oder ein neuer Beitrag erstellt wurde.

Abb. 12.10 Darstellung untereinander vernetzter Blogs. (Vgl. Ebersbach et al. 2008, S. 57)

geteilt, so lässt sich von stärkeren Beziehungen sprechen. Follower sind Personen, die sich einem Beitrag anschließen. Sie sind bezogen auf ein bestimmtes Thema derselben Auffassung und weisen eine stärkere Bindung untereinander auf. Innerhalb der Blogosphäre nehmen Alphablogger einen besonderen Stellenwert ein. Je nach Funktionalitäten des Blogs können Leser Beiträge kommentieren oder auf diesen Seiten als Follower auftreten. Dadurch werden direkte Verbindungen zum Blogautor geschaffen, die einen hohen Grad aufweisen.

- Die Störanfälligkeit innerhalb eines Blogs ist als eher hoch anzusehen. Ursächlich ist, dass der Blogger als Hub fungiert. Füllt er den Blog nicht mehr mit Inhalten und aktualisiert ihn, kann das Netzwerk der Follower zusammenbrechen. Fällt ein Follower weg, ist die Störanfälligkeit gering und der Fortbestand des Netzwerks ist nicht bedroht.
- Um einen Blog erstellen zu können ist in der Regel eine Anmeldung entweder auf einer entsprechenden Seite erforderlich, die Blogfunktionen zur Verfügung stellt, oder es wird eine eigene Seite für den Blog entworfen. Der reine Leser muss sich nicht anmelden. Nach der Anmeldung kann der Blogger sein Profil nach ähnlichen Mustern und Vorgehensweisen gestalten wie z. B. bei Social Network-Diensten.
- Die Gestaltungsrechte können bei Blogs, die nicht in einer eigens dafür erstellten Webseite eingebettet sind, von absoluter Gestaltungsfreiheit bis hin zu einer beschränkten Gestaltung reichen, wenn diese Blogs über fremde Webseiten erstellt werden. Der Blogger selbst fungiert neben allgemeinen Administratoren, die die Aktivitäten der Blogger und deren Followern überwachen, als Administrator seines eigenen Blogs. Er besitzt

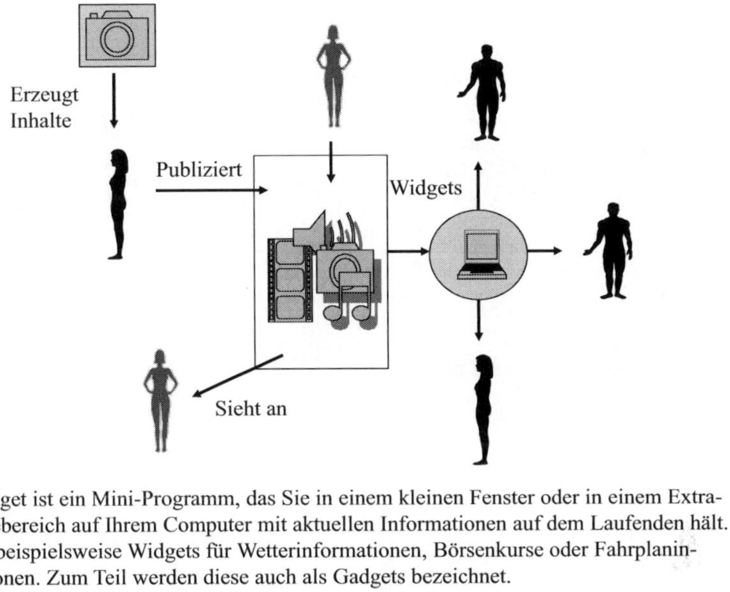

Abb. 12.11 Social Sharing. (Vgl. Ebersbach et al. 2008, S. 100)

die Berechtigung, die Kommentarfunktion individuell zu gestalten. Dazu kann er Einstellungen so wählen, dass Kommentare direkt veröffentlicht werden, oder zuerst eine Freischaltung erforderlich ist, bevor diese auf dem Blog für alle sichtbar werden.

(2) Social Sharing Social Sharing-Plattformen (z. B. YouTube, Flickr und MyVideo) ermöglichen es Nutzern, digitale Inhalte bereit zu stellen und/oder zu konsumieren (Abb. 12.11). Das Sharing stellt die inhaltliche Komponente dar. Das alleinige Bereitstellen von Medieninhalten ist unzureichend, da noch keine sozialen Interaktionen zwischen den Nutzern auftreten. Erst durch die Möglichkeiten, auf den Inhalt zu reagieren, entsteht ein Beziehungsgeflecht zwischen den Nutzern. Durch Kommentieren, Bewerten oder Verlinken wird die Plattform „Social" (vgl. Ebersbach et al. 2008, S. 119).

Wichtige Merkmale von Social Sharing-Plattformen:

- Die Nutzer können verschiedene Rollen wie Rezipient, Bewerter oder Produzent einnehmen. Der Rezipient sucht für sich relevante Inhalte, konsumiert diese und integriert die Inhalte gegebenenfalls in die eigene Homepage. Der Bewerter nimmt aktive Aufgaben war, indem er die Inhalte ordnet und kommentiert. Die Rolle des Produzenten ist dadurch gekennzeichnet, dass er eigene oder von Dritten erstellte Inhalte online stellt. Dieser Rolle kommt die größte Reputation, aber auch der höchste Aufwand zu (vgl. Rotman und Golbeck 2011).
- In Social Sharing-Plattformen treten vermehrt schwache Bindungen auf. Produzenten, die viele Inhalte einstellen (Quantität) oder Inhalte ansehen und bewerten (Qualität),

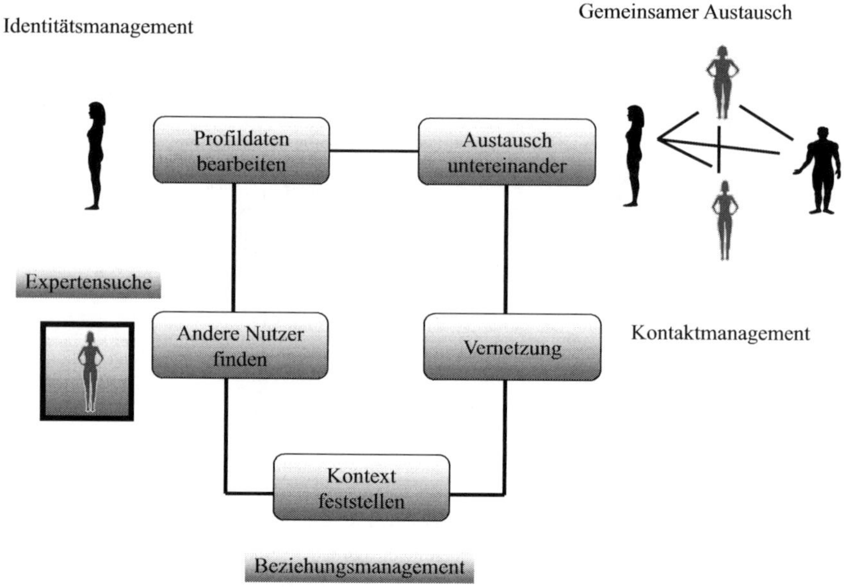

Abb. 12.12 Funktionalitäten sozialer Netzwerke. (Vgl. Richter und Koch 2008)

sind als Hubs zu interpretieren, wenn durch ihre Tätigkeiten in der Folge Abonnenten generiert werden. Die Qualität ist eher eine subjektive Kategorie und wird weniger nach objektiven Qualitätsansprüchen (z. B. Tonqualität) beurteilt.

- Die Störanfälligkeit ist in Bezug auf die Rezipienten und Bewerter als gering anzusehen. Ihr Ausfall hat nur einen geringen Einfluss auf das Netzwerk. Anders zu beurteilen ist die Situation, wenn ein Produzent als Teil des Netzwerkes ausfällt. Nutzer, die seine Inhalte konsumieren und abonnieren, verlieren diesen Hub als Bezugsquelle. Ein Wegfall eines oder mehrerer Produzenten kann dann die Funktionsfähigkeit des Netzwerks deutlich beeinträchtigen.
- Auf vielen Social Sharing-Plattformen ist der reine Konsum von Inhalten ohne Anmeldung möglich. Jeder registrierte Nutzer hat die gleichen Rechte. Administratoren können jedoch die Rechte im Hinblick auf illegale Inhalte einschränken (z. B. rassistische und pornographische Inhalte). Nutzer können Videos von anderen Nutzern nicht verändern, sondern nur bewerten und kommentieren. Der Zugriff auf die Videos erfolgt in verschiedenen Kategorien. Private Videos sind nur für den Produzenten einsehbar. Interne Videos können von einem festgelegten Nutzerkreis angeschaut werden. Öffentliche Videos sind auch von den nicht registrierten Nutzern konsumierbar.

(3) Social Network-Dienste Social Network-Dienste, wie z. B. XING, LinkedIn, Facebook, studiVZ, wurden dazu geschaffen, dass Nutzer Beziehungen zu anderen Nutzern aufbauen und pflegen (Abb. 12.12). Folgende Funktionalitäten sozialer Netzwerke lassen sich unterscheiden:

- Das Identitätsmanagement bezeichnet die Möglichkeit, sich selbst (z. B. in Form eines Profils) darzustellen und somit bewusst und kontrolliert persönliche Daten einem großen Adressatenkreis vorzustellen.
- Die Expertensuche eröffnet das Potential, implizites Wissen zu identifizieren und zu nutzen.
- Das Beziehungsmanagement bietet neben der Visualisierung von eigenen Profilen die Option zur Darstellung des persönlichen Netzwerks und der Kontakte zu anderen Personen.
- Das Kontaktmanagement umfasst alle Funktionalitäten zur Pflege des persönlichen Netzwerks sowie zur Verwaltung und Aktualisierung von Daten.

Wichtige Merkmale von sozialen Netzwerken:

- Die Teilnahme an Social Network-Diensten setzt in der Regel ein strukturiertes Nutzerprofil voraus. Der Nutzer kann weitgehend selbst entscheiden, welche persönlichen Daten er preisgeben möchte. Je nach Funktionalität der Plattform können Beziehungen zu anderen Nutzern sichtbar gemacht werden. Häufig kann der Nutzer nach eigenem Ermessen Funktionen wählen und diese später ändern (z. B. Profile, Kommentare, Meinungsäußerungen in Kurzform wie „Gefällt mir"/„Gefällt mir nicht"). Nicht zulässige Inhalte können in der Regel von anderen Nutzern gemeldet werden. Sie werden dann von Administratoren entfernt. In einzelnen sozialen Netzwerken gibt es Filterfunktionen, die es Mitgliedern ermöglichen, Kontakte z. B. nach gemeinsamen Interessen oder beruflichen Tätigkeiten zu ordnen. In Nachbarschaften wird die Umgebung des Mitglieds deutlich.
- In sozialen Netzwerken können sich Mitglieder untereinander verknüpfen. Je mehr Verknüpfungen zwischen den Mitgliedern bestehen, desto höher ist die Wahrscheinlichkeit, dass dieser Knoten bzw. dieses Mitglied zentral ist.
- Die Art und Häufigkeit der Verknüpfung erlaubt Rückschlüsse darüber, welche Stellung das Mitglied innerhalb des Netzwerkes einnimmt. Weist ein Knoten viele Verbindungen zu anderen Knoten auf, so werden viele darüber informiert bzw. wird es für viele sichtbar, wenn dieser Knoten Änderungen bezüglich des Profils vornimmt, oder seine Meinung zu einem Thema äußert.
- In sozialen Netzwerken ist tendenziell von einer hohen Gradverteilung auszugehen. Dabei werden z. B. direkte Kontakte, Kontakte zweiten Grades (Kontakte der direkten Kontakte) sowie Kontakte dritten Grades unterschieden (Abb. 12.13). Können auch Kontakte zweiten und dritten Grades neu erstellte Informationen einsehen, so können sich diese rasch verbreiten. Der Nutzer hat dann häufig keine Möglichkeit, die weitere Informationsverbreitung nachzuvollziehen oder einen Einfluss darauf zu nehmen kann. Aus diesem Grund liegt eher ein hoher Clusterkoeffizient vor.
- Die direkten Kontakte stellen den durchschnittlich kürzesten Weg dar. Sie fördern die Erreichbarkeit der Kontakte innerhalb des Netzwerkes und die Schnelligkeit des Zugriffs. Dem Knoten steht in vielen sozialen Netzwerken eine Filterfunktion zur Verfügung, d. h. er kann selbst entscheiden, dass nur direkte Kontakte eine neue Infor-

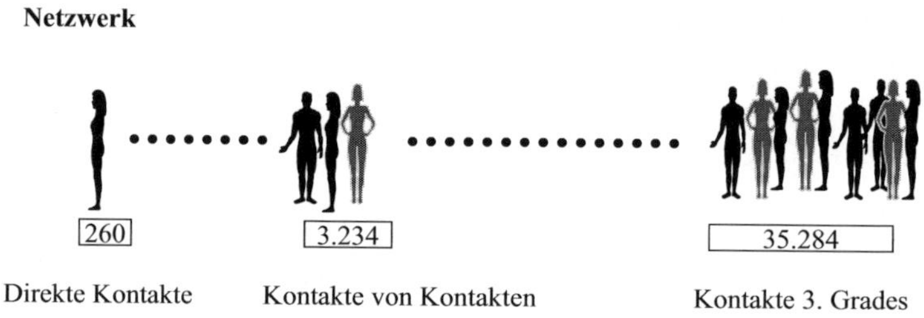

Abb. 12.13 Clusterkoeffizient in einem sozialen Netzwerk

mation bzw. sein Profil einsehen können und nicht z. B. „Freunde meiner Freunde". Der Knoten kann deshalb einen Einfluss auf die Informationsverbreitung nehmen. Wenn ein Knoten den durchschnittlich kürzesten Weg zu anderen Knoten darstellt, nimmt er eine besondere Stellung ein. Wenn z. B. A und B sich kennen und „befreundet" sind, aber nur zwischen B und C eine direkte Verbindung besteht, so kann A lediglich über B Informationen von C erhalten. B stellt somit den durchschnittlich kürzesten Weg dar und nimmt eine Sonderstellung für A ein. Direkte Kontakte, die bereits mit dem durchschnittlich kürzesten Weg identifiziert worden sind, können als starke Bindungen aufgefasst werden. Schwache Bindungen können dadurch erkannt werden, dass eine indirekte Verbindung über mehr als einen Knoten vorliegt (z. B. „Freunde meiner Freunde").

- In sozialen Netzwerken liegt oft eine Homophilie vor. Hier handelt es sich um die Tendenz, dass sich Menschen mit ähnlichen Eigenschaften zusammenfinden (z. B. bezogen auf Arbeitsplatz, Beruf, Hobbys, Interessen). Untersuchungen zeigen, dass Menschen dazu neigen, Informationen von Menschen mit starken Verbindungen eher zu teilen. Diese Gemeinsamkeiten haben auch einen Einfluss darauf, wie oft Menschen miteinander diskutieren, interagieren oder gleiche Webseiten besuchen. Schwache Verbindungen weisen hingegen größere Unterschiede und Informationsdiversitäten auf, die jedoch für das Verbreiten von unterschiedlichen Ansichten wichtig sind.
- Ein Hub kann innerhalb von sozialen Netzwerken daran festgemacht werden, dass dieser im Vergleich zu anderen Knoten viele Verbindungen aufweist. Dadurch nimmt er eine zentrale Rolle bei der Informationsverteilung ein, da seine Interaktionen von vielen wahrgenommen werden. Für Unternehmen stellen Hubs eine wichtige Zielgruppe für kommunikationspolitische Ziele dar. Sie können als eine Art Meinungsführer aufgefasst werden, die Informationen schnell verteilen. Besonders für die Kommunikation über neue Kampagnen und Güter ist eine Einbeziehung der Hubs von Nutzen. Unternehmen können versuchen, solche Personen innerhalb der Netzwerke zu identifizieren und sie anschließend mit ihrer Botschaft zu erreichen.
- Die Störanfälligkeit in einem sozialen Netzwerk ist untereinander gering. Wenn ein Netzwerkakteur bzw. -knoten in diesem Netzwerk ausfällt, hat dies keine Auswirkung auf das gesamte Netzwerk. Das Netzwerk wird in der Regel auch weiterhin bestehen

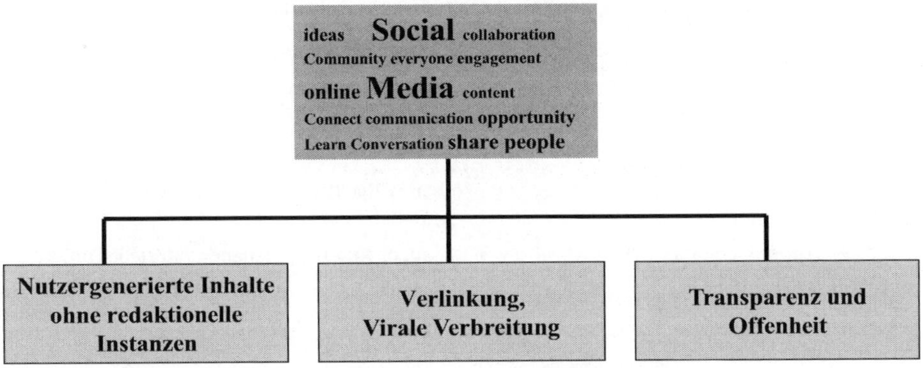

Abb. 12.14 Besonderheiten von Social Media in der Kommunikation

bleiben. Denkbar ist, dass ein Teilbereich wegbricht, wenn z. B. mehrere sehr aktive Gruppenmitglieder (Hubs) nicht mehr am Geschehen teilnehmen und innerhalb der Gruppe keine oder nur noch geringere Aktivitäten stattfinden.

12.2.3 Social Media-Strategie

Die Kommunikation im Web 2.0 ist vorwiegend durch den Dialog mit Kunden bzw. Nutzern geprägt. Es entstehen Pools an Informationen, auf die Kunden, Nutzer und Unternehmen gleichermaßen zugreifen können. Folgende Besonderheiten lassen sich festhalten (Abb. 12.14; vgl. Hummel und Lechner 2008):

- Auf Social Media-Plattformen liegt die Hoheit der Beiträge nicht wie bei traditionellen Medien (z. B. Zeitungen, Fernsehen) bei einer Gruppe von anbietenden Personen, sondern bei den Nutzern. Es fehlen häufig redaktionelle (Zwischen-)Instanzen, so dass ein unmittelbarer Zusammenhang zwischen einer Meinungsäußerung und seiner Publikation besteht.
- Die Beiträge sind durch eine Vielzahl von Verlinkungen vernetzt. Die Inhalte sind zudem kostenlos und ihre Verbreitung ist viral möglich. Der Empfänger einer Information wird zum Sender. Die Verbreitung einer Information endet erst, wenn es zu keiner Reaktion auf der Empfängerseite mehr kommt, d. h. die Information irrelevant erscheint.
- Social Media bietet mit einer Pull-Kommunikation für die Kunden bzw. Nutzer die Möglichkeit, Teil des Kommunikationsgeschehens zu werden. Durch Offenheit und Transparenz der Kommunikation können gegebenenfalls sogar Informationsasymmetrien aufgehoben werden, wenn sich die Informationszustände aller beteiligten Akteure annähern.

Tab. 12.1 Stärken und Schwächen der Social Media-Kommunikation

Stärken	Schwächen
Geringe Kosten	Schwer steuerbar, wenn Kommunikation von Nutzern ausgeht
Schnelle Reaktion	
Glaubwürdigkeit durch Empfehlungen von Freunden/Bekannten	Kurze Reaktionszeiten erwartet, Enttäuschung möglich
Exakte Zielgruppenansprache möglich	Nutzer fordern permanent aktuelle Inhalte
Hohe Aufmerksamkeit	Sicherheit/Datenschutz/Urheberrecht teilweise ungeklärt
Dialogorientiert	
Virale Effekte	

Aus unternehmerischer Sicht ist es daher wichtig, nicht nur Inhalte zu generieren, sondern die davon ausgehende Kommunikation unter Nutzern zu beobachten und zu bewerten. Dies gilt vor allem auch deshalb, da sich das Empfehlungsmarketing als erfolgreich erweist. Mundpropaganda scheint wichtig, weil Menschen persönlichen Empfehlungen von Freunden vertrauen. Da solche Freundschaften häufig auch über soziale Netzwerke gepflegt werden, erwächst der klassischen Werbung eine Konkurrenz. Diese Entwicklung stellt die Unternehmen vor eine Reihe von Herausforderungen, denn die Inhalte sind teilweise auf unterschiedlichen Plattformen verteilt und können aufgrund ihrer Vernetzung auch mehrfach im Web vorhanden sein. Auch sind nicht alle nutzergenerierten Inhalte in sozialen Netzwerken (z. B. aufgrund des Schutzes der Privatsphäre) frei verfügbar und zugänglich (auch länderübergreifend).

Stärken und Schwächen Gegenwärtig werden Social Media als Bestandteil der Kommunikations- und zum Teil auch der Distributionspolitik betrachtet, der flankierend zu den bisherigen Instrumenten einen Beitrag zum Unternehmenserfolg leisten kann. Social Media ist daher mit Blick auf vorhandene Instrumente eher komplementär und nicht substitutiv angelegt. Dies ist plausibel, denn der Einsatz der Instrumente hat aus unternehmerischer Sicht sowohl Stärken als auch Schwächen (Tab. 12.1).

Aus diesen Stärken und Schwächen entsteht aus Sicht von Unternehmen ein Spannungsfeld zwischen möglichsten großen positiven Effekten der Social Media-Kommunikation und der Kontrollierbarkeit von Inhalten der Kommunikation. Hier bleibt zu berücksichtigen, dass sich die einzelnen Social Media Kanäle zum Teil überlagern, zum Teil aber auch jeweils spezifische Zielgruppen damit angesprochen werden (Abb. 12.15).

Es gilt also aus Unternehmenssicht eine integrative Sicht aufzustellen und neben der Definition von Zielgruppen stets auch genau zu definieren, was kommunikativ in den Fokus gerückt werden soll (z. B. Marken, Produkte, Dienstleistungen):

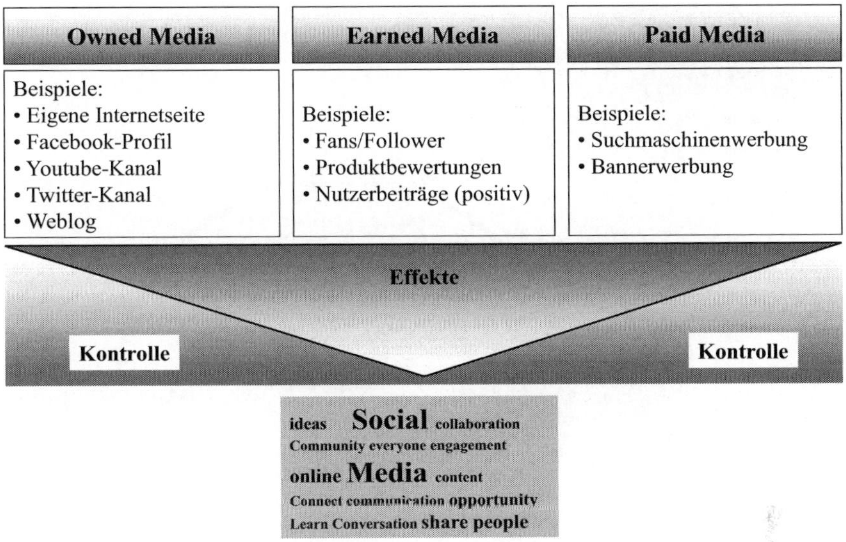

Abb. 12.15 Integrative Sicht von Social Media-Plattformen und Kanälen. (Vgl. Mayer-Uellner 2010)

- Owned Media sind Plattformen, die unmittelbar im Besitz des Unternehmens sind und gut kontrolliert werden können (z. B. eigene Internetseiten, Profile in sozialen Netzwerken).
- Paid Media sind alle Formen der bezahlten Kommunikation, z. B. Suchmaschinenwerbung. Auch diese Formen sind in der Regel gut kontrollierbar.
- Earned Media sind Plattformen, auf denen Nutzer und Konsumenten außerhalb der offiziellen Unternehmenskommunikation ihre Meinungen bzw. Empfehlungen hinterlassen. Sie können positive Multiplikatorwirkung für den Unternehmenserfolg entfalten. Hier ist der Effekt auf Markenimage und Kaufverhalten am größten, jedoch ist die Kontrolle nur bedingt herstellbar.

Die Einbindung von Social Media in die Unternehmenskommunikation muss also gut geplant werden. Für einen derartigen Planungsprozess stellt die Betriebswirtschaftslehre eine Reihe von Planungsinstrumenten bereit (Abb. 12.16).

Situationsanalyse Angesichts der Besonderheiten, die bei der Integration von Social Media in die Unternehmenskommunikation zu berücksichtigen sind (z. B. Transparenz/Offenheit der Beiträge) ist zu klären, ob und inwieweit es überhaupt sinnvoll ist, sich auf die damit verbundenen Folgen einzulassen. Zur Situationsanalyse gehören z. B. eine Bestandsaufnahme zur aktuellen Online-Reputation, ein Vergleich mit konkurrierenden Unternehmen und die Analyse, auf welchen Plattformen sich die Kunden aufhalten, welche Themen sie beschäftigen und welche nutzergenerierten Inhalte sie mit Bezug zum Unternehmen publizieren. Dazu gibt es eine Reihe kostenloser und kostenpflichtiger Pro-

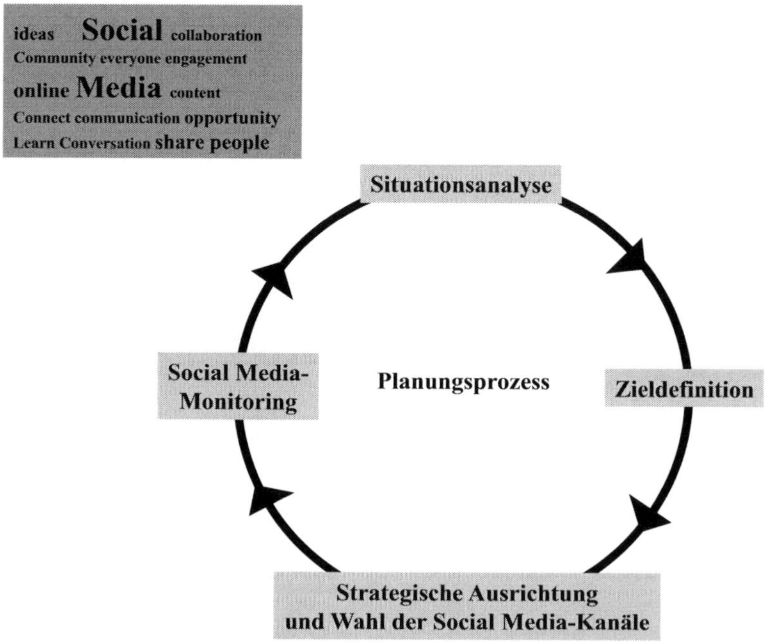

Abb. 12.16 Social Media-Planungsprozess

gramme, die die analytische Erfassung und Auswertung der dazu notwendigen Daten erleichtern (vgl. Renger 2010).
Für den Einstieg in Social Media können verschiedene Szenarien unterschieden werden. Kühn trennt in einen proaktiven, reaktiven und passiven Ansatz (vgl. Kühn 2009, Abb. 12.17):

- Proaktiv: Im Kontext dieser Ausrichtung geht es um den Beziehungsaufbau und um den Vertrieb von Produkten. Kunden werden direkt angesprochen und haben auf verschiedenen Plattformen die Möglichkeit, unmittelbar ein Feedback zu geben. Diese Strategie erfordert ein hohes Grundverständnis für den Umgang mit Social Media.
- Reaktiv: In diesem Fall nimmt ein Unternehmen eine eher passive Rolle ein. Beispielsweise werden Social Media nach Kommentaren durchsucht, auf die reagiert wird.
- Passiv: Im Prinzip handelt es sich um keine eigenständige Strategie, sondern um den Ausgangspunkt für ein reaktives Handeln.

Zieldefinition Ausgehend von der Situationsanalyse werden strategische und operative Ziele definiert, die mit dem Einsatz von Social Media erreicht werden sollen. Die genaue Ausgestaltung der Ziele ist unternehmensabhängig und muss im Einzelfall festgelegt werden (Tab. 12.2).

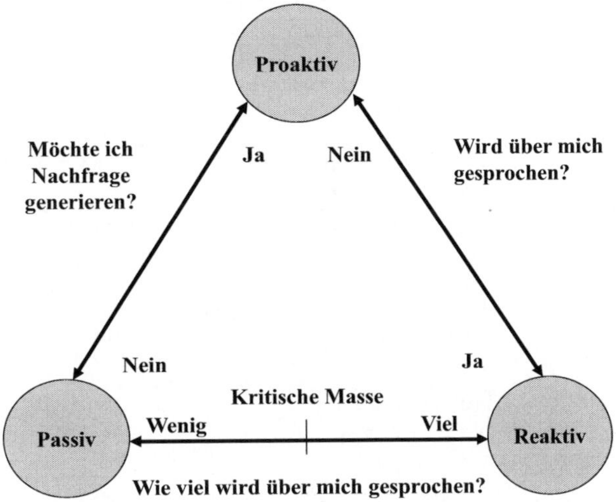

Abb. 12.17 Strategien im Umgang mit Social Media

Tab. 12.2 Ziele im Social Media-Kommunikationsprozess (vgl. Mühlenbeck 2009)

Ziel	Konkretisierung
Bekanntheit steigern	Anzahl von Unique Visitors im eigenen Blog um 15 % innerhalb von einem Jahr erhöhen
Kundenbindung steigern	Bindung von 10 % der Kunden innerhalb von einem Jahr mit eigener Community-Strategie in einem sozialen Netzwerk
Wahrnehmung verbessern	Generierung von 50 positiven Nutzerbeiträgen auf der unternehmenseigenen Seite eines sozialen Netzwerks innerhalb eines Jahres
Umsatz steigern	Steigerung des Online-Umsatzes um 5 % innerhalb eines Jahres durch Implementierung eines Verkaufskanals in einem sozialen Netzwerk
Steigerung der Arbeitgeberattraktivität	Erhalt von 3–5 zusätzlichen Bewerberanfragen pro Monat durch Integration einer Karriereseite in ein sozialen Netzwerk

Strategische Ausrichtung und Wahl der Kanäle Bereits durch die Situationsanalyse und die Zieldefinition kristallisiert sich heraus, welche Bezugsgruppen mit welchen Kanälen erreicht werden können bzw. sollen. Dies ist, wie erwähnt, situationsabhängig. Die strategische Ausrichtung und Wahl der Kanäle erfordert innerhalb des Unternehmens häufig auch eine Neustrukturierung der Ablauf- und Aufbauorganisation. Zahlreiche Beispiele zeigen, dass die Beauftragung von „klassischen" Kommunikations-Abteilungen mit Social Media-Aktivitäten sich oft als wenig erfolgreich erwiesen hat.

Sofern bisherige Kommunikationsgewohnheiten durch die Nutzung von Social Media-Kanälen verändert werden, müssen auch die internen Governance-Strukturen eines

1. Ziel/Zweck	Erläuterung von Zielen der Richtlinie
2. Grundlagen	
2.1 Nutzung	Beschreibung der Nutzungsbedingungen von Social Media (u.a. während der Arbeitszeit) sowie damit verbundene Einschränkungen
2.2 Umsetzung	Beschreibung von Verantwortlichkeiten und Geltungsbereich
3. Bestimmungen	
3.1 Rechtliche Aspekte	Hinweis auf Datenschutz, IT-Sicherheit, Arbeitsrecht und sonstige Regelungen, die zu beachten sind.
3.2 Kommunikation	Festlegung von Standards in der externen und internen Unternehmenskommunikation
4. Verhaltensregeln	Weiche Faktoren im Sinne einer Nettiquette bei der Veröffentlichung von Beiträgen bzw. Reaktion auf Beiträge, z.B. - Zuhören, - Authentizität, - Transparenz, Offenheit, - Dialog, - Tonfall, - Verhalten bei negativem Feedback, - Trennung von persönlichen und beruflichen Meinungen, - Beachtung von Privatsphäre-Einstellungen.

Abb. 12.18 Elemente einer Social Media-Richtlinie. (Vgl. Oßwald 2010)

Unternehmens überdacht werden. So nutzen z. B. viele Mitarbeiter die Social Media-Kanäle nicht nur beruflich, sondern auch privat. Es ist damit zu klären, ob und inwieweit diese Kanäle auch während der Arbeitszeit zur Verfügung stehen dürfen. Einige Großunternehmen, Einrichtungen und Institutionen haben inzwischen Richtlinien für die Social Media-Kommunikation festgelegt, die von den Mitarbeitern einzuhalten sind (Abb. 12.18). Ziel ist die Schaffung eines Ordnungsrahmens, der eigene Ziele festschreibt und die Grenzen der durch das Unternehmen oder die Einrichtung tolerierten Social Media-Kommunikation der Mitarbeiter umreißt (vgl. Buggisch 2011).

Erfolgsmessung und Monitoring Wie bei allen Maßnahmen der Kommunikationspolitik ist auch bei Social Media-Aktivitäten eine Erfolgsmessung notwendig, um Optimierungen und einen effizienten Einsatz von Budgets zu gewährleisten (Abb. 12.19). Auch hier gibt es zahlreiche kostenlose und kostenpflichtige Programme und Webseiten, die Hilfestellung geben. Da es im Kontext von Social Media häufig um den Dialog geht, sind nicht nur quantitative, sondern auch qualitative Auswertungen von Interesse. So ist zu erfassen, über welche Themen und mit welcher Tonalität über das eigene Unternehmen gesprochen wird. Dabei ist es relevant, auf welchen Plattformen und in welchem Umfang dies erfolgt. Die Auswahl der Messgrößen muss mit den Zielen, die für die Social Media-Strategie formuliert werden, abgestimmt werden. Beispielhaft sei auf den Ansatz der Erfolgsmessung mit Hilfe der „3R" – Reichweite, Reputation und Return of Investment (ROI) verwiesen (vgl. Griffel und Forster 2010):

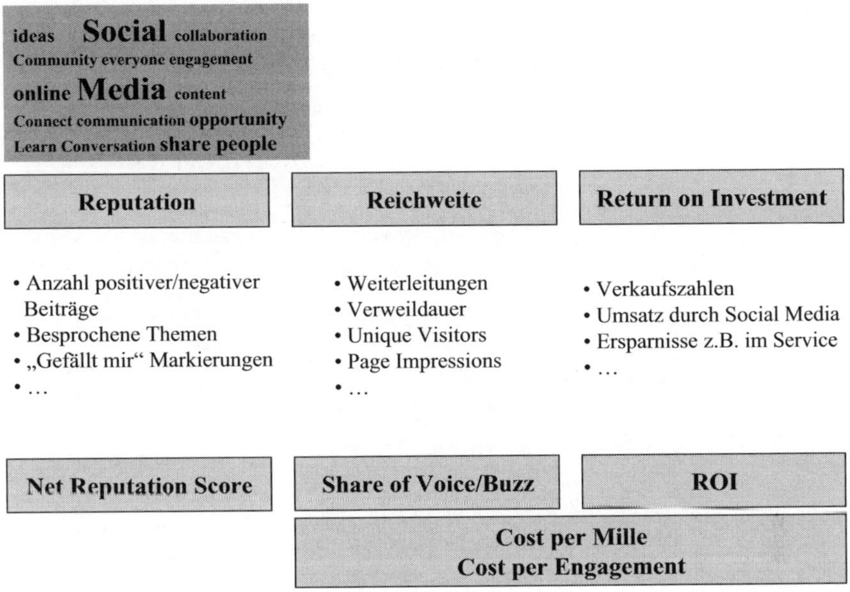

Abb. 12.19 Social Media-Monitoring. (Vgl. Griffel und Forster 2010, S. 8)

- Reichweite: Kennziffern sind z. B. die Share of Voice als Verhältnis der Markenerwähnungen zu Gesamterwähnungen oder der Share of Buzz, d. h. der Anteil eines einzelnen Themas im Vergleich zur insgesamt gemessenen Diskussion.
- Reputation: Der Netto Reputation Score bezeichnet das Verhältnis von positiven Nennungen des Unternehmens zu den Gesamtnennungen.
- ROI: Kennziffern sind z. B. der Tausenderkontaktpreis (Cost per Mille) und der Kostenaufwand, um Nutzer zur Interaktion zu bewegen (Cost per Engagement).

Markteffiziente Lösungen sind im Kontext der Kommunikation über Social Media und in sozialen Netzwerken aus Sicht der ökonomischen Theorie nur bedingt zu erwarten.

Soziale Netzwerke und Social Media aus Sicht der ökonomischen Theorie Auf der Angebotsseite ist bei sozialen Netzwerken oder Social Media-Plattformen eine Tendenz zu monopolähnlichen Situationen im Sinne des „the winner takes it all“ nicht ausgeschlossen (Abb. 12.20). Ursächlich sind:

- Hohe Investitionskosten dienen als Markteintrittsbarrieren.
- Hohe Fixkosten (First Copy Costs als sunk costs) ermöglichen eine starke Kostendegression, die Durchschnittskosten sinken bis zur Sättigungsmenge.
- Technische Kapazitäten sind relativ unbedeutend.
- Die Grenzkosten sind nahezu Null und das Angebot wird nicht nach der Preis-Grenzkosten-Regel gesteuert.

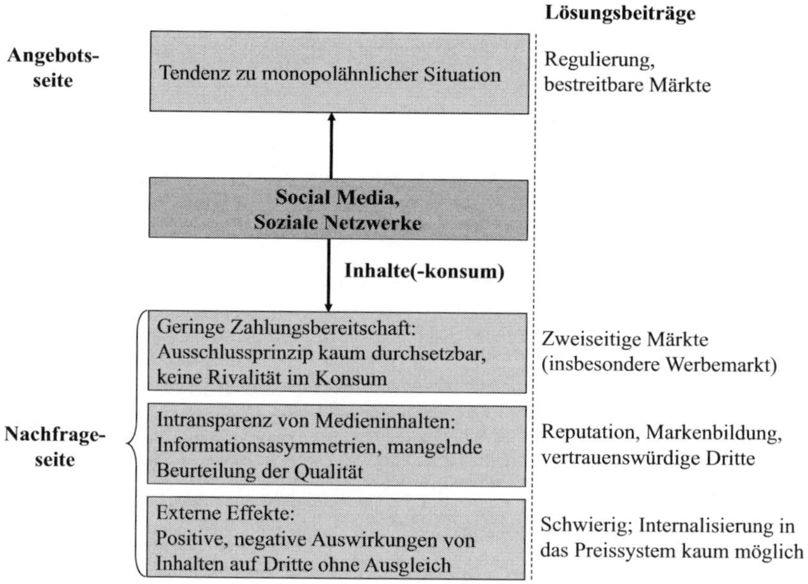

Abb. 12.20 Besonderheiten von Social Media und sozialen Netzwerken aus ökonomischer Sicht

Da eine Regulierung z. B. der Anbieter von sozialen Netzwerken schwierig umsetzbar erscheint, sollen die damit verbundenen Märkte zumindest bestreitbar sein. Auf der Nachfragseite sind drei Aspekte besonders hervorzuheben, die markteffiziente Lösungen erschweren:

1. Geringe Zahlungsbereitschaft: Wenn über soziale Netzwerke oder Social Media redaktionelle Inhalte (z. B. Unterhaltung, Informationen, journalistische Nachrichten) vermittelt werden, so sind diese nur bedingt marktfähig. Zwar sind Eigentumsrechte theoretisch definierbar, aber sie können in der Regel nicht durchgesetzt werden. Ist eine Information erst einmal veröffentlicht, verliert sie häufig nicht nur ihren ökonomischen Wert, sondern darüber hinaus auch ihre Steuerbarkeit. Jeder Rezipient kann die Information problemlos weiterverbreiten. Das Ausschlussprinzip kann nicht oder nur sehr begrenzt durchgesetzt werden. Im Falle der Massenmedien wie Social Media kommt hinzu, dass ein Ausschluss in der Regel nicht gewollt ist, sondern im Gegenteil eine Versorgung mit Inhalten gewünscht wird. In Bezug auf die Inhalte zeigt sich, dass auch die Eigenschaft der Rivalität im Konsum fehlt. Wird ein Video auf eine Sharing-Plattform von einem Konsumenten genutzt, so wirkt sich dies nicht oder kaum nachteilig auf den Konsum einer anderen Person aus. Die Grenzkosten des Konsums sind nicht spürbar. Ähnlich verhält es sich bei sozialen Netzwerken.
   Ob ein soziales Netzwerk von 300 Mio. Menschen oder von 400 Mio. Menschen genutzt wird, verursacht keine spürbaren Grenzkosten. Die fehlenden Eigenschaften der Rivalität und der Ausschlussmöglichkeit haben Folgen für die ökonomische Aus-

gangssituation. Ohne Ausschließbarkeit ist die Zahlungsbereitschaft für die Nutzung von sozialen Netzwerken oder Social Media kleiner als der Grenznutzen. Ohne Rivalität im Konsum sind die Grenzkosten der Nutzung sogar Null. Es kann keine effiziente Marktlösung zustande kommen, da die Zahlungsbereitschaft des Konsumenten die Wertschätzung des Gutes nicht zum Ausdruck bringt. Nutzer stecken in der Rationalitätenfalle. Würde sie ihre wahren Präferenzen signalisieren, könnte angemessene Preise für Inhalte definiert werden. Folge wäre eine andere Allokation. Soziale Netzwerke oder Social Media würden die Gütermenge bereitstellen, die auch tatsächlich nachgefragt wird. Der Nutzer wird sich daher aus rationalen Gründen nicht äußern. Warum sollte er auch für etwas bezahlen, das er unentgeltlich bekommen kann? Diese Ausgangssituation erklärt, warum die Netzwerkeffekte zweiseitiger Märkte, die als positive externe Effekte zu interpretieren sind, für soziale Netzwerke und Social Media von grundlegender Bedeutung sind. Der Effekt besteht darin, dass mit einer steigenden Zahl an Netzwerkteilnehmern der Nutzen für sämtliche Teilnehmer ansteigt. Je mehr Teilnehmer einer Gruppe z. B. ein soziales Netzwerk (Plattform) nutzen, desto attraktiver wird dieses (diese) für die Nutzer einer anderen Gruppe. Die Kommerzialisierung z. B. von sozialen Netzwerken vollzieht sich daher weitgehend über den Werbemarkt.
2. Intransparenz von (Medien-)Inhalten: Die Qualität z. B. von Informationen in sozialen Netzwerken und auf Social Media-Plattformen ist weder Ex-ante noch Ex-post durch Nutzer hinreichend zu bewerten. Es besteht eine Informationsasymmetrie zwischen Sender und Empfänger. Dies kann dazu führen, dass die Qualität von Inhalten nur noch eine untergeordnete Rolle spielt. Warum sollte auch eine hohe Qualität angeboten werden, wenn Nutzen diese nur in engen Grenzen beurteilen können. Instrumente bzw. Indikatoren um dennoch Qualität indirekt zu verdeutlichen oder messbar zu machen, sind die Reputation, die Marke, die Erfahrung der Konsumenten oder Aussagen vertrauenswürdiger Dritter.
3. Externe Effekte: Soziale Netzwerke und Social Media produzieren Externalitäten. Dies macht sogar häufig erst den Nutzen dieser Güter aus. Externe Effekte treten immer dann auf, wenn ein Akteur nicht alle von ihm verursachten Kosten selbst trägt. Entweder erhöht oder reduziert er die Kosten bzw. den Nutzen anderer. In beiden Fällen wird die Wohlfahrt unbeteiligter Dritter beeinträchtigt, ohne dass Ausgleichszahlungen stattfinden: Kaufempfehlungen und Erfahrungsberichte wirken auf das Kaufverhalten, Kommentare schaffen Orientierung, Informationen beeinflussen Einstellungen und Meinungen und Online-Spiele nehmen Druck aus dem Alltag. Die Fülle und Vielfalt positiver und negativer externer Effekte macht eine ökonomische Internalisierung, d. h. Berücksichtigung im Preissystem, unmöglich. Die Folge wäre ein partielles Marktversagen. Weder werden die Anbieter z. B. von Inhalten für die positiven Wirkungen entlohnt, noch werden sie zur Bezahlung der Schäden auf Dritte herangezogen.

In keinem der ökonomischen Modelle kann über die Externen Effekte Auskunft gegeben werden, die sich über den Inhaltekonsum auf die Gesellschaft oder ihre Teilsysteme auswirken, da sie weder vollständig, noch zeitlich oder zwingend kausal fassbar, geschweige denn

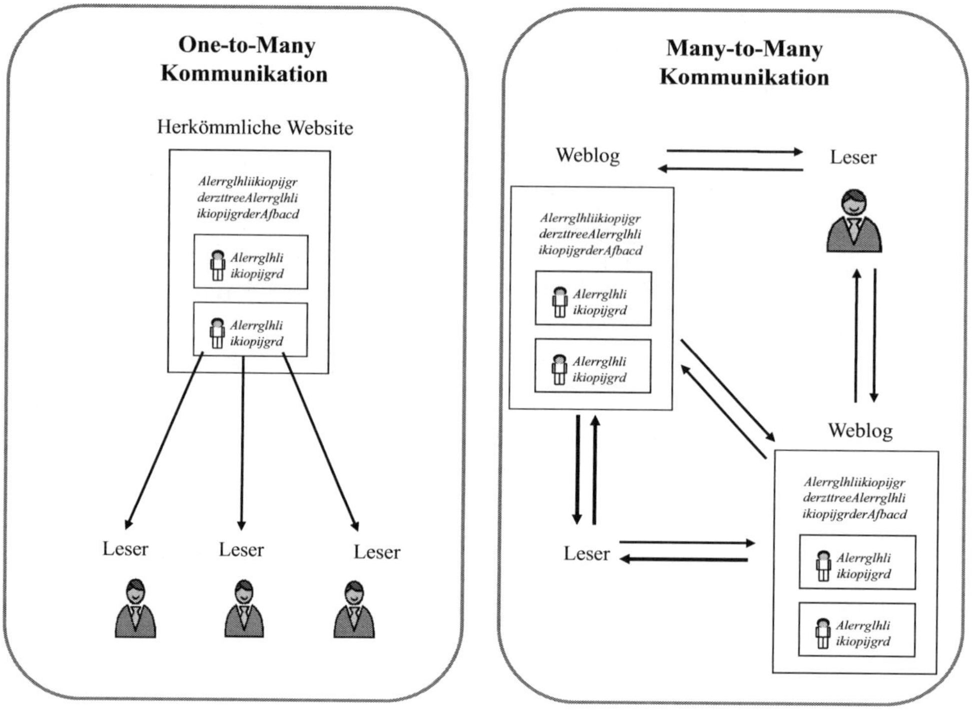

Abb. 12.21 One-to-Many und Many-to-Many Kommunikation

quantifizierbar sind. Jedes Erklärungskonzept, dass versucht, mehr als das Zusammenwirken an sich zu modellieren, ist zum Scheitern verurteilt (Dreiskämper 2010, S 19).

12.3 Fallbeispiele und Anwendungen

12.3.1 Weblogs, Soziale Netzwerke und Communities

a) Weblogs Weblogs transformieren den Kommunikationsprozess des Monolog-Prinzips hin zum Dialog-Prinzip. Während Nachrichtenportale oder Webseiten in der Regel keine direkte Interaktion zwischen Autor und Leser erlauben, lebt die Blogosphäre von dieser Interaktivität. Die Möglichkeit der One-to-Many Kommunikation wird ersetzt durch die Many-to-Many-Kommunikation (Abb. 12.21). Diese Form der Kommunikation ist nicht zwangsläufig interaktiv. Interaktivität liegt vor, wenn auf die vorausgegangenen Inhalte geantwortet wird oder sich die Antwort auf den vorherigen Inhalt bezieht. Unternehmens-Weblogs verfolgen Ziele der persuativen (durchdringende), argumentativen und informativen Kommunikation:

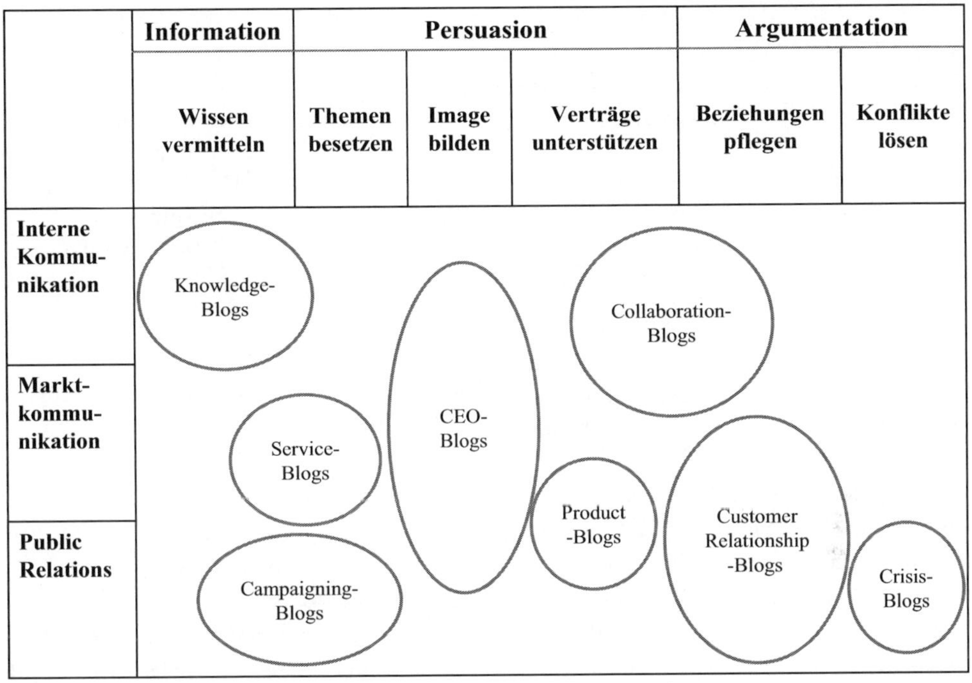

Abb. 12.22 Einsatzmöglichkeiten von Weblogs. (Vgl. Zerfaß und Sandhu 2006)

- Die persuative Kommunikation soll emotionale Bindungen aufbauen, die wiederum der Durchsetzung eigener Interessen dienen.
- Die argumentative Kommunikation dient der Überzeugung.
- Die informative Kommunikation basiert auf der Übermittlung von Nachrichtungen.

Hinsichtlich der Zielgruppen lässt sich zwischen interner Kommunikation, Marktkommunikation und Öffentlichkeitsarbeit unterscheiden. Wir wollen uns auf die Einsatzmöglichkeiten von Weblogs im externen Bereich konzentrieren. Derartige Weblogs gehen vom Unternehmen selbst aus und sind der externen Unternehmenskommunikation zuzurechnen. Einige Beispiele (Abb. 12.22):

- Customer Relationship-Weblogs dienen der Pflege von Kundenbeziehungen.
- Service-Weblogs stellen sicher, dass Kunden im Fall von Fragen zum Güterangebot mit Unternehmen kommunizieren können.
- Themen-Weblogs eröffnen für Unternehmen die Möglichkeit, mit Kunden themenzentrierte Diskussionen zu führen.
- Kampagnen-Weblogs begleiten Marketingkampagnen im Internet.
- Marken-Weblogs publizieren Beiträge zum Güterangebot, dienen dem Markenaufbau und der Markenpflege.

Tab. 12.3 Vor- und Nachteile bei der Nutzung von Weblogs in der Unternehmenskommunikation

Nutzung von Weblogs durch Unternehmen			
Stärken	Geringe Kosten, hohe Reichweite, dialogorientierte Kommunikation	*Chancen*	Online-Reputation, Kundenbindung, Imagegewinn
Schwächen	Schwer steuerbar, hoher zeitlicher Aufwand bei Pflege	*Risiken*	Negative Berichterstattung, Zielgruppe wird irritiert

- Krisen-Weblogs sollen z. B. im Fall von Produktmängeln zielgerichtet mit der Öffentlichkeit kommunizieren und Schaden vom Unternehmen abwenden.

Weblogs der externen Unternehmenskommunikation haben verschiedene Vor- und Nachteile (Tab. 12.3). Sie haben z. B. geringe Kosten und große Reichweiten, sind aber nur bedingt steuerbar und erfordern einen hohen zeitlichen Aufwand in der Pflege.

Das Web 2.0 ist eine interaktive Plattform, die kostenlos und aktuell eine Vielzahl von Foren und Meinungen, Produktbewertungen und Kundenerfahrungen bereitstellt. Es handelt sich jedoch weitgehend um unstrukturierte Daten, deren manuelle Auswertung zeitaufwendig und nur in begrenztem Umfang möglich ist. Mit Hilfe von speziellen Suchmaschinen können Unternehmen die Internet-Tagebücher nach Produkten, Konkurrenten und neuen Marktchancen durchforsten.

Text- und Opinion-Mining Im Internet liegt umfangreiches Wissen brach, das von Marketingabteilungen nur aufgesammelt werden muss, um etwas über Kundenwünsche, Kritik und Trends zu erfahren. Durch eine automatisierte Analyse lässt sich Abhilfe schaffen (Abb. 12.23):

- Text Mining bezeichnet die faktengestützte Aufdeckung von Zusammenhängen und Wissen aus Texten. Aufgabenfelder sind das Information Retrieval, die Klassifikation von Dokumenten, die Extraktion und Clustering von relevanten Informationen.
- Opinion Mining dient der Analyse und Aufdeckung von Meinungen. Dazu zählen Stimmungen, eigenschaftsbasierte Urteile über Produkte und vergleichsbasierte Einschätzungen von Produkten.

Text Mining und Opinion Mining lassen sich u. a. für den Innovationsprozess nutzen. Produktentwickler erhalten frühzeitig einen Einblick in die Bewertung aktueller Produkte und Produktkomponenten. Produktfehler in der Anwendung geben Hinweise auf mögliche Verbesserungen. Der Vertrieb kann sich z. B. im Vorfeld eines Kundenbesuchs über die Einschätzung des Produkts informieren und auf diese Weise verkaufsfördernde Argumente sammeln.

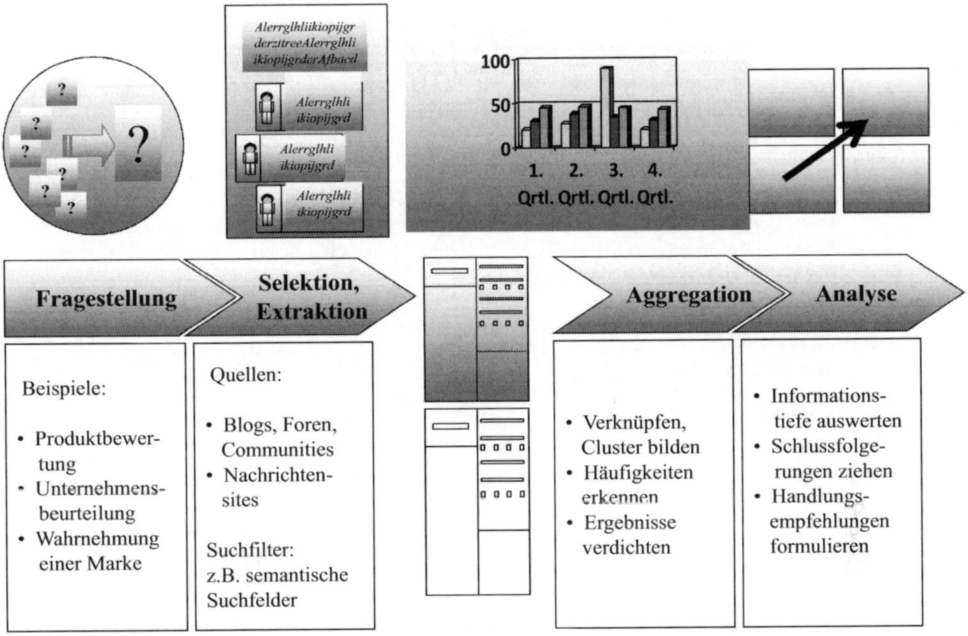

Abb. 12.23 Mehrstufiger Prozess des Opinion Mining

Vor allem das Opinion Mining erleichtert es Unternehmen, Markenbotschaften zielgerichteter zu platzieren. Die relevanten Kundengruppen werden konkret angesprochen und es lässt sich ein höheres Involvement erzeugen. Marketingkommunikation im Umfeld von Web 2.0 ist daher im Vergleich zu traditionellen Medien schneller, wirkungsvoller und lässt sich planbarer gestalten.

Opinion Mining ist ein mehrstufiger Prozess. Zunächst gilt es die relevante Fragestellung klar zu identifizieren und zu formulieren. Das Web enthält eine Vielzahl von Quellen. Diese müssen selektiert werden. Verwertbar sind nur die relevanten Quellen (z. B. in Blogs). Zielsetzung der Extraktion ist es, z. B. Produkteigenschaften und ihre Bewertungen zu erkennen. Zur Messung bedient sich das Mining der Konzepte Polarität und Stärke. Die Polarität spiegelt die semantische Orientierung wider (z. B. positiv, negativ, neutral). Die Stärke gibt die Intensität an (z. B. stark, mittel, schwach). Im Rahmen der Aggregation werden z. B. Produkteigenschaften und Bewertungen miteinander verknüpft. Dadurch sollen in der Analyse u. a. Ansatzpunkte zur Produktgestaltung und Verkaufsförderung erkannt sowie Handlungsempfehlungen gegeben werden. Das Nutzenpotential z. B. von Blogs und Bookmarkverzeichnissen bei der Mobilisierung von Informationen ist evident. Zum Teil lässt sich der Nutzen im Rahmen eines geeigneten Geschäftsmodells teilweise auch monetarisieren. Denkbar sind u. a. (vgl. Alby 2006):

Soziales Netzwerk	Community
• Bilden soziale Interaktionen ab	• Entwickeln gemeinsames Wollen
• Erleichtern das Entstehen von Communities, wenn aus losen Beziehungen stärkere Verflechtungen entstehen	• Alle tragen zum Erfolg bei, indem sie ihr Wissen einbringen
• Verknüpfen unterschiedliche Ziele einzelner Akteure/Gruppen	• Bauen eine eigene Community-Identität auf und verfolgen gemeinsame Ziele

Abb. 12.24 Soziale Netzwerke und Communities

1. Transfer-Modell, bei dem eine Person oder Organisation die Ressourcen zum Betrieb der Webseite zur Verfügung stellt, weil positive Auswirkungen auf die Aktivitäten außerhalb des Webs oder auf die Reputation des Betreibers erwartet werden.
2. Werbe-Modell, bei dem Werbetreibende die Ressourcen zum Betrieb der Webseite teilweise oder vollständig bereitstellen und die Benutzer die Werbetreibenden mit dem knappen Gut Aufmerksamkeit entlohnen.
3. Erlösmodelle, bei dem nutzungsabhängige oder -unabhängige Entgelte erhoben werden.
4. Spenden-Modell, bei dem Nutzer nach eigenem Ermessen den Betreiber mit Spenden für die bereitgestellten Informationen entlohnen.

b) Soziale Netzwerke und Online-Communities Studien zeigen, dass die Profile in sozialen Netzwerken häufig die wahre Persönlichkeit der Nutzer abbilden. Menschen haben offenbar auch in sozialen Netzwerken das Bedürfnis, mitzuteilen, wer sie wirklich sind, was sie denken, was sie wünschen oder was sie antreibt. Dieser Sachverhalt macht soziale Netzwerke auch für Unternehmen interessant. Oft werden soziale Netzwerke mit Communities bzw. virtuellen Gemeinschaften gleichgesetzt. Es gibt jedoch Unterschiede (Abb. 12.24):

- Soziale Netzwerke sind Gebilde, die in der Soziologie gegebene Interaktionsgeflechte (z. B. Bekanntschafts-Netzwerke) abbilden. Diese Netzwerke haben keine eigenen Ziele, sondern verknüpfen unterschiedliche Ziele einzelner Akteure und Gruppen.
- Eine Community ist eine Gruppe von Personen, die gemeinsames Wollen und Wissen entwickeln, Erfahrungen teilen und dabei eine eigene Identität aufbauen. Communities profitieren von dem Grundsatz, dass alle Teilnehmer zum Erfolg beitragen, indem sie ihr Wissen einbringen.

Typ	Merkmal	Funktion
Interessen-gemeinschaft (Community of interest)	• Vorwiegend nicht kommerziell orientiert • Vorhandensein eines gemeinsamen Interesses	• Austausch von Informationen, Wissen und Erfahrungen • Soziales Bedürfnis (Unterstützung, Zugehörigkeit und Gegenseitigkeit) • Gemeinschaft als soziales Netzwerk
Transaktions-gemeinschaft (Community of transaction)	• Vorwiegend kommerziell orientiert • Vor allem im B2C Bereich anzutreffen	• Austausch von Informationen, Wissen und Erfahrungen • Abwicklung des Kaufs von Produkten und Dienstleistungen • Integration von Produktkatalogen und Aggregation der Nachfrage • Gemeinschaft als Geschäftsmodell
Phantasie-gemeinschaften	Kreation einer eigenen virtuellen Welt	Soziales Bedürfnis (Unterstützung, Zugehörigkeit und Gegenseitigkeit)

Abb. 12.25 Virtuelle Gemeinschaftstypen. (Vgl. Schneidewind et al. 2001, S. 22)

Soziale Netzwerke vernetzen Menschen und geben ihnen die Möglichkeit, eigene Ziele mit besser organisierten Beziehungsgeflechten zu verwirklichen. Communities hingegen sind Gemeinschaften die gemeinsam auf ein Ziel hinarbeiten. Soziale Netzwerke sollen also eigene Ziele besser verwirklichen, Communities sollen gemeinsame Ziele erreichen. Aus diesen Strukturen resultieren folgende Interaktionsmuster:

- Die Kommunikation und Interaktion in Gemeinschaften, deren Mitglieder sich zur Zielerreichung absprechen müssen und eine gemeinsame Identität vertreten, ist wesentlich höher.
- Soziale Netzwerke vereinfachen das Entstehen von Gemeinschaften, da aus losen Beziehungen stärkere Verflechtungen entstehen können.

Virtuelle Gemeinschaften haben einen charakteristischen Themenschwerpunkt, um den sich Angebote und Interaktionen ranken (Abb. 12.25). Dieser besteht nicht nur aus einer Webseite, die einen Themenschwerpunkt hat und die den Surfern auf der Webseite Chat, Diskussionsforen und Download-Bereiche bietet. Das Konzept der virtuellen Gemeinschaft geht weiter:

- Communities führen Inhalte, Interaktion und Kommunikation zusammen. Sie stellen eine Umgebung bereit, in der Inhalte präsentiert werden und in der gleichzeitig über diese Inhalte (z. B. durch Foren, schwarze Bretter oder Chats) ein Austausch zwischen den Mitgliedern der Gemeinschaft stattfinden kann. Jeder kann Inhalte beisteuern,

kritisieren, darüber diskutieren. Communities leben davon, dass sich ein reger Austausch ergibt.
- Communities geben Inhalte nicht zentral vor (z. B. durch den Betreiber der Community), sondern diese können durch jedes Mitglied der Gemeinschaft eingespeist werden.

Durch geschickte Moderation kann der Betreiber einer Community Themen aktuell und interessant machen (z. B. durch Chats mit „Fachleuten") und so die Lebendigkeit der Community forcieren. Die Moderation sollte jedoch zurückhaltend erfolgen, nur für den Zusammenhalt der Community kritische Beiträge zensieren und nicht die Initiativen der Mitglieder zu sehr einschränken. Diese Maßnahmen können sonst von den Autoren als Bevormundung eingestuft werden.

Aufbau von Gemeinschaften Virtuelle Gemeinschaften bieten für Unternehmen eine interessante Möglichkeit, um

- mit der Zielgruppe direkt zu kommunizieren,
- die Zielgruppe und damit den Markt besser kennen zu lernen,
- einen Interessentenkreis aufzubauen und Kaufkraft zu aggregieren,
- die eigenen Angebote im Markt im Gespräch zu halten,
- durch offene Kommunikation Vertrauen aufzubauen,
- Ideen für Produktverbesserungen zu erhalten,
- Angebote direkt auf den Kunden zuzuschneiden,
- Kundenbindung zu erzeugen.

Virtuelle Communities sind ein Anziehungspunkt für Kunden mit gleichen Kaufprofilen. Die Besucher werden durch Aufbau persönlicher Beziehungen zu loyalen Mitgliedern in der Community. Es gibt mehrere Wege, eine Community im Web zu etablieren. Stehen genügend Ressourcen zum Aufbau zur Verfügung, kann sogar mit einer „leeren" Community gestartet werden. Es wird eine Diskussionsplattform bereitgestellt, die für die Community wirbt. Problem ist das „Erster-am-Buffet-Syndrom". Niemand will der erste sein, der sich in einem leeren Forum einträgt. In diesem Fall können eigene Beiträge verfasst werden, um eine Diskussion in Gang zu bringen. Zur Vermeidung solcher Startprobleme kann eine Community um eine bestehende Webseite aufgebaut bzw. eine Webseite zur Community erweitert werden. Der Vorteil liegt darin, dass eine bereits etablierte Seite eine gemeinsame Wissensgrundlage und einen Besucherstamm hat, der womöglich schon darauf wartet, in einem Forum diskutieren zu können.

Hagel/Armstrong teilen die Mitgliederentwicklung einer Community in vier Stufen ein (Abb. 12.26). Insbesondere die Stufen zwei und drei sind wichtige Bausteine. Nicht der Anbieter bzw. der Betreiber der Webseite, sondern die Besucher der Webseite stellen die Inhalte bereit. Der Anbieter agiert im Hintergrund und stellt lediglich die Plattform zur Verfügung. Inhalt und Kommunikation verschmelzen. Ziel ist es, den Besuchern

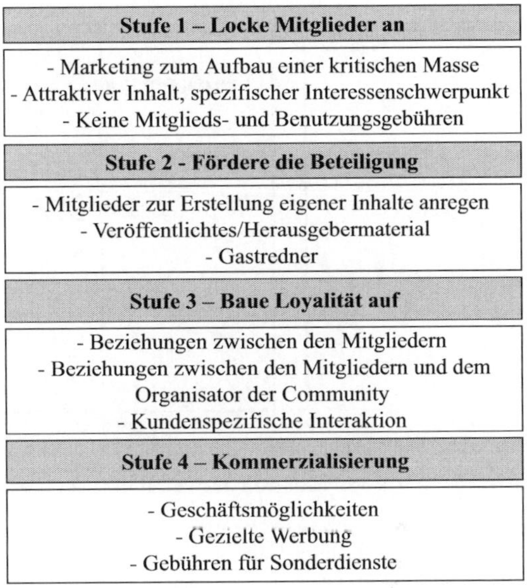

Abb. 12.26 Aufbau einer Online-Community. (Vgl. Hagel und Armstrong 1997, S. 77)

eine Anlaufstelle zur Kommunikation mit Gleichgesinnten zu einem bestimmten Themenschwerpunkt zu bieten und so soziale Bedürfnisse zu befriedigen. Die wichtigste Aufgabe des Betreibers besteht darin, die entstehende Community im Wachstum zu managen (Community Management). Das Erreichen einer kritischen Masse an Besuchern und Mitgliedern ist kein Selbstläufer. Ohne genügend Mitglieder und damit Aktivitäten kann dauerhaft keine Community bestehen und ihr Wachstumspotential entwickeln. Unterhalb einer kritischen Größe lassen sich kaum aktive Mitglieder finden. Eine virtuelle Gemeinschaft wirft damit, wenn überhaupt, erst im Zeitablauf Erlöse ab (z. B. durch Integration von Werbung, Einführung von Gebühren für Sonderdienste).

Nutzergenerierte Inhalte in Gemeinschaften Als Erfolgsfaktoren einer Community gelten Kompetenz, Inhalt und Kreativität. Keine Community wird einen kontinuierlichen Zulauf erhalten, wenn sie nicht etwas Neues zu bieten hat und keine kreativen Ansätze in der Kundenansprache verfolgt. Die ökonomischen Gründe für das Community-Building und das anschließende Management liegen auf der Hand. Freiwillig bereitgestellte Nutzerdaten, Kundenprofile, Vorlieben und Lebensstile ersetzen und ergänzen die kostenintensive Marktforschung. Doch selbst mit hohen Nutzerzahlen ist nicht zwangsläufig ein Erfolg verbunden. Das Subscriber Paradoxon beschreibt das Verhältnis von aktiven zu passiven Nutzern. Oetting spricht von einer 90: 9: 1 Regel (Abb. 12.27). Danach lesen 90 % der Nutzer und schauen nur zu. Sie steuern aber selber nichts bei. 9 % der Nutzer beteiligen sich von Zeit zu Zeit. 1 % der Nutzer macht häufig mit. Von ihnen stammt die Mehrzahl der Beiträge (vgl. Oetting 2006). Nicht nur absolute Zahlen zeigen also den Erfolg. Zudem zeigt sich der Wert der Community nicht nur anhand der eigenen Nutzerzahlen, sondern auch im Vergleich zu den Zahlen der Wettbewerber.

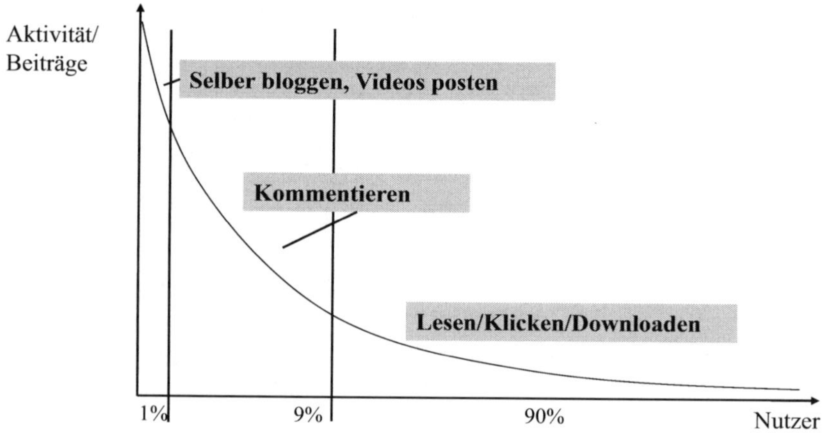

Abb. 12.27 Verhältnis von aktiven Nutzern zu passiven Nutzern (90: 9: 1 Regel)

Abb. 12.28 Typologie von Community-Mitgliedern. (Vgl. Michelis 2012)

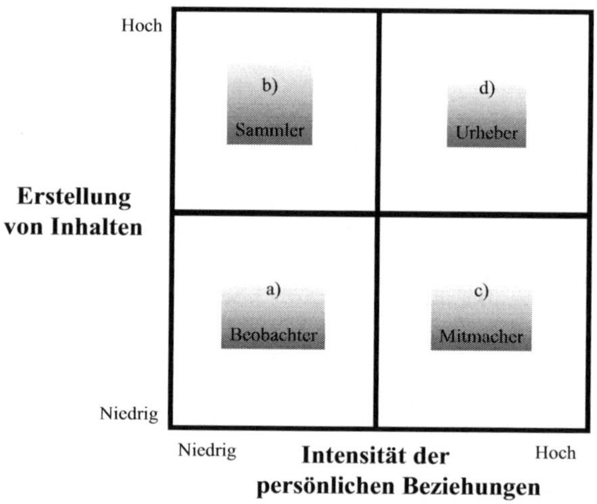

Die Aktivitätsmuster in Communities und sozialen Netzwerken variieren stark. Sie reichen von passiver Beobachtung bis hin zu aktiver Urheberschaft (Abb. 12.28):

a) Beobachter: Sie haben keine intensiven persönlichen Beziehungen und erstellen auch keine substantiellen Inhalte.
b) Sammler: Sie erstellen zwar Inhalte, pflegen jedoch keine intensiven Beziehungen.
c) Mitmacher: Sie weisen eine vergleichsweise hohe Intensität von persönlichen Beziehungen auf, sind aber nur in geringem Maße an der Erstellung von Inhalten beteiligt.
d) Urheber: Sie pflegen intensive persönliche Beziehungen und wirken in hohem Maße an der Erstellung von Inhalten mit.

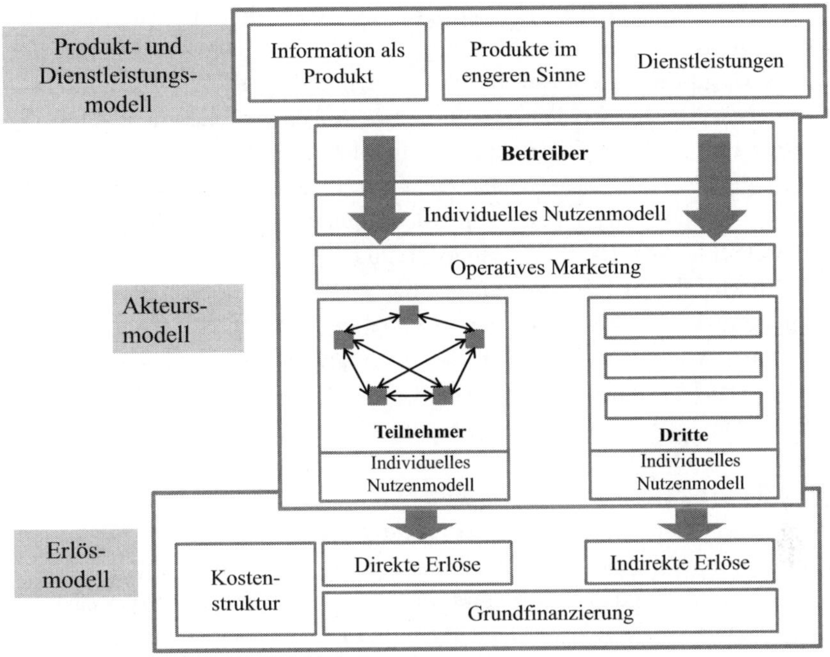

Abb. 12.29 Geschäftsmodell einer virtuellen Gemeinschaft. (Vgl. Leimeister et al. 2002)

Geschäftsmodell einer Gemeinschaft Die größte Anziehungskraft einer virtuellen Gemeinschaft resultiert aus den Beiträgen der aktiven Mitglieder und den redaktionell erstellten Inhalten. Dieser Sachverhalt muss im Geschäftsmodell einer Gemeinschaft berücksichtigt werden (Abb. 12.29). Dazu kann der Organisator der Gemeinschaft Aufgaben an die Mitglieder übertragen.

Diese Aufgaben umfassen z. B. die Veröffentlichung von Erfahrungsberichten und Meinungen, das Anwerben neuer Mitglieder, die Bewertung von Beiträgen anderer Mitglieder, die Ansprache neuer Mitglieder, das Hosten von Chats und die Verwaltung von Mitgliedern. Je mehr ein Mitglied sein Wissen und seine Erfahrung in Beiträgen publiziert und der Gemeinschaft zur Verfügung stellt, desto wertvoller ist es für den Aufbau und das Wissen der Gemeinschaft. Das primäre Ziel der Organisation einer virtuellen Gemeinschaft muss darauf ausgerichtet sein, die Online-Partizipation der Mitglieder zu koordinieren, zu unterstützen und zu fördern.

Die Mitglieder sollen ein kollaboratives Verhalten zeigen, Informationen und Wissen austauschen und weitere Mitglieder akquirieren. Ökonomische Transaktionen durch Mitglieder der Community sind für den Organisator vor allem dann von Interesse, wenn dadurch Einnahmen erzielt werden können. Dazu können auch entsprechende Anreize vergeben werden, z. B. Bonuspunkte für getätigte Transaktionen. Das Fehlen geeigneter Anreizsysteme kann zum Trittbrettfahrerverhalten führen. Die Mitglieder einer Gemeinschaft konsumieren lediglich Informationen und Wissen, leisten aber selbst keinen eigenen

Beitrag. Je mehr Mitglieder als Trittbrettfahrer auftreten, desto schwieriger gestaltet sich der nachhaltige Aufbau der Gemeinschaft.

In der Praxis gibt es inzwischen Ansätze zur Ermittlung des Wertschöpfungspotentials einer Community. Dabei werden u. a. die Beziehungen zwischen den Mitgliedern, ihre Interaktionen und das Transferpotential von Inhalten zwischen Online- und Offline-Welt der Community bewertet. Dazu werden nicht nur die einzelnen Verbindungen unter den Mitgliedern bewertet, sondern auch die Dichte der Interaktionshäufigkeiten sowie das daraus entstehende Potential an Meinungsbildung.

Prinzipiell wird davon ausgegangen, dass die Menge an Untergruppen und zusätzlicher Kommunikationskanäle innerhalb der Mitgliedergruppe zu positiven Netzwerkexternalitäten führt. Wenn die Knoten nicht miteinander kommunizieren, überschätzen „Netzwerkgesetze" wie jenes von Reed jedoch den Wert eines Netzwerks.

Es kann zudem nicht erklärt werden, warum anfangs erfolgreiche soziale Netzwerke sich wieder auflösen. Zudem ist nicht ohne weiteres nachvollziehbar, warum die Motivation zur Beteiligung an sozialen Netzwerken allein durch den Anstieg der Mitgliederzahl wachsen soll. Gleichzeitig können negative Netzwerkexternalitäten den Wert sozialer Netzwerke wieder schmälern. Mit dem Wachstum an Mitgliedern nehmen gegebenenfalls auch die ungewollten Kontakte und damit die störende Kommunikation zu. Zu verweisen ist zudem auf negative Externalitäten, die aus Datenklau und Datenmissbrauch resultieren.

Ein Zuviel an Vernetzung kann auch den gegenteiligen Effekt bewirken. Dies gilt nicht nur, weil Störer existieren, sondern auch weil Informationen in großer Zahl eine Selektion unumgänglich machen. Zugleich steigt der Zeitaufwand, denn Kontakte wollen gepflegt werden. In der Konsequenz kann dies zum Rückzug aus großen Netzwerken führen, da im Fall von Mehraufwand und Unübersichtlichkeit kein weiterer Informationsgewinn zu erwarten ist. Zu berücksichtigen bleibt im Kontext von sozialen Netzwerken auch die Nicht-Rivalität des Konsums. Mitglieder können in verschiedenen und konkurrierenden Communities aktiv sein. Die häufig im Rahmen von Netzwerkeffekten existierenden Lock-In Effekte sind damit häufig ebenso gering wie die Wechselkosten zu konkurrierenden Angeboten. Soziale Netzwerke sind also keine Einbahnstraße in Richtung nur steigender Nutzerzahlen.

12.3.2 Virales Marketing

Virales Marketing ähnelt im Prinzip der Mundpropaganda und dient der Verbreitung von Werbekampagnen im Internet. Der entscheidende Unterschied zwischen herkömmlicher Mundpropaganda (Word-of-Mouth-Marketing) und viralem Marketing liegt darin, dass der virale Effekt gezielt ausgelöst und gesteuert wird. Virales Marketing ist demnach die Kunst, die Mundpropaganda geschickt anzustoßen und die Verbreitung automatisiert ablaufen zu lassen. In diesem Fall liegen positive Netzwerkexternalitäten vor. Digitale virale Botschaften können dazu mit Hilfe verschiedener Kommunikationsformen schnell und nahezu kostenlos übertragen werden (z. B. durch E-Mail, Blogs, Foren, Tell-A-Friend-

Funktion, Instant-Messenger). Die Konsumenten werden zum Multiplikator. Hauptziel des viralen Marketings ist die Gewinnung von positiven Empfehlungen, um anschließend Nutzerzahlen zu erhöhen, die Bekanntheit zu steigern oder Sympathiewerte zu verbessern. Rosen beschreibt drei Gründe für die zunehmende Bedeutung von Mundpropaganda (vgl. Rosen 2000):

1. Informationsüberflutung: Die Ausgabe einer Tageszeitung enthält heute mehr Informationen, als ein Mensch im 17. Jahrhundert in seinem ganzen Leben erfahren hat. Ein Mensch muss sozusagen aus Selbstschutz Informationen filtern und sortieren. Empfehlungen vor allem aus dem Freundes- und Bekanntenkreis helfen dabei.
2. Skepsis: Verbraucher misstrauen teilweise den Werbeversprechen von Unternehmen.
3. Vernetzung: Die wachsenden Kommunikationsmöglichkeiten z. B. in sozialen Netzwerken erleichtern die Teilung und den Austausch von Informationen und Wissen.

Aus Unternehmenssicht lässt sich virales Marketing als Massenkommunikation darstellen. Die Botschaften werden für einen großen, in der Regel heterogenen Empfängerkreis gestaltet und dann verbreitet. Aus Kundensicht hingegen wird eine persönliche und dialogorientierte Kommunikation praktiziert. Der Kunde als Empfänger und auch Träger der Botschaft gibt diese an eine begrenzte Anzahl von Bekannten weiter, die häufig ähnliche Interessen haben. Das virale Marketing enthält damit Bestandteile der Massen- und Dialogkommunikation.

Beim passiven viralen Marketing verbreitet der Nutzer die Botschaft durch die Nutzung von Medien (z. B. Hotmail; durch das Einfügen der Werbezeilen „P.S. Get your private, free email at Hotmail" am Ende jeder ausgehenden E-Mail werden die Empfänger auf den kostenlosen Dienst aufmerksam). Beim aktiven viralen Marketing soll und muss der Verbreiter die Botschaft selbst verbreiten. Dafür muss eine entsprechende Motivation des Verbreiters vorhanden sein.

Netzwerkstruktur Das Ausmaß an zusätzlicher Verbreitung einer Nachricht durch Weiterempfehlung lässt sich anhand verschiedener Größen messen und auch teilweise visualisieren (vgl. Schnabel 2011):

(1) Gesamtzahl an Weiterempfehlungen.
(2) Größte Weglänge der Weiterempfehlung im Graph z. B. eines sozialen Netzwerks (Tiefe).
(3) Verhältnis der Anzahl der Weiterempfehlenden zur Anzahl der Leser der Nachricht.

Einflussfaktoren sind neben dem Inhalt der Nachricht, die Eigenschaften der Nachricht und ihres Autors (z. B. Glaubwürdigkeit). Für das virale Netzwerk ist das Netzwerk selbst und die Kenntnis seiner Strukturen wichtig (z. B. der Grad der Zentralität durch Meinungsführer). Ohne Netzwerk hätte ein Virus (Marketing-Botschaft) keine Möglichkeit

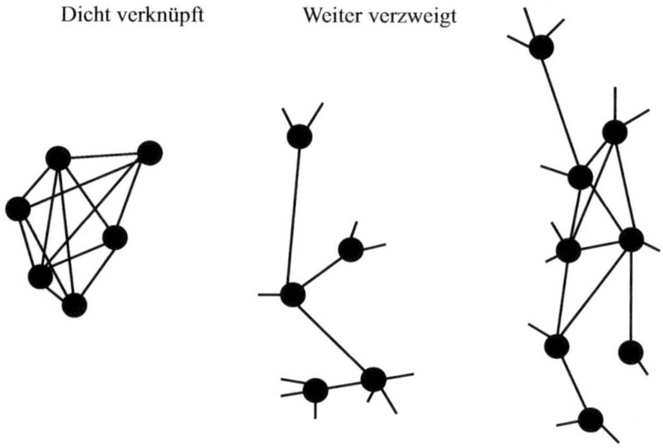

Abb. 12.30 Netzwerkstrukturen. (Vgl. Hermann 2004, S. 28)

der Verbreitung und würde sozusagen in seinem ersten Wirt verbleiben. Um die Verbreitung einer Werbebotschaft erklären zu können, ist z. B. die Unterscheidung zwischen einem dicht verknüpften und einem weit verzweigten Netzwerk wichtig (Abb. 12.30).

In dicht verknüpften Netzwerken finden sich eher homogene Gruppen mit ähnlichem sozialen Status, Interessen und Einstellungen. Die Chance einer Verbreitung ist groß, da sich fast alle Akteure kennen. Dies kann sich allerdings auch negativ auf die Verbreitung auswirken. Wird die Botschaft nicht akzeptiert und etabliert sich nicht, so wird sie dieses Netzwerk selten verlassen. In weit verzweigten Netzwerken ist das Ausmaß der Verbreitung einer Botschaft tendenziell größer. Es werden vermehrt heterogene Gruppen erreicht, die verschiedene Interessen und Einstellungen aufweisen. Strukturelle Löcher im Gesamtnetzwerk, werden durch nicht-redundante Beziehungen und „Gatekeeper" geschlossen. Schwache Verbindungen dienen bei der Verbreitung einer Marketing-Botschaft als Brücken. Sie sorgen dafür, dass immer wieder neue und ganz verschiedene Personen- und Interessenkreise miteinander verknüpft werden. Sie sind damit in der Lage die Beschränktheit des eigenen Netzwerkes und große Distanzen zu anderen Netzwerken zu überwinden.

Tipping Point Der Tipping Point wird nach Gladwell als ein Punkt beschrieben, in dem eine Idee, eine Botschaft oder ein soziales Verhalten eine Schwelle überschreitet (vgl. Gladwell 2000). Der Prozess kippt nach Erreichen der Schwelle um und verbreitet sich nach bestimmten Mustern wie ein Flächenbrand. Werden diese Muster erkannt, lassen sie sich zur gezielten Stimulierung von viralen Marketing-Strategien einsetzen (vgl. Whatsyourplace 2008).

Meinungen in sozialen Netzwerken verbreiten sich eher kaskadenförmig. Hinweise auf den Ablauf gibt u. a. die Theorie des Schwellenwertes nach Granovetter (1978). Der Ansatz beschreibt, wie individuelle Einstellungen innerhalb einer Population untereinander interagieren und eine kollektive Bewegung auslösen. Vereinfacht wird unterstellt, dass sich der Schwellenwert uniform verteilt. Innerhalb einer Gemeinschaft gibt es Initiatoren mit einem Wert von Null, die ein Ereignis ins Leben rufen. Es folgen Personen mit einem Wert von Eins, Zwei, Drei und so weiter. Denkbar ist dann eine einfache Klassifizierung von Personen(-gruppen), z. B.:

Gruppe	Schwellenwert (Beispiel)
Passive	100
Zögerer	90
Mitläufer	50

Das Modell beschränkt sich auf positive oder negative Entscheidungen, deren Wahl davon abhängt, wie viele andere Individuen sich schon für die eine oder andere Möglichkeit entschieden haben. Fehlt ein Schwellenwert in der Skala, ist anzunehmen, dass die Kette unterbrochen wird und nur die Personen mit Werten bis zum fehlenden Teil an dem Ereignis teilnehmen (vgl. Granovetter 1978, S. 1,422 ff.). Die Wahrnehmung der Schwellenwerte ist nicht statisch, sondern lässt sich beeinflussen. Nehmen wir dazu an, dass die Meinungen von Bekannten in einem sozialen Netzwerk einen größeren Einfluss auf die Einstellung einer Person haben als die Meinungen von Fremden. Wir gehen von einem Faktor von Zwei aus. Eine Person A hat einen Schwellenwert von 50 % in einer Menge von 100 Personen. Dieser Punkt soll dem Tipping Point entsprechen, ab dem ein Mitläufereffekt ausgelöst wird. 48 Personen teilen bereits seine Meinung (Gruppe A) und 52 (Gruppe B) nicht. Person A kennt aus Gruppe A fünfzehn Personen und aus Gruppe B fünf Personen. Aufgrund der gewichteten Verteilung nimmt Person A statt einer Teilnehmerquote von 48 % eine gewichtete Quote von 52,5 % wahr und wird sich der Meinung anschließen (Abb. 12.31).

Auch in diesem Kontext findet sich häufig ein Bezug zum Pareto-Prinzip der 80/20 Regel. Bei einer (Informations-)Epidemie fällt dieses Verhältnis allerdings weitaus extremer und progressiv aus. Einige wenige Informationsträger werden infiziert und eine Nachricht verbreitet sich massenhaft zunächst ohne erkennbaren Grund. Damit sich eine Information beim Rezipienten jedoch einprägt und letztendlich zum Weiterverbreiten motiviert, muss sie jedoch verankert sein. In der aktuellen medialen Reizüberflutung werden viele Botschaften nicht wahrgenommen und unmittelbar verdrängt. Dies entspricht einer Art Selbstschutz des Organismus, da nur eine begrenzte Kapazität für die Erzielung von Aufmerksamkeit zur Verfügung steht und sich viele Botschaften ähneln. Notwendig sind Einzigartigkeit, Auffälligkeit oder Neuigkeit einer Botschaft. Ob und wie ein Tipping Point erreicht wird, hängt damit stark von den Bedingungen und Besonderheiten des Ortes einer Botschaft ab.

Vergleichbar mit einer biologischen viralen Epidemie können z. B. das Wetter oder die Jahreszeit einen entscheidenden Einfluss auf Erfolg oder Misserfolg eines sich ausbreitenden Virus ausüben. Computersimulationen kommen im Kontext der Durchsetzung von Meinungen zu dem Ergebnis, dass die kritische Masse bereits bei etwa 10 % liegt. Wenn also eine Minderheit von 10 % der Bevölkerung an eine Meinung glaubt und diese in sozialen

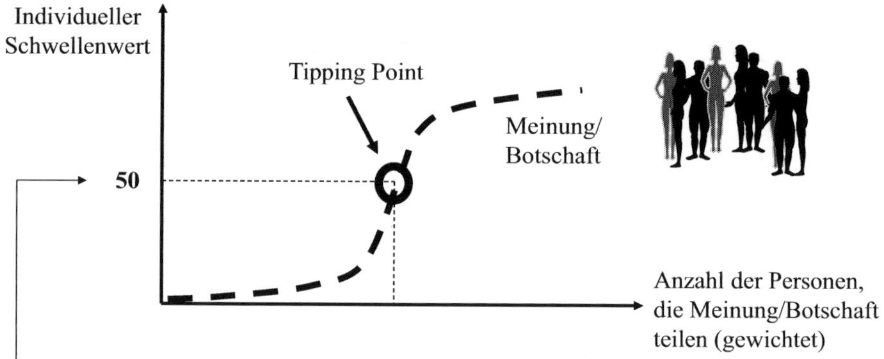

	100 Personen	
Meinung geteilt	48 Personen ja	52 Personen nein
Davon bekannt	15 Personen	5 Personen
Gewicht absolut	(15 · 2) + 33 = 63	(5 · 2) + 47 = 57
Gewicht in %	(63/120) · 100 = 52,5%	(57/120) · 100 = 52,5% = 47,5%

Abb. 12.31 Tipping Point einer Botschaft

Abb. 12.32 Regeln zur Erreichung des Tipping Points im viralen Marketing

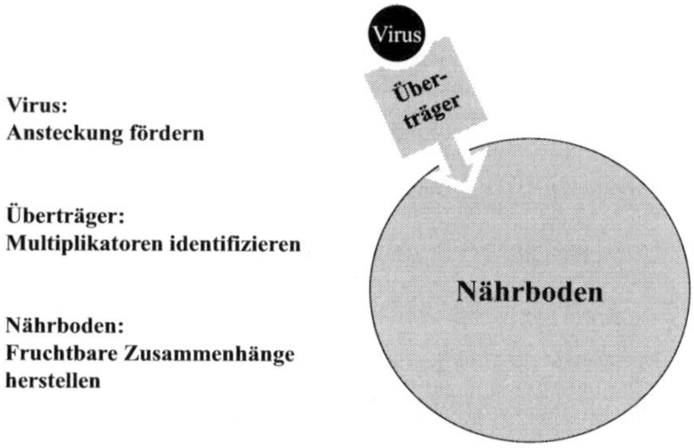

Netzwerken verbreitet, kann sie sich unter bestimmten Bedingungen gegen die Mehrheit durchsetzen (vgl. Xie et al. 2011).

Um den **Tipping Point** zu erreichen, müssen nach Gladwell drei Regeln beachtet werden (vgl. Gladwell 2000, S. 48 ff, Abb. 12.32):

a) Gesetz der Wenigen (Überträger des Virus): Gladwell unterteilt die Menschen in Gruppen und unterstellt, dass es nur wenigen Menschen vorbehalten ist, zentralen Einfluss auf die Verbreitung einer Botschaft zu nehmen:
   - Vermittler, die über außergewöhnlich viele, eher schwache Verbindungen verfügen, die sie jedoch pflegen. Sie vermitteln Botschaften in sozialen Netzwerken, rufen sie aber nicht selbst ins Leben. Sie sind so etwas wie der soziale Klebstoff der Gesellschaft.

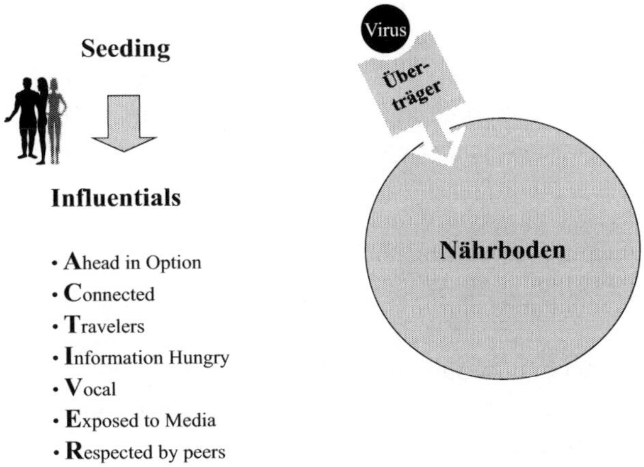

Abb. 12.33 Seeding und Influentials einer viralen Marketingkampagne

- Kenner verfügen über das Wissen und die gesellschaftlichen Fähigkeiten, um Botschaften gezielt zu verbreiten. Sie sind die gesellschaftlichen Datenbanken.
- Verkäufer besitzen die Fähigkeit, andere Personen von einer Botschaft zu überzeugen und sie zum Handeln zu bewegen.

b) Verankerungsfaktor (Ansteckungspotential): Dieser Faktor charakterisiert die Art der Übertragung und ist wichtig, um die Botschaft bei den Empfängern zu verfestigen (z. B. durch Wiederholungen). Am Beispiel der Sesamstraße zeigt Gladwell die Bedeutung der Verankerung von Botschaften. Gerade wiederkehrende Elemente und Wiederholungen waren bei Kindern beliebter als neue Informationen. Nach Gladwell geht es nicht darum die Gesellschaft selbst zu verändern, sondern ihre Signale. So muss z. B. das Image der Raucher geändert werden und nicht der Nikotingehalt oder der Tabakpreis, um Menschen das Rauchen abzugewöhnen. Gladwell spricht auch die Reizüberflutung (Information Overload) an. Er beschreibt, dass sich die Wirkung einer Produktinformation eines Werbespots gegen Null bewegt, wenn diese in einem Werbeblock mit anderen Spots umgeben ist.

c) Macht der Umstände (Nährboden): Der Tipping Point wird nur erreicht, wenn die Umstände es zulassen. Diese Umstände sind situationsabhängig zu betrachten.

Seeding und Influentials Das Seeding (engl. Impfen oder Aussäen) bezeichnet das strategische und ziel(gruppen)gerichtete Platzieren und Verbreiten viraler Botschaften in einem relevanten Online-Umfeld (Abb. 12.33):

- Beim einfachen Seeding soll die Zielgruppe die Botschaft selbst entdecken. Der Empfehlungsprozess soll auf natürliche Art und Weise wachsen. Dadurch bleibt die Kampagne glaubwürdig und authentisch. Die Botschaft wird dazu vorrangig im Kreis von Freunden

und Bekannten platziert. Die Verbreitung ist damit allerdings nicht zwangsläufig gesichert.
- Beim erweiterten Seeding wird die Botschaft gezielt gestreut und platziert. Ziel ist die rasche Verbreitung der Botschaft. Die Platzierung der Botschaft kann z. B. über Social Sharing-Plattformen, Blogs, Foren oder auch Internetseiten erfolgen.

Spezialisierte Seeding-Agenturen haben Zugang zu sozialen Netzwerken und platzieren virale Inhalte häufig bei Meinungsführern und Trendsettern. Influentials gelten als hochgradig vernetzte Personen, die in der Lage sind, wechselbereite Kunden in Bezug auf ein Angebot oder einen Inhalt in ihrer Meinung zu beeinflussen bzw. an Angebote heranzuführen und zu binden (vgl. Keller und Berry 2003). Influentials gelten – um ein Wortspiel zu nutzen – als ACTIVER, wobei die Buchstaben bestimmte Eigenschaften verkörpern (vgl. Rosen 2000):

- Ahead in Option: Fortschrittlichkeit in Sachen Technik.
- Connected: Vielzahl sozialer Kontakte, u. a. auch in sozialen Netzwerken.
- Travelers: Persönliche Mobilität.
- Information Hungry: Neugier auf Informationen über neue Produkte und Botschaften.
- Vocal: Hohes Potential an Kommunikations- und Ausdrucksfreude.
- Exposed to Media: Offenheit gegenüber Informationsmedien.
- Respected by peers: In ihrem sozialen Umfeld angesehen.

Eine Aufgabe innerhalb des Seedings ist die Identifizierung von Influentials. Nach Rosen gibt es dazu verschiedene Möglichkeiten:

(1) Die Personen identifizieren sich selbst, indem sie z. B. häufig Informationen anfragen oder auffällig viele Einträge in Foren oder Blogs schreiben.
(2) Identifizierung von Gruppen mit möglichst hohem Anteil an Influentials. Solche Gruppen sind z. B. Teilnehmer an Fortbildungen, Kongressen oder Messen sowie Berufsgruppen oder Personen mit einem bestimmten sozialen Status.
(3) Gezielte Suche nach Personen, die als Fachleute bzw. Experten gelten oder oft ihre Meinung in sozialen Netzwerken kommunizieren.
(4) Umfragen, bei denen Personen eine Selbsteinschätzung zu ihren Fähigkeiten bzw. Influential-Potential abgeben.

Die zum Teil aufwendige Identifizierung und Suche nach Influentials galt und gilt vielfach noch als Schlüsselfaktor unter Experten des viralen Marketings. Aus Sicht des Netzwerk-Theoretikers Watts sind Influentials allerdings für die Auslösung von viralen Kampagnen weitgehend überflüssig (vgl. Thomson 2008). Watts entdeckte mit Hilfe von Computersimulationen, dass es für einen viralen Prozess weniger darauf ankommt, ob er von einer Gruppe mit besonderen persönlichen Eigenschaften ausgelöst wird. Entscheidender ist, dass eine kritische Masse an leicht zu beeinflussenden „Normalbürgern“ erreicht wird, die für die Weiterverbreitung in ihren Bezugsgruppen sorgen. Ob und in welcher Weise diese Personen beeinflussbar sind, hängt von den äußeren Umständen ab. Auch die Größe eines Waldbrandes habe, so Watts, wenig zu tun mit dem auslösenden Funken, aber sehr viel mit dem Zustand des Waldes.

Werbeformen und Botschaft Die Werbebotschaft darf in der Regel nicht offensichtlich nach Werbung aussehen, denn normale Werbung wird häufig nicht weitergesendet. Die Botschaft muss zudem so verpackt sein, dass sie nicht als störend empfunden wird. Um Anreize für eine Weiterempfehlung zu schaffen, können die Konsumenten auch für die Empfehlungsarbeit belohnt werden, z. B. durch kostenlose Downloads, Gutscheine, Prämien oder Preisausschreiben. Um einen maximalen viralen Verbreitungseffekt zu erzielen muss die Botschaft so aufgebaut sein, dass der jeweilige Empfänger die Nachricht an Freunde, Bekannte oder Arbeitskollegen weiterleitet. Die Kampagnen sollten unterhaltsam, nützlich, neu, falls möglich kostenlos und/oder einzigartig sein. Jeder Empfänger muss zur Weitergabe angeregt werden. Nur wenn Menschen etwas geboten wird, dessen Weiterverbreitung sich lohnt, wird die Kampagne erfolgreich sein.

Einen Erklärungsansatz zur Informationsausbreitung in sozialen Netzwerken liefert die von Dawkins formulierte Theorie der Memetik, die Analogien zur Genetik zieht (vgl. Dawkins 1976). Ziel der Memetik ist eine Erklärung der Wechselwirkung zwischen Individuum und Information. Fruchtbar ist ein Mem dann, wenn es bereitwillig aufgenommen und anschließend weiterverbreitet wird. Mehrere Faktoren beeinflussen diese Aufnahmebereitschaft und nicht jeder Mensch ist für jedes Mem empfänglich. Heylighen beschreibt bestimmte Faktoren, unter denen sich ein Mem gegenüber anderen Memen behaupten kann, z. B. (vgl. Heylighen 1993):

- Kohärenz: Das Mem ist in sich konsistent und widerspricht auch nicht den anderen, bereits vorhandenen Überzeugungen eines Individuums.
- Neuigkeitswert: Das Mem fügt etwas Neues und Bemerkenswertes hinzu, das die Aufmerksamkeit der Person erhöht.
- Einfachheit: Das Mem lässt sich einfach begreifen und behalten.
- Individuelle Nützlichkeit: Das Mem hilft der Person, ihre Ziele zu verfolgen.

Vor- und Nachteile Virale Werbung ist mit einer Reihe von Vor- und Nachteilen verbunden, die gegeneinander abzuwägen sind (Tab. 12.4). Die vergleichsweise geringen Kosten und die hohe Reichweite sind aus Sicht von Unternehmen auf den ersten Blick besonders interessant. Allerdings ist der Erfolg von Kampagnen in der Regel nur in Grenzen planbar und die Verbreitung ist durch ein Unternehmen schwer kontrollierbar. Virale Kampagenen sind daher mit gewissen Risiken behaftet.

Regeln In der Literatur werden unterschiedliche Regeln im Umgang mit viralen Kampagnen genannt (Abb. 12.34; vgl. Frosch-Wilke 2002):

Tab. 12.4 Vor- und Nachteile des viralen Marketings

Vorteile	Nachteile
Kostenvorteile – Aufwand pro Nutzer sehr gering	Kontrollverlust – Nutzer entscheiden über Kreis der Empfänger; im Nachhinein lässt sich eine Kampagne kaum stoppen
Große Reichweite – In kurzer Zeit können viele Nutzer angesprochen werden	Empfänger ist nicht genötigt, der Nachricht Aufmerksamkeit zu schenken; dadurch kann Interaktion zwischen den Kommunikationspartnern erschwert werden
Aktive Beteiligung – Kommunikationsaufgaben werden vom Nutzer selbst wahrgenommen	Modifikation der viralen Botschaft – ist die Botschaft im Umlauf, hat der Verfasser keinen Einfluss auf den Inhalt der Nachricht
Höhere Glaubwürdigkeit – Durch persönliche Empfehlungen werden Inhalte eher an- und aufgenommen	Beschleunigung wie auch Verlangsamung der Verbreitungsgeschwindigkeit können nicht kontrolliert werden
Erzielung von Aufmerksamkeit – Vielfältige Möglichkeiten der multimedialen Verpackung	
Kontrolle der Inhalte relativ hoch – Ursprung der Botschaft liegt beim Unternehmen, eine Modifikation durch Kunden kann eingeschränkt werden	

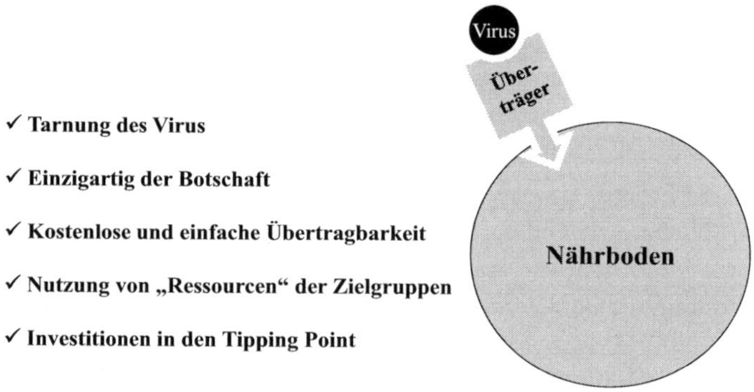

Abb. 12.34 Regeln im Umgang mit viralen Marketing-Kampagnen

1. Tarnung: Virus-Botschaften sollen den Kunden als getarnte Information und nicht gleich als Werbebotschaft erreichen. Der Virus soll nach außen aussehen wie ein Wirt und die wahre Identität verheimlichen. Die Tarnung soll verhindern, dass die Botschaft abgelehnt wird.
2. Einzigartig: Die Botschaft soll einen besonderen Unterhaltungswert haben. Dies erhöht die Wahrscheinlichkeit der Weitergabe. Virales Marketing braucht dabei eine Portion Mut.

3. Übertragbarkeit: Um Aufmerksamkeit zu erreichen, soll die Verbreitung der Botschaft kostenlos und möglichst einfach sein. Dies vergrößert die Chance auf Verlinkung und Verbreitung durch andere Nutzer. Besonders geeignet sind digitale Informationen, denn das Weiterleiten einer E-Mail, Webseite, Graphik, Animation oder Software verursacht kaum Mühe. Im Kontext der Übertragbarkeit ist auf die Skalierbarkeit zu achten. Sollen z. B. Zugriffszahlen auf einer Webseite steigen, darf die Übertragung nicht durch technische Hürden behindert werden (z. B. Überlastung von Systemen).
4. Ressourcen der Zielgruppen: Nicht der Anbieter, sondern die Kunden sorgen für die Verbreitung der Botschaft. Viren verbreiten sich aber nicht durch Zufall. Ziel ist es, das Verhalten der Wirte zu nutzen und sich über ihre Kommunikationswege und soziale Interaktionsmuster neue Bereiche zu erschließen. Hier können auch schwache Verbindungen genutzt werden. Menschen mit vielen schwachen Verbindungen (z. B. vielen Bekannten) haben häufig einen größeren Einfluss auf die Gemeinschaft als Menschen mit wenigen starken Verbindungen (z. B. im Kreis der Familie, Freundeskreis).
5. Investitionen in den Tipping Point: Viren werden erst dann zur Epidemie, wenn sie eine kritische Schwelle überschritten haben. Diesen Sachverhalt gilt es bei der Planung von Kampagnen zu berücksichtigen. Erfolge können daher am Anfang ausbleiben. Viren verbreiten sich zunächst langsam und können sich innerhalb ihrer Wirtspopulation erst später zur Epidemie entwickeln.

12.3.3 Online-Kommunikation und Shitstorms

Social Media verändern das Umfeld der Online-Kommunikation im Vergleich zu traditionellen Medien in vielfacher Hinsicht (Abb. 12.35).

a) Vernetzung Kritik, die früher abseits der Öffentlichkeit in Beschwerdebriefen oder an der Service-Hotline stattfand, wird heute online verbreitet. Jeder Internet-Nutzer ist im Prinzip in der Lage, z. B. ein negatives Feedback über Unternehmen im Web zu veröffentlichen, sei es durch einen 140-Zeichen-Tweet oder durch eine Statusmeldung auf Facebook. Eine einzige Meldung mag als irrelevant eingestuft werden. Doch die Vernetzung führt zu einer neuen Dimension. Beispielsweise haben Blogger im Netz die gleiche Reichweite wie Fachzeitschriften. Da Blogger in der Regel Wert auf Transparenz und eigene Meinungen legen, dienen Blogs Unternehmen als Frühwarnsystem für Trends und Issues.

Die Öffentlichkeit 2.0 führt zur Herausbildung eines vormedialen Raums:

- Unbeteiligte können sich z. B. in Formen mit krisenhaften Vorgängen in Unternehmen oder in anderen Ländern identifizieren und nach Informationen verlangen.
- Durch Zugriff auf einen weltweiten Datenbestand können die Menge verfügbarer Informationen und auch die Transparenz der Situation erhöht werden.
- Akteure (z. B. Unternehmen, Medien) können in Echtzeit über Ereignisse aus verschiedenen Perspektiven berichten und informieren.

Öffentlichkeit 2.0

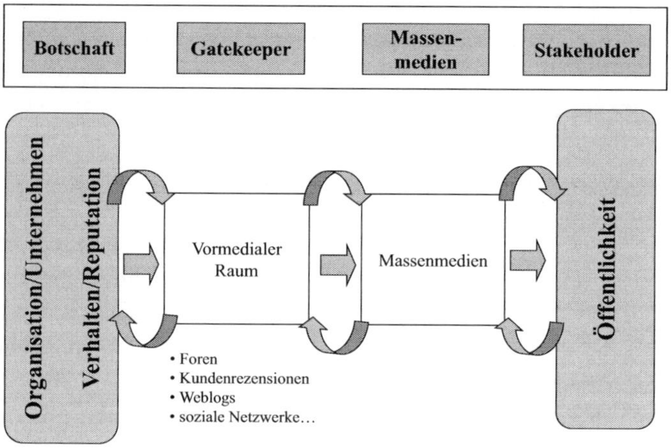

Abb. 12.35 Öffentlichkeit 2.0. (Vgl. Pleil 2009)

b) Interaktivität Im Gegensatz zu den klassischen Medien, die Sorgfaltspflichten unterliegen und Richtlinien des Medienrechts beachten müssen, haben Social Media einen größeren Bewegungsspielraum. „*Schöpfen sie diesen voll aus, sind sie perfekte Plattformen (mit beschränkter Haftung) zur Kanalisierung von Betroffenheit und Entrüstung, die entsprechend leicht instrumentalisiert werden können*" (Manger und Wach 2011, S. 189):

- Mediennutzer werden selbst zum Sender von Nachrichten. Es ist eine neue „Bewertungskultur" entstanden, die eigene Regeln der Aufmerksamkeit und Kommunikationsstile entwickelt.
- Verärgerte Mitarbeiter, enttäuschte Kunden und missgünstige Wettbewerber können ihren Unmut unmittelbar kommunizieren. Meinungen und Inhalte verbreiten sich unter entsprechenden Bedingungen schnell.
- Kritiker finden Gleichgesinnte und üben gemeinsam „Druck" aus. Die Relevanz von Meinungsführern steigt mit dem Grad der Vernetzung.
- Krisenhaltige Themen treten in ihrem Anfangsstadium vermehrt im Web auf und gelangen später in den Fokus klassischer Massenmedien. Allerdings gibt es auch den umgekehrten Weg. Erst werden Themen von traditionellen Medien öffentlich gemacht und ziehen dann in Social Media ein. Wenn der Nachrichtenwert stimmt bzw. interessant erscheint, ergibt sich ein Spiralprozess, bei dem beide Seiten sich wechselseitig verstärken.

c) Fehlende Gatekeeper Es gibt häufig keine Gatekeeper, die Informationen sichten, bewerten und selektieren. Die klassische Filter- und Redigierfunktion von traditionellen Medien fehlt zum Teil vollständig. Zwar sind dadurch Informationen schnell und umfassend zu verbreiten. Oft sind die Absender von Informationen aber nicht verifizierbar und die Glaubwürdigkeit einer Nachricht ist unklar.

Damit haben auch schlecht recherchierte oder sogar böswillig falsche Informationen bzw. Gerüchte eine Chance auf schnelle Verbreitung

d) Technologische Struktur von Social Media und sozialen Netzwerken Die Weitergabe von Informationen ist häufig eine Folge von Entweder-Oder-Entscheidungen, d. h. binären Optionen. Funktionalitäten wie „gefällt mir (nicht)" unterstützen keine differenzierte Meinungsbildung (vgl. Zorbach 2012). Die Social Media-Nutzung ist aus ökonomischer Sicht durch begrenzt rationales Verhalten gekennzeichnet (z. B. limitierte Informationen, Beeinflussung durch „Friends" und „Follower"). Social Media haben bezogen auf die Übernahme von Überzeugungen nur einen kurzen Adoptionsprozess. Kognitive Prozesse werden in Social Media teilweise durch Netzwerkeffekte ersetzt. Lokale Cluster sind Kleine-Welt-Netzwerke, die ebenso wie skalenfreie Netzwerke Potenzgesetzen unterliegen. Diese Strukturen erleichtern die epidemische Verbreitung von Informationen. Die schiere Menge von Netzwerk-Nachbarn fördert das Echo und wirkt als Verstärker. Solche Effekte lassen sich in Modellversuchen gut simulieren, sind also keine Theorie. Beispielhaft sei nachfolgend die Bedeutung von Social Media in der Online-Krisenprävention und -kommunikation von Unternehmen betrachtet.

(1) Social Media-Krise Unternehmenskrisen sind definiert als ungeplante und ungewollte Prozesse von begrenzter Dauer und Beeinflussbarkeit sowie mit ambivalentem Ausgang. Sie sind in der Lage, den Fortbestand eines Unternehmens nachhaltig zu gefährden oder sogar unmöglich zu machen (Krystek 1987, S. 6 f.). Die Auslöser für eine Social Media-Krise liegen in der Kommunikation. Sie sind vielfältig und können interne und externe Ursachen haben (vgl. Rehn 2012; Hoffmann 2012):

- Selbst durch ein Unternehmen ausgelöste Aktivitäten: Beispielsweise wirbt ein Unternehmen mit falschen Angaben für ein Produkt, die durch Konkurrenten aufgedeckt werden. Ein Unternehmen, dessen Produkte durch eine Umweltschutz-Organisation beobachtet werden, provoziert mit einem neuen Produkt oder durch Kommunikation eine Gegenkampagne.
- Ausgelöst durch die Reaktion eines Unternehmens auf Äußerungen im Web: Beispielsweise äußeren sich Kunden negativ über ein Produkt oder Leistungen eines Unternehmens, das rechtliche Schritte einleitet.
- Ausgelöst von Anspruchsgruppen aufgrund von empfundenen Missständen: Beispielsweise führen Störfälle, Unfälle, und Unternehmensskandale dazu, dass Personen ihren Protest im Web organisieren und Gleichgesinnte sammeln, um die Missstände einer breiteren Öffentlichkeit bekannt zu machen.

(2) Shitstorm Der Begriff Shitstorm wurde 2011 zum Anglizismus des Jahres gewählt. Gemeint ist eine unvorhergesehene, anhaltende, über soziale Netzwerke und Blogs transportierte Welle der Entrüstung über das Verhalten öffentlicher Personen oder Institutionen, die sich schnell verselbständigt und vom sachlichen Kern entfernt und häufig auch in die traditionellen Medien hinüberschwappt. Unter dem Titel „Shitstorms for Dummies“ gibt es einen Leitfaden, der die wichtigsten Eigenschaften eines Shitstorms zusammenfasst und zu einer planbaren Aktion machen soll (vgl. Feinheit 2012). Einige Hinweise aus dem Leitfaden:

- Videos statt Text: Zur schnellen Verbreitung eines Themas eignen sich Videos. Sie werden eher geteilt als Texte und die Gegenseite braucht Zeit, um eigene Videos oder Texte zu produzieren.
- Lärm verursachen: Wenn es laut ist, trauen sich mehr Menschen zu schreiben.
- Journalisten bedienen: Medien sind ein Schlüsselelement, um die Themen an die größere Öffentlichkeit zu bringen. Bei den Online-Medien liege die Schwelle tiefer, bis eine Geschichte Neuigkeitswert hat.
- Twitter als Leitmedium: Dieser Kanal ist offener und schneller als z. B. ein soziales Netzwerk.
- Penalty provozieren: Es gilt Druck aufzubauen und Fehler zu provozieren – ähnlich wie ein Fußballstürmer im Strafraum.

Eine derartige Kommunikation kann jedes Unternehmen treffen. Unternehmen müssen dann schnell reagieren. Zum einen werden Ruf und Reputation geschädigt, zum anderen können sich negative Berichte und Meldungen auch materiell auswirken. Aus ökonomischer Sicht liegen negative Netzwerkexternalitäten vor. Krisenkommunikation verfolgt vor diesem Hintergrund primär das Ziel, den Unternehmenswert zu schützen. Darauf bezogenen Maßnahmen sollen

- Handlungsspielräume retten,
- eine Orientierung für Mitarbeiter, Investoren, Kunden, Politik und Öffentlichkeit bieten,
- Kosten der Krisenbewältigung reduzieren,
- Vertrauensverlust minimieren.

(3) Messkonzepte für Shitstorms und Online-Krisen Eine Orientierungshilfe für die Schwere einer Empörungswelle liefert die von Schwede/Graf auf Basis der Auswertung von Fallbeispielen entwickelte 7-stufige Shitstorm-Skala (vgl. Feinheit 2012, Tab. 12.5).

Die Skala übernimmt die Beaufortskala für Windstärke und Wellengang. Wie bei der Beaufort-Skala, die zwischen der Wirkung an Land und auf See unterscheidet, gibt es auch bei der Shitstorm-Skala zwei Angaben: Zum einen die Reaktion auf den Social Media-Kanälen und zum anderen die Reaktion der Medien. Zu hinterfragen ist allerdings die starre Parallelisierung von Social Media und Medien-Echo, da die Zusammenhänge zwischen Online- und Offline-Medien differenzierter ausfallen können.

Tab. 12.5 Shitstorm-Skala

Shitstorm-Skala	Windstärke	Wellengang	Social Media	Medien-Echo
0	Windstille	Völlig ruhige, glatte See	Keine kritischen Rückmeldungen	Keine Medienberichte
1	Leiser Zug	Ruhige, gekräuselte See	Vereinzelt Kritik von Einzelpersonen, ohne Resonanz	Keine Medienberichte
2	Brise	Schwach bewegte See	Wiederholte Kritik von Einzelpersonen; schwache Reaktionen der Community auf dem gleichen Kanal	Keine Medienberichte
3	Frische Brise	Mäßig bewegte See	Andauernde Kritik von Einzelpersonen; zunehmende Reaktion in der Community	Interesse von Medienschaffenden geweckt; erste Artikel in Blogs und Online-Medien
4	Starker Wind	Grobe See	Herausbildung von vernetzten Protestgruppen; aktives Follower-Publikum	Zahlreiche Blogs und Berichte in Online-Medien; erste Artikel in Print-Medien
5	Sturm	Hohe See	Protest entwickelt sich zur Kampagne; ein großer Teil des Publikums entscheidet sich für das Mitmachen	Ausführliche Blog-Beiträge; Follow-Up Artikel in Online-Medien; wachsende Zahl von Artikeln in klassischen Medien
6	Orkan	Schwere See	Ungebremster Schneeballeffekt mit aufgepeitschtem Tonfall	Top-Thema in Online Medien; intensive Berichterstattung in allen Medien

Shitstorms lassen sich sowohl qualitativ als auch quantitativ untersuchen (vgl. Business Intelligence Group 2012a, 2012b). Dazu erscheint eine idealtypische Einteilung des Verlaufs in verschieden Phasen sinnvoll (Abb. 12.36):

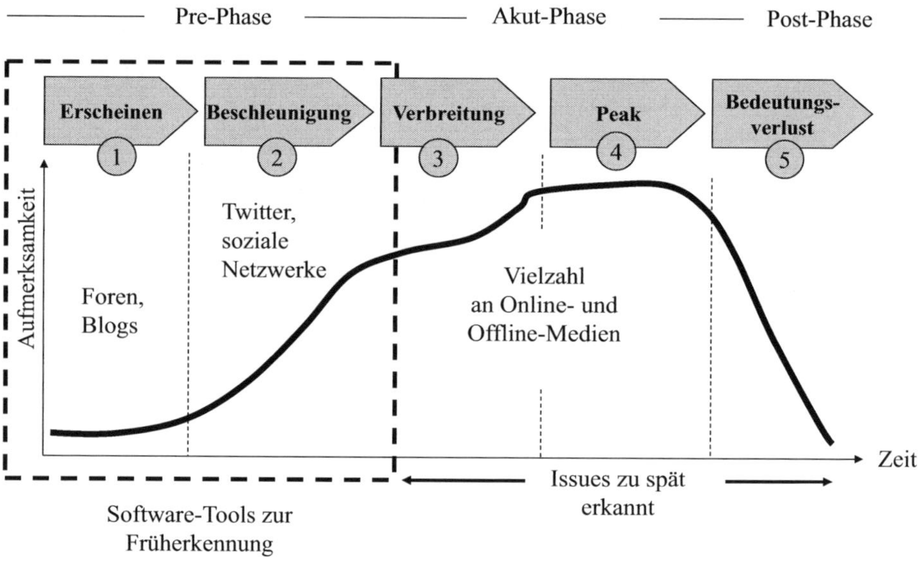

Abb. 12.36 Idealtypischer Verlauf einer „Empörungswelle". (Vgl. Business Intelligence Group 2012a)

- In der **Pre-Phase** eines Shitstorms wird das „Normalniveau" von Beitragsaufkommen, Autoren, Quellen und Tonalität erhoben. Die Beiträge sind inhaltlich durch ein weitgehend neutrales Buzz-Aufkommen (Gesprächsaufkommen) geprägt.
- Die **akute Phase** beschreibt den eigentlichen Shitstorm und wird durch die Dichte zumeist negativer Beiträge rund um ein definiertes Thema beschrieben. Innerhalb dieser Phase überschlagen sich die Ereignisse und es sind starke Schwankungen im Beitragsaufkommen messbar, was eine mindestens tagesgenaue Untersuchung erforderlich macht. Storm-Tage sind definiert durch eine starke Zunahme im Beitragsaufkommen. Peak-Tage zeichnen sich durch extreme Beitragsaufkommen aus. Zumeist gehen die Peaks in den Social Media mit einer zusätzlichen Berichterstattung der Massenmedien einher, wodurch die Aufmerksamkeit auf das Thema nochmals oder wieder verstärkt wird. Während dieser Phase verschieben sich die entscheidenden Quellen und Autoren mit großer Dynamik. Das Abklingen des Beitragsaufkommens mit einem verbundenen Ausbleiben von Storm- und Peak-Tagen bestimmt das Ende der akuten Phase.
- Die **Post-Phase** beschreibt das „Nachklingen" z. B. innerhalb eines Monats. Ziel ist es, im Vergleich zur Pre-Phase, das Beitragsaufkommen mit negativer Tonalität festzustellen. Ist dies erkennbar, kann der Buzz eine dauerhafte Image-Schädigung des betroffenen Unternehmens herbeiführen.

Zur quantitativen Messung stehen verschiedene Kennziffern zur Verfügung (Key Performance Indicators, KPI). Dazu zählen Storm-Tage, Peak-Tage, Peak-Zeitraum, Quellen-

Tab. 12.6 Indikatoren zur Beurteilung einer „Empörungswelle“. (vgl. Business Intelligence Group, 2012b)

KPI	Definition	Berechnung
Anzahl Storm-Tage	Beitragsaufkommen über normalen Buzz, jedoch geringer als bei Peaks	(Durchschnittliches Gesamtaufkommen + Standardabweichung)/2
Anzahl Peak-Tage	Tage mit extremen Buzz-Aufkommen	Durchschnittliches Gesamtaufkommen + Standardabweichung
Peak-Zeitraum	Dauer der Empörungswelle	Tage vom ersten bis letzten Peak
Quellenentwicklung	Quellen im Vergleich zur Pre-Phase	Prozentualer Anstieg der Anzahl von Quellen, auf denen das Unternehmen erwähnt wird Prozent
Autorenentwicklung	Autorenanstieg im Vergleich zur Pre-Phase	Prozentualer Anstieg kommentierender User über Normalwert
User-Participation Rate	Aktivierung der User, massenmediale Berichterstattung zu verbreiten und zu kommentieren (minimal 0, maximal 1)	(Tweets · 0,5 · 1)/Summe von Likes, Tweets und Kommentaren
Sentimententwicklung	Tonalitätsveränderung auf Basis des Normalwerts im Vergleich zur Pre-Phase	((1 · positive Beitragszahl) + (0,5 · neutrale Beitragszahl))/ Gesambetragsmenge

anstieg, Autorenanstieg, User-Participation-Rate und Sentimententwicklung (Tab. 12.6). Zusätzlich lässt sich die inhaltliche Dimension der Beiträge qualitativ analysieren. Nur die Verbindung aus quantitativer Bewertung und inhaltlichen Argumenten und Kritikpunkten ermöglicht es Unternehmen, gezielt auf Shitstorms einzuwirken.

Um die Auswirkungen eines Shitstorms bestimmen zu können, ist es wichtig, die Sichtbarkeit und die Dauerhaftigkeit der Beiträge auf den unterschiedlichen Quellen zu bewerten. Dazu eignet sich eine Shitstorm-Matrix, die drei Informationen bündelt (vgl. Business Intelligence Group 2012b, Abb. 12.37):

- Ausmaß der akuten Phase eines Shitstorms, gemessen an der Beitragsanzahl in Relation zum normalen Beitragsniveau zur jeweiligen Organisation.
- Persistenz (Dauerhaftigkeit) der Beiträge, die davon abhängt, auf welcher Plattform sie veröffentlicht wurden. Ein Tweet beispielsweise besitzt zwar eine hohe Sichtbarkeit, jedoch keine hohe Persistenz im Social Web.

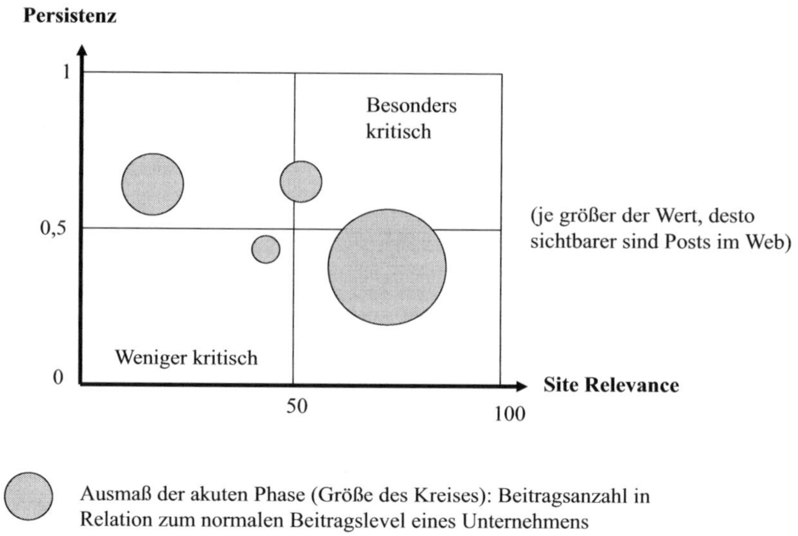

Abb. 12.37 Ausmaß und Persistenz einer „Empörungswelle“

- „Site Relevance“, die auf einer Skala von 0 bis 100 die Sichtbarkeit und Reichweite der Plattformen berücksichtigt, auf denen die Beiträge erschienen sind.

Diese Verortung ermöglicht in Verbindung mit dem relativen Ausmaß der Shitstorms eine Aussage darüber, wie kritisch dieser für das Unternehmen einzuschätzen ist. Trotz eines hohen Beitragsvolumens muss eine Empörungswelle nicht zwangsläufig große Auswirkungen haben, wenn die Beiträge auf wenig relevanten Seiten erschienen sind.

Wenn Unternehmen auf den Einsatz von Social Media-Maßnahmen verzichten, sehen sie häufig keinen Sinn darin, sich mit der Krisenkommunikation innerhalb dieser Kanäle auseinanderzusetzen. Allerdings kann sich kein Unternehmen aus Social Media heraushalten. Entweder wird aktiv partizipiert oder es wird anderen (z. B. Kunden, Mitbewerbern) überlassen, sich in Social Media zum Unternehmen zu äußern. Wichtig ist vor allem die Auseinandersetzung mit möglichen Krisen auf den eigenen Social Media-Kanälen, denn hier wird erwartet, dass ein Unternehmen reagiert, wenn negative Kommentare und Kritik laut werden. Ob es ein Unternehmen also will oder nicht, es kann potentiell im Web Gegenstand von Diskussionen werden. Die Informationshoheit hat sich damit im Web zwischen Unternehmen und Anspruchsgruppen faktisch verschoben.

(4) Online-Krisenprävention Manche Twitter-Nachrichten schaffen es in die Tagesschau, manche Facebook-Aktionen in überregionale Tageszeitungen oder Nachrichtenmagazine. Um ein „negatives Grundrauschen“ frühzeitig analysieren zu können, braucht es Instrumente, die das Social Web in Echtzeit abtasten. Aktuelle Tools reichen von der Schlagwortsuche über Quellen-, Urheber- und Ortsstatistiken bis hin zu Möglichkeiten

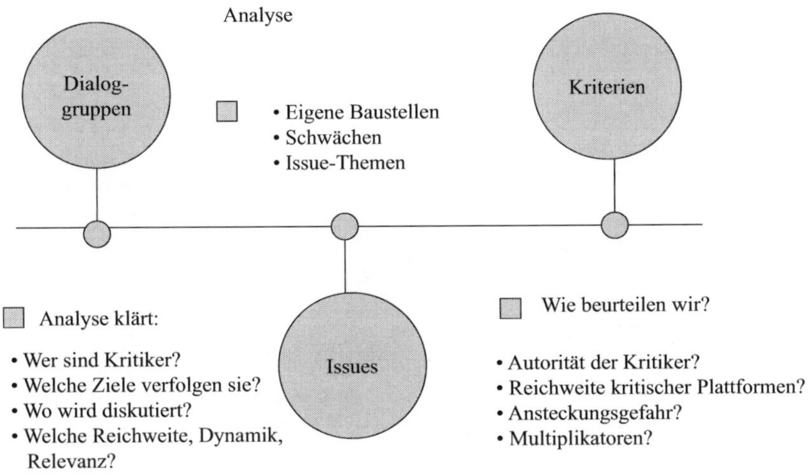

Abb. 12.38 Analysephase in der Online-Krisenprävention. (Vgl. Jodeleit 2012)

der Stimmungs- und Werturteils-Analyse. Die Angebote auf dem Markt variieren zwischen kostenlosen Werkzeugen bis hin zu umfangreichen Beratungspaketen spezialisierter Anbieter. Das Online-Monitoring gilt daher als ein strategisches Frühwarnsystem (Abb. 12.38).

Studien zeigen jedoch, dass Unternehmen häufig nicht hinreichend auf gegen sie gerichtete Online-Kritik vorbereitet sind. Neben technologischen Defiziten sind die Ursachen vor allem in fehlenden personellen Ressourcen und der unzureichenden strategischen Vorbereitung zu suchen.

(a) Mitarbeiter:
Unternehmen, die Social Media gegenüber Kunden einsetzen, bieten damit gleichzeitig einen potentiellen Raum für Krisenkommunikation. Vielen Unternehmen fehlen aber häufig professionelle Mitarbeiter, die mit den Besonderheiten des Web vertraut sind. Social Media sind interaktiv, immer in Bewegung, regeln sich weitgehend selbst, sind schnell und „immer da". Unternehmen und Mitarbeiter müssen sich daher auf diesen nur begrenzt steuerbaren Prozess einlassen und mögliche Folgen mitbedenken.

Ein großer Teil von Online-Krisen wird selbstverschuldet und z. T. auch durch Mitarbeiter ausgelöst. Zur Vermeidung solcher Fehler müssen alle Mitarbeiter, die im Kontext der Kommunikation relevant sind, z. B. mit Social Media-Richtlinien des Unternehmens vertraut gemacht werden. Dazu zählt auch die Vermittlung von Verhaltensregeln im Umgang mit kritischen Reaktionen von Kunden und Anspruchsgruppen. Die interne Kommunikation und die Reaktion auf externe Kritik lassen sich in Form von Fluss- oder Prozessdiagrammen gut darstellen (Abb. 12.39).

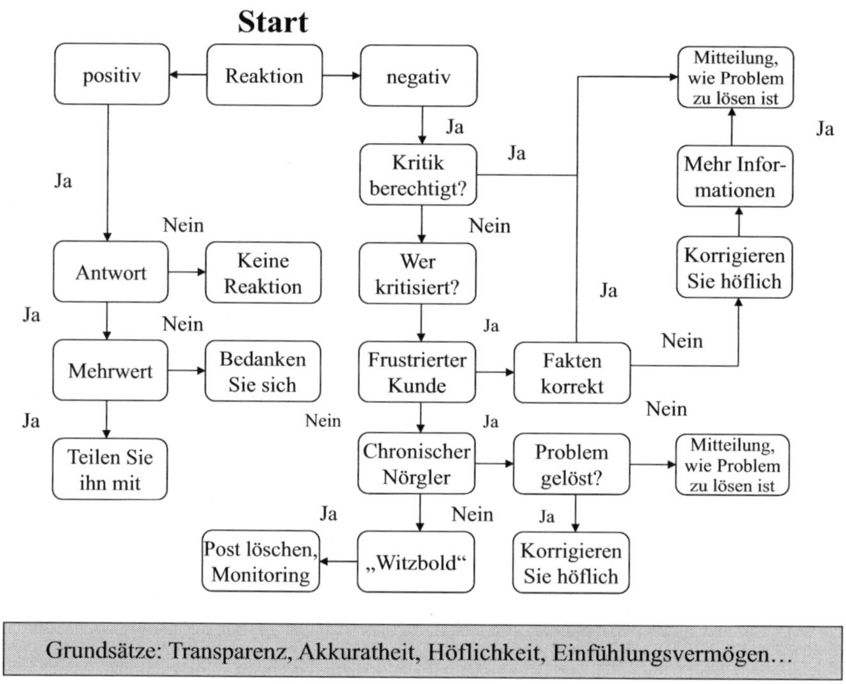

Abb. 12.39 Social Media-Reaktions-Flussdiagramm. (In Anlehnung an Mai 2011)

Zu klären sind z. B. folgende Fragen:

- Wer muss über negative Kommentare informiert werden?
- Wer sind die internen Ansprechpartner zur Prüfung von Kritik?
- Wer unterstützt am schnellsten bei der Problemlösung?
- In welchem Namen reagiert ein Unternehmen auf Kritik?

Experten empfehlen zudem den Einsatz von Krisenteams, die Social Media-Kanäle beobachten und Ernstfälle in Form von „Brandschutzübungen" durchführen.

(b) Strategie:
Teilweise gibt es „Krisen mit Ansagen". Dabei kann es sich z. B. um eine geplante Marketingaktion, Werbekampagne oder Produkteinführung mit Issue-Potential handeln, die Kritiker auf den Plan ruft. In diesem Fall erscheint eine Krisenprävention auf Basis von Szenarien möglich, die mögliche Kritik vorab formuliert und mit Reaktionsweisen verknüpft (vgl. Jodeleit 2012). Unternehmen können in diesem Fall „Leitplanken" für eine verlässliche Reaktion entwickeln (Abb. 12.40).
Opinion Mining liefert Fakten und Argumente für die Bewertung von Themen- und Meinungsumfeldern, Debatten und Diskussionssträngen. Es zeichnet den Verlauf eines

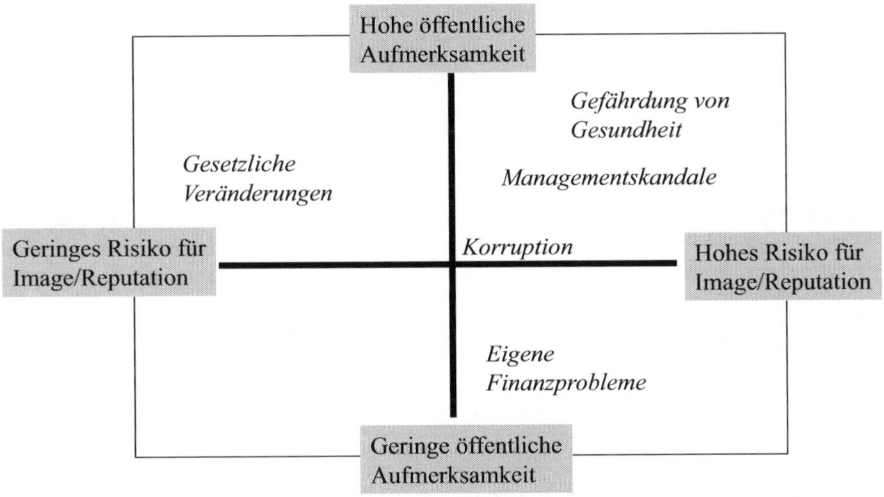

Mögliche Kritik	Reaktion
Qualitätsstufen/Quellen, z.B. 1 - wenig Relevanz bis zu 5 - höchste Relevanz	Reaktionsstufen, z.B. 1 - „nichts tun" bis zu 5 - Kommentar löschen

Abb. 12.40 Profiling von Kritikpotentialen. (Vgl. Möhrle 2010)

Themen-Lebenszyklus nach und hilft neue Themen und Trends aufzuspüren. Allerdings handelt es sich hier nur um Entscheidungshilfen, da jede Krise anders verläuft und nur in Grenzen zu beeinflussen ist. Wichtig ist es, sich bereits präventiv mit möglichen Krisenszenarien zu beschäftigen. Die beste Vorbereitung ist es, bereits professioneller Teil der relevanten Netzöffentlichkeit zu sein, bevor es zur Krise kommt. Checklisten, Social Media-Richtlinien, Ablaufpläne mit beispielhaften Szenarien, Rollenverteilung, Listen mit Ansprechpartnern, um nur einige Beispiele zu nennen, sind feste Bestandteile der Online-Krisenprävention. Vor allem der Aufbau von Reputation und Vertrauen gilt als ein digitales Schutzschild, das Krisen von vornherein abwehren soll. Elemente sind u. a. die Vernetzung von Online- und Offline-Kommunikation sowie mit Meinungsmachern, die Suchmaschinenoptimierung sowie ein dauerhafter und glaubwürdiger Dialog mit Anspruchsgruppen.

(5) Kommunikation in und nach der Krise Zur Lösung eingetretener krisenhafter Sachverhalte ist eine symmetrische und dialogorientierte Kommunikation unverzichtbar. Unternehmen sollen in Krisen zur primären Quelle für die Anspruchsgruppen werden. Dafür eignen sich eigene Webseiten, Blogs und Social Media am besten. Sie sind schnell bespielbar und können rasch aktualisiert werden. Dazu sind Kontaktmöglichkeiten und Feedback-Instrumente als Rückkanal für Anspruchsgruppen aufzubauen (vgl. Geisel

Tab. 12.7 Reaktionsweisen auf (un-)gerechtfertigte Kritik

Gerechtfertigte Kritik	Ungerechtfertigte Kritik
Schnelle Reaktion, mit Kritikern in Kontakt treten, um Eskalation zu verhindern	Persönlichen Kontakt herstellen
Auf Augenhöhe kommunizieren, keine Standardfloskeln verwenden	Um Richtigstellung bitten, Fakten bereitstellen, eigene Standpunkte darstellen
Ehrlichkeit, Fehler zugeben	Breite Informationsbasis für andere Nutzer bereitstellen, um differenzierte Argumentation zu ermöglichen und Unterstützung für eigene Argumente zu gewinnen
Erklärung, wie Fehler zukünftig vermieden werden sollen	Reputation „reparieren", neue Themen und Inhalte setzen, Themenhoheit erlangen
Gemeinsame Suche nach Lösungen anbieten, Kompromisse finden	

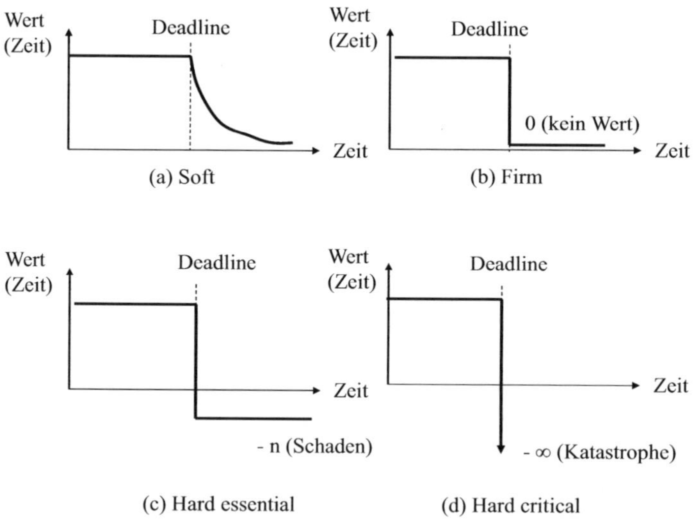

Abb. 12.41 Reaktionszeit und Schaden im Kontext der Online-Krisenprävention. (Vgl. Etzion 2007)

2011). Sinnvoll erscheint in diesem Zusammenhang eine Trennung zwischen gerechtfertigter und ungerechtfertigter Kritik (Tab. 12.7).

Unternehmen haben nicht immer Zeit und die Ressourcen, um auf jede Form von Kritik zu reagieren. Solche Fälle sind nach Möglichkeit präventiv festzulegen. Zu klären bleibt in diesem Kontext, welche Reaktion mit welchen Folgen verbunden sein kann (Abb. 12.41).

- Soft real-time: Nach Ablauf einer Deadline kann ein Unternehmen reagieren, muss es aber nicht. Der Nutzen nimmt stetig ab, je länger gewartet wird. Keine Reaktion richtet aber auch keinen Schaden an.

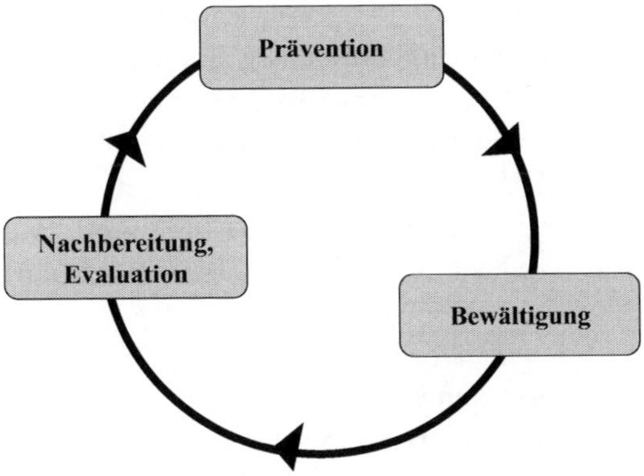

Abb. 12.42 Grundbausteine einer Online-Krisenkommunikation. (Vgl. Becker 2010)

- Firm real-time: Der Nutzen tendiert gegen Null, wenn bis zur Deadline nicht reagiert wird. Keine Reaktion richtet aber keinen Schaden an.
- Hard essential: Wird bis zur Deadline nicht reagiert, wird der Nutzen negativ. Es entsteht ein konstanter Schaden.
- Hard critical: Wird bis zur Deadline nicht reagiert, wird der Nutzen stark negativ. Es kommt zur „Katastrophe" als Form der Krisenverschärfung.

Nach Ablauf der Krise sollten die ergriffenen Strategien und Maßnahmen kritisch evaluiert werden. Handlungen und daraus gewonnene Erkenntnisse lassen sich dokumentieren. Der Dialog mit Anspruchsgruppen, kritischen Teilöffentlichkeiten und Betroffenen wird fortgesetzt. Es gilt Maßnahmen zu treffen, die gegebenenfalls angegriffene Online-Reputation und das Vertrauen der Anspruchsgruppen wiederherzustellen. Krisen bieten auch die Chance für Veränderungen. Begangene Fehler können zukünftig vermieden und Maßnahmen optimiert werden.

(6) Fazit Mit dem Social Web sind vernetzte Mikroöffentlichkeiten entstanden. Dadurch werden andere Voraussetzungen der Entstehung von Krisen, aber auch gleichzeitig neue Möglichkeiten der Krisenprävention und -kommunikation geschaffen. Die Chancen, die Social Media in der Kommunikation bieten, dürften die Risiken von Online-Krisen überwiegen. Studien gehen davon aus, dass bisher nur sehr wenige Unternehmen einen dauerhaften finanziellen Schaden aus einer fehlerhaften Krisenkommunikation erlitten haben (vgl. Owyang 2008). Die Wahrscheinlichkeit, durch eine offene Kommunikation in Social Media dauerhaft in einer Unternehmenskrise zu landen, erscheint daher (noch) gering. Allerdings sollten sich die Unternehmen auf den offenen Dialog mit Kunden und anderen Anspruchsgruppen vorbereiten. Krisen sind im Social Media-Kontext kaum planbar und jede Krise folgt ihrem eigenen Verlauf. Es gibt daher keinen festen Fahrplan zur Krisenbewältigung, aber Möglichkeiten der Vorbereitung. Die Prävention ist wichtigster Baustein der Krisenkommunikation (Abb. 12.42).

Je später eine Krise wahrgenommen wird, desto geringer ist der Reaktionszeitraum. Die Größe des Handlungsspielraums hängt von der Zeitspanne ab, die zwischen Krisenwahrnehmung und Existenz der Krise liegt. Je näher die Zeitpunkte beieinander liegen, desto kleiner wird der Handlungsspielraum. Unternehmen müssen im Fall einer Krise offen kommunizieren, um Glaubwürdigkeit zu erhalten. Intern steigen die Anforderungen an die Krisenkommunikation. Folgende Empfehlungen zur Vermeidung von „Flächenbränden" lassen sich formulieren (vgl. Hardiman 2011):

- Brandmauer ziehen: Online-Reputation als digitales Schutzschild.
- Vorbereiten und Basis schaffen: Echtzeit-Monitoring als Frühwarnsystem, infrastrukturelle Voraussetzungen schaffen (Personal, Ressourcen), mögliche Krisen simulieren und Gegenstrategien entwickeln.
- Schnell löschen: Dialogorientierte Kommunikation in der Krise; unmittelbare, kompetente Reaktion, Fakten sprechen lassen, Social Media adäquat einsetzen, Zielgruppen- und kanalspezifisch kommunizieren.
- Verbessern: Erfolgskontrolle von Maßnahmen, Verbesserungspotentiale identifizieren, Notfallpläne anpassen.

Unternehmen müssen sich diesen Veränderungen stellen. Entweder wird aktiv partizipiert oder es wird anderen (z. B. Kunden, Mitbewerbern) überlassen, sich in Social Media zum Unternehmen zu äußern. Wichtig ist vor allem die Auseinandersetzung mit möglichen Krisen auf den eigenen Social Media-Kanälen, denn hier wird erwartet, dass ein Unternehmen reagiert, wenn negative Kommentare und Kritik „laut" werden. Zuhören, vernetzen und Beziehungspflege gewinnen an Bedeutung.

12.4 Übungen und Lernkontrolle

▶ Bearbeitungshinweise finden Sie im Web

1. Was verstehen Sie unter starken und schwachen Verbindungen?
2. a) Erläutern Sie das Kleine-Welt-Phänomen.
   b) Was besagen die Erdös-Zahl und die Bacon-Zahl?
3. a) Erläutern Sie den Begriff skalenfreie Netze.
   b) Welche Rolle spielen im Kontext skalenfreier Netze die 80: 20 Regel von Pareto und das Prinzip „the rich get richer"?
   c) Wie störanfällig sind skalenfreie Netze?
   d) Wie beurteilen Sie die Verbreitung von Viren in skalenfreien Netzen?
4. Erläutern Sie die Besonderheiten von Social Media im Vergleich zu klassischen Medien unter folgenden Gesichtspunkten: Reichweite, nutzergenerierte Inhalte, Zugänglichkeit, Benutzerfreundlichkeit, Aktualität, Veränderbarkeit, Verfügbarkeit.

5. Social Media-Kommunikation:
   a) Beschreiben Sie Stärken und Schwächen der Social Media-Kommunikation.
   b) Was verstehen Sie unter Owned Media, Paid Media and Earned Media?
6. Aus welchen Elementen sollte ein Social Media-Planungsprozess bestehen?
7. Beschreiben Sie die Besonderheiten des Inhaltekonsums durch Social Media und in sozialen Netzwerken aus Sicht der ökonomischen Theorie.
8. Beschreiben Sie Stärken, Schwächen, Chancen und Risiken des Einsatzes von Blogs durch Unternehmen in der Kommunikation mit Kunden.
9. Welche Aussage enthält das Gesetz von Reed? Wie groß wäre nach diesem Gesetz der Wert eines sozialen Netzwerkes mit 100 Nutzern? Wie beurteilen Sie den Realitätsgehalt dieses Gesetzes bezogen auf soziale Netzwerke?
10. Erläutern Sie die Aufgaben des Text Mining und Opinion Mining im Kontext des Web 2.0.
11. Virtuelle Gemeinschaft:
    a) Erläutern Sie die Vorgehensweise beim Aufbau einer virtuellen Gemeinschaft.
    b) Was verstehen Sie in diesem Zusammenhang unter dem Subscriber Paradoxon?
12. Tipping Point:
    a) Erläutern Sie den Begriff Tipping Point im Kontext der Konzeption des viralen Marketings.
    b) Welche Regeln sind nach Gladwell zur Erreichung des Tipping Points zu beachten?
13. Virales Marketing:
    a) Was verstehen Sie im Kontext des viralen Marketings unter Seeding?
    b) Erläutern Sie Eigenschaften von Influentials am Beispiel des Akronyms ACTIVER.
14. Virale Marketing-Kampagnen:
    a) Erläutern Sie mögliche Vor- und Nachteile von viralen Marketing-Kampagnen.
    b) Welche Regeln sollten bei solchen Kampagnen beachtet werden?
15. Shitstorm
    a) Was verstehen Sie unter einem Shitstorm?
    b) In welche Phasen lässt sich ein Shitstorm unterteilen?
    c) Wie lässt sich die Stärke eines Shitstorms messen?

Literatur

Adler J, Khatami T (2007) Agentenbasierte Modellierung im Marketing – Eine Illustration am Beispiel der Diffusion von Produktinnovationen mit direkten Netzeffekten. In: Schuckel M, Toporowski W (Hrsg) Theoretische Fundierung und praktische Relevanz der Handelsforschung. Gabler, Wiesbaden, S 236–256

Albert R, Barabási AL (2002) Statistical mechanics of complex networks. Rev Mod Phys 74:47–97

Alby T (2006) Web 2.0-Konzepte. Anwendungen, Technologien. Hanser, München

Ashman D, Brown DL, Zwick E (1998) The strength of strong and weak ties—building social capital for the formation and governance of civil society resource organizations. Inst dev Res 2(14):1–16

Back A, Gronau N, Tochtermann K (Hrsg) (2009) Web 2.0 in der Unternehmenspraxis – Grundlagen, Fallstudien und Trends von Social Software, 2. Aufl. Oldenbourg, München.

Bak MP, Kessler T (2012) Mir gefällt's, wenn's euch gefällt! Konformitätseffekte bei Facebook. J Bus Media Psychol 3(2):23–30 (www.journal-bmp.de. Zugegriffen: 14. Jan. 2013)

Barabási AL (2003) Linked. How everything is connected to everything else and what it means for business, science, and everyday life. Penguin Books, New York

Barabási AL, Albert R (1999) Emergence of scaling in random networks. Science 286(Oktober):509–512

Barabási AL, Bonabeau E (2004) Skalenfreie Netze. Spektrum der Wissenschaft Juli: 62–69.

Becker C (2010) Krisen-PR im Social Web. http://www.slideshare.net/cc.becker/krisenpr-im-social-web-5632239. Zugegriffen: 18. Okt. 2012

BLV, Bayerisches Landesamt für Verfassungsschutz (o. J.) Soziale Netzwerke und ihre Auswirkungen auf die Unternehmenssicherheit. http://www.verfassungsschutz.bayern.de/imperia/md/content/lfv_internet/service/brosch_resozialenetzwerkeneu.pdf. Zugegriffen: 10. Jan. 2013

Buggisch C (2011) Deutsche Social Media Guidelines. http://buggisch.wordpress.com/2011/10/12/deutsche-social-media-guidelines/. Zugegriffen: 16. Nov. 2012

Bundesverband Digitale Wirtschaft (2009) Social. Media Kompass, Düsseldorf (http://www.bvdw.org/. Zugegriffen: 17. Nov. 2012)

Business Intelligence Group, BIG (2012a) http://www.big-social-media.de/social-media-analyse/tracking_reporting/web_radar.php. Zugegriffen: 18. Jan. 2013

Business Intelligence Group, BIG (2012b) http://www.big-social-media.de/de/news_publikationen/meldungen/2012_06_04_Shitstorm.php. Zugegriffen: 18. Jan. 2013

Büttner S, Ghadiri A, Hoffmann M, Krause A, Schneider D, Tooten C (2011) Die Analyse von Netzwerken und Netzwerkstrukturen im Rahmen von Social Media; Vorlesung: Modellierung und Simulation von Netzwerken zur Abbildung sozialer Strukturen, Universität Duisburg-Essen, Semesterarbeit, unveröffentlicht

Cavazza F (2012) http://www.connectedmedia.eu/2012/02/25/social-media-landscape-2012/. Zugegriffen: 16. Jan. 2013

Clasen M, Müller RAE (2003) Potenz-Gesetze im Web – auch im @grarbereich. In: Budde HJ, Müller RAE, Birkner U (Hrsg) Berichte der Gesellschaft für Informatik in der Land-, Forst- und Ernährungs-wirtschaft, Referate der 24. GIL-Jahrestagung, Göttingen, Vol. 16, S 23–26. http://www.agric-econ.uni-kiel.de/Abteilungen/II/PDFs/GIL-Power-Law.pdf

Clement M, Schollmeyer T (2009) Messung und Wirkung von Netzeffekten in der ökonomischen Forschung – Eine kritische Analyse der empirischen Literatur. J Betriebswirtschaft 58:173–207

Dawkins R (1976) The Selfish Gene. University Press, Oxford

Deszö Z, Barabási AL (2003) Halting viruses in scale-free networks. Department of Physics, University of Notre Dame. Phys Rev E 65, 055103 (http://www3.nd.edu/~networks/Publication%20Categories/publications.htm. Zugegriffen: 17. Nov. 2012)

Diestel R (2005) Graphentheorie, 3. Aufl. Springer, Heidelberg

Dreiskämper T (2010) Externe Effekte und die Unmöglichkeit der Internalisierung im Medienbereich. In: Dreiskämper T (Hrsg) Schriftenreihe Medienökonomie 2008–2010, Essen (http://www.dreiskämper.de/tl_files/dreiskaemper/pdf/Wissenschaft/(E1)%20Externe%20Effekte.pdf. Zugegriffen: 18. Jan. 2013)

Dunbar IM (1993) Coevolution of neocortical size, group size and language in humans. Behav Brain Sci 16(4):681–735

Easely D, Kleinberg J (2010) Networks, crowds, and markets: reasoning about a highly connected world, New York. http://www.cs.cornell.edu/home/kleinber/networks-book/. Zugegriffen: 15. Nov. 2012

Ebersbach A, Glaser M, Heigl R (2008) Social Web. UVK Verlagsgesellschaft, Konstanz

Erdös P, Rényi A (1960) On the evolutionof random graphs. Publ Math Inst Hungarian Acad Sci 5:17–61

Etzion O (2007) On Real-time, Right-time, latency, throughput and other time-oriented measurements. http://epthinking.blogspot.de/2007/11/on-real-time-right-time-latency.html. Zugegriffen: 16. Nov. 2012

Feinheit.ch (2012) Shitstorm for Dummies. 10 Tipps aus der Praxis, wie ich einen Shitstorm starte. Und 10 Tricks, was ich tun kann, wenn ich in einen Shitstorm gerate. http://www.slideshare.net/dgraf1/shitstorm-for-dummies; http://www.feinheit.ch/media/medialibrary/2012/06/shitstorm-grafik.pdf. Zugegriffen: 10. Feb. 2013

Frosch-Wilke D (2002) Marketing-Kommunikation im Internet: Theorie, Methoden und Praxisbeispiele vom One-to-One bis zum Viral-Marketing. Springer-Vieweg, Braunschweig

Geisel A (2011) Der 10-Stufen-Plan für Krisenkommunikation im Social Web. http://eck-kommunikation.de/2011/12/05/der-10-stufen-plan-fur-krisenkommunikation-im-social-web/. Zugegriffen: 14. Dez. 2012

Gladwell M (2000) The tipping point. How little things can make a big difference. dt. Tipping Point. Wie kleine Dinge Großes bewirken können. Berlin-Verlag, Little Brown

Goyal S (2007) Connections. An introduction to the Economics of Networks. University Press, Princeton

Granovetter M (1973) The strength of weak ties. Am J Sociol 78(6):1360–1380

Granovetter M (1978) Treshold Models for Collective Behaviour. Am J Sociol 98(6):1259–1319

Griffel S, Forster N (2010) Monitoring Social Media. Erfolge sichtbar machen – Trends erkennen. http://www.denkwerk.com/extra/media/dw_Social_Media_01_Monitoring.pdf. Zugegriffen: 16. Nov. 2012

Hagel J, Armstrong AG (1997) Net.Gain – Profit im Netz. Märkte erobern mit virtuellen Communities. Gabler, Wiesbaden

Hardiman M (2011) Krisenkommunikation 2.0. Was tun, wenn das Kind in den Brunnen gefallen ist? http://www.slideshare.net/KPZ-Social-Media/krisenkommunikation-im-social-web-10596070. Zugegriffen: 16. Jan. 2013

Heylighen F (1993) Selection criteria for the evolution of knowledge. Proceedings 13th International Congress on Cybernetics, International Association of Cybernetics, Namur, S 524–528

Hoffmann K (2012) Shitstorms und andere Krisen. Leitfaden Krisen-Kommunikation. http://www.slideshare.net/PRDoktor/shitstorms-und-andere-krisen-leitfadenkrisenkommunikation. Zugegriffen: 14. Jan. 2013

Hummel J, Lechner U (2008) The community model of content. In: Meckel M, Schmid BF (Hrsg) Kommunikationsmanagement im Wandel. Gabler, Wiesbaden

Hermann F (2004) Virales Marketing, Diplom-Arbeit, Universität Karlsruhe. http://netzkobol.de/temp/diplomarbeit_virales_marketing.pdf. Zugegriffen: 14. Okt. 2012

Holzer B (2009) Netzwerktheorie. In: Schroer M, Kneer G (Hrsg) Handbuch soziologische Theorien. VS Verlag für Sozialwissenschaften, Wiesbaden, S 253–273

Huberman BA (2001) The laws of the web—patterns. in the ecology of information. The MIT Press, Cambridge

Jodeleit B (2012) Shitstorm-Praxistip: Szenarien vorbereiten. http://www.lotsofways.de/shitstorm-verhindern/. Zugegriffen: 14. Jan. 2013

Joinetz A (2006) Skalenfreie Netze, Universität Trier, Fachbereich Informatik. http://www.jonietz.de/personen/ansgar/Skalenfreie_Netze.pdf. Zugegriffen: 16. Jan. 2013

Keller E, Berry J (2003) The influentials: one American in ten tells the other nine how to vote, where to eat, and what to buy. Free Press, New York

Krause J, James R, Croft DP (2006) Analyse sozialer Netzwerke. In: Naguib M (Hrsg) Methoden der Verhaltensbiologie. Springer, Berlin, S 148–152

Krystek U (1987) Unternehmenskrisen. Beschreibung, Vermeidung und Bewältigung überlebenskritischer Prozesse. Gabler, Wiesbaden

Kühn A (2009) Vom Zuschauer zum Mittelstürmer – drei strategische Ansätze für den Social Media Einstieg. http://socialmediaschmiede.frischr.com/2009/12/vom-zuschauer-zum-mittelsturmer-drei-strategische-ansatze-fur-den-social-media-einstieg/. Zugegriffen: 18. Okt. 2012

Leimeister JM, Bantleon A, Krcmar H (2002) Geschäftsmodell virtuelle Community: Eine Analyse bestehender Communities. Proceedings of the Virtuelle Organisation und Neue Medien, Workshop GeNeME, S 1–40, Dresden. http://pubs.wi-kassel.de/wp-content/uploads/2013/03/JML_10.pdf. Zugegriffen: 17. Nov. 2012

Linde F, Stock WG (2011) Informationsmarkt. Informationen im I-Commerce anbieten und nachfragen. Oldenbourg, München

Mai J (2011) http://karrierebibel.de/troll-dich-das-social-media-reaktions-flussdiagramm/. Zugegriffen: 7. Okt. 2012

Manger M, Wach U (2011) Krisenkommunikation in Social Media. In: Dörfel L, Schulz T (Hrsg) Social Media in der Unternehmenskommunikation. Prismus Communications, Berlin, S 189–201

Mayer-Uellner (2010) Der Weg ins soziale Netz. Markenartikel – Das Magazin für Markenführung 07:16–18

Metzler M (2007) Die Mechanismen virtueller Beziehungsnetze. Menschliche Beziehungen im Zeitalter des Social Networking. Neue Züricher Zeitung. http://www.nzz.ch/aktuell/startseite/die_mechanismen_virtueller_beziehungsnetze_1.585038.html. Zugegriffen: 16. Nov. 2007

Michelis D (2012) Die Digitale Unternehmung. http://www.digitale-unternehmung.de/2009/12/user-generated-content-entwicklung-einer-typologie-der-nutzeraktivitat/. Zugegriffen: 15. Jan. 2013

Milgram S (1967) The small world problem. Psychol Today 1:60–67

Möhrle H (2010) Risiko- und Krisenkommunikation im digitalen Zeitalter. http://www.kommunikationskongress.de/files/2012/05/Krisenkommunikation_Moehrle_ABone.pdf. Zugegriffen: 14. Nov. 2012

Mühlenbeck F (2009) Social Media Marketing – So kann es funktionieren!. http://braininjection.wordpress.com/2009/06/04/social-media-marketing-%E2%80%93-so-kann-es-funktionieren/. Zugegriffen: 13. Dez. 2012

Mutschke P (2010) Zentralitätsanomalien und Netzwerkstruktur – Ein Plädoyer für einen engeren Netzwerk-begriff und ein community-orientiertes Zentralitätsmodell. In: Stegbauer C (Hrsg) Netzwerkanalyse und Netzwerktheorie – Ein neues Paradigma in den Sozialwissenschaften, 2. Aufl. VS Verlag für Sozialwissenschaften, Wiesbaden, S 261–277

Newman M, Barabási AL, Watts DJ (2006) The structure and dynamics of networks. Princeton University Press Oxford

O'Reilly T (2005) What is web 2.0—design patterns and business models for the next generation of software. http://oreilly.com/web2/archive/what-is-web-20.html. Zugegriffen: 17. Dez. 2012

Oetting M (2006) Wie funktionieren Communities? Die 90-9-1 Regel. http://www.connectedmarketing.de/cm/2006/11/wie_funktionier.html. Zugegriffen: 28. Okt. 2012

Oßwald S (2010) Wie Social-Media Guidelines Unternehmen und Mitarbeitern helfen können: Kontrollierter Kontrollverlust. http://t3n.de/magazin/social-media-guidelines-unternehmen-mitarbeitern-helfen-225870/. Zugegriffen: 17. Sept. 2012

Owyang J (2008) A chronology of brands that got punk'd by social media. http://www.web-strategist.com/blog/2008/05/02/a-chonology-of-brands-that-got-punkd-by-social-media/. Zugegriffen: 25. Okt. 2012

Pleil T (2009) Öffentlichkeit und Gegenöffentlichkeit: die Rolle von Online-PR in der Krise. VII. Internationale wissenschaftliche Konferenz des Freien Russisch-Deutschen Instituts für Publizistik, Moskau. http://www.slideshare.net/apalme2003/pleil-frdip2009. Zugegriffen: 15. Okt 2009. Zugegriffen: 14. Aug. 2012

Ravasz E, Barabási AL (2003) Hierarchical organization in complex networks. Phys Rev E 67:026112. http://www.cis.upenn.edu/~mkearns/teaching/NetworkedLife/hierarchical.pdf. Zugegriffen: 17. Nov. 2012

Rehn R (2012) Krisenkommunikation im Social Web; Vortrag gehalten am 9. März 2012 im Rahmen des Lehrgangs „Social Media Manager" an der Bayerischen Akademie für Werbung und Marketing. http://www.slideshare.net/danielrehn/krisenkommunikation-im-social-web-vorlesung-baw. Zugegriffen: 15. Jan. 2013

Renger P (2010) Zehn Social-Media-Monitoring-Tools fürs kleine Portemonnaie: Social Media filtern und analysieren. http://t3n.de/magazin/zehn-social-media-monitoring-tools-furs-kleine-225892. Zugegriffen: 17. Sept. 2012

Richter A, Koch M (2008) Funktionen von Social-Networking-Diensten. Forschungsgruppe Kooperations-systeme Universität der Bundeswehr München. http://twiki.informatik.unibwmuenchen.de/pub/Main/SocialNetworkingServices/MKWI-RichterKoch-Funktionen_von_Social_Networking_Services_final.pdf. Zugegriffen: 24. Okt. 2012

Rosen E (2000) The anatomy of buzz: how to create word of mouth marketing. Doubleday Business, New York

Rotman D, Golbeck J (2011) YouTube—contrasting patterns of content, interaction, and prominence. In: Hansen D, Shneiderman B, Smith M (Hrsg) Analyzing social media networks with NodeXL: insights from a connected world. Morgan Kaufmann/Elsevier, Amsterdam, S 225–245

Safko L (2010) The social media bible—tactics, tools, and strategies for business success. Wiley, New Jersey

Schnabel A (2011) Visualisierung der Ausbreitung von Informationen in einem Digitalen Sozialen Netzwerk, Bachelor-Arbeit, Fachbereich Informatik, Universität Hannover. http://www.se.uni-hannover.de/pub/File/pdfpapers/Schnabel2011.pdf. Zugegriffen: 25. Sept. 2012

Schneidewind U, Müller M, Truscheit (2001) Virtuelle Öko-Communities. UmweltWirtschafts-Forum (uwf) 9(3):20–24

Thomson C (2008) Is the tipping point toast? http://www.fastcompany.com/magazine/122/is-the-tipping-point-toast.html. Zugegriffen: 17. Sept. 2012

Travers J, Milgram S (1969) An experimental study of the small world phenomenon. Psychol Today 32(4):425–443

Watts DJ (1999) Networks, dynamics, and the small-world phenomenon. Am J Sociol 105(2):493–527

Watts DJ, Strogatz SH (1998) Collective dynamics of small-world networks. Nature 393:440–442

Whatsyourplace (2008) Wo ist die „kritische Masse"? http://www.whatsyourplace.de/blog/?p=159. Zugegriffen: 16. Okt. 2012

Xie J, Sreenivasan S, Korniss G, Zhang W, Lim C (2011) Social consensus through the influence of committed minorities. Phys Rev E 84:011130

Zerfaß A, Sandhu S (2006) Personalisierung der Online-Kommunikation als Herausforderung für die Unternehmensführung. In: Picot A, Fischer T (Hrsg) Weblogs professionell – Grundlagen, Konzepte und Praxis im unternehmerischen Umfeld. dpunkt, Heidelberg, S 51–75

Ziegler C (2005) Schöne kleine Welt. Vom Wesen natürlicher Vernetzung. c't 24:188–192

Zorbach T (2012) Shitstorms – Die Dynamiken von Empörungswellen in Social Media. http://www.slideshare.net/vmpeople/shitstorms-die-dynamiken-von-emprungswellen-in-social-media-130-94046. Zugegriffen: 14. Jan. 2013

Kollektive Intelligenz und Crowdsourcing 13

13.1 Inhalt und Schlüsselbegriffe

Inhalt

Das Internet erleichtert mit der Verbreitung von partizipativen Plattformen die aktive Beteiligung von Nutzern auch im Rahmen unternehmerischer Anwendungen. Es entstehen Geschäfts- und Wertschöpfungsmodelle, die den Kunden in den Mittelpunkt stellen (Abb. 13.1). Das Konzept der kollektiven Intelligenz geht davon aus, dass die Aggregation von Informationen in Gruppen zu Entscheidungen führen kann, die besser sind als die Lösungsansätze von Einzelnen oder Experten. Crowdsourcing bezeichnet die Auslagerung der Lösung einer Aufgabe bzw. eines Problems an eine (un-)bestimmte Gruppe in Form eines offenen Aufrufs über eine Internetplattform. Dabei kann der Lösungsbeitrag einer einzelnen Person im Vordergrund stehen und auch in bezahlte Formen der Erwerbsarbeit eingebettet sein. Nutzerbeiträge lassen sich in verschiedenen Phasen des Innovationsprozesses nutzen, angefangen von der Phase der Ideengenerierung bis hin zur Phase der Markteinführung eines Produkts oder einer Leistung. Das Konzept der Open Innovation und der interaktiven Wertschöpfung sind Beispiele für eine möglichst weit reichende Kundenintegration, die über herkömmliche Modelle der Kundenausrichtung hinausgehen. Allerdings sind die Beziehungen zwischen Innovationserfolg und der Zahl externer Quellen bzw. zwischen Innovationserfolg und Ausmaß der Kundenintegration nicht linear, sondern erfordern differenzierte Überlegungen.

Schlüsselbegriffe

Kollektive Intelligenz; Nutzergenerierte Inhalte und Beiträge; Crowdsourcing; Open Innovation; Interaktive Wertschöpfung.

R. Clement, D. Schreiber, *Internet-Ökonomie*, Springer-Lehrbuch,
DOI 10.1007/978-3-642-36719-9_13, © Springer-Verlag Berlin Heidelberg 2013

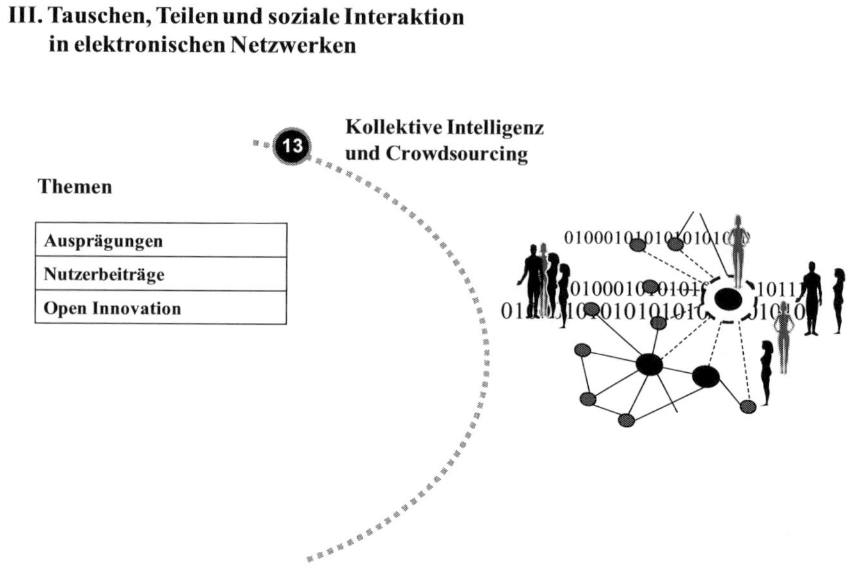

Abb. 13.1 Kollektive Intelligenz und Crowdsourcing

13.2 Grundlagen

Das Internet erleichtert mit der Verbreitung von partizipativen Plattformen wie Facebook, YouTube oder Wikipedia eine aktive Beteiligung von Nutzern. Die Nutzer dieser Plattformen sind nicht nur passive Rezipienten, sondern auch Produzenten, die aktiv an der Produktion von Inhalten teilhaben. Diese Entwicklung verändert ganze Funktionsbereiche von Unternehmen (z. B. Marketing) oder impliziert gar einen Strukturwandel in Branchen (z. B. Medienbranche). Es entstehen mehr oder minder ausformulierte Wertschöpfungs- und Geschäftsmodelle, die den Kunden in den Mittelpunkt stellen. Unterschiedlich sind die Bezeichnungen für diese Entwicklung (Tab. 13.1).

Die genannten Konzepte haben nicht nur unterschiedliche Bezeichnungen, sie weisen auch verschiedene Ausprägungen aus (Tab. 13.2; vgl. Drews 2010).

Zur Systematisierung der Konzepte ist zu fragen, ob es sich um durch Unternehmen organisierte oder vorwiegend um von Kunden bzw. Prosumern selbstorganisierte Prozesse handelt (Abb. 13.2). Im Fall organisierter Prozesse stehen häufig die Generierung von Innovationen oder Problemlösungen durch Kunden sowie die aktive Mitarbeit in der Leistungserstellung im Mittelpunkt. Hier sind auch die Beiträge einer einzelnen Person in der Regel erkennbar. Denkbar ist auch die Aggregation von Einzelbeiträgen zu einer kollektiven Meinung. Die Abgrenzung zwischen den genannten Konzepten ist allerdings unscharf und folgt hier eher didaktischen Kriterien.

Nutzergenerierte Inhalte Häufig finden sich im Kontext der genannten Konzepte auch Bezüge zum User Generated Content (nutzergenerierte Inhalte). Zur näheren Bestimmung

Tab. 13.1 Ansätze der interaktiven Wertschöpfung

Bezeichnung	Vertreter (Beispiel)	Ausprägungen
Open Innovation	Chesbrough 2003	Öffnung des bis dato internen Innovationsprozesses für externe Mitarbeiter, Kunden und Lieferanten
Wisdom of Crowds	Surowiecki 2005	Vorteilhaftigkeit der kollektiven Intelligenz gegenüber Einzelmeinungen
The Wealth of Networks	Benkler 2006	Eine auf Gemeingütern basierende, sich selbstorganisierende Produktion in Netzwerken unter gleichberechtigten Marktteilnehmern (commons-based peer-production)
Wikinomics	Tapscott und Williams 2007	Extern: Freiwillige, selbstorganisierte und offene Zusammenarbeit von Personen ohne Hierarchien in Projekten bzw. zur Problemlösung auf partizipatorischen elektronischen Plattformen Intern: Unternehmenswikis, die Mitarbeiter und Führungskräfte z. B. darin unterstützen sollen, Arbeitsabläufe und Prozesse zu unterstützen
Crowdsourcing	Howe 2006	Auslagern einer üblicherweise von Erwerbstätigen entgeltlich erbrachten Leistung durch eine Organisation oder Privatperson mittels eines offenen Aufrufes an eine Masse von unbekannten Akteuren
Interaktive Wertschöpfung	Reichwald und Piller 2009	Vorwiegend organisierte Integration von Kunden durch Unternehmen, um vor allem bessere Problemlösungen zu generieren

Tab. 13.2 Ausprägungen der interaktiven Wertschöpfung (Beispiele)

Ausprägung	Wikipedia	Innovationsplattform	Crowdsourcing
Freie Zugänglichkeit der Leistung	Ja	Nein	Teilweise
Nutzung unbezahlter Freizeit	Ja	Ja	Ja
Vergütung des Urhebers	Nein	Ja	Teilweise
Absicht der Gewinnerzielung	Nein	Ja	Teilweise
Auswirkungen auf reguläre Erwerbstätigkeit	Kaum	Ja	Ja

der Nutzerbeiträge lassen sich Kriterien verwenden, die sich auf den Prozess der Entstehung, die Ergebnisse und die Veröffentlichung der Ergebnisse beziehen (vgl. Vickrey und Wunsch-Vincent 2007):

- Freiwilligkeit und Motivation: Der Entstehungsprozess findet außerhalb professioneller Routinen statt. Der Nutzer verfolgt nicht immer finanzielle Ziele, sondern hat auch andere Motive, z. B. Gruppenzugehörigkeit, Wertschätzung oder Anerkennung eines Expertenstatus für ein bestimmtes Gebiet. Die Ausgestaltung einer entsprechenden Anreizstruktur ist jedoch wichtig, um genügend Beiträge generieren zu können.

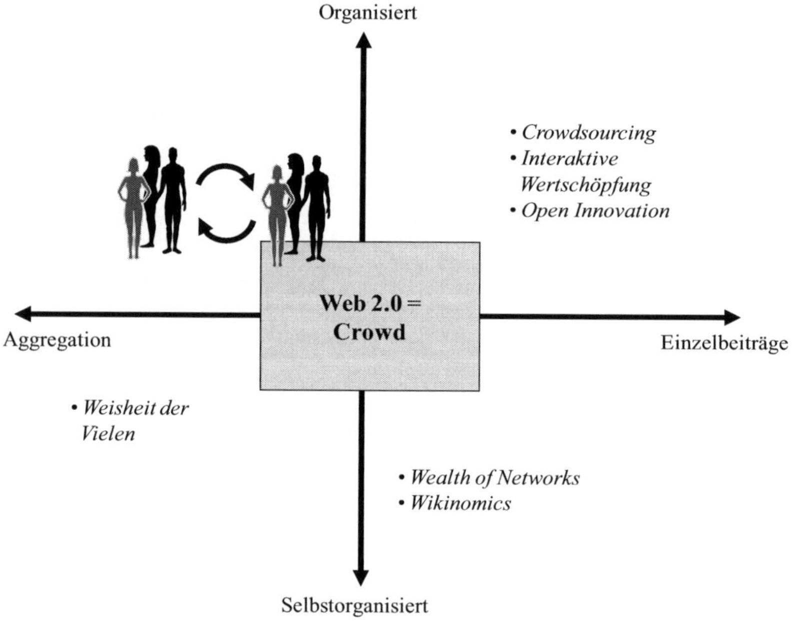

Abb. 13.2 Konzepte der kooperativen und kollaborativen Wertschöpfung

- Kreativität: Das Arbeitsergebnis zeichnet sich durch ein gewisses Maß an kreativer Eigenleistung und Schaffenshöhe aus.
- Öffentlichkeit: Die Beiträge sind in der Regel der Öffentlichkeit zugänglich und an eine große Anzahl von Rezipienten adressiert. Der Nutzer benötigt aufgrund der Charakteristika von Web 2.0-Technologien nur geringe bzw. gar keine technische Kenntnisse, um seine Inhalte zu veröffentlichen und Leistungen bereitzustellen.

Die Konzepte zur Einbeziehung nutzergenerierter Aktivitäten in den Wertschöpfungsprozess von Unternehmen sind durchaus auch Kritik ausgesetzt. Befürchtet wird gegenüber herkömmlichen Verfahren u. a. ein Qualitätsverlust der Inhalte oder Leistungen, fehlende Vertrauenswürdigkeit oder Relevanz. Zu klären bleibt zunächst, ob professionelle und nutzergenerierte Inhalte und Leistungen überhaupt vergleichbar sind. Oft haben nutzergenerierte Inhalte gar nicht den Anspruch einer besonders hohen Qualität, sondern streben andere Ziele an (z. B. Kreativität). Insofern handelt es sich aus ökonomischer Sicht eher um komplementäre und nicht um substitutive Aktivitäten.

Die beteiligten Unternehmen sind auf die kontinuierliche Beteiligung der Nutzer angewiesen. Auch wenn häufig nicht-materielle Anreize der Nutzer im Vordergrund stehen, erscheint dieser Sachverhalt teilweise als „Ausbeutung". Vor diesem Hintergrund ist inzwischen eine Vielzahl von Geschäftsmodellen entstanden, die Nutzer z. B. mit Möglichkeiten zum Nebenverdienst durch die von ihnen geschaffenen Inhalte anlocken.

Die Ansätze reichen von der Beteiligung an Werbeeinnahmen bis hin zum Selbstvertrieb digitaler Inhalte in Form eines Online-Marktplatzes oder einer Autorenplattform.

Eine grundsätzliche Restriktion für die Generierung von nutzergenerierten Inhalten und Leistungen ist die zur Verfügung stehende Zeit der Nutzer. Es stellen sich u. a. folgende Fragen:

(1) Was geschieht, wenn die potentiellen Nutzer gar keine Zeit finden, die eventuell durchaus Nutzen stiftenden Plattformen auch mit Inhalten zu füllen?
(2) Was geschieht, wenn Nutzer bereits zeitintensiv die Plattform eines anderen Anbieters nutzen und sich nicht zum zusätzlichen Verwenden einer weiteren Plattform oder gar zum Wechsel überreden lassen?

Für Unternehmen stellt sich mit Blick auf die knappe Ressource „Arbeitszeit der Nutzer" die strategische Herausforderung, ihre Plattformen genau auf Nutzerbedürfnisse zuzuschneiden. Bereits aus diesem Grund dürften dieser Art von Produktion Grenzen gesetzt sein.

13.2.1 Weisheit der Vielen

Wenn Sie bei Ihrer Party eine größere Gruppe von Menschen schätzen lassen, wie viele Bonbons in einem Glas sind, liegt der Durchschnitt der Einzelschätzungen häufig näher an der wahren Anzahl als die beste Einzelschätzung (vgl. Surowiecki 2005). Auch im Kontext von Fernsehsendungen ist der Publikumsjoker häufig einer Expertenmeinung überlegen. These ist also, dass die Kumulation von Informationen in Gruppen zu Entscheidungen führen kann, die besser sind als Lösungsansätze einzelner Teilnehmer und auch von Experten. Nicht ganz klar ist häufig, was „Viele" eigentlich sind. Einige Autoren übersetzen den Begriff mit Menge. Eine Menge ist eine konkrete Gemeinschaft, die sich zufällig zur gleichen Zeit am gleichen Ort befindet. Aus der Menge heraus kann sich eine Gruppe bilden, wenn z. B. eine Person die Initiative ergreift und andere auffordert etwas gemeinsam zu tun. Nach der soziologischen Definition müssen die Gruppenmitglieder in einer unmittelbaren Beziehung zueinander stehen. Jedes Mitglied muss sich der anderen Mitglieder bewusst sein.

Die Diskussion um die kollektive Intelligenz (Wisdom of Crowds, Schwarmintelligenz) hat im Web 2.0 einen neuen Auftrieb erhalten, denn das Mitmach-Internet scheint eine gute Möglichkeit, um die Weisheit der Vielen zur Entfaltung zu bringen. Das Internet ist eine Ansammlung von diversen, unabhängigen, dezentralisierten Gruppen bzw. Einzelpersonen, die bewusst nur selten bis nie in ihrer „weisen" Funktion auftreten. Um das kollektive Wissen einer Gruppe für Dritte nutzbar zu machen, eignet sich aber z. B. ein aktives Data-Mining in den digitalen Spuren, die Nutzer bei ihren Transaktionen im Web hinterlassen. Dieses Wissen lässt sich mit oder ohne Zustimmung durch statistische

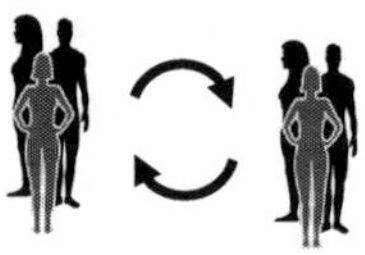

1. **Kognitionsprobleme**: Die Crowd sucht und wählt eine Lösung für ein Problem.
2. **Koordinationsprobleme**: Die Crowd sucht ein Verhalten bzw. eine Entscheidung, an die sich alle halten sollen.
3. **Kooperationsprobleme**: Die Crowd definiert Voraussetzungen für eine erfolgreiche Zusammenarbeit innerhalb einer Gruppe.

Abb. 13.3 Anwendungsfelder der kollektiven Intelligenz

Methoden abschöpfen. Die daraus resultierende kollektive Intelligenz lässt sich vor allem bei drei verschiedenen Problemstellungen anwenden (Abb. 13.3; vgl. Surowiecki 2005):

(1) Kognitionsprobleme: Die Crowd sucht und wählt eine Lösung für ein Problem. Hier geht es um Fragestellungen, für die es definitive Lösungen gibt oder geben wird (z. B. Wettmärkte, die den Gewinner des Endspiels um die Champions League vorhersagen wollen oder Prognosemärkte, die sich mit Umsatz- und Absatzzahlen beschäftigen). Hinzu kommen Fragestellungen, auf die es vielleicht nicht eine einzige richtige Antwort geben wird, für die manche Antworten jedoch besser sind als andere (z. B. Wo ist der beste Standort für ein neues Bürogebäude?).

(2) Koordinationsprobleme: Die Crowd sucht ein Verhalten bzw. eine Entscheidung, an die sich alle halten sollen. Bei Koordinationsproblemen haben Mitglieder der Gruppe (z. B. Marktteilnehmer, Studierende, Verkehrsteilnehmer) die Aufgabe, ihr Verhalten untereinander zu koordinieren. Beispiele:
   - Wie kommen Käufer und Verkäufer auf einem Markt zusammen, und wie handeln sie einen fairen Preis aus?
   - Wie organisieren Unternehmen ihre geschäftlichen Aktionen?
   - Wie kommen Verkehrsteilnehmer schnell und sicher durch den Berufsverkehr?

   Bei solchen Fragen geht es weniger darum, dass ein Einzelner die richtige Lösung sucht und für sich findet, sondern dass die Lösung sozial vermittelbar ist, also auch von anderen als eine gute und gegebenenfalls sogar bestmögliche Entscheidung akzeptiert wird.

(3) Kooperationsprobleme: Die Crowd definiert Voraussetzungen für eine erfolgreiche Zusammenarbeit innerhalb einer Gruppe. Hier geht es um Aufgabenstellungen, die das Zusammenarbeiten von Menschen mit Eigeninteressen ermöglichen sollen:
   - Wie verständigt sich eine Gesellschaft auf die Regelung von Umweltproblemen?
   - Wie sollen Steuern festgesetzt werden, die der Finanzierung allgemeiner staatlicher Aufgaben dienen?

In diesen Fällen muss jeder kurzfristiges und egoistisches Interesse hinten anstellen. Ohne Vertrauen funktioniert diese Art von Kooperation nicht.

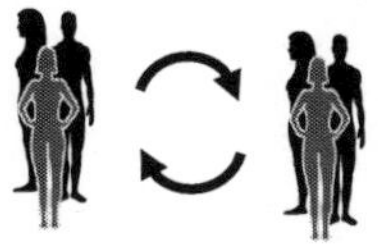

1. Meinungsvielfalt
2. Meinungsfreiheit/Unabhängigkeit
3. Dezentralisierung der Gruppenentscheidung
4. Aggregation zu einer gemeinsamen Stimme

Abb. 13.4 Voraussetzungen zur Problemlösungskompetenz der kollektiven Intelligenz

In traditionellen Strukturen erfolgt die Entscheidungsfindung häufig in einer Hierarchie. Damit werden dominante Meinungen umgesetzt und innovative Ideen ignoriert. Würde die Weisheit der Vielen genutzt, könnten unter den richtigen Voraussetzungen bessere und effizientere Lösungen gefunden werden. Dazu zählen folgende Voraussetzungen (Abb. 13.4):

- Meinungsvielfalt: Nicht der Expertenstatus ist von Relevanz, sondern die Vielfalt und die unterschiedlichen Sichtweisen auf Problem- und Fragestellungen. Um eine Verzerrung des Ergebnisses zu vermeiden, sollte eine zufällige Auswahl getroffen werden. Die Stichprobengröße sollte nicht zu klein sein.
- Meinungsfreiheit in der Gruppenkommunikation (Unabhängigkeit): Die Meinung eines Einzelnen wird nicht durch die Ansicht der Gruppe festgelegt. Dieser Aspekt bedeutet, dass Meinungsäußerungen nicht unterdrückt werden oder künstlich konform gemacht werden dürfen.
- Dezentralisierung der Gruppenentscheidung: Jeder hat Wissen über verschiedene spezielle Aspekte eines Problems. Es ist daher zu vermeiden, dass Informationsstränge an einem Punkt zusammenlaufen. Ansonsten kann die unabhängige Meinungsbildung erschwert werden.
- Aggregation zu einer gemeinsamen Stimme: Die Meinung der Vielen muss zu einer gemeinsamen Stimme und Gesamtaussage verdichtet werden. Beispielsweise ist der Mittelwert als Näherung mit hoher Wahrscheinlichkeit genauer als eine einzelne Schätzung. Je mehr Personen unabhängig schätzen, desto breiter sind die Schätzungen um das richtige Ergebnis. Auch Mehrheiten können ein aggregiertes Bild vermitteln, z. B. der Publikumsjoker mit der Darstellung einer prozentualen Verteilung von individuellen Einschätzungen. Die damit verbundene Ungleichverteilung kann zudem einen Hinweis auf die Zuverlässigkeit des Ergebnisses geben.

In der Regel sollen sich die Menschen in ihrer Meinungsbildung nicht gegenseitig beeinflussen, um das Problem des „Groupthink" zu umgehen. Nach Janis ist Groupthink eine Art Denkmodus, den Personen verwenden, wenn das Streben nach einmütiger Meinung in einer kohäsiven Gruppe derart dominant wird, dass es dahin tendiert, die realistische Abschätzung von Handlungsalternativen außer Kraft zu setzen. Eine Entscheidung,

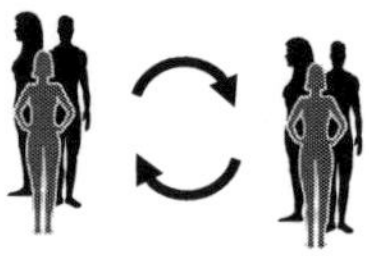

Crowdsourcing ist die...

- Auslagerung zur Lösung einer Aufgabe oder eines Problems (Outsourcing),
- an eine unbestimmte und unbekannte Gruppe (Crowd),
- in Form eines offenen Aufrufs über eine Internetplattform.

Abb. 13.5 Crowdsourcing

die dem Konsens einer Gruppe genügt, muss nicht sinnvollerweise die „Beste" sein. Im Gegenteil, das Streben nach Konsens kann die individuelle Vernunft dominieren und sogar zu irrationalen Entscheidungen führen. Die Gruppe beschränkt ihre Diskussion über die Problemlösung nur auf wenig Alternativen und die Suche nach vielleicht besseren Alternativen wird vorzeitig abgebrochen. Das Konzept der Weisheit der Vielen muss daher u. a. die Bedingungen thematisieren, unter denen sich in Gruppen abweichende Meinungen bilden, artikulieren und zu einer gemeinsamen Stimme aggregiert werden können.

13.2.2 Crowdsourcing

Der Begriff Crowdsourcing wurde erstmals von Howe im Wired-Magazin erwähnt (vgl. Howe 2006). Das Konzept beschreibt eine interaktive Form der Leistungserbringung, die kollaborativ oder wettbewerbsorientiert organisiert ist und eine große Anzahl extrinsisch oder intrinsisch motivierter Akteure unter Verwendung von IuK-Technologien auf Basis des Web 2.0 einbezieht (Abb. 13.5; vgl. Martin et al. 2008, S. 1256).

Anwendungsgebiete Das Crowdsourcing hat Verbindungspunkte zur evolutorischen Innovationstheorie, die den Vorteil vernetzter Innovationsprozesse betont. Crowdsourcing lässt sich in vielen Bereichen nutzen, die sich teilweise überlappen (Tab. 13.3).

In den genannten Anwendungsfeldern sind folgende Kriterien wichtig (vgl. Martin et al. 2008):

- Motivation der beteiligten Individuen (intrinsisch – unbezahlt/extrinsisch – bezahlt),
- Organisation der Leistungserstellung (kollaborativ/kompetitiv),
- Bezugsobjekt (einfache, komplexe Produkte oder Leistungserstellung),
- Projektinitiierung (reaktiv, z. B. bei Aufruf oder proaktiv, z. B. bei Entdecken einer Bedarfslücke).

Tab. 13.3 Anwendungsfelder von Crowdsourcing

Bereich	Ziel	Beispiel
Crowd Wisdom	Wissen großer Gruppen nutzen	Digitale Enzyklopädie Wikipedia; Verlinkung von Webseiten durch Google
Crowd Voting	Bewertung, Prognose und Vorhersage zur Verbesserung von Entscheidungsgrundlagen	Bewertung von Musik/Filmen/ Produktideen; Prognose politischer Wahlen, Aktienkurse
Crowd Creation	Integration von Nutzern in den Innovationsprozess, Kreativität	Nutzer erschaffen eine kreative Leistung
Crowd Labor	Einstellung von Microtasks durch Unternehmen	Taggen von Bildern, Übersetzen von Texten
Crowd Funding	Finanzierung von Projekten, Unternehmensgründungen	Geschäftsideen, humanitäre Projekte

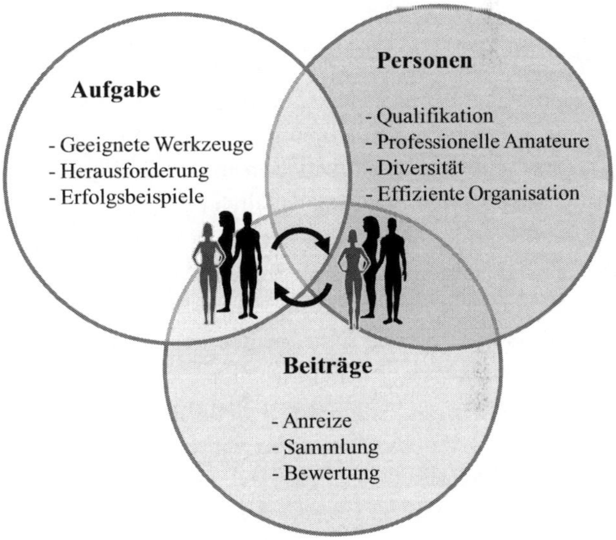

Abb. 13.6 Erfolgsfaktoren für Crowdsourcing

Voraussetzungen Die Umsetzung von Crowdsourcing-Projekten ist von folgenden Faktoren abhängig (Abb. 13.6):

(1) Aufgabenstellung: Die möglichst freie Verfügbarkeit von Werkzeugen im Web zu geringen oder gar keinen Kosten erlaubt die Bearbeitung einer Aufgabenstellung durch eine Vielzahl von Nutzern. Die Aufgabe muss mit einer Herausforderung verbunden sein. Für einfach zu lösende Aufgaben braucht es in Regel keine Online-Community, die sich durch vielfältige Qualifikationen und eine umfangreiche Lösungskompetenz auszeichnet. Die Darstellung von erfolgreichen Beispielen bietet eine Orientierung für Nachahmer und ist gleichzeitig eine Quelle der Inspiration für vergleichbare Projekte.

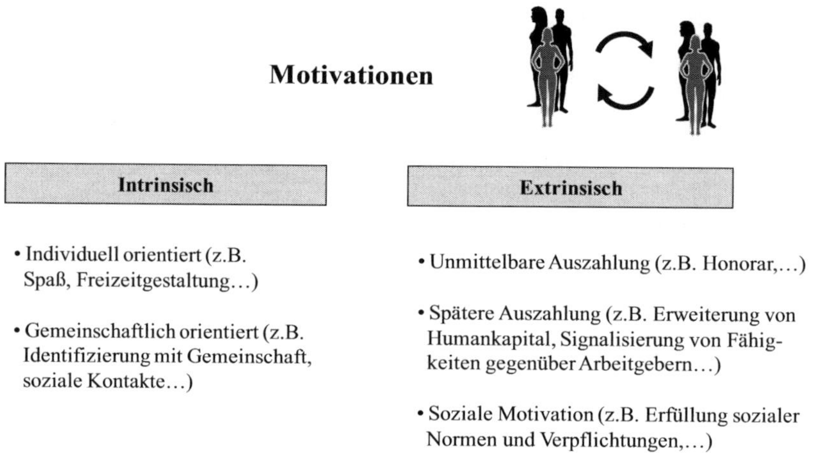

Abb. 13.7 Motivationen zur Teilnahme an Crowdsourcing-Projekten

(2) Personen: Die mit einer Aufgabe betraute Community muss über ein ausreichendes Qualifikationsniveau verfügen, um Lösungen hervorzubringen. Howe spricht in diesem Zusammenhang von „professionellen Amateuren". Zudem müssen die vorhandenen Qualifikationen in Art und Umfang zur Problemstellung passen. Zur Entwicklung möglichst vielfältiger Lösungsansätze ist eine hinreichend große Online-Community notwendig, deren Mitglieder ihr individuelles Wissen, unterschiedliche Fähigkeiten und auch persönliche Meinungen einbringen können.

(3) Beiträge: Zur Generierung von Beiträgen ist eine geeignete Anreizstruktur zu implementieren. Die Beiträge der teilnehmenden Individuen müssen über geeignete Verfahren gesammelt bearbeitet und bewertet werden, so dass die bestmöglichen Ergebnisse aller Teilnehmer identifiziert und gefördert werden können (z. B. Vergabe von Punkten für eingereichte Beiträge, Bewertung von Vorschlägen durch die Crowd selbst).

Motivation Von grundlegender Bedeutung ist die Motivation der Teilnehmer. Sie kann auf intrinsischen, extrinsischen oder einer Mischung beider Motivlagen basieren (Abb. 13.7; vgl. Kaufmann et al. S. 2011). Extrinsisch motiviert ist eine Person, die eine Tätigkeit ausführt, um eine Form von äußerlicher Belohnung zu erhalten. Dazu zählen ein Honorar, berufliche Vorteile, die Anerkennung für die erbrachte Leistung oder der Wunsch nach Verfolgung gemeinsamer Ziele (vgl. Kleemann et al. 2008). Studien zeigen, dass in der Regel unterschiedliche Motive zusammenwirken und sich überlappen (vgl. Kaufmann et al. 2011; Horton und Chilton 2010).

Paid Crowdsourcing In diesem Fall zielen Crowdsourcing-Plattformen darauf ab, IT-Services um nutzergenerierte Inhalte zu erweitern und/oder Zugang zu skalierbaren

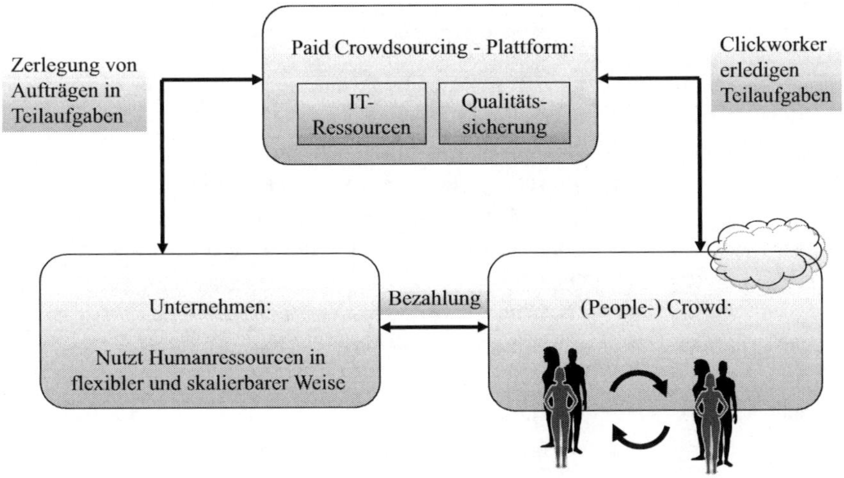

Abb. 13.8 Paid Crowdsourcing Projekt

Online-Arbeitskräften zu erhalten (Human as a Service, People Cloud Konzept). Eine Übersicht zu Anbietern findet sich unter: http://www.crowdsourcingblog.de/crowdsourcing-verzeichnis/kategorie/microworking/

Crowdsourcing-Anbieter stehen beim Aufbau einer solchen Plattform vor einem klassischen Henne-Ei-Problem, da sie sowohl lösungssuchende Unternehmen als auch eine hinreichend große Zahl an lösungsorientierten Internetnutzern (die Crowd) anziehen müssen (vgl. Andris 2012). Aus ökonomischer Sicht handelt es sich um einen zweiseitigen Markt, da beide Gruppen über einen Intermediär miteinander interagieren und die Entscheidung jeder Gruppe das Ergebnis der jeweils anderen Gruppe beeinflusst (Abb. 13.8). Erfolg stellt sich für einen Crowdsourcing-Anbieter nur bei Akzeptanz durch Unternehmen und hinreichende Nutzung der Plattform durch die Crowd ein. Je mehr Teilnehmer einer Marktseite die Plattform einsetzen, desto attraktiver wird die Plattform für die Nutzer der anderen Marktseite. Konstitutives Merkmal zweiseitiger Märkte sind indirekte und gegenseitige Netzwerkeffekte. Der Betreiber einer Crowdsourcing-Plattform muss daher geeignete Preis- bzw. Anreizstrategien etablieren, um beide Marktseiten anzuziehen und die indirekten Netzeffekte in Gang zu setzen.

Aus Sicht von lösungssuchenden Unternehmen gibt es eine Reihe von Projektarten, bei denen Paid Crowdsourcing erfolgreich sein kann. Zentraler Aspekt ist, dass es sich um Aufgaben handelt, die nicht von Computern automatisiert bearbeitet werden können (z. B. Texterstellung, Übersetzungen, Kategorisierung und Verschlagwortung sowie Webrecherche und Umfragen). Zumeist werden die Aufträge der Kunden vom Crowdsourcing-Unternehmen in kleine Aufgaben (Mikrotasks) zerlegt und anschließend an Clickworker delegiert (Tab. 13.4; vgl. z. B. http://www.clickworker.com/de). Der Begriff Clickworker stammt aus einem Projekt der NASA. Wissenschaftliche Laien haben dabei via Internet auf Fotos der Marsoberfläche elektronische Markierungen von Kratern

Tab. 13.4 Paid Crowdsourcing Projekt (vgl. http://cyberpress.de/wiki/Paid_Crowdsourcing)

Ablauf	Inhalt
(1) Auftragseinstellung	Einstellen des Auftrages auf eine Plattform mit Anweisungen zur Bearbeitung
(2) Auftragszerlegung	Zerlegung eines Auftrages in einzelne, in sich geschlossene Mikrotätigkeiten. Diese werden als Tasks angezeigt
(3) Qualifizierung	Jeder Clickworker muss Tests absolvieren, um sich für die jeweilige Aufgabe zu qualifizieren. Häufig erfolgt dazu eine Ausschreibung
(4) Bearbeitung	Qualifizierte Clickworker rufen die Mikrotätigkeiten ab und bearbeiten diese gegen ein in der Regel vorab festgelegtes Honorar
(5) Qualitätssicherung	Durchführung einer Qualitätskontrolle
(6) Zusammenfügen der Mikrotätigkeiten	Die erledigten Mikrotätigkeiten werden zu einer Datei zusammengefasst
(7) Auftragserledigung	Fertigstellung des Projekts und Download über Plattform

vorgenommen und so ein Projekt vorangetrieben, das die Wissenschaftler alleine nicht in angemessener Frist hätten bewältigen können.

Der Einsatz des People Cloud Konzepts ist mit einer Reihe von ökonomischen, rechtlichen und technischen Herausforderungen verbunden. Eine besondere Herausforderung stellt das Qualitätsmanagement dar, da nur eine eingeschränkte Kontrolle über die beteiligten Clickworker und ihre jeweiligen Arbeitsergebnisse besteht. Ziel ist die Entwicklung von integrierten Konzepten, die die einzelnen Arbeitsergebnisse von Clickworkern in einer effizienten Art und Weise zusammenfassen sowie verlässliche Resultate garantieren (vgl. Kern et al. 2012).

Chancen und Risiken Das Crowdsourcing ermöglicht für Unternehmen den Zugriff auf einen Pool an Arbeitskräften und auf Wissen, das die eigenen Fähigkeiten übersteigt (Abb. 13.9). Dadurch entsteht unmittelbar ein Kostenvorteil. Die durch Crowdsourcing kollaborativ zusammenarbeitenden Gruppen erzeugen eine Struktur der kollektiven Intelligenz. Nach dem Prinzip „nicht jeder weiß alles, aber viele wissen etwas", trägt jeder seinen Teil zur Problemlösung bei. Unternehmen können Kunden damit lösungsorientierte Produkte und Dienstleistungen anbieten, die sie an das Unternehmen binden. Die Crowd kann helfen, wichtige Informationen für das Management zu sammeln und zu strukturieren. Crowdsourcing kann es freiwillig arbeitenden Amateuren ermöglichen, die Tätigkeiten auszuführen, die ihnen Spaß machen. Gesellschaftlich betrachtet bietet Crowdsourcing zudem die Möglichkeit, dass sich Individuen gezielt in Entscheidungen einbringen können.

Die Durchführung von Crowdsourcing erfordert ein Management, welches sich um die Ideen und Kritiken der Crowd kümmert und die Ernsthaftigkeit von Projekten vermittelt. Diese Investitionen können kurzfristige Kostenvorteile aufwiegen. Da sich Amateure und Experten im direkten Wettbewerb gegenüberstehen, kann ein Preisgefälle entstehen.

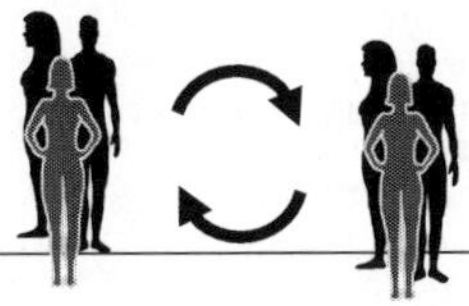

Chancen	Risiken
Größere Meinungsvielfalt, neue Ideen	Gefahr der Durchschnittsmeinung
Vorbereitung der Entscheidungsfindung	Abwertung der Erwerbsarbeit und Preisverfall für den kreativen Arbeitsmarkt
Geringere (Fix-)Kosten aus Unternehmenssicht	Keine konsequente Ausarbeitung von Vorschlägen
Kundenorientierte Problemlösungen, da die Crowd (Markt) mitarbeitet	fehlender Reifegrad, mangelnde Qualitätsstandards von Vorschlägen
Nutzung intrinsischer Anreize	Transparenz gegenüber der Konkurrenz
Partizipation von Kunden schafft Nähe	Imageverlust bei Fehlschlägen

Abb. 13.9 Chancen und Risiken von Crowdsourcing

Wird die Crowd nur benutzt um preiswerte Lösungen zu finden, kann das Crowdsourcing schnell an die Grenzen der Akzeptanz stoßen. Die Crowd kann durch negatives Feedback dann einen Imageverlust für das Unternehmen herbeiführen. Ein Unternehmen muss die freie Meinung von Kunden akzeptieren, ansonsten droht ein Verlust an Authentizität. Es müssen daher Möglichkeiten geschaffen werden, um eine Crowd sinnvoll in die Wertschöpfung zu integrieren. Dazu ist Transparenz zu erzeugen und sind Strukturen offen zu legen. Dies kann vor allem im Vergleich zur Konkurrenz zu Nachteilen führen. Kritisch zu betrachten sind auch die negativen Auswirkungen von Crowdsourcing auf dem kreativen Arbeitsmarkt. Crowdsourcing kann aus Sicht des Unternehmens zu einer Erhöhung der Transaktionskosten durch Unsicherheit führen, die bei der Aktion mit nicht vertrauenswürdigen Akteuren auf dem Markt entstehen. Weitere Risiken bestehen in der Gefahr des Informations- und Wissensabflusses sowie der Dysfunktion von sozialen Gruppen im Innovationsprozess (z. B. durch Gruppenträgheit und ausgeprägtes Gruppendenken).

13.3 Fallbeispiele und Anwendungen

13.3.1 Kollektive Intelligenz als Modell

Die Anwendungsgebiete der kollektiven Intelligenz für Unternehmen lassen sich grob in einen externen und internen Bereich zerlegen (Tab. 13.5). Wir wollen uns beispielhaft mit Kreativaufgaben und mit dem Bereich des Social Forecasting beschäftigen.

Tab. 13.5 Externes und internes Crowdsourcing

	Externes Crowdsourcing	Internes Crowdsourcing
Anwendungsgebiete für Teilnehmer	• Kreativaufgaben • Crowdfunding • Wissensaufgaben	• Marktprognose, z. B. Prognose von Absatzzahlen, Marktanteilen, Wachstumsraten für Produkte • Produktinnovation, z. B. Prognose von Umsatzpotential, Entwicklungskosten und -dauer bei neuen Produktideen • F&E-Management, z. B. Quantifizierung von Technologietrends und Abschätzung von Entwicklungsrisiken • Wirtschaftsprognose, z. B. Anpassung der Produktion an die wirtschaftliche Entwicklung
Teilnehmer	Zielcrowd	Mitarbeiter aus einem Unternehmen
Information für Teilnehmer	Nicht vertrauliche Informationen	Interne und vertrauliche Informationen
Motivation der Teilnehmer	Preise, Anerkennung	Preise, Anerkennung

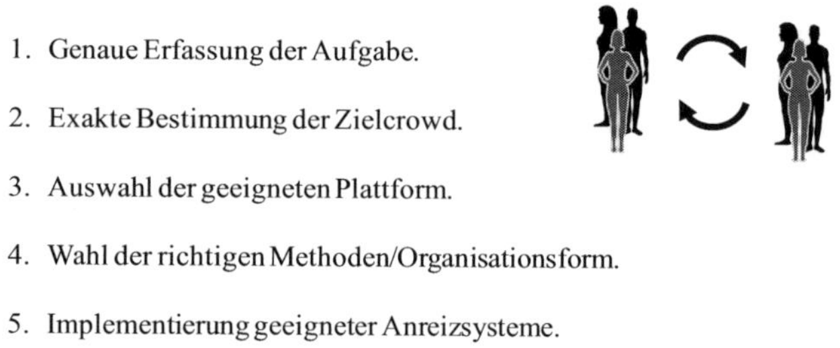

Abb. 13.10 Erfolgsfaktoren für Crowdsourcing bei Kreativaufgaben

Kreativaufgaben Webbasierte Plattformen können Zielgruppen mit Unternehmen als Auftraggeber zusammen führen (vgl. Gassmann 2010). Mitglieder einer Community werden in den Produktentwicklungszyklus involviert, sie beschäftigen sich mit der Marke und deren Eigenschaften und erhalten als Belohnung z. B. Prototypen sowie Rabatte beim Anbieter. Beim Brainstorming, Entwürfen zur Produktgestaltung oder der Marktforschung lässt sich vermuten, dass eine Crowd gute Ergebnisse beisteuern kann. Anders sieht es doch gegebenenfalls im Kernbereich der Forschung und Entwicklung aus. Hier zählt nicht allein die Idee, sondern die Umsetzung über einen Entwicklungsprozess. Zu klären bleibt also, ob und inwieweit sich komplexe Aufgabengebiete für Spezialisten über anonymes Crowdsourcing realisieren lassen (Abb. 13.10):

(1) Nur wer die eigene Probleme oder zu lösenden Aufgaben genau erfasst, kann auch adäquate Lösungen erwarten (z. B. Designvorschläge).
(2) Es müssen die „richtigen“ Personen als Crowd mobilisiert werden (Zielcrowd). Dies können Kunden, Lieferanten, Kooperationspartner oder Forschungsinstitute sein.

(3) Anhand der definierten Zielcrowd ist die Wahl der zu verwendenden Plattform zu bestimmen. Generell ist für große Unternehmen und bei starker Markenbindung der Aufbau einer eigenen Plattform ratsam. Ansonsten ist die Wahl eines Intermediärs von der Fragestellung abhängig und sollte anhand fach- und branchenspezifischer Merkmale ausgewählt werden (z. B. Design, Produktentwicklung).
(4) Anhand der Fragestellung und Zielgruppe gilt es die richtigen Methoden festzulegen. Hier haben sich Organisationen als erfolgreich herausgestellt, die genaue Spielregeln aufstellen.
(5) Erfolgreiche Projekte benötigen geeignete Anreizsysteme.

Viele Crowdsourcing-Projekte sind der 90-9-1 Regel unterworfen. 1 % der Teilnehmer produzieren überwiegend Inhalte, 9 % modifizieren diese und 90 % konsumieren sie lediglich. Webbasierte Plattformen müssen Usability-Elemente enthalten, einen Mehrwert bieten und die Teilnehmer motivieren, aktiv mitzumachen und wiederzukommen. Notwendig sind daher klar und kurz gehaltene Teilnahmebedingungen, einfache Bedienungsprozesse und ein automatisierter Registrierungsprozess. Auch die kreativsten Aufrufe helfen nicht weiter, wenn sie von der Zielcrowd nicht verstanden werden. Eine Anbindung an bekannte soziale Netzwerke mit Übernahme von Registrierungsinformationen erscheint hilfreich. Ein bedeutendes Element in sozialen Netzwerken ist die schnelle Mundpropaganda durch virale Effekte. Die Teilnehmer müssen durch aktiven Kontakt mit dem Community-Management Wertschätzung erfahren und einen Rückkanal geboten bekommen. Anfragen müssen zeitnah beantwortet und manipulierende Beiträge beseitigt werden. Die Verbreitung interessanter Zwischenstände (z. B. Anzahl von Ideen oder Teilnehmern) ist für die Crowd ein Signal, dass das Projekt „läuft". Gegebenenfalls erscheint es sinnvoll, aktiven Teilnehmern der Community eigene Verantwortungsbereiche zu übertragen und in das Community-Management zu integrieren.

Social Forecasting Während es bei „klassischen" Enterprise 2.0-Lösungen darum geht, dass Mitarbeiter textliche Inhalte in Wikis, Blogs oder sozialen Netzwerken teilen, nutzt das Social Forecasting das Wissen von internen Mitarbeitern, um Vorhersagen vor allem zu unternehmensrelevanten Kennzahlen zu erhalten (u. a. Technologietrends, Preisentwicklungen, Umsatzpotentiale, Produktmerkmale, Bestellmengen).

Elektronische Prognosemärkte (EPM) in Form webbasierter Informationsbörsen können das Wissen der Mitarbeiter aus verschiedenen Abteilungen in kürzester Zeit bündeln (vgl. z. B. http://www.crowdworx.com). In einem EPM-Portal werden dazu Prognosefragen wie z. B. eine Absatzeinschätzung für die Mitarbeiter eingestellt. Die Teilnehmer geben ihre Meinung ab und setzen auf ihre Prognose einen Einsatz mit einem Spielgeldsystem. Die Mitarbeiter haben z. B. bis zu fünf Tage Zeit, um ihre Meinung in Form einer quantitativen Schätzung in dem Social-Forecasting-Portal einzutragen. Sobald die Zeit abgelaufen ist, steht das kollektive Ergebnis dem Management zur Verfügung (Abb. 13.11).

Betrachten wir dazu ein Zahlenbeispiel. Sie prognostizieren für den Absatz eines Produktes in der 30. Kalenderwoche ein Volumen von 10.500 Stück und setzen dafür

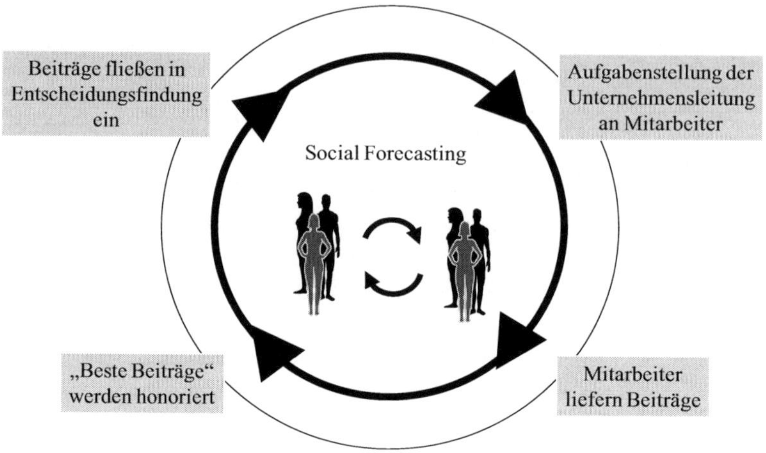

Abb. 13.11 Social Forecasting in Unternehmen

500 € an „Spielgeld" ein. Der tatsächliche Absatz des Produktes soll bei 12.000 Stück liegen. Aufgrund der Prognosegüte von 87,5 % würden Sie dann z. B. nicht 500 € an „Spielgeld", sondern 750 € erhalten. Im Fall anderer Prognosewerte ergeben sich z. B. folgende Auszahlungen:

Prognose	Prognosegüte	Auszahlung
6.000	Deutlich unterschätzt	0
7.200	60 %	200
12.000	100 %	1.000
18.000	Deutlich überschätzt	0

Je näher der Einsatz also am tatsächlichen Ergebnis liegt, desto größer ist der Spielgeldgewinn. Zusätzlich werden z. B. Sachpreise ausgeschüttet. Daneben gibt es auch nicht monetäre Anreize, zum Beispiel Ranglisten für die besten „Forecaster". Innerhalb der EPM-Software werden alle abgegebenen Meinungen zu einer in sich konsistenten Gesamtprognose konsolidiert. Zudem ist im System eine Rückkopplungsschleife zur Regelung der Objektivität integriert. Schlechte oder absichtlich falsche „Tipper" haben weniger Spielgeld zur Verfügung, wodurch ihr Einfluss auf die Gesamtprognose sinkt. Je sicherer sich der Teilnehmer ist, desto höher kann der gesetzte Betrag sein, was der Prognose gleichzeitig als Gewicht dient. Je näher die eigene Einschätzung des Teilnehmers am tatsächlichen Ergebnis ist, desto höher fällt der Gewinn aus. Wer schlecht tippt, verliert sein Spielgeld und hat keine Chance, Preise zu gewinnen oder im Ranking nach oben zu kommen. Nutzer, die besser sind, erhalten hingegen zunehmend höheres Gewicht in den Prognosen, so dass ein solches System über die Zeit immer besser wird.

Insgesamt basiert ein solches System nicht nur auf dem Grundsatz der Nutzung kollektiver Intelligenz, sondern auch auf Anreizmechanismen, die der ökonomischen Theorie folgen:

- Nur die „besten" Antworten werden belohnt.
- Es besteht ein Anreiz, exakte Antworten zu geben.
- Die Teilnehmer werden dazu veranlasst, ständig neue Informationen einzuholen, um die Prognosegüte und damit ihren Gewinn zu steigern.
- Die (in-)direkte Kommunikation zwischen Unternehmensleitung und Mitarbeitern kann das Verständnis für Unternehmensziele erhöhen.
- Social Forecasting fördert den Gedanken, im Team etwas erreichen zu können. Dies kann den Zusammenhalt der Mitarbeiter fördern und damit dem Arbeitsklima zuträglich sein.

Eine Reihe von Studien belegt die überraschend hohe Prognose-Genauigkeit, die nicht selten Experten und statistische Methoden in den Schatten stellt. Eine Erklärung für die erstaunliche Präzision von Prognosemärkten ist die Hayek-Hypothese. Sie besagt, dass durch den Wettbewerb auf einem Markt die asymmetrisch verteilten Informationen der Marktteilnehmer am effizientesten aggregiert werden können (vgl. Arrow et al. 2008).

Es gibt aber einige kritische Einwände gegen die Leistungsfähigkeit von Prognosemärkten (vgl. Tiberius und Rasche 2011):

- Die Crowd ist gemessen z. B. an sozio-demographischen Merkmalen nicht immer repräsentativ. Einige Personen sind besser informiert oder glauben zumindest, besser informiert zu sein. Sie können ihren Informationsvorsprung an Vorhersagebörsen in Formen der Belohnung umwandeln. Vorhersagemärkte spiegeln nur das heutige Wissen wider, sind also nur Vermutungen über zukünftige Ereignisse.
- Prognosemärkte eignen sich eher für kurzfristige Zukunftsprognosen. Es sollten stets mehrere alternative Entwicklungen diskutiert werden. Es bleibt, wie auch bei anderen Prognosemethoden, die nicht menschenunabhängige Ereignisse zu ihrem Gegenstand machen, das Phänomen der sich selbsterfüllenden Prognose zu berücksichtigen.

Ein weiterer kritischer Erfolgsfaktor von Prognosemärkten ist der Einführungsprozess und die Einbettung in die Geschäftsprozesse des Unternehmens. Mitarbeiter werden die Tools nur akzeptieren und nutzen, wenn die damit verbundenen Prognosen vom Management auch beachtet werden.

13.3.2 Generierung und Bedeutung von Nutzerbeiträgen

Inzwischen gibt es eine Vielzahl von Unternehmen, die Social Media in verschiedene Phasen des Innovationsprozesses nutzen und auf die Einbeziehung der Einzelbeiträge von

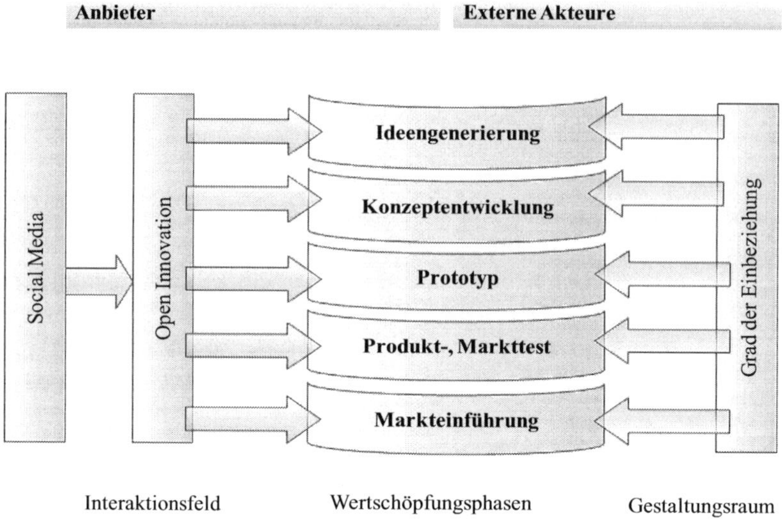

Abb. 13.12 Interaktive Wertschöpfung (vgl. Reichwald und Piller 2009, S. 52)

Nutzern setzen (Abb. 13.12). Zu beachten ist, dass die Prozesse zum Teil parallel verlaufen oder rückgekoppelt sind.

Prozessphasen

- Die Phase der Ideengenerierung bezieht sich auf Aktionen, die die Kreativität zur Erzeugung und Identifikation neuer Ideen unterstützen. Kunden werden vom Unternehmen eingeladen, Ideen beizutragen, die oft auch von anderen Nutzern bewertet werden. Im optimalen Fall werden die Kundenideen verwertet. In diesem Fall ist die Wahrscheinlichkeit hoch, dass das Unternehmen nah an den Kundenbedürfnissen produziert.
- In der Phase der Konzeptentwicklung gibt das Unternehmen eine Aufgabe an ein häufig undefiniertes Netzwerk, sofern die eigene Forschungs- und Entwicklungsabteilung das Problem nicht zu lösen vermag. Die Teilnehmer werden durch bestimmte Anreizsysteme motiviert. In Kontakt kommen sie mit dem Unternehmen erst dann, wenn die Aufgabe gelöst wurde. Alle Zwischenschritte koordiniert ein Intermediär als Problemlösungsplattform. Diese Vorgehensweise funktioniert vor allem dann, wenn sie ein ausreichend großes Netzwerk an Mitwirkenden schaffen, die Teilbarkeit der Aufgaben (Granularitätsprinzip) gegeben ist, Vertrauen in den Auftraggeber besteht und angemessene Anreizsysteme zur Verfügung stehen.
- Die Phase Prototyp fokussiert auf die Entwicklung bzw. Evaluation eines Produktkonzepts und des daraus entstehenden Produktdesigns.
- Die Phase des Produkt- und Markttests konzentriert sich auf die Weiterentwicklung und iterative Anpassung eines Prototyps.

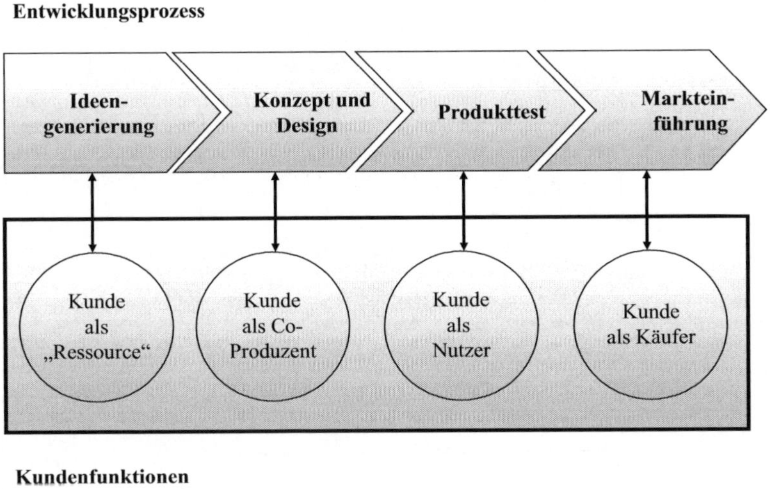

Abb. 13.13 Kundenfunktionen in der Produktentwicklung. (vgl. Lattemann et al. 2008)

- Die Phase der Markteinführung stellt auf die Weiterentwicklung und Verbesserung eines Produktes ab. Einbezogen werden auch Aktivitäten im Marketing, im Verkauf und bei der Ausgestaltung von After-Sales-Dienstleistungen.

Rollen und Funktionen des Kunden Um die kundenseitigen Aktivitäten im Wertschöpfungsprozess zu systematisieren, lassen sich Kunden verschiedene Rollen und Funktionen zuweisen (Abb. 13.13). Der Kunde kann 1) als Ressource, 2) als Co-Produzent, 3) als Nutzer und 4) als Käufer betrachtet werden. In den ersten beiden Funktionen wirkt der Kunde in erster Linie als Inputfaktor in den wertschaffenden Prozessen. In den letzten beiden Funktionen wirkt der Kunde primär direkt auf Outputfaktoren im Wertschöpfungsprozess ein. Agiert der Kunde als Ressource, so stellt er dem Produktionsprozess primär Informationen über sich und seine Bedürfnisse zur Verfügung. Agiert der Kunde als Co-Produzent, so wird er als eine Art externer Mitarbeiter direkt in den Produktionsprozess integriert. Wird der Kunde als Nutzer eingesetzt, kann dieser z. B. Zwischenstufen im Produktionsprozess evaluieren und entsprechendes Feedback geben. Häufig haben Unternehmen nur wenige Informationen über Bedürfnisse und Kaufintentionen von Kunden. In diesem Zusammenhang kann der Kunde als Käufer eingebunden werden und wertvolle Informationen über den Kaufprozess zur Verfügung zu stellen (vgl. Reichwald et al. 2003).

Beiträge der Kunden Wir wollen beispielhaft die Phase der Ideengenerierung betrachten. Ein Instrumentarium zur Kundenintegration sind z. B. Ideenwettbewerbe (vgl. Bretschneider et al. 2007). Ein Erklärungsmodell zur Ausgestaltung liefert die Anreiz-Beitrags-Theorie. Sie lässt sich sowohl der verhaltenswissenschaftlichen Entscheidungstheorie als

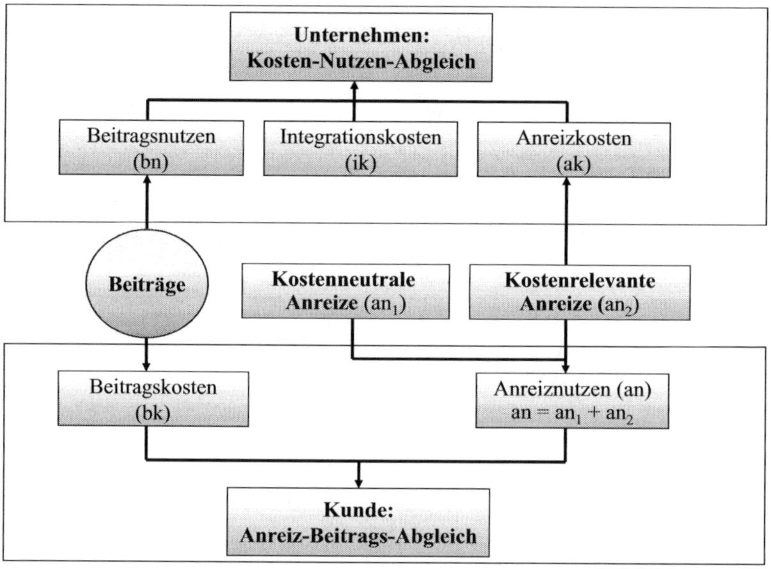

Abb. 13.14 Anreiz-Beitrags-Relationen der Kundenintegration. (vgl. Kunz und Mangold 2003)

auch der Motivationstheorie zuordnen. Grundgedanke ist, dass ein Gleichgewicht zwischen dem Anreiz (Entlohnung, Prestige) und dem Beitrag (Arbeitsleistung) herzustellen bzw. aufrechtzuerhalten ist (vgl. March und Simon 1976). Für die Teilnahme an einem vom Unternehmen ausgeschriebenen Ideenwettbewerb sind zwei Fragen entscheidend:

(1) Welche Anreize müssen Unternehmen ihren Kunden bieten?
(2) Welchen Umfang an konkreten Innovationsideen können sie dafür von den Kunden erwarten?

Im Kontext der Anreiz-Beitrags-Relation lassen sich die damit verbundenen Beziehungen konkretisieren (Abb. 13.14). Die Kundenbeiträge verursachen für Kunden Beitragskosten (bk) sowie Beitragsnutzen (bn) auf Seiten des Unternehmens.

Die Anreize zerfallen in zwei Kategorien:

- Zum einen kann der Kunde durch Anreize zur Mitarbeit motiviert werden, die für das Unternehmen keine zusätzlichen Anreizkosten (ak) verursachen. Hierzu zählt die intrinsische Motivation zur Beteiligung an innovativen Tätigkeiten (an_1).
- Zum anderen entstehen kostenrelevante Anreize (an_2).

Auf der Kostenseite des Unternehmens kommen Integrationskosten (ik) für die Einbeziehung der Kunden hinzu. Um eine erfolgreiche Integration des Kunden in den Wertschöpfungsprozess zu erreichen, müssen folgende Bedingungen zutreffen:

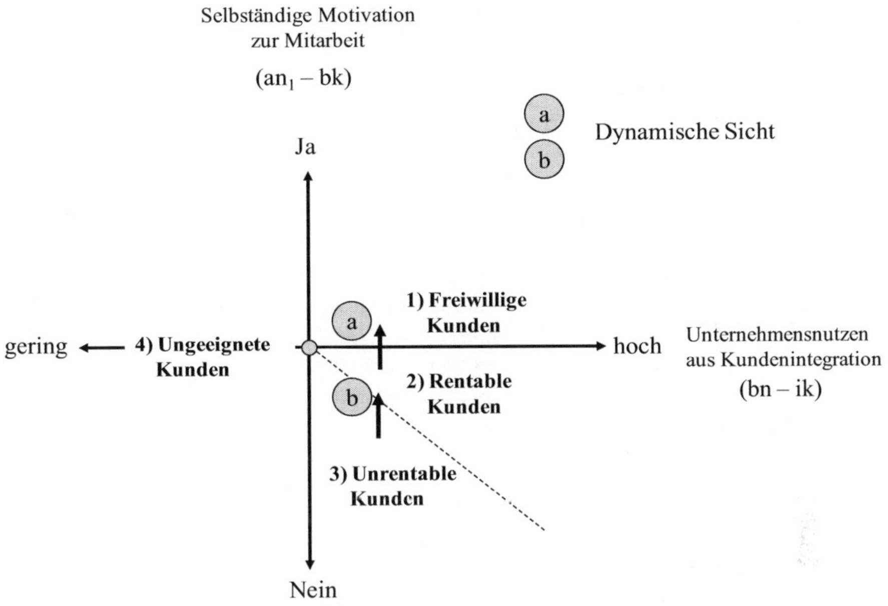

Abb. 13.15 Segmentierungsraum zur Kundenintegration in Wertschöpfungsprozesse. (vgl. Kunz und Mangold 2003)

(1) Kundenseite: $an_1 + an_2 - bk > 0$
(2) Unternehmensseite: $bn - ak - ik > 0$

Nur die Kunden, die sowohl ausreichend Anreize zur Mitarbeit besitzen und daher zur Mitarbeit motiviert sind und die gleichzeitig durch ihre Beiträge einen ausreichenden Nutzen für das Unternehmen darstellen, stellen rentable Kundengruppen dar (Abb. 13.15):

- Kundenseite: Um eine Ausgangslage für Anreizstrukturen bezogen auf potentiell rentable Kundengruppen zu schaffen, wird die selbständige Motivation des Kunden zur Mitarbeit ohne die kostenrelevanten Anreize der Unternehmung betrachtet. Die kostenneutrale bzw. selbständige Motivation des Kunden ergibt sich als Differenz von $an_1 - bk$.
- Unternehmensseite: Vor der Entscheidung über kostenrelevante Anreize ist der Beitragsnutzen der Kundengruppe zu bewerten. Ob dieser Beitragsnutzen ausreichend hoch ist, liegt auch an der eingesetzten Integrationsmethode für die Kunden. Ist die Methode sehr kostengünstig, lohnt es sich auch Kunden mit niedrigen, aber positiven Beitragsnutzen zu integrieren. Aus diesen Überlegungen folgt der unternehmerische Nutzen der Integration aus der Differenz von $bn - ik$.

Ausgehend von dieser Betrachtung ergeben sich verschiedene Kundensegmente (Tab. 13.6).

Tab. 13.6 Kundensegmente im Wertschöpfungsprozess

Segment	Einordnung	Anmerkung
1)	Freiwillige Kunden	Keine Anreizstrukturen erforderlich
2)	Rentable Kunden	Anreizstrukturen erforderlich: • Anreiznutzen erhöhen und/oder • Beitragskosten senken. Dynamische Sicht: Rentable Kunden werden zu freiwilligen Kunden (Feld a)
3)	Unrentable Kunden	Prinzipiell geeignete Kunden, aber zu hohe Kosten, um diese zur Mitarbeit zu bewegen. Dynamische Sicht: Unrentable Kunden werden z. B. durch Förderung intrinsischer/kostengünstiger Anreize oder durch Senkung der Beitragskosten zu rentablen Kunden (Feld b)
4)	Ungeeignete Kunden	

Die Frage, ob Kunden integriert werden sollen, hängt damit ab von

(1) den extrinsischen Anreizen, die das Unternehmen den Kunden bietet,
(2) der selbständigen Motivation zur Mitarbeit des Kunden,
(3) dem Beitragsnutzen, den der Kunde dem Unternehmen stiftet, und
(4) der eingesetzten Methode zur Integration.

Insgesamt scheint das Web 2.0 aufgrund seiner Strukturen gute Voraussetzungen zur Generierung zusätzlicher Nutzerbeiträge zu bieten:

- Durch Senkung von Beitragskosten und Erhöhung der Anreiznutzen können rentable Kunden zur freiwilligen Mitarbeit motiviert werden (Kunden wandern aus Segment 2 in Segment 1).
- Die kostengünstigere Bereitstellung von Anreizen führt zu einer vertikalen Verschiebung der Kundenposition nach oben (Kunden wandern aus Segment 3 in Segment 2).
- Internetbasierte Verfahren erleichtern die Kundenintegration und senken die Integrationskosten. Auch dies verschiebt die Kundenposition vertikal nach oben (Kunden wandern aus Segment 3 in Segment 2).
- Gelingt es, durch kostengünstigere Integrationsverfahren den gewünschten Beitragsnutzen zu generieren, so führt dies zu einem höheren Unternehmensnutzen durch die Kundenintegration. Tendenziell verschieben sich dadurch die Kundenpositionen horizontal nach rechts (Kunden wandern aus Segment 4 in Segment 2).

13.3.3 Open Innovation und Kundenintegration

Open Innovation bezeichnet die Öffnung des Innovationsprozesses von Organisationen und die aktive strategische Nutzung der Außenwelt (z. B. Lieferanten, Wettbewerber,

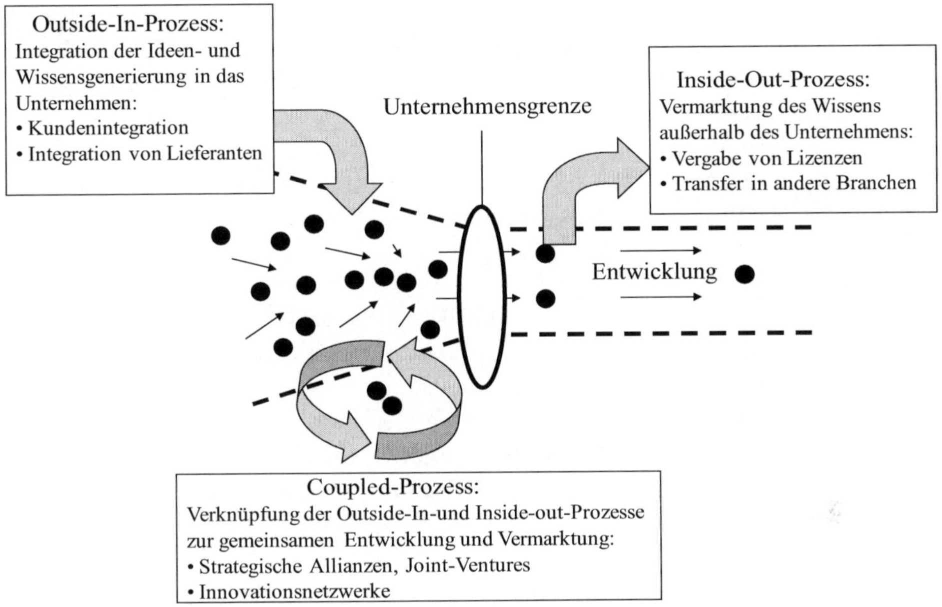

Abb. 13.16 Open Innovation

Forschungseinrichtungen, Kunden) zur Vergrößerung des Innovationspotentials (Abb. 13.16). Damit grenzt sich das Konzept zum Innovationsverständnis der Closed Innovation ab, das die Exklusivität einer Innovation als wesentliche (Monopol-)Rente des Innovators betrachtet (vgl. Chesbrough 2003). Der Hebeleffekt von Open Innovation beruht vor allem auf der Erweiterung des Spektrums der Ideen- und Lösungsfindung. Open Innovation ist offen für das Wissen anderer, soll Wissen gemeinschaftlich erzeugen und Wissen mit anderen teilen. Das Konzept ist dabei nicht gleichzusetzen mit einem Outsourcing. So werden nicht zwangsläufig F&E-Aktivitäten aus einem Unternehmen ausgelagert, sondern vielmehr werden neue Ideen in das Unternehmen hinein geholt.

Open Innovation basiert auf drei Prozessen:

- Outside-In-Prozess: Er beinhaltet die Integration des Wissens von Zulieferern, Kunden oder Firmen der gleichen oder anderer Industrien und von Forschungsinstituten. Das Know-how externer Gruppen soll genutzt werden, um die Qualität und Geschwindigkeit des Innovationsprozesses zu erhöhen. Der Outside-In-Prozess verdeutlicht, dass der Ort, an dem neues Wissen kreiert wird, nicht grundsätzlich mit dem Ort übereinstimmen muss, an dem Innovationen entstehen.
- Inside-Out-Prozess: Er zeichnet sich durch die externe Kommerzialisierung und Multiplikation vorhandener Kompetenzen und Technologien in andere Märkte aus. Unternehmen nutzen diesen Prozess, um z. B. Lizenzgebühren für Patente bzw. Innovationen einzunehmen, die sie nicht für die operative Geschäftstätigkeit nutzen.

- Coupled-Prozess: Er verbindet den Outside-In- und Inside-Out-Prozess miteinander. Auf diese Weise lassen sich Innovations- und Entwicklungsprozess von der Idee bis zur Vermarktung verknüpfen, wobei z. B. in strategischen Allianzen auch arbeitsteilig agiert werden kann.

Die Integration externen Wissens in den internen Innovationsprozess eines Unternehmens ist mit einigen Herausforderungen konfrontiert:

(1) Mitarbeiter in der Entwicklung sehen es häufig als Schwäche an, wenn sie ein Problem nicht intern lösen können („not invented here-Syndrom").
(2) Entwicklungsmanager eines Open Innovation Projektes brauchen nicht nur technisches Verständnis, sondern auch kommunikative und soziale Kompetenz.
(3) Unternehmen haben häufig die Befürchtung, Betriebsgeheimnisse zu verraten, wenn nicht gelöste technische Probleme offen ausgeschrieben werden.
(4) Teilweise steht das Patentrecht einer Open Innovation Lösung im Wege, wenn Unternehmen nicht bereit sind, schnelle und günstige Lizenzvereinbarungen zu treffen.

Eine bislang immer noch zu wenig beachtete Quelle externen Wissens für den Innovationsprozess sind die Kunden. Häufig beschränkt sich die Betrachtung auf eine Kundenorientierung. Diese benutzt vorrangig verfeinerte Marktforschungsmaßnahmen, um die Innovation frühzeitig an den Kundenbedürfnissen auszurichten und eine breite Marktakzeptanz sicherzustellen. Open Innovation meint jedoch vor allem im Kontext des Web 2.0 mehr als Kundenorientierung, sondern setzt auf Kundenintegration (vgl. Bartl 2010). Der Kundenbeitrag beschränkt sich in diesem Fall nicht nur auf die Artikulation von Bedürfnissen oder die Beteiligung an Markttests, sondern umfasst z. B. den Transfer konkreter Innovationsideen, ausgereifter Produktkonzepte oder gar fertig entwickelter Prototypen an das Unternehmen. Ziel ist es, frühzeitig Informationsdefizite, die am Anfang eines jeden Innovationsprojektes vorhanden sind, zu reduzieren.

Lead User Bereits 1986 hat Eric von Hippel die Lead User-Methodik als Integration besonders fortschrittlicher Verbraucher in die Entwicklung neuer Produkte beschrieben (vgl. Hippel 1986). Damit hat er ein frühes Tool des Outside-In-Prozesses entwickelt. Lead User haben früher als die Mehrheit eines Zielmarktes ein Bedürfnis für eine bestimmte Problemlösung. Sie antizipieren rechtzeitig innovative Leistungseigenschaften, die für andere Kunden erst später relevant werden. Unternehmen können also ein Interesse daran haben, Lead User z. B. gezielt in die Produktentwicklung einzubeziehen. Die Methode läuft typischerweise in vier Phasen ab:

- Identifikation wichtiger Markttrends,
- Identifikation von Lead Usern,
- Workshop zur Entwicklung innovativer Produktkonzepte mit den Lead Usern,
- Projektion der Ergebnisse auf einen größeren Markt.

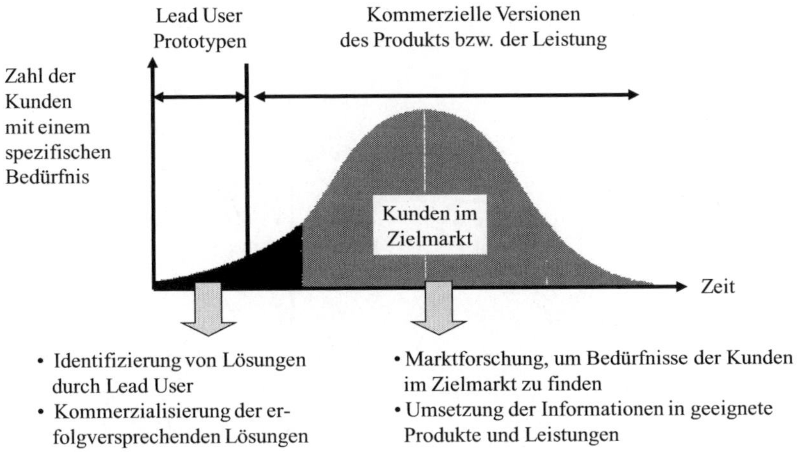

Abb. 13.17 Lead User und interaktive Wertschöpfung. (vgl. Hippel 2005; Reichwald und Piller 2009)

Diese Form der kooperativen Produktentwicklung soll frühzeitig Kundenbedürfnisse identifizieren und zur Entwicklung innovativer Lösungen beitragen, die den Markttrends vorauslaufen. Allerdings kann sich die Produkteinführung durch den höheren Organisationsaufwand auch verzögern. Hinzu kommt, dass die Bedürfnisse der Lead User nicht mit jenen anderer Nutzer übereinstimmen müssen. In diesem Fall kann es zu Nischenlösungen kommen, die für den Massenmarkt nicht geeignet sind.

Interaktive Wertschöpfung Der Ansatz der interaktiven Wertschöpfung setzt weniger auf autonom handelnde Lead User, sondern auf die Kooperation zwischen Herstellern und Kunden. Dieser Prozess kann durch ein Unternehmen mit verschiedenen Methoden aktiviert und zumindest teilweise gesteuert werden. Damit lässt sich die Zahl der Kunden, die sich für eine Integration in den Innovationsprozess eignen, gegebenenfalls erhöhen (Abb. 13.17; vgl. Reichwald und Piller 2009).

Eine umfassende Kundenintegration ist aber nicht in allen Fällen zweckmäßig. Gerade in den frühen Phasen, bei der Generierung und Auswahl von Ideen, kommt es zu Restriktionen (vgl. Grothe 2007):

- Wenn mit neuen Produkten auch neue Kunden angesprochen werden sollen, sind ihre Bedürfnisse noch gar nicht bekannt.
- Teilweise bestehen Ideen nur auf dem Papier oder in abstrakter Darstellung, so dass eine hohe Vorstellungskraft und Kreativität bei den Kunden notwendig ist.

Diese Restriktionen führen dazu, dass der optimale Grad der Kundeneinbindung keinem Extremwert zuzuordnen ist (Abb. 13.18). Die Zusammenhänge zwischen Innovationserfolg und der Einbeziehung externer Quellen bzw. zwischen Innovationserfolg und

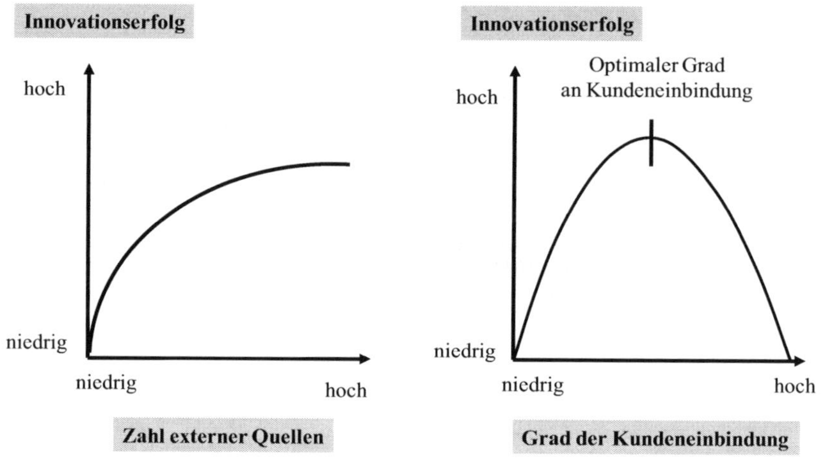

Abb. 13.18 Grad der Kundeneinbindung und Innovationserfolg

dem Ausmaß an Kundenintegration sind nicht linear, sondern erfordern differenzierte Überlegungen.

Eine zu starke Fokussierung der Innovationsaktivitäten auf Kunden ist dann nachteilig, wenn Kunden, die nach Ideen für neue Produkte befragt werden oder diese bewerten sollen, in ihrer Erfahrungswelt gefangen sind. Sie beurteilen die Ideen im Rahmen der aktuellen Situation und unter der Sichtweise ihrer täglichen Herausforderungen. Häufig ändern Innovationen jedoch den Bezugsrahmen und erfordern für ihre Beurteilung Kriterien, die von aktuellen Kunden häufig nicht zu beurteilen sind (vgl. Govindarajan und Kopalle 2006).

13.4 Übungen und Lernkontrolle

▶ Bearbeitungshinweise finden Sie im Web

(1) Konzept der kollektiven Intelligenz:
   a) Erläutern Sie mögliche Einsatzfelder für das Konzept der kollektiven Intelligenz.
   b) Welche Voraussetzungen müssen gegeben sein, damit das Konzept erfolgreich eingesetzt werden kann?
(2) Konzept des Crowdsourcing:
   a) Was verstehen Sie unter Crowdsourcing?
   b) Unter welchen Bedingungen lassen sich die Potentiale von Crowdsourcing nutzen?
   c) Welche Vor- und Nachteile weist das Konzept des Crowdsourcings auf?
(3) Nutzerbeiträge:
   a) Erläutern Sie Anreiz-Beitrags-Relationen der Kundenintegration.
   b) Welche Kundengruppe ist aus Sicht dieses Ansatzes rentabel?

(4) Innovationsprozess:
  a) Grenzen Sie die Begriffe Closed Innovation und Open Innovation voneinander ab.
  b) Was besagen der Outside-In-Prozess und der Inside-Out-Prozess?
  c) Erläutern Sie mögliche Probleme, die bei der Anwendung des Open Innovation Ansatzes auftreten können.
(5) Lead User-Methode:
  a) Beschreiben Sie die Lead User-Methode.
  b) Erläutern Sie die mit dem Ansatz verbundenen Chancen und Risiken.
(6) Ist eine umfassende Kundenintegration in einen Innovationsprozess in jedem Fall sinnvoll?

Literatur

Andris S (2012) Paid-Crowdsourcing-Plattformen als zweiseitige Märkte. Verlag für Angewandte Wirtschftswissenschaften, Köln

Arrow K, Forsythe R, Gorham M, Hahn R, Hanson R, Ledyard J, Levmore S, Litan R, Milgrom P, Nelson F, Neumann G, Ottaviani M, Schelling T, Shiller R, Smith V, Snowberg E, Sunstein C, Tetlock P, Tetlock P, Varian H, Wolfers J, Zitzewitz E (2008) The promise of prediction markets. Science 320:877–878

Bartl M (2010) Open Innovation. Der offene Umgang mit Wissen verändert das Innovationsmanagement. http://www.community-of-knowledge.de/beitrag/open-innovation-der-offene-umgang-mit-wissen-veraendert-das-innovationsmanagement/. Zugegriffen: 15. Okt. 2012

Benkler Y (2006) The wealth of networks. How social production transforms markets and freedom. Yale University Press, New Haven. http://www.benkler.org/Benkler_Wealth_Of_Networks.pdf

Bretschneider U, Ebner W, Leimeister JM, Krcmar H (2007) Internetbasierte Ideenwettbewerbe als Instrument der Integration von Kunden in das Innovationsmanagement von Software-Unternehmen. TU München. http://www.uni-kassel.de/fb7/ibwl/leimeister/pub/07-22.pdf. Zugegriffen: 17. Sept. 2012

Chesbrough HW (2003) Open innovation: The new imperative for creating and profiting from technology. Harvard Business Review Press, Boston

Drews P (2010) Veränderungen in der Arbeitsteilung und Gewinnverteilung durch Open Innovation und Crowdsourcing. Universität Hamburg, Hamburg. http://edoc.sub.uni-hamburg.de/informatik/volltexte/2010/136/pdf/drews_arbeitsteilung.pdf. Zugegriffen: 18. Sept. 2012

Gassmann O (2010) Crowdsourcing-Innovationsmanagement mit Schwarmintelligenz. Hanser, München

Govindarajan V, Kopalle PK (2006) Disruptiveness of innovations: measurement and an assessment of reliability and validity. Strategic Manage J 27:189–199

Grothe M (2007) Die Analyse von Netzwerken: Social Network Analysis. In: Dold E, Gentsch P (Hrsg) Innovationen möglich machen. Handbuch für effizientes Innovationsmanagement. Symposion Publishing, Düsseldorf, S. 401–427

Hippel Ev (1986) Lead users. A source of novel product concepts. Manage Sci 32:791–805

Hippel Ev (2005) Democratizing innovation, cambridge. http://web.mit.edu/evhippel/www/democ1.htm. Zugegriffen: 17. Okt. 2012

Horton JJ, Chilton LB (2010) The labor economics of paid crowdsourcing. http://arxiv.org/pdf/1001.0627.pdf. Zugegriffen: 18. Okt. 2012

Howe J (2006) The rise of crowdsourcing, wired magazine. http://www.wired.com/wired/archive/14.06/crowds.html. Zugegriffen: 25. Okt. 2012

Kaufmann N, Schulze T, Veit D (2011) More than fun and money. Worker motivation in crowdsourcing – A study on mechanical turk. Proceedings of the seventeenth Americas conference on information systems, Detroit, August

Kern R, Thies H, Zirpins C, Satzger G (2012) Dynamic and goal-based quality management for human-based electronic services. Int J Coop Inf Syst 21(1):3–29

Kleemann G, Voß G, Rieder K (2008) Crowdsourcing und der Arbeitende Konsument. Arbeits- und Industriesoziologische Studien 1(1):29–44

Kunz W, Mangold M (2003) Segmentierungsmodell für die Kundenintegration in Dienstleistungsinno-vationsprozesse – Eine Anreiz-Beitragstheoretische Analyse. Arbeitspapierreihe WINserv, München. http://wwwkrcmar.in.tum.de/public/webcoach/wsw/attachments/WINserv_Arbeitsbericht_Anreiz-Beitrag.pdf. Zugegriffen: 17. Aug. 2012

Lattemann C, Fetscherin M, Lang G (2008) Kundenintegration im Produktentwicklungsprozess in virtuellen Welten. Eine Bestandsaufnahme in Second Life. HMD – Praxis der Wirtschaftsinformatik 261:51–60.

March JG, Simon HA (1976) Organisation und Individuum – Menschliches Verhalten in Organisationen. Gabler, Wiesbaden

Martin N, Lessmann S, Voß S (2008) Crowdsourcing: Systematisierung praktischer Ausprägungen und verwandter Konzepte. Institut für Wirtschaftsinformatik, Universität Hamburg, Hamburg, S. 1251–1262. http://ibis.in.tum.de/mkwi08/18_Kooperationssysteme/05_Martin.pdf. Zugegriffen: 18. Okt. 2012

Reichwald R, Piller F (2009): Interaktive Wertschöpfung, 2. Aufl. Open Innovation, Individualisierung und neue Formen der Arbeitsteilung. Gabler, Wiesbaden

Reichwald R, Seifert S, Walcher D, Piller FT (2003) Customers as part of value webs: towards a frame-work for webbed customer innovation tools. Arbeitspapier am Lehrstuhl für allgemeine und spezielle Betriebswirtschaftslehre der Technischen Universität München, München

Surowiecki J (2005) Warum Gruppen klüger sind als Einzelne. Goldmann, München (engl.: The wisdom of crowds. Why the many are smarter than the few and how collective wisdom shapes business, economies, societies, and nations. Doubleday, New York 2004)

Tapscott D, Williams AD (2007) Wikinomics: die Revolution im Netz. Hanser, München (engl. Wikinomics: How Mass Collaboration Changes Everything. Penguin Group, New York (2006))

Tiberius V, Rasche C (2011) Prognosemärkte. J Manage Control/Z. Plan Unternehmensbesteuerung 21. Jg (4):467–472

Vickrey G, Wunsch-Vincent S (2007) Participative web and user-created content: web 2.0, wikis and social net-working. OECD, Paris. DSTI/ICCP/IE(2006)7/FINAL, http://www.oecd.org/dataoecd/57/14/38393115.pdf. Zugegriffen: 17. Nov. 2012

Eigentumsrechte, Innovationen und Wissensallmenden

14

14.1 Inhalt und Schlüsselbegriffe

Inhalt

Güter, die im Internet frei zugänglich sind bzw. von jedem genutzt werden können, haben aus ökonomischer Sicht den Charakter von öffentlichen Gütern. Teilweise ist auch von Wissensallmenden die Rede. Entgegen der ökonomischen Theorie kommt es aber weder zu einer Unterversorgung mit digitalen Gütern noch zu ihrer Übernutzung. Die aktive Beteiligung von Nutzern an der Erstellung und Verteilung digitaler Güter hat eine breite und intensive Diskussion um die Ausgestaltung von geistigen Eigentumsrechten ausgelöst (Abb. 14.1). Bei den rechtlichen Instrumenten ist eine breite Form der Ausgestaltung zu erkennen, die sich wie im Fall des Urheberrechts auch zwischen Ländern unterscheidet. In technologischer Hinsicht dominieren Verfahren des Digital Rights Managements (DRM). Überlegungen der Innovationstheorie am Beispiel der Softwareindustrie zeigen, dass eine zu strikte Erteilung von Eigentumsrechten z. B. in Form von Patenten insgesamt mit Wohlfahrtsverlusten verbunden sein kann, da die Innovationen komplementär und sequenziell sind. Open Source Software Projekte müssen demgegenüber in Qualität und Quantität nicht mit Nachteilen verbunden sein, wenn genügend intrinsische und extrinsische Anreize der Erstellung vorhanden sind. Auch Projekte der wissensbasierten Kollaboration wie Wikipedia sind ein Beispiel dafür, dass entgegen der strengen Überlegungen von ökonomischer Rationalität mehrere Tausend Menschen freiwillig zusammenkommen, kostenlos untereinander Beiträge austauschen und kollektives Lernen stattfinden kann.

R. Clement, D. Schreiber, *Internet-Ökonomie*, Springer-Lehrbuch,
DOI 10.1007/978-3-642-36719-9_14,

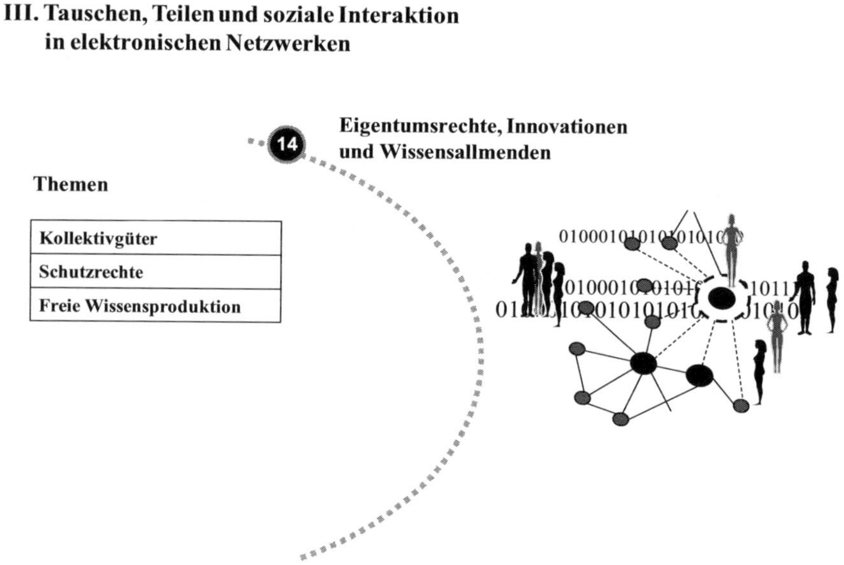

Abb. 14.1 Gemeinsamer Besitz und Eigentum digitaler Güter

Schlüsselbegriffe

Öffentliche Güter; Allmendegüter; Geistige Eigentumsrechte; Urheberrecht; Copyright; Creative Commons; Innovationstheorie; Open Source Software; Wikipedia.

14.2 Grundlagen

14.2.1 Öffentliche Güter

Vielleicht nutzen Sie Wikimedia Commons (http://de.wikipedia.org/wiki/Wikimedia_Commons). Es handelt sich um eine freie Sammlung von Bildern, Videos und Audiodateien. Die Nutzung des Medienarchivs ist kostenfrei und ohne Anmeldung möglich. Es dürfen nur Inhalte hochgeladen werden, die den Ansprüchen des freien Wissens entsprechen. Als freie Inhalte (free content, open content) werden Texte, Bild- und Tonwerke bezeichnet, deren kostenlose Nutzung urheberrechtlich erlaubt ist. Dies ist nach Ablauf von gesetzlichen Schutzfristen zulässig, so dass ursprünglich geschützte Werke als gemeinfrei gelten. Alternativ werden Inhalte als frei bezeichnet, wenn Urheber oder Inhaber der Nutzungsrechte ein Werk unter eine freie Lizenz gestellt haben. Eine freie Lizenz ist eine Nutzungslizenz, die die kostenlose Nutzung und Weiterverbreitung urheberrechtlich ge-

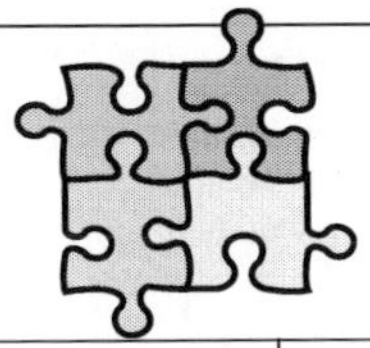		**Rivalität im Konsum**	
		Ja = 1	Nein = 0
		Private Güter	**Quasi-private Güter (Klubgüter) mit der Tendenz zur Unterversorgung**
Ausschluss-prinzip	Ja = 1	• Nahrungsmittel • PKW • Kleidung	• Tennisanlage eines Vereins • Gebührenpflichtige Straßen ohne Stau • Theater, Museum • Öffentlicher Nahverkehr
		Quasi-öffentliche Güter (Allmendegüter) mit der Tendenz zur Übernutzung	**Öffentliche Güter**
	Nein = 0	• Überfüllte öffentliche Straße • Fischbestände in Gewässern mit freiem Zugang	• Polizei • Justiz • Straßenbeleuchtung • Deich

Abb. 14.2 Ausschlussprinzip und Nicht-Rivalität im Konsum. (vgl. Clement 2012, Kap. 14)

schützter Werke erlaubt. In der Regel müssen in diesem Fall jedoch Name des Urhebers und die betreffende Lizenz genannt werden.

Güter, die wie z. B. Wikimedia Commons frei zugänglich sind bzw. von jedem genutzt werden können, lassen sich als Gemeingüter (Commons) einstufen. Zum Teil werden diese Güter auch als öffentliche Güter bezeichnet. Hier handelt es sich um Güter, die durch folgende Merkmale gekennzeichnet sind (Abb. 14.2):

- Hinsichtlich des Ausschlussprinzips gilt: Es ist nicht möglich oder prohibitiv teuer, eine andere Person vom Konsum bzw. Nutzen eines Gutes auszuschließen.
- Hinsichtlich des Konkurrenzprinzips (Nicht-Rivalität im Konsum) gilt: Konkurrenz liegt nicht vor, so dass durch die Nutzung oder den Verbrauch eines Gutes die Menge, die für die anderen Personen zur Nutzung oder zum Verbrauch verbleibt, nicht verringert wird.

Reine öffentliche Güter werden überwiegend unentgeltlich vom Staat bereitgestellt. Ihnen lassen sich Eigentumsrechte oft nur kollektiv zurechnen (z. B. innere Sicherheit). Öffentliche Güter müssen jedoch nicht staatlich, sondern können auch privat produziert und bereitgestellt werden (z. B. Bildung).

Entscheidend für ein öffentliches Gut ist nicht, ob die anderen Konsumenten vom Konsum ausgeschlossen werden können. Das ist in vielen Fällen technisch möglich (z. B. durch Autobahngebühren, Patente, Verschlüsselung von privaten Fernsehprogrammen). Entscheidend ist vielmehr, dass es keine Rivalität im Konsum gibt. Ein öffentliches Gut

Tab. 14.1 Bereitstellung eines öffentlichen Gutes durch zwei Personen

Kosten der Laterne: 10 Geldeinheiten		Anwohner 2	
		Beteiligt sich	Beteiligt sich nicht
Anwohner 1	Beteiligt sich	Anwohner 1: 5 Anwohner 2: 5	Anwohner 1: 10 Anwohner 2: 0
	Beteiligt sich nicht	Anwohner 1: 0 Anwohner 2: 10	Anwohner 1: 0 Anwohner 2: 0

besitzt die Eigenschaft, dass alle das Gut im selben Umfang nutzen können. Würde jemand das Gut privat bereitstellen, hätten auch alle anderen Konsumenten den vollen Nutzen aus diesem Gut. Jeder Konsument wird daher hoffen, dass andere Nutzer das Gut bereitstellen und er kostenlos davon profitiert. Es liegt ein Trittbrettfahrerverhalten vor. Wenn jeder sich so verhält, wird das Gut im Zweifel gar nicht bereitgestellt. Bei eigennütziger Kalkulation wird der Einzelne im Vertrauen darauf, dass genügend andere das öffentliche Gut finanzieren, seine wahren Wünsche nicht aufdecken und im Zweifel darauf hinweisen, dass ihm der Preis zu hoch ist. Wenn viele so denken, entsteht der Eindruck, dass dieses Gut nicht den Wünschen der Bevölkerung entspricht. Nicht nur das Ausschlussprinzip, sondern auch das marktwirtschaftliche Informationssystem versagt. Es entsteht die Gefahr der Unterversorgung mit öffentlichen Gütern.

Zahlungsbereitschaft Die Bereitstellung eines öffentlichen Gutes hängt u. a. mit den Zahlungsbereitschaften zusammen. Betrachten wir als Beispiel die Anschaffung einer Straßenlaterne durch zwei Anwohner. Die maximalen Zahlungsbereitschaften betragen (vgl. Wiese 2010, Kap. S):

- Anwohner 1: 20 Geldeinheiten.
- Anwohner 2: 30 Geldeinheiten.

Falls nur einer der Anwohner einen Betrag leistet, muss er den Gesamtbetrag zahlen. Leisten beide einen Beitrag, entfällt auf jeden ein Anteil von 50 %. Nehmen wir an, die Kosten der Straßenlaterne betragen 10. In diesem Fall ist es für beide lohnend, die Laterne im Zweifel auch allein zu finanzieren, denn für beide liegt die jeweilige Zahlungsbereitschaft oberhalb der Kosten von 10. Die Alternative der Nicht-Beteiligung wäre also nicht rational (Tab. 14.1).

Betrachten wir nun den Fall, dass die Kosten der Straßenlaterne 25 betragen. In diesem Fall wird Anwohner 1 zum Trittbrettfahrer. Für ihn ist es nicht lohnend allein zu leisten, da die Zahlungsbereitschaft (20) unterhalb der Kosten (25) liegt. Wenn Anwohner 2 nicht zahlt, wird es Anwohner 1 auch nicht tun. Zahlt Anwohner 2, wird Anwohner 1 nicht leisten, denn die Laterne wird auch ohne seine Beteiligung aufgestellt. Anwohner 2 wird also die Laterne im Zweifel alleine finanzieren, da seine Zahlungsbereitschaft von 30 oberhalb der Kosten von 25 liegt (Tab. 14.2).

Tab. 14.2 Bereitstellung eines öffentlichen Gutes durch eine Person

Kosten der Laterne: 25 Geldeinheiten		Anwohner 2 Beteiligt sic	 Beteiligt sich nicht
Anwohner 1	Beteiligt sich	Anwohner 1: 12,5 Anwohner 2: 12,5	Anwohner 1: 25 Anwohner 2: 0
	Beteiligt sich nicht	Anwohner 1: 0 Anwohner 2: 25	Anwohner 1: 0 Anwohner 2: 0

Tab. 14.3 Gefangenendilemma bei der Bereitstellung eines öffentlichen Gutes

Kosten der Laterne: 35 Geldeinheiten		Anwohner 2 Beteiligt sich	 Beteiligt sich nicht
Anwohner 1	Beteiligt sich	Anwohner 1: 17,5 Anwohner 2: 17,5	Anwohner 1: 35 Anwohner 2: 0
	Beteiligt sich nicht	Anwohner 1: 0 Anwohner 2: 35	Anwohner 1: 0 Anwohner 2: 0

Betrachten wir nun den Fall, dass die Kosten der Laterne 35 betragen. Die Situation hat nun die Struktur eines Gefangenendilemmas. Es ist für beide Anwohner von Vorteil, das Gut gemeinsam zu finanzieren. Die Summe der Zahlungsbereitschaften (20 + 30) liegt oberhalb der Kosten (35). Für jeden einzelnen hingegen lohnt die Finanzierung nicht. In diesem Fall wird es ohne Vertrauen oder bindende Absprache wahrscheinlich nicht dazu kommen, dass die Laterne privat bereitgestellt wird (Tab. 14.3).

Das Beispiel zeigt, dass die Wünsche und Zahlungsbereitschaften bekannt sein müssen, wenn die effiziente Menge eines öffentlichen Gutes bereitgestellt werden soll. Auf den ersten Blick könnte eine Befragung das Problem lösen. Dieser Mechanismus funktioniert in der Regel aber nicht. Hängt die Bereitstellung oder die gewünschte Größe des öffentlichen Gutes nicht von den eigenen Zahlungen ab, würde die eigene Präferenz in einer Befragung stets übertreiben.

Digitale Güter Wir wollen diesen Gedankengang auf digitale Güter übertragen und am Beispiel von Mediengütern erläutern (Abb. 14.3). Sofern der Medienmarkt über Werbung finanziert wird, hat die Werbung aus Sicht der Unternehmen die Eigenschaften eines privaten Gutes (vgl. Dreiskämper 2010). Wer Werbung schaltet, bezahlt für das Recht, einen Platz oder Zeit in den Medien nutzen zu können. Wer hingegen nicht bezahlt, wird von der Nutzung ausgeschlossen. Ist der Werberaum gebucht, besteht Rivalität im Konsum, da niemand anders den Raum nutzen kann.

Im Fall von Medieninhalten ist der Rivalitätsgrad hingegen Null. Ein Nutzer eines Medieninhalts schränkt die Konsummöglichkeiten desselben Inhalts für andere Nutzer nicht ein. Der Grad der Ausschließbarkeit ist weniger eindeutig zu bestimmen, da er u. a. von der Wirksamkeit von Schutzrechten oder technologischen Möglichkeiten des Ausschlusses abhängt (vgl. Detering 2001):

- Medien als bedingt marktfähige Güter (Klubgüter): In diesem Fall wird der Zugang zum Medium an Bedingungen geknüpft oder werden die Inhalte so codiert, dass die Nutzung nur unter bestimmten technischen Voraussetzungen möglich ist. So lassen

		**Rivalität im Konsum**	
		Ja = 1	Nein = 0
		Private Güter	**Quasi-private Güter (Klubgüter) mit der Tendenz zur Unterversorgung**
Ausschluss-prinzip	Ja = 1	• Werbezeit für Unternehmen	• Kabelfernsehen • Pay-TV • Geschützte Internetinhalte
		Quasi-öffentliche Güter (Allmendegüter) mit der Tendenz zur Übernutzung	**Öffentliche Güter**
	Nein = 0	• Sendefrequenzen	• Rundfunkprogramme • Fernsehprogramme • Frei zugängliche Internetinhalte

Abb. 14.3 Einordnung von digitalen Mediengütern und Inhalten in die Gütersystematik

sich z. B. Online-Angebote durch Passwörter vor unbefugtem Zugriff schützen oder Pay-TV-Angebote so verschlüsseln, dass sie nur mit technischen Hilfsmitteln decodiert werden können.

- Medien als nicht marktfähige Güter (öffentliche Güter): Der Zugang zu frei empfangbaren TV-Sendungen, Rundfunkprogrammen und offenen Internetseiten ist jederzeit und an jedem Ort möglich, soweit die Technik dafür ausgelegt ist. Jeder Konsument hat die Möglichkeit, Programme auswählen oder Seiten aufzurufen, und zwar unabhängig davon, ob er die Leistungen bezahlt oder nicht. Der Markt würde in einem solchen Fall kein Leistungsangebot generieren. Die Entscheidung, ob und in welchem Umfang solche frei zugängliche Medienleistungen konsumierbar sein sollen, ist normativer Natur. Will die Gesellschaft, dass Bürger informiert und unterhalten werden, müssen die Angebote unabhängig von der am Markt angezeigten Konsumbereitschaft bereitgestellt werden.
- Medienträger als nicht marktfähige Güter (Allmendegüter): Medieninhalte müssen transportiert werden, wenn sie vom Absender zum Empfänger gelangen sollen. Sendefrequenzen sind physikalisch knapp, gehören aber keinem exklusiven Personenkreis. Jeder, der über das technische Know-how verfügt, kann sie nutzen. Die Möglichkeit zur Anwendung des Ausschlussprinzips für Nutzer besteht also nicht. Soll der Sendeverkehr jedoch reibungslos funktionieren, muss gewährleistet sein, dass immer nur ein Inhalteanbieter eine Frequenz belegt. Es besteht also aus dieser Sicht eine Rivalität im Konsum. Allerdings kann sich der Staat zum Eigentümer erklären und das Recht vorbehalten, Nutzungsrechte für Frequenzen zuzuordnen oder zu verkaufen (z. B. UMTS-Lizenzen).

Digitale Medienleistungen sind also nur in Form von privaten Gütern uneingeschränkt marktfähig. Alle anderen vermarktungsbezogenen Zwischen- oder Teillösungen sind normativ beeinflusst. Im Fall von öffentlichen Gütern sind Mediengüter uneingeschränkt marktuntauglich und müssen über Marktersatzlösungen bereitgestellt werden (vgl. Dreiskämper 2010).

14.2.2 Allmendegüter

Wenn der Konsum durch Rivalität gekennzeichnet ist, jedoch keine Möglichkeit des Ausschlusses besteht, sprechen wir von Allmendegütern. Die Allmende (mittelhochdeutsch: „das allgemeine Land") bezeichnete im Mittelalter eine Dorfwiese auf der jeder Dorfbewohner frei sein Vieh weiden lassen konnte. Die Allmende war also Gemeineigentum bzw. eine gesellschaftliche Ressource. Allmendegüter sind unreine öffentliche Güter. Ein solches Gut weist bei geringer Nutzung die Eigenschaften eines öffentlichen Gutes auf. Bei starker Inanspruchnahme hingegen behindern sich die Nutzer des Gutes gegenseitig im Konsum. Es entsteht ein Spezialfall negativer externer Effekte zwischen den Nutzern. Es gibt keine Person, der das Recht zur Nutzung gegen Zahlung eines Preises abgekauft werden könnte. Die Rivalität der Nutzung beeinträchtigt jedoch auch Dritte. Für diese Beeinträchtigungen finden keine Ausgleichszahlungen statt, da kein Ausschluss möglich ist. Im Fall von Allmendegütern treten damit zwei Probleme auf:

- Da niemand von der Nutzung ausgeschlossen werden kann, besteht die Gefahr der Übernutzung von Gütern.
- Es kommt zu einer suboptimalen Allokation von Gütern auf Grund falscher Zuteilungen auf konkurrierende Nutzer.

Allmendegüter und Übernutzung Allmendegüter laden zur Verschwendung ein. Betrachten wir dazu ein Beispiel (Abb. 14.4) Zwei Fischer haben die Möglichkeit, einen schonenden oder intensiven Fischfang zu betreiben. Unterstellt wird, dass langfristig der Nutzen für beide Fischer am höchsten ist, wenn sie schonend fischen, da sich in diesem Fall der Fischbestand regenerieren kann. In diesem Fall können beide dauerhaft einen Gewinn von 10.000 € erzielen. Im gesamtgesellschaftlichen Optimum wird ein Gewinn von insgesamt 20.000 € realisiert. Jeder kann sich aber zumindest kurzfristig besser stellen, wenn er intensiven Fischfang betreibt. In diesem Fall ist ein Gewinn von 12.000 € möglich. Geht der Konkurrent gleichzeitig schonend mit den Fischbeständen um, kann er nur einen Gewinn von 2.000 € erzielen. Der Konkurrent kann sich daher gezwungen sehen, ebenfalls einen intensiven Fischfang zu betreiben. Das eigennützige Verhalten stellt für beide Fischer die dominante Strategie dar. Unabhängig vom Verhalten des Konkurrenten ist es für beide vorteilhaft, einen intensiven Fischfang anzustreben. Beide erreichen in diesem Fall einen Gewinn von 3.000 €.

		Fischer B	
		Niedrige Fangmenge/ Schonender Fischfang	Hohe Fangmenge/ intensiver Fischfang
Fischer A	Niedrige Fangmenge/ Schonender Fischfang	**A: 10.000 € Gewinn** **B: 10.000 € Gewinn** **Langfristig vernünftige Lösung im kollektiven Interesse**	A: 2.000 € Gewinn B. 12.000 € Gewinn Rationale Überlegung im individuellen Interesse
	Hohe Fangmenge/ Intensiver Fischfang	A: 12.000 € Gewinn B: 2.000 € Gewinn Rationale Überlegung im individuellen Interesse	**A: 3.000 € Gewinn** **B: 3.000 € Gewinn** **Gefangenendilemma**

Abb. 14.4 Tragödie der Allmende

Eigentlich ist es im langfristigen Interesse von Fischern, die Fischgründe durch eine verringerte Fangquote zu schützen. Bei einer Selbstbeschränkung unterliegen die Fischer einem Gefangenendilemma. Es liegt eine Problematik vor, die als Tragödie oder Tragik der Allmende bekannt ist. Den Fischern mag das Allmendeproblem durchaus bekannt sein. Die Tragik resultiert jedoch aus den Systemeigenschaften eines Allmendegutes. Es besteht Rivalität in der Nutzung und ein Ausschluss wird nicht durchgesetzt. Zum einen sind die Ausschlusskosten zu hoch, zum anderen sind private Vereinbarungen zur Selbstbeschränkung ökonomisch nicht rational. Wer sich an solche Vereinbarungen hält, muss befürchten, dass der Konkurrent sich bereichert. Es kommt zur Übernutzung, die negative externe Effekte verursacht, die nicht in die Preisbildung eingehen (vgl. Clement 2012, Kap. 14).

Wissensallmenden Abgeleitet von der mittelalterlichen Wirtschaftsform der Allmende werden Güter wie Wikipedia oder Open Source Software als gemeinsam genutzte Ressourcen betrachtet und teilweise als Wissensallmende bezeichnet. Im Fall von Wissen kommt die Allmendeproblematik im zuvor dargestellten Sinn jedoch nicht zum Tragen. Informationen und Wissen verlieren nicht an Wert, wenn sie häufiger genutzt werden. Aus ökonomischer Sicht ist der Begriff der Wissensallmende also nicht korrekt, weil Wissen bei freiem Zugang eher ein öffentliches Gut darstellt, d. h. keine Rivalität in der Nutzung besteht.

Für Wissen kann sich sogar das gegenteilige Problem ergeben. Werden klar zurechenbare Eigentumsrechte definiert, dann können Nachfrager von der Nutzung ausgeschlossen werden. Wissen wird zum Klubgut. Diese Zuordnung vermindert den produktiven Einsatz des Wissens. Es kann daher unter gewissen Umständen sogar sinnvoll sein, einen freien

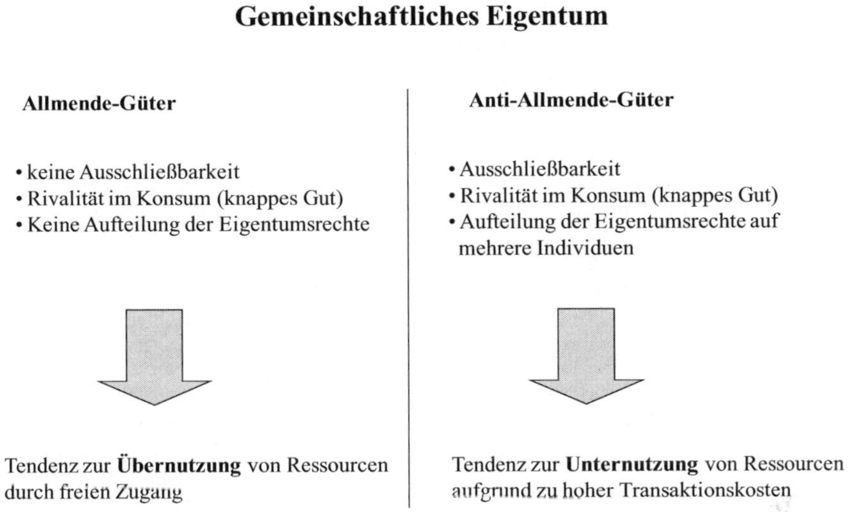

Abb. 14.5 (Anti-)Allmende-Güter

Zugang zu gewährleisten. Ob es in diesem Fall zu negativen Anreizen hinsichtlich der Produktion neuen Wissens kommt, ist u. a. von den Motivationsstrukturen der Beteiligten abhängig.

Kritisch wird angemerkt, dass die Anwendung des Eigentumsprinzips auf die Formen von Wissen, dazu führt, dass die Verbreitung des Wissens reguliert wird. Wissen wird ausschließbar und von einem öffentlichen Gut zu einem Monopolgut (vgl. Dietrich et al. 2006). Diese Diskussion wird unter dem Begriff „tragedy of the anti-commons" geführt. Während die „tragedy of the commons" (vgl. Hardin 1968) darin besteht, dass die Allmende übermäßig beansprucht wird und so letzten Endes ihren Wert verliert, ist von der „tragedy of the anti-commons" die Rede, wenn sich die Inhaber verschiedener sich überlagernder Rechte gegenseitig blockieren (vgl. Heller 1998; Abb. 14.5). Betrachten wir dazu ein Beispiel:

- Tragödie der Allmende: Nehmen wir an, dass eine Straße ohne Zuteilung von Eigentumsrechten von vielen Autofahrern gleichzeitig benutzt werden kann. Wenn jedoch zu viele PKW die Straße befahren, liegt eine Rivalität im Konsum vor. Die Straße ist verstopft und niemand kommt voran. Die Tragödie der Allmende wird verursacht, da zu viele Individuen ein Recht auf Nutzung haben und keine geeignete Form der Regulierung vorliegt.
- Tragödie der Anti-Allmende: Die Lösung des Problems „verstopfte Straße" könnte in der Anwendung des Eigentumsprinzips bestehen. Will ein Autofahrer die Straße nutzen, könnte er sich an diejenigen wenden, die im Besitz des Rechts zur Nutzung und Verwaltung der Straße sind. Nehmen wir dazu an, dass dieses Recht auf viele Personen verteilt ist. Für die Autofahrer bedeutet dies, dass sie sich mit mehreren

Personen einigen müssen. Es entstehen Transaktionskosten, die bei hinreichend vielen Eigentümern dazu führen können, dass die Straße gar nicht mehr genutzt wird. Dieser Sachverhalt entspricht der Tragödie der Anti-Allmende.

Ein Gut, das der Tragödie der Anti-Allmende unterliegt (Anti-Commons Gut) muss erstens ausschließbar, zweitens knapp und drittens mit Ausschlussrechten ausgestattet sein, die sich auf mehrere Individuen verteilen. In einem solchen Fall neigen Ressourcen zur Unternutzung. Dies gilt z. B. für patentfähige Software.

Erfordert die Herstellung eines neuen Produktes oder einer Leistung den Einsatz vieler patentierter Softwarekomponenten, kann es schwierig und teuer sein, sich mit allen Patenteigentümern in Form von Verträgen oder Lizenzen zu einigen. In der Folge würde ein Produkt bzw. ein Leistung, die viele patentierte Komponenten erfordert, nicht erstellt. Nach Auffassung von Heller sind Anti-Commons-Güter nicht zwangsläufig mit der Tragödie der Anti-Allmende verbunden (Heller 1998). Allerdings ist vor allem im Umgang mit digitalen Gütern und Wissen nicht ausgeschlossen, dass dieses Problem auftreten kann.

14.2.3 Eigentumsrechte in der digitalen Welt

Geistiges Eigentum (engl. intellectual property, IP) ist ein im Naturrecht wurzelnder Begriff, der Rechte an immateriellen Gütern beschreibt. Immaterialgüter sind z. B. Ideen, Erfindungen, Konzepte, geistige Werke und Informationen. Diese Güter sind nicht generell rechtlich geschützt, sondern nur wenn die Rechtsordnung einer Person entsprechende Rechte zuweist. Inhaber eines solchen Rechts ist dann z. B. die Person, die ein Patent anmeldet, oder der Schöpfer eines urheberrechtlichen Werks. Das Urheberrecht schützt geistige und künstlerische Leistungen, z. B. Kompositionen, Gemälde, Skulpturen, Texte, Theaterinszenierungen, Fotografien, Filme, Rundfunksendungen, Musik- und Tonaufnahmen. Ein urheberrechtlicher Schutz ist nur dann möglich, wenn die geistige oder künstlerische Leistung eine angemessene Schöpfungshöhe aufweist, also „kreativ" genug ist. Ist dies nicht der Fall, bleibt das Werk gemeinfrei, d. h. der Urheber hat keinen Anspruch auf einen Schutz. Das Urheberrecht muss nicht angemeldet werden, es entsteht im Moment der Schaffung. Das Urheberrecht berücksichtigt die wirtschaftlichen Interessen und die Ideale des Urhebers an seinem Werk, wird aber zur Wahrung der Interessen der Allgemeinheit eingeschränkt. Schranken des Urheberrechts sind z. B. Zitatrecht und Privatkopie.

Das Web 2.0 steht für die aktive Beteiligung an der Erstellung von Inhalten (Mitmach-Web). Wikis, Weblogs, Podcasts, YouTube und Flickr machen es für nahezu jeden Nutzer leicht, selbst zum Produzenten von Inhalten zu werden und sich mit seinen Beiträgen einzubringen. Schnell lässt sich z. B. aus einem Bild aus Google, einem Text von Spiegel Online und einem Video von YouTube ein eigener Beitrag erstellen, der über soziale Netzwerke schnell eine große Zahl von Adressaten erreicht. Die aktive Beteiligung von Nutzern an der Erstellung und Verteilung digitaler Inhalte hat daher eine breite und intensive Diskus-

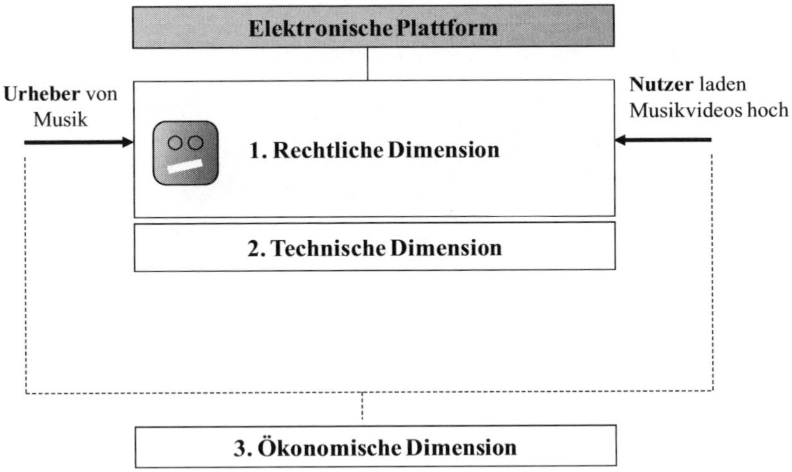

Abb. 14.6 Ansatzpunkte zur Durchsetzung und Wahrung von Eigentumsrechten

sion um die Ausgestaltung von geistigen Eigentumsrechten ausgelöst (vgl. Nuss 2002). Die Durchsetzung der Rechte von Urhebern lassen sich grundsätzlich durch **rechtliche** und **technische** Instrumente berücksichtigen. Hinzu kommen **ökonomische** Verwertungsmodelle. Wir wollen diese drei Ebenen anhand der digitalen Musik diskutieren und dabei auch die Möglichkeit des Hochladens von Musik auf elektronische Plattformen durch Nutzer berücksichtigen (Abb. 14.6).

a) Rechtliche Dimension Die rechtliche Durchsetzung von Interessen der Urheber kann verschiedene Rechtskategorien ansprechen:

- Persönlichkeitsrechte (Schutz gegen Verfälschung),
- Nutzungsrechte (zeitliche und inhaltliche Beschränkung der Nutzungsarten für Dritte),
- Verwertungsrechte (Übertragung der Nutzungsrechte auf Dritte).

Zur Ausgestaltung dieser Rechtskategorien sei auf die einschlägige juristische Fachliteratur verwiesen (vgl. z. B. http://www.jura.uni-sb.de/urheberrecht/).

In der Regel werden für die Verwertung von Musik Lizenzgebühren erhoben, die den Musikern oder Komponisten zufließen. In Deutschland übernimmt die Gesellschaft für musikalische Aufführungs- und mechanische Vervielfältigungsrechte (GEMA) die Vertretung der Interessen der Urheber von Musik. Im Internet können Nutzer Musiktitel auf elektronische Plattformen hochladen und damit Urheberrechte verletzen. Das deutsche Telemediengesetz (TMG) unterscheidet vor diesem Hintergrund zwischen Inhalte- und Hosting-Anbietern (Abb. 14.7).

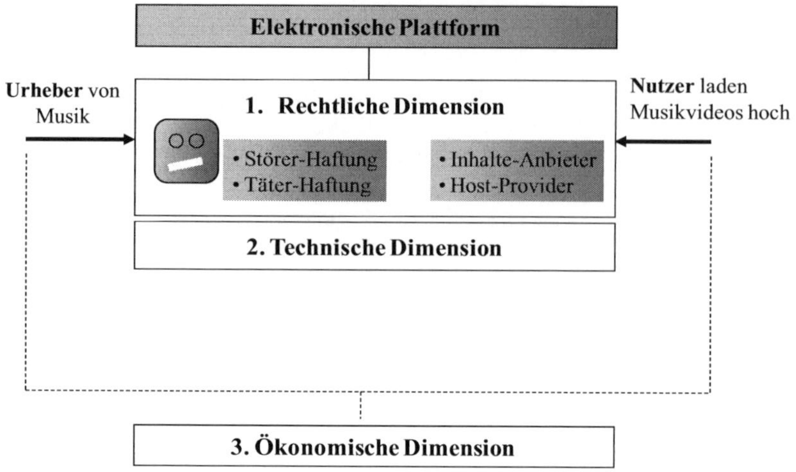

Abb. 14.7 Elektronische Plattform und Urheberrecht

- Hosting-Anbieter, die Speicherplatz für Musikvideos zur Verfügung stellen, sind für die Inhalte Dritter verantwortlich, sobald sie von rechtswidrigen Handlungen erfahren und nicht unverzüglich löschen oder sperren. Eine Täter-Haftung für Hosting-Anbieter würde vorliegen, wenn die Plattform urheberrechtsverletzende Videos selbst einstellt oder sich deren Inhalte zu eigen gemacht hat.
- Inhalte-Anbieter sind für „eigene Informationen" nach den allgemeinen Gesetzen verantwortlich. Sie können damit zu Maßnahmen verpflichtet werden, die die Verletzung von Rechten verhindern. Gelingt dies nicht, drohen Ordnungsgelder oder Vertragstrafen. Im Fall der Störer-Haftung wird der Inhalteanbieter aber nur dann für das Verhalten seiner Nutzer mitverantwortlich gemacht, wenn er von einem Rechteverstoß Kenntnis hat.

b) Technische Dimension Die technischen Instrumente zur Durchsetzung von Eigentumsrechten werden unter dem Begriff des Digital Rights Managements (DRM) diskutiert. Dazu zählen z. B.:

- die Verschlüsselung von Informationen z. B. durch Decoder,
- der Kopierschutz oder die Beschränkung der Zahl von Kopien,
- die Beschränkung in der Nutzung und Wiedergabe von Werken.

Die DRM-Systeme verwirklichen die Idee der zentralen Kontrolle digitaler Inhalte durch kryptografische Verfahren (Tab. 14.4). Realisiert wird dies, indem ein digitaler Inhalt eindeutig an ein Gerät und/oder einen Datenträger auf einzigartige Weise kryptografisch gebunden wird. Ohne den entsprechenden Schlüssel für den digitalen Inhalt vom Rechteinhaber ausgehändigt zu bekommen, kann der Benutzer zwar das Gerät oder den Datenträger erwerben, jedoch nicht auf den Inhalt zugreifen. DRM-Systeme werden zur

Tab. 14.4 Digital Rights Management. (vgl. Picot and Fiedler 2008, S. 176)

Ziel	Ver- und Entschlüsselung	Authentizität	Rechtedefinition und -zuordnung
Softwarelösung	Symmetrische und asymmetrische kryptografische Schlüssel	Digitale Signatur	Digitale Wasserzeichen/Fingerabdrücke, die Daten zur Zugangs- und Nutzungsberechtigung enthalten
Kombinierte Hard- und Softwarelösung	Eindeutige Hardwarekennung und –identifikation		
	Smartcard		
	Biometrische Verfahren		

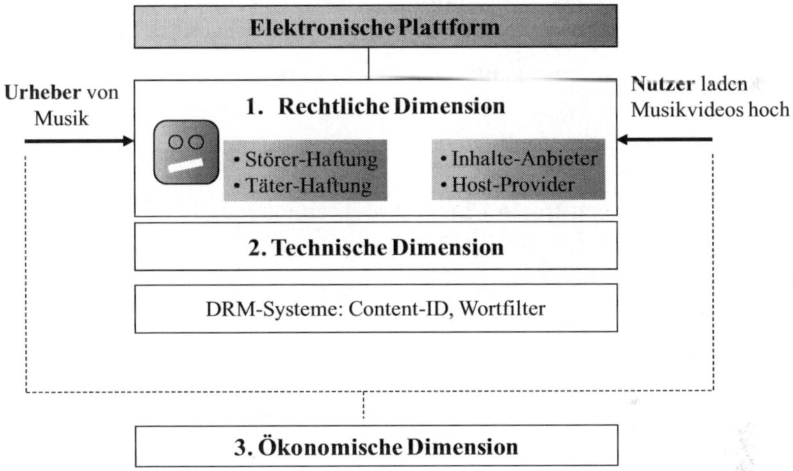

Abb. 14.8 Digital Rights Management

Wahrung und Durchsetzung von Wünschen eines Rechteinhabers technisch so konzipiert, dass ein Schlüsselaustausch ohne Einflussnahme des Benutzers für jedes einzelne Gerät vorgenommen werden kann. Dies ermöglicht den Rechteinhabern neue Vertriebsformen wie z. B. eine zeitweise Vermietung des Inhalts.

In unserem Beispiel könnte die technische Durchsetzung von Urheberrechten z. B. auf folgenden Ansätzen beruhen (Abb. 14.8):

- Elektronische Plattformen stellen ein Content-ID System bereit, mit dem Rechteinhaber eigene Werke auf der Plattform löschen oder z. B. mit Werbung freigeben können. Dafür müssen sie Referenzdateien hochladen, von denen eine Art digitaler Fingerabdruck erstellt wird. Mit diesem Fingerabdruck überprüft die Plattform alle hochgeladenen Videos. Zu klären bleibt, ob das System alle Versionen eines Werkes findet, z. B. Konzert-Mitschnitte oder Karaoke-Versionen.

Tab. 14.5 Vor- und Nachteile von DRM-Systemen

Vorteile	Nachteile
Neue Geschäftsmodelle für Anbieter	Verletzung der Privatsphäre durch Eingriffe in Hard- und Software
Jeder zahlt nur für das, was er nutzt (fair use)	Monopolstellung einzelner Anbieter von DRM-Systemen möglich, Lock-In und Wechselkosten
Urheber können selbst Werke vertreiben und über die Nutzung entscheiden	Bei Konkurs der Hersteller keine Abspielmöglichkeit
Urheber kann identifiziert werden	Technologisch noch nicht ausgereift, Umgehungsmöglichkeiten

- Denkbar wäre, dass die Beschreibungen der von den Nutzern hochgeladenen Videos mit einer Sperrliste von Namen der Künstler und Musik-Titel abgeglichen werden. Auch lässt sich ein Wortfilter einfügen, der Musikvideos von vornherein aussortiert. Durch die Eingabe der Wörter „Wind", „Change" und „Scorpions", würden dann alle Videos der Rockgruppe geblockt, in denen ihr Song „Winds of Change" gespielt wird.

Aus Sicht von Unternehmen ermöglichen DRM-Technologien Konsumenten, flexible und auf deren Bedürfnisse zugeschnittene Dienste in Anspruch zu nehmen (Tab. 14.5). Die Entwicklung von spezifischen Lösungen für Nutzergruppen ist eher ausgeprägt, wenn die Rechte an solchen Lösungen leichter durchsetzbar sind. Die in einem DRM-System verwendeten Meta-Daten enthalten eine Fülle von Informationen über die Rechteinhaber, den Inhalt des Werkes und den Nutzer. Diese verknüpften Informationen können für die Archivierung von Werken, die Abrechnung mit dem Nutzer und die Erlösbeteiligung der einzelnen Rechteinhaber genutzt werden. DRM gilt daher als Basis eines voll automatisierten, elektronischen Vertriebs- und Abrechnungssystems für digitale Inhalte. Gleichzeitig sind die Systeme ein Instrument gegen die illegale Verbreitung digitaler Inhalte.

Kritiker verweisen hingegen darauf, dass eine umfassende Installierung von DRM-Systemen das öffentliche Recht auf die Verfügbarkeit und Zugänglichkeit zu Informationen zu sehr einschränken könnte. Soweit DRM-Systeme den gesamten Clickstream registrieren und nutzerbezogen analysieren, erzeugen sie sensitive Datenbestände, die Auskunft über Präferenzen der Nutzer geben können. Was aus Sicht von Unternehmen zur Personalisierung von Produkten wünschenswert ist, erzeugt aus Sicht von Daten- und Verbraucherschutz Eingriffe in die Privatsphäre. Die wirkliche Marktmacht, so Kritiker, liegt zudem nicht zwingend bei den Inhalteanbietern, sondern bei den Anbietern von DRM-Systemen. Ein effektives DRM-System, das im Markt eine hohe Verbreitung erfährt und zum Standard wird, kann starke Lock-In Effekte und Wechselkosten erzeugen.

c) Ökonomische Dimension Digitale Musikaufnahmen zeichnen sich dadurch aus, dass sie unter Nicht-Rivalität konsumiert werden können bzw. dass das Ausschlussprinzip nur schwierig umzusetzen ist. Entgegen der ökonomischen Theorie kommt es jedoch nicht zu einer Unterversorgung mit digitaler Musik. Die Eigenschaften digitaler Güter führen im Gegenteil zu einem großen Angebot. Digitale Kopien der Dateien sind unbegrenzt möglich, d. h. das Angebot von Musikaufnahmen ist nahezu unendlich, Angebots- und Nachfragekurve treffen sich in einem solchen Fall über die Zeit betrachtet bei einem Preis von Null. Vor diesem Hintergrund scheinen die ökonomischen Konsequenzen klar auf der Hand zu liegen, wenn Urheberrechte nicht durchsetzbar und Kopien nicht zu verhindern sind:

1. Die Verbreitung von Kopiertechnologien in privaten Haushalten senkt die Nachfrage nach Originalen.
2. Die sinkende Nachfrage führt zu fallenden Preisen bei Tonträgern.
3. Die Verkaufszahlen und Umsätze der Musikindustrie sinken.

Studien zeigen, dass der Sachverhalt allerdings komplizierter ist. Wichtig sind u. a. das Verhältnis von Original und Kopie sowie die Existenz von Netzeffekten, die zu einer unterschiedlichen Zahlungsbereitschaft der Nutzer beitragen. Zudem können mögliche Verluste aus dem Kauf von Originalen digitaler Musik durch andere Erlösquellen geschlossen werden können, z. B.:

- Querfinanzierung durch Konzerte oder Merchandising (z. B. T-Shirts).
- Zugang zu den Künstlern: Teurere VIP-Zugänge zu den Konzerten; (Online-) Fanklubmitgliedschaften; Zugänge zu nicht-öffentlichen Foren auf den Webseiten der Musiker (die Zeit eines Musikers ist ein knappes Gut, nur wenige Fans können in den Genuss eines direkten Kontakts kommen).
- Streng limitierte, und aufwendig gestaltete Editionen von Musikaufnahmen.

Auch im Kontext elektronischer Plattformen, die das Hochladen von Musikvideos ermöglichen, werden ökonomische Verwertungsmodelle diskutiert, die zur Wahrung von Eigentumsrechten beitragen können (Abb. 14.9).

Ein wirtschaftlicher Abgleich von Interessen setzt Verhandlungen voraus. Denkbar sind u. a. folgende Modelle oder Mischformen davon:

- Alternative 1: Die Plattform zahlt einen festen Betrag je Abruf eines Werks (Mindestvergütung). Bei einer Mindestvergütung von 0,006 € je Abruf, einem monatlichen Abruf von 4 Mrd. Videos, von denen 50 % der Autoren durch die GEMA vertreten werden, wären dies Kosten für die Plattform in Höhe von 12 Mio. € im Monat. Diese Summe muss z. B. über ein werbefinanziertes Geschäftsmodell kompensiert werden, wenn Verluste vermieden werden sollen.
- Alternative 2: Die Plattform zahlt pauschal einen bestimmten Anteil seiner mit Musikvideos erzielten Umsätze (z. B. 10 % der Werbeeinnahmen).

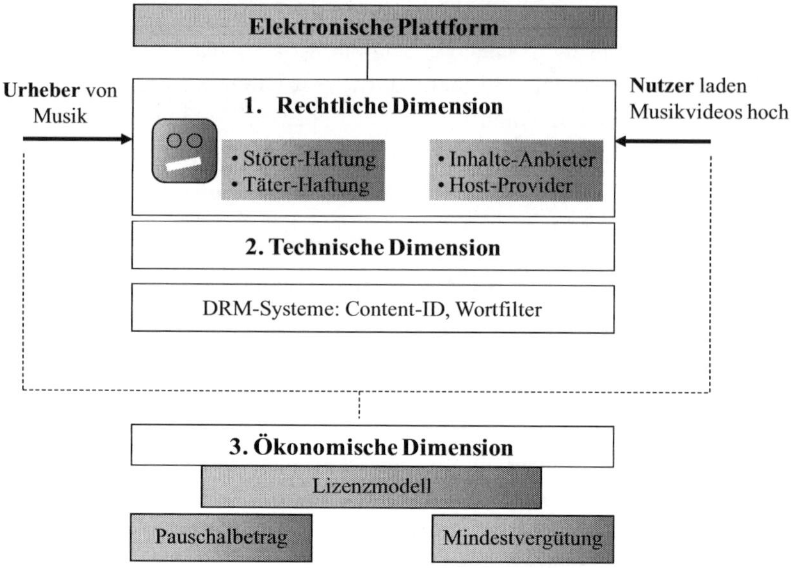

Abb. 14.9 Ökonomische Verwertungsmodelle von Eigentumsrechten

Insgesamt ist die Diskussion zur Durchsetzung und Wahrung von Eigentumsrechten in der digitalen Welt damit in ein komplexes Umfeld einbettet, das sich aus rechtlichen, technischen und auch ökonomischen Faktoren zusammensetzt.

14.3 Fallbeispiele und Anwendungen

14.3.1 Innovationen und Eigentumsrechte

Aus ökonomischer Sicht sind Märkte so zu gestalten, dass sie Unternehmen Anreize zur Tätigung von Investitionen in Forschung und Entwicklung (F&E) bieten. Nur in diesem Fall ist mit einer hinreichenden Generierung von Innovationen zu rechnen (vgl. Engel 2007). Dieser Zusammenhang wird häufig am Beispiel des Patentschutzes diskutiert. Das Patent ist ein gewerbliches Schutzrecht für eine Erfindung. Der Inhaber ist berechtigt, anderen Akteuren die Nutzung der Erfindung zu erlauben oder zu untersagen. Untersagt der Inhaber die Nachahmung und Nutzung seiner patentrechtlich geschützten Erfindung, kann er einen monopolähnlichen Preis realisieren, der nicht nur F&E-Kosten einspielt, sondern auch einen Gewinn möglich macht. Patente erhöhen dann die erwarteten Monopolgewinne von Unternehmen und bieten Anreize für Innovationen. Da das Patentrecht die Verwendung der Erfindung durch Dritte einschränkt, steigt gleichzeitig die Wahrscheinlichkeit, dass die Erfindungen veröffentlicht werden und soziale Nutzen realisiert

Tab. 14.6 Patentschutz und Innovationen

Rahmenbedingung	Periode 1	Periode 2
a) Kein Patentschutz	Keine F&E	Keine Innovationen
b) Patentschutz	F&E	Monopolgewinn
		Innovationen
		Lizenzvergabe

werden können. Die Veröffentlichung hat dann z. B. den Vorteil, dass die Akteure je nach Interessenlage an den gleichen oder unterschiedlichen Projekten arbeiten können sowie neue Ideen generiert werden.

Patentschutz und Innovationen In formalen Modellen spielen vor allem die Höhe der F&E-Kosten, der mögliche Monopolgewinn eines Unternehmens, die Erfolgswahrscheinlichkeit und der Wert einer erfolgreichen Innovation, die Kosten einer Imitation und die möglichen Erlöse aus Lizenzvergabe eine wichtige Rolle (Tab. 14.6).

Die Auswertung von Modellen erlaubt folgende Schlussfolgerungen (vgl. Gallini 2002):

a) Kein Patentschutz: In der Regel liegt der gesellschaftliche Nutzen einer Erfindung oberhalb des privaten Nutzens. Es liegen positive externe Effekte vor. Zu schwache oder gar keine Eigentumsrechte würden dazu führen, dass private Akteure nur unzureichend entlohnt werden. Es ist zu erwarten, dass die F&E-Aufwendungen hinter dem gesamtwirtschaftlich optimalen Niveau zurückbleiben. Aufgrund fehlender Eigentumsrechte sind dann auch in den Folgeperioden wenige oder gar keine Innovationen zu erwarten.
b) Patentschutz:
   - Patente sind volkswirtschaftlich sinnvoll, wenn die F&E-Kosten erheblich höher sind als die Kosten, die zur Entwicklung einer Imitation, d. h. der Kopie einer Erfindung anfallen. Diese Kostenstruktur unterscheidet sich zwischen Wirtschaftsbereichen stark. So dauert es z. B. bei Medikamenten häufig 8 – 10 Jahre, bis eine für Menschen verträgliche Kombination an Wirkstoffen gefunden wird. Diese Kombination verbreitet sich durch Markteintritt eines Unternehmens und kann dann z. B. in 6 Monaten mehr oder minder leicht kopiert werden.
   - Die Vergabe von Lizenzen macht dann Sinn, wenn die damit verbundenen Erlöse größer sind als der Monopolgewinn. Studien zeigen, dass starke Patentrechte die Arbeitsteilung zwischen Unternehmen fördern, da sie vor allem die Transaktionskosten bei der Übertragung von Nutzungsrechten reduzieren.

Patentschutz und komplementäre/sequentielle Innovationen Kritische Stimmen bezweifeln die generelle innovationsfördernde Wirkung von zu streng ausgestalteten geistigen Eigentumsrechten. Im Gegenteil, sie können sogar eine effiziente Weiterentwicklung von Innovationen verhindern. Vor allem im Kontext von Softwareprodukten findet seit längerer Zeit eine intensive Diskussion zu den Vor- und Nachteilen der Patenterteilung statt. Beispielhaft sei auf das Modell von Bessen/Maskin verwiesen, das den sequenziellen

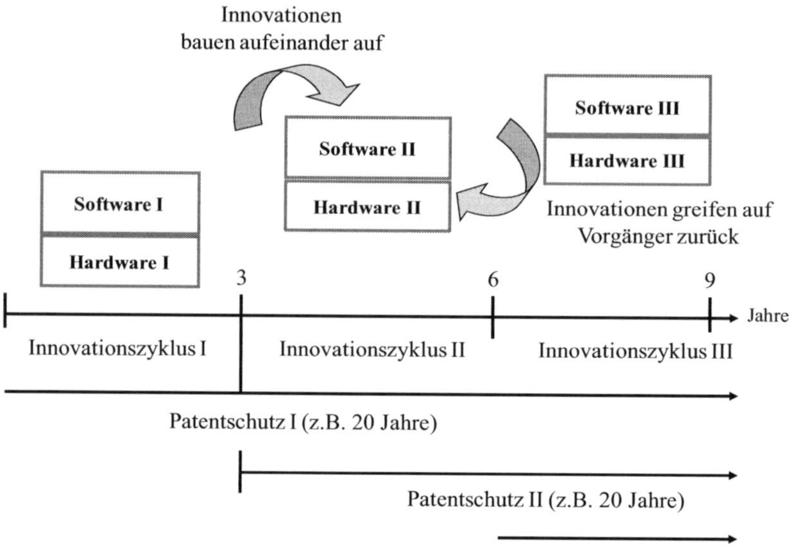

Abb. 14.10 Sequentielle und komplementäre Innovationen

und komplementären Charakter von Software hervorhebt (Abb. 14.10; vgl. Bessen and Maskin 2000). Eric Maskin erhielt 2007 zusammen mit zwei US-Kollegen (Leonid Hurwicz, Roger Myerson) den Nobelpreis für Wirtschaftswissenschaften für die Entwicklung der „Mechanism Design Theory":

- Mit sequenziell ist gemeint, dass jede Innovation auf einer vorangegangenen Generation aufbaut (z. B. Windows auf DOS). Die Softwareentwicklung verläuft zudem häufig parallel.
- Mit komplementär wird der Sachverhalt bezeichnet, dass Software z. B. in Hardware oder ergänzende Produkte implementiert ist, d. h. indirekte Netzeffekte bestehen. Die Schutzwirkung für Software-Komponenten bezieht sich damit auch auf sekundäre Märkte.

Die vorhergehenden Schlussfolgerungen zum Zusammenhang von Patentschutz und Innovationen sind in diesem Fall zu relativieren (Tab. 14.7).

a) Kein Patentschutz: In einem dynamischen Markt kann es für innovative Unternehmen selbst dann sinnvoll sein, in F&E zu investieren, wenn kein Patentschutz vorhanden ist. Zwar reduzieren sich zunächst die Gewinne der Innovatoren durch die Möglichkeiten der Imitation. Gleichzeitig werden aber neue Innovationen möglich, die auch dem Innovator in den weiteren Perioden Spielräume für Folgeinnovationen eröffnen. Im Fall von sequenziellen und komplementären Innovationen besteht also ein größerer Anreiz für Unternehmen, nicht zu imitieren, sondern in Forschung zu investieren.

Tab. 14.7 Patentschutz und sequentielle bzw. komplementäre Innovationen

Rahmenbedingung	Periode 1	Periode 2
a) Kein Patentschutz	F&E, da dies die Wahrscheinlichkeit der Innovation in Folgeperioden erhöht	Gegebene Anreize für Innovationen durch mehrere Unternehmen
b) Patentschutz	F&E, jedoch verzögerte Generierung von Innovationen in den Folgeperioden	Errichtung eines Patentwalls
		Strategische Handhabung von Patenten
		Gegenseitige Blockierung

Jedes Unternehmen hat in der jetzigen und allen zukünftigen Generationen die Möglichkeit, Innovationen zu entwickeln.

b) Patentschutz: Ein Patent mit weitgehenden Monopolrechten und einer Laufzeit von z. B. 20 Jahren führt zu einer Verzögerung in der Generierung von Innovationen in den Folgeperioden und zu einer Verminderung des gesellschaftlichen Nutzens. Mit Hilfe von Patenten ist es möglich, ausgehend von der originären Innovation einen Patentwall zu errichten. Wenn Wettbewerber Ideen haben, die der Innovator nicht hat, kann die Erteilung von Patenten die Geschwindigkeit von Innovationen reduzieren. Akteure, die nach der ersten Generation weiterhin z. B. in die Forschung von komplementären Gütern investieren wollen, sind davon abhängig, dass die Patentinhaber Nutzungsrechte in Form von Lizenzen vergeben. Dies kann, muss aber nicht der Fall sein. Zu verweisen ist u. a. auf folgende Hindernisse (vgl. Blind et al. 2003):
   - Verhandlungslösungen sind teuer. Die Transaktionskosten steigen mit der Zahl der beteiligten Rechteinhaber.
   - Patente können strategisch eingesetzt werden. Sie werden häufig nicht erworben, um Innovationen zu ermöglichen, sondern um die Innovationen von Konkurrenten zu verteuern.
   - Patentinhaber neigen dazu, den Wert ihrer Patente zu überschätzen und daher zu hohe Nutzungsgebühren zu verlangen.

Diese Hindernisse können zur gegenseitigen Blockierung und zur Unternutzung von Ressourcen führen, die der „Tragödie der Anti-Allmende" entspricht. Diese Situation kann vor allem kleinere Unternehmen beeinträchtigen, weil ihnen die Verhandlungsmacht fehlt, sich in Patent-Pools durch wechselseitige Lizenzen auf vertragliche Weise zu schützen.

Diese Gedanken lassen sich auf das Internet übertragen und weiterentwickeln. Aufgrund der ökonomischen Eigenschaften des Internets sind Instrumente wie der Patentschutz nicht unbedingt ein geeignetes Instrument zur Förderung von Innovationen. Oft sind die Innovationen sequenziell und komplementär angelegt sowie die Kosten der Offenlegung von Erfindungen im Vergleich zum erwarteten Nutzen gering. Dies gilt nicht nur für die Produktion von Software, sondern für viele wissensbasierte Güter, die auf Gruppenarbeit angewiesen sind und maßgeblich von der Partizipation der Nutzer profitieren.

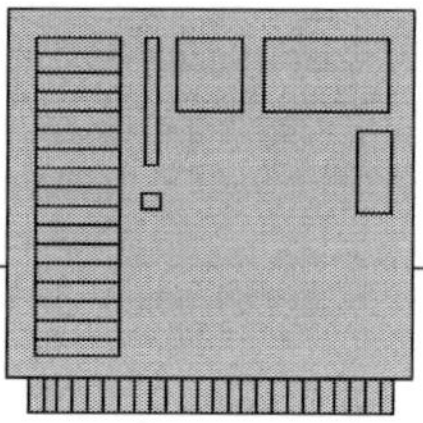

		Technisches Merkmal: Offenlegung des	
		Source Codes	**Binär Codes**
Ökonomisches Merkmal: Weitergabe erfolgt	**Unent-geltlich**	OSS-Beispiele: Linux, Apache	Freeware, Public Domain, Beispiele: Adobe Acrobat Reader Pegasus Mail
	Ent-geltlich	Kommerzielle OSS-Beispiele: OSS-Softwaredistribution	Shareware, Kommerzielle Software Beispiele: Windows, MacOS

Abb. 14.11 Softwarekategorien (vgl. Kooths 2004)

Sinnvoll erscheint vor diesem Hintergrund ein gemäßigter Schutz geistigen Eigentums. Dieser Schutz muss stark genug sein, um Kopieren und Plagiate zu verhindern. Er muss aber auch so ausgeprägt sein, dass die wechselseitige Vergabe von Lizenzen maximiert und eine intensive gemeinsame Nutzung von Informationen zwischen Akteuren stimuliert wird (vgl. Bessen and Maskin 2000).

14.3.2 Open Source Software

Open Source Software (OSS) steht unter einer von der Open Source Initiative (OSI) anerkannten Lizenz. Die Initiative wendet den Begriff Open Source auf die Software an, deren Lizenzverträge die folgenden drei charakteristischen Merkmale aufweisen (Abb. 14.11):

- Die Software (d. h. der Quelltext) liegt in einer lesbaren und verständlichen Form vor: In der Regel handelt es sich bei dieser Form um die Quelltexte in einer höheren Programmiersprache.
- Die Software darf beliebig kopiert, verbreitet und genutzt werden: Für OSS gibt es keine Nutzungsbeschränkungen bezüglich der Anzahl der Benutzer und der Anzahl der Installationen. Mit der Vervielfältigung und der Verbreitung von OSS sind auch keine Zahlungsverpflichtungen gegen einen Lizenzgeber verbunden.
- Die Software darf verändert und in der veränderten Form weitergegeben werden: Durch den offengelegten Quelltext ist Verändern ohne weiteren Aufwand für jeden möglich. Die Weitergabe der Software soll ohne Lizenzgebühren möglich sein. OSS ist auf die aktive Beteiligung der Anwender an der Entwicklung geradezu angewiesen. OSS bietet sich zum Lernen, Mitmachen und Verbessern an.

In der eigentlichen Bedeutung unterscheidet sich die OSS nicht deutlich von freier Software. Der Begriff OSS betont aber eher die Sicht des Entwicklungsprozesses, während der Begriff der freien Software den Nutzen für Anwender hervorhebt.

Die Kritik, die gegen OSS-Projekte vorgebracht wird, lässt sich in eine quantitative und qualitative Dimension ordnen:

- Quantität (zu wenig Innovationen): Dieses Argument stützt sich auf die Nicht-Ausschließbarkeit von Konsumenten. Das Fehlen exklusiver Nutzungsrechte vermindert den Anreiz zu Innovationen, da diese nicht vermarktet werden können. Zu betrachten sind damit die Motive zur Teilnahme an OSS-Projekten.
- Qualität (keine marktgerechten Innovationen): Durch die Freiheit von Lizenzkosten, so das Argument, sind Innovationen in der OSS-Entwicklung qualitativ schlechter als im Fall einer proprietären Entwicklung. So können in der OSS-Entwicklung die Koordinations-, Anreiz- und Informationsfunktionen von Marktpreisen nicht genutzt werden. Dies kann dazu führen, dass die OSS-Entwicklung an den Wünschen und Bedürfnissen der Konsumenten vorbeigeht und aufgrund des Fehlens marktwirtschaftlicher Mechanismen keine effiziente Allokation knapper Ressourcen stattfindet.

Die Analyse der OSS-Produktion ist vor diesem Hintergrund auch für vergleichbare Projekte und übergreifende Fragestellungen von Interesse (vgl. Osterloh et al. 2003):

- Warum sind private Eigentumsrechte nicht immer effizient?
- Warum tragen Menschen freiwillig zur Erstellung eines Gutes bei, das den Charakter eines öffentlichen Gutes hat?
- Wie lässt sich die Kooperation zwischen kommerziellen und nicht-kommerziellen Gemeinschaften ausgestalten?

Es stellt sich die Frage, ob Innovationen ohne Zuweisung von Eigentumsrechten den Charakter eines öffentlichen Gutes haben und die Anreize zur Investition mangelhaft sind. In diesem Fall könnte es zu einer Unterversorgung mit solchen Gütern kommen (vgl. Pasche and von Engelhardt 2004).

Betrachten wir als Beispiel ein OSS-Projekt, an dem zwei Entwickler beteiligt sind (Abb. 14.12; vgl. Osterlohet al. 2003). Die Kosten der Erstellung von Software betragen für beide Personen je 60 Geldeinheiten. Bei einer alleinigen Programmierung entstehen Nutzen von 40 Geldeinheiten. Im Fall der Zusammenarbeit steigt der Nutzen aufgrund von Spezialisierungsvorteilen auf insgesamt 180 Geldeinheiten an. Der Teamoutput wird mit 90 gleichmäßig auf beide Personen verteilt. In unserem Beispiel stellt eine gemeinsame Entwicklungsarbeit beide Personen besser (für eine Person: $90-60 = 30$ Geldeinheiten). Eine Person kann sich jedoch noch besser stellen, wenn sie die jeweils andere Person für sich arbeiten lässt und sie selbst nichts zum Teamoutput beiträgt. Einem Nutzen von 40 stehen keine Kosten gegenüber. Es kann zur Trittbrettfahrerproblematik kommen, bei der

		Entwickler B	
		Leistet Beitrag	Leistet keinen Beitrag
Entwickler A	Leistet Beitrag	A: 90 – 60 = 30 B: 90 – 60 = 30	A: 40 – 60 = - 20 B: 40 – 0 = 40
	Leistet keine Beitrag	A: 40 - 0 = 40 B: 40 - 60 = - 20	A: 0 – 0 = 0 B: 0 – 0 = 0

Abb. 14.12 Beispiel für die Erstellung von Open Source Software

Personen in den Nutzen eines Gutes gelangen, ohne dafür bezahlen zu müssen. Wenn beide sich so verhalten, wird das Gut gar nicht bereitgestellt. Bei öffentlichen Gütern führt das Vorliegen von Trittbrettfahrerverhalten zu einer tendenziellen Unterversorgung.

Entgegen der Erwartungen der ökonomischen Theorie ist bei OSS-Produkten eine Unterversorgung nicht erkennbar. Es ist tendenziell sogar ein Überfluss an Software erkennbar. Diese Schlussfolgerung lässt sich mit wichtigen Eigenschaften von OSS-Produkten verbinden:

- Eine Übernutzung ist nicht möglich, da keine Rivalität im Konsum vorliegt. Software kann kostenlos beliebig häufig kopiert werden.
- Das Trittbrettfahrerverhalten ist deutlich geringer einzuschätzen. Im Fall von Software existieren positive direkte und auch indirekte Netzeffekte. Je mehr eine bestimmte Software gebraucht wird, desto wertvoller ist sie für diejenigen, welche diese Software schon installiert haben. Auch das Nutzen von komplementären Gütern wird einfacher.
- Eine Unterversorgung hängt primär von der Motivation der beteiligten Akteure ab.

In der Motivationstheorie finden sich mehrere Erklärungen, warum Personen sich freiwillig bei der Produktion eines öffentlichen Gutes beteiligen (Abb. 14.13).

Der Erfolg eines OSS-Projektes ist von mehreren Voraussetzungen abhängig (Abb. 14.14):

1) Portfolio an intrinsischer und extrinsischer Motivation: Ein hohes Maß an intrinsischer Motivation gilt als grundlegende Voraussetzung dafür, dass öffentliche Güter in einer Gemeinschaft von Freiwilligen entstehen können. Nur dann gewinnen Projekte an Zugkraft, um auch extrinsisch motivierte Beteiligte anzuziehen:
   - Kommerzielle Unternehmen können erst Erlöse mit ihren Leistungen rund um OSS erzielen, wenn die Software eine gewisse Reife und Verbreitung erreicht hat.
   - Investitionen in Reputation lohnen sich erst, wenn die Projekte bereits ein gewisses Maß an Aufmerksamkeit erhalten haben.

Extrinsisch	Entwicklung von Geschäftsmodellen „rund" um OSS-Produkte (z.B. komplementäre Produkte, Support)
	Eigennützige Individuen, die rational in Reputation investieren und damit ihre Fähigkeiten signalisieren
	Anpassung der Software an eigene Bedürfnisse
Intrinsisch	Spaß am Programmieren und Freude an der Arbeit
	OSS als Geschenkkultur (Reziprozität)

Abb. 14.13 Motive für OSS-Projekte

✓ Portfolio an intrinsischer und extrinsischer Motivation

✓ Niedrige Kosten

✓ Partizipation

Abb. 14.14 Bedingungen für erfolgreiche OSS-Projekte

- Entwickler für den Eigenbedarf haben erst dann einen Nutzen, der die Kosten übersteigt, wenn die Entwicklung der Software bereits fortgeschritten ist.

2) Extrinsisch motivierte Akteure tragen dann ebenfalls zum Erfolg eines OSS-Projekts bei, da sie z. B. Produkte an die Bedürfnisse einer großen Nutzergruppe anpassen, die vorher nur für Experten entwickelt worden sind. Konkrete Zahlen über das Verhältnis von extrinsisch und intrinsisch motivierten Personen gibt es nicht. Einige Studien gehen davon aus, dass beide Gruppen etwa zur Hälfte vertreten sein sollten (Gutsche 2006, S. 129).
3) Niedrige Kosten: Das Modell scheint vor allem in Branchen brauchbar, in denen der Nutzen der Entwickler die Kosten übersteigt. Dies schließt auch intrinsisch motivierte Personen ein. „Wohltäter" tragen umso mehr zur Produktion eines öffentlichen Gutes bei, je geringer die Kosten sind. Je höhere Kosten moralisches Verhalten verursacht, desto seltener ist es vermutlich anzutreffen:
   - Softwareentwicklung ist durch einen sequentiellen und komplementären Charakter gekennzeichnet. Dadurch sind die Kosten bei der Produktion von Quellcodes eher gering.

Tab. 14.8 Nutzen und Verteilungsgerechtigkeit in einem OSS-Netzwerk

		Empfundene Verteilungsgerechtigkeit des (Grenz-)Nutzens	
		Niedrig	Hoch
(Grenz-)Nutzen	Hoch	*Verteilungskämpfe (Krise)* Verringerung des Nutzens	*Netzwerk stabil* Vorteile für alle Beteiligten
		Abwanderung	Wachstum möglich
		Anreize für opportunistisches Verhalten	Anreize für kooperatives Verhalten sehr groß
	Niedrig	*Netzwerk unattraktiv* Kein Netzwerk entsteht	*Netzwerk wenig attraktiv (Krise)* keine neuen Investitionen
		Hierarchie oder Markt	Entwicklungsstillstand
		Zerfall des Netzwerks	Suche nach Alternativen
		keine Anreize für kooperatives Verhalten	abnehmende Anreize für kooperatives Verhalten
			opportunistisches Verhalten

- Die monetären Kosten der Publikation und Verbreitung von Source Codes sind im Verhältnis zu den Nutzen gering. Die Kosten aus dem Verlust von privaten Eigentumsrechten sind niedrig, da viele Entwickler gar keine Möglichkeit hätten, ihr Produkt zu vermarkten oder der Beitrag für eine eigene Vermarktung zu geringfügig ist. Der erwartete Nutzen besteht aus der Reputation und möglichen Weiterentwicklungen durch Dritte. Er liegt tendenziell oberhalb der Kosten.

4) Partizipation: Intrinsische Motivation ist auch von der empfundenen Selbstbestimmung abhängig. In OSS-Projekten entscheiden Personen selbst, bei welchem Projekt sie mitmachen und welchen Beitrag sie leisten. Viele Individuen tragen dann freiwillig zur Erstellung eines öffentlichen Gutes bei, falls auch andere einen Beitrag leisten. Intrinsische Motivation wird also verdrängt, wenn es zu viele Trittbrettfahrer gibt. Dieses Verhalten lässt sich durch institutionelle Regelungen begrenzen. Dazu zählen z. B. gemeinsame Normen. Auch sollte die Verletzung von Kooperationsregeln sanktioniert werden.

OSS-Projekte werden häufig in Netzwerken organisiert, so dass sich die Frage nach der Stabilität dieser Form der Kooperation stellt. Entscheidend ist hier vor allem der anfallende Nutzen und die Verteilung des Nutzens auf die Mitglieder des Netzwerkes (vgl. Nüttgens and Tesei 2000, S. 20; Tab. 14.8).

OSS hat sich inzwischen von einem Randphänomen für „Tüftler" zu einem Phänomen entwickelt, das für die gesamte Gesellschaft von Bedeutung ist. Nicht nur, dass private Entwickler in ihrer Freizeit OSS entwickeln, sondern auch weltweit agierende Unternehmen nehmen sich dieser Entwicklung an und unterstützen diese teilweise auch finanziell. Die dargestellten Motive der OSS-Entwicklung sind vielfältig. In der Regel handelt es sich bei den Anreizen um einen Verbund mehrerer Motive. Es ist zudem möglich, dass sich auch für Unternehmen eine OSS-Teilnahme als lohnenswert erweisen kann. So kann der Aufwand durch das Anbieten von komplementären Dienstleistungen und Produkten sowie durch das Einbringen von Wissen aus der OSS-Welt mehr als kompensiert werden. Auch können Bedürfnisse der Nutzer in die Entwicklung einfließen.

Insgesamt ist die Kritik an OSS-Projekten, zu wenig bzw. nicht- marktgerechte Innovationen zu generieren, damit zu relativieren. Zur endgültigen Abschätzung der OSS auf den Wettbewerb und die Innovationsfähigkeit dieses Softwaresektors bedarf es noch einer besseren Datenermittlung und umfangreicher empirischer Analysen. Unabhängig davon hat sich der OSS-Gedanke inzwischen so weit entwickelt, dass auch andere Bereiche sich dieser Idee annehmen. Beispielsweise entstehen Lexika, Videoportale oder Bewertungssysteme, bei denen die Konsumenten selbst aktiv werden und unentgeltlich wertvolle Informationen für andere Nutzer zur Verfügung stellen (vgl. Fahrig 2008). Andere Autoren sehen die Welt sogar vor einer wunderbaren Wissensvermehrung. Nicht die künstliche Verknappung, sondern die Freizügigkeit in der Handhabung von Wissen sichert wissenschaftliche Invention und wirtschaftliche Innovation (vgl. Dorssou et al. 2006, S. 10).

14.3.3 Wissenskollaboration am Beispiel von Wikipedia

Eines der bekanntesten Beispiele für nicht-kommerzielles Crowdsourcing ist die Online-Enzyklopädie Wikipedia. Die Ursprünge liegen in der Verschmelzung der Idee einer Online-Enzyklopädie mit dem technischen Konzept eines Wikis. Noch im Sommer 2002 berichtete die Berliner Zeitung über das Internetlexikon Wikipedia skeptisch, dass es wohl kaum gelingen werde „Referenzwerken wie dem Brockhaus den Rang abzulaufen“ (http://www.handelsblatt.com/politik/oeko-nomie/wissens-wert/studie-wie-wikipedia-markttheorien-widerlegt/3522508.html).

Etwa sechs Jahre später teilte der Brockhaus-Verlag das „Aus“ für das gedruckte Lexikon mit. Heute ist Wikipedia eine der am häufigsten besuchten Internet-Seiten weltweit. Zehntausende von Menschen arbeiten für Wikipedia, freiwillig und ohne jedes Honorar (vgl. Hoisl et al. 2007). Diese Entwicklung ist überraschend, denn über das Internet bereitgestellte Informationen sind auf den ersten Blick als öffentliche Güter zu betrachten. Dadurch können Probleme wie Trittbrettfahrerverhalten oder soziales Faulenzen auftreten. Für den Nutzer eines Wikis erscheint es rational Artikel zu lesen ohne seinerseits einen Beitrag zu leisten. Der Nutzen eines Individuums wird dadurch maximiert, jedoch ist der Gesamtnutzen für die Gemeinschaft nicht optimal. Würde kein Benutzer einen Beitrag leisten, wäre der Gesamtnutzen eines Wikis gleich Null.

Zunächst ist aber zu klären, ob Wikipedia überhaupt ein öffentliches Gut ist. Eigentlich nein, denn es liegt zwar Nicht-Rivalität im Konsum vor, aber es wäre möglich und kommt sogar vor, dass technisch ein Ausschluss von Nutzern vorgenommen wird. Auch wenn die Gründer von Wikipedia niemanden ausschließen wollen, ein reines öffentliches Gut wird daraus nicht.

Wikipedia

...versteht sich als Enzyklopädie,

...deren Beiträge auf möglichst breite Zustimmung stoßen sollen,

...will Inhalte weitgehend frei veröffentlichen,

...will respektvollen Umgang der Autoren gewährleisten.

Wikipedia ist also

kein Wörterbuch, keine Grundlage der Theorienfindung (sondern der Theoriendarstellung), kein Ort für Fan-Seiten, kein Diskussionsforum, keine Rohdatensammlung, kein Nachrichtenportal....

Abb. 14.15 Selbstverständnis von Wikipedia

Anspruch und Verhaltensregeln Wikipedia lässt den Autoren möglichst viel Freiraum beim Verfassen der Artikel. Es wird also auf die Selbstorganisation des Systems vertraut. Dennoch gibt es einige nicht kodifizierte Verhaltensregeln (Abb. 14.15):

- Wikipedia versteht sich als Enzyklopädie und will diesen Anspruch nicht überschreiten. Da Wikipedia, wie andere Lexika, der Wissensdarstellung dient und nicht der Erschaffung von Wissen, sollen nur Artikel erscheinen, welche bereits an anderen Stellen publiziert sind (Verlässlichkeit).
- Die Beiträge sollen so geschrieben sein, dass möglichst viele Autoren diesen zustimmen bzw. diese akzeptieren. Es sollen also keine Ansichten einzelner Autoren zu den Themen bevorzugt werden, um die Objektivität der Inhalte weitgehend zu gewährleisten (Neutralität).
- Die Inhalte sollen vorrangig als freie Dokumentation veröffentlicht werden. Die Inhalte dürfen damit von anderen Autoren genutzt und verändert werden (Fairness).
- Dabei ist ein respektvoller Umgang unter Autoren zu gewährleisten (Wikiquette). Angestrebt wird, dass auch im Fall von Uneinigkeit oder Streit während des Entstehungsprozesses eines Artikels die Grundlagen des höflichen Umgangs nicht verletzt werden.

Zentrale Grundsätze des Umgangs miteinander in der Wikipedia (Wikiquette) sind: Keine persönlichen Angriffe. Geh von guten Absichten aus. Sei freundlich. Hilf anderen. Bleibe ruhig. Die Mitarbeit in der Wikipedia beruht auf dem Prinzip der Freiwilligkeit. Besser spricht es sich von Angesicht zu Angesicht. Lass anderen Benutzern ihre Anonymität. Trage Konflikte nicht öffentlich aus. Sei nicht nachtragend.

✓ **Freiwillige Zusammenarbeit**

✓ **Offenheit**

✓ **Aktualität**

✓ **Verlinkung**

✓ **Gemeinschaftsgefühl der Autoren**

Abb. 14.16 Erfolgsfaktoren von Wikipedia

In einer Negativabgrenzung kann auch gesagt werden, was Wikipedia nicht ist: Es ist kein Wörterbuch, keine Grundlage der Theorienfindung, kein Ort für Fan-Seiten, kein Diskussionsforum, keine Rohdatensammlung, kein Nachrichtenportal – um nur einige Aspekte zu nennen (http://de.wikipedia.org/wiki/Wikipedia:Was_Wikipedia_nicht_ist).

Als Erfolgsfaktoren für das Entstehen von Wikipedia gelten (Abb. 14.16; vgl. Kuen 2012):

(1) Freiwillige Zusammenarbeit einer großen Anzahl von Menschen (Kollaboration).
(2) Offenheit: Jeder kann mitschreiben und seinen eigenen Beitrag leisten. Alle Beteiligten zusammen bilden die Autorenschaft. Das ist ein fortlaufender und offener Prozess, der durch Autoren gestaltet wird. Inhalte werden hinzugefügt, Layout, Gliederung oder Rechtschreibung verbessert sowie die Fakten überprüft.
(3) Neuere Entwicklungen können rasch eingearbeitet werden. Die einfache Veränderbarkeit ist bedeutsam hinsichtlich von Fehlern. Sie lassen sich einfach und rasch korrigieren.
(4) Zahlreiche Hyperlinks, die jeder hinzufügen kann. Die Links verweisen auf andere Artikel innerhalb der Wikipedia oder auf externe Webseiten. Dementsprechend bildet sich ein Wissensnetz, das sich immer mehr ausweiten kann.
(5) Als Erfolgsfaktor stellt Shirky die Rolle der Community heraus. Wikipedia hat, so Shirky, nur solange Bestand und Erfolg, wie die Wikipedianer „ihr" Projekt verteidigen können (vgl. Shirky 2008).

Qualität des Projekts Vorrangiges Ziel des Wikipedia-Projekts ist ein Lexikon, das sich qualitativ gegenüber kommerziellen Mitbewerbern behaupten kann. Indikatoren wie Versionsgeschichte, Quellenangaben, die Auszeichnung von Beiträgen oder ein selbst organisiertes Kontrollsystem können dazu dienen, diesen Anspruch zu beurteilen (Abb. 14.17). Demgegenüber findet sich eine Reihe von Argumenten, die diesen Anspruch von Wikipedia mehr oder minder deutlich in Frage stellen (vgl. Bichlmeier 2006):

Abb. 14.17 Qualitätshinweise von Wikipedia-Beiträgen

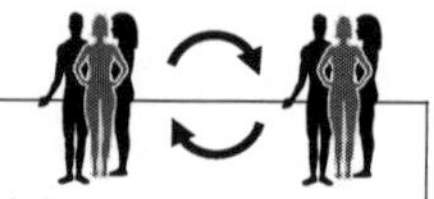

Versions-geschichte	Je mehr Mitarbeiter sich mit einem Text auseinandersetzen, desto besser scheint die Qualität (Weisheit der Vielen). Je „jünger" ein Edit ist, desto kritischer sollte er betrachtet werden. Wikipedia-Autoren diskutieren in der Regel intensiv über kritische Seiten
Quellen	Der Verweis auf externe Quellen zeigt, dass sich Autoren mit dem Inhalt auseinandergesetzt haben. Leser können durch Verlinkung den Eintrag selbst überprüfen
Aus-zeichnung	Die Community zeichnet ausgewählte Artikel als „lesenswert" oder „excellent" aus (blaues „L" oder „grüner Stern")
Wiki-watch.de	Nutzer können dort die Anzahl der Autoren und die Quellenangaben eines Artikels (ein-)sehen. Diese Informationen helfen, die Seriosität eines Artikels einzuschätzen

- Kontrollprobleme: Wegen der vermeintlich geringen Kontrolle des Systems, so ein Einwand, kam es in Vergangenheit öfter vor, dass inkorrekte Inhalte in Artikeln von Wikipedia gefunden wurden (z. B. die gefälschte Biografie des US-Journalisten Seigenthaler, welche einige Monate lang veröffentlicht war und vom Journalisten selbst entdeckt wurde).
- Vandalismus: Dies bedeutet, dass Diskussionsforen zur Verbreitung von falschen oder unpassenden Informationen missbraucht werden. Da die Bearbeitungsfunktion von Wikipedia kaum Restriktionen enthält, stellt auch das kommentarlose Löschen von Inhalten ein Problem dar. Vandalismus umfasst damit sowohl unbeabsichtigte als auch mutwillige „Verschlimmbesserungen".
- Urheberrechtsverletzungen: Mit Blick auf Urheberrechtsverletzungen und eine fehlende zentrale Verantwortung halten es einige Kritiker sogar für zweifelhaft, ob Wikipedia überhaupt den Titel „Enzyklopädie" verdient.
- Qualitätsprobleme: Problematisiert wird, dass „Amateuren/Laien" zu hohe Aufmerksamkeit gewidmet wird. Experten werden, so die Kritik, demgegenüber zu wenig Anreize geboten, sich bei der Erstellung der Artikel zu beteiligen. Teilweise wird gefordert, Personen mit Expertenwissen eine gewisse Autoritätsstellung zu verleihen.

Inzwischen gibt es Studien, die sich mit der Qualität der Wikipedia beschäftigen (z. B. im Vergleich zu international bekannten Enzyklopädien, Fachzeitschriften). Im Vordergrund steht der Spagat, zwischen dem Anspruch, enzyklopädisches Wissen ohne Einschränkung in Qualität und Reichweite bereitzustellen, und dem Prinzip, dieses Wissen von einer offenen, zum Teil anonymen Teilnehmergruppe zusammenstellen zu lassen (vgl. Hammwöhner et al. 2007, S. 77f). Die Untersuchungen sind aufgrund der Methodik nicht immer unmittelbar vergleichbar. Auch besteht nicht immer Klarheit, unter welchen Gesichtspunkten die Qualität von Artikeln überhaupt verglichen werden soll. Sinnvoll erscheint daher ein Kriterienkatalog, der einen Vergleich überhaupt möglich macht. Dazu zählen z. B. Urheberschaft, Verständlichkeit, Vollständigkeit, Glaubwürdigkeit Ungenauigkeiten und Aktualität (Abb. 14.18; vgl. Bichlmeier 2006; Friberg and Reinhardt 2009).

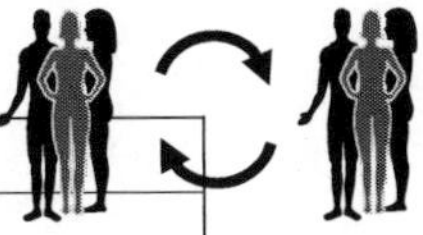

Kriterium	Merkmal
Urheberschaft	Expertenstatus; biografische Informationen zum Autor (Ausbildung, Veröffentlichungen, Kontaktdaten); Referenzen
Verständlichkeit	Struktur; mediale Gestaltung; Klarheit; Mehrwert gegenüber vorliegenden Arbeiten
Vollständigkeit	Grad der thematischen Abdeckung (objektiv, nach subjektiver Beurteilung); fehlende Informationen
Glaubwürdigkeit	Zitierweise; Fußnoten; Quellenangaben
Ungenauigkeiten	Korrektheit der Ausführungen (sprachlich; Orthographie); sachliche Fehler; irreführende Aussagen
Aktualität	Erstellungsdatum; letzte Änderung; Forschungsstand; Verlinkung/Querverweise

Abb. 14.18 Kriterienkatalog zur Beurteilung von Wikipedia-Artikeln

Weitere Arbeiten sind notwendig, denn die nächsten Wissenschaftsgenerationen haben wenig Berührungsängste mit Wikipedia. Eine Umfrage unter deutschen Studierenden zeigt, dass 80 % von ihnen häufig Artikel aus der Enzyklopädie lesen und ein Gros des Nachwuchses die vorgefundenen Informationen als verlässlich einstuft – „... *meist zum Verdruss ihrer Lehrenden, die Wikipedia in der Regel kritischer betrachten als ihre Zöglinge und mitunter das Zitieren der freien Inhalte rigoros untersagen*" (König 2010).

Motivation der Teilnahme Die Motivationstheorie liefert eine Reihe von Erklärungen zur Teilnahme an wissensbasierten Kollaborationsprojekten wie Wikipedia (Abb. 14.19). Hassel kommt zu dem Ergebnis, dass Motivationen wie die Begeisterung für freies Wissen vor allem für den Einstieg in die Beteiligung wichtig sind (Hassel 2007). Diese Bedeutung scheint allerdings für verschiedene Benutzer unterschiedlich groß zu sein und tatsächlich bei intensiverer Einbindung in das Projekt in vielen Fällen von anderen Faktoren verdrängt zu werden. In diesem Zusammenhang sind auch die niedrigen Transaktionskosten zu erwähnen, die durch die Wiki-Software für eine Erstbeteiligung anfallen, insbesondere solange Bearbeitungen ohne Registrierung möglich sind. In der Untersuchung konnten Belege gefunden werden, dass mit der Entwicklung des Projektes die Ausprägung einer „positionalen Struktur" einhergeht, die sich in einer impliziten Hierarchie und zunehmender Differenzierung ausdrückt. Analog zu dieser Entwicklung sinken der Anteil aktiver Benutzer und deren durchschnittliche Aktivität bei insgesamt steigender Zahl angemeldeter Benutzer, während gleichzeitig vermehrt einzelne Benutzer mit herausragend großer Aktivität hervorstechen. Öffentliche Reputation scheint damit zwar nicht unbedingt von großer Bedeutung zur Teilnahme, während die Reputation innerhalb des Projektes größerer Bedeutung für die soziale Motivation erhält.

- Intrinsische Motive (Lernen, Spaß am Schreiben)
- Externe Anreize (soziale Anerkennung)
- Optimierung der Qualität von selbst verfassten Artikeln mit dem Wunsch, etwas Bleibendes zu hinterlassen (Generativität)
- Mentale Befriedigung daraus, dass Texte von vielen anderen gelesen werden
- Identifikation mit dem Wikipedia-Projekt (freie Verfügbarkeit von Wissen)

Abb. 14.19 Motivation der Teilnehmer in wissensbasierten Kollaborationsprojekten

Schroer analysiert auslösende und aufrechterhaltende Faktoren der freiwilligen Mitarbeit an einem Web-2.0-Projekt (vgl. Schroer 2008). Faktoren wie Autonomie, Rückmeldung und Bedeutsamkeit sind der intrinsischen Motivation zuzurechnen, die sich u. a. in der aufgewendeten Zeit widerspiegelt. Ein stärkeres Engagement führt zu einer ungünstigeren Wahrnehmung des Kosten-Nutzen-Verhältnisses. Andererseits hat das Kosten-Nutzen-Verhältnis einen positiven Effekt auf die Zufriedenheit mit dem Engagement. Wichtig ist zudem die Identifikation mit Wikipedia, wohingegen die individuelle Bedeutsamkeit der von Wikipedia vertretenen kollektiven Motive (u. a. freier Zugang zu Wissen) trotz sehr hoher Ausprägung weder das Ausmaß des Engagements noch die Zufriedenheit mit dem Engagement vorhersagt.

In einer soziodemografischen Auswertung zeigt sich, dass sich hauptsächlich Männer für Wikipedia engagieren. Das Durchschnittsalter ist relativ niedrig, der Bildungsgrad hingegen hoch. Dieses Muster zeigt sich sowohl in der deutschsprachigen als auch der internationalen Befragung. Hinsichtlich der motivationalen Erklärung für das Engagement dominieren intrinsische Motivationsfaktoren (z. B. Lernen) im Vergleich zu externen Anreizen (z. B. soziale Anerkennung). Zudem ist den Teilnehmern die Optimierung der Qualität von selbst verfassten Artikel wichtig, einhergehend mit dem Wunsch, etwas Bleibendes zu hinterlassen (Generativität). Schließlich spielt die Identifikation mit dem Wikipedia-Projekt eine wichtige Rolle sowie der Wunsch, die Qualität von Wikipedia insgesamt zu verbessern (vgl. Jäger et al. 2005). Stegbauer zeigt durch netzwerkanalytische Betrachtungen, dass sich das Engagement durch eine Verortung im System reguliert. Folge davon ist nicht nur, dass einige Teilnehmer sehr viel Zeit mit der Mitarbeit an Wikipedia verbringen. Ohne es zu wollen, wird hierdurch auch ein Teil potenzieller Helfer ausgeschlossen (vgl. Stegbauer 2009). Die als besonders exzellent erachteten Wikipedia-Artikel werden nach der Analyse von Stegbauer überdurchschnittlich oft von nur einer oder wenigen Personen erstellt.

Das System sozialer Belohnungen in Wiki-Systemen ist auch in anderen Studien untersucht worden (vgl. Hoisl et al. 2007). Soziale Belohnung (social rewarding) bezieht sich auf die Erhöhung der Intensität eines bestimmten Verhaltens. In Online-Communities basiert soziales Belohnen häufig auf dem Hervorheben besonders aktiver Mitglieder. Um die aktivsten Benutzer zu finden, lässt sich eine formalisierte Autorenrangliste mit Hilfe von drei Kriterien erstellen:

- Anzahl an Referenzen,
- Bewertung des Artikels und
- Anzahl der Leser des Artikels.

Zahlreiche Variable beeinflussen die Berechnung, wobei einige davon konfigurierbar sind, andere von der Qualität, Quantität und Aktualität eines Artikels abhängen. Je größer die Zahl der potenziellen Leser, desto eher scheinen Menschen bereit, ihre Arbeitszeit für die Online-Enzyklopädie aufzuwenden. Sie ziehen vermutlich eine mentale Befriedigung daraus, dass ihre Texte von vielen anderen gelesen werden. Diese Erklärung lässt eine Studie der chinesischen Wikipedia-Seite zu. Zhang und Zhu haben in ihrer Studie ausgenutzt, dass die Regierung in Peking die Seite wegen politisch unliebsamer Informationen mehrfach zensiert hat (vgl. Zhang and Zhu 2011). Ab Oktober 2005 konnten Internetnutzer in China die Wikipedia-Seite nahezu ein Jahr lang nicht aufrufen. Durch diese Blockade hat sich die Zielgruppe von Wikipedia über Nacht drastisch verringert. Millionen Internetnutzer waren plötzlich ausgeschlossen. Für chinesischsprachige Menschen in Taiwan, Hongkong und dem Rest der Welt blieb die Seite dagegen nutzbar. Die Forscher konzentrierten sich in ihrer Analyse auf das Verhalten der Nutzer außerhalb der Volksrepublik China, d. h. auf Menschen, die trotz Sperre weiter auf die Seite zugreifen und sie ändern konnten. Zhang und Zhu nutzen aus, dass alle Änderungen in Texten auf der Wikipedia-Seite detailliert protokolliert werden und Rückschlüsse zulassen auf das Land, in dem die Autoren leben. Sie verglichen anschließend die Aktivitäten bei Wikipedia unmittelbar vor und nach der Sperre. Sie stellten fest, dass sich mit Beginn der Blockade chinesischsprachige Internetnutzer außerhalb der Volksrepublik deutlich weniger für Wikipedia interessiert haben. Sie schrieben schlagartig weniger neue Beiträge und erweiterten bestehende Texte viel seltener. Die Mitarbeit bei Wikipedia verschafft den einzelnen Autoren nach Ergebnissen der Studie Befriedigung und sozialen Nutzen. Die schrumpfende Gruppengröße reduziert diesen Nutzen. Gerade die Autoren, denen der soziale Aspekt von Wikipedia besonders wichtig war und die sich intensiv in den Diskussionsforen des Lexikons wieder fanden, schrieben mit Beginn der Sperre deutlich weniger. Die Studie liefert damit einige empirische Belege dafür, dass soziale Effekte stärker sein können als die Neigung zum Trittbrettfahrerverhalten (vgl. Zhang and Zhu 2011, S. 1613).

Inzwischen gibt es Meldungen über eine „Autorenflucht" bei Wikipedia, die allerdings empirisch nicht bestätigt werden kann (http://www.pressemitteilungen-online.de/index.php/autorenflucht-bei-wikipedia-uk-verliert-49000-unterstuetzer-in-drei-monaten/). Experten sehen den Grund u. a. darin, dass es kaum noch wirklich interessante Themen gebe, über die es sich zu schreiben lohne. Auch die kontinuierlich wachsende Fülle an Vorschriften und Bedingungen, die an die Veröffentlichung eines neuen Wikipedia-Eintrages geknüpft werden, sollen die Motivation zur Mithilfe bei den Autoren deutlich reduziert haben. Aus Sicht anderer Experten steht die Wikipedia jedoch erst am Beginn einer langen Erfolgsgeschichte.

14.4 Übungen und Lernkontrolle

Bearbeitungshinweise finden Sie im Web

1. Viele digitale Güter sind zugleich Informationsgüter, z. B. Software, Musik, Filme. Beurteilen Sie die Unterschiede zwischen privaten Gütern und digitalen Gütern unter folgenden Gesichtspunkten:

Kriterium	Privates Gut	Digitales Informationsgut
Rivalität der Nutzung		
Knappheit		
Ausschlussprinzip		
Transparenz		

2. Ordnen Sie folgende Mediengüter in die nachfolgende Gütersystematik ein und begründen Sie Ihre Einordnung: Werbezeit für Unternehmen, Pay-TV, frei zugängliche Internetinhalte, Kabelfernsehen, Sendefrequenzen, geschützte Internetinhalte, Fernsehprogramme.

	Rivalität im Konsum	Keine Rivalität im Konsum
Ausschluss möglich		
Ausschluss nicht möglich		

3. Erläutern Sie Ansatzpunkte zur Durchsetzung von Eigentumsrechten an digitalen Inhalten.
4. Eigentumsrechte:
   a. Nehmen Sie an, Urheber und Verwerter sind nicht in der Lage, das illegale Kopieren von Musikstücken im Internet zu verhindern. Welche Folgen sind zu erwarten für die Nachfrage nach Originalen, die Preise für Tonträger und Verkaufszahlen und Umsätze der Musikindustrie?
   b. Wie kann die Musikindustrie die hohen Fixkosten ihrer digitalen Güter decken?

5. Digital Rights Management (DRM):
   a. DRM gilt als zentrale Voraussetzung für den kostenpflichtigen elektronischen Vertrieb und Handel mit digitalen Inhalten auf elektronischen Märkten. Wie beurteilen Sie diese These?
   b. Gehen Sie auf mögliche Vor- und Nachteile von DRM-Systemen ein.
6. Allmendegüter:
   a. Was verstehen Sie unter Allmendegütern?
   b. Welche Probleme treten bei ihrer Bereitstellung auf?
   c. Unterscheiden Sie die Konzepte der „Tragödie der Allmende" und der „Tragödie der Anti-Allmende".
7. Patentschutz:
   a. Fördern oder behindern Software-Patente den technologischen Fortschritt?
   b. Was verstehen Sie unter dem Begriff strategisches Patentieren? Argumentieren Sie am Beispiel von Software.
8. Ordnen Sie proprietäre Software bzw. Open Source Software in die nachfolgende Gütersystematik ein und begründen Sie Ihre Einordnung.

	Rivalität im Konsum	Keine Rivalität im Konsum
Ausschluss möglich		
Ausschluss nicht möglich		

9. Erläutern Sie Erfolgsvoraussetzungen für Open Source Software Projekte.
10. Beurteilen Sie die Stabilität von OSS-Netzwerken in folgender Tabelle.

		Empfundene Verteilungsgerechtigkeit des (Grenz-)Nutzens	
		Niedrig	Hoch
(Grenz-)Nutzen	Hoch		
	Niedrig		

11. Diskutieren Sie am Beispiel von Wikipedia Motive für die Teilnahme an wissensbasierten Kooperationsprojekten.

Literatur

Bessen J, Maskin E (2000) Sequential innovation, patents, and imitation, Working Paper No. 00-01, Department of Economics, Massachusetts Institute of Technology, Cambridge (http://www.researchoninnovation.org/patent.pdf. Zugegriffen: 18. Aug. 2012)

Bichlmeier C (2006) Wer sucht, der findet – oder auch nicht. Hilfsmittel, Methoden und Probleme bei der Online-Recherche im Fach Geschichte, Diplomarbeit, Universität Passau, http://www.phil.uni-passau.de/histhw/TutSuch/recherche.pdf. Zugegriffen: 17. Okt. 2012

Blind K, Edler J, Nack R, Straus J (2003) Software-Patente. Eine empirische Analyse aus ökonomischer und juristischer Perspektive. Schriftenreihe des Fraunhofer-Instituts für Systemtechnik und Innovationsforschung. Physica Heidelberg

Clement R (2012) Mikroökonomie. Grundlagen der Wissenschaft von Märkten und der Institutionen wirtschaftlichen Handelns. Berliner Wissenschafts-Verlag Berlin

Detering D (2001) Ökonomie der Medieninhalte. Allokative Effizienz und soziale Chancengleichheit in den Neuen Medien, http://www.medieninhalte.de/dissertation/odm14.htm. Zugegriffen: 18. Jan. 2013

Dorssou O, Krempl S, Poltermann A (2006) Die wunderbare Wissensvermehrung. Wie Open Innovation unsere Welt revolutioniert, Hannover, http://www.wissensgesellschaft.org/themen/wissensoekonomie/OpenInnovation.pdf. Zugegriffen: 17. Okt. 2012

Dreiskämper T (2010) (Medien als) Güter aus der Sicht des Ausschließbarkeit-Kriteriums. In: Dreiskämper T (Hrsg) Schriftenreihe Medienökonomie 2008–2010, Essen (http://www.dreiskämper.de/tl_files/dreiskaemper/pdf/Wissenschaft/(E2)%20Private%20vs%20oeffentliche%20Gueter.pdf. Zugegriffen: 12. Jan. 2013)

Engel C (2007) Geistiges Eigentum als Anreiz zur Innovation – Die Grenzen des Arguments, Max Planck Institut for Research on Collective Goods, Bonn 2007/4 (http://www.coll.mpg.de/book/bibliography. Zugegriffen: 17. Jan. 2013)

Fahrig T (2008) Open Source Software – Eine wirtschaftstheoretische Analyse, Abschlussarbeit, Universität Hohenheim, http://www.mafabo.de/thomas/da/oss-aktuell.php. Zugegriffen: 17. Feb. 2013

Friberg T, Reinhardt W (2009) Ergebnisse einer empirischen Studie zu Informationsqualitätskriterien in Corporate Wikis, http://www.wissensstrukturplan.de/wissensstrukturplan/images/20430294-Ergebnisse-einer-empirischen-Studie-zu-Informationsqualitatskriterien-in-Corporate-Wikis.pdf. Zugegriffen: 16. Nov. 2012

Gallini N (2002) The economics of patents. Lessons from recent U.S. patent reform. J Econ Perspectives 16(Nr. 2):131–154

Gutsche J (2006) Ökonomische Analyse offener Software, Diss., Universität Mannheim, Wintersemester 2005/2006, http://d-nb.info/979158818/34. Zugegriffen: 18. Nov. 2012

Hammwöhner et al (2007) Qualität der Wikipedia – eine vergleichende Studie. In: Oßwald A, Stempfhuber M, Wolff C (Hrsg) Open Innovation. Neue Perspektiven im Kontext von Information und Wissen. Proc. des 10. Int. Symposiums Informationswissenschaft, Konstanz, S. 277–290 (http://epub.uni-regensburg.de/15565/1/isi_2007.pdf. Zugegriffen: 12. Dez. 2012)

Hardin G (1968) The Tragedy of the Commons, in: Science Vol. 162, S. 1243–1248; deutsche Übersetzung In: Lohmann M (Hrsg) Gefährdete Zukunft. Hanser, München 1970, S. 30–48

Hassel C (2007) Das freie Enzyklopädie-Projekt Wikipedia. Eine exemplarische Analyse neuer Formen der wissensbasierten Kooperation, Diplom-Arbeit, Universität Bochum, http://christoph-hassel.de/diplomarbeit_hassel.pdf. Zugegriffen: 17. Okt. 2012

Heller H (1998) The tragedy of the anticommons, in: Harvard Law Review, Vol. 111, Januar, S. 621–688

Hoisl B, Aigner W, Miksch S (2007) Social rewarding in wiki systems – motivating the community, Proceedings of HCI International – 12th International Conference on Human-Computer Interaction (HCII 2007), LNCS, Vol. 4564/2007, S. 362–371 (http://ike.donau-uni.ac.at/publications/PDF/2007/hcii_2007/social_rewarding/final/hoisl_2007_hcii_social-rewarding.pdf. Zugegriffen: 18. Okt. 2012)

Jäger D, Schroer J, Sauer NC, Pfeiffer E, Her G (2005) Wikipedia: Motivation für die freiwillige Mitarbeit an einer offenen webbasierten Enzyklopädie, http://www.i2.psychologie.uni-wuerzburg.de/ao/research/wikipedia/wikipedia_poster_fg_2005.pdf. Zugegriffen: 10. Jan. 2013

König R (2010) Wissenschaft und Wikipedia – eine „Zwangsehe" mit Hindernissen?, http://www.cpov.de/?p=79. Zugegriffen: 17. Nov. 2012

Kooths S (2004) Open Source Software – Eine volkswirtschaftliche Bewertung. Münster, Konferenzbeitrag Kommerzielle Software und Open Source Software, Veranstalter: Bundesverband der Digitalen Wirtschaft (BVDW), 8. November Berlin, im Internet: http://www.kooths.de/presentations/index.php. Zugegriffen: 20. Aug. 2012

Kooths S, Langenfurth M, Kalwey, N (2003) Open Source-Software. Eine volkswirtschaftliche Bewertung, MICE Economic Research Studies, Vol., 4, Universität Münster, http://www.kooths.de/download/publications/2003-MERS4-OpenSource_de.pdf. Zugegriffen: 20. Aug. 2012

Kuen K (2012) Wikipedia Teil IV: Erfolgsfaktoren und Wikipedianer. http://web20ph.blogspot.com/2012/02/wikipedia-teil-iv-erfolgsfaktoren-und.html. Zugegriffen: 17. Sept. 2012

Nuss S (2002) Download ist Diebstahl? Eigentum in einer digitalen Welt, in: Prokla 126, S. 11–35, http://www.prokla.de/wp/wp-content/uploads/2002/Prokla126.pdf. Zugegriffen: 18. Okt. 2012

Nüttgens M, Tesei E (2000) Open Source – Marktmodelle und Netzwerke. Veröffentlichungen des Instituts für Wirtschaftsinformatik (IWi), Saarbrücken, http://www.wiso.uni-hamburg.de/fileadmin/wiso_fs_wi/Team/Mitarbeiter/Prof._Dr._Markus_Nuettgens/Publikationen/heft158.pdf. Zugegriffen: 18. Nov. 2012

Osterloh M, Rota S, Kuster B (2003) Open Source Software Produktion: Ein neues Innovationsmodell?, Universität Zürich; http://ig.cs.tu-berlin.de/oldstatic/Think-Ahead.ORG/pdfs/II-4-OserlohRotaKuster.pdf. Zugegriffen: 17. Aug. 2012)

Pasche M, von Engelhardt S (2004) Volkswirtschaftliche Aspekte der Open-Source-Softwareentwicklung, Universität Jena, http://www.wiwi.uni-jena.de/Papers/wp-sw1804.pdf. Zugegriffen: 15. Aug. 2012

Picot A, Fiedler M (2008) Open Source Software und proprietäre Software – Funktions- und Nachahmungsschutz oder Offenheit? In: Depenheuer O, Peifer KN (Hrsg) Geistiges Eigentum: Schutzrecht oder Ausbeutungstitel, Springer, Berlin, S. 165–186

Schroer J (2008) Wikipedia: Auslösende und aufrechterhaltende Faktoren der freiwilligen Mitarbeit an einem Web-2.0-Projekt Logos-Verlag, Berlin

Shirky C (2008) Here comes everybody. The power of organizing without organizations. Penguin Books, New York

Stegbauer C (2009) Wikipedia. Das Rätsel der Kooperation. VS Verlag für Sozialwissenschaften, Wiesbaden

Wiese H (2010) Mikroökonomik, 5. Aufl. Springer, Berlin

Zhang MZ, Zhu F (2011) Group size and incentives to contribute: a natural Experiment at Chinese Wikipedia. Am Econ Rev 101:1601–1615, http://blog.mikezhang.com/files/chinesewikipedia.pdf. Zugegriffen: 17. Nov. 2012

Zusammenfassung des Buches 15

15.1 Prinzipien der Internet-Ökonomie (Abb. 15.1)

15.1.1 Wohlstand der Netze

Das Internet verändert in vielfacher Weise die ökonomischen Grundformen der Leistungserstellung in einer Volkswirtschaft. Dazu zählt das Verkaufen, das Tauschen, die soziale Interaktion mit anderen Nutzern sowie verschiedene Formen des Teilens und der Kooperation. In Anlehnung an das Buch vom „Wohlstand der Nationen", das 1776 den Beginn der klassischen Nationalökonomie bildet, soll nun von einem „Wohlstand der Netze" gesprochen werden. Das Internet ist von seiner Entstehung her betrachtet auf die offene und kostenlose Bereitstellung von Informationen ausgelegt. In radikaler Auffassung lässt sich das Internet aus ökonomischer Sicht daher als eine Art FreeConomics denken, in der Güter weitgehend kostenlos bereitgestellt und durch andere Erlösformen finanziert werden. Dieser Art von Ökonomie sind jedoch Grenzen gesetzt. Das spezifische Problem des Internets ist aus ökonomischer Sicht auf das Auftreten von Überlasten bzw. Kapazitätsengpässe zurückzuführen, da das Netz als gemeinsame Ressource für sehr viele unterschiedliche Dienste genutzt wird. Mögliche Lösungen und Regulierungsansätze müssen nicht nur die ökonomische Dimension berücksichtigen (z. B. Preise, Priorisierung des Datentransfers, Netzmanagement), sondern sie müssen auch den gesellschaftlichen Wert des Internets für Innovation und Partizipation im Auge behalten. Insgesamt ist der ökonomische und gesellschaftliche Wert des Internets nur näherungsweise zu bestimmen. Mögliche Indikatoren sind die Ausgaben für Online-Nutzung und IuK-Infrastrukturen, die Effizienzgewinne durch intelligente Netze, die Folgekosten und die Zahlungsbereitschaft bei Ausfall des Internets sowie die vielfältigen Vorteile, die aus der Vernetzung des beruflichen und alltäglichen Lebens bestehen. Der Wohlstand der Netze ist unumkehrbar und wird die ökonomischen und gesellschaftlichen Strukturen nachhaltig verändern.

R. Clement, D. Schreiber, *Internet-Ökonomie*, Springer-Lehrbuch,
DOI 10.1007/978-3-642-36719-9_15, © Springer-Verlag Berlin Heidelberg 2013

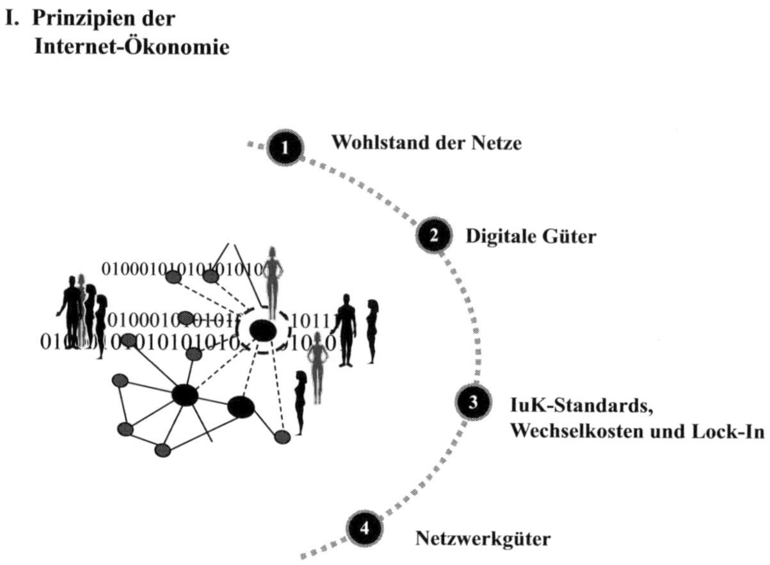

Abb. 15.1 Prinzipien der Internet-Ökonomie

15.1.2 Digitale Güter

Digitale Güter sind immaterielle Mittel zur Bedürfnisbefriedigung, die aus Binärdaten bestehen und sich mit Hilfe von Informationssystemen entwickeln, vertreiben oder anwenden lassen. Ein Informationsgut ist ein digitales Gut, das an ein Trägermedium gebunden ist und aus einer inhaltlich definierten Menge an Daten besteht, die von Wirtschaftssubjekten als nützlich vermutet wird.

Digitale Güter und Informationsgüter unterliegen aufgrund ihrer Eigenschaften im Vergleich zu materiellen Gütern deutlich anderen Bedingungen in der Produktion und im Vertrieb. Die schnellste Verbreitung kann ein Gut dadurch erreichen, dass es der Anbieter kostenlos abgibt. Diese Strategie des Verschenkens von Gütern wird als Follow the Free Pricing bezeichnet. Die kostenlose Abgabe von Gütern zielt nicht nur auf den Aufbau von kritischer Masse und Kundenbindung, sondern auch auf die Erzielung von Aufmerksamkeit (z. B. kostenlose Abgabe von neuer Musik oder Auszügen aus Büchern). Hintergrund ist die zunehmende Reizüberflutung und die Informationsvielfalt auf elektronischen Märkten. Aufmerksamkeit ist die Fähigkeit, einigen Informationen vor anderen den Vorzug in der Verarbeitung zu geben. In der Medienwelt des Web 2.0 liefern soziale Netzwerke und Plattformen selbst Inhalte, stellen sie dem Mediensektor zur Verfügung und werden von diesem wiederum selektiert. Die Kommunikationsformen im Internet werden dadurch reichhaltiger. Die veränderten Kommunikationsformen und die einfachen Möglichkeiten der Reproduktion digitaler Güter erfordern von den Unternehmen geeignete Preisstrategien, wenn hinreichende Erlöse erzielt werden sollen. Dazu zählen z. B. die Erzeugung von

Netzwerk- und Lock-In Effekten, die Preisdifferenzierung und Produktbündelung oder optimierte Abrechnungsverfahren.

15.1.3 IuK-Standards, Wechselkosten und Lock-In

Standards können sich am Markt bilden, von staatlichen Institutionen vorgegeben oder in Kommissionen gemeinsam verabredet werden. Im Fall der marktlichen Standardisierung dominieren die Unternehmen den Wettbewerb, die ihre Standards durchsetzen können und gegenüber Anwendern die kritische Masse erreichen. Diese Standards müssen nicht zwangsläufig die überlegenen Technologien hervorbringen. Das Konzept der Pfadabhängigkeit diskutiert Entwicklungen, in der sich eine eingeschlagene Entwicklung unabhängig von ihrer Qualität verfestigen kann. Am Beispiel von Formatkriegen zeigt sich, dass sich im technologischen Wettbewerb im Vergleich zu Hollywood-Filmen nicht immer das „Gute" durchsetzen muss. Bei der Durchsetzung von Technologien sind u. a. die Dimensionen der Offenheit bzw. Kontrolle sowie der Kompatibilität und Leistungsfähigkeit zu berücksichtigen. Standards und technologische Entwicklungen führen zu Lock-In Effekten und Wechselkosten. Je stärker Lock-In Effekte ausgeprägt sind und je höher Wechselkosten sind, desto geringer ist die Neigung von Kunden und Anwendern, einen Produkt- bzw. Systemwechsel vorzunehmen.

15.1.4 Netzwerkgüter

In einer Welt, die durch IuK-Netzwerke geprägt ist, kommt es aufgrund von (in-)direkten Netzeffekten dazu, dass der Wert von Netzwerkgütern mit zunehmender Verbreitung steigt. Erwartungen der Nutzer hinsichtlich der Durchsetzung von Netzwerkgütern am Markt können zu positiven Netzwerk-externalitäten im Sinne einer sich selbst erfüllenden Prognose führen. Netzwerkgesetze beschreiben das Wachstum und die Ausbreitung von Netzen anhand von statistischen Regelmäßigkeiten. Die Analyse von Netzwerkmärkten zeigt, dass die Ausbreitung und Stabilität von Netzwerken die Überschreitung eines Tipping Points voraussetzt, der die kritische Masse an Nutzern beschreibt. Der Markterfolg von IuK-Technologien ist nicht nur vom Verkauf der Güter, sondern von ihrer Nutzerakzeptanz abhängig. Die Adoptionstheorie benennt die wichtigsten Einflussfaktoren, die über die Annahme oder Ablehnung einer Technologie entscheiden. In diesem Kontext ist die Unterscheidung von Adoptergruppen sinnvoll. Im Fokus stehen dabei vor allem die Innovatoren und frühen Übernehmer einer Technologie. Die Ausbreitung von Netzwerken lässt sich mit Ansätzen der Diffusionstheorie verknüpfen, die aufgrund von Effekten der Innovation und Imitation einer Technologie einen S-förmigen Verlauf unterstellen.

Wird der Tipping Point nicht erreicht, kommt es zu technologischen Flops. Zweiseitige Märkte basieren ganz wesentlich auf indirekten Netzeffekten. Hier muss ein

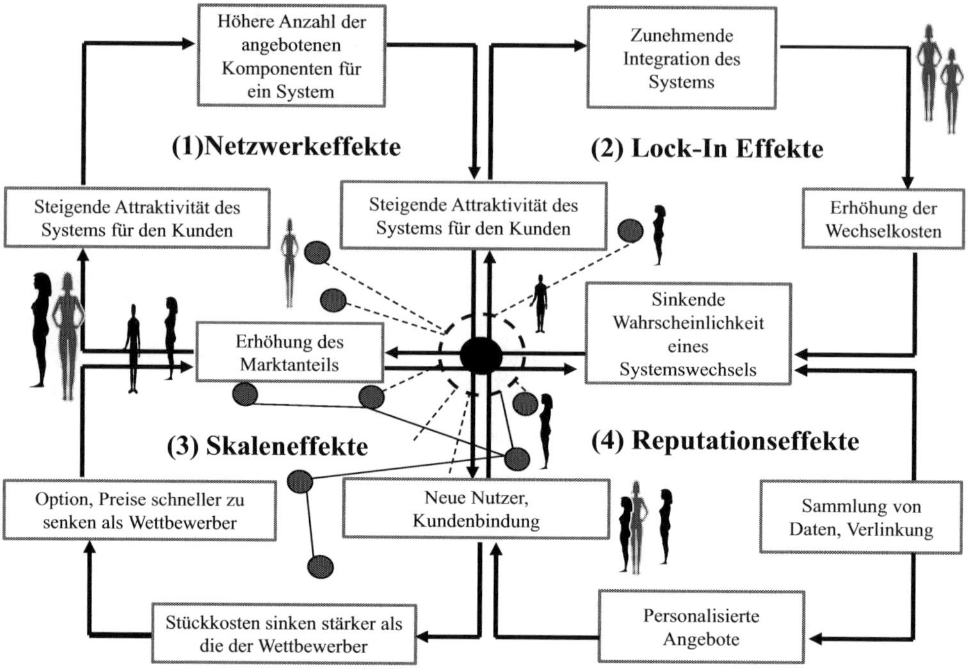

Abb. 15.2 „Ringe der Macht" in elektronischen Netzwerken

Intermediär (z. B. eine Auktionsplattform) zwei Marktseiten (Käufer, Verkäufer) ansprechen und zufrieden stellen, wenn sich der Markt stabil positiv entwickeln soll.

Betrachten wir Skalen-, Netzwerk-, Lock-In Effekte und Reputationseffekte im Zusammenhang, so lassen sich daraus selbstverstärkende Prozesse konstruieren, die Ringen ähneln. Anbieter, die einen dominierenden Marktanteil erreicht haben, können ihre Wettbewerbsposition unter bestimmten Bedingungen weiter ausbauen (vgl. Kaumanns und Siegenheim 2007). Unterlegene Wettbewerber verlieren an Bedeutung. Die Effekte sind als verflochtene Ringe zu sehen, die jeweils Einfluss aufeinander nehmen. An unterschiedlichen Stellen dieser Regelkreisläufe eröffnen sich strategische Einstiegsfenster, um eine dominante Stellung („Ringe der Macht") zu erlangen (Abb. 15.2).

Die Effekte bilden in ihrem Zusammenwirken die Basis für natürliche Monopole (vgl. Aufderheide et al. 2006). Nachfrage- und angebotsseitige Skaleneffekte schwächen sich nicht ab, sondern nehmen weiter zu (vgl. Brown und Morgan 2009). Zu berücksichtigen ist, dass Inter-Operabilität und Kompatibilität in einer vernetzten Welt aus Nutzersicht wertvolle Güter sind. Standards werden honoriert, weil sie den Wert des Netzes erhöhen. Monopolbildung kann also auch auf freiwilliger Basis geschehen.

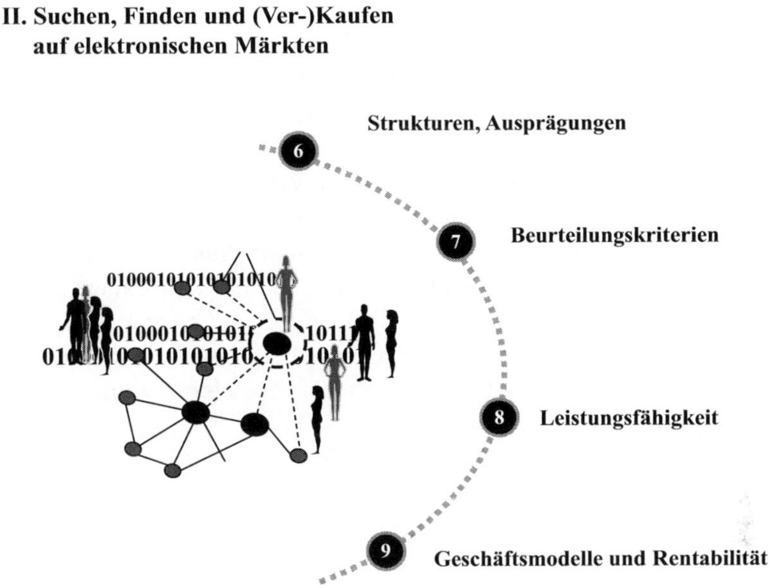

Abb. 15.3 (Ver-)Kaufen und Handeln auf elektronischen Märkten

15.2 Suchen, Finden und (Ver-)Kaufen auf elektronischen Märkten (Abb. 15.3)

15.2.1 Beschreibung

Zur Beschreibung elektronischer Märkte eignen sich Instrumente wie ein semantisches Netz und ein morphologischer Kasten. Die Ausrichtung elektronischer Märkte lässt sich anhand von Kriterien wie Zahl der Marktteilnehmer, Marktmacht, elektronische Vermittlungsquote und reale Transaktionsquote beschreiben. Wichtig für die Stabilität eines Marktplatzes sind die installierte Basis (Zahl der Teilnehmer) und seine (erwartete) Entwicklung.

Zwar sind auch elektronische Märkte keine vollkommenen Märkte im strengen ökonomischen Sinne, ihr Mehrwert ist jedoch vielfältig. Elektronische Märkte übernehmen substituierend Aufgaben traditioneller Märkte (z. B. durch Online-Börsen), ergänzen traditionelle Märkte (z. B. für Reisen) durch komplementäre Funktionen und generieren völlig neue Anwendungsfelder (z. B. durch Online-Auktionen). Das operative Handelsgeschehen auf einem elektronischen Marktplatz ist komplex und kann aus verschiedenen Blickwinkeln beschrieben werden. Bei der Herausarbeitung von Erfolgsfaktoren spielen sowohl quantitative (z. B. Objektangebote wie Güter) als auch qualitative Größen (z. B. Zufriedenheit) eine Rolle. Zu klären und im Rahmen von Rentabilitätsberechnungen nachzuweisen ist, wie sich ein elektronischer Marktplatz dauerhaft wirtschaftlich betreiben lässt

15.2.2 Beurteilungskriterien

Zur Beurteilung elektronischer Märkte können Transaktionskosten, Informationsasymmetrien und Aspekte der Markttransparenz herangezogen werden. Die Reduzierung von Transaktionskosten ist u. a. davon abhängig, welche Phasen der Transaktion und welche Güterkategorien betrachtet werden. Die breite Verfügbarkeit von Informationen auf elektronischen Märkten ist kein Argument gegen die Existenz von Informationsasymmetrien. Es ist davon auszugehen, dass die einzelnen Marktteilnehmer unterschiedlich über Sachverhalte informiert sind und opportunistische Handlungsspielräume nutzen können. Gleichzeitig gibt es eine Vielzahl von Maßnahmen, die zu einer Verringerung ökonomischer und technologischer Informationsasymmetrien beitragen können. Es ist auch nicht ohne weiteres zu erwarten, dass durch die von Anbietern im Internet bereitgestellten Informationen die Markttransparenz steigt. Es bedarf institutioneller Mechanismen, die den Aufbau von Vertrauen und Reputation gewährleisten. Personalisierte Empfehlungssysteme und Reputationssysteme auf elektronischen Märkten können dazu beitragen, dass dauerhafte und zuverlässige Beziehungen zwischen Kunden und Anbietern aufgebaut werden können.

15.2.3 Leistungsfähigkeit

Die Markteffizienz elektronischer Märkte lässt sich anhand von Kriterien wie Suchkosten, Preiselastizität, Preisdispersion und Menükosten der Preisänderung beurteilen. Ausschlaggebend für die Höhe der Suchkosten und die Höhe der Preiselastizität sind u. a. die Zugänglichkeit von Preis- und Produktinformationen sowie die Leichtigkeit, mit der Nachfrager die unterschiedlichen Güter vergleichen können. Elektronische Preisvergleichssysteme ermöglichen die simultane Suche auf elektronischen Märkten.

Sie sind aber mit Problemen der Informationsvielfalt, der Vertrauenswürdigkeit von Informationen sowie der Darstellbarkeit von Produktinformationen konfrontiert. Aufgrund der geringen Menükosten können auf elektronischen Märkten vielfältige Formen der dynamischen Preisbildung eingesetzt werden. Diese Formen der Preisbildung umfassen Preissetzungsstrategien, bei denen sich die Preise zeitlich oder nach der aktuellen Angebots- und Nachfragesituation anpassen. Sie erlauben es, Informationen über die Zahlungs- sowie Preisbereitschaft der Kunden zu erlangen. Arbeitshypothesen zur Markteffizienz können in empirischen Untersuchungen insgesamt nur teilweise bestätigt werden. Es kommt u. a. auf die Art des Gutes, die Form der Preisfindung und Strukturmerkmale von Intermediären an, die häufig auf elektronischen Märkten zu finden sind. zusammenfassend ergibt sich hinsichtlich der Vermittlungseffizienz durch Intermediäre auf elektronischen Märkten ein differenziertes Bild. Eine ausgeprägte Disintermediation, die traditionelle Intermediäre ersetzt, lässt sich nicht in allen Branchen beobachten. Das Internet bietet für neue und bestehende Intermediäre auch Chancen, die sich in zusätzlichen Vertriebskanälen oder neuen Geschäftsmodellen niederschlagen können.

15.2.4 Geschäftsmodelle und Rentabilität

Auch elektronische Geschäftsmodelle müssen sich Kriterien der betriebswirtschaftlichen Rentabilität unterziehen. Die Geschäftsmodelle sind dabei auch von der Quantität und der Qualität der Daten abhängig, auf denen sie basieren. Ein internetspezifisches Qualitätsmodell unterscheidet zwischen kunden- und unternehmensbezogenen Determinanten. Im Mittelpunkt der Betrachtung steht der Interaktionsprozess des Kunden mit der Webseite des Anbieters. Die Webseite zeigt sich als Einstiegstor zum Aufbau einer zielgerichteten Kommunikation mit dem Kunden. Ein Kunde, der sich in einer Kundenbasis gut betreut fühlt, reduziert seine Informations- und Suchkosten und wird gegebenenfalls Folgegeschäfte tätigen. Der Weg zur dauerhaften Erlösgenerierung führt über die Gewinnung von Stammkunden. Personalisierung, Individualisierung und Customization gelten als Erfolgsfaktoren der Kundenbindung. Eine Verbundenheitsstrategie liegt vor, wenn der Kunde mit einem Anbieter zufrieden ist, ihm vertraut und er keine Motivation verspürt, den Anbieter zu wechseln. Eine Gebundenheitsstrategie liegt hingegen vor, wenn Kunden aufgrund hoher Wechselbarrieren nicht wechseln können. In diesem Kontext und auch bei der generellen Ausrichtung von Geschäftsmodellen sind die Besonderheiten von Märkten zu berücksichtigen. So weist z. B. der elektronische Einkauf auf B2B-Märkten häufig enge Handelsbeziehungen und ein hohes Transaktionsvolumen auf. Die Transaktionspartner sind fest definiert und wechseln eher selten. Die Anforderungen an das Design von IT-Lösungen sind gering. Demgegenüber sind höhere Anforderungen an Aspekte der IT-Sicherheit zu stellen, wenn keine geschlossenen (Intra-)Netze vorliegen.

15.3 Tauschen, Teilen und soziale Interaktion in elektronischen Netzwerken (Abb. 15.4)

15.3.1 Auktionen, Tauschbörsen und Ressourcenteilung

Im Internet finden sich vielfältige Auktionsplattformen und Tauschbörsen. Auf klassischen Tauschbörsen wechseln Güter z. B. gegen virtuelle Tauschpunkte den Besitzer. In der Regel tauschen Sie bei der Teilnahme an einer Auktion Güter gegen Geld. Die Mindestgebote sind dabei von verschiedenen endogenen und exogenen Einflussfaktoren abhängig. Unabhängig vom Design der Auktion erfolgt der Zuschlag in etwa in Höhe des zweithöchsten Gebots.

Das Internet befreit die Kommunikation von Raum und Zeit. Sharing-Unternehmen bringen Menschen zusammen, die teilen, mieten oder tauschen wollen und dafür soziale Netzwerke, Webplattformen oder Ortungsdienste nutzen.

Dieser Trend wird als gemeinschaftlicher Konsum bezeichnet und kann zur Stärkung nachhaltiger Produktions- und Konsummuster beitragen, da auch gebrauchte und vorhandene Güter einbezogen werden. Das Internet ermöglicht den Austausch von Gütern und Informationen unter Bedingungen der Anonymität und kann zu einer Verletzung

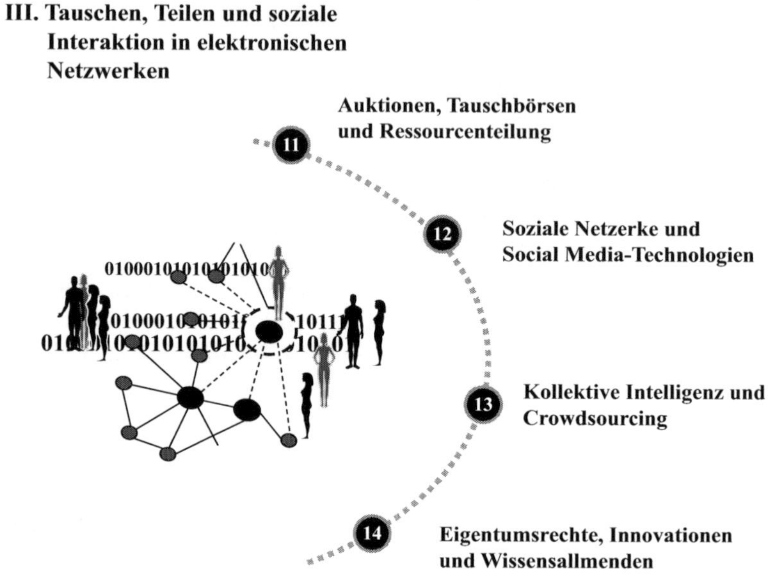

Abb. 15.4 Tauschen, Teilen und soziale Interaktion in elektronischen Netzwerken

von Reziprozitätsnormen führen, die häufig beim Tausch unterstellt werden. Beispiele sind Tauschbörsen für Musik, Filme oder Videos. Überlegungen der Spieltheorie legen im Fall von Tauschbörsen ein Trittbrettfahrerverhalten der Teilnehmer nahe. Dieses Ergebnis kann, muss aber nicht eintreten. Im Fall von illegalen Tauschhandlungen klagen Software-, Musik- und Filmindustrie über Millionen-verluste. Andere Autoren hingegen betonen auch die positiven Effekte selbst dieses Tauschhandels. Empirische Untersuchungen zu den volkswirtschaftlichen Effekten von Filesharing-Aktivitäten lassen keine eindeutigen Schlussfolgerungen zu und machen eine differenzierte Analyse erforderlich.

15.3.2 Soziale Netzwerke und Social Media-Technologien

Soziale Netzwerke lassen sich durch Kennziffern der Graphentheorie beschreiben. Sie haben Eigenschaften, die jenen von skalenfreien Netzwerken und Kleine-Welt-Netzwerken entsprechen. Damit verbunden sind bestimmte Folgen für das Wachstum, die Robustheit und Stabilität, die Verbreitung von Viren sowie die Durchsuchbarkeit von Netzwerken. Aus ökonomischer Sicht sind im Kontext von sozialen Netzwerken vor allem positive und negative Externalitäten von Bedeutung.

Mit dem Entstehen des Web 2.0 hat sich gleichzeitig eine Vielzahl von sozialen Medien (Social Media) entwickelt, die es Nutzern ermöglichen, sich untereinander und mediale Inhalte einzeln oder in Gemeinschaft auszutauschen. Social Media werden inzwischen von einer Vielzahl von Unternehmen eingesetzt, um z. B. den Bekanntheitsgrad zu steigern,

Meinungen von Kunden über Produkte und Image zu generieren oder den Umsatz zu steigern. Das virale Marketing vereint Elemente der Dialog- und Massenkommunikation. Hat eine Botschaft oder eine Idee den Tipping Point überschritten, kann sie sich schnell, kostenlos und nahezu explosionsartig verbreiten. Ohne eine gezielte Strategie und ein strukturiertes Monitoring können die Vorteile, die sich aus der Integration von Social Media in die Unternehmenspolitik ergeben können, nur unzureichend realisiert werden. Mit dem Social Web sind vernetzte Mikroöffentlichkeiten entstanden. Dadurch werden andere Voraussetzungen der Entstehung von Krisen, aber auch gleichzeitig neue Möglichkeiten der Krisenprävention und -kommunikation geschaffen. Die Chancen, die Social Media in der Kommunikation bieten, dürften häufig die damit verbundenen Risiken überwiegen.

15.3.3 Kollektive Intelligenz und Crowdsourcing

Das Internet erleichtert mit der Verbreitung von partizipativen Plattformen die aktive Beteiligung von Nutzern auch im Rahmen unternehmerischer Anwendungen. Es entstehen Geschäfts- und Wertschöpfungsmodelle, die den Kunden in den Mittelpunkt stellen. Das Konzept der kollektiven Intelligenz geht davon aus, dass die Aggregation von Informationen in Gruppen zu Entscheidungen führen kann, die besser sind als die Lösungsansätze von Einzelnen oder Experten. Crowdsourcing bezeichnet die Auslagerung der Lösung einer Aufgabe bzw. eines Problems an eine (un-)bestimmte Gruppe in Form eines offenen Aufrufs über eine Internetplattform. Dabei kann der Lösungsbeitrag einer einzelnen Person im Vordergrund stehen und auch in bezahlte Formen der Erwerbsarbeit eingebettet sein. Nutzerbeiträge lassen sich in verschiedenen Phasen des Innovationsprozesses nutzen, angefangen von der Phase der Ideengenerierung bis hin zur Phase der Markteinführung eines Produkts oder einer Leistung. Das Konzept der Open Innovation und der interaktiven Wertschöpfung sind Beispiele für eine möglichst weitreichende Kundenintegration, die über herkömmliche Modelle der Kundenausrichtung hinausgehen. Allerdings sind die Beziehungen zwischen Innovationserfolg und der Zahl externer Quellen bzw. zwischen Innovationserfolg und Ausmaß der Kundenintegration nicht linear, sondern erfordern differenzierte Überlegungen.

15.3.4 Eigentumsrechte, Innovationen und Wissensallmenden

Güter, die im Internet frei zugänglich sind bzw. von jedem genutzt werden können, haben aus ökonomischer Sicht den Charakter von öffentlichen Gütern. Teilweise ist auch von Wissensallmenden die Rede. Entgegen der ökonomischen Theorie kommt es aber weder zu einer Unterversorgung mit digitalen Gütern noch zu ihrer Übernutzung. Die aktive Beteiligung von Nutzern an der Erstellung und Verteilung digitaler Güter hat eine breite und intensive Diskussion um die Ausgestaltung von geistigen Eigentumsrechten ausgelöst. Bei den rechtlichen Instrumenten ist eine breite Form der Ausgestaltung zu erkennen, die sich wie im Fall des Urheberrechts auch zwischen Ländern unterscheidet. In technologischer Hinsicht dominieren Verfahren des Digital Rights Managements (DRM). Überlegungen der Innovationstheorie am Beispiel der Softwareindustrie zeigen, dass eine zu strikte Erteilung von Eigentumsrechten z. B. in Form von Patenten insgesamt mit Wohlfahrtsverlusten verbunden sein kann, da die Innovationen komplementär und sequentiell sind. Open Source Software Projekte müssen demgegenüber in Qualität und Quantität nicht mit Nachteilen verbunden sein, wenn genügend intrinsische und extrinsische Anreize der Erstellung vorhanden sind. Auch Projekte der wissensbasierten Kollaboration wie Wikipedia sind ein Beispiel dafür, dass entgegen der strengen Überlegungen von ökonomischer Rationalität eine Teilung von Wertschöpfung in elektronischen Netzwerken möglich ist.

Das Internet ist mehr als ein ökonomisches Experimentierfeld. Es ist ein kultureller Umbruch, der mit jenem des Buchdrucks vergleichbar ist. Diese Entwicklung hat weit reichende Konsequenzen auch für ökonomische Modelle. Die wirtschaftswissenschaftlichen Modelle gehen überwiegend nicht davon aus, dass es ohne Preissignale und ohne einen finanziellen Anreiz zur Produktion kommt. Die Realität der Internet-Ökonomie zeigt jedoch, dass viele digitale Güter auch kostenlos getauscht oder verschenkt werden, Ressourcen in digitalen Netzwerken gemeinsam bewirtschaftet werden, kollektives Lernen stattfindet und tausende Menschen oft ohne Entgelt im Netz freiwillig zusammenkommen, um ihre Wertschöpfung zu teilen. Der „Wohlstand der Netze" ist unumkehrbar und wird auch die ökonomische Welt nachhaltig verändern. Wir werden diese Entwicklungen im Auge behalten und freuen uns, wenn Sie uns auf diesem Weg weiterhin begleiten.

Literatur

Aufderheide D, Lindner M, Zimmerlich A (2006) Internet Ökonomie, Wettbewerb und Hybridität bei Essential Facilities. In: Grob HL, Brocke J (Hrsg) Internet-Ökonomie. Ein interdisziplinärer Beitrag zur Erklärung und Gestaltung hybrider Systeme. Vahlen, München, S 129–156

Brown J, Morgan J (2009) How much is a dollar worth? Tipping versus equilibrium coexistence on competing online auction sites. J Polit Econ 117(4):668–700

Kaumanns R, Siegenheim V (2007) Die Google-Ökonomie – Wie Google die Wirtschaft verändert, Books on Demand, Norderstedt

Sachverzeichnis

R. Clement, D. Schreiber, *Internet-Ökonomie,* Springer-Lehrbuch,
DOI 10.1007/978-3-642-36719-9,

Druck: KN Digital Printforce GmbH · Schockenriedstraße 37 · 70565 Stuttgart